全国高等医学院校成人学历教育规划教材

供临床、护理、药学、检验、影像等专业专升本用

人体解剖学

主　编　金昌洙　章惠英

副主编　刘　扬　黄　飞　方才根
　　　　吴开云　于振海

编　委（按姓名汉语拼音排序）

陈黎华（上海交通大学医学院）　　任　玥（沈阳医学院）
顿爱社（泰山医学院）　　　　　　王旻晨（苏州大学医学部）
方才根（同济大学医学院）　　　　吴开云（苏州大学医学部）
何　戈（首都医科大学）　　　　　谢遵江（哈尔滨医科大学）
何　璐（天津医科大学）　　　　　杨　喜（内蒙古医科大学）
黄　飞（滨州医学院）　　　　　　于胜波（大连医科大学）
黄明玉（青海大学医学院）　　　　于振海（滨州医学院）
金昌洙（滨州医学院）　　　　　　张　凯（同济大学医学院）
孔　丽（山西医科大学）　　　　　章惠英（上海交通大学医学院）
刘　扬（首都医科大学）　　　　　赵冬梅（滨州医学院）
曲立文（大连大学）　　　　　　　赵光涛（滨州医学院）

北京大学医学出版社

RENTI JIEPOUXUE

图书在版编目（CIP）数据

人体解剖学 / 金昌洙，章惠英主编．—北京：北京大学医学出版社，2015.5

全国高等医学院校成人学历教育规划教材

ISBN 978-7-5659-1099-9

Ⅰ．①人… Ⅱ．①人…②章… Ⅲ．①人体解剖学 - 医学院校 - 教材 Ⅳ．①R322

中国版本图书馆 CIP 数据核字（2015）第 071466 号

人体解剖学

主　　编：金昌洙　章惠英

出版发行：北京大学医学出版社

地　　址：（100191）北京市海淀区学院路 38 号　北京大学医学部院内

电　　话：发行部 010-82802230；图书邮购 010-82802495

网　　址：http://www.pumpress.com.cn

E-mail：booksale@bjmu.edu.cn

印　　刷：北京佳信达欣艺术印刷有限公司

经　　销：新华书店

责任编辑：韩忠刚　　责任校对：金彤文　　责任印制：李　啸

开　　本：850mm×1168mm　1/16　印张：22　字数：620 千字

版　　次：2015 年 5 月第 1 版　2015 年 5 月第 1 次印刷

书　　号：ISBN 978-7-5659-1099-9

定　　价：75.00 元

版权所有，违者必究

（凡属质量问题请与本社发行部联系退换）

出版说明

随着我国逐步完善终身教育体系、建立全民学习型社会，高等医学院校成人学历教育已成为我国教育体系中的重要板块，并具有办学多层次、多渠道、多形式等特点。接受成人学历教育的学生有临床实践经验，对补充知识和提升岗位胜任力需求强烈，对知识的认识和选择的目的性更强。这就对成人学历教育教材的内容适用性提出了更高要求。教材编写在满足人才培养目标补差教育的基础上，应提升职业技能和岗位胜任力，并适合自学；使学生对知识、技能不仅知其然还知其所以然，温故而知新，成为理论、实践均过硬的高素质人才。

北京大学医学出版社为更好地配合教育部新时期继续医学教育改革、服务于成人学历教育、探索教材建设新模式，在对高校继续医学教育广泛、系统的教学和课程调研后，启动了"全国高等医学院校成人学历教育（专升本、专科层次）规划教材"的组织编写工作，并得到了全国众多院校的积极响应，一大批多年从事医学成人学历教育的优秀作者参与了本套教材的编写工作，其中很多作者具有临床工作经验。首批规划了36种教材，其中医学基础课教材9种（供临床、护理、药学、检验、影像等专业用），护理学专业教材27种（专升本17种，专科10种）。经教材编审委员会研讨、主编人会议集体讨论确定了整套教材的指导思想和编写特色，为保证教材质量、服务教学打下了坚实的基础。

本套教材主要具有以下特点：

1. **找准教材定位** 以"三基、五性、三特定"为基础，减少学科间的内容重复，优化编排体例。精选适合成人学历教育的内容，夯实基础知识，与临床接轨，基础密切联系临床，兼顾创新性培养和学科进展。

2. **适应自主学习** 结合临床岗位胜任力需求，护理学专业课教材"学习目标"多数采用"布卢姆"教育目标分类模式，按"识记、理解、应用"等不同层次列出。章后"小结"简明、清晰，便于学生归纳总结。"自测题"可供学科考试、执业资格考试及卫生专业技术资格考试的应试参考。教材配套有网络学习资源，利于学生立体化学习。

3. **渗透情境案例** 护理学专业课教材酌情压缩了医疗部分内容，突出护理。以引导式、递进式案例模拟临床护理情境，与教材内容、临床实践深度整合，提升学生系统性的临床思维。

4. **扩展知识阅读** 恰当处理新知识新进展，加入"知识链接"，展现新理论、新技术，以及与其他相关学科的联系，有效达到知识更新与交融、激发进一步学习兴趣的目的。

本套教材得到了全国40余所高校的高度重视和大力支持，凝聚了众多作者多年教学的精华和心血，于2015年陆续出版。在此对各有关高校和全体作者一并表示衷心的感谢！

希望广大师生多提宝贵意见、反馈使用信息。您对本套教材有任何建议或意见，请发送email至：textbook@163.com，以期在教材修订时进一步改进、完善。

全国高等医学院校成人学历教育规划教材目录

序号	教材名称	版次	主编	适用层次	适用专业
1	人体解剖学	1	金昌洙　章惠英	专升本	临床、护理、药学、检验、影像等
2	组织学与胚胎学	1	唐军民　苏衍萍	专升本	临床、护理、药学、检验、影像等
3	生理学	1	薛明明　张延玲	专升本	临床、护理、药学、检验、影像等
4	生物化学与分子生物学	1	德伟　王杰　李存保	专升本	临床、护理、药学、检验、影像等
5	病理学	1	陶仪声　张忠	专升本	临床、护理、药学、检验、影像等
6	病理生理学	1	商战平	专升本	临床、护理、药学、检验、影像等
7	病原生物学	1	于爱莲　强华	专升本	临床、护理、药学、检验、影像等
8	医学免疫学	1	王月丹	专升本	临床、护理、药学、检验、影像等
9	病原生物与免疫学	1	于爱莲　王月丹	专科	临床、护理、药学、检验、影像等
10	护理学基础	1	尚少梅　邢凤梅	专升本	护理学
11	健康评估	1	孙玉梅　吕伟波	专升本	护理学
12	临床护理药理学	1	肖顺贞　杨伶　李湘萍	专升本	护理学
13	内科护理学	1	李明子　罗玲	专升本	护理学
14	外科护理学	1	路潜	专升本	护理学
15	妇产科护理学	1	陆虹　何荣华	专升本	护理学
16	儿科护理学	1	梁爽　林素兰	专升本	护理学
17	急危重症护理学	1	张海燕　甘秀妮	专升本	护理学
18	社区护理学	1	李春玉　薛雅卓	专升本	护理学
19	护理伦理与法规	1	唐启群　张武丽　崔香淑	专升本	护理学
20	护理心理学	1	徐云　田喜凤	专升本	护理学
21	护理管理学	1	谢红　刘彦慧	专升本	护理学

续表

序号	教材名称	版次	主编	适用层次	适用专业
22	康复护理学	1	马素慧 林 萍	专升本	护理学
23	老年护理学	1	刘 宇 陈长香	专升本	护理学
24	精神科护理学	1	许冬梅	专升本	护理学
25	护理教育学	1	孙宏玉 孟庆慧	专升本	护理学
26	护理研究	1	章雅青 马小琴	专升本	护理学
27	护理学基础	1	景钦华 邢凤梅	专科	护理学
28	健康评估	1	李晓慧 李亚玲	专科	护理学
29	内科护理学	1	张建欣	专科	护理学
30	外科护理学	1	庞 冬 朱宁宁	专科	护理学
31	妇产科护理学	1	柳韦华 金子环	专科	护理学
32	儿科护理学	1	林晓云	专科	护理学
33	急危重症护理学	1	吴晓英	专科	护理学
34	社区护理学	1	张先庚	专科	护理学
35	护理管理学	1	黄 新 杨秀木	专科	护理学
36	康复护理学	1	林 萍 马素慧	专科	护理学

注：教材1~8也可根据教学需要供专科层次参考

全国高等医学院校成人学历教育规划教材编审委员会

顾　　　问	王德炳　　郑修霞
主 任 委 员	程伯基　　肖纯凌
副主任委员	（按姓名笔画排序）

王维民　　付　丽　　刘志跃　　袁聚祥　　陶仪声

秘 书 长	孙宏玉　　王凤廷
委　　　员	（按姓名笔画排序）

马小琴　　马小蕊　　王　杰　　王凤廷　　王爱敏
王维民　　王慧生　　田喜凤　　付　丽　　冯学斌
毕晓明　　刘　扬　　刘　娟　　刘志跃　　刘金国
孙宏玉　　牟绍玉　　李　杰　　李文涛　　李国华
李建光　　李春玉　　肖纯凌　　何长江　　余小惠
张先庚　　张翠娣　　陈　勇　　陈宏志　　陈海英
陈翠萍　　岳树锦　　赵　岳　　袁聚祥　　陶仪声
黄　新　　章雅青　　程伯基　　谢　晖　　强巴丹增
鲍秀芹　　蔡景一　　廖春玲　　缪世林　　颜世义
潘庆忠

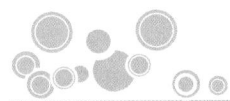  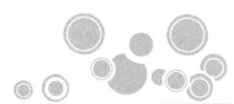

前 言

本书是在保证教材的思想性、科学性、启发性、先进性和实用性的前提下，遵循"够用、实用、有用"的原则编写的。在编写过程中，紧密结合课程改革的实际，定位于医学成人学历教育这一特定的学制、特定的对象、特定的学生群体培养层次，突出基础理论、基本知识和基本技能，同时注意吸收其他教材的优点，适当融入本学科的新进展和新成果，以达到教师好教、学生好学、学时适宜、保证质量的目的。

本教材有如下几个特点：

1. 结合成人教育的特点，各章节的内容既注意简明精炼，又注重系统性和实用性，注重培养学生基本实践技能、分析问题和解决问题的能力。

2. 围绕培养目标，设计了内容精致、激发学生学习兴趣的"知识链接"部分，如：介绍一些新观点、新技术或新方法，相关的临床内容及日常生活知识等，以拓展学生的知识面，提高学生的求知欲望。

3. 每章节之前列出布卢姆学习目标；每章节之后，紧紧围绕重点内容，列出内容小结和自测题，以加强学生对重点和难点内容的学习与理解，有利于学生的复习和自学。整本教材按学习目标—解剖知识—临床知识—小结—自测题的顺序进行编写。

4. 将常用的重要的"骨性标志"和"肌性标志"放在相应内容之后，强化了表面解剖学的内容，突出了学以致用的实用性。关注度较高的"外皮系统"作为单独章节编写。

5. 力求语言简明扼要，注重将复杂的人体结构用简单明了的语言表达，尽量减少叙述性的语言，便于理解和记忆。

6. 提高插图质量，形象直观，增加自明性，做到图随文走、图文并茂，增加了教材的易读性。

7. 书后附有参考文献，引导学生查阅文献和参考资料，有利于学生的进一步学习和深造。

本教材是全国高等医学院校成人学历教育规划教材，主要供临床医学、护理学专业专升本用，也可供药学、医学检验、医学影像等专业用。本教材编写得到了北京大学医学出版社的精心指导和全书编委单位的领导、专家编委的大力支持，在此表示诚挚的谢意！

由于编者水平有限，加之时间仓促，书中必有疏漏和不当之处；恳请同行和学生在使用中提出宝贵的意见和建议，使教材质量不断提高和完善。

金昌洙　章惠英
2015 年 2 月

目 录

绪论 …………………………………… 1
 一、人体解剖学的定义和任务 …… 1
 二、人体解剖学的分科 …………… 1
 三、人体的组成与器官系统 ……… 1
 四、人体解剖学的基本术语 ……… 1

第一篇 运动系统

第一章 骨学 ………………………… 3
 第一节 总论 …………………… 3
  一、骨的形态与分类 …………… 4
  二、骨的构造和功能 …………… 4
  三、骨的化学成分和物理性质 … 5
 第二节 中轴骨 ………………… 6
  一、躯干骨 ……………………… 7
  二、颅骨 ………………………… 10
 第三节 四肢骨 ………………… 18
  一、上肢骨 ……………………… 19
  二、下肢骨 ……………………… 22
 第四节 常用的骨性标志 ……… 26
  一、头颈部骨性标志 …………… 27
  二、躯干部骨性标志 …………… 27
  三、四肢骨性标志 ……………… 27

第二章 骨连结 ……………………… 29
 第一节 总论 …………………… 29
  一、直接连结 …………………… 30
  二、间接连结 …………………… 30
 第二节 中轴骨的连结 ………… 31
  一、躯干骨的连结 ……………… 31
  二、颅骨的连结 ………………… 34

 第三节 四肢骨的连结 ………… 35
  一、上肢骨的连结 ……………… 35
  二、下肢骨的连结 ……………… 37

第三章 肌学 ………………………… 44
 第一节 总论 …………………… 44
  一、肌的形态和结构 …………… 44
  二、肌的起止、配布和作用 …… 45
  三、肌的辅助装置 ……………… 46
 第二节 躯干肌 ………………… 47
  一、背肌 ………………………… 47
  二、胸肌 ………………………… 48
  三、膈 …………………………… 49
  四、腹肌 ………………………… 49
  五、盆底肌 ……………………… 52
 第三节 头颈肌 ………………… 52
  一、头肌 ………………………… 52
  二、颈肌 ………………………… 54
 第四节 上肢肌 ………………… 56
  一、上肢带肌 …………………… 56
  二、臂肌 ………………………… 57
  三、前臂肌 ……………………… 57
  四、手肌 ………………………… 59

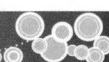

第五节　下肢肌 ………… 61
一、髋肌 ………… 61
二、大腿肌 ………… 62
三、小腿肌 ………… 64
四、足肌 ………… 65

第六节　常用的肌性标志 ………… 66
一、头颈部肌性标志 ………… 66
二、躯干部肌性标志 ………… 66
三、四肢肌性标志 ………… 66

第二篇　内　脏　学

第四章　内脏系统总论 ………… 69
第一节　内脏的一般结构 ………… 69
一、中空性器官 ………… 70
二、实质性器官 ………… 70
第二节　胸部的标志线和腹部的分区 ………… 70
一、胸部的标志线 ………… 70
二、腹部的分区 ………… 72

第五章　消化系统 ………… 73
第一节　消化管 ………… 74
一、口腔 ………… 74
二、咽 ………… 79
三、食管 ………… 80
四、胃 ………… 81
五、小肠 ………… 82
六、大肠 ………… 84
第二节　消化腺 ………… 87
一、肝 ………… 87
二、肝外胆道 ………… 89
三、胰 ………… 90

第六章　呼吸系统 ………… 93
第一节　呼吸道 ………… 94
一、鼻 ………… 94
二、咽 ………… 96
三、喉 ………… 97
四、气管和主支气管 ………… 99
第二节　肺 ………… 100
一、肺的位置和形态 ………… 100
二、肺内支气管和支气管肺段 ………… 102
第三节　胸膜与胸膜腔 ………… 102
一、胸膜及胸膜腔的概念 ………… 102
二、胸膜的分部 ………… 103
三、胸膜隐窝 ………… 103
四、胸膜与肺的体表投影 ………… 104
第四节　纵隔 ………… 105

第七章　泌尿系统 ………… 108
第一节　肾 ………… 108
一、肾的形态 ………… 108
二、肾的结构 ………… 110
三、肾的位置和毗邻 ………… 110
四、肾的被膜 ………… 110
第二节　输尿管 ………… 112
第三节　膀胱 ………… 112
一、膀胱的形态和结构特点 ………… 113
二、膀胱的位置和毗邻 ………… 114
第四节　尿道 ………… 114

第八章　生殖系统 ………… 116
第一节　男性生殖系统 ………… 116

一、内生殖器 …………… 116
二、外生殖器 …………… 119
第二节 女性生殖系统 …… 122
一、内生殖器 …………… 122
二、外生殖器 …………… 126

第九章 腹膜 ………………… 131
一、概述 ………………… 131
二、腹膜与腹、盆腔脏器的关系
 ………………………… 132
三、腹膜形成的结构 …… 132

第三篇 循环系统

第十章 心血管系统 ………… 137
 第一节 概述 ……………… 138
  一、心血管系统的组成 … 138
  二、血液循环 …………… 138
  三、血管的吻合与侧支循环 …… 139
 第二节 心 ………………… 140
  一、心的位置和外形 …… 141
  二、心的各腔 …………… 143
  三、心的构造 …………… 146
  四、心的传导系统 ……… 147
  五、心的血管 …………… 148
  六、心包 ………………… 150
  七、心的体表投影 ……… 151
 第三节 动脉 ……………… 152
  一、概述 ………………… 152
  二、肺循环的动脉 ……… 152
  三、体循环的动脉 ……… 153
  四、常用的动脉体表压迫止血部位 …… 164
 第四节 静脉 ……………… 165
  一、概述 ………………… 165
  二、肺循环的静脉 ……… 165
  三、体循环的静脉 ……… 165

第十一章 淋巴系统 ………… 178
 第一节 淋巴系统的组成及功能 … 178
 第二节 淋巴管道 ………… 179
  一、毛细淋巴管 ………… 179
  二、淋巴管 ……………… 180
  三、淋巴干 ……………… 180
  四、淋巴导管 …………… 180
 第三节 淋巴器官 ………… 181
  一、淋巴结 ……………… 181
  二、脾 …………………… 181
  三、胸腺 ………………… 181
 第四节 人体各部的主要淋巴管和淋巴结 …… 182
  一、头颈部 ……………… 182
  二、上肢 ………………… 183
  三、胸部 ………………… 184
  四、腹部 ………………… 184
  五、盆部 ………………… 186
  六、下肢 ………………… 186

第四篇　感　觉　器

第十二章　视器 …… 189
第一节　眼球 …… 190
　一、眼球壁 …… 190
　二、眼球的内容物 …… 193
第二节　眼副器 …… 193
　一、眼睑 …… 193
　二、结膜 …… 195
　三、泪器 …… 195
　四、眼球外肌 …… 195
第三节　眼的血管和神经 …… 197
　一、眼的动脉 …… 197
　二、眼的静脉 …… 197
　三、眼的神经 …… 197

第十三章　前庭蜗器 …… 199
第一节　外耳 …… 200
　一、耳郭 …… 200
　二、外耳道 …… 200
　三、鼓膜 …… 200

第二节　中耳 …… 201
　一、鼓室 …… 201
　二、咽鼓管 …… 202
　三、乳突窦和乳突小房 …… 202
第三节　内耳 …… 203
　一、骨迷路 …… 203
　二、膜迷路 …… 204

第十四章　外皮系统 …… 207
第一节　皮肤的结构 …… 208
　一、表皮 …… 208
　二、真皮 …… 208
第二节　皮下组织 …… 208
第三节　皮肤的附属器 …… 208
　一、毛 …… 208
　二、皮脂腺 …… 209
　三、汗腺 …… 209
　四、指（趾）甲 …… 209

第五篇　神经系统

第十五章　神经系统总论 …… 211
　一、神经系统的区分 …… 211
　二、神经系统的组成 …… 213
　三、神经系统的活动方式 …… 214
　四、神经系统的常用术语 …… 214

第十六章　中枢神经系统 …… 217
第一节　脊髓 …… 218
　一、脊髓的位置和外形 …… 218
　二、脊髓的内部结构 …… 219
　三、脊髓的功能 …… 223
第二节　脑 …… 223
　一、脑干 …… 223
　二、小脑 …… 233
　三、间脑 …… 235
　四、端脑 …… 238

第十七章　周围神经系统 …… 249

第一节 脊神经 ………… 250
  一、概述 ………… 250
  二、颈丛 ………… 251
  三、臂丛 ………… 252
  四、胸神经前支 ………… 256
  五、腰丛 ………… 256
  六、骶丛 ………… 258

第二节 脑神经 ………… 261
  一、概述 ………… 261
  二、感觉性脑神经 ………… 261
  三、运动性脑神经 ………… 264
  四、混合性脑神经 ………… 266

第三节 内脏神经 ………… 272
  一、内脏运动神经 ………… 272
  二、内脏感觉神经 ………… 278

第十八章 神经系统的传导通路 ………… 282
  一、感觉传导通路 ………… 282
  二、运动传导通路 ………… 288

第十九章 脑和脊髓的被膜、血管和脑脊液循环 ………… 293

第一节 脑和脊髓的被膜 ………… 293
  一、硬膜 ………… 293
  二、蛛网膜 ………… 295
  三、软膜 ………… 295

第二节 脑和脊髓的血管 ………… 295
  一、脑的血管 ………… 295
  二、脊髓的血管 ………… 298

第三节 脑脊液及其循环 ………… 299

第四节 脑屏障 ………… 300

第六篇 内分泌系统

第二十章 内分泌器官 ………… 302
  一、垂体 ………… 303
  二、松果体 ………… 303
  三、甲状腺 ………… 304
  四、甲状旁腺 ………… 305
  五、肾上腺 ………… 305

自测题参考答案 ………… 307

中英文专业词汇索引 ………… 325

主要参考文献 ………… 338

绪 论

一、人体解剖学的定义和任务

人体解剖学 human anatomy 是研究正常人体形态结构的科学,属于生命科学中形态学的范畴。其基本任务是阐明正常人体各器官的形态结构、位置与毗邻、生长发育规律及其功能意义,为学习其他基础医学课程和临床医学课程打下坚实的基础。医学发展史说明现代医学是在解剖学的基础上发展起来的,医学中 1/4 以上的名词来源于解剖学,它是与医学其他各科关系极为密切的重要的医学基础课,是学生学习其他基础医学和临床医学课程的必修课。只有在理解和掌握人体正常形态结构的基础上,才有可能学好人体的生理功能和病理变化,从而进一步学习疾病的诊断、预防、治疗、护理和康复的方法,成为医术精湛、品德高尚的医学工作者,以适应临床工作发展的需要。

二、人体解剖学的分科

人体解剖学按研究方法和叙述方式的不同,可分为系统解剖学 systematic anatomy 和局部解剖学 regional anatomy。

系统解剖学是将人体划分为九大功能系统进行描述和研究的学科。局部解剖学是在系统解剖学的基础上按人体各局部(头、颈、胸、腹、盆、会阴、上肢和下肢等),由表及里、由浅入深地逐层描述人体的形态结构及其相互关系的学科。

基于研究角度、方法和目的不同,解剖学又分出外科解剖学、断层解剖学、影像解剖学、运动解剖学、艺术解剖学、护理解剖学等。

三、人体的组成与器官系统

人体结构和功能的最基本单位是细胞 cell。许多形态和功能相同或相似的细胞和细胞间质组合在一起,共同构成称组织 tissue。人体共有四种基本组织,即上皮组织、结缔组织、肌组织和神经组织。几种不同的组织有机地结合在一起,组成具有一定形态并完成一定生理功能的结构称器官 organ。结构和功能相似的多个器官结合在一起,共同完成某种特定生理功能过程,称系统 system。人体共有九大系统:运动系统、消化系统、呼吸系统、泌尿系统、生殖系统、循环系统、感觉器、神经系统、内分泌系统。各系统在神经、体液的调节下,彼此联系,相互影响,构成一个完整的有机体,进行正常的功能活动。全部系统组合成完整的人体 human body。各部分之间的关系可归纳为:细胞→组织→器官→系统→人体。

四、人体解剖学的基本术语

为了正确描述人体各器官的形态结构和位置关系,必须使用统一的标准和描述术语,这些标准和术语是人为规定的又是国际上公认的学习解剖学必须掌握和遵循的基本原则。

(一)解剖学姿势

解剖学姿势 anatomical position 或称标准姿势:人体直立,面向前,两眼向正前方平视,两臂自然下垂,手掌向前,两足并立,足尖向前。描述人体任何结构时,均应以此解剖学姿势作为标准。

（二）轴

在解剖学研究中，可按解剖学姿势设置人体的三个相互垂直的轴（图绪-1）。轴是描述某些器官的形态，特别是关节运动时常用的术语。

1. 垂直轴 vertical axis　为上下方向垂直于地平面的轴。
2. 矢状轴 sagittal axis　为前后方向垂直于垂直轴和冠状轴的轴。
3. 冠状轴 coronal axis　为左右方向与上述二轴相垂直的轴，又称额状轴 frontal axis。

（三）面

按上述三种轴，人体可设以下相互垂直的三个面（图绪-1）。

1. 矢状面 sagittal plane　按矢状轴方向，将人体分成左右两部分的纵切面为矢状面。经过人体正中的矢状面称为正中矢状面 median sagittal plane，它将人体分成左右对称的两部分。

2. 冠状面 coronal plane　按冠状轴方向，将人体分为前后两部分的纵断面，又称额状面 frontal plane。

3. 水平面 horizontal plane　又称横切面 transverse plane，与上述两面垂直并与地面平行的断面，将人体横断为上、下两部分。

对于一个器官来讲，沿器官长轴所做的切面称纵切面，与其长轴垂直的切面称横切面。

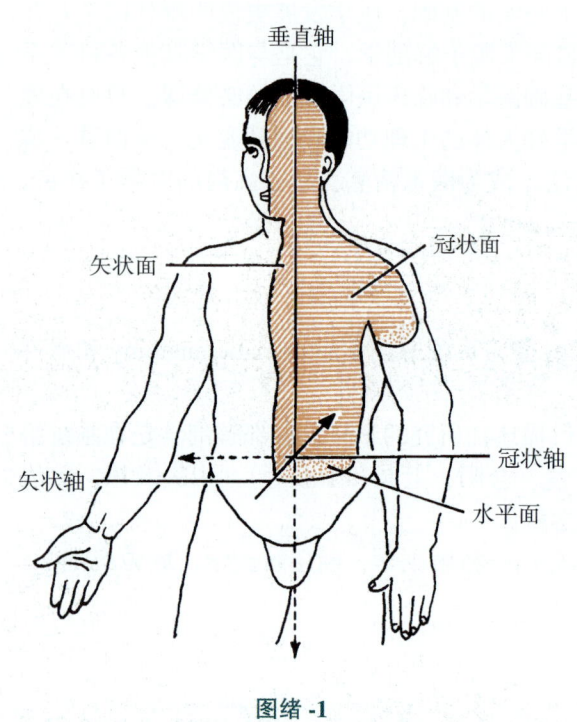

图绪 -1

（四）常用方位术语

按照上述的解剖学姿势，人体解剖学又规定了一些相对的表示方位的术语。

1. 上 superior 和下 inferior　是描述部位高低的关系，靠近头的为上；靠近足的为下。在描述人脑结构时，常用颅侧 cranial 和尾侧 caudal 代替上与下。

2. 前 anterior 和后 posterior　靠近腹者为前，也称腹侧 ventral；靠近背者为后，也称背侧 dorsal。

3. 内 internal 和外 external　适用于空腔器官，近内腔者为内，远离内腔者为外。

4. 内侧 medial 和外侧 lateral　描述各部位与人体正中矢状面相对距离的位置关系。近正中矢状面者为内侧；远离正中矢状面者为外侧。前臂的内侧和外侧又分别称尺侧 ulnar 和桡侧 radial；小腿的内侧和外侧又分别称胫侧 tibial 和腓侧 fibular。

5. 浅 superficial 和深 deep　是指与皮肤表面的相对距离，近皮肤者为浅，远者为深。

6. 近侧 proximal 和远侧 distal　在四肢，近连接躯干的一端为近侧，另一段为远侧。

（金昌洙）

第一篇 运动系统

运动系统由骨、关节和骨骼肌三部分组成。全身各骨借关节相连形成骨骼，它构成人体的基本形态和支架，并具有运动、支持体重和保护脏器的功能。

骨骼肌多附着于骨，并跨越一个或多个关节。在运动过程中，骨起着杠杆作用，关节是运动的枢纽，骨骼肌则为运动的动力器官。

在人体体表可以触及某些骨性突起或肌性隆起，称为体表标志。它们是确定某些器官的位置、判断血管和神经的走行、选取手术切口的部位以及穿刺定位的依据。

第一章 骨 学

第一节 总 论

学习目标

通过本节内容的学习，学生应能：

◆ 记忆
定义运动系统的概念。

◆ 理解
1．说明骨的形态与分类。
2．说明骨的构造和功能。

◆ 应用
举例说明骨的理化特性的意义。

骨 bone 是一种器官，主要由骨组织构成，质地坚硬而有弹性，具有一定的形态和功能，外被骨膜，内容纳骨髓，有丰富的血管、淋巴管及神经分布；活体骨不断进行新陈代谢和生长发育，并具有改建、再生和修复的能力。经常锻炼可促进骨的良好发育，长期失用会萎缩退化。在骨组织的基质中沉积有大量钙盐和磷酸盐，是人体钙、磷的储存库。成人共有206块骨，除6块听小骨属于感觉器外，按部位可分**颅骨、躯干骨和四肢骨（附肢骨）**三部分，前两者统称**中轴骨**（图1-1）。

第一篇 运动系统

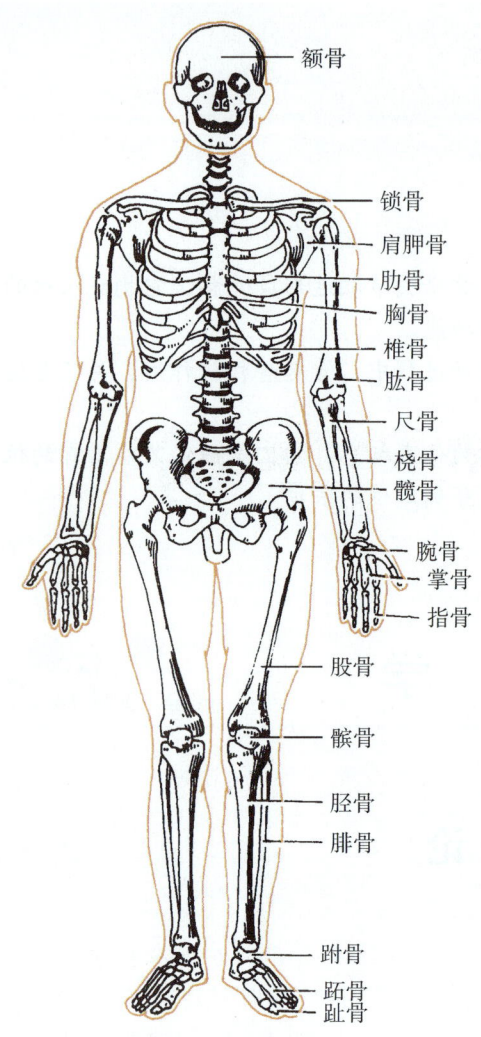

图 1-1 全身骨骼

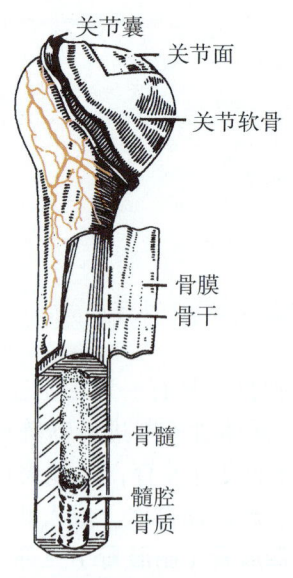

图 1-2 长骨的构造

一、骨的形态与分类

按形态，骨可分为 4 类（图 1-2）：

1. **长骨** long bone 呈长管状，分为一体两端，体又称**骨干** shaft，是指长骨中间较细的部分，内有空腔，称**髓腔** medullary cavity，容纳骨髓。骨的两端膨大称**骺** epiphysis，其表面有光滑的关节面，覆有关节软骨与相邻关节面构成关节。骨干与骺相邻的部分称**干骺端** metaphysis，幼年时保留一片软骨，称**骺软骨** epiphysial cartilage，骺软骨细胞不断分裂繁殖和骨化，使骨不断加长。成年后，骺软骨骨化，骨干与骺融合，遗留下的痕迹称**骺线** epiphysial line。长骨多分布于四肢，在运动中起杠杆作用。

2. **短骨** short bone 近似立方体，成群分布于连结牢固且较灵活的部位，可承受较大的压力，如腕骨和跗骨。

3. **扁骨** flat bone 多呈板状，主要构成颅腔、胸腔，对腔内脏器起保护作用，如颅盖骨、胸骨、肋骨。

4. **不规则骨** irregular bone 形状不规则，功能多样，如椎骨、髋骨等。有些不规则骨内有含气的腔，称**含气骨** pneumatic bone，如上颌骨、筛骨等。此外，在某些肌腱内存在扁圆形小骨，称**籽骨** sesamoid bone，人体内最大的籽骨是髌骨。

二、骨的构造和功能

骨由骨质、骨膜和骨髓构成，并含有丰富的血管和神经等（图 1-2，3）。

1. **骨质** bony substance 是骨的主要成分，由骨组织构成，可分为骨密质和骨松质。**骨密质** compact bone，构成各种骨的外层，在长骨骨干处最厚，质地坚实致密，抗压、抗扭曲力强。颅盖骨内外表层为密质，分别称**外板**和**内板**。**骨松质** spongy bone，呈海绵状，由很多片状相互交织的骨小梁排列而成。骨小梁的排列与骨所承受的压力以及相应张力的方向一致，因而能承受较大的重量。颅盖骨内、外板之间为骨松质，称**板障**。

2. **骨膜** periosteum 覆盖于除关节面以外的骨表面。衬于骨髓腔内部和骨松质腔隙内的膜较薄，称**内骨膜**。包裹于除关节面以外骨表面的骨膜，称**外骨膜**。骨膜含有丰富的血管、淋巴管和神经，对骨起着营养、生长和感觉作用，并且在骨折时对骨的再生、修复和改建起重要作用。

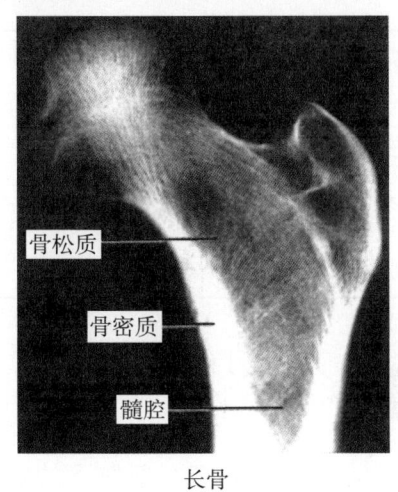
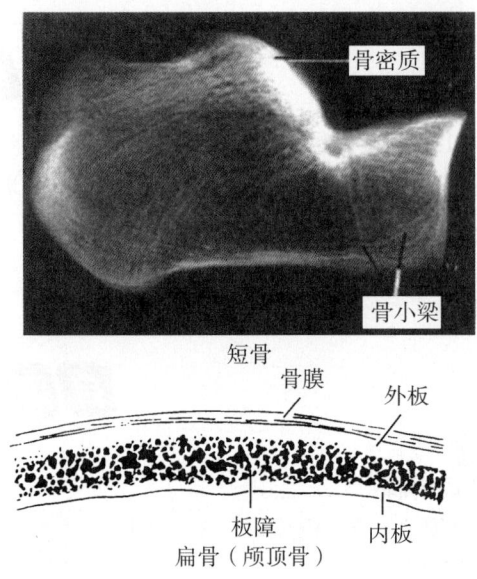

图 1-3 骨的内部构造

3. 骨髓 bone marrow 充填于骨髓腔和骨松质间隙内，分**红骨髓**和**黄骨髓**。**红骨髓** red bone marrow 有造血功能，约 6 岁以后，长骨骨髓腔内的红骨髓逐渐被脂肪组织代替，呈黄色，称**黄骨髓** yellow bone marrow，失去造血的功能。但在失血过多或重度贫血时，黄骨髓可重新转化为红骨髓，恢复造血功能。在椎骨、髂骨、肋骨、胸骨及长骨两端的骨松质内，终生都是红骨髓，为了安全和方便，临床常选髂前上棘或髂后上棘等处进行骨髓穿刺，检查骨髓象。

三、骨的化学成分和物理性质

骨由**有机质**和**无机质**两种成分组成。有机质主要是骨胶原纤维束和黏多糖蛋白等，构成骨的支架，并赋予骨的弹性和韧性。无机质主要是大量的钙盐，使骨坚硬挺实，也使骨成为钙盐的储存器官。在人的一生中，骨的化学成分随年龄和生活条件等因素的影响而不断变化，骨的物理特性因而发生改变。两种成分的比例，幼儿时期骨的有机质和无机质各占一半，故骨弹性较多，较柔软，易变形，不易骨折。成年人骨有机质和无机质的比例为 3∶7，此比例最为合适，使骨既有很大的硬度和韧性又有一定的弹性。老年人的骨无机质占比例更大，约 80%，骨的脆性增加，同时由于骨组织的总量减少，骨质出现多孔性，骨质疏松，易发生骨折。

青枝骨折

骨非常坚硬，又具有一定的韧性和弹性，这一特性取决于其化学成分，而骨的化学成分受年龄和生活条件等多种因素的影响而不断变化。幼儿时期的骨，有机质含量较多，所以幼儿的骨具有较强的韧性，弹性也较大，但硬度较小。小儿虽然经常跌倒，但因此而发生骨折的却比较少见。幼儿发生骨折时有时候出现不完全骨折，也叫青枝骨折，折断后如新鲜嫩枝，一侧骨皮质和骨膜断裂，另一侧则完整，可有明显的成角畸形。小儿骨的新陈代谢旺盛，所以骨折后的再生和愈合能力强，自我矫形能力也很强，一般骨折后预后非常良好。老年人骨的有机质减少，无机质增多，因此，骨质较脆，韧性较差，很容易引起骨折。

小 结

1. 运动系统由骨、关节和骨骼肌三部分组成。
2. 骨分为长骨、短骨、扁骨和不规则骨，骨由骨质、骨膜和骨髓构成。
3. 骨的成分为有机质和无机质。

自测题

一、名词解释
1．骺软骨　　2．板障　　3．骨髓

二、简答题
1．简述骨的构造。
2．骨膜位于何处？它有何功能和临床意义？

第二节　中　轴　骨

学习目标

通过本节内容的学习，学生应能：

◆ **记忆**
1．定义中轴骨的概念。
2．定义躯干骨的概念。
3．定义脑颅和面颅的概念。
4．定义颅的整体观的概念。
5．定义鼻旁窦的概念。

◆ **理解**
1．说明椎骨的一般形态结构和各部椎骨的主要特征。
2．说明胸骨的分部。
3．说明肋的形态和分类。
4．说明颅骨的构成。
5．说明颅底内面的主要形态。
6．说明鼻旁窦的位置及开口部位。

◆ **应用**
1．举例说明胸骨角、肋弓、骶角的临床意义。
2．举例说明颅底骨折的不同临床表现。
3．举例说明颅囟形状改变的临床意义。

人体的中轴骨包括躯干骨和颅骨。

一、躯干骨

躯干骨包括 24 块椎骨、1 块骶骨、1 块尾骨、1 块胸骨和 12 对肋骨；共 51 块。它们分别参与脊柱、骨性胸廓和骨盆的构成。

（一）椎骨

幼年时约有椎骨 33 块，分为颈椎 7 块，胸椎 12 块，腰椎 5 块，骶椎 5 块，尾椎 3~4 块。随着年龄的增长，5 块骶椎融合成一块骶骨，3~4 块尾椎长合成 1 块尾骨，故成年人有 24 块独立的椎骨、1 块骶骨和 1 块尾骨。

1. 椎骨的一般形态

椎骨 vertebrae 由前方的椎体和后方的椎弓组成。椎体和椎弓共同围成椎孔 vertebral foramen，所有椎骨的椎孔连接成**椎管 vertebral canal**，管内容纳脊髓等结构。

椎体 vertebral body 呈圆柱形，是椎骨负重的主要部分，主要由骨松质组成，只在表面覆有薄层的骨密质，椎弓由两侧椎弓根和椎弓板构成。椎弓根是椎弓连于椎体的部分，细而短，其上、下缘各有一凹陷，分别称**椎上切迹**和**椎下切迹**，相邻椎骨的椎上、下切迹共同围成**椎间孔** intervertebral foramina，有脊神经和血管通过。椎弓板呈宽板状，位于椎弓根的后方，构成椎管的后壁。由椎弓发出 7 个突起：自椎弓正中伸向后方或后下方伸出 1 个**棘突** spinous process，尖端可在体表扪到，从椎弓根与椎弓板连接处伸向两侧伸出 1 对**横突** transverse process，在椎弓根与椎弓板结合处分别向上、下方伸出 1 对**上关节突**和**下关节突**，相邻关节突构成**关节突关节**。

2. 各部椎骨的主要特征

（1）**颈椎** cervical vertebrae（图 1-4）：除第 1、2、7 颈椎形状特殊外，其余 4 块大致相似。椎体较小，呈横椭圆形。椎孔较大呈三角形。横突根部有孔，称**横突孔** transverse foramen，有椎动脉和椎静脉通过。横突末端有前、后两个结节。第 6 颈椎横突前结节较大，称**颈动脉结节**，其前方有颈总动脉通过，当头部外伤出血时，可用手指将颈总动脉压于此结节，进行暂时止血。第 2~6 颈椎的棘突较短，末端分叉。上、下关节突的关节面，近似水平位。

第 1 颈椎又名**寰椎** atlas（图 1-5）呈环状，无椎体、棘突和关节突，仅由前弓、后弓及侧块组成。前弓较短，后面有一关节面，称**齿突凹**，与枢椎的齿突相关节。后弓较长，上面有横行的**椎动脉沟**，有同名动脉通过。侧块位于两侧，上面有一椭圆形关节面，与枕骨髁相关节，下面有圆形的关节面，与枢椎的上关节面相关节。

第 2 颈椎又名**枢椎** axis（图 1-6），椎体向上伸出一指状突起，称**齿突**。齿突前面有一关节

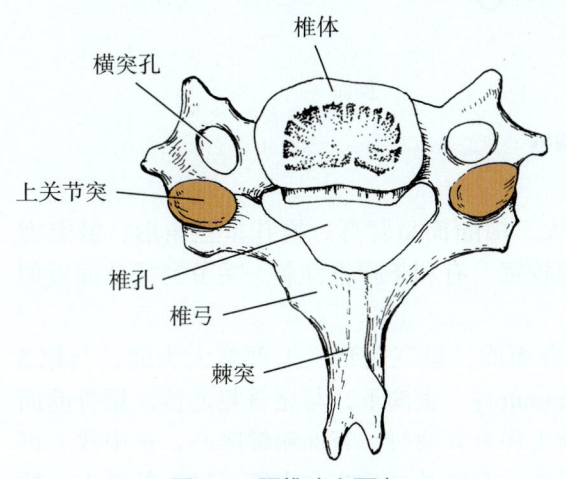

图 1-4 颈椎（上面）

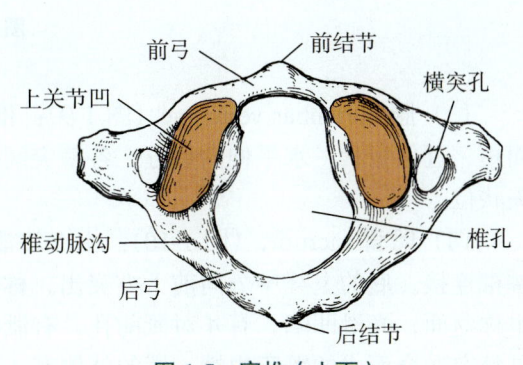

图 1-5 寰椎（上面）

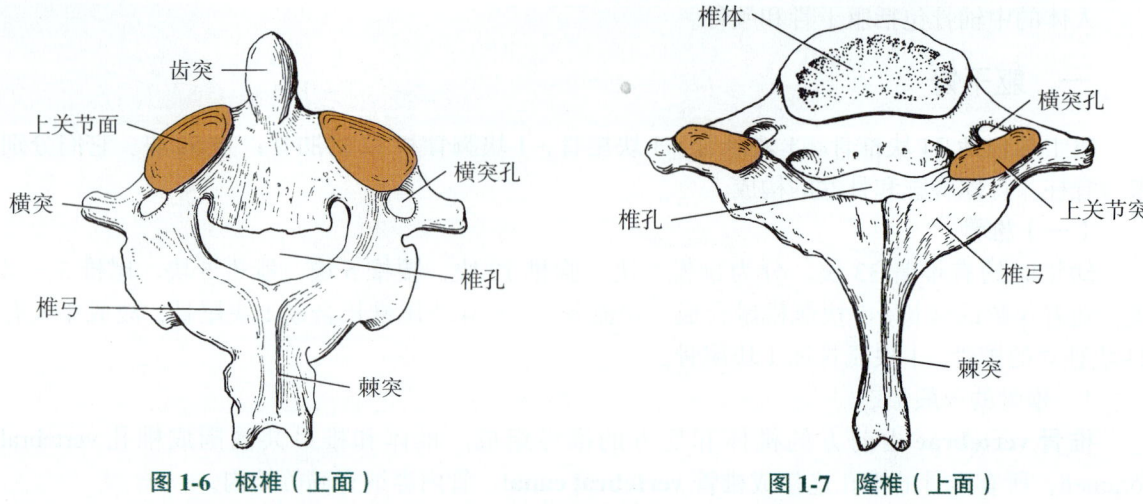

图1-6 枢椎（上面）　　　　　图1-7 隆椎（上面）

面，与寰椎的齿突凹相关节。

第7颈椎又名**隆椎** prominent vertebra（图1-7）：棘突特长，末端不分叉，当颈前屈时特别隆凸，活体可触及，常作为计数椎骨序数的标志。

（2）**胸椎** thoracic vertebrae（图1-8）：椎体呈心形，在椎体两侧后部的上、下缘各有一半月形浅凹，分别称**上肋凹**和**下肋凹**，与肋头相关节。椎孔小而圆。第1～10胸椎横突末端前面有呈圆形的**横突肋凹**，与肋结节相关节。棘突较长，向后下方倾斜，呈叠瓦状排列。关节突的关节面，几乎呈冠状位。

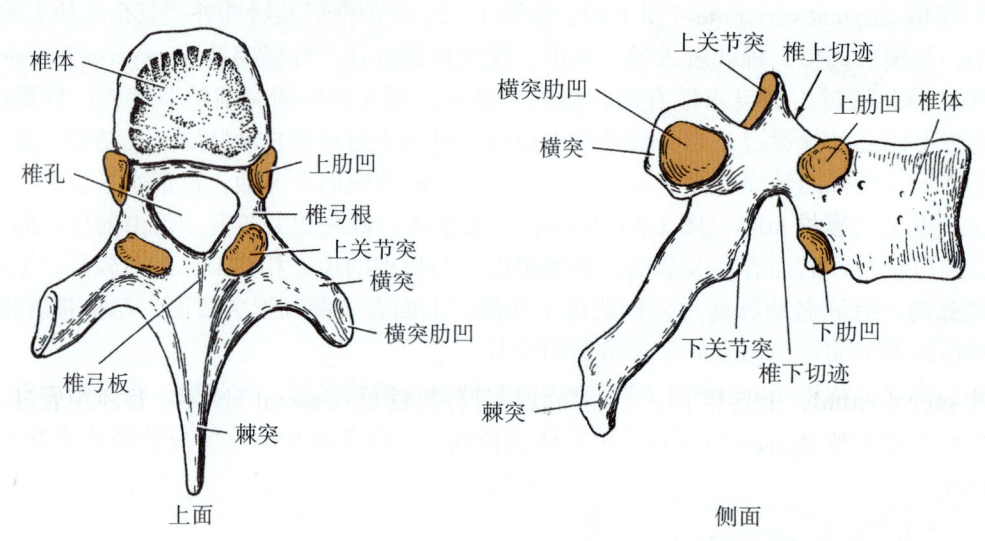

图1-8 胸椎

（3）**腰椎** lumbar vertebrae（图1-9）：椎体粗大，横断面呈肾形。椎孔呈三角形。棘突宽而短，近似板状，水平伸向后方，各棘突间的间隙较宽，有利于腰椎穿刺。关节突关节面近似矢状位。

（4）**骶骨** sacrum，（图1-10）：由5块骶椎融合而成，呈三角形。上部宽大为底，与第5腰椎连接。底的上缘中分向前下方突出，称**岬** promontory。尖向下，与尾骨相连接。骶骨前面也称盆面，光滑凹陷，有4对骶前孔，有骶神经前支和血管通过。背面粗糙隆凸，正中线上可见棘突融合而成的**骶正中嵴**，嵴的外侧有4对骶后孔，有骶神经后支和血管通过。骶骨中央的

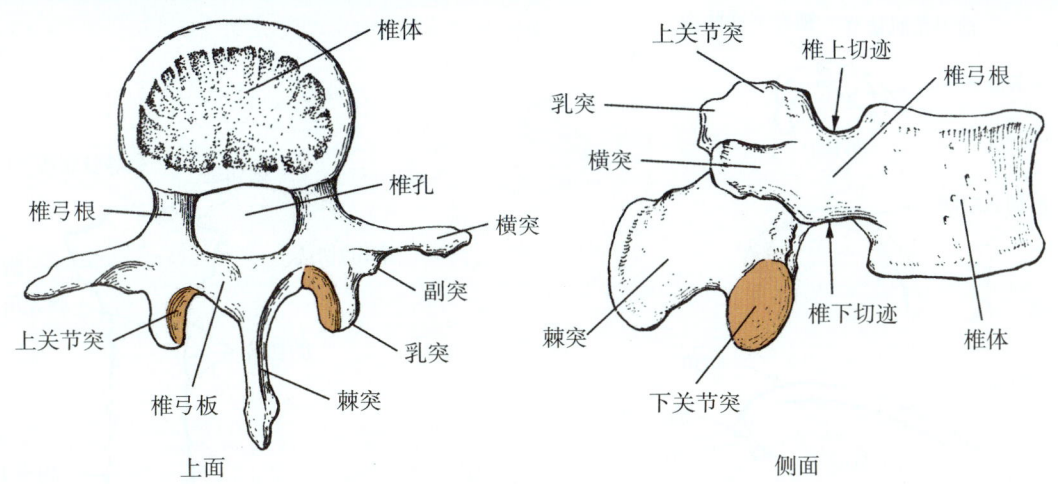

图 1-9 腰椎

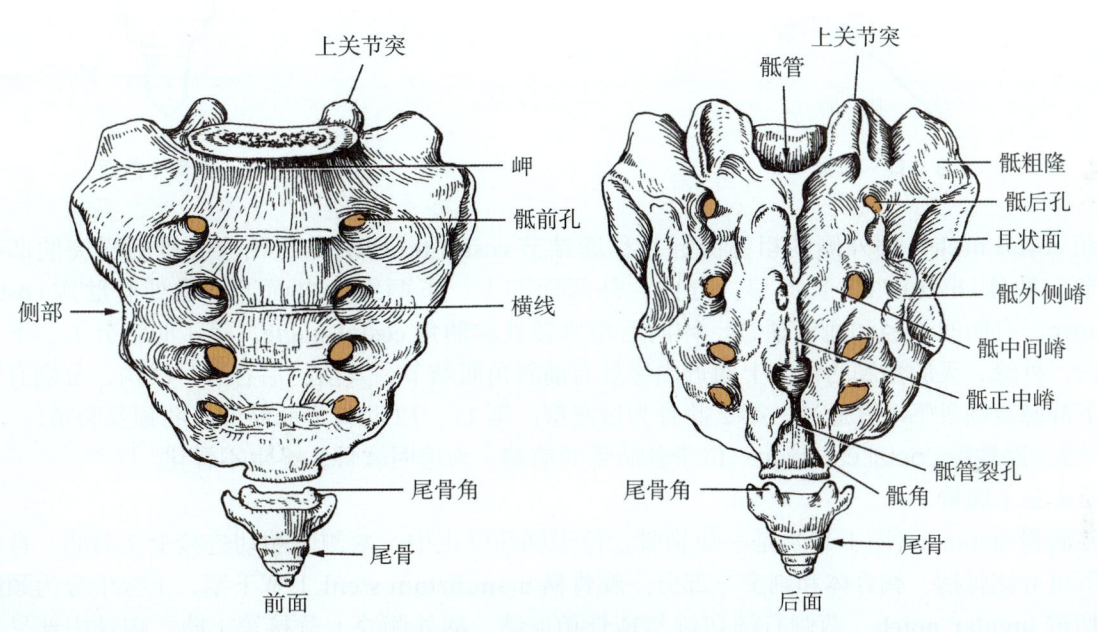

图 1-10 骶骨和尾骨

管称**骶管** sacral canal，上连椎管，下端向后裂开称**骶管裂孔** sacral hiatus，有神经通过。裂孔两侧的骨性突起称**骶角** sacral cornu，可在体表摸到，是骶管麻醉时确定骶管裂孔位置的标志。骶骨外侧部上宽下窄，上份有粗糙的耳状面与髂骨的耳状面构成骶髂关节，耳状面后方骨面凹凸不平，称骶粗隆。

(5) **尾骨** coccyx：由 3～4 块退化的尾椎愈合而成。上接骶骨，下端游离为尾骨尖（图 1-10）。

（二）肋

肋 ribs 由肋骨和肋软骨构成，共 12 对。第 1～7 对肋前端直接与胸骨相连，称**真肋**，下 5 对肋骨的前端也接肋软骨，但不直接与胸骨相连接，称**假肋**。第 11～12 对肋前端游离于腹壁肌层中，称**浮肋**。第 2 肋至第 7 肋与胸骨构成微动的胸肋关节。第 8～10 对肋软骨形成**肋弓** costal arch。

1. **肋骨** costal bone（图 1-11）属扁骨，分为体和前、后两端。前端稍宽，与肋软骨相接。后端膨大，称**肋头** costal head，有关节面与胸椎的肋凹相关节。肋头外侧稍细，称

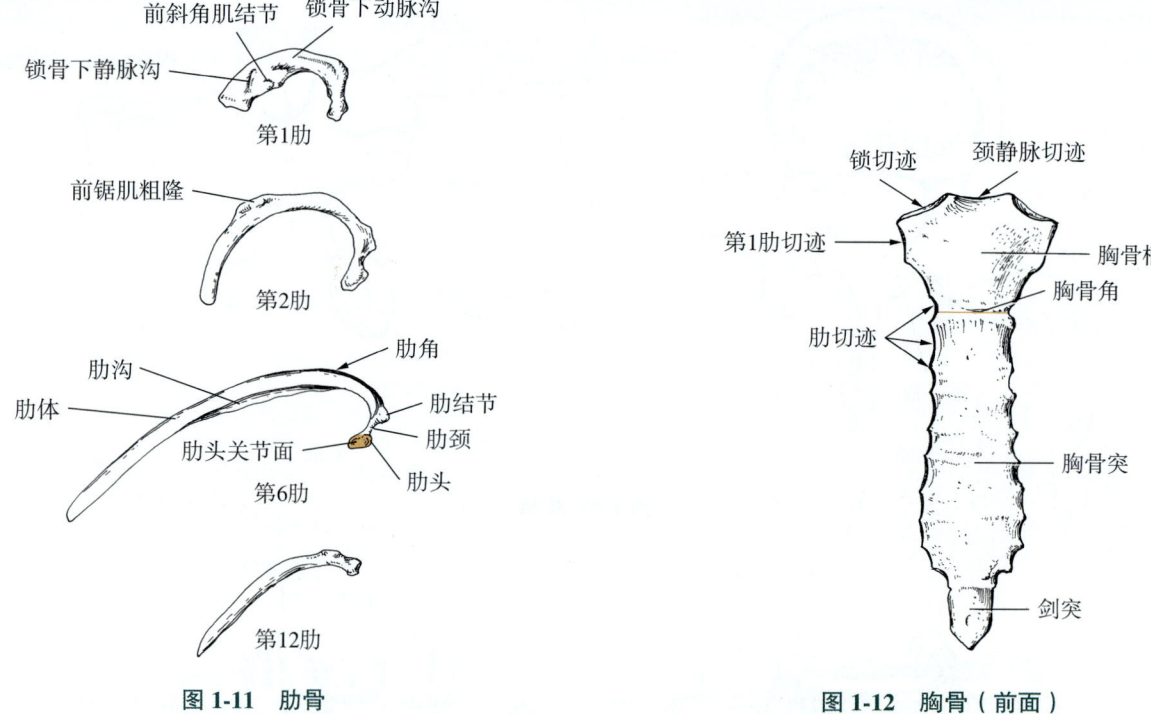

图 1-11 肋骨

图 1-12 胸骨（前面）

肋颈 costal neck，颈外侧的粗糙突起，称**肋结节 costal tubercle**，与相应胸椎的横突肋凹相关节。**肋体 shaft of rib** 长而扁，分内、外两面和上、下两缘。内面近下缘处有**肋沟 costal groove**，有肋间神经和血管通过。体的后份急转处称**肋角 costal angle**。第 1 肋骨分上、下面和内、外缘，无肋角和肋沟。上面近内缘处有前斜角肌结节，其前、后各有一浅沟，分别有锁骨下静脉及锁骨下动脉通过。第 2 肋骨为过渡型。第 11、12 肋骨无肋结节、肋颈及肋角。

2. **肋软骨 costal cartilage** 位于各肋骨的前端，为透明软骨，终生不骨化。

（三）胸骨

胸骨 sternum（图 1-12）是一块扁骨，位于胸前壁正中，两侧以肋切迹接上 7 对肋。自上而下可分胸骨柄、胸骨体和剑突三部分。**胸骨柄 manubrium steni** 上宽下窄，上缘中分为**颈静脉切迹 jugular notch**，两侧有锁切迹与锁骨相连结。柄外侧缘上分接第 1 肋。胸骨中部呈长方形称**胸骨体 body of sternum**，柄与体连接处微向前突，称**胸骨角 sternal angle**，可在体表扪及，两侧连接第 2 肋软骨相，是计数肋序数的重要标志。**剑突 xiphoid process** 薄而细长，形状变化较大，下端游离，在体表可触及。

二、颅骨

颅骨共 23 块，彼此借骨连接形成**颅 skull**，位于脊柱上方，（中耳的 3 对听小骨未计入），颅骨多为扁骨或不规则骨。除下颌骨和舌骨以外，其余的颅骨借缝或软骨牢固连结，颅骨分为脑颅骨和面颅骨。脑颅骨构成颅的后上方，围成颅腔，内容纳脑；面颅骨位于前下方，形成颜面的轮廓，构成眶、鼻腔和口腔。

（一）脑颅骨

脑颅骨共 8 块，其中不成对的有**额骨**、**筛骨**、**蝶骨**和**枕骨**，成对的有**颞骨**和**顶骨**。它们构成颅腔。颅腔的顶呈穹窿形，称**颅盖 calvaria**，由额骨、顶骨、枕骨、蝶骨和颞骨构成。颅腔的底凹凸不平，由额骨、蝶骨、筛骨、颞骨和枕骨构成。

1. **额骨 frontal bone** 呈贝壳形，位于颅的前上方，构成颅盖和颅底前份。分为额鳞、眶部和鼻部三部。

2. **筛骨 ethmoid bone**（图 1-13） 位于两眶之间，颅底的前方，构成鼻腔顶壁和鼻腔外侧壁的大部分。在冠状切面上呈"巾"字形，分为**筛板、垂直板、筛骨迷路**三部分。筛板呈水平位，分隔颅腔与鼻腔，筛板上有许多小孔，称筛孔。垂直板是筛板正中向下延伸的骨板，构成骨性鼻中隔的上部；筛骨迷路，位于垂直板的两侧，内含许多蜂窝状的小腔，称**筛窦**。迷路内侧壁有上、下两个卷曲骨片，称**上鼻甲**和**中鼻甲**。

3. **蝶骨 sphenoid bone**（图 1-14） 形如展翅的蝴蝶，位于颅底的中央，分体、大翼、小翼和翼突 4 部分。中央为**蝶骨体**，体内有一对空隙为**蝶窦**，自蝶骨体伸出三对突起，前上方一对为**小翼**，两侧的一对为**大翼**，在体和大翼结合处向下伸出一对**翼突**。

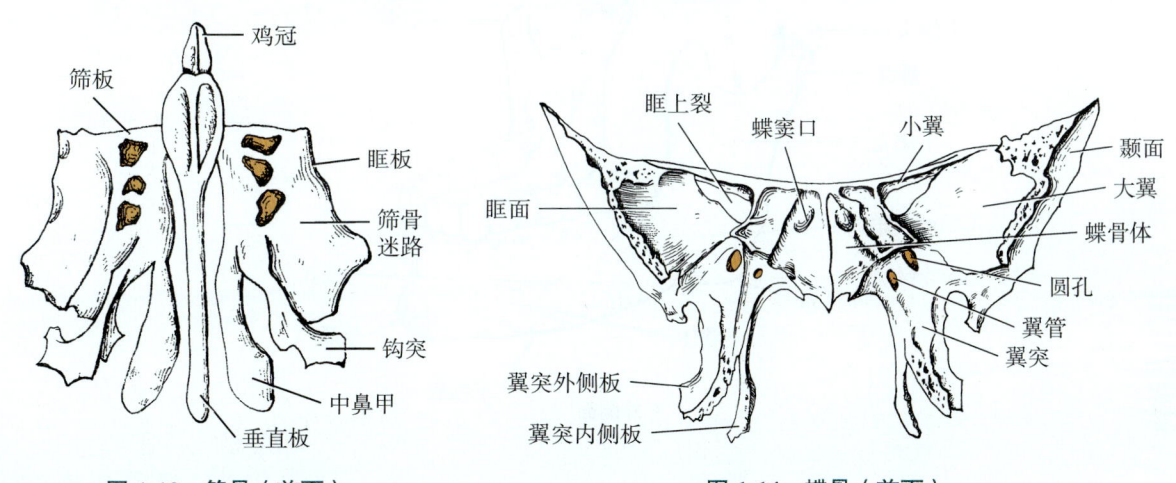

图 1-13 筛骨（前面）　　　　　　图 1-14 蝶骨（前面）

4. **颞骨 temporal bone**（图 1-15） 参与构成颅底和颅腔侧壁，形状不规则，颞骨以外耳门为中心分三部分：其前上方的鳞状骨片为**鳞部 squamous part**，构成外耳道的前下壁的半环形薄骨片为**鼓部 tympanic part**，伸向前内方的三棱锥形骨突为**岩部 petrous part**，岩部的后下方在外耳门后方向下突起，称**乳突 mastoid process**。

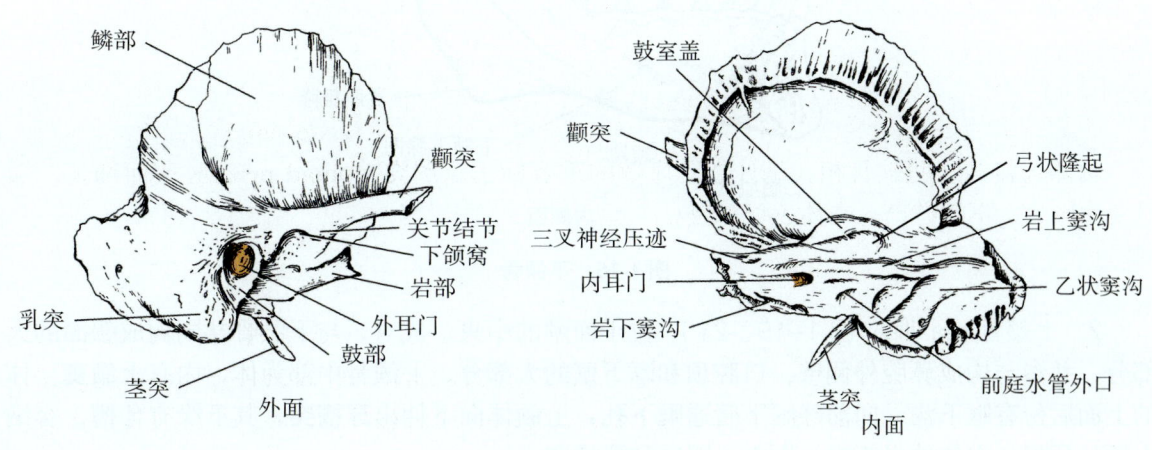

图 1-15 颞骨

5. **枕骨 occipital bone** 位于颅的后下部，呈勺状。前下部有**枕骨大孔**，侧部的下方有呈椭圆形的关节面，称**枕髁**（图 1-17，18）。

6. **顶骨 parietal bone**（图 1-19） 外隆内凹，呈四边形，位于颅顶中部，左右各一。

（二）面颅骨

面颅骨共 15 块，其成对的有上颌骨、腭骨、颧骨、鼻骨、泪骨及下鼻甲；不成对的有犁骨、下颌骨和舌骨。面颅骨围成眶腔、鼻腔和口腔。

1. 下颌骨 mandible（图 1-16） 为面颅骨最大的一块，形似马蹄形，分一体两支。**下颌体**呈弓形，上缘构成**牙槽弓**，有容纳下颌各牙的牙槽；下缘坚厚，为下颌底；下颌体外面正中向前凸的隆起称**颏隆凸**。前外侧面有**颏孔 mental foramen**。体内面的正中处，有几个小突起，称**颏棘**。**下颌支**是下颌体伸向后上方的方形骨板，下颌支上端有 2 个突起，前方的称**冠突**，后方的称**髁突**，髁突上端膨大为**下颌头 head of mandible**，与下颌窝相关节，头下方较细处是**下颌颈**，下颌支后缘与下颌底相交处，称**下颌角 angle of mandible**。

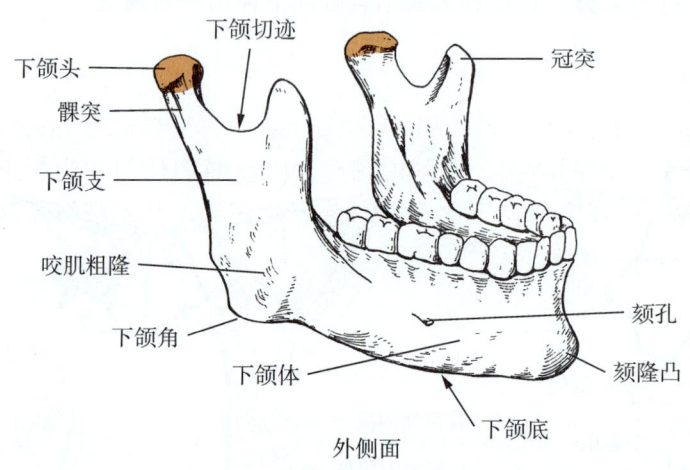

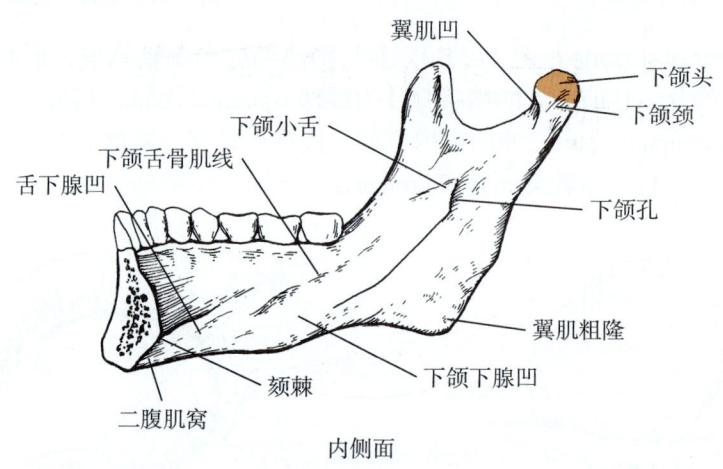

图 1-16 下颌骨

2. 上颌骨 maxilla（图 1-19、21） 位于面颅的中央，成对，与下颌骨共同构成颜面的大部分，并参与构成鼻腔外侧壁、口腔顶和眶下壁的大部分。上颌骨中部为体，内有**上颌窦**。体的上面后份有眶下沟，向前经眶下管通眶下孔；上颌体向下伸出**牙槽突**，其下缘有牙槽，容纳上颌牙牙根。由体伸出额突、颧突、腭突和牙槽突。

（三）颅的整体观

1. 颅的顶面观　颅的上面称颅顶（图 1-19），又称颅盖，略呈卵圆形。额骨与顶骨之间为**冠状缝 coronal suture**；左右顶骨之间为**矢状缝 sagittal suture**，顶骨与枕骨之间为**人字缝 lambdoid suture**。

2. 颅的后面观　可见人字缝、枕鳞以及两侧颞骨的**乳突 mastoid process**，枕骨中央最突出的部分称**枕外隆凸 external occipital protuberance**。乳突和枕外隆凸是重要的骨性标志。

3. 颅的内面观 颅底内面凹凸不平，呈阶梯状的3个窝，分别称**颅前、中、后窝**（图1-17）。窝中有很多孔、裂，大都与颅底外面相通。

（1）**颅前窝 anterior cranial fossa**：（图1-17）由额骨眶部、筛骨筛板和蝶骨小翼围成。正中部前端有一向上的突起称**鸡冠**，其两侧为**筛板**，板上有**筛孔**通鼻腔。

（2）**颅中窝 middle cranial fossa**：（图1-17）由蝶骨体及大翼、颞骨岩部等构成。中央是蝶骨体，其上面的凹陷称**垂体窝** hypophysial fossa，窝的前外侧有视神经管，管口外侧有**眶上裂**，蝶骨体两侧由前向后依次有**圆孔、卵圆孔**和**棘孔**。自棘孔起有**脑膜中动脉沟**行向外上方。颞骨岩部尖端与蝶骨体之间围成**破裂孔**。

（3）**颅后窝 posterior cranial fossa**（图1-17）：为3个窝中最深、最大的一个，主要由枕骨和颞骨岩部后面构成。中央有**枕骨大孔** foramen magnum，孔前方的平坦斜面称**斜坡**，孔的前外缘有**舌下神经管**内口，孔的外侧有一形状不规则的孔，称**颈静脉孔 jugular foramen**。颅后窝的后壁上有呈"十"字形的隆起，称**枕内隆凸**，由此向上延伸的沟为**上矢状窦沟**，向两侧延伸的沟为**横窦沟**。横窦沟转向下内侧移行为**乙状窦沟**，其末端续于**颈静脉孔** jugular foramen。颞骨岩部后面的中央有**内耳门**通入内耳道。

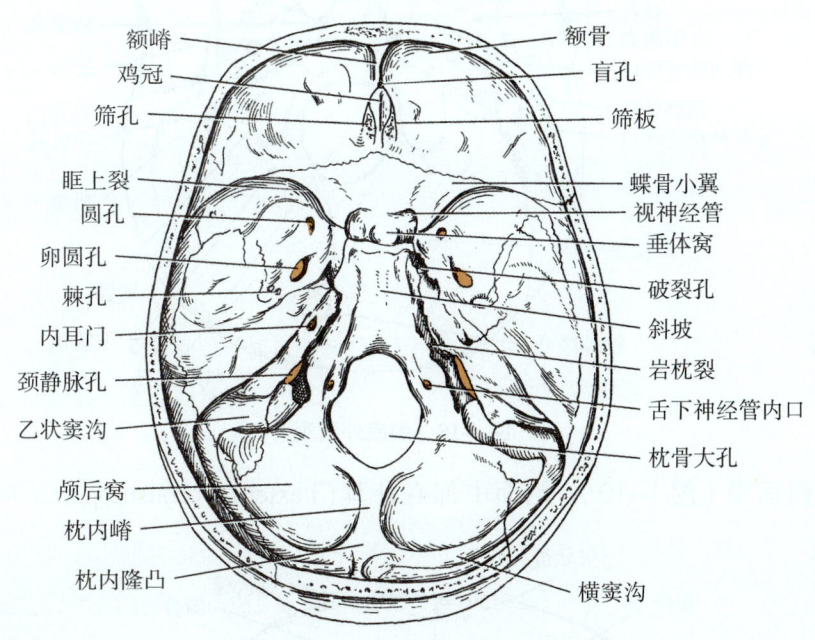

图1-17 颅底内面观

颅底骨折

颅底骨较薄，凹凸不平，其下毗邻鼻、眶和中耳等，有许多孔、裂供神经血管通过。颅底发生骨折，部位不同，表现亦不同。颅前窝骨折若累及额骨眶板，出血及脑脊液流进眶内，眶周皮下及球结合膜下形成淤血斑，称之"熊猫眼"征。若累及筛板，出血及脑脊液可经前鼻孔流出，成为脑脊液鼻漏，空气也可经此逆行进入颅腔内形成颅内积气；因筛孔内有嗅神经通行，此处骨折常可引起嗅觉障碍。颅中窝骨折若累及颞骨岩部，出血及脑脊液经中耳由鼓膜裂孔流出形成脑脊液耳漏。耳鼻出血和脑脊液漏，不可堵塞或冲洗，以免引起颅内感染。多数脑脊液漏能在2周左右自行停止。

4. 颅底外面观　颅底外面高低不平，神经、血管通过的孔裂甚多（图1-18）。前部由面颅骨组成，中央为**骨腭** bony palate。其后方为由蝶骨及腭骨围成的鼻后孔和分隔鼻后孔的犁骨。骨腭正中有腭中缝，其前端有**切牙孔**，通入切牙管；近后缘两侧有**腭大孔**。颅底外面的后部中央有**枕骨大孔**，其前外侧为枕骨髁，髁的前外侧有一相互邻近的**舌下神经管**、**颈静脉孔**和**颈动脉管外口**。颈静脉孔的外侧有细长的茎突，其后外为乳突，茎突与乳突间有一小孔称**茎乳孔** stylomastoid foramen，孔向上通面神经管。颧弓根部后方有下颌窝，与下颌头相关节，窝前缘的隆起，称**关节结节**。

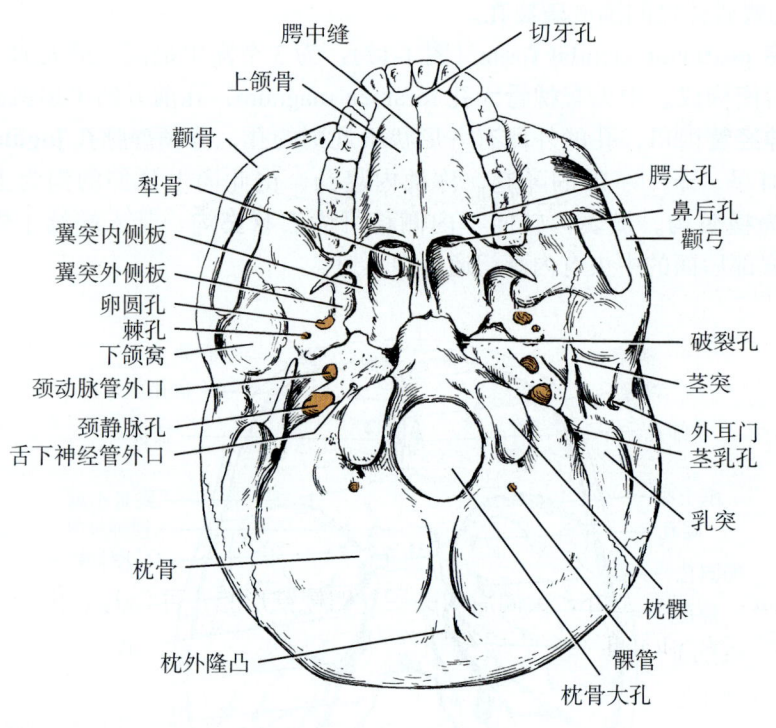

图 1-18　颅底外面观

5. 颅的侧面观（图1-19）　侧面中部有**外耳门** external acoustic pore，向内通外耳道。

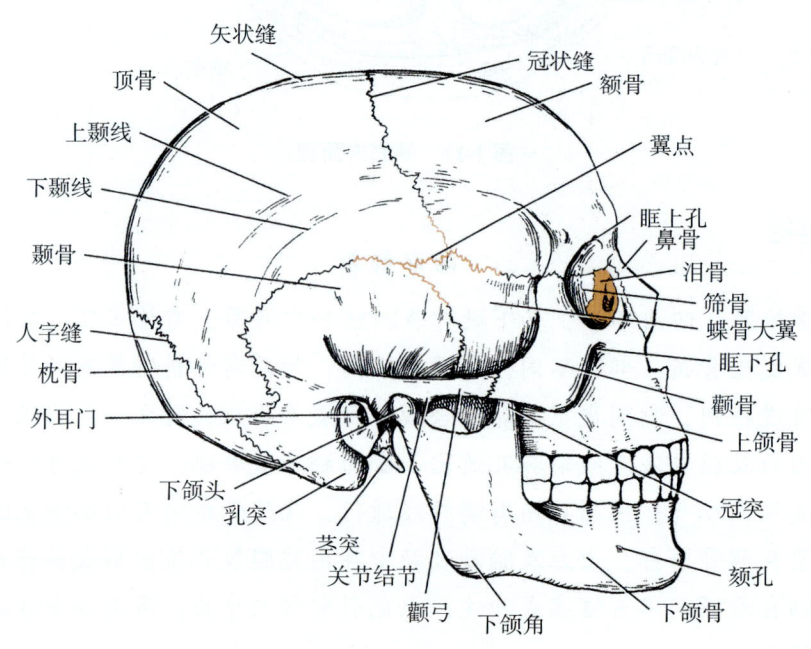

图 1-19　颅侧面观

外耳门后方为乳突，前方为**颧弓** zygomatic arch，以颧弓平面为界将颅侧面分为上方的**颞窝** temporal fossa 和下方**颞下窝** infratemporal fossa。颞窝前下部较薄，在额、顶、颞、蝶骨会合处最为薄弱，常构成"H"形的缝，称**翼点** pterion。其内面的沟内有脑膜中动脉通过，该处骨折易造成脑膜中动脉等损伤，引起颅内出血。颞下窝的内侧壁，在上颌骨与蝶骨翼突之间有一个三角形间隙称**翼腭窝**（图1-20），此窝可通鼻腔、眶腔、口腔和颅腔。

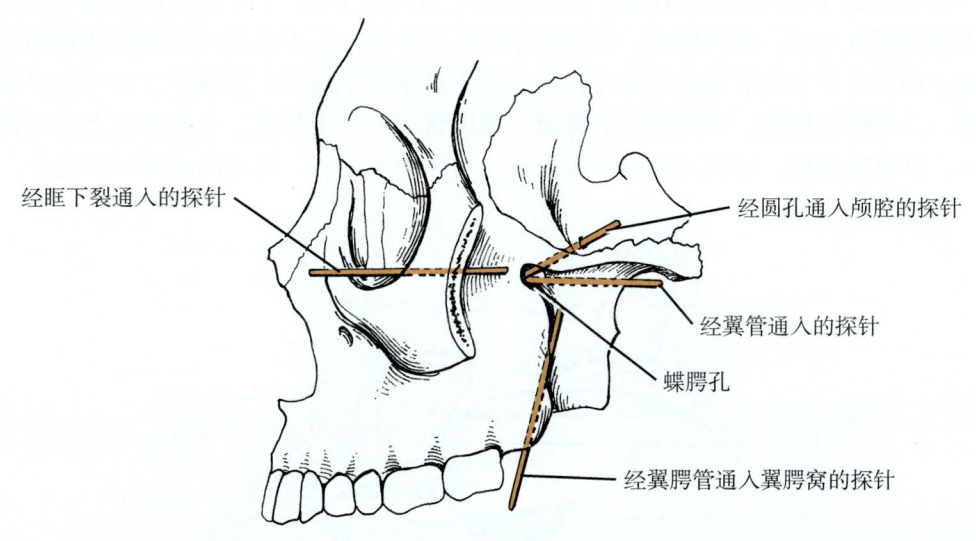

图 1-20 翼腭窝

6. 颅的前面观（图1-21）构成人体的颜面，主要结构有眶、骨性鼻腔和骨性口腔。

（1）**眶** orbit：为底朝前外，尖向后内的一对四棱锥形腔，可分上、下、内侧、外侧四壁，容纳眼球及附属结构。眶口的上、下缘分别称为**眶上缘**和**眶下缘**。眶上缘中、内1/3交界处有

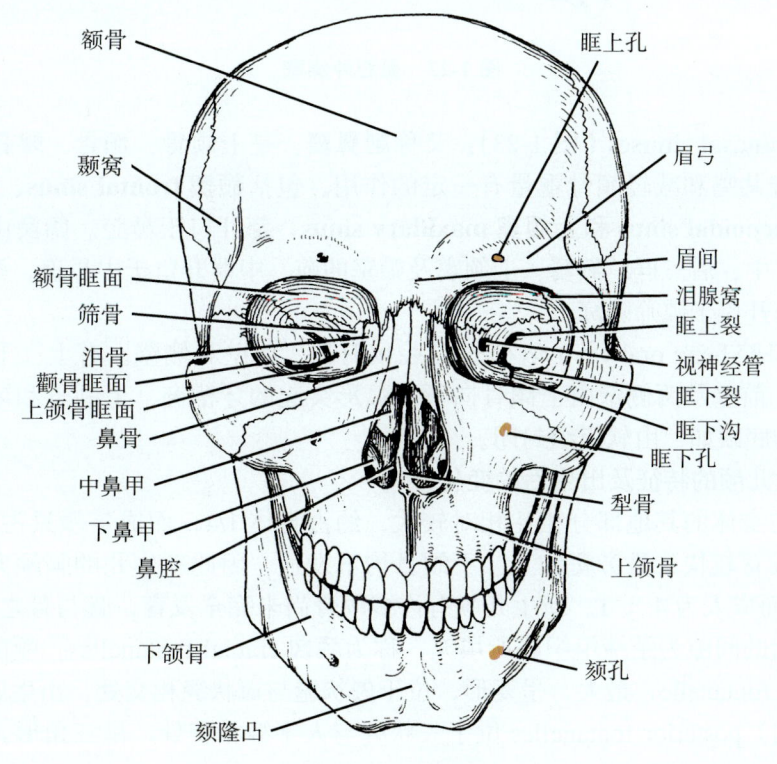

图 1-21 颅前面观

眶上孔 supraorbital foramen 或眶上切迹 supraorbital notch，而眶下缘的中点下方约1cm处有眶下孔 infraorbital foramen。眶尖朝向后内，有视神经管 optic canal 与颅中窝相通。内侧壁薄，前下部有泪囊窝，此窝向下经鼻泪管通向鼻腔；上壁前外侧部有泪腺窝，容纳泪腺；下壁中部有眶下沟，向前经眶下管开口于眶下孔；外侧壁最厚。外侧壁与上、下壁后部交界处有眶上裂 superior orbital fissure 和眶下裂 inferior orbital fissure。

（2）**骨性鼻腔 bony nasal cavity**：位于面颅中央（图1-22），由犁骨和筛骨垂直板构成的骨性鼻中隔将其分为左、右两部分。前方经犁状孔通外界，后方借成对的鼻后孔通咽腔。鼻腔外侧壁自上而下有三个向下弯曲的骨片，分别称**上鼻甲**、**中鼻甲**、**下鼻甲**，每个鼻甲下方为相应的鼻道，分别称**上鼻道**、**中鼻道**、**下鼻道**，鼻泪管开口于下鼻道。上鼻甲后上方与蝶骨体之间的浅窝，称**蝶筛隐窝**。鼻腔的顶由筛板构成，与颅前窝相邻，鼻腔的底即口腔的顶。

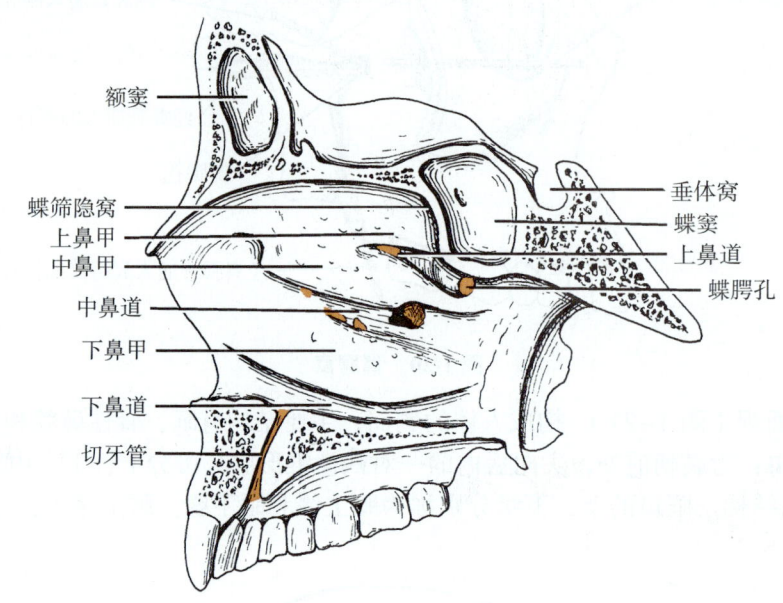

图1-22　鼻腔外侧壁

鼻旁窦 paranasal sinuses（图1-23）：又称**副鼻窦**，是上颌骨、额骨、蝶骨及筛骨内的含气骨腔，对发音共鸣和减轻颅骨重量有一定的作用。包括**额窦 frontal sinus**、**筛窦 ethmoidal sinus**、**蝶窦 sphenoidal sinus 和上颌窦 maxillary sinus**，都开口于鼻腔。筛窦由许多蜂窝状小房组成，分前、中、后三群。额窦、上颌窦及筛窦的前、中群开口于中鼻道，筛窦的后群开口于上鼻道，蝶窦开口于蝶筛隐窝。

（3）**骨性口腔 bony oral cavity**：骨性口腔仅有顶、前壁和侧壁。有上、下颌骨及腭骨构成。顶是骨腭，前壁及两侧壁由上颌骨向下呈弧形突起的牙槽突、上颌骨和牙围成，向后通咽。骨性口腔的底缺如，由软组织封闭。

（四）新生儿颅的特征及出生后的变化

新生儿颅与身体的其他部分相比相对较大，约占身体1/4，而成年颅只占1/8，由于胎儿脑及感觉器官发育较快，鼻旁窦和上、下颌骨均不发达，因此新生儿的脑颅大于面颅，其比例约为8∶1，而成人为4∶1。新生儿颅有许多颅骨尚未完全发育，骨与骨之间的间隙很大，在颅顶各骨之间的间隙为结缔组织膜所填充，称为**颅囟 cranial fontanelles**。颅囟主要有：**前囟（额囟）anterior fontanelle**，最大，呈菱形，位于矢状缝与冠状缝相交处，出生后1～2岁时闭合；**后囟（枕囟）posterior fontanelles** 位于矢状缝与人字缝相交处，呈三角形，生后不久即闭合（图1-24）。

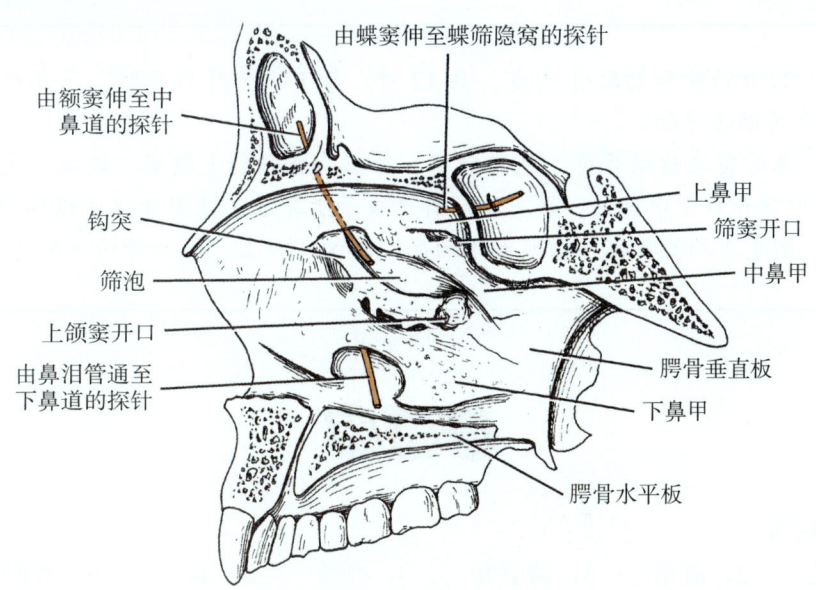

图 1-23　鼻旁窦及其开口

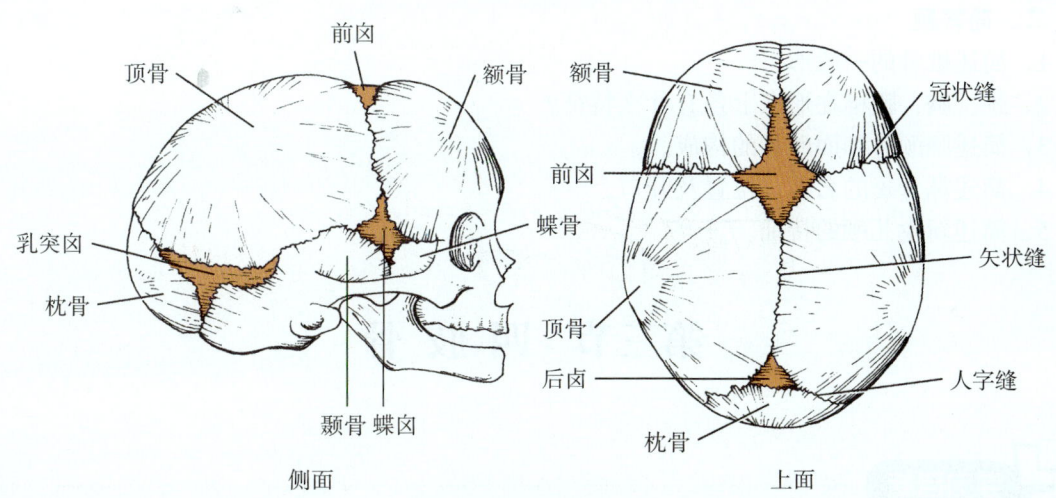

图 1-24　新生儿颅

小结

1. 人体的中轴骨包括躯干骨和颅骨。

2. 躯干骨包括 24 块椎骨、1 块骶骨、1 块尾骨、1 块胸骨和 12 对肋骨；共 51 块，它们分别参与脊柱、骨性胸廓和骨盆的构成。

3. 颅骨分为脑颅骨和面颅骨，脑颅骨共 8 块，脑颅骨围成颅腔，内容纳脑；其中不成对的有额骨、筛骨、蝶骨和枕骨，成对的有颞骨和顶骨。面颅骨共 15 块，面颅骨围成眶腔、鼻腔和口腔。其中成对的有上颌骨、腭骨、颧骨、鼻骨、泪骨及下鼻甲；不成对的有犁骨、下颌骨和舌骨。

4. 成年人有 24 块独立的椎骨（颈椎 7 块，胸椎 12 块，腰椎 5 块），1 块骶骨和 1 块尾骨，椎骨由椎体和椎弓组成。

5. 肋由肋骨和肋软骨构成，共12对。第1～7对为真肋，下5对为假肋。第11～12对肋为浮肋。

6. 鼻旁窦又称副鼻窦，包括额窦、筛窦、蝶窦和上颌窦。额窦、上颌窦及筛窦的前、中群开口于中鼻道，筛窦的后群开口于上鼻道，蝶窦开口于蝶筛隐窝。

7. 新生儿颅的特征：脑颅大于面颅，鼻旁窦和上、下颌骨均不发达，有颅囟。

自测题

一、名词解释

1．椎间孔　　2．骶角　　3．胸骨角　　4．颅盖　　5．翼点　　6．翼腭窝
7．鼻旁窦　　8．颅囟

二、简答题

1．简述椎骨的一般形态。
2．颈、胸、腰椎在形态上各有什么特征？
3．简述脑颅骨和面颅骨的构成。
4．简述鼻旁窦的名称、位置及开口。
5．简述新生儿颅的特征。

第三节　四　肢　骨

学习目标

通过本节内容的学习，学生应能：

◆ 记忆
定义四肢骨的位置及组成。

◆ 理解
1．说明上肢骨的形态。
2．说明下肢骨的形态。

◆ 应用
举例说明上、下肢骨的形态和功能的变化。

四肢骨包括上肢骨和下肢骨，由肢带骨和自由肢骨两部分组成。上、下肢起源相近，骨的数目和排列方式也基本相同。但由于人类直立，使上、下肢的结构和功能发生分化，上肢骨结构轻巧，连结灵活，利于从事精巧劳动；而下肢骨结构粗大，连结稳固，利于行使支持及负重功能。

一、上肢骨

每侧 32 块，其中上肢带骨 2 块，自由上肢骨 30 块。

（一）上肢带骨

1. **锁骨** clavicle　呈 "～" 形弯曲，横架于胸廓前上方，全长可在体表扪及（图 1-25）。内侧端粗大为**胸骨端**，有鞍状关节面与胸骨柄相关节；外侧端扁平为**肩峰端**，有小而平的关节面与肩胛骨肩峰相关节。锁骨上面光滑，下面粗糙，内侧 2/3 凸向前，外侧 1/3 凸向后，二者交界处是锁骨骨折的好发部位。

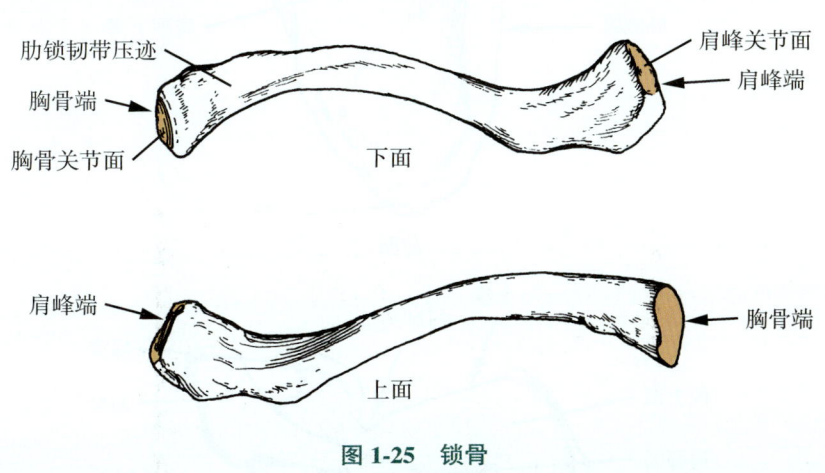

图 1-25　锁骨

2. **肩胛骨** scapula　为三角形扁骨，位于胸廓上部的后外侧、第 2～7 肋之间（图 1-26）。肩胛骨有两个面，三个缘和三个角。**前面**又称肋面，面向胸廓，有一大而浅的**肩胛下窝**。**后面**又称背面，有横行的**肩胛冈**，肩胛冈外侧端向前外突起，称**肩峰** acromion。肩胛冈上、下方的浅窝分别称**冈上窝**和**冈下窝**。**上缘**外侧份有一切迹称**肩胛切迹**。切迹外侧凸向前的指状突起，称**喙突** coracoid process。**内侧缘**对脊柱，又称脊柱缘。**外侧缘**最厚，邻近腋窝又称腋缘。

肩胛骨**外侧角**粗大，朝向外侧方的梨形浅窝，称**关节盂** glenoid cavity，与肱骨头相关节。**上角**平第 2 肋，**下角**约平第 7 肋或第 7 肋间隙，为计数肋的标志。肩胛冈、肩峰、喙突、肩胛骨下角及内侧缘均可在体表扪及。

（二）自由上肢骨

1. **肱骨** humerus　可分一体和上、下两端（图 1-27）。上端有呈朝向上内方，呈半球形的**肱骨头** head of humerus，与肩胛骨的关节盂相关节。头周围的环形浅沟，称**解剖颈** anatomical neck。在肱骨头外侧和前方各有一隆起，分别称**大结节**和**小结节**，各向下延伸成一纵嵴，分别称为**大结节嵴**和**小结节嵴**。两结节之间的纵沟称**结节间沟**。肱骨上端与体交界处稍细称**外科颈** surgical neck，是肱骨骨折的好发部位。肱骨体上段呈圆柱形，下段呈三棱柱形。肱骨体中部的外侧面有一粗糙骨面，为**三角肌粗隆**；后面中部有一自内上斜向外下的浅沟，称**桡神经沟** sulcus for radial nerve，桡神经紧贴此沟经过，肱骨中段骨折时易损伤桡神经。

肱骨下端前后稍扁，外侧部为半球形的**肱骨小头** capitulum of humerus，内侧部为滑车状的**肱骨滑车** trochlea of humerus；肱骨滑车后上方的深窝称**鹰嘴窝**，下端向内、外侧各有一突起，分别称**内上髁** medial epicondyle 和**外上髁** lateral epicondyle。内上髁后下方有一浅沟，称**尺神经沟** sulcus for ulnar nerve，有尺神经通过。

2. **桡骨** radius　位于前臂外侧，上端小，下端大（图 1-28）。上端有圆盘状的**桡骨头 head of radius**，上面有关节凹与肱骨小头相关节，头周围有**环状关节面**与尺骨的桡切迹相关

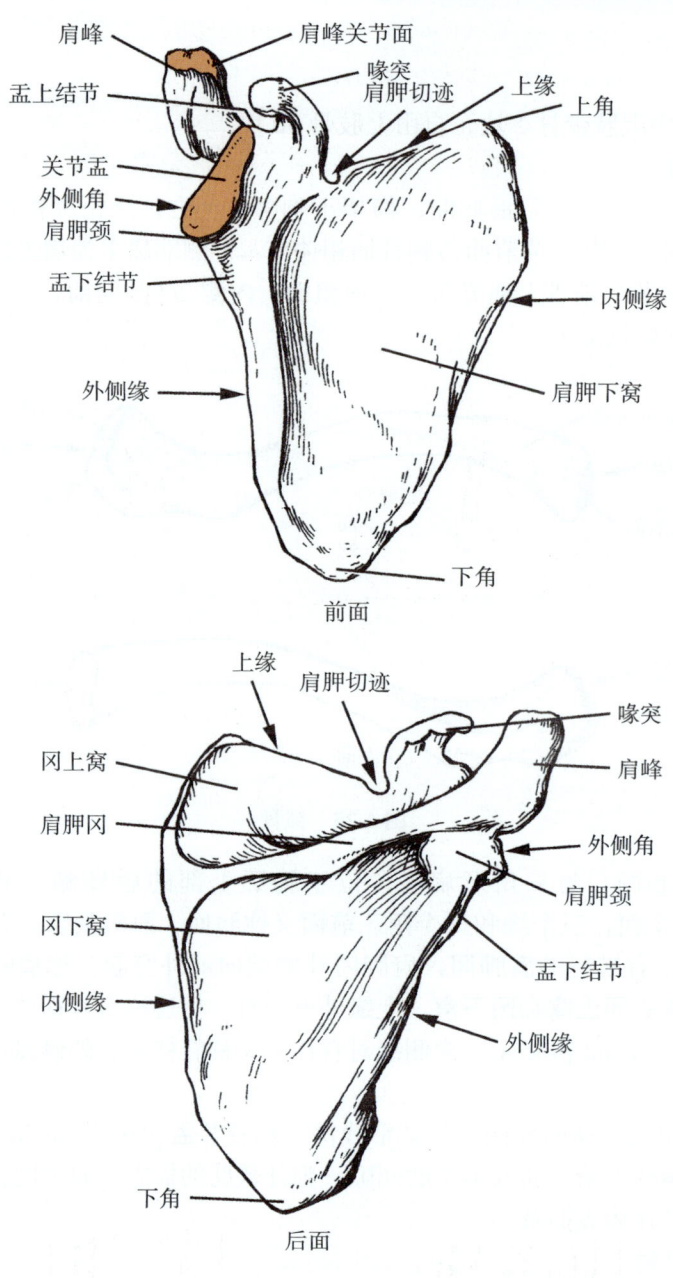

图 1-26 肩胛骨

节。头下方的缩窄为**桡骨颈**，颈内下的隆突称**桡骨粗隆**。桡骨体呈三棱柱形，内侧为锐利的**骨间缘**。下端的内侧面有弧形凹陷的关节面，称**尺切迹**，与尺骨头相关节；下端的下面有腕关节面，与近侧列腕骨相关节；下端的外侧向下突起称**茎突** styloid process，体表可扪及。

3. **尺骨 ulna** 位于前臂内侧，上端大，下端小（图 1-28）。上端有两个突起，后方较大的为**鹰嘴** olecranon，前方较小的为**冠突** coronoid process。冠突与鹰嘴间的凹陷称**滑车切迹** trochlear notch，与肱骨滑车相关节。上端的外侧有**桡切迹**，与桡骨头相关节。冠突前下方的粗糙隆起称**尺骨粗隆**。尺骨体外侧为锐利的骨间缘。尺骨下端称**尺骨头**，与桡骨的尺切迹相关节；头的后内侧向下的突起，称为**尺骨茎突**，在体表可扪及，位置较桡骨茎突略高。

4. **手骨** 包括腕骨、掌骨和指骨，共 27 块（图 1-29）。

（1）**腕骨 carpal bones**：属短骨，共 8 块，排成近、远侧两列。近侧列从外向内依次为：**手舟骨** scaphoid bone、**月骨** lunate bone、**三角骨** triquetral bone 和**豌豆骨** pisiform bone；远侧列

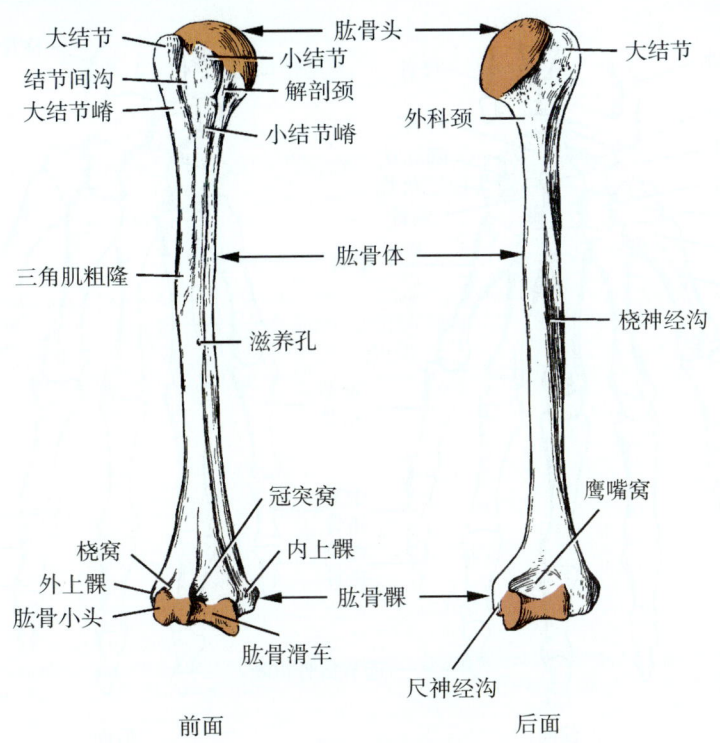

图 1-27　肱骨

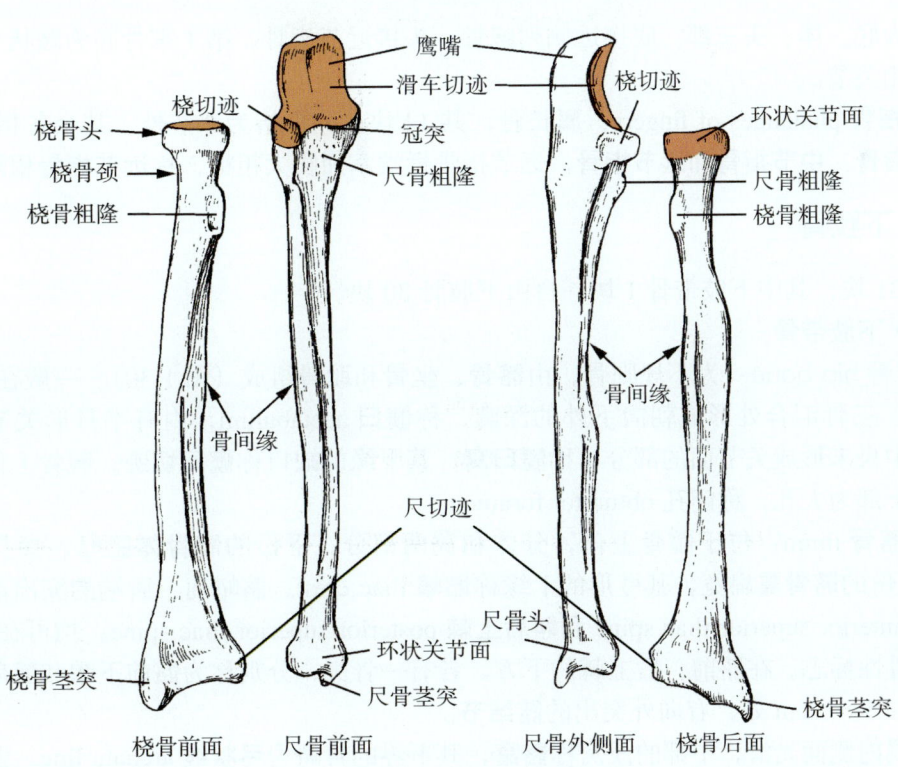

图 1-28　桡骨和尺骨

从外向内依次为：**大多角骨** trapezium bone、**小多角骨** trapezoid bone、**头状骨** capitate bone 和**钩骨** hamate bone。8 块腕骨构成掌面凹陷的**腕骨沟**。

(2) **掌骨** metacarpal bones：属长骨，共 5 块，从桡侧向尺侧依次为第 1～5 掌骨。各掌

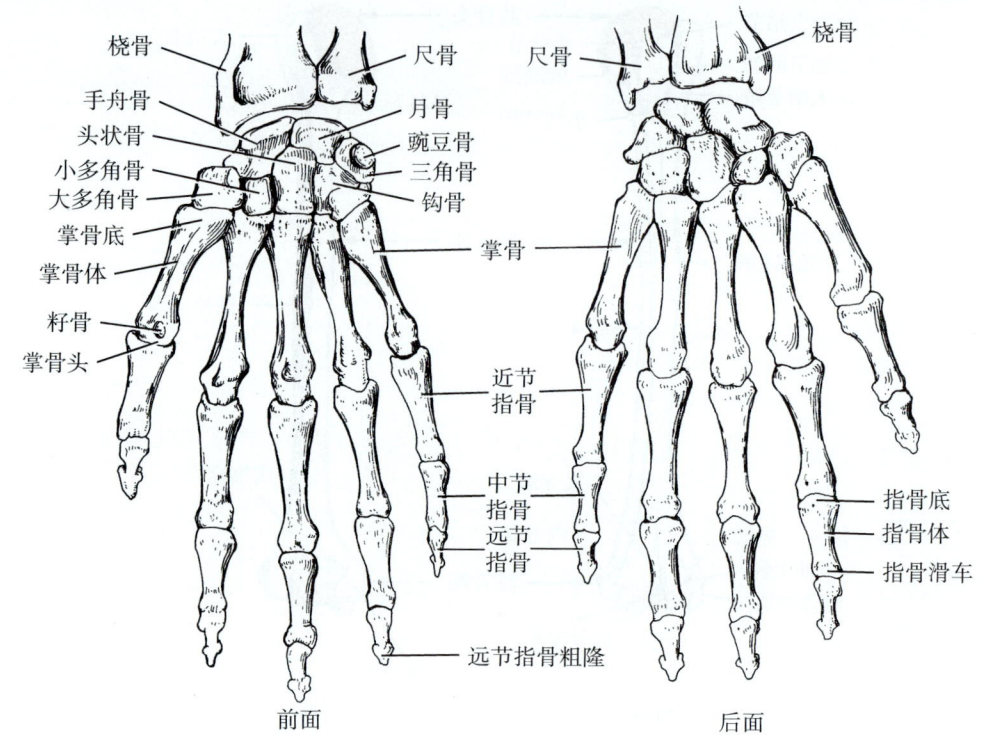

图 1-29 手骨

骨均可分为底、体、头三部。底接远侧列腕骨，头接近节指骨。第 1 掌骨底为鞍状关节面，与大多角骨相关节。

（3）**指骨** phalanges of fingers：属长骨，共 14 块。除拇指为 2 节外，其余各指均为 3 节，分为**近节指骨**、**中节指骨**和**远节指骨**。远节指骨远端掌面膨大粗糙，称**远节指骨粗隆**。

二、下肢骨

每侧 31 块，其中下肢带骨 1 块，自由下肢骨 30 块。

（一）下肢带骨

1. **髋骨** hip bone　为不规则骨，由**髂骨**、**坐骨**和**耻骨**组成（图 1-30）。一般在 16 岁左右完全融合。三骨汇合处形成朝向下外的深窝，称**髋臼** acetabulum，内有半月形关节面称**月状面**，窝的中央未形成关节面的部分，称**髋臼窝**，其下缘的缺口称**髋臼切迹**。髋骨上份扁阔，中份窄厚，下部为大孔，称**闭孔** obturator foramen。

（1）**髂骨** ilium：位于髋骨上份，分体和翼两部分。下份的**髂骨体**肥厚，参与构成髋臼上 2/5。上份的**髂骨翼**扁宽，其弓形的上缘称**髂嵴** iliac crest。髂嵴前、后端的突出部，分别称**髂前上棘** anterior superior iliac spine 和**髂后上棘** posterior superior iliac spine，均可在体表扪及，是重要的骨性标志。在髂前、后上棘的下方，各有一骨突，分别称为**髂前下棘**和**髂后下棘**。髂前上棘后方 5～7cm 处，有向外突出的**髂结节**。

髂骨翼内侧面光滑，中部的浅窝称**髂窝**，其下界的骨嵴为**弓状线** arcuate line。髂窝的后下方有粗糙的**耳状面**，与骶骨相关节。

（2）**坐骨** ischium：位于髋骨后下份，分为坐骨体及坐骨支。**坐骨体**构成髋臼的后下 2/5，后部有一突出的**坐骨棘** ischial spine。棘的上方为**坐骨大切迹** greater sciatic notch，棘的下方有较小的**坐骨小切迹** lesser sciatic notch。坐骨小切迹下方是一粗糙而肥厚的**坐骨结节** ischial tuberosity，在活体容易扪及，是重要的骨性标志。坐骨结节构成坐骨体的下端，自坐骨结节向

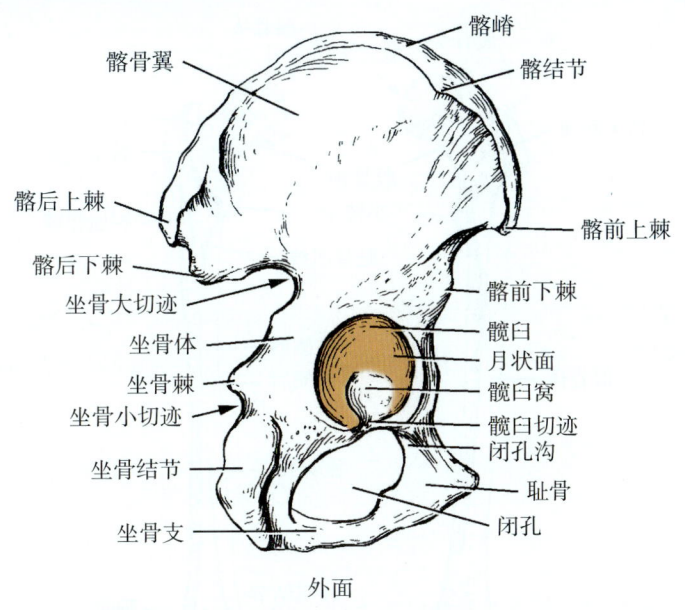

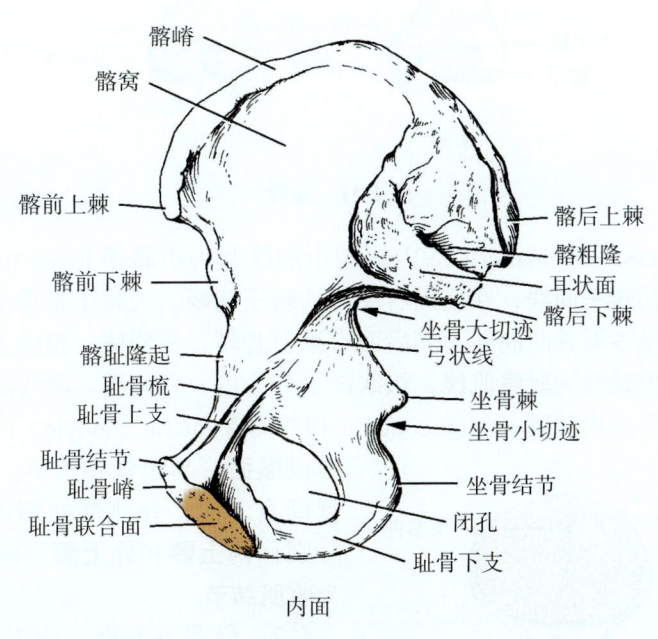

图 1-30　髋骨

前内延伸为较细的**坐骨支**，其末端与耻骨下支结合。

（3）**耻骨** pubis：位于髋骨前下份，分为耻骨体和耻骨上、下支。耻骨体构成髋臼前下 1/5，在内侧面与髂骨连接处形成粗糙的**髂耻隆起** iliopubic eminence。耻骨体向前内延续为**耻骨上支**，其末端急转向下移行为**耻骨下支**。耻骨上支上缘的锐利骨嵴称**耻骨梳** pecten pubis，向前终于**耻骨结节** pubic tubercle，向后与弓状线相续。耻骨上、下支结合处的上缘为**耻骨嵴**，结合处的内侧面为**耻骨联合面**。耻骨下支与坐骨支结合，使耻骨和坐骨围成**闭孔**。

（二）自由下肢骨

1. **股骨** femur　为全身最长的长骨，长度约为身高的 1/4。可分为体及上、下两端（图 1-31）。

股骨上端有朝向内上的球形**股骨头** femoral head，与髋臼相关节。头下外方较细部分为**股骨颈** neck of femur，其下端接股骨体，股骨颈与体形成约 130° 的**颈干角**。颈与体连接处外上

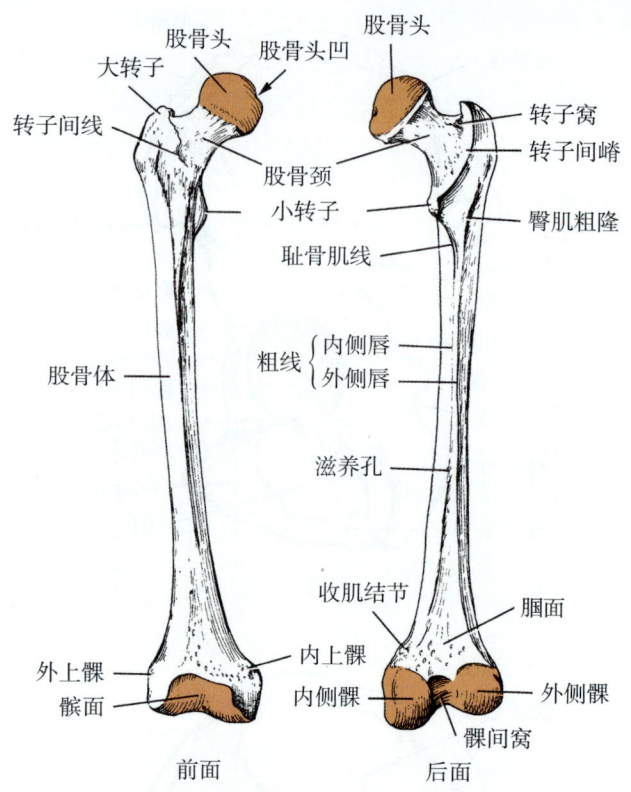

图1-31 股骨

方的隆起为**大转子** greater trochanter，后内侧较小的隆起为**小转子** lesser trochanter。两个转子之间，在前面有粗糙的**转子间线**，在后面有突出的**转子间嵴**。大转子是重要的体表标志，可在体表扪及。股骨体略呈弓形并凸向前，其后面有纵行骨嵴，称**粗线**。粗线上端分叉，向上外延续为**臀肌粗隆**，向上内延续为**耻骨肌线**。粗线向下分为内、外两线，两线之间的骨面为**腘面**。

股骨下端膨大，形成**内侧髁** medial condyle 和**外侧髁** lateral condyle。两者前方的关节相连形成**髌面**，与髌骨相关节。两髁后部的深窝称**髁间窝**。内、外侧髁的侧面各有较小的隆起，分别称**内上髁**和**外上髁**。内上髁上方的小突起为**收肌结节**。

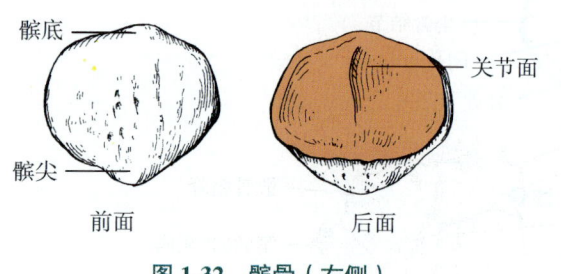

图1-32 髌骨（右侧）

2. **髌骨** patella 为人体最大的籽骨，位于股四头肌腱内。上宽下尖，前面粗糙，后面大部分为关节面，与股骨髌面相关节（图1-32），参与膝关节的构成。髌骨可在皮下摸到。

3. **胫骨** tibia 位于小腿内侧，为粗大的长骨，分为一体两端（图1-33）。上端膨大，向两侧突出形成**内侧髁**和**外侧髁**，两髁上面各有关节面，与股骨内、外侧髁相关节。两髁之间的隆起称**髁间隆起**，与股骨下端的髁间窝对应。外侧髁后下方有**腓关节面**，与腓骨头相关节。上端前部的较大隆起，称**胫骨粗隆** tibial tuberosity，是髌韧带的附着处。胫骨体呈三棱柱状，其前和内侧面可在体表扪及。其内侧缘为**骨间缘**，有小腿骨间膜附着。体后面的上部，有自外上行向内下方的**比目鱼肌线**。下端稍膨大，其内侧向下突起，形成**内踝** medial malleolus，可在体表扪及。下端的下面和内踝的外侧面均有关节面，与距骨相关节。

4. **腓骨** fibula 位于小腿外侧，细长，分为一体两端（图1-33）。上端膨大形成**腓骨头** head of fibula，其内上部有关节面与胫骨相关节。头下方为**腓骨颈** neck of fibula。腓骨体内侧

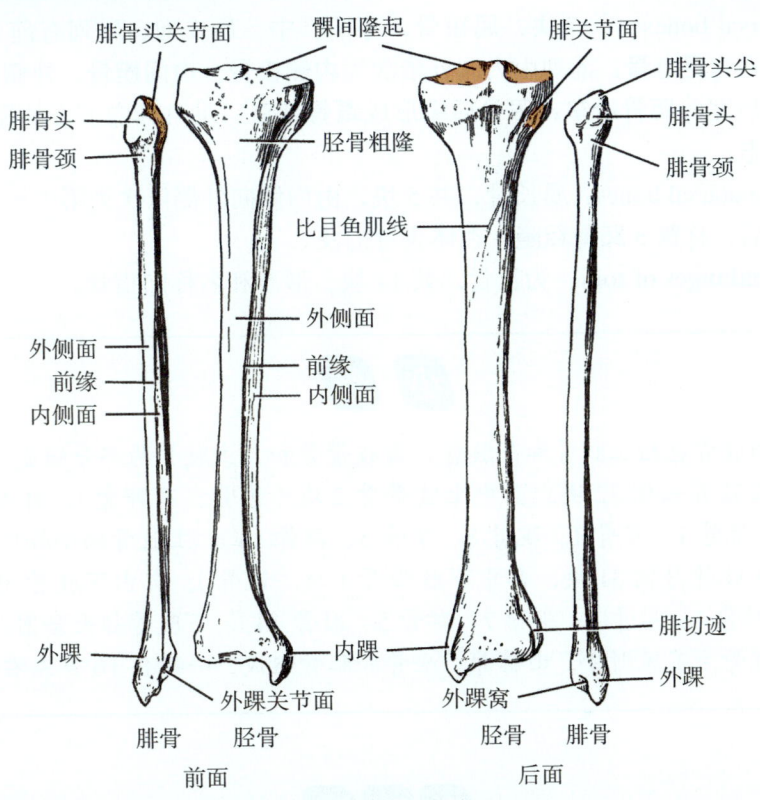

图 1-33 胫骨和腓骨（右侧）

缘锐利，称骨间缘，供小腿骨间膜附着。下端膨大形成**外踝** lateral malleolus，为重要体表标志。其内侧面有关节面，与距骨相关节。

5. 足骨　包括跗骨、跖骨和趾骨（图 1-34）。

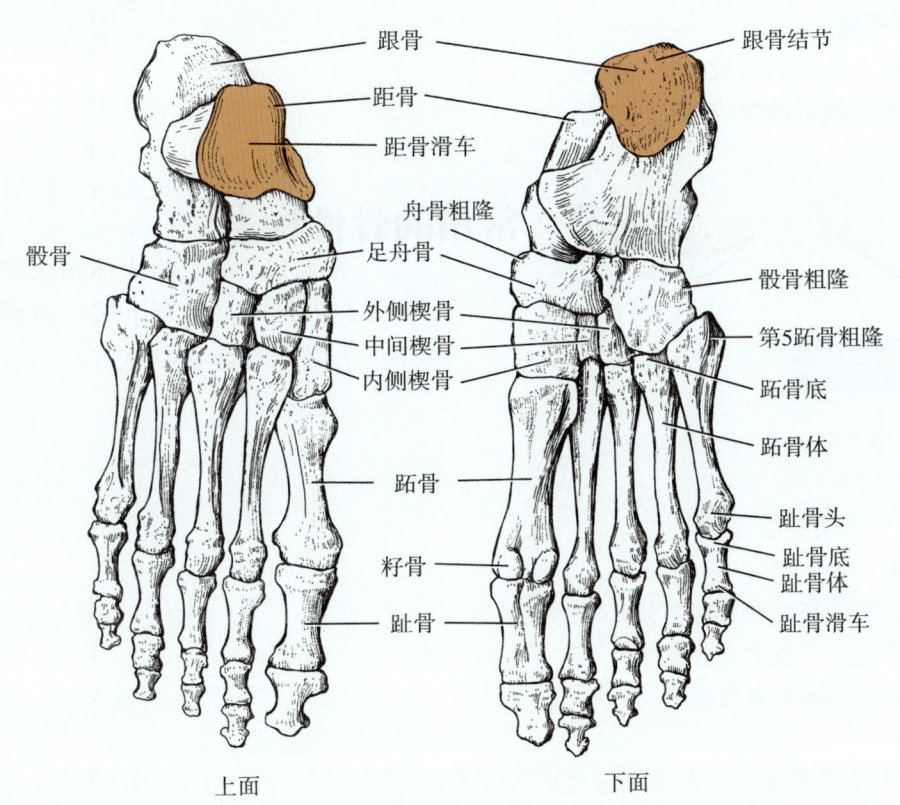

图 1-34　足骨

（1）**跗骨 tarsal bones**：共 7 块，属短骨，分前、中、后 3 列。后列有前上方的**距骨**和后下方的**跟骨**；中列为**足舟骨**；前列由内向外依次为**内侧楔骨、中间楔骨、外侧楔骨和骰骨**。距骨上部形成前窄后宽的**距骨滑车**；跟骨后端形成**跟骨结节**；足舟骨内下方的隆起为**舟骨粗隆**，是重要的体表标志。

（2）**跖骨 metatarsal bones**：属长骨，共 5 块，由内侧向外侧依次为第 1～5 跖骨。第 5 跖骨底外侧份突向后，称**第 5 跖骨粗隆**，在体表可扪及。

（3）**趾骨 phalanges of toes**：为长骨，共 14 块。形态和名称同指骨。

小 结

1. 四肢骨包括上肢骨和下肢骨，由肢带骨和自由肢骨两部分组成。
2. 上肢骨每侧 32 块，其中上肢带骨 2 块（锁骨、肩胛骨），自由上肢骨 30 块（肱骨 1、桡骨 1、尺骨 1、腕骨 8、掌骨 5、指骨 14）。上肢骨细小轻巧。
3. 下肢骨每侧 31 块，其中下肢带骨 1 块（髋骨），自由下肢骨 30 块（股骨 1、髌骨 1、胫骨 1、腓骨 1、跗骨 7、跖骨 5、趾骨 14）。下肢骨粗大坚固。
4. 髋骨为不规则骨，由髂骨、坐骨和耻骨组成，一般在 16 岁左右完全融合。

自测题

一、名词解释

1. 桡神经沟　　2. 桡骨茎突　　3. 内踝　　4. 关节盂　　5. 尺神经沟

二、简答题

1. 简述上肢骨的组成及排列关系。
2. 简述下肢骨的组成及排列关系。

第四节　常用的骨性标志

学习目标

通过本节内容的学习，学生应能：

◆ **记忆**

定义骨性标志的概念。

◆ **理解**

1. 说明躯干部的骨性标志。
2. 说明上、下肢的骨性标志。
3. 说明头颈部的骨性标志。

◆ **应用**

举例说明重要骨性标志的临床应用。

一、头颈部骨性标志

1. 第7颈椎棘突　低头时特别隆凸，在颈根皮下可摸到，常作为计数椎骨序数及针灸取穴的标志。
2. 枕外隆凸　位于枕骨外面正中向后最突出的隆起，是手术或针刺取穴的重要标志。
3. 颧弓　耳屏前方横行的骨隆起，由颞骨的颧突和颧骨的颞突共同构成，在体表可触及。
4. 乳突　位于耳垂后方，为颞骨向下的突起。其根部的前内侧有茎乳孔，孔向上通面神经管。
5. 舌骨　位于喉上方，中间部称体，体的两端向后外延伸的长突称为大角。大角和体都可在体表触及。
6. 眶上孔（切迹）　位于眶上缘的中、内1/3交界处，有眶上血管和神经通过。是额部手术进行局部麻醉的部位，也是额部出血时的压迫点。
7. 眉弓　为眶上缘上方的弓状隆起，男性较显著。眉弓适对大脑额叶的下缘，其内侧半深面有额窦。
8. 下颌角　下颌支后缘与下颌底相交处，称下颌角，此处骨质薄弱，容易骨折。下颌角外面有咬肌粗隆，内面有翼肌粗隆。

二、躯干部骨性标志

1. 骶骨岬（岬）　骶骨底前缘的突出，女性骶骨岬是产科测量骨盆上口的重要标志之一。
2. 骶角　在骶骨背面下端的两侧，各可摸到一小突起，即骶角，是定位骶管裂孔的标志，临床上可由此进针行骶管麻醉术。
3. 胸骨角　胸骨柄与体连接处微向前突，称胸骨角，可在体表扪及，两侧连接第2肋软骨，后方约平第4胸椎体下缘，是临床计数肋的重要标志。
4. 剑突　为胸骨下方的突起，剑突薄而细长，形状变化较大，下端游离，在体表可触及。
5. 颈静脉切迹　胸骨柄上缘中部的凹陷为颈静脉切迹，其上方为胸骨上窝。
6. 肋弓　第8～10对肋软骨形成肋弓，肋弓是肝和脾的触诊标志。两侧肋弓和剑胸结合构成胸骨下角。肋弓与剑突构成剑肋角，左侧剑肋角是心包穿刺常用的进针部位之一。

三、四肢骨性标志

1. 锁骨　锁骨的全长可触及。锁骨中、外1/3交界处的下方的凹陷称锁骨下窝，其深方有腋血管和臂丛通过。
2. 肩峰　肩部最高点为肩胛骨的肩峰，位于肩关节的上方。
3. 肩胛冈　由肩峰向后内可扪及肩胛冈的全长，内侧端平对第3胸椎棘突。
4. 肩胛骨下角　平第7肋或第7肋间隙，是在背部计数肋的标志。
5. 肱骨内、外上髁和尺骨鹰嘴　都能在肘后扪及。当肘关节伸直时，此三点位于一条直线上，当肘关节屈至90°时，此三点的连线形成一个顶向下的等腰三角形。肘关节发生脱位时，鹰嘴向后上移位，三点位置关系即发生改变。而肱骨髁上骨折时，三点关系不变。
6. 尺神经沟　在肱骨内上髁后方可扪到一浅沟，称尺神经沟，尺神经由此经过，该神经此处位置表浅，容易受损。
7. 尺骨头和茎突　腕部后内侧较大的圆隆突起为尺骨头，其内下方可扪及尺骨茎突。
8. 桡骨茎突　腕部外侧的骨突为桡骨茎突，它比尺骨茎突低约1cm，两者的关系在腕部损伤中有一定的诊断意义。
9. 髂嵴　位于腰与臀的交界处，两侧髂嵴最高点的连线平第4腰椎棘突。

10. **髂结节** 髂前上棘后方 5～7cm 处，髂嵴外唇向外突起，称髂结节。
11. **髂前上棘** 为髂嵴前端的突起，是测量下肢长度的起点。
12. **耻骨结节** 位于耻骨联合上缘外侧约 2.5cm 处。
13. **坐骨结节** 位于臀大肌下缘的内侧，屈大腿时（坐位）最易扪到。
14. **股骨大转子** 位于股外侧上方，约与耻骨结节在同一水平面。当下肢前后摆动或下肢被动外展时易于扪到。
15. **髌骨** 位于膝关节前面的皮下。髌韧带上接续髌骨，向下止于胫骨粗隆。
16. **股骨内侧髁和外侧髁** 股骨下端两个突向下后方的膨大，分别称内侧髁和外侧髁。
17. **胫骨粗隆** 胫骨上端前面的隆起，是髌韧带的附着处。
18. **内踝与外踝** 为踝关节内、外侧的明显骨突，外踝高于内踝。

在以上骨性标志中，由于骨与其表面的皮肤之间缺乏肌肉和脂肪，在长期处于某一体位时，皮肤由于受压而血液循环障碍，可发生压疮。当患者长期处于仰卧位，肩胛骨、鹰嘴背侧和坐骨结节等处表面易发生压疮；而长期处于侧卧，则肩峰、肘外侧、髂嵴、大转子、股骨和胫骨的内、外侧髁以及内踝和外踝等处表面易发生压疮；而长期俯卧，则髂前上棘、耻骨结节及髌骨等处表面易发生压疮。

骨 折

临床上骨折的特有特征为：畸形、异常活动或骨擦感，具有三个特有特征之一者，即可诊断为骨折。

简答题

体表骨性标志在护理工作应用中有哪些意义？

（方才根　张　凯　金昌洙）

第二章 骨连结

学习目标

通过本章内容的学习，学生应能：

◆ 记忆
1. 定义骨连结的概念及分类。
2. 陈述脊柱的构成、椎骨间的连结、胸廓的构成。
3. 陈述肩关节、肘关节、腕关节、髋关节、膝关节和踝关节的结构特点。

◆ 理解
1. 说明关节的基本结构、辅助结构。
2. 说明关节的运动与分类。
3. 说明脊柱和胸廓的整体观。
4. 说明手关节和足关节的组成。

◆ 应用
1. 举例说明腰椎间盘脱出症的解剖学基础。
2. 举例说明幼儿桡骨头半脱位的解剖学基础。
3. 举例说明足弓的功能。

第一节 总 论

骨与骨之间借助**纤维结缔组织**、**软骨**或骨相连，形成骨连结。骨连结分为**直接连结**和**间接连结**两大类（图 2-1）。

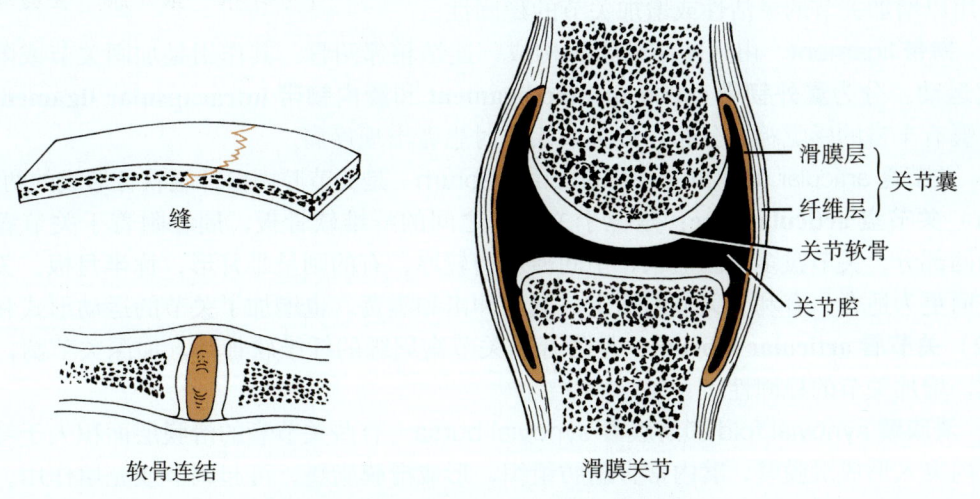

图 2-1 骨连结的分类与关节的主要构造

一、直接连结

直接连结 direct joint 是骨与骨之间借纤维结缔组织或软骨及骨直接相连，两骨之间没有间隙，活动性小，甚至不能活动。根据连结组织不同，直接连结又分为**纤维连结 fibrous joint**、**软骨连结 cartilaginous joint** 和**骨性结合 synostosis**。

1. 纤维连结　两骨间以纤维结缔组织相连，分为**缝 suture** 和**韧带连结 syndesmosis**。
2. 软骨连结　两骨之间借软骨连结，分为**纤维软骨连结**和**透明软骨连结**。
3. 骨性结合　两骨之间以骨组织相连结，不能运动，常由纤维连结或软骨连结骨化而成，例如成年后骶椎间的相互融合及颅骨缝的骨化等。

二、间接连结

间接连结 indirect joint 又称为**滑膜关节 synovial joint** 或**关节 articulation**，其相连结的骨面互相分离，形成间隙，充以滑液，周围以结缔组织相连，活动度大。

（一）关节的基本结构

关节的基本结构包括关节面、关节囊和关节腔（图 2-1），这些结构为每一个关节所必备的。

1. 关节面 articular surface　指构成关节的骨的相对面或接触面，每个关节应至少包括两个关节面，一般为一凸一凹，凸者称**关节头 articular head**，凹者称**关节窝 articular fossa**。在关节面表面都覆有一层**关节软骨 articular cartilage**。关节软骨光滑而富有弹性，运动时可减少摩擦、缓冲震荡和冲击。

2. 关节囊 articular capsule　由结缔组织构成的囊状结构，附着于关节面周围的骨面并与骨膜相融合，分内、外两层。外层是**纤维层 fibrous layer**，由致密结缔组织构成，厚而坚韧，含丰富的血管和神经。内层是**滑膜层 synovial layer**，薄而光滑，贴覆于纤维层的内面，附着于关节软骨的周缘，包被着关节内除关节软骨、关节唇和关节盘以外的所有结构。滑膜层富含血管，能分泌少量**滑液 synovial fluid**，起润滑作用，可以减少运动时的摩擦，并对关节软骨有一定的营养作用。

3. 关节腔 articular cavity　是由关节囊滑膜层和关节软骨围成的密闭腔隙，腔内为负压并含有少量滑液，对维持关节的稳固性有一定作用。

（二）关节的辅助结构

关节除具备上述基本结构以外，某些关节为适应其功能活动还可形成一些辅助结构（图 2-2），用以增加关节的灵活性或增加关节的稳固性。

1. 韧带 ligament　由致密结缔组织构成，连结相邻两骨，其作用是加固关节或限制关节的过度运动。分为**囊外韧带 extracapsular ligament** 和**囊内韧带 intracapsular ligament**。韧带和关节囊有丰富的感觉神经分布，故关节疾患时患者出现疼痛。

2. 关节盘 articular disc 和关节唇 articular labrum　是关节腔内由纤维软骨形成的两种结构。

（1）**关节盘 articular disc**：是位于关节面之间的纤维软骨板，周缘附着于关节囊将关节腔分为两部分。关节盘多呈圆盘状，中间薄周边较厚，有的则呈半月形，称**半月板**。关节盘使两关节面更为适合，有利于关节的稳定，减少冲击和震荡，也增加了关节的运动形式和范围。

（2）**关节唇 articular labrum**：是附着于关节窝周缘的纤维软骨环，加深关节窝，使关节面增大，增加关节的稳固性。

3. 滑膜襞 synovial fold 和滑膜囊 synovial bursa　有些关节囊的滑膜层面积大于纤维层向关节腔内突入形成滑膜襞，襞内常含脂肪组织，形成滑膜脂垫，可起调节或充填作用。有的滑膜层经纤维层的薄弱处向外突出，形成滑膜囊，多位于肌腱与骨面之间，可减少运动时肌腱与

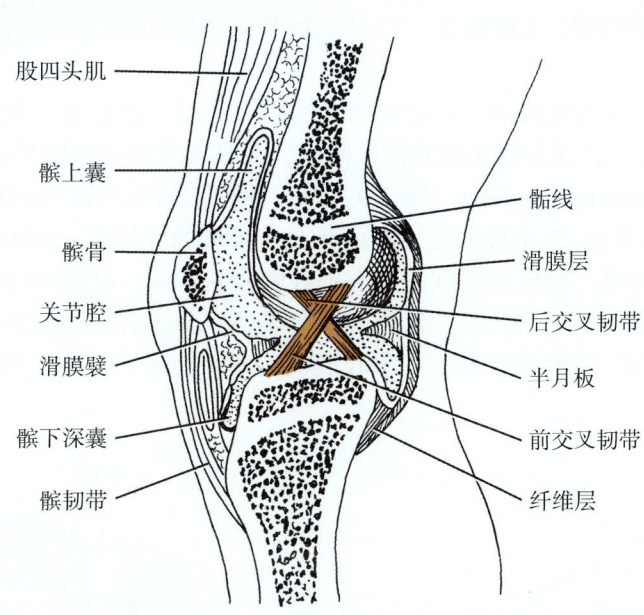

图 2-2 膝关节辅助结构示意图

骨面间的摩擦。

（三）关节的运动

关节的运动形式和范围主要取决于关节面的形态、运动轴的多少和方向。关节的运动形式基本上是围绕着三个运动轴而进行的拮抗性运动。

1. **屈 flexion 和伸 extension**　是指围绕冠状轴所做的运动。运动时相关节的两骨相互靠拢、角度变小称屈，反之则为伸。

2. **收 adduction 和展 abduction**　是指关节围绕矢状轴所做的运动。运动时骨向身体正中矢状面靠拢称收或称内收，远离正中矢状面为展或称外展。手指的收展以中指为准，足趾的收展以第 2 趾为准。

3. **旋转 rotation**　是指关节围绕垂直轴进行的运动，骨向前内侧旋转，称**旋内 medial rotation**；反之，向后外侧旋转，称**旋外 lateral rotation**。在前臂，将手背转向前的运动称**旋前 pronation**；将手掌转向前的运动称**旋后 supination**。

4. **环转 circumduction**　运动时骨的近侧端在原位转动，远侧端做圆周运动，做屈、展、伸、收依次连续的复合运动，全骨描绘成一圆锥形轨迹。

（四）关节的分类

关节有多种分类方法。按构成关节骨的数量可分为，由两骨构成称**单关节**，由两块以上骨构成的为**复关节**。凡可单独进行活动的关节为**单动关节**，在结构完全独立的两个或两个以上关节，活动必须同时进行，为**联动关节（也称联合关节）**，如两侧的颞下颌关节。如关节运动范围很小，称为**微动关节**。按关节运动轴的数目可分为**单轴关节、双轴关节**和**多轴关节**。

第二节　中轴骨的连结

中轴骨连结包括颅骨和躯干骨的连结。

一、躯干骨的连结

24 块椎骨和 1 块骶骨、1 块尾骨借骨连结形成**脊柱 vertebral column**，构成人体的中轴，上承托颅，下连接下肢带骨。1块胸骨、12块胸椎和12对肋借骨连结构成**胸廓 thorax**。

（一）脊柱

相邻椎骨间连结，可分为椎体间的连结和椎弓间的连结，借软骨、韧带和滑膜关节相连。

1. **椎体间的连结** 相邻各椎体之间借椎间盘、前纵韧带和后纵韧带相连接。

（1）**椎间盘 intervertebral discs**（图2-3，4）：是位于相邻两椎体间的纤维软骨盘（1、2颈椎间除外），成年人共有23个椎间盘。椎间盘是由外周的**纤维环 anulus fibrosus** 和中央的**髓核 nucleus pulposus** 构成。髓核为柔软而富有弹性的胶状物质，纤维环由多层纤维软骨以同心圆紧密排列而成，坚韧而富有弹性，牢固连结相邻椎体，保护并限制髓核向周围膨出。椎间盘将相邻椎体牢固地连结，同时承受压力、吸收震荡、减缓冲击，保护脑和内脏，增加脊柱的运动幅度。

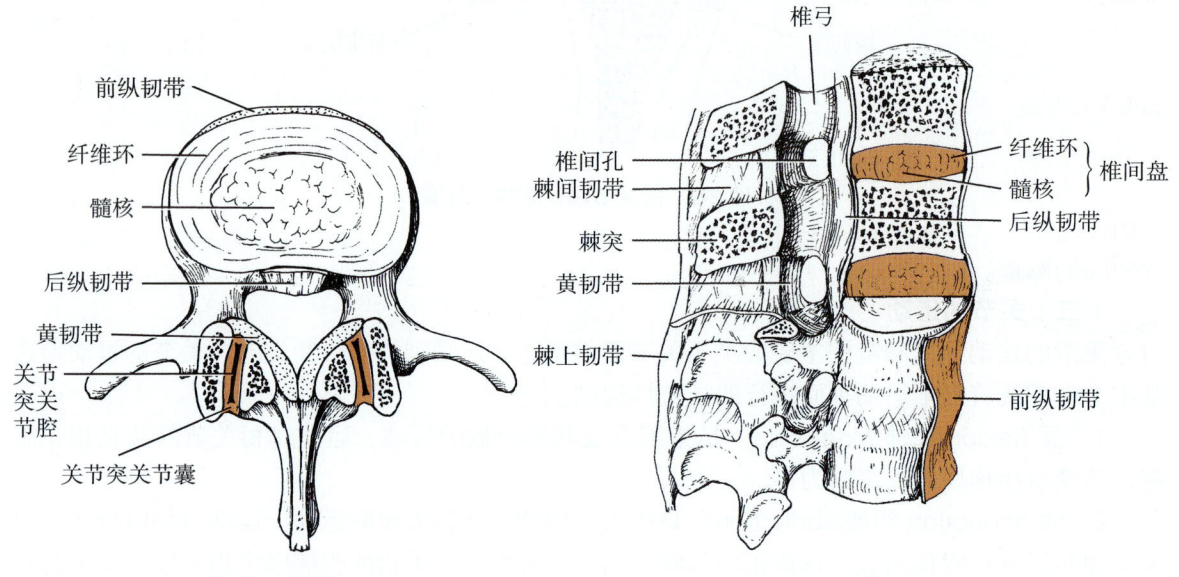

图2-3 椎间盘和关节突关节　　　　图2-4 椎骨间的连结

（2）**前纵韧带 anterior longitudinal ligament**：为紧贴于椎体前面的纵行纤维束，坚韧而宽，有加固椎间连结、防止脊柱过度后伸和防止椎间盘向前脱出的作用。

（3）**后纵韧带 posterior longitudinal ligament**：位于椎管内，贴附于椎体后面的纵行纤维束，较前纵韧带窄，有限制脊柱过度前屈的作用。

知识链接

腰椎间盘脱出症

腰椎间盘突出症是较为常见的疾患之一，主要是因为腰椎间盘各部分（髓核、纤维环及软骨板），尤其是髓核，有不同程度的退行性改变后，在外力因素的作用下，椎间盘的纤维环破裂，髓核组织从破裂之处突出（或脱出）于后方或椎管内，导致相邻脊神经根遭受刺激或压迫，从而产生腰部疼痛、一侧下肢或双下肢麻木、疼痛等一系列临床症状。腰椎间盘突出症以腰4～5、腰5～骶1发病率最高，约占95%。

2. **椎弓间的连结** 包括椎弓板之间和各突起之间的连结。

（1）**韧带**：椎弓间有许多韧带相连结，分别为**黄韧带 ligamenta flava**（图2-3，4），位于椎管内，由黄色弹力纤维构成，连接相邻的弓板间，可限制脊柱过度前屈，并参与构成椎管后壁。黄韧带肥厚时也可以压迫脊神经根，产生腰腿痛等症状；**棘间韧带 interspinal ligament** 是连结于相邻棘突间的菲薄纤维，向前接黄韧带，向后移行为棘上韧带；**棘上韧带 supraspinal ligament** 是连结于胸、腰、骶椎各棘突之间的纵行韧带，向上在颈部矢状扩展形成弹性膜层，称**项韧带 nuchal ligament**。

(2) **关节突关节 zygapophysial joint**：由相邻椎骨的上、下关节突间构成，关节面曲度很小，椎骨之间仅能做微小运动，属微动关节。

(3) 寰椎与枕骨及枢椎的关节：**寰枕关节 atlantooccipital joint**（图2-5）由寰椎的上关节凹与枕髁构成，属联合关节，可使头做俯、仰、侧屈和环转运动。**寰枢关节 atlanto-axial joint**（图2-5, 6）由寰椎前弓与枢椎齿突以及寰椎两侧块的下关节面与枢椎的上关节面构成三个独立的关节，但在功能上它们是联合关节，一起使头部做旋转运动。

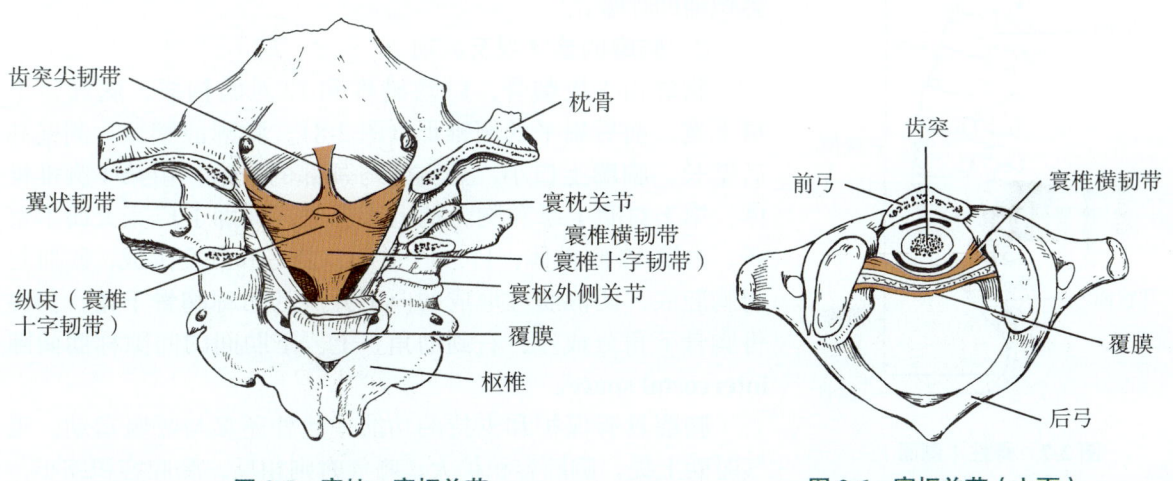

图2-5　寰枕、寰枢关节　　　　　　　图2-6　寰枢关节（上面）

3. 脊柱的整体观及运动

脊柱（图2-7）构成人体的中轴，除有支持躯干、保护脊髓的作用外，还参与胸腔、腹腔和盆腔的组成。成年男性脊柱长约70cm，女性约为60cm。静卧与站立后相比，可长出2～3cm，这是由于站立时椎间盘被挤压所致。所有椎间盘的总厚度约占脊柱全长的1/5。老年人因椎间盘变薄，骨质疏松，脊柱也可变短。

(1) **脊柱前面观**：可见椎体由上向下逐渐加宽加大。自耳状面以下，由于重力转移至下肢，骶骨和尾骨便迅速变小。

(2) **脊柱后面观**：可见棘突在背部正中形成纵嵴，两侧为背侧沟，颈部棘突短而分叉，近水平位，胸部棘突较长，向后下倾斜成叠瓦状，腰椎棘突呈宽板状且水平向后，故临床做腰椎穿刺常选择第3、4或第4、5腰椎棘突的间隙处进行。

(3) **脊柱侧面观**：成年人脊柱有四个生理弯曲，颈曲、腰曲凸向前，胸曲、骶曲凸向后。这些弯曲使脊柱更具有弹性，减轻由于行走和运动而产生的对脑和内脏的震荡，也有利于维持人体重心的平衡。

(4) **脊柱的运动**：相邻椎骨间运动幅度较小，但整个脊柱运动幅度很大，可做前屈、后伸、侧屈、旋转和环转运动。

（二）胸廓

胸廓 thorax 由1块胸骨、12块胸椎和12对肋借骨连结共同构成，胸廓主要有**胸肋关节 sternocostal joint** 和**肋椎关节 costovertebral joint** 构成。

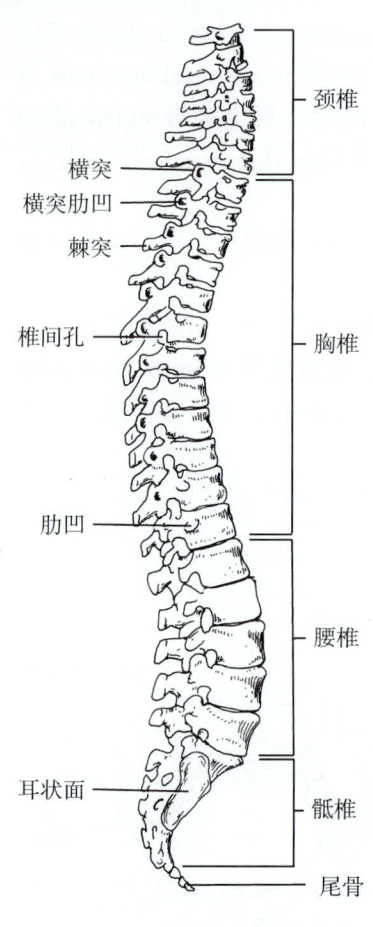

图 2-7 脊柱（侧面）

1. 胸肋关节

第 1 肋与胸骨柄的连结是特殊的不动关节。第 2～7 肋由肋软骨与胸骨相应的肋切迹相连结，属于微动关节。第 8～10 肋通过肋软骨与上位肋骨连结，构成左、右肋弓。第 11～12 肋前端游离于腹壁肌内。根据肋与胸骨的连结方式将第 1～7 肋称**真肋**，第 8～10 肋称**假肋**，在胸廓下口前方形成**肋弓**（图 2-8），第 11～12 肋称**浮肋**。

2. 肋椎关节（图 2-9）

肋椎关节包括肋头和胸椎肋凹构成的**肋头关节**与肋结节和胸椎横突肋凹构成的**肋横突关节**。两个关节为联动关节，运动时使肋上升或下降，增加或缩小胸廓内径，来改变胸廓容积辅助呼吸。

3. 胸廓的整体观及运动

胸廓由 1 块胸骨、12 块胸椎和 12 对肋构成，胸廓呈上窄下宽，前后扁平的圆锥形（图 2-8）。胸廓前壁短，侧壁和后壁长，**胸廓上口小**，是胸腔与颈部的通道，由第 1 胸椎椎体、第 1 对肋上缘和胸骨柄上缘围成。**胸廓下口宽大而不整齐**，由第 12 胸椎体、11、12 对肋、肋弓和剑突围成，膈肌封闭胸腔底。两侧肋弓形成的向下开放的角称**胸骨下角**，剑突将胸骨下角分成左、右**剑肋角**。上、下肋间的间隙称**肋间隙** intercostal space。

胸廓具有保护和支持的功能，此外还参与呼吸运动。吸气时肋上提，胸腔容积扩大，呼气时则相反，胸腔容积缩小。

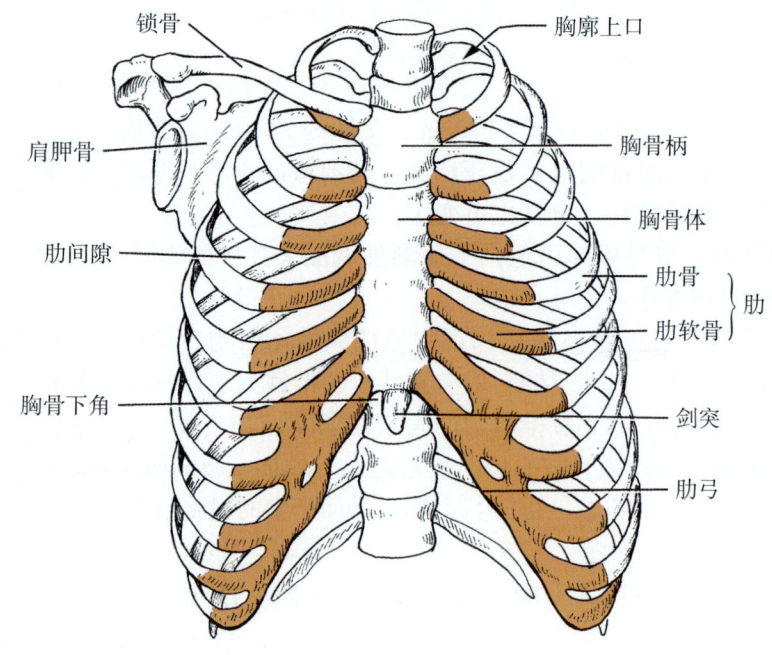

图 2-8 胸廓

二、颅骨的连结

颅骨之间大多以缝相连结，颅底少数骨之间形成软骨连结，这两种连结非常牢固，无活动性。随年龄增长这些结缔组织膜或软骨骨化后，便形成骨性结合。颅骨的滑膜关节是**颞下颌关节 temporomandibular joint**，也称**下颌关节**（图 2-10），由下颌头与颞骨的下颌窝及关节结节构成。关节囊松弛，附着于上述结构的边缘，囊前部薄，后部厚，外侧有起于颧弓根部止于下颌颈的**外侧韧带**加强。关节腔内有**关节盘**，其周缘附着于关节囊，将关节腔分为上、下两部分。颞下颌关节属联合关节，两侧同时运动，可使下颌骨做上提与下降、前进与后退以及侧方运动。由于关节囊前部薄弱，如张口过大时，下颌头和关节盘可一起滑到关节结节的前方，不能退回关节窝，患者不能闭口，造成下颌关节脱位。

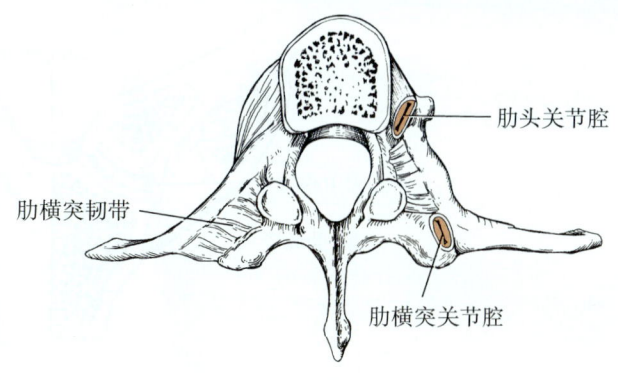

图 2-9　肋椎关节

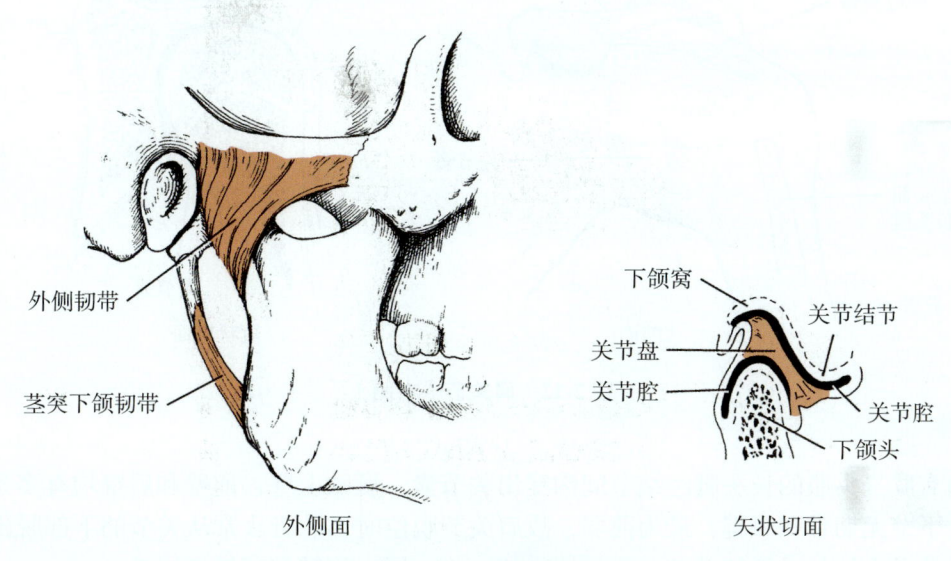

图 2-10　颞下颌关节

第三节　四肢骨的连结

一、上肢骨的连结

（一）上肢带骨的连结

1. **胸锁关节 sternoclavicular joint**（图 2-11）　是躯干骨与上肢骨连结的唯一关节，由锁骨的胸骨端与胸骨柄的锁切迹和第 1 肋软骨构成。关节囊紧张坚韧，四周有多条韧带加固。关节内有关节盘，使关节面更相适应。胸锁关节的运动幅度虽小，但通过胸锁关节，锁骨外侧端和整个肩部可做上、下、前、后以及环转运动，扩大了上肢的活动范围。

2. **肩锁关节 acromioclavicular joint**　由锁骨肩峰端与肩胛骨的肩峰构成，是肩胛骨活动的支点。

（二）自由上肢骨的连结

1. **肩关节 shoulder joint**（图 2-12）　由肱骨头与肩胛骨的关节盂构成。肱骨头大，关节盂小，关节盂周缘附有**盂唇**，加深关节窝，但仍只能容纳关节头的一小部分。关节囊薄而松

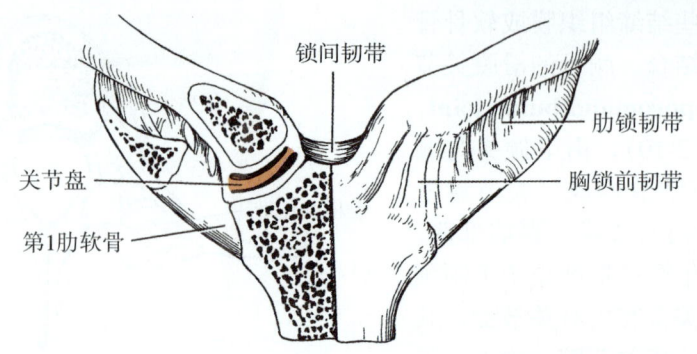

图 2-11 胸锁关节

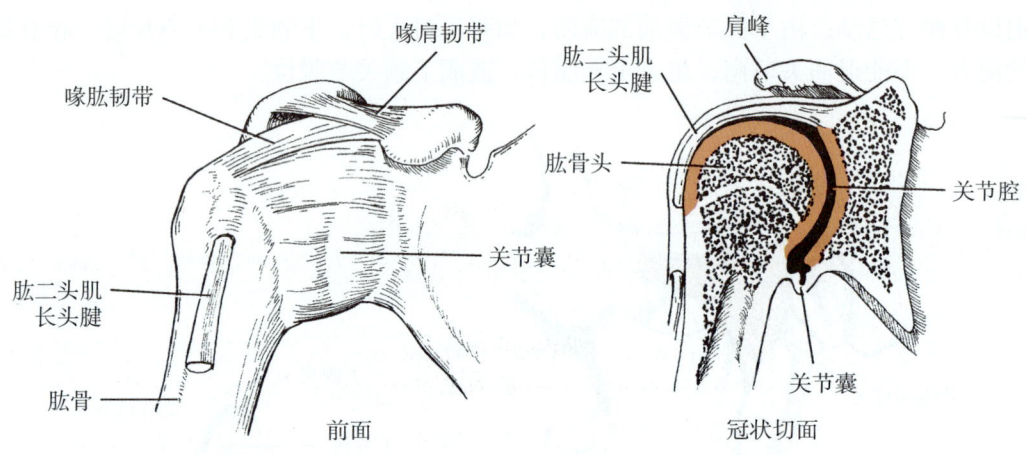

图 2-12 肩关节（右侧）

弛，其内有肱二头肌的长头腱经结节间沟穿出关节囊。囊的上壁、前壁和后壁均有多条肌腱纤维加强，下壁无韧带和肌腱，最为薄弱，故肩关节脱位时，肱骨头常从关节的下部脱出。

肩关节是人体最灵活的关节，可做屈、伸、收、展、旋转和环转的运动。

2. **肘关节 elbow joint**（图 2-13） 是由肱骨下端和尺、桡骨上端构成的复关节，包括三个关节：

（1）**肱尺关节 humeroulnar joint**：由肱骨滑车和尺骨滑车切迹构成。

（2）**肱桡关节 humeroradial joint**：由肱骨小头和桡骨头关节凹构成。

（3）**桡尺近侧关节 proximal radioulnar joint**：由桡骨的环状关节面和尺骨桡切迹构成。

三个关节共同包裹在一个关节囊内，囊的前、后壁薄而松弛，两侧壁厚而坚韧，内、外侧分别有**尺侧副韧带**和**桡侧副韧带**加强。临床上常见的肘关节脱位是后脱位，此时桡、尺骨向肱骨的后上方移位。桡骨环状关节面周围的**桡骨环状韧带**环抱桡骨头，加固桡尺近侧关节，可防止桡骨头滑脱。幼年时期由于桡骨头尚在发育，环状韧带松弛，又缺乏肌力保护，在猛力牵拉前臂时，容易造成桡骨头半脱位。肘关节的运动以肱尺关节为主，可做屈、伸运动，桡尺近侧关节可做旋前和旋后运动。

3. **前臂骨间的连结** 桡、尺骨间借桡尺近侧关节、前臂骨间膜和桡尺远侧关节相连结（图 2-14）。

（1）**桡尺近侧关节**：见肘关节。

（2）**桡尺远侧关节 distal radioulnar joint**：由桡骨的尺切迹与尺骨头以及尺骨头下面的关节盘共同构成。关节盘将桡尺远侧关节与桡腕关节分开。桡尺远侧与近侧关节在功能上是联合

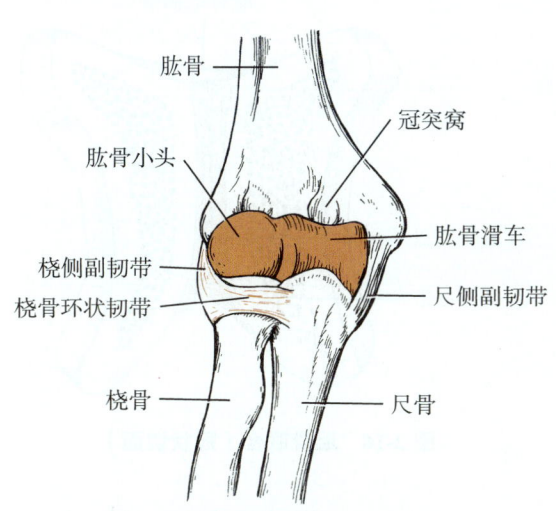

图 2-13 肘关节（前面）

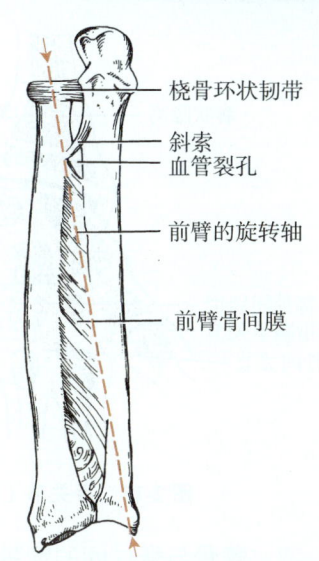

图 2-14 前臂骨间的连结示意图

关节，运动时桡骨头在原位旋转，而桡骨远端连同关节盘围绕尺骨头旋转。当桡骨转至尺骨前面时，两骨交叉，手背向前，称**旋前**；当桡骨转至尺骨外侧时，两骨并列，手背向后，称**旋后**。

（3）**前臂骨间膜 interosseous membrane of forearm**：是连结于桡、尺骨骨间缘间的纤维膜。纤维方向是由桡骨斜向内到尺骨。当前臂处于半旋前位时，骨间膜最紧张，达到骨间膜的最大宽度。因此，处理和护理前臂骨折时，应将前臂固定于半旋前位，以防止骨间膜挛缩，影响前臂预后的旋转功能。

4. **手关节 joints of hand**（图 2-15） 包括桡腕关节、腕骨间关节、腕掌关节、掌指关节及指骨间关节。

（1）**桡腕关节 radiocarpal joint**：又称**腕关节 wrist joint**，由桡骨腕关节面和尺骨头下方的关节盘构成关节窝，与手舟骨、月骨和三角骨的近侧关节面构成关节头。关节囊松弛，周围有多条韧带加固。腕关节可做屈、伸、收、展和环转运动。

（2）**腕骨间关节 intercarpal joint**：是相邻各腕骨间形成的关节，各腕骨间借助韧带连成整体，属微动关节。

（3）**腕掌关节 carpometacarpal joint**：由远侧列腕骨与 5 个掌骨的底构成。其中拇指腕掌关节由大多角骨与第 1 掌骨底构成，活动度较大，可使拇指做屈、伸、收、展、环转和对掌运动，这是人类进行握持、操作工具、完成精细动作所不可缺少的。

（4）**掌指关节 metacarpophalangeal joint**：由掌骨头与近节指骨底构成，可做屈、伸、收、展和环转运动。

（5）**指骨间关节 interphalangeal joints of hand**：为相邻两节指骨间的关节，只能做屈、伸运动。

二、下肢骨的连结

（一）下肢带骨的连结

1. **耻骨联合 pubic symphysis**（图 2-16） 由两侧耻骨联合面借纤维软骨构成的**耻骨间盘**连结而成。其上、下均有韧带加强，软骨盘内常有一矢状位的裂隙。女性的耻骨间盘较厚，裂隙也较大，对分娩时盆腔的扩大、胎儿的娩出有利。

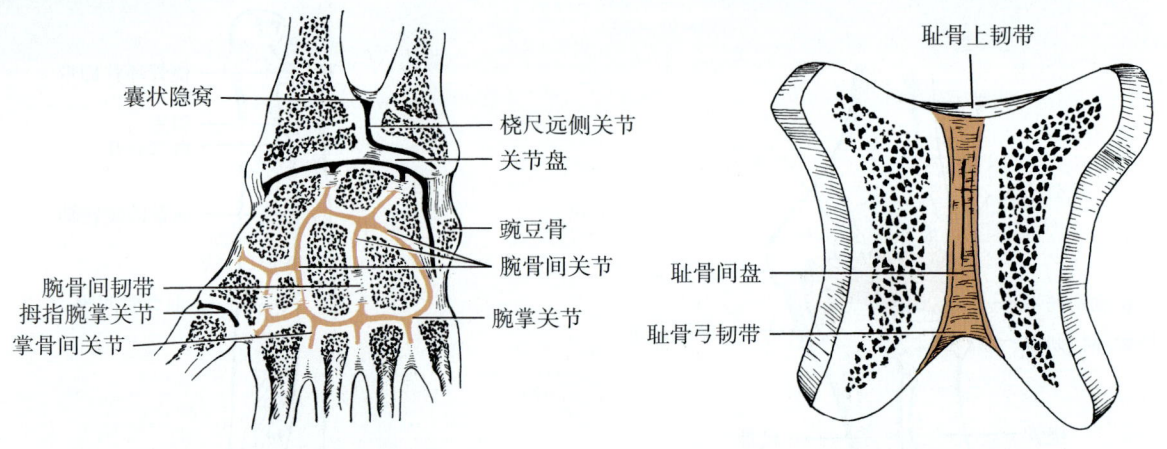

图 2-15　手关节（冠状切面）　　　　　图 2-16　耻骨联合（冠状切面）

2. 髋骨与脊柱间的韧带（图 2-17）

（1）**骶结节韧带 sacrotuberous ligament**：由骶、尾骨侧缘呈扇形连至坐骨结节。

（2）**骶棘韧带 sacrospinous ligament**：位于骶结节韧带的前方，由骶、尾骨侧缘连至坐骨棘，较细小。上述两韧带与坐骨大、小切迹分别围成**坐骨大孔**和**坐骨小孔**，两孔均有血管、神经通过。

3. **骶髂关节 sacroiliac joint**（图 2-17）　由骶骨和髂骨的耳状面构成，关节面凹凸不平，结合紧密。关节囊紧张，周围有韧带加强。骶髂关节连结十分稳固，以适应身体的重量由脊柱转传至下肢。

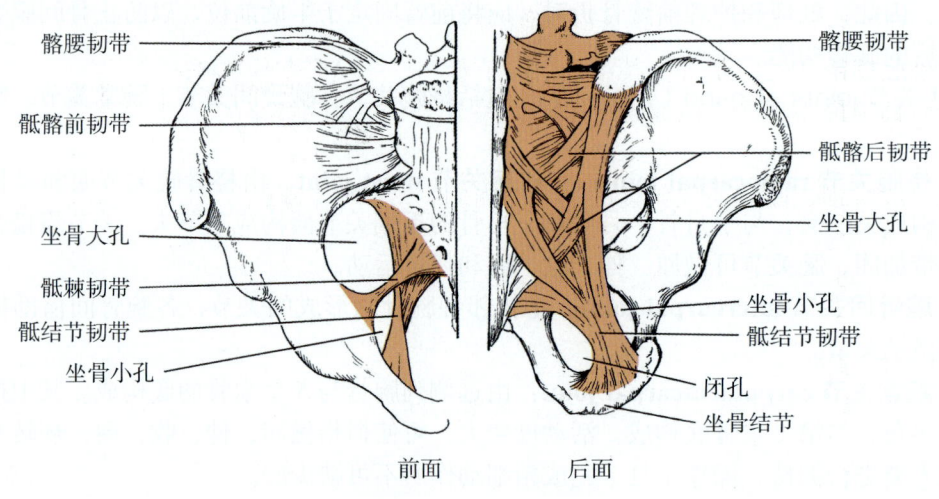

图 2-17　骨盆的韧带

4. 髋骨的固有韧带　即**闭孔膜 obdurate membrance**，封闭闭孔并为骨盆内外肌肉提供附着。膜的上部与闭孔沟围成**闭膜管 obdurate canal**，内有血管和神经通过。

5. **骨盆 pelvis**（图 2-18）　由两侧髋骨和骶骨、尾骨连结而成。骨盆由骶骨的岬、两侧的弓状线、耻骨梳和耻骨联合上缘构成的环形的**界线 terminal line**，分为前上方的**大骨盆**和后下方的**小骨盆**。小骨盆有上、下两口，上口由界线围成，下口即由尾骨尖、骶结节韧带、坐骨结节、坐骨支、耻骨下支和耻骨联合下缘围成，呈菱形。两侧坐骨支与耻骨下支连成**耻骨弓**，其间的夹角称**耻骨下角**。小骨盆上、下口之间为骨盆腔，呈漏斗形，腔内有直肠、膀胱和部分生殖器官。女性的耻骨下角为 90°～100°，男性为 70°～75°。骨盆的重要作用为传递重力、承托和保护盆腔脏器。在女性，骨盆又是胎儿娩出的产道，成年男、女性骨盆具有明显差别。

骨盆的正常位置为稍向前倾斜。直立位时骨盆入口平面与地平面形成向后开放的角度，称**骨盆倾斜度**。

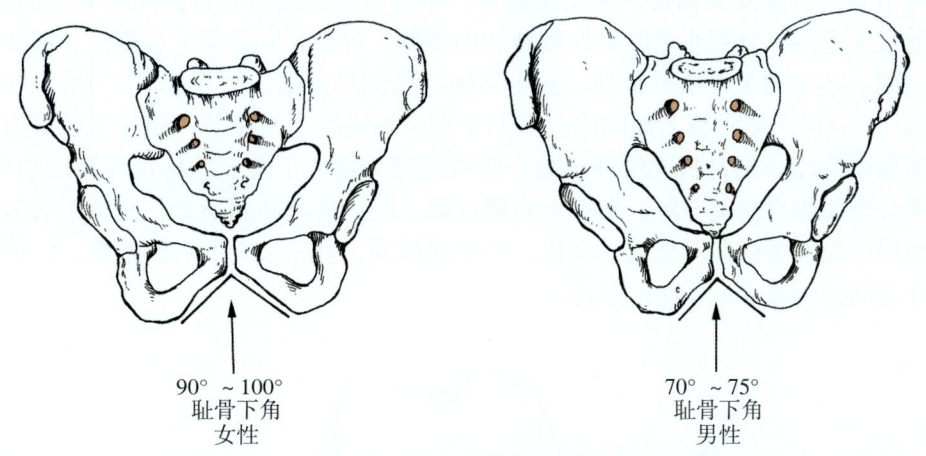

图 2-18　骨盆

（二）自由下肢骨的连结

1. **髋关节 hip joint**（图 2-19，20）　由髋臼和股骨头构成，髋臼的周缘附有髋臼唇，以加深关节窝，使股骨头几乎全部纳入髋臼内。髋臼横韧带封闭髋臼切迹，使髋臼关节面由半月形变为环形。髋臼窝内充填有脂肪组织。关节囊坚韧致密，周围有多条韧带加强，包括**髂股韧带**、**耻股韧带**、**坐股韧带**和**轮匝带**等。其中位于关节囊前方的**髂股韧带**最为重要。该韧带可限制髋关节过伸并有利于维持人体直立姿势。关节囊在前面完全包裹了股骨颈，而后面仅包裹股骨颈的内侧 2/3，故股骨颈骨折有囊内骨折和囊外骨折之分。关节囊后下方较薄弱，故髋关节脱位时，股骨头常从下方脱出。关节腔内有**股骨头韧带**，内含有营养股骨头的血管。

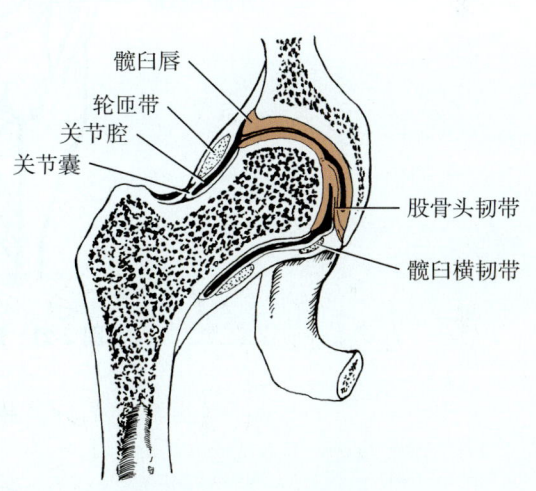

图 2-19　髋关节（冠状切面）

髋关节可做屈、伸、收、展、旋转和环转等运动，但不如肩关节灵活适于负重和行走。

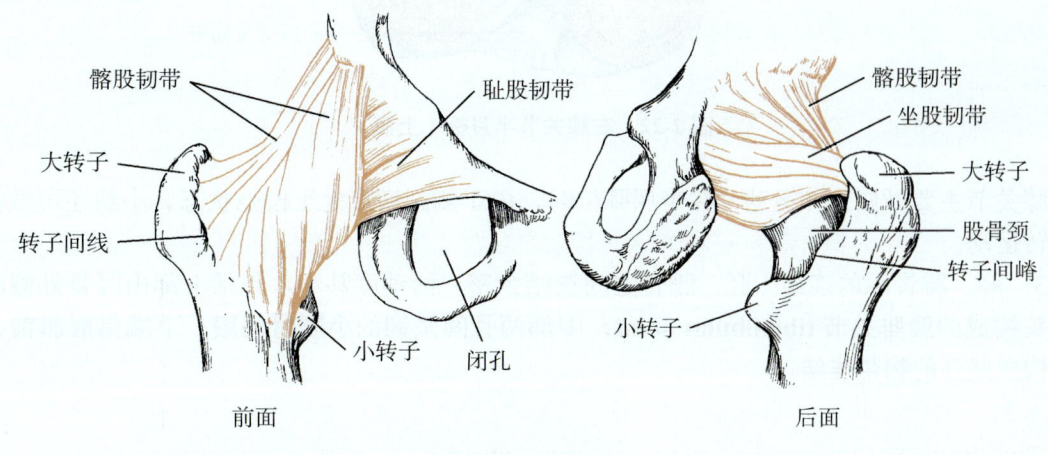

图 2-20　髋关节

2. **膝关节 knee joint**（图2-21，22） 由股骨下端、胫骨上端和髌骨构成，是人体最大、最复杂的关节。关节囊松弛，囊外分别有胫侧副韧带、腓侧副韧带、股四头肌腱、髌骨和髌韧带加强。关节囊内有**前交叉韧带、后交叉韧带**，两韧带分别起自胫骨髁间隆起的前部和后部，向后和向前交叉走行，分别止于股骨外侧髁和内侧髁，可防止胫骨前、后移位。在股骨与胫骨两关节面之间，还有两个纤维软骨板，称**半月板，内侧半月板**较大，呈"C"形，**外侧半月板**较小，近似"O"形。半月板上面凹陷，下面平坦，外缘厚，内缘薄，使关节面更为相适，还增大了关节窝的深度。半月板能缓冲压力，吸收震荡，增大了关节的稳定性和运动的灵活性。膝关节的部分滑膜层突向关节腔，形成一对**翼状襞**，襞内含有脂肪组织，充填于关节腔内的空隙，部分滑膜层在纤维层薄弱处向外突出，形成**滑膜囊**，其中最大的为**髌上囊**，它位于股四头肌腱与股骨之间，可减少运动时的摩擦。

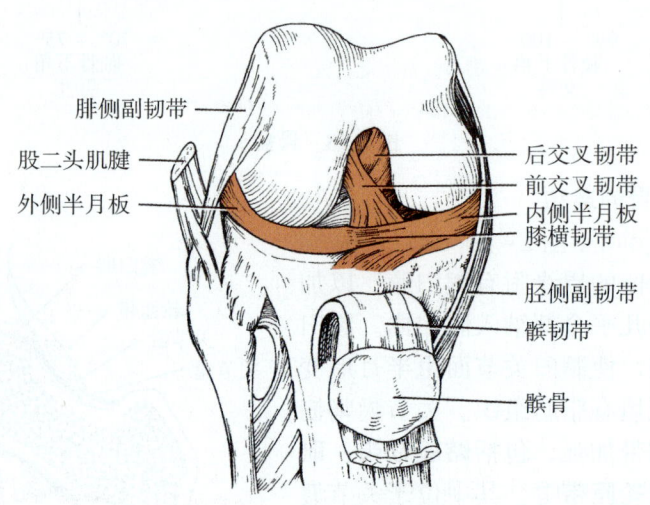

图 2-21 膝关节（内部结构）

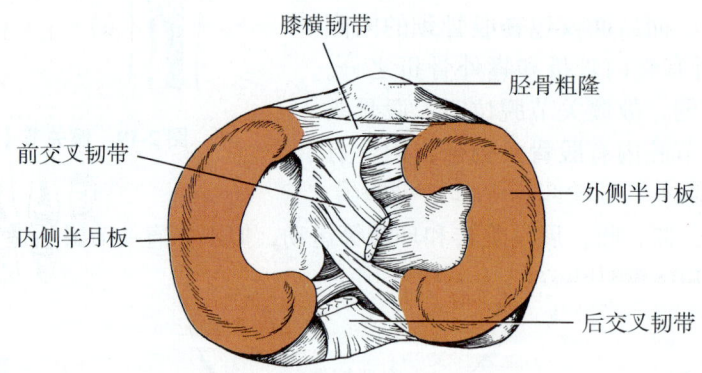

图 2-22 右膝关节半月板（上面）

膝关节主要做屈、伸运动，在半屈膝位时，由于侧副韧带处于松弛状态，小腿还可做轻微的旋转运动。

3. **胫、腓骨间的连结** 胫、腓骨之间连结紧密，活动度其小。包括上部由胫骨外侧髁和腓骨头构成的**胫腓关节 tibiofibular joint**，中部两骨间坚韧的**小腿骨间膜**；下端借胫腓前、后韧带构成坚强的**韧带连结**。

知识链接

关节炎

关节炎通常指发生在人体关节及其周围组织的炎性疾病，临床常见的有类风湿性关节炎、感染性关节炎、骨关节炎、痛风性关节炎等。临床表现包括关节的红、肿、热、痛、功能障碍及关节畸形等，严重者导致关节残疾，影响生存质量。

脱位

脱位是指由于暴力等作用，使组成关节的各骨的关节面失去正常的对应关系。临床上常见的脱位有损伤性脱位、先天性脱位和病理性脱位等。

4. **足关节**（图 2-23） 包括距小腿关节、跗骨间关节、跗跖关节、跖趾关节及趾骨间关节。

（1）**距小腿关节 talocrural joint**：又称**踝关节 ankle joint**，由胫、腓骨下端与距骨滑车构成，关节囊前、后壁薄而松弛，内、外侧均有韧带加强。踝关节可使足做屈（跖屈）和伸（背屈）运动，当踝关节高度跖屈时，还可做轻度的侧方运动。由于胫腓骨下端的关节窝和距骨滑车均前宽后窄，当背屈时较宽的距骨滑车前部进入关节窝内，关节较稳定。当跖屈时，由于较窄的距骨滑车后部进入关节窝内，足能做轻微的侧方运动，但关节不够稳定。故踝关节扭伤多发生在跖屈位（如下坡、下山、下楼梯等）。

（2）**跗骨间关节 intertarsal joint**：为 7 块跗骨之间的多个微动关节。主要包括**距跟关节**、**距跟舟关节**和**跟骰关节**。前两关节联合运动可使足做内翻和外翻运动；后两关节常合称**跗横关节**，关节腔呈横位的"S"形，临床上可经此关节进行足的离断术。

（3）**跗跖关节 tarsometatarsal joint**：是由 3 块楔骨及骰骨的前端与 5 块跖骨的底构成的微动关节。

（4）**跖趾关节 metatarsophalangeal joint**：由跖骨头与近节趾骨底构成，可做屈、伸、收、展运动。

（5）**趾骨间关节 interphalangeal joint of foot**：相邻两节趾骨间的关节，只能做屈、伸运动。

（6）**足弓 arch of foot**（图 2-24）：跗骨和跖骨借许多韧带牢固地连结形成向上凸的弓，称**足弓**。足弓分前后方向的**内**、**外侧纵弓**和内外方向的**横弓**。站立时主要以跟骨结节、第 1 和第 5 跖骨头着地，犹如"三脚架"结构，使身体稳立于地面，并有利于行走和跑跳。足弓增强足的弹性，有效缓冲运动时的震荡，保护足底神经血管免受压迫。足底的韧带和肌若被拉长或受损，使足弓塌陷，形成"扁平足"。

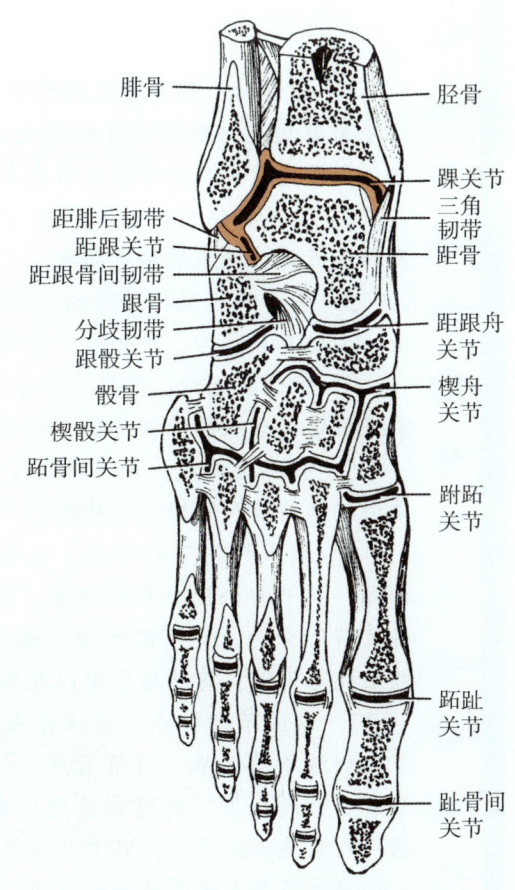

图 2-23 足关节（水平切面）

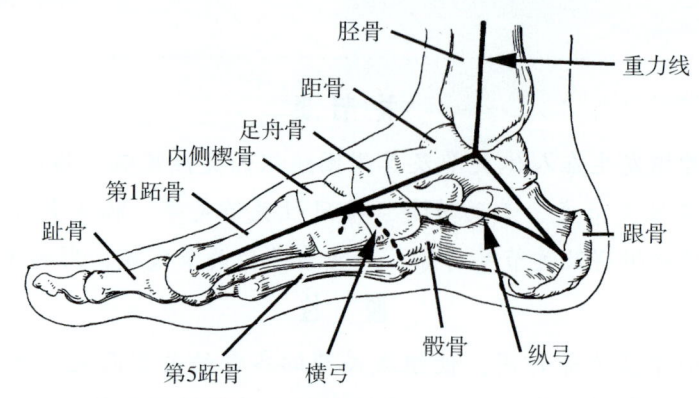

图 2-24　足弓

小　结

1. 骨连结：骨与骨之间借助纤维结缔组织、软骨或骨相连，形成骨连结。骨连结分为直接连结和间接连结两大类。直接连结又分为纤维连结、软骨连结和骨性结合。间接连结又称为滑膜关节或关节。

2. 关节的结构：基本结构有关节面、关节囊和关节腔；辅助结构有韧带、关节盘和关节唇、滑膜襞和滑膜囊。

3. 关节的运动：关节的运动形式基本上是围绕着三个运动轴而进行的拮抗性运动。主要有屈和伸、收和展、旋转。

4. 椎骨间连结：可分为椎体间的连结和椎弓间的连结，椎体间的连结借椎间盘、前纵韧带和后纵韧带相连接。椎弓间的连结包括椎弓板之间和各突起之间的连结。

5. 胸廓的构成：由1块胸骨、12块胸椎和12对肋借骨连结共同构成，胸廓主要由胸肋关节和肋椎关节构成。

6. 颞下颌关节的特点：也称下颌关节，由下颌头与颞骨的下颌窝及关节结节构成。关节囊松弛，囊前部薄，后部厚，外侧有外侧韧带加强。关节腔内有关节盘，将关节腔分为上、下两部分。颞下颌关节属联合关节，两侧同时运动，可使下颌骨做上提与下降，前进与后退以及侧方运动。

7. 肩关节的特点：由肱骨头与肩胛骨的关节盂构成。肱骨头大，关节盂小，关节盂周缘附有盂唇。关节囊薄而松弛，其内有肱二头肌的长头腱经结节间沟穿出关节囊。囊的上壁、前壁和后壁均有多条肌腱纤维加强，下壁无韧带和肌腱，最为薄弱，故肩关节脱位时，肱骨头常从关节的下部脱出。

肩关节是人体最灵活的关节，可做屈、伸、收、展、旋转和环转的运动。

8. 肘关节特点：是由肱骨下端和尺、桡骨上端构成的复关节，包括三个关节：肱尺关节、肱桡关节、桡尺近侧关节。

三个关节共同包裹在一个关节囊内，囊的前、后壁薄而松弛，两侧壁厚而坚韧，内、外侧分别有韧带加强。临床上常见的肘关节脱位是后脱位。桡骨环状关节面周围的桡骨环状韧带环抱桡骨头，可防止桡骨头滑脱。肘关节的运动以肱尺关节为主，可做屈、伸运动，桡尺近侧关节可做旋前和旋后运动。

9. 髋关节的特点：由髋臼和股骨头构成，髋臼的周缘附有髋臼唇，使股骨头几乎全部纳入髋臼内。髋臼窝内充填有脂肪组织。关节囊坚韧致密，周围有多条韧带加强。关节囊在前面完全包裹了股骨颈，而后面仅包裹股骨颈的内侧2/3，关节囊后下方较薄弱，故髋关节脱位时，股骨头常从下方脱出。关节腔内有股骨头韧带，内含有营养股骨头的血管。

髋关节可做屈、伸、收、展、旋转和环转等运动，但不如肩关节灵活适于负重和行走。

10. 膝关节的特点：由股骨下端、胫骨上端和髌骨构成。关节囊松弛，囊外分别有胫侧副韧带、腓侧副韧带等囊外韧带加强。关节囊内有前、后交叉韧带，可防止胫骨前、后移位。在股骨与胫骨两关节面之间，还有内侧半月板和外侧半月板，半月板能缓冲压力，吸收震荡，还增大了关节的稳定性和运动的灵活性。部分滑膜层突向关节腔，形成一对翼状襞，部分滑膜层在纤维层薄弱处向外突出，形成滑膜囊。

膝关节主要做屈、伸运动，在半屈膝位时，小腿还可做轻微的旋转运动。

一、名词解释

1．骨连结　　2．坐骨大孔和坐骨小孔　　3．椎间盘　　4．胸骨下角　　5．耻骨下角
6．界线　　7．足弓

二、简答题

1．简述关节的基本结构。
2．简述关节的辅助结构。
3．椎体之间是如何连接的？
4．脊柱侧面观可见哪些弯曲？
5．简述脊柱的位置、构成和功能。
6．简述颞下颌关节的组成和结构特点。
7．简述肩关节的构成、特点和运动。
8．简述肘关节的结构特点和运动。
9．简述髋关节的结构特点和运动。
10．简述膝关节的构成、特点和运动。
11．为什么踝关节的扭伤易发生在跖屈位？

（杨　喜　金昌洙　于振海）

第三章 肌 学

学习目标

通过本章内容的学习，学生应能：

◆ 记忆
1．定义肌的分类、构造、形态及作用。
2．陈述斜方肌、背阔肌、竖脊肌的起止和功能。
3．陈述胸大肌、前锯肌、肋间外肌、肋间内肌的起止和作用。
4．陈述膈的形态和功能以及膈的三个裂孔的名称、位置和通行结构。
5．陈述腹肌的起止和作用。
6．陈述咀嚼肌的名称、位置和功能。
7．陈述胸锁乳突肌的起止和功能，斜角肌间隙的位置和内容物。
8．陈述上肢带肌、臂肌和前臂肌的组成和功能。
9．陈述髋肌、大腿肌、小腿肌的组成和功能。

◆ 理解
1．说明肌的辅助装置。
2．说明肌的起止和作用。
3．说明手肌、足肌、盆底肌组成和功能。
4．说明腹肌形成的结构。
5．说明面肌和舌骨上、下肌群的作用。

◆ 应用
1．实施常用肌性标志的应用。
2．实施三角肌、臀肌的肌内注射。

第一节 总 论

肌 muscle 是运动系统的动力部分。人体的肌因结构和功能不同可分为**平滑肌、心肌和骨骼肌**三类。平滑肌主要构成内脏器官和血管的壁；心肌构成心壁，两者均不随人的主观意志而收缩，称为不随意肌。骨骼肌一般附着于骨上，故称骨骼肌，少数骨骼肌附着于皮肤，称为皮肌。骨骼肌可随人的意志而收缩，又称随意肌。运动系统所讲述的肌均为骨骼肌。

骨骼肌在人体内分布广，数量多，有600余块，约占体重的40%。每块骨骼肌都具有一定的形态、结构，有丰富的血管和淋巴管分布，受一定的神经支配，执行一定的功能，故每块肌都可视为一个器官。

一、肌的形态和结构

每块骨骼肌都由中间的**肌腹 muscle belly** 和两端的**肌腱 tendon** 构成（图 3-1）。每块肌外面都包有肌外膜。**肌腹**主要由肌纤维构成，色红，柔软，具有收缩和舒张功能。**肌腱**主要由胶原纤维构成，色白，质地坚韧，无收缩功能，但抗拉力强。

　　肌的形态多种多样，大致可分为**长肌、短肌、阔肌**和**轮匝肌**四类（图3-1）。长肌主要分布于四肢，肌纤维与肌的长轴平行，收缩时能引起大幅度的运动。有些长肌的起端有两个或两个以上的头，然后会合为一个肌腹，这些肌被称为二头肌、三头肌或四头肌；有些长肌有两个肌腹，中间以中间腱相连，称为二腹肌。短肌主要分布于躯干深层，肌短小，收缩时运动幅度小。阔肌多分布于躯干浅层，形状宽扁，除运动外，尚有构成体腔的壁、保护体腔内脏器的功能。阔肌的腱扁宽呈膜状，称**腱膜 aponeurosis**。轮匝肌主要由环行的肌纤维构成，位于孔裂周围，收缩时可以关闭孔裂。

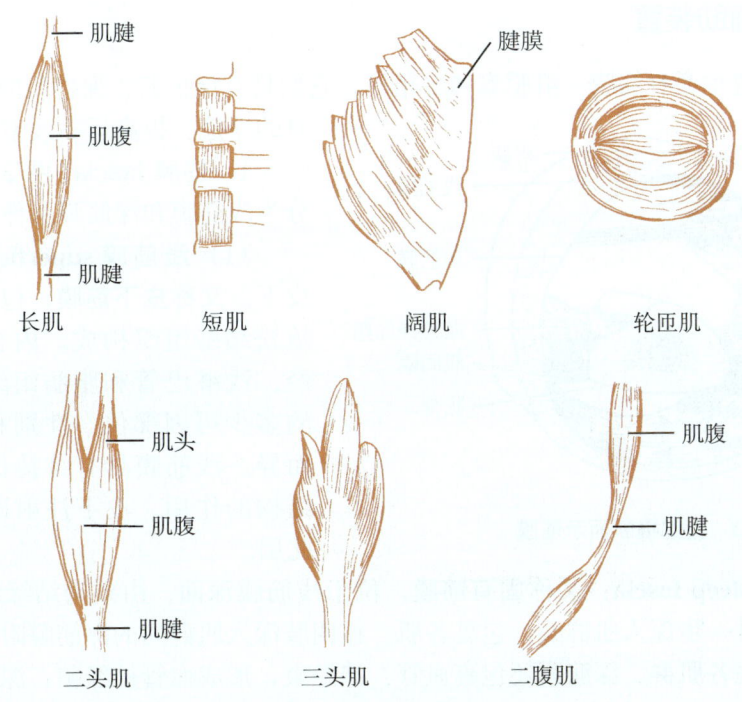

图 3-1　肌的构造和形态

二、肌的起止、配布和作用

　　骨骼肌通常两端附着在两块或两块以上的骨面上，中间跨过一个或多个关节，收缩时牵引骨骼，以关节为轴产生运动。在运动中，一块骨的位置相对固定，称**固定骨**，另一块骨则相对移动，称**移动骨**。一般把肌在固定骨上的附着点称为**起点 origin** 或定点；把肌在移动骨上的附着点称**止点 insertion** 或动点。通常接近身体正中线或肢体近侧端的附着点是起点，反之为止点（图3-2）。定点和动点是相对的，在一定的条件下，两者可以互换。

　　肌的配布与关节运动轴的关系密切，一般是在一个运动轴的相对两侧有两个作用相反的肌或肌群配布，这两个互相对抗的肌或肌群互称为**拮抗肌**，如肘关节前方的屈肌群和后方的伸肌群，两者既互相拮抗，又互相依存，在神经系统的支配下，动作

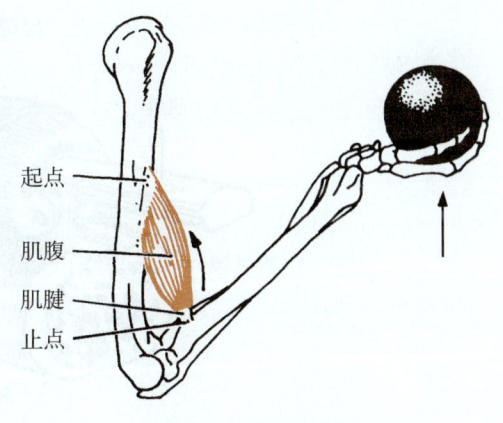

图 3-2　肌的起止点

协调而准确。在运动轴同一侧作用相同的肌,称为**协同肌**,如肘关节前面的各屈肌。肌群配布的多少与运动轴的多少密切相关,如双轴的桡腕关节周围配布有屈、伸、收、展四组肌;三轴的肩关节周围则配布有屈、伸、收、展、旋内和旋外六组肌。

此外,肌的配布还与人体的直立行走和劳动等特点有关。为维持直立姿势,项肌、背肌、臀肌、小腿后群肌均特别发达;下肢肌强于上肢肌;为适应劳动需要,上肢的屈肌强于伸肌;手肌比足肌的运动灵活而复杂。

肌的主要作用是收缩,依据参加收缩的肌纤维数量多少、强度不同,可分为静力作用和动力作用。静力作用主要是维持肌张力,外观上并不出现明显的动作,能维持体态姿势并保持身体的平衡。动力作用则是在意识的支配下,肌产生明显的收缩与舒张活动,从而完成各种随意运动。

三、肌的辅助装置

肌的辅助装置主要有筋膜、滑膜囊和腱鞘等,它们具有保护肌、保持肌的位置、减少运动时的摩擦、提高运动效率等功能。

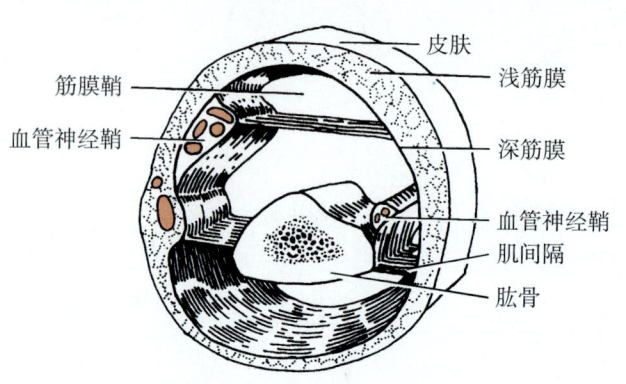

图 3-3 臂部横断面示筋膜

1. 筋膜 fascia(图 3-3) 遍布全身,分为浅筋膜和深筋膜两种。

(1) **浅筋膜 superficial fascia**:位于皮下,又称**皮下筋膜**,包裹全身各部,由疏松结缔组织构成。内含浅血管、皮神经、浅淋巴管和脂肪组织等。脂肪组织的多少可因部位、性别和营养状况不同而异。浅筋膜具有维持保温和保护深部结构的作用。皮下注射即是将药物注入此层。

(2) **深筋膜 deep fascia**:又称**固有筋膜**,位于浅筋膜深面,由致密结缔组织构成。它不仅包被全身,还进一步深入肌群间,包裹各肌。在四肢深入肌群间的深筋膜附着于骨面形成**肌间隔**,分隔和包绕各肌群。深筋膜还包裹血管、神经束,形成血管神经鞘;深筋膜的不同层次之间常形成筋膜间隙,疏松、易分离,成为感染扩散和积液蔓延的途径。

2. 滑膜囊 synovial bursa 为扁平的结缔组织小囊,壁薄,内含少量滑液,多位于肌腱和骨面之间,可减少两者之间的摩擦。滑膜囊有的密闭,单独存在;有的邻近关节,可与关节腔相通。滑膜囊炎症时可致局部疼痛和功能障碍。

3. 腱鞘 tendinous sheath(图 3-4) 是包裹在某些长肌腱外面的鞘管,多位于活动较大

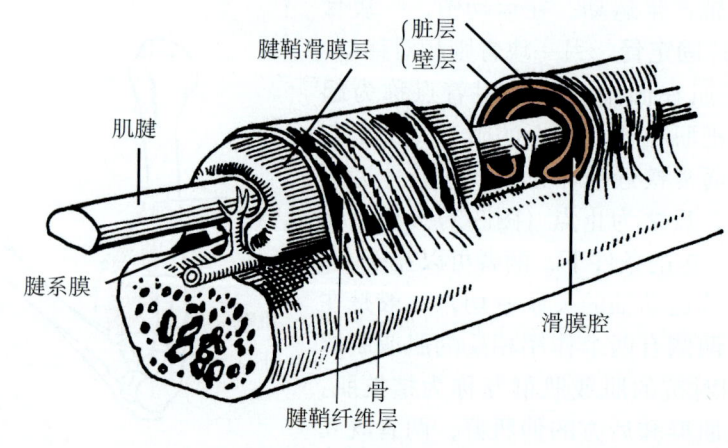

图 3-4 腱鞘示意图

的部位，如腕、踝、手指和足趾等处。

腱鞘由**纤维层**（又称腱纤维鞘）和**滑膜层**（又称腱滑膜鞘）两部分构成。纤维层在外，由增厚的深筋膜附着于骨面而构成，呈管状，对肌腱起约束和固定作用。滑膜层位于腱纤维鞘内，由滑膜构成，呈双层套管状，外层叫壁层，紧贴在纤维层的内面；内层叫脏层，包裹在肌腱的周围，两层相互移行，形成密闭的滑膜腔。滑膜腔内含少量滑液，可减少肌腱运动时与骨面的摩擦。在腱滑膜鞘脏层和壁层的移行处，形成腱系膜，供应腱的血管、神经由此出入。

第二节 躯 干 肌

躯干肌主要包括背肌、胸肌、膈、腹肌和盆底肌。

一、背肌

背肌位于躯干的后面，分浅、深两群。

（一）浅群

主要有斜方肌和背阔肌，起点以脊柱为主，止于上肢带骨和肱骨（图3-5）。

1. **斜方肌 trapezius** 位于项部和背上部，单侧呈三角形，两侧合在一起为斜方形，起点很广，从枕外隆凸直达第12胸椎的棘突，肌束向外集中，止于锁骨外侧1/3、肩峰和肩胛冈。

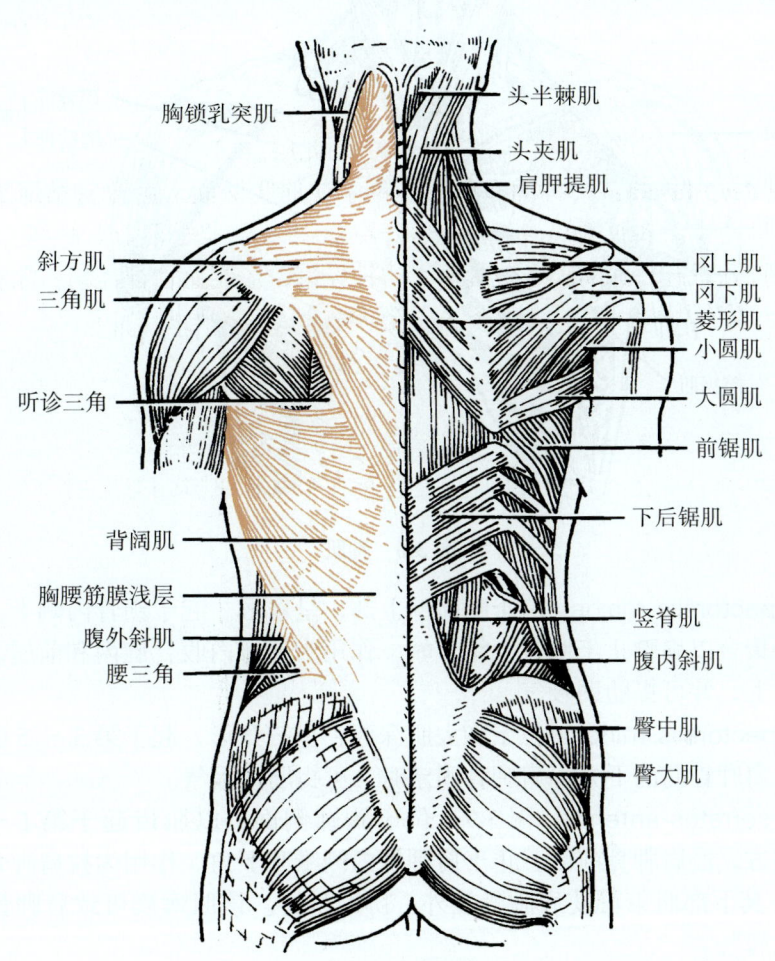

图3-5 背肌

该肌上部肌束收缩可上提肩胛骨；下部肌束可使肩胛骨下降；中部肌束或全肌收缩可拉肩胛骨向脊柱靠拢。若该肌瘫痪，肩峰下垂，称"塌肩"。

2. **背阔肌** latissimus dorsi　为全身最大的阔肌，位于背部下份和胸部后外侧，以腱膜起于下6个胸椎和全部腰椎的棘突、骶正中嵴和髂嵴后部，肌束向外上方集中，经上肢内侧绕至肩关节前面，止于肱骨小结节嵴。收缩时可使臂内收、内旋和后伸，如背手姿势。当上肢上举固定时，可引体向上。

（二）深群

位于脊柱两侧的纵沟内，为数众多，其浅层主要有竖脊肌，深层为节段性明显的许多短肌。

竖脊肌 erector spinae　又称骶棘肌，位于浅层肌的深面、脊柱两侧的沟中，为背肌中最长、最强大者。起于骶骨背面和髂嵴后部，向上分出三群肌束沿途止于椎骨、肋骨和颞骨乳突。一侧收缩可使脊柱侧屈，两侧收缩使脊柱后伸并仰头。

胸腰筋膜包绕竖脊肌，形成该肌的鞘，分前、后两层，后层在腰部显著增厚，并与背阔肌的腱膜紧密结合。

二、胸肌

胸肌分为胸上肢肌和胸固有肌。

（一）胸上肢肌

胸上肢肌均起自胸廓外面，止于上肢带骨和肱骨（图3-6，7）。

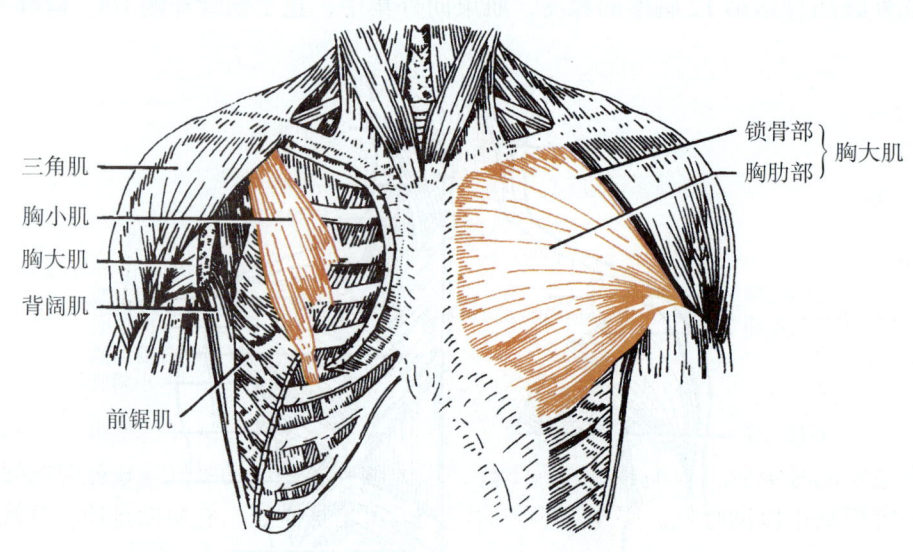

图 3-6　胸肌

1. **胸大肌** pectoralis major　位于胸前壁上部，呈扇形。起于锁骨内侧半、胸骨和上部肋软骨。肌束向外聚合以扁腱止于肱骨大结节嵴。作用为使臂内收、旋内和前屈。如上肢上举固定，则可引体向上，并可提肋助吸气。

2. **胸小肌** pectoralis minor　位于胸大肌深面，呈三角形，起于第3～5肋，止于肩胛骨喙突。作用为拉肩胛骨向前下方，肩胛骨固定时，可提肋助吸气。

3. **前锯肌** serratus anterior（图3-7）位于胸廓侧面，以肌齿起于第1～8（或9）肋，肌束斜向后上内方，经肩胛骨前面，止于肩胛骨内侧缘和下角。作用为拉肩胛骨向前，并使肩胛骨紧贴胸廓；其下部肌束可使肩胛骨旋外，协助举臂。该肌瘫痪可致肩胛骨下角突出于皮下，出现"翼状肩"。

（二）胸固有肌

胸固有肌参与构成胸壁，主要包括肋间内、外肌（图3-7）。

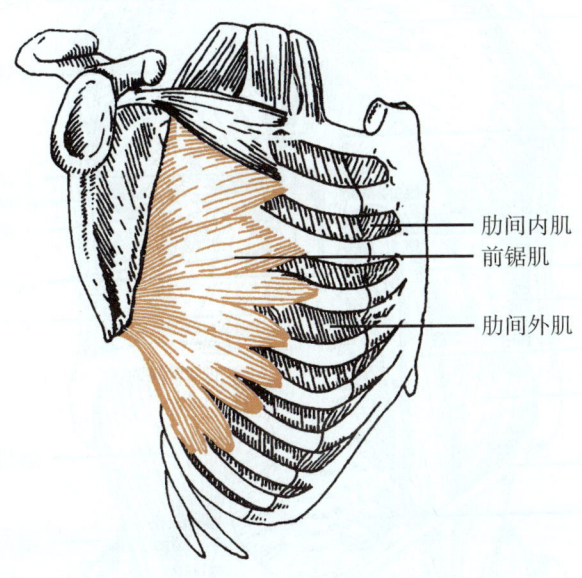

图 3-7　前锯肌

1. **肋间外肌** intercostales externi　位于各肋间隙的浅层，起于上位肋骨的下缘，肌束斜向前下，止于下位肋骨的上缘。作用为提肋助吸气。

2. **肋间内肌** intercostales interni　位于肋间外肌的深面，起于下位肋骨的上缘，肌束斜向前上，止于上位肋骨的下缘。作用为降肋助呼气。

三、膈

膈 diaphragm（图3-8）位于胸、腹腔之间，构成胸腔的底和腹腔的顶。膈为凸向上、穹窿形的扁薄阔肌。其周围部分为肌性部分，附着在胸廓下口，中央部为腱膜，称为**中心腱**。

膈上有3个裂孔：在第12胸椎前方，左右膈脚之间为**主动脉裂孔**，有降主动脉和胸导管通过；在主动脉裂孔的左前方，约平第10胸椎高度有**食管裂孔**，食管和迷走神经通过；在食管裂孔的右前方，约平第8胸椎高度的中心腱上有**腔静脉孔**，孔内通过下腔静脉。

膈为主要的呼吸肌，收缩时膈穹窿下降，增大胸腔容积以助吸气；松弛时穹窿上升恢复原位，胸腔容积减小以助呼气。膈与腹肌同时收缩，可增加腹压，有协助排便、分娩、咳嗽、打喷嚏及呕吐等功能。

四、腹肌

腹肌参与构成腹壁，分为前外侧群和后群。

（一）前外侧群

前外侧群构成腹腔的前外侧壁，包括腹外斜肌、腹内斜肌、腹横肌和腹直肌（图3-9，10）。

1. **腹直肌** rectus abdominis　位于腹前正中线两侧，为一对长带状肌，表面被腹直肌鞘包裹。腹直肌起于耻骨嵴，向上止于剑突和第5~7肋软骨的前面，全长被3~4个腱划分成数个肌腹。腱划与腹直肌鞘的前层愈着紧密。

2. **腹外斜肌** obliquus externus abdominis　为宽阔的扁肌，位居腹前外侧壁最浅层，以肌齿起于下8个肋骨外面，纤维向前内下走行，后下部肌束止于髂嵴前部，余部肌束移行为腱膜，经腹直肌前面至腹前正中线处的白线。腹外斜肌腱膜的下缘增厚卷曲，附于髂前上棘和耻

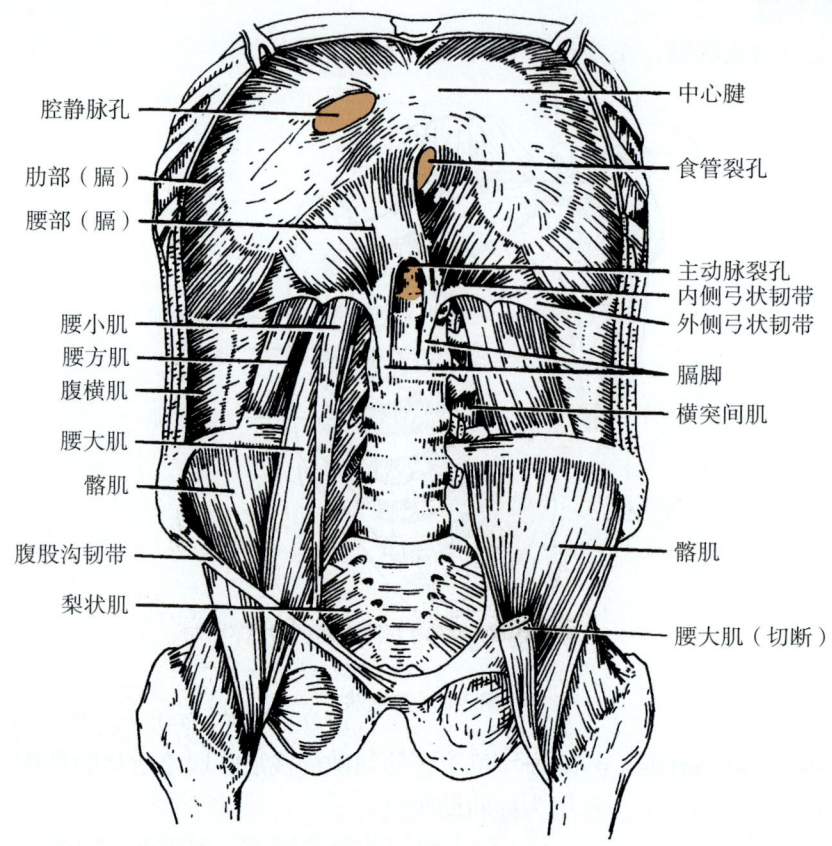

图 3-8 膈和腹后壁肌

骨结节之间，称**腹股沟韧带 inguinal ligament**，该韧带的内侧端有部分腱纤维转向后下，止于耻骨梳，称**腔隙韧带**（陷窝韧带）。在耻骨结节外上方，腱膜形成近似一三角形的裂孔，为**腹股沟管浅环**（皮下环）。

3. **腹内斜肌 obliquus internus abdominis** 在腹外斜肌深面，起于胸腰筋膜、髂嵴和腹股沟韧带外侧半，大部分肌束斜向内上并移行为腱膜。在腹直肌外侧缘处，腹内斜肌腱膜分为前、后两层包裹腹直肌至腹前正中线，止于白线。腹内斜肌下部肌束形成弓状下缘，越过男性精索（女性子宫圆韧带）向内移行为腱膜，与腹横肌腱膜的下部会合，形成**腹股沟镰 inguinal falx**，又称**联合腱 conjoined tendon**，止于耻骨梳内侧端。男性腹内斜肌最下部的少量肌纤维包绕精索和睾丸入阴囊，称**提睾肌**，收缩时可上提睾丸。

4. **腹横肌 transversus abdominis** 位于腹内斜肌深面，起于下 6 个肋内面、胸腰筋膜、髂嵴和腹股沟韧带外侧 1/3，纤维横行向内，移行为腱膜，经腹直肌后面止于白线。其下部肌束和腱膜也分别参与提睾肌和腹股沟镰的构成。

腹前外侧群肌的作用为保护腹腔脏器、维持腹内压、固定腹腔脏器的位置。腹肌收缩时可增加腹压，协助排便、呕吐及分娩等；也可降肋有助于深呼气和咳嗽；腹肌的协调收缩可使脊柱前屈、侧屈和旋转。

（二）后群

腰方肌 quadratus lumborum（图 3-8）位于腹后壁、脊柱两侧，呈长方形。起于髂嵴，止于第 12 肋和腰椎横突。作用为降第 12 肋，单侧收缩可使脊柱侧屈。

（三）腹肌形成的结构

1. **腹直肌鞘 sheath of rectus abdominis**（图 3-9，11）由腹外侧壁 3 层阔肌的腱膜构成，分前、后两层：前层由腹外斜肌腱膜与腹内斜肌腱膜的前层构成；后层由腹内斜肌腱膜后层和

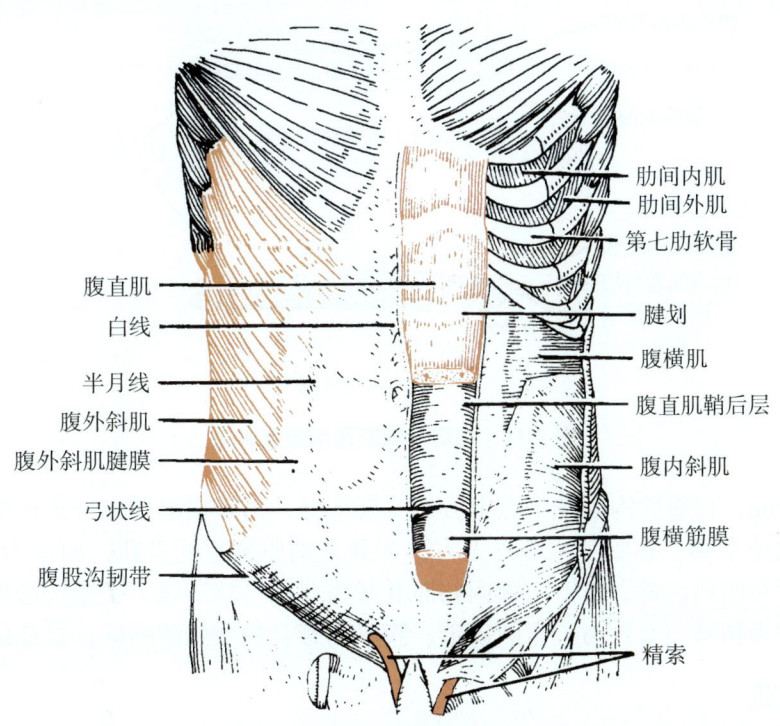

图 3-9 腹前壁肌

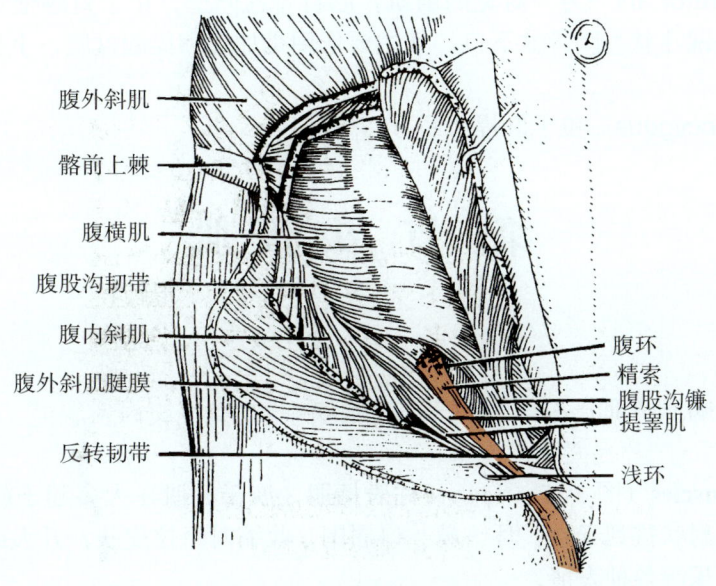

图 3-10 腹前壁下部肌

腹横肌腱膜构成。在脐下 4～5cm 处以下，鞘的后层全部转至腹直肌的前面，后层缺如，这样腹直肌鞘后层下缘游离，称**弓状线**或**半环线**，弓状线以下腹直肌后面直接与腹横筋膜相贴。

2. **白线 linea alba**　位于腹前壁正中线上，由两侧的腹直肌鞘纤维相互交织而成，张于剑突与耻骨联合之间。白线上宽下窄，坚韧而少血管，常作为腹部手术入路。白线中部在脐周围形成**脐环**，此处为腹壁的一个薄弱点，如腹腔脏器由此膨出，即形成脐疝。

3. **腹股沟管 inguinal canal**　位于腹股沟韧带内侧半的上方，为腹前壁下部肌和腱膜之间的潜在裂隙，长 4～5cm，由外上斜向内下。管有两口四壁。内口称**腹股沟管深（腹）环**

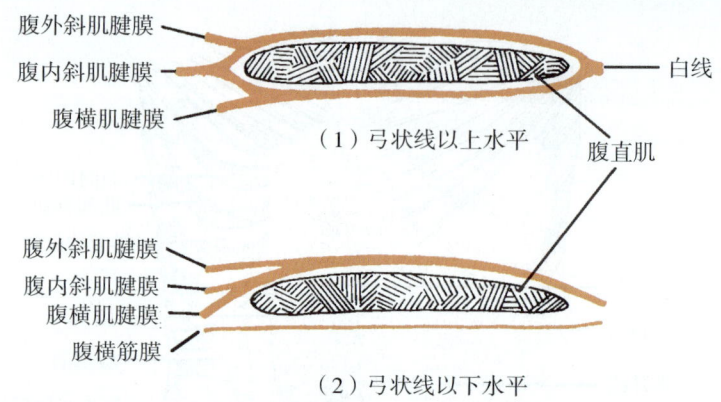

图 3-11 腹前壁横断面示腹直肌鞘

deep inguinal ring，在腹股沟韧带中点上方约 1.5cm 处，由腹横筋膜向外形成的凸口；外口称**腹股沟管浅（皮下）环**，在耻骨结节外上方，为腹外斜肌腱膜的裂孔；前壁为腹外斜肌腱膜，后壁为腹横筋膜和腹股沟镰，上壁为腹内斜肌和腹横肌的弓状下缘，下壁为腹股沟韧带。通过管的结构：男性为精索，女性为子宫圆韧带。腹股沟管是腹壁的薄弱区，是疝的好发部位。

五、盆底肌

盆底肌是指封闭骨盆下口全部肌肉的总称，主要有肛提肌、尾骨肌、会阴深横肌、尿道膜部括约肌（男性）或尿道阴道括约肌（女性）等。

1. 肛提肌 levator ani　为一对宽的扁肌，起自骨盆侧壁，止于直肠壁及会阴中心腱至尾骨尖的连线上。呈漏斗状封闭骨盆下口，其主要作用是加强和提起盆底，上提和紧缩肛门，承托盆腔脏器。

2. 尾骨肌 coccygeus　位于肛提肌后方。

第三节　头 颈 肌

一、头肌

分为面肌和咀嚼肌两部分。

1. 面肌

面肌 facial muscles（图 3-12、13）又称**表情肌**，属于皮肌，大多起于颅骨，止于头面部皮肤，呈环形或辐射状排列于眼、耳、鼻、口周围，收缩时牵拉皮肤，开大或关闭孔裂，并可做出喜、怒、哀、乐等各种表情。

（1）颅顶肌：主要指枕额肌，包括位于额部皮下的额腹和位于枕部皮下的枕腹，以及连于两者间的帽状腱膜。额腹收缩可提眉、皱额。

（2）眼轮匝肌：呈环形，位于眼裂周围，收缩时主要可闭合眼裂。

（3）口周围肌：包括环形肌和辐射状肌。环形肌为口轮匝肌，环绕口裂，收缩时可闭口；辐射状肌数目较多，以口裂为中心呈辐射状排列，收缩时可提上唇，降下唇，牵拉口角向上、向下或向外。其中颊肌还有协助咀嚼和吸吮的功能。

2. 咀嚼肌

咀嚼肌（图 3-13，14）都止于下颌骨，参加咀嚼运动。包括：

（1）咬肌 masseter：长方形，起自颧弓，向下止于下颌支和下颌角的外面。

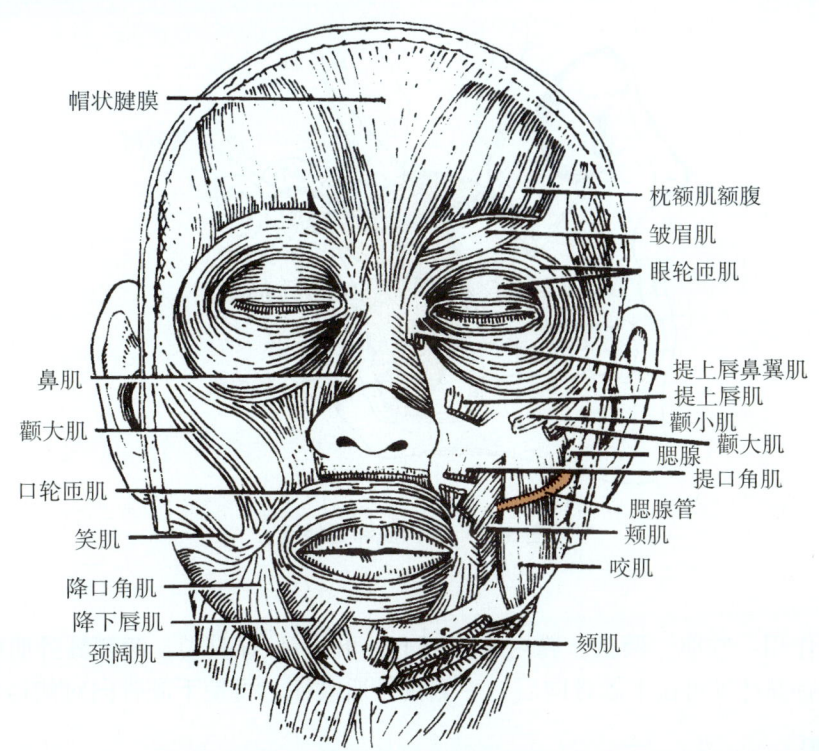

图 3-12 头肌（前面观）

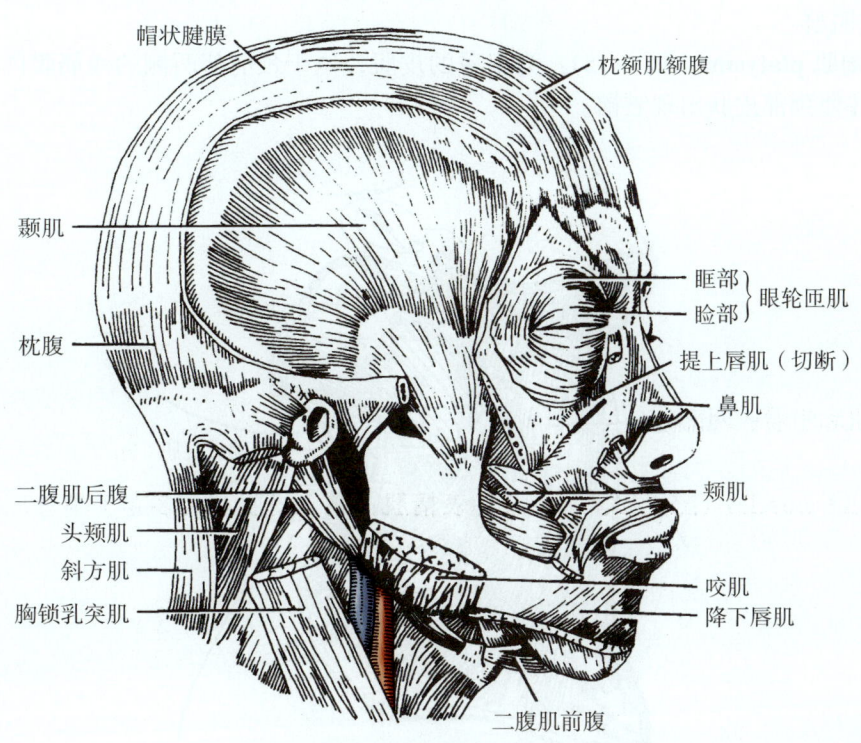

图 3-13 头肌（侧面观）

(2) **颞肌 temporalis**：起自颞窝，肌束呈扇形向下会聚经颧弓深方止于下颌骨的冠突。

(3) **翼内肌 medial pterygoid**：位于下颌支深面。起自蝶骨的翼突，向下外，止于下颌支和下颌角的内面。

(4) **翼外肌 lateral pterygoid**：在颞下窝内。起自蝶骨大翼下面及翼突外侧面，向后向外，

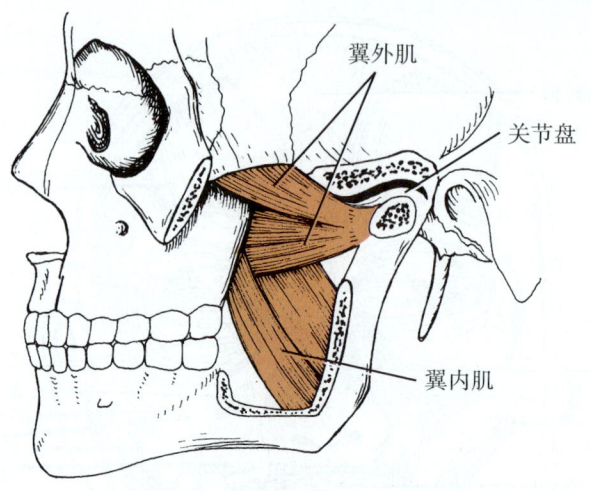

图 3-14 翼内肌和翼外肌

止于下颌颈。

咀嚼肌的作用：咬肌、颞肌、翼内肌都可上提下颌骨（闭口）；两侧翼外肌收缩，使下颌骨前伸；颞肌后部纤维可拉下颌骨向后；一侧翼外肌收缩，可使下颌骨向对侧运动。

二、颈肌

依其位置由浅入深可分为颈浅肌群、舌骨上肌群、舌骨下肌群和颈深肌群。

1. **颈浅肌群**

（1）**颈阔肌 platysma**（图 3-15）：为扁薄的皮肌，位于颈前部两侧的浅筋膜内。收缩时拉口角向下，并使颈部皮肤出现皱褶。

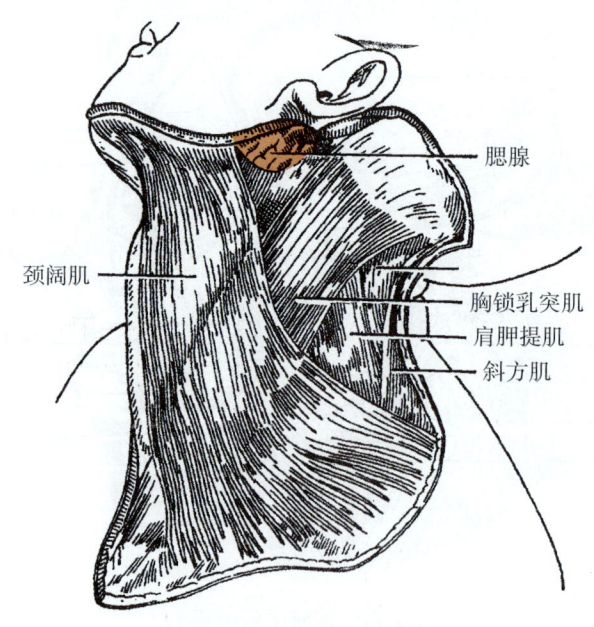

图 3-15 颈阔肌（侧面）

（2）**胸锁乳突肌 sternocleidomastoid**（图 3-16）：位于颈部侧面、颈阔肌深面，起于胸骨柄和锁骨内侧端，向后上止于颞骨乳突。一侧收缩使头向同侧倾斜，脸转向对侧；两侧收缩使头后仰。

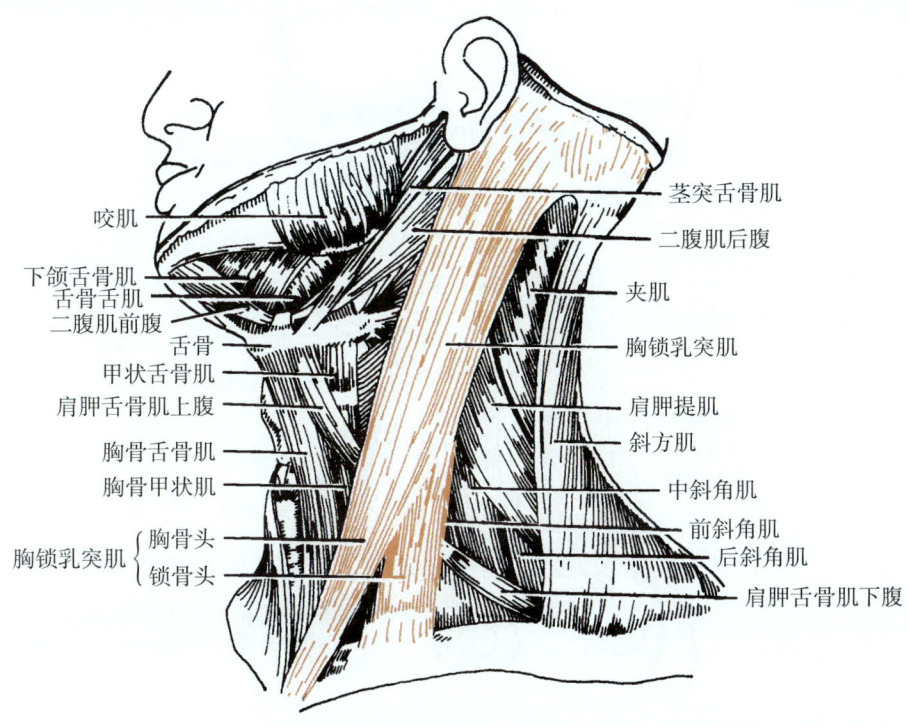

图 3-16 颈肌（侧面）

2. 舌骨上、下肌群

（1）**舌骨上肌群**（图 3-16，17）：位于舌骨与下颌骨及颅底之间。每侧有四块肌，包括：二腹肌、下颌舌骨肌、颏舌骨肌和茎突舌骨肌。其作用为参与构成口腔底和上提舌骨。如舌骨固定可拉下颌骨向下。

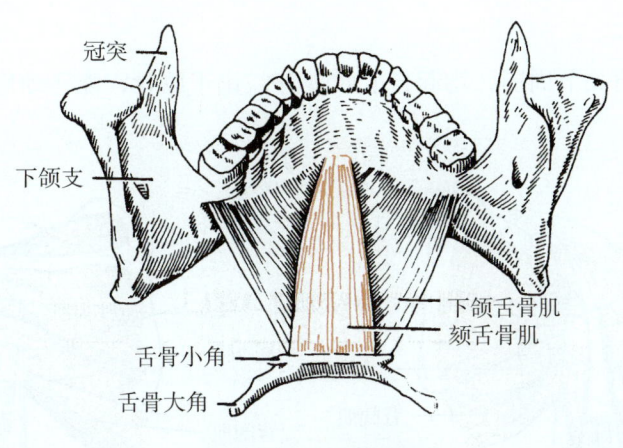

图 3-17 口腔底部肌

（2）**舌骨下肌群**（图 3-16）：位于舌骨下方、颈前正中线两侧，每侧各有四块肌，包括：胸骨舌骨肌、肩胛舌骨肌、胸骨甲状肌和甲状舌骨肌。它们的共同作用是下降舌骨和喉，其中甲状舌骨肌在吞咽时可提喉向上。

（3）**颈深肌群**（图 3-18）：主要包括**前、中、后斜角肌**。位于脊柱颈段两侧，均起自颈椎横突，前斜角肌和中斜角肌止于第 1 肋，后斜角肌止于第 2 肋。收缩时可上提第 1、2 肋，助深吸气。前、中斜角肌与第 1 肋之间的空隙称**斜角肌间隙**，有锁骨下动脉和臂丛通过。

56　第一篇　运动系统

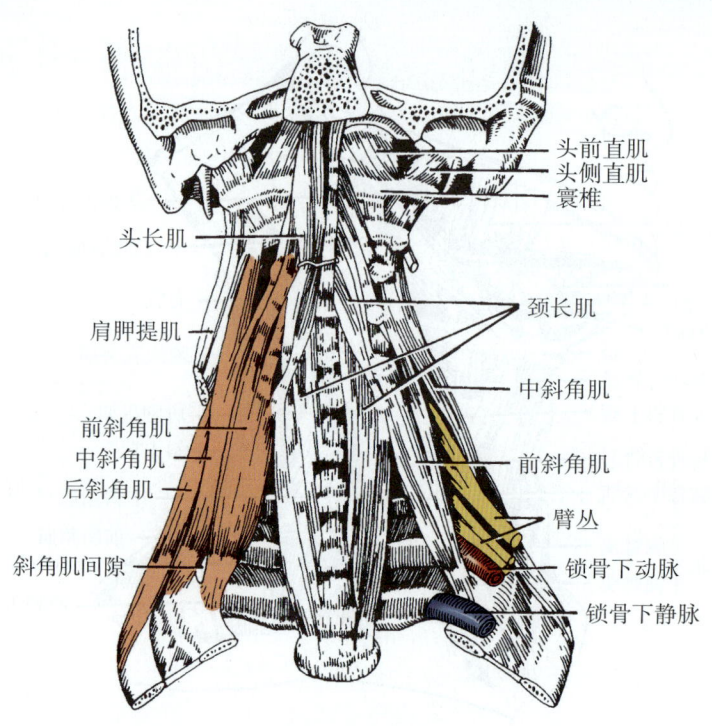

图 3-18　颈深肌群

第四节　上 肢 肌

上肢肌按其所在位置分为上肢带肌、臂肌、前臂肌和手肌。

一、上肢带肌

上肢带肌配布于肩关节周围，均起自上肢带骨，止于肱骨，能运动肩关节，并增强肩关节的稳固性（图 3-19）。

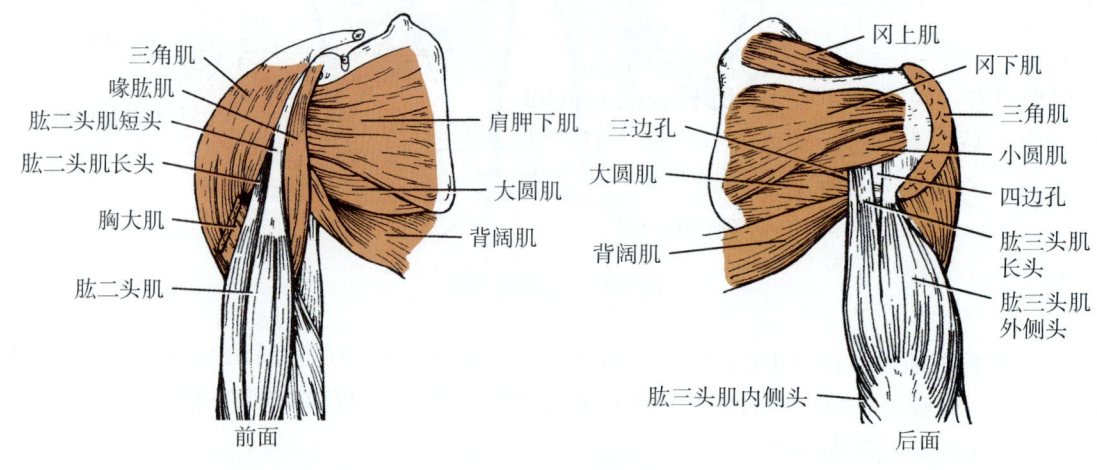

图 3-19　上肢带肌

1. **三角肌 deltoid**　呈三角形，位于肩部。起自锁骨外侧段、肩峰及肩胛冈，肌束从前、外、后包绕肩关节，向外下集中止于肱骨体外侧面的三角肌粗隆。主要作用为使臂外展，其前部纤维可使肩关节屈和旋内,而后部纤维能使肩关节伸和旋外。

2. **冈上肌 supraspinatus**　被斜方肌覆盖,起于冈上窝,从上方跨过肩关节,止于肱骨大结节。作用:外展肩关节。

3. **冈下肌 infraspinatus**　起自冈下窝,部分被斜方肌和三角肌覆盖,经肩关节后方止于肱骨大结节。作用:外旋肩关节。

4. **小圆肌 teres minor**　位于冈下肌下方,起自肩胛骨外侧缘背面,经肩关节后方止于肱骨大结节。作用:外旋肩关节。

5. **大圆肌 teres major**　位于小圆肌下方,起自肩胛骨下角背面,向外上经肩关节下方绕向前,止于肱骨小结节下方。作用:内收、内旋肩关节。

6. **肩胛下肌 subscapularis**　起自肩胛下窝,肌束向外上经肩关节前方,止于肱骨小结节。作用:内收、内旋肩关节。

肩胛下肌、冈上肌、冈下肌和小圆肌在经过肩关节前方、上方和后方时,有许多腱纤维编入关节囊壁形成"肌腱袖",对加固肩关节起重要作用。

二、臂肌

臂肌覆盖肱骨,分前、后两群。

(一)前群

1. **肱二头肌 biceps brachii**(图3-20)　位于前群肌浅层,起端有长、短二头,长头起于肩胛骨盂上结节,短头起于肩胛骨喙突,向下两头合为一个肌腹,经肘关节前方止于桡骨粗隆。作用为屈肘、屈肩。当前臂处于旋前位时,尚能使前臂旋后。

2. **喙肱肌 coracobrachialis**(图3-21)　较弱小,起自肩胛骨喙突,止于肱骨中段内侧,使肩关节内收、前屈。

3. **肱肌 brachialis**(图3-21)　位于肱二头肌下半部的深面。起于肱骨体下半部前面,止于尺骨粗隆。作用为屈肘。

(二)后群

后群只有一块肌,即**肱三头肌 triceps brachii**(图3-22),该肌起端有三个头,长头起于肩胛骨盂下结节,外侧头和内侧头分别起于肱骨背面桡神经沟的上、下方。三头合为一个肌腹,以肌腱止于尺骨鹰嘴。肱三头肌的主要作用为伸肘关节;其长头收缩可助臂后伸和内收。

三、前臂肌

前臂肌为包绕桡、尺骨的肌肉,可分为前群和后群。

(一)前群

前群肌位于前臂的前面和内侧,共9块,由浅至深分3层。

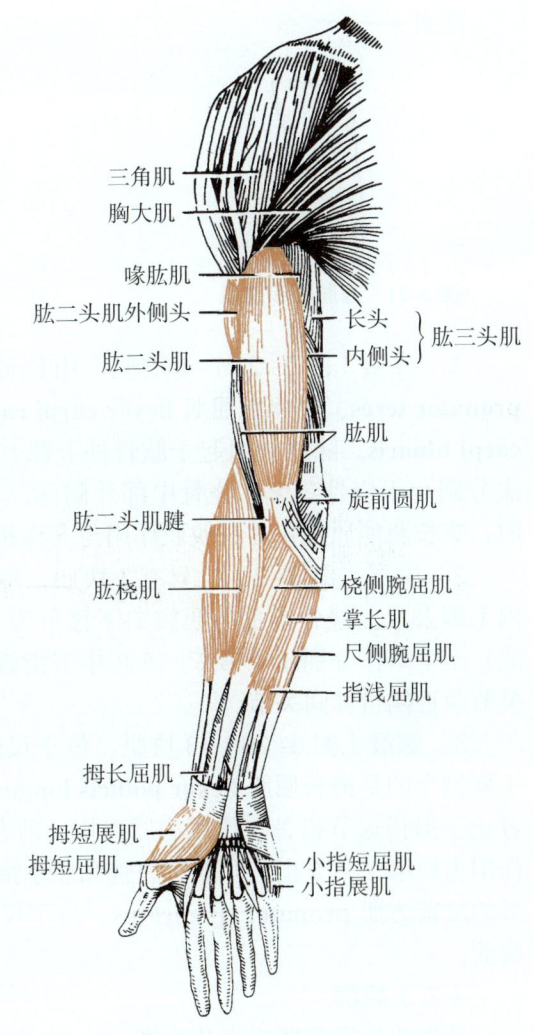

图3-20　上肢浅层肌(前面)

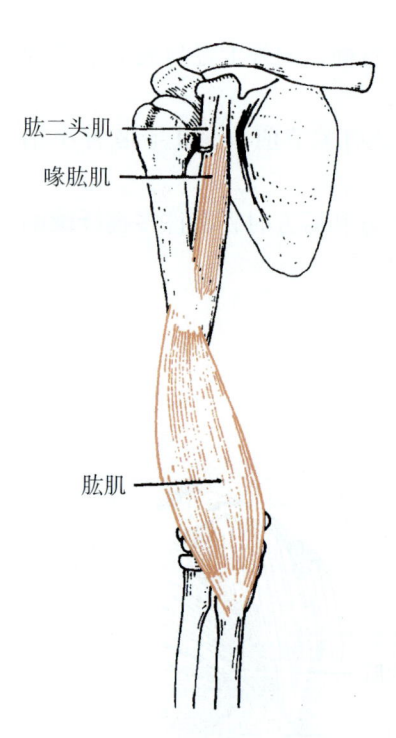

图 3-21 喙肱肌和肱肌

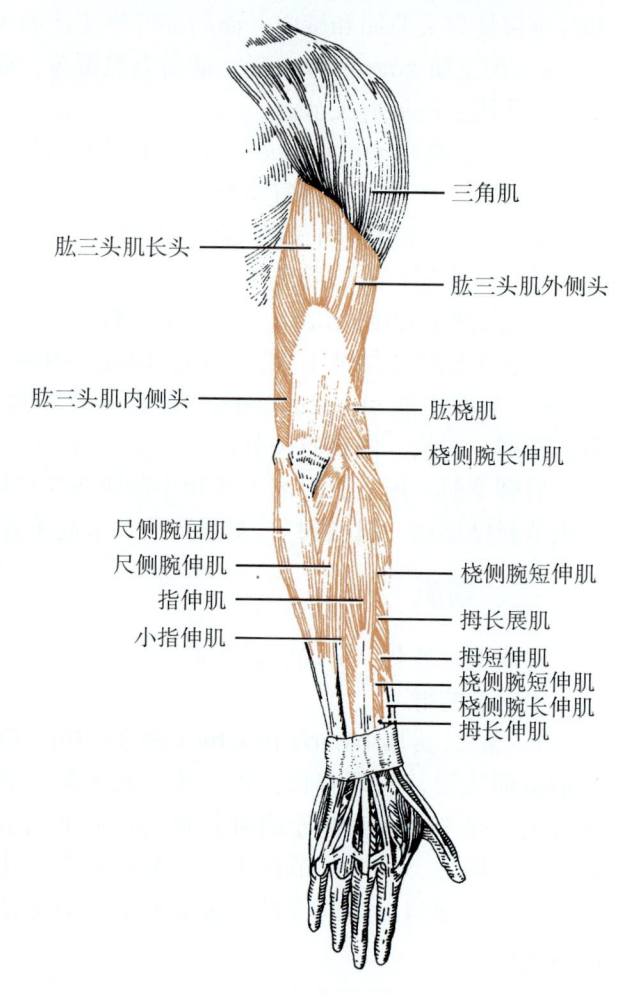

图 3-22 上肢浅层肌（后面）

1. **浅层**（图3-20） 5块肌，由桡侧向尺侧依次为**肱桡肌 brachioradialis**、**旋前圆肌 pronator teres**、**桡侧腕屈肌 flexor carpi radialis**、**掌长肌 palmaris longus** 和**尺侧腕屈肌 flexor carpi ulnaris**。除肱桡肌起于肱骨外上髁上方外，其余均起于肱骨内上髁，多以长腱下行，依次分别止于桡骨茎突、桡骨中部外侧面、掌骨、掌腱膜（手掌深筋膜）和腕骨。肱桡肌可屈肘；掌长肌能屈腕；另三块肌作用与名称相同。

2. **中层**（图3-23） 只有1块肌，即**指浅屈肌 flexor digitorum superficialis**。起于肱骨内上髁及尺、桡骨前面，肌腹向下移行为4条肌腱，经腕管（由腕骨沟及架于其上的韧带构成）至手掌，分别止于第2~5指中节指骨体的两侧。作用为屈肘、屈腕、屈第2~5指掌指关节及近侧指骨间关节。

3. **深层**（图3-23） 3块肌，位于尺侧半的是**指深屈肌 flexor digitorum profundus**，位于桡侧半的是**拇长屈肌 flexor pollicis longus**，两肌均起于前臂骨前面和骨间膜，通过腕管，后者止于拇指远节指骨，作用为屈拇指；前者向下分为四个腱，分别止于第2~5指远节指骨，作用为屈第2~5指，并兼有屈腕和屈掌指关节的作用。在上述两肌的深面，还有一块薄而方形的**旋前方肌 pronator quadratus**，位于尺、桡骨远段前面，起于尺骨，止于桡骨，可使前臂旋前。

（二）后群

后群肌位于前臂后面及外侧，共10块肌，分浅、深两层。

1. **浅层**（图3-22） 5块肌，由桡侧向尺侧依次为**桡侧腕长伸肌 extensor carpi radialis**

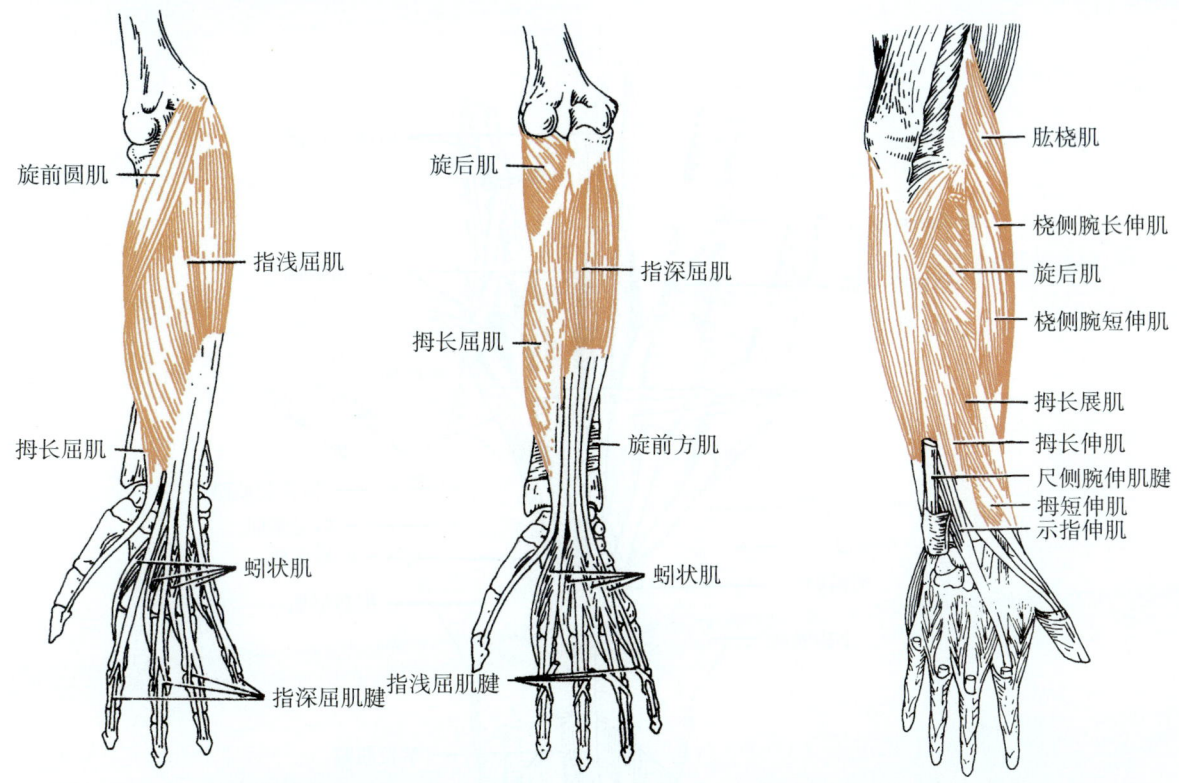

图 3-23 前臂前群深层肌　　　　图 3-24 前臂后群深层肌

longus、桡侧腕短伸肌 extensor carpi radialis brevis、指伸肌 extensor digitorum、小指伸肌 extensor digiti minimi 和尺侧腕伸肌 extensor carpi ulnaris，各肌共同起于肱骨外上髁，伸腕的三块肌止于掌骨，伸指肌向下移行为四条长腱，分别止于第 2～5 指的中节和远节指骨后面。各肌作用均与名称一致。

2. 深层（图 3-24） 5 块肌，**旋后肌 supinator**，位置较深，起于肱骨外上髁和尺骨背面，止于桡骨上段前面，作用为使前臂旋后。其余 4 块肌均起自桡、尺骨后面及骨间膜，由桡侧向尺侧依次为：**拇长展肌 abductor pollicis longus、拇短伸肌 extensor pollicis brevis、拇长伸肌 extensor pollicis longus、示指伸肌 extensor indicis**。以上 4 肌止于拇指或示指，它们的作用与名称一致。

四、手肌

手肌是一些短小的肌，集中配布于手的掌面，主要运动手指，分为外侧、内侧和中间三群（图 3-25，26）。

（一）外侧群

外侧群在拇指侧形成一个隆起，称为鱼际，共 4 块肌，浅层外侧为**拇短展肌**，内侧为**拇短屈肌**；深层外侧为**拇对掌肌**，内侧为**拇收肌**。各肌作用与名称同。

（二）内侧群

内侧群在小指侧也形成一个隆起，叫小鱼际，为 3 块小肌，浅层内侧为**小指展肌**，外侧为**小指短屈肌**；深层为**小指对掌肌**。各肌作用与名称一致。

（三）中间群

中间群位于手掌中间部分，共 11 块小肌。**蚓状肌** 4 块，可屈第 2～5 掌指关节、伸指间关节；**骨间掌侧肌** 3 块，可使第 2、4、5 指内收（向中指靠拢）；**骨间背侧肌** 4 块，可使第 2、4 指外展（远离中指）。

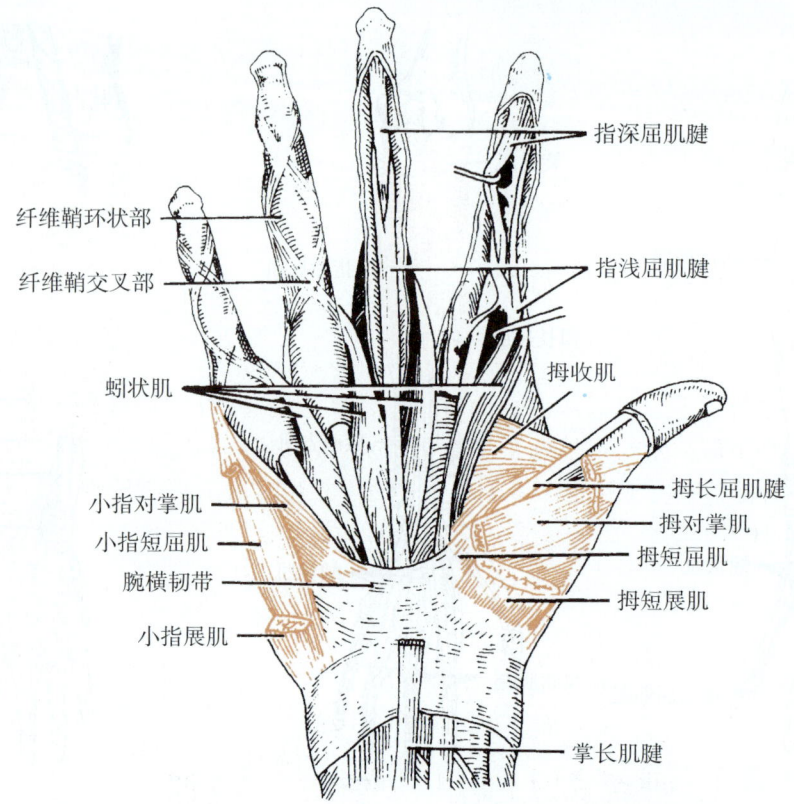

图 3-25 手肌（前面观）

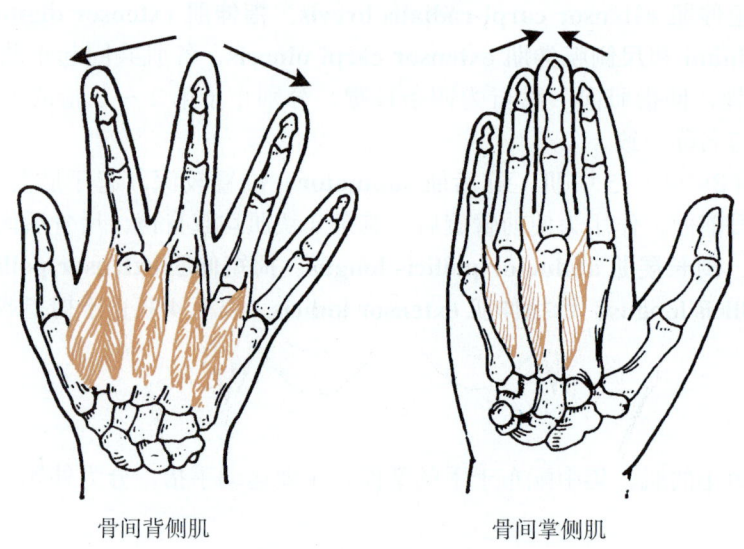

图 3-26 骨间肌及其作用示意图

三角肌注射术

三角肌中上部肌质较厚，深面且无大的血管和神经通过，为肌内注射的常用部位。三角肌下部、前部和后部肌质薄，且后部有腋神经、桡神经通过，所以这些部位不能作为肌内注射的部位。

第五节 下肢肌

下肢肌包括髋肌、大腿肌、小腿肌和足肌。

一、髋肌

髋肌位于髋关节周围，分前、后两群。

（一）前群

1. **髂腰肌 iliopsoas** 由**髂肌 iliacus** 和**腰大肌 psoas major** 组成（图 3-27），分别起自髂窝和腰椎，向下会合后，经腹股沟韧带深面和髋关节前内侧，止于股骨小转子。作用为使髋关节前屈和旋外；当下肢固定时可使躯干和骨盆前屈。

2. **阔筋膜张肌 tensor fasciae latae**（图 3-28） 位于股上部前外侧，起于髂前上棘，向下肌腹被阔筋膜（大腿深筋膜）包裹，以髂胫束止于胫骨外侧髁。作用为紧张阔筋膜并屈髋关节。

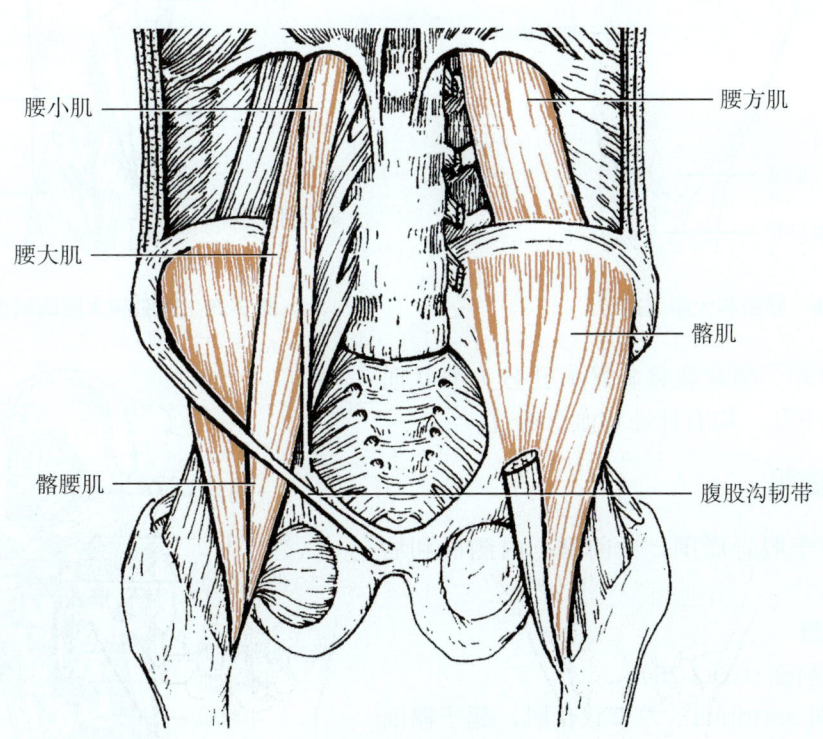

图 3-27 髂腰肌

（二）后群

后群肌位于臀部，故又称臀肌（图 3-28，29，30，31）。

1. **臀大肌 gluteus maximus** 位于臀部浅层，肥厚强大，形成臀部膨隆的外形。起于髂骨翼外面和骶骨背面，肌束向外下集中，经髋关节后方止于股骨臀肌粗隆及髂胫束。作用为使髋关节后伸和旋外。

2. **臀中肌 gluteus medius 和臀小肌 gluteus minimus** 后者居前者深方，臀中肌位于臀大肌深方。两肌均起自髂骨外面，向外下止于股骨大转子。作用为均能使髋关节外展；两肌的前部和后部纤维还分别可使髋关节旋内和旋外。

3. **梨状肌 piriformis** 起于骶骨前面，水平向外出坐骨大孔，经髋关节后方止于大转子，

第一篇 运动系统

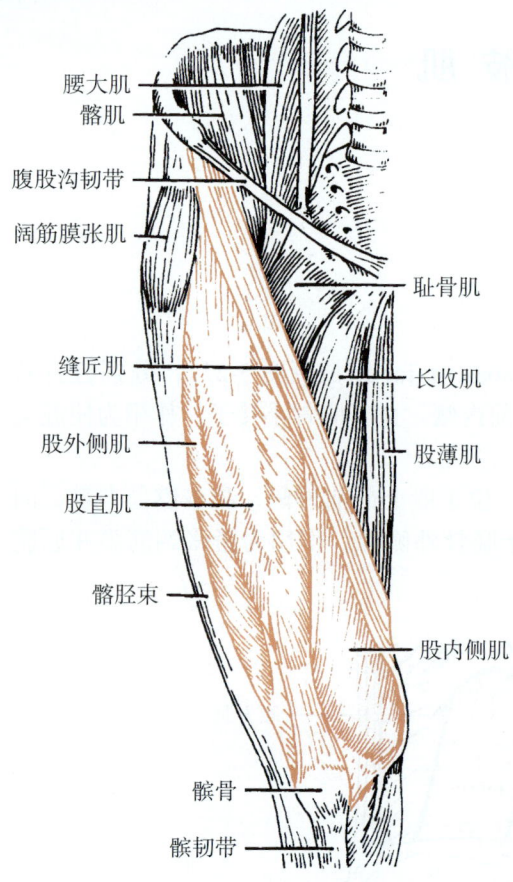

图 3-28 髋肌和大腿肌前群

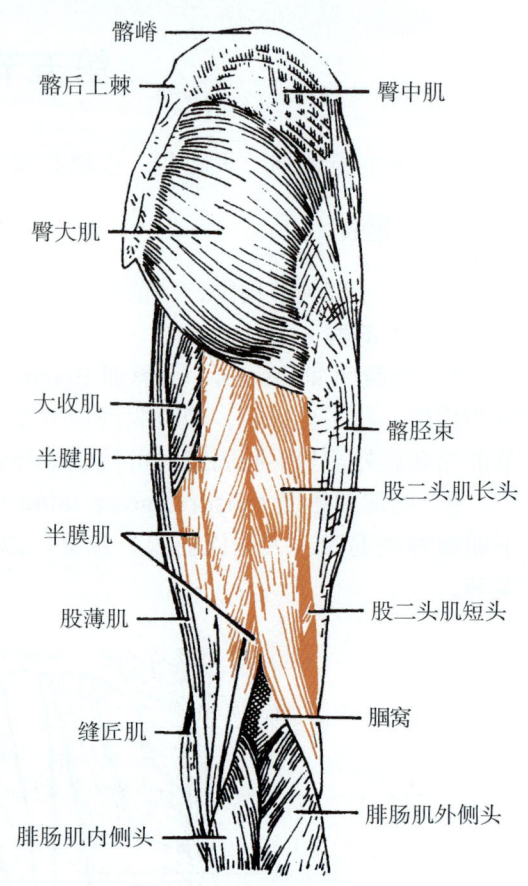

图 3-29 髋肌和大腿肌后群（浅层）

可使髋关节旋外。梨状肌将坐骨大孔分为梨状肌上孔和梨状肌下孔，均有神经和血管通过。

二、大腿肌

大腿肌位于股骨周围，分前群、内侧群和后群。

（一）前群

位于股骨前面（图 3-28）。

1. **缝匠肌** sartorius 为带状长肌，起于髂前上棘，肌束斜向内下，止于胫骨上端内侧，作用为屈髋关节和膝关节。

2. **股四头肌** quadriceps femoris 为全身最强大的骨骼肌，有 4 个头：**股直肌**起于髂前下棘；**股内侧肌**和**股外侧肌**起于股骨体后面；**股中间肌**位于股直肌深面，起于股骨体前面。4 肌向下会拢，移行为股四头肌腱，包绕髌骨前面与两侧，自髌骨下缘以下，以髌韧带止于胫骨粗隆。作用为伸膝关节，股直肌还有屈髋关节的作用。

（二）内侧群

位于股骨内侧面，包括 5 块肌（图 3-28，32）。

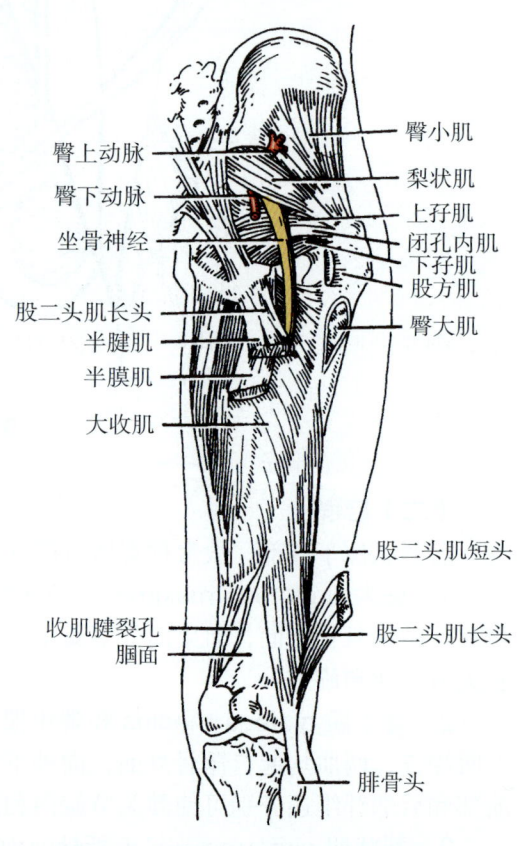

图 3-30 髋肌和大腿肌后群（深层）

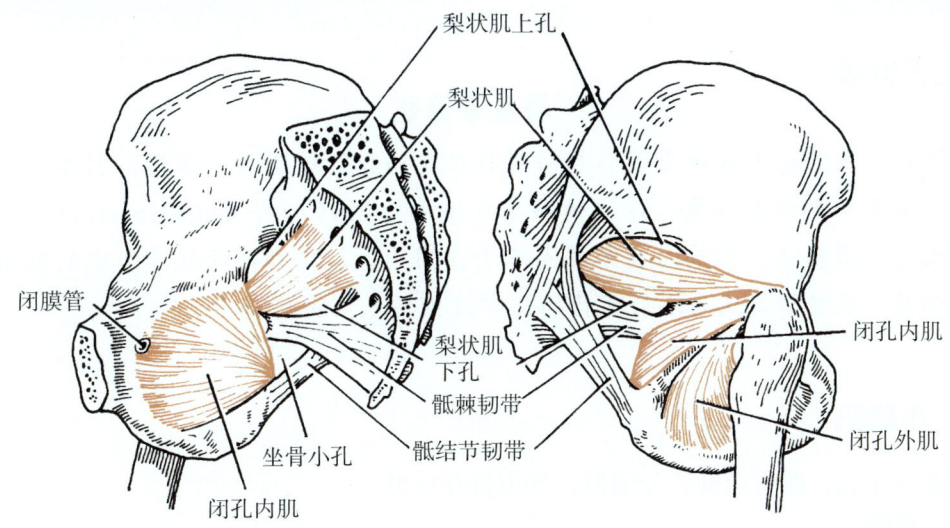

图 3-31 梨状肌和闭孔内、外肌

浅层由外侧向内侧依次为**耻骨肌 pectineus**、**长收肌 adductor longus** 和**股薄肌 gracilis**；中层为**短收肌 adductor brevis**；深层为**大收肌 adductor magnus**。它们均起自闭孔周围及坐骨结节的骨面，除股薄肌止于胫骨上端外，其余 4 肌均止于股骨后面。内侧肌群的主要作用是内收和外旋大腿。

大收肌下部肌束移行为一条长腱，止于股骨，该腱与股骨骨面间形成一裂孔叫收肌腱裂孔，有股血管通过。

（三）后群

位于股骨后面，包括 3 块肌（图 3-29，30）。

1. **股二头肌 biceps femoris**　位于股后外侧，有长、短两头。长头起于坐骨结节，短头起于股骨后面，两头合并后止于腓骨头。

2. **半腱肌 semitendinosus 和半膜肌 semimembranosus** 位于股后内侧，后者居前者深方，半腱肌肌腱细长，几乎占肌全长的一半；半膜肌肌腱呈膜状，也几乎占全肌长的一半。两肌共同起自坐骨结节，向下分别止于胫骨上端的内侧和后面。

上述三肌的作用主要是伸髋关节、屈膝关节。另外，屈膝时，股二头肌还可使小腿旋外，而半腱肌和半膜肌可使小腿旋内。

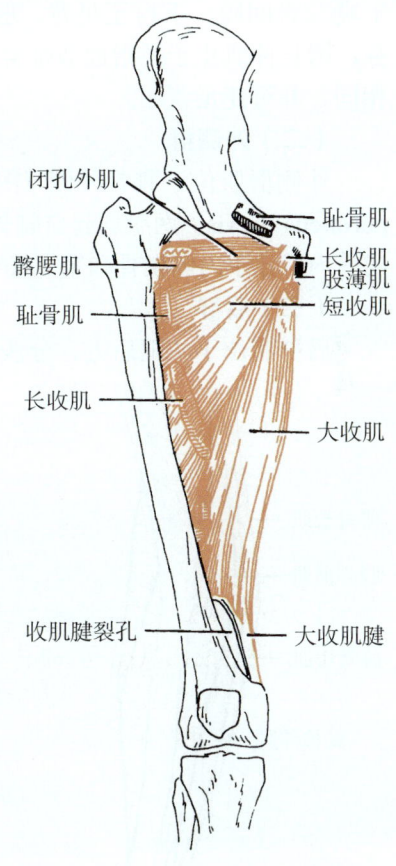

图 3-32　大腿肌内侧群（深层）

> **知识链接**
>
> **臀肌挛缩症**
>
> 臀肌挛缩症是由多种原因引起的臀肌及其筋膜纤维变性、挛缩，引起髋关节功能受限所表现的特有步态、体征的临床症候群。自1970年Valderramal报告以来国内外已有众多报道，但病因及分类尚不十分明确。与臀部接受反复多次的肌内注射密切相关。多数学者认为注射药物的化学性损伤是主要病因。

三、小腿肌

小腿肌位于胫、腓骨周围，分前群、外侧群和后群。

（一）前群

前群肌3块（图3-33），位于小腿前面，由胫侧向腓侧依次为**胫骨前肌 tibialis anterior**、**踇长伸肌 extensor hallucis longus** 和**趾长伸肌 extensor digitorum longus**。三肌均起于胫、腓骨上端及骨间膜，下行至足背，胫骨前肌绕足内侧止于内侧楔骨和第1跖骨底，使足背屈和内翻；踇长伸肌止于踇趾远节趾骨，趾长伸肌分为四条长腱止于第2～5趾，此两肌作用与名称相同，并可使足背屈。

（二）外侧群

外侧群肌位于腓骨外侧（图3-33）。有浅层的**腓骨长肌 peroneus longus** 和深层的**腓骨短肌 peroneus brevis**。两肌均起自腓骨外侧面，向下移行为长腱，经外踝后方至足底，腓骨长肌腱斜向前内，止于内侧楔骨和第1跖骨底，腓骨短肌止于第5跖骨粗隆。两者均使足跖屈和外翻。

（三）后群

后群肌位于小腿后方，分浅、深两层（图3-34）

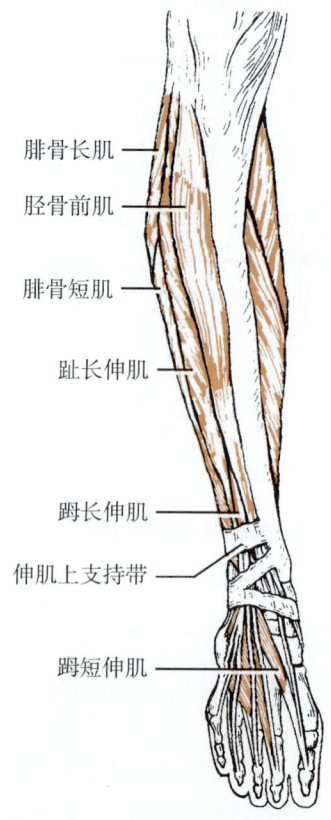

图3-33 小腿肌前群和外侧群

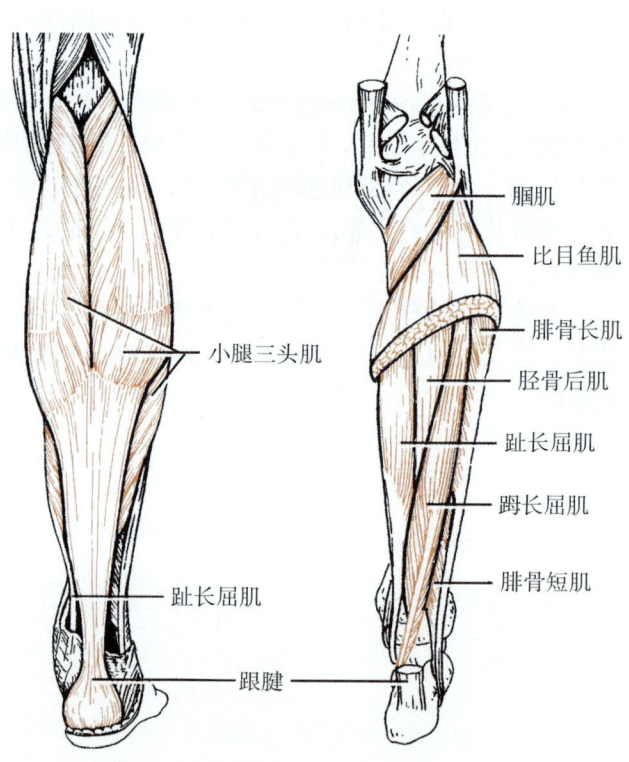

图3-34 小腿肌后群

1. **浅层** 为小腿三头肌 triceps surae，由表浅的**腓肠肌 gastrocnemius** 及其深面的**比目鱼肌 soleus** 组成。腓肠肌有内、外侧两头，分别起于股骨内、外侧髁；比目鱼肌起于胫、腓骨上端的后面，三头会合，肌腹向下移行为一条粗大的**跟腱 tendo calcaneus**，止于跟骨结节。作用为屈踝关节（跖屈）并可屈膝关节。

小腿三头肌对于稳定踝关节、防止身体前倾、维持直立姿势具有重要作用。

2. **深层** 主要有3块肌，自胫侧向腓侧依次为**趾长屈肌 flexor digitorum longus**、**胫骨后肌 tibialis posterior** 和**姆长屈肌 flexor hallucis longus**。上述三肌都起于胫、腓骨后面及骨间膜，向下移行为肌腱，经内踝后方转至足底，胫骨后肌止于足舟骨，可使足跖屈和内翻；趾长屈肌和姆长屈肌分别止于第2~5趾和姆趾，此两肌的作用是屈趾，并可使足跖屈。

四、足肌

足肌（图3-33，35）可分为**足背肌**和**足底肌**。足背肌较弱小，有姆短伸肌和趾短伸肌2块，起于足背，止于各趾，可协助伸姆和伸趾。足底肌的配布与手肌相似，也分为内侧群、中间群和外侧群，但没有与对掌肌相对应的肌，而在中间群中又多了**趾短屈肌**和**足底方肌**两块肌。足底肌的主要作用是协助屈趾和维持足弓。

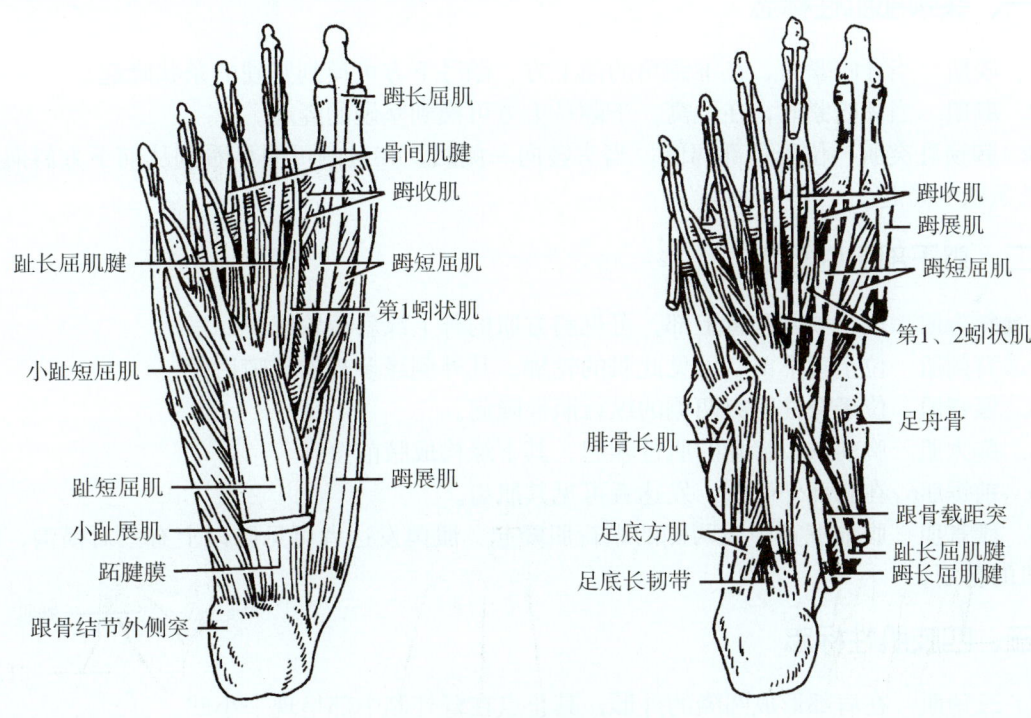

图3-35 足底肌

臀肌注射术

臀大肌近似四边形，肌质较厚，几乎占整个臀部皮下，因臀大肌中下部深面有坐骨神经等重要血管神经通过，因此不能作为肌内注射的部位。临床上臀肌注射术的定位方法常选用十字定位法，即从臀裂顶点画一条水平线，再经过髂嵴最高点做一条垂线，将臀部分为四个象限，其外上象限为臀肌注射的最佳部位，不会损伤血管和神经。

肌 病

肌病是原发于骨骼肌或神经-肌肉接头处的非炎症性疾病。主要表现为肌肉收缩力减退或消失以及肌肉萎缩等。可以是先天性，也可以是后天性的。原发性的肌病没有神经系统病变，但主要症状与神经系统损害所致的肌无力不易鉴别。病因有遗传缺陷、代谢障碍、免疫损伤等。根据临床和实验室检查进行鉴别。

第六节 常用的肌性标志

人体某些部位的肌肉，常在体表形成明显的隆起或凹陷，临床上常作定位用，称肌性标志。学习肌学应结合活体，进行认真的触摸和辨认。

一、头颈部肌性标志

1. 咬肌　当牙咬紧时，在下颌角的前上方、颧弓下方可摸到坚硬的条状隆起。
2. 颞肌　当牙咬紧时，在颞窝，于颧弓上方可摸到坚硬的隆起。
3. 胸锁乳突肌　位于颈部两侧，当头转向一侧时，在对侧可明显看到从前下方斜向后上方呈长条状的隆起。

二、躯干部肌性标志

1. 斜方肌　位于项部和背上部，可见斜方肌的外上缘斜行轮廓。
2. 背阔肌　位于背下部，可见此肌的轮廓，其外侧缘参与构成腋后壁。
3. 竖脊肌　位于脊柱棘突两侧的纵行肌性隆起。
4. 胸大肌　胸前壁较膨隆的肌性隆起，其下缘构成腋前壁。
5. 前锯肌　在胸部外侧壁，发达者可见其肌齿。
6. 腹直肌　腹前壁正中线两侧的纵行肌隆起，肌肉发达者可见脐以上有三对横沟，即为腹直肌的腱划。

三、四肢肌性标志

1. 三角肌　在肩部形成圆隆的外形，其止点在臂外侧中部呈现一小凹。
2. 肱二头肌　当屈肘握拳旋后时，在臂前面可明显见到膨隆的肌腹。在肘窝中央可摸到此肌的肌腱。
3. 肱三头肌　在臂的后面，三角肌后缘的下方可见到其长头。
4. 肱桡肌　当握拳用力屈肘时，在肘部外侧可见到其膨隆肌腹。
5. 掌长肌　当手用力半握拳屈腕时，在腕前方的中份、腕横纹的上方可明显见该肌的肌腱。
6. 桡侧腕屈肌　握拳时，在掌长肌腱的桡侧可见该肌的肌腹。
7. 尺侧腕屈肌　用力外展手指半屈腕时，在腕的尺侧可见该肌的肌腹。
8. 鼻烟窝　在腕背侧面，当拇指伸直外展时，自桡侧向尺侧可见拇长展肌、拇短伸肌和拇长伸肌腱。拇短伸肌和拇长展肌之间的凹陷，称为鼻烟窝。
9. 臀大肌　与臀区皮下组织共同形成臀部膨隆的外形，臀部外上象限为臀部肌内注射常

用部位。

10. **股四头肌** 位于股部前面，在大腿屈和内收时，可见股直肌在缝匠肌和阔筋膜张肌组成的夹角内，股内侧肌和股外侧肌在大腿前面的下部，分别位于腹直肌的内、外侧。四个肌头合并，肌腱包绕髌骨后延续为髌韧带。

11. **股二头肌** 在腘窝的外上界，可摸到该肌肌腱止于腓骨头。

12. **半腱肌、半膜肌** 在腘窝的内上界，可摸到它们的肌腱止于胫骨，其中半腱肌腱较窄，位置浅表且略靠外侧，半膜肌腱粗而圆钝，位于半腱肌腱深面的内侧。

13. **小腿三头肌** 位于小腿后部，可见到该肌明显膨隆的肌腹和跟腱。

进行性肌营养不良

目前多数学者认为进行性肌营养不良是一组原发于肌肉组织的遗传性疾病，临床表现为由肢体近端开始，两侧对称性的、进行性加重的肌肉萎缩和肌无力。临床上较为常见的发病类型是"假肥大型"进行性肌营养不良；一般男性发病，女性仅为异常染色体携带者，通常不发病。目前尚无根治该病的有效疗法。

小 结

1. 肌的分类：可分为平滑肌、心肌和骨骼肌三类。
2. 肌的形态和构成：肌的形态可分为长肌、短肌、阔肌和轮匝肌四类，每块骨骼肌都由肌腹和肌腱构成。
3. 肌的辅助装置：筋膜、滑膜囊和腱鞘等。
4. 全身肌肉分布：躯干肌主要包括背肌、胸肌、膈、腹肌和盆底肌；胸肌分为胸上肢肌和胸固有肌；腹肌参与构成腹壁，分为前外侧群和后群；头肌分为面肌和咀嚼肌两部分；颈肌可分为颈浅肌群、舌骨上肌群、舌骨下肌群和颈深肌群；上肢肌分为上肢带肌、臂肌、前臂肌和手肌；下肢肌包括髋肌、大腿肌、小腿肌和足肌。
5. 肌性标志：人体某些部位的肌肉，常在体表形成明显的隆起或凹陷，临床上常作定位用，称肌性标志。

自 测 题

一、名词解释

1. 腱膜 2. 拮抗肌 3. 肌间隔 4. 滑膜囊 5. 腱鞘 6. 胸腰筋膜
7. 膈 8. 腹股沟韧带 9. 腹股沟镰 10. 弓状线 11. 白线
12. 斜角肌间隙 13. 跟腱

二、简答题

1. 肌的辅助装置有哪些？

2. 背肌分为哪两层？分别包括哪些肌？
3. 参与呼吸运动的肌有哪些？
4. 试述胸锁乳突肌的起止点及其作用。
5. 能使腕关节内收和外展的肌肉有哪些？
6. 构成腹前外侧壁的肌包括哪些？有什么作用？
7. 试述腹直肌鞘的形成。
8. 试述膈肌三个裂孔的名称、位置及通行的结构。
9. 简述腹股沟管的位置和构造。
10. 能使肩关节内收与外展的肌有哪些？
11. 运动膝关节的肌肉有哪些？

（顿爱社　金昌洙　赵光涛）

第二篇 内脏学

第四章 内脏系统总论

学习目标

通过本章内容的学习，学生应能：
◆ 记忆
1．定义内脏的四大系统。
2．陈述内脏的特点。
◆ 理解
说明内脏的一般结构。
◆ 应用
实施胸部标志线和腹部的分区。

内脏 visceral 包括四大系统：消化系统 alimentary system、呼吸系统 respiratory system、泌尿系统 urinary system 和生殖系统 reproductive system。

内脏学 splanchnology 是研究内脏各系统器官的形态结构以及位置的科学，除此之外，如胸膜、腹膜和会阴等结构及功能与内脏密切相关的结构，也应当归于内脏学范畴。

在形态结构上，内脏各系统都由管道系统和实质性器官共同组成，具有摄取及排泄功能，内脏每个系统都有孔道与外界相通。

在位置上，除消化、呼吸系统的部分器官位于头颈部，大部分内脏器官位于胸腔、腹腔和盆腔内。

在功能上，内脏器官主要是进行物质代谢和繁殖后代。消化系统的主要功能是消化食物，吸收营养，排出食物残渣；呼吸系统的主要功能是吸进氧气，排出二氧化碳；泌尿系统的主要功能是产生尿液，排泄机体在新陈代谢中产生的含氮废物和多余的水、盐等；生殖系统的主要功能是产生生殖细胞和分泌性激素，繁衍后代。内脏各系统中的许多器官还兼具有内分泌功能，可产生激素，参与机体的调节活动。

第一节 内脏的一般结构

内脏各器官可分为**中空性器官**和**实质性器官**两大类。

一、中空性器官

此类器官呈管状或囊状，内部均有空腔，如消化系统（胃、肠等）、呼吸系统（气管、支气管等）、泌尿系统（输尿管、膀胱等）和生殖系统（输精管、输卵管、子宫等）。中空性器官的管壁由数层组织构成，以消化管壁为例，由内向外依次为黏膜、黏膜下层、肌层和外膜4层组织构成（图4-1）。

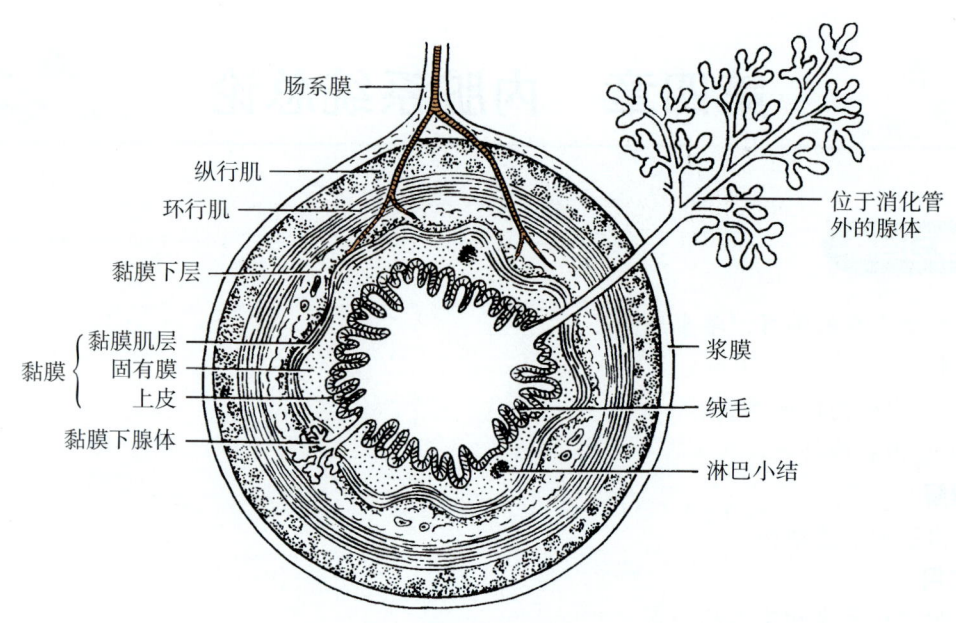

图4-1 肠壁的一般构造模式图

二、实质性器官

此类器官内部没有特定的空腔，多属腺组织，表面以结缔组织的被膜或浆膜包裹，如，肝、胰、肾及生殖腺等。结缔组织被膜深入器官实质内，将器官的实质分割成若干个小单位，称小叶，如肝小叶。分布于实质性器官的血管、神经和淋巴管以及该器官的导管等出入器官之处，常有一处凹陷，称此处为该器官的门 hilum（或 porta），如肝门、肺门、肾门等。

第二节 胸部的标志线和腹部的分区

为了从体表确定内脏器官的正常位置和体表投影，通常在胸腹部体表设定若干标志线和分区（图4-2～4），这对解剖学研究和临床检查诊断都有重要的实用意义。

一、胸部的标志线

1. **前正中线** 通过胸骨正中的垂直线。
2. **胸骨线** 沿胸骨最宽处的外侧缘所作的垂线。
3. **锁骨中线** 通过锁骨中点的垂直线。
4. **胸骨旁线** 沿胸骨线与锁骨中线之间的中点所作的垂线。
5. **腋前线** 通过腋前襞所作的垂直线。
6. **腋中线** 通过腋窝最高点所作的垂直线。

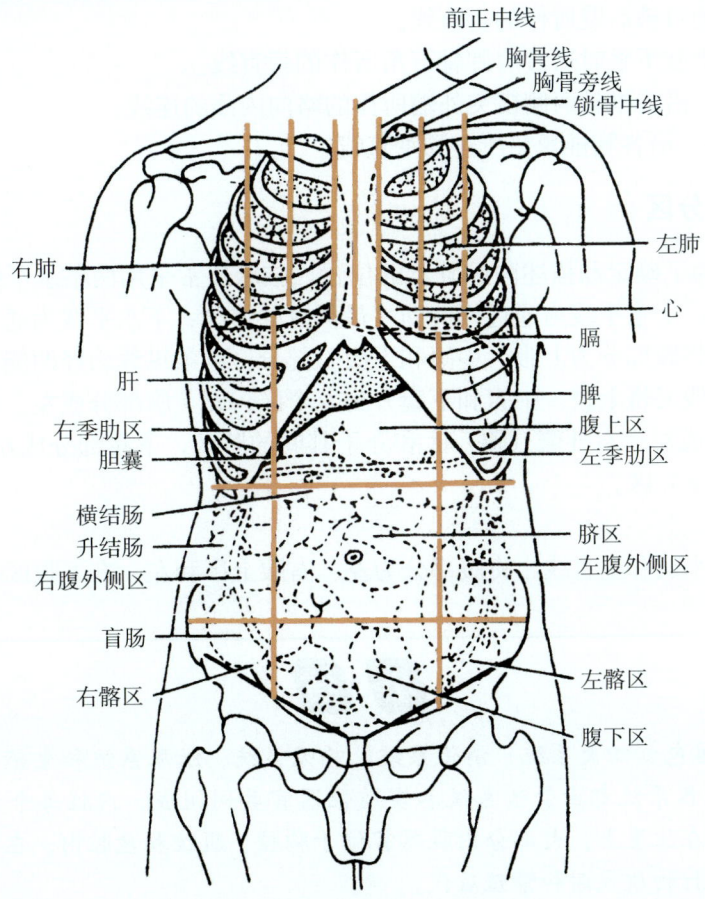

图 4-2 胸腹部标志线（前面观）

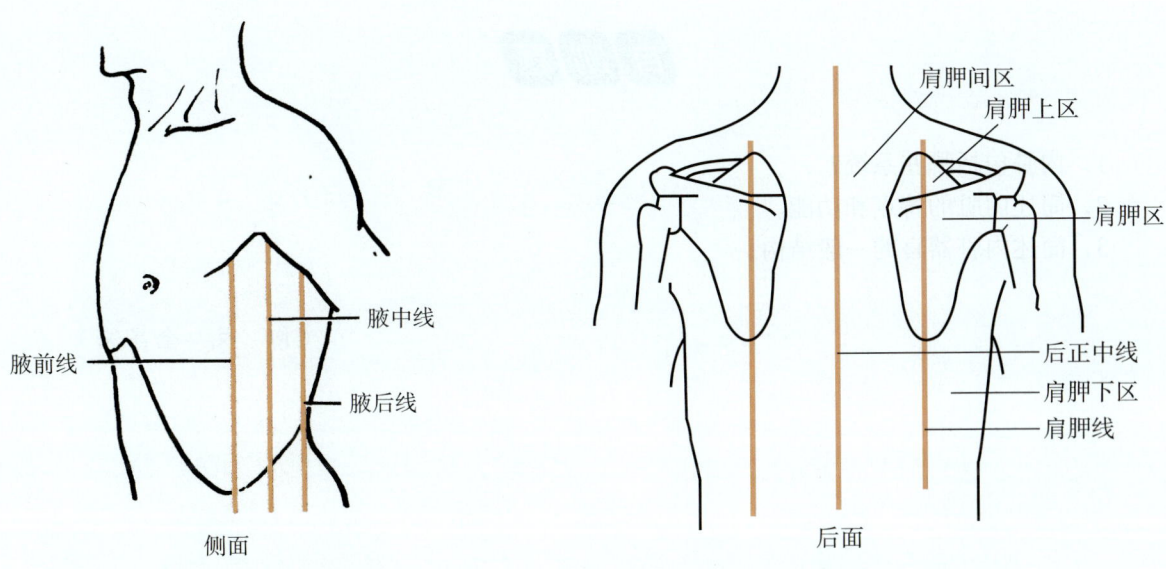

图 4-3 胸部标志线（侧面观）　　图 4-4 胸部标志线（后面观）

7. 腋后线 通过腋后襞所作的垂直线。
8. 肩胛线 上肢下垂时通过肩胛骨下角所作的垂直线。
9. 脊柱旁线 沿诸椎骨两侧横突外端所作的略向内凸的连线。
10. 后正中线 沿各胸椎棘突所连的垂直线。

二、腹部的分区

1. 九分法 为了确定和描述腹腔脏器的位置，临床通常采用两条水平线及两条纵线将腹部划分为三部九区。上水平线为通过两侧肋弓最低点的连线；下水平线为通过两侧髂结节的连线；这两条水平线将腹部分为上腹、中腹和下腹三部分；两条纵线为经两侧腹股沟韧带中点的垂直线，这两条纵线又将上腹、中腹和下腹分为九个区，即上腹部分成左、右季肋区和中间的腹上区，中腹部分成左、右外侧（腰）区和介于其间的脐区，下腹部分成左、右髂（腹股沟）区和中间的耻（腹下）区。

2. 四分法
经脐各作一水平线和垂直线，将腹部分为左、右腹上区和左、右下腹区（图 4-2）。

1. 内脏包括四大系统 消化系统、呼吸系统、泌尿系统和生殖系统。在形态结构上，内脏各系统都由管道系统和实质性器官共同组成，内脏每个系统都有孔道与外界相通；在位置上，大部分内脏器官位于胸腔、腹腔和盆腔内；在功能上，内脏器官主要是进行物质代谢和繁殖后代。
2. 内脏各器官可分为中空性器官和实质性器官两大类。
3. 腹部的分区有九分法和四分法。

1. 内脏包括哪些系统？
2. 简述内脏的特点和功能。
3. 简述内脏器官的一般结构。

（何 戈 金昌洙）

第五章 消化系统

学习目标

通过本章内容的学习，学生应能：

◆ 记忆
1. 陈述消化系统的组成和功能。
2. 陈述口腔咽峡的构成，牙的形态和构造，舌的形态和黏膜特征，颏舌肌的作用，三大唾液腺的位置及开口部位。
3. 陈述咽的位置、分部及各部的交通，食管的位置、分部及狭窄。
4. 陈述胃和十二指肠的位置和形态，识别空、回肠的主要区别。
5. 陈述大肠的分部和结构特征，盲肠和阑尾的形态及阑尾根部的体表投影，结肠的分部，直肠的位置和弯曲。
6. 陈述肝、胆囊的位置和形态，胆囊底的体表投影。
7. 定义肝外胆道的概念。
8. 陈述胰的位置和形态。

◆ 理解
1. 说明口腔的境界、分部以及唇、颊、腭的形态。
2. 说明牙的分类和发育。
3. 说明舌肌的一般配布和功能。
4. 说明胃壁的构造。
5. 说明肛管的内面观。
6. 说明肝的毗邻。

◆ 应用
1. 举例说明胆汁排泄的解剖途径。
2. 实施寻找阑尾的有效方法。
3. 举例说明牙的命名及表示法。
4. 举例说明咽鼓管咽口的解剖特点。

消化系统包括消化管和消化腺两大部分（图 5-1）。

消化管 alimentary canal 又称消化道，是指从口腔到肛门的通道，包括口腔、咽、食管、胃、小肠（十二指肠、空肠和回肠）和大肠（盲肠、阑尾、结肠、直肠和肛管）。

临床上通常将消化管分为**上消化道**（口腔至十二指肠）和**下消化道**（空肠以下部分）两部分，两者因解剖位置及结构不同，若发生病变，其病因及临床表现也有差异（例如：上消化道出血与下消化道出血）。**消化腺** alimentary gland 可分为大消化腺和小消化腺两种。大消化腺位于消化管壁外，成为一个独立的器官，所分泌的消化液经导管流入消化管腔内，如大唾液腺、肝、胰等；小消化腺分布于消化管壁内，位于黏膜层或黏膜下层，如唇腺、颊腺、舌腺、食管

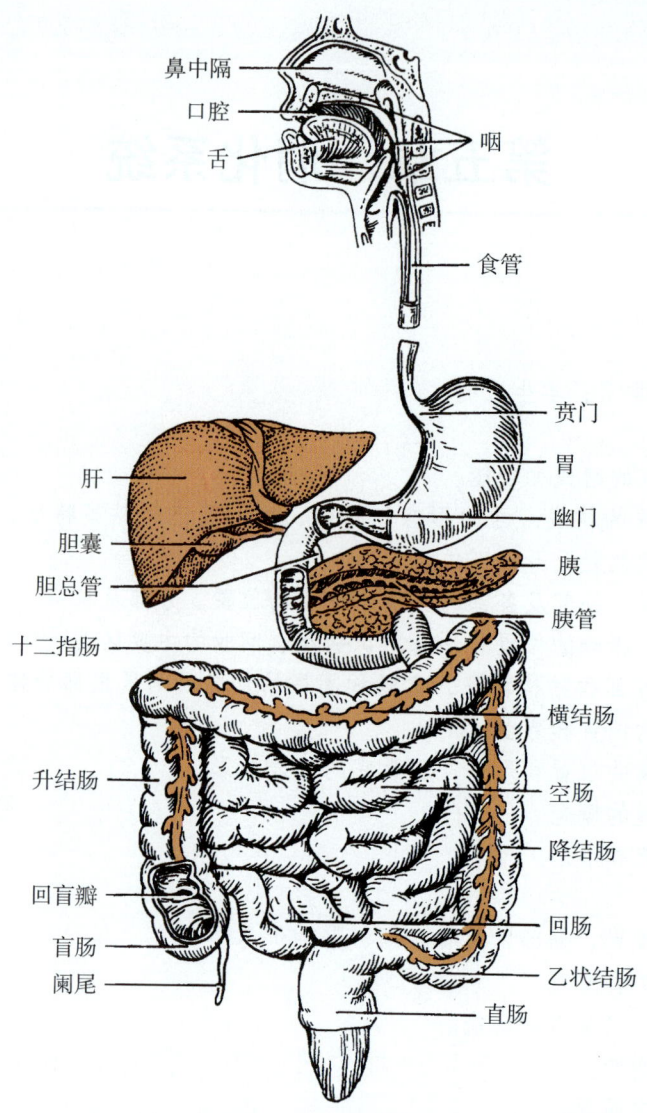

图 5-1 消化系统模式图

腺、胃腺和肠腺等。

第一节 消 化 管

一、口腔

口腔 oral cavity 是消化管的起始部，其前壁为上、下唇，侧壁为颊，上壁为腭，下壁为口腔底。口腔向前借口裂与外界相通；向后方经咽峡与咽相通（图 5-2）。

口腔借上、下牙弓（包括牙槽突和牙列）和牙龈分为前外侧部的**口腔前庭** oral vestibule 和后内侧部的**固有口腔** oral cavity proper。当上、下牙列咬合时，口腔前庭仅可经第三磨牙后方之间隙与固有口腔相通。临床上当患者牙关紧闭时，可经此处插管或者给药。

（一）口唇

口唇 oral lips 分上唇和下唇，外层为皮肤，中间为口轮匝肌，内层为黏膜。上、下唇之间的间隙称为**口裂** oral fissure，口唇的游离缘是皮肤与黏膜的移行部称**唇红**。

唇红是体表毛细血管最丰富的部位之一，呈红色，当缺氧时则呈绛紫色，临床称为发绀。在上唇外面中线处有一纵行浅沟称**人中** philtrum，为人类所特有，昏迷患者急救时常在此处行指压或针刺。在上唇的两侧与颊部交界处，各有一浅沟，称**鼻唇沟** nasolabial sulcus。口裂两侧，上、下唇结合处为**口角** angle of mouth，口角约平对第1磨牙。在上、下唇内面正中线上，分别有**上、下唇系带**从口唇连于牙龈基部。

（二）颊

颊 cheek 由黏膜、颊肌和皮肤构成。在上颌第2磨牙牙冠相对的颊黏膜上有**腮腺管乳头** papilla of parotid duct，腮腺管开口于其上。

（三）腭

腭 palate（图 5-2）是口腔的顶，分隔口腔与鼻腔，分为硬腭和软腭两部分。**硬腭** hard palate 位于腭的前 2/3，由骨腭表面覆以黏膜构成。**软腭** soft palate 位于腭的后 1/3，主要由肌、肌腱和黏膜构成。软腭的前份呈水平位；后份斜向后下，称**腭帆** velum palatinum。腭帆后缘游离，中部有一向下突起，称**腭垂** uvula 或悬雍垂。自腭帆两侧向下方分别形成两条黏膜皱襞，前方的称为**腭舌弓** palatoglossal arch，后方称为**腭咽弓** palatopharyngeal arch。两弓间的三角形凹陷称**扁桃体窝**，容纳**腭扁桃体**。腭垂、腭帆游离缘、两侧的腭舌弓及舌根共同围成**咽峡** isthmus of fauces，它是口腔和咽之间的狭窄部，也是两者的分界。

（四）舌

舌 tongue 邻近口腔底，其基本结构是骨骼肌和表面覆盖的黏膜。舌具有协助咀嚼、感受味觉和吞咽食物及辅助发音等功能。

1. 舌的形态　舌分**舌体** body of tongue 和**舌根** root of tongue 两部分（图 5-3），二者在舌背以向前开放的"∧"字形的**界沟** terminal sulcus 为界。舌体占舌的前 2/3，为界沟之前可游离活动的部分，其前端为**舌尖** apex of tongue。界沟的顶点处有一小凹称**舌盲孔** foramen cecum of tongue，是胚胎时期甲状舌管的遗迹。舌根占舌的后 1/3，以舌肌固定于舌骨和下颌骨等处。舌根的背面向后对咽部，延续至会厌的腹侧面。

2. 舌黏膜　舌体背面的黏膜呈淡红色，表面可见许多小突起，称为**舌乳头** papillae

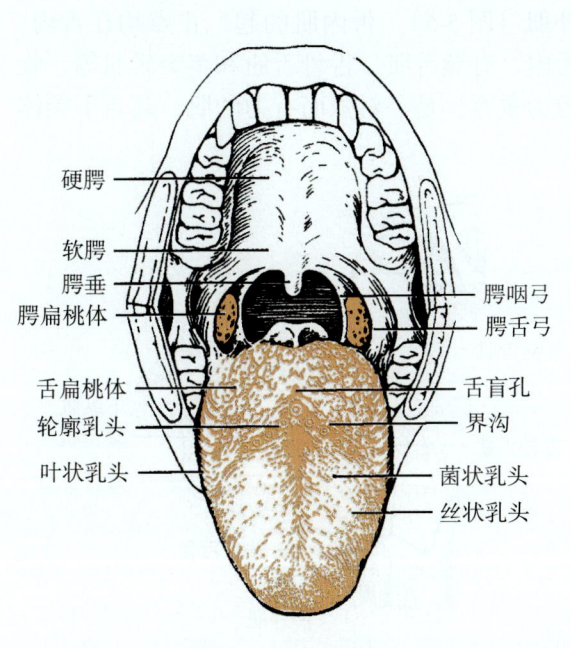

图 5-2　口腔与咽峡

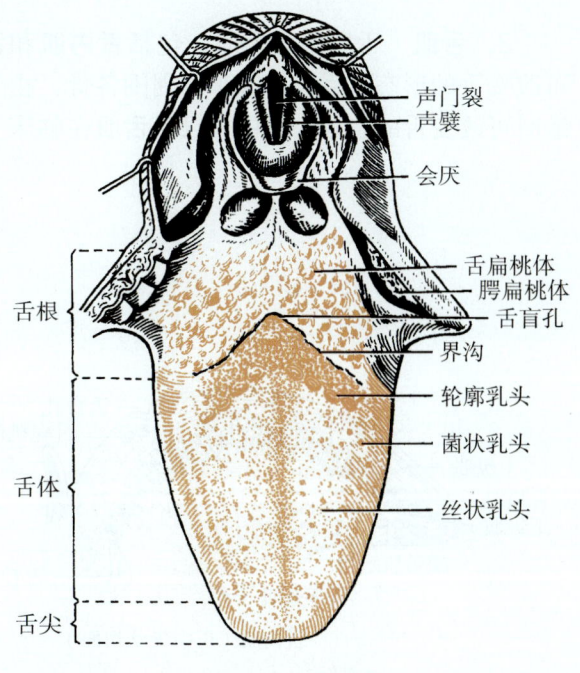

图 5-3　舌上面

of tougue。舌乳头分为丝状乳头、菌状乳头、叶状乳头和轮廓乳头4种（图5-3）。**丝状乳头** filiform papillae，数目最多，体积最小，呈白色，遍布于舌背前2/3；**菌状乳头** fungiform papillae 稍大于丝状乳头，数目较少，呈红色，散在于丝状乳头之间，多见于舌尖和舌侧缘；**叶状乳头** foliate papillae 位于舌侧缘的后部，腭舌弓的前方，每侧为4～8条并列的叶片形的黏膜皱襞；**轮廓乳头** vallate papillae，体积最大，为7～11个，排列于界沟前方，其中央隆起，周围有环状沟。轮廓乳头、菌状乳头、叶状乳头以及软腭、会厌等处的黏膜上皮中含有**味蕾**，为味觉感受器，具有感受酸、甜、苦、咸等味觉功能。由于丝状乳头中无味蕾，故只有一般感觉功能。

舌根背面黏膜表面，可见由淋巴组织组成的大小不等的丘状隆起，称**舌扁桃体** lingual tonsil。

舌下面黏膜在舌的正中线上，形成一黏膜皱襞，向下连于口腔底前部，称**舌系带** frenulum of tongue。在舌系带根部的两侧各有一小黏膜隆起称**舌下阜** sublingual caruncle，为下颌下腺管和舌下腺大管的开口。舌下阜两侧有向外侧延续的黏膜皱襞称**舌下襞**，其深面藏有舌下腺，舌下腺小管开口于舌下襞（图5-4）。

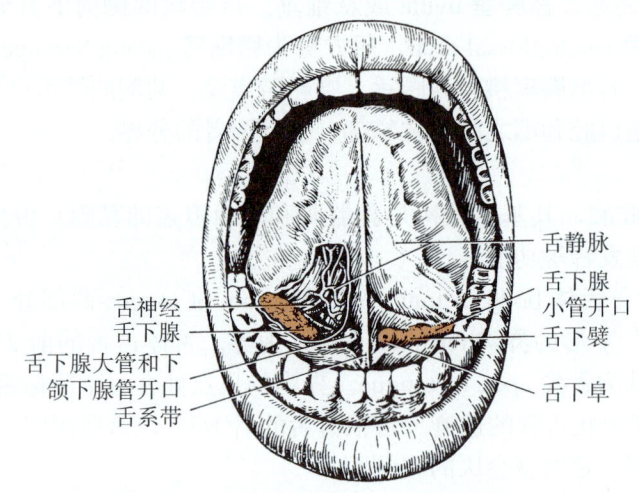

图5-4 口腔底和舌下面的黏膜

3. **舌肌** 舌肌为骨骼肌，包括**舌内肌**和**舌外肌**（图5-5）。舌内肌的起、止点均在舌内，可改变舌的形态。舌外肌起于舌周围各骨，止于舌内，有颏舌肌、舌骨舌肌和茎突舌肌等，收缩时可改变舌的位置。其中，以**颏舌肌**在临床上较为重要，是一对强而有力的肌，起自下颌体

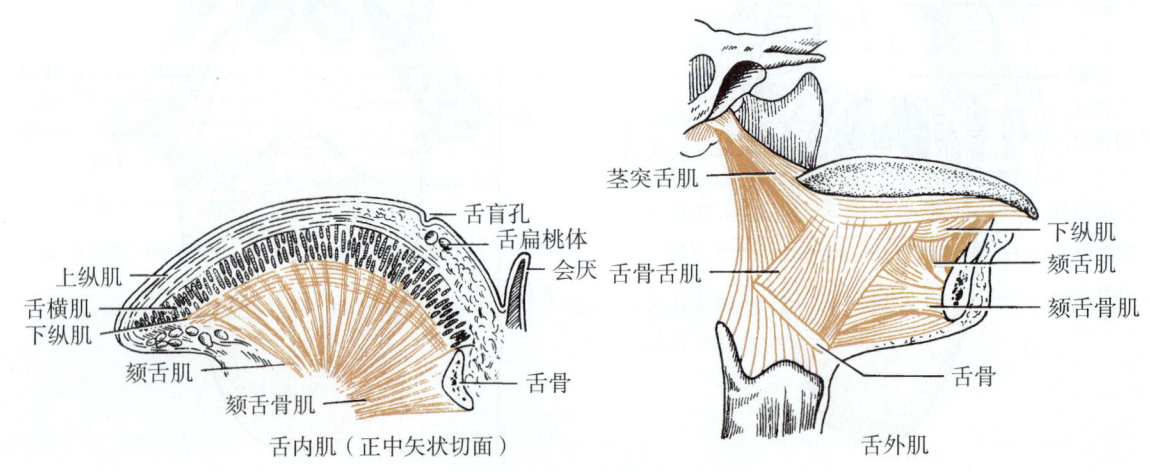

图5-5 舌肌

后面的颏棘，肌纤维呈扇形向后上方分散，止于舌正中线两侧。两侧颏舌肌同时收缩，拉舌向前下方，即伸舌；单侧收缩可使舌尖伸向对侧。如一侧颏舌肌瘫痪，令患者伸舌时，舌尖偏向瘫痪侧。

（五）牙

牙 teeth 嵌于上、下颌骨的牙槽内，是人体内最坚硬的器官，具有咀嚼食物和辅助发音等作用。

1. **牙的形态和构造** 牙可分为牙冠、牙根和牙颈 3 部分。

牙冠 crown of tooth 暴露于口腔内（图 5-6）。嵌入牙槽内的部分称**牙根** root of tooth。牙冠与牙根间的部分称**牙颈** neck of tooth，被牙龈所包绕。牙冠与牙颈内部的腔隙较宽阔，称**牙冠腔** pulp chamber。牙根内的细管称**牙根管** root canal，开口于牙根尖端的**牙根尖孔** apical foramen。牙的血管和神经通过牙根尖孔和牙根管进入牙冠腔。牙根管与牙冠腔合称**牙腔** dental cavity 或**髓腔**，腔内容纳牙髓。

牙主要由**牙质** dentine、**釉质** enamel、**牙骨质** cement 和**牙髓** dental pulp 组成（图 5-6）。牙质构成牙的大部分，呈淡黄色，硬度仅次于釉质。在牙冠部的牙质外面覆有釉质，为人体内最坚硬的组织。在牙根及牙颈的牙质外面包

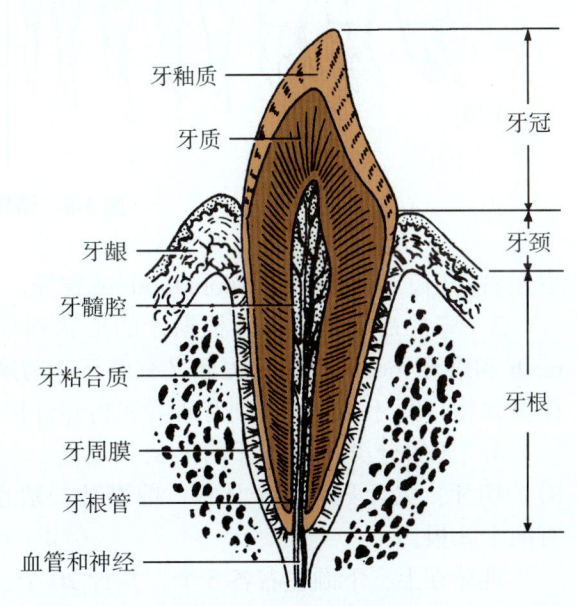

图 5-6 牙的构造模式图

有牙骨质，其结构与骨组织类似，是牙钙化组织中硬度最小的一种。牙髓位于牙腔内，由结缔组织、神经和血管共同组成。由于牙髓内含有丰富的感觉神经末梢，所以牙髓发炎时，可引起剧烈的疼痛。**牙周膜** periodontal membrane 是将牙根与牙槽骨紧密连接的致密结缔组织，与**牙槽骨** alveolar bone 和**牙龈**共同构成的牙周组织。

2. **牙的发育** 人的一生中，先后有 2 套牙发生，第一套称乳牙，第二套称恒牙。**乳牙** deciduous teeth（图 5-7）自出生后 6 个月时开始萌出，3 岁左右出齐，共 20 个，上、下颌各 10 个。6 岁左右，乳牙开始逐渐脱落，更换成**恒牙** permanent teeth（图 5-8）。其中，第 1 磨牙最先长出，除第 3 磨牙外，其他各牙在 12～14 岁出齐。第 3 磨牙萌出时间较晚，通常到 18

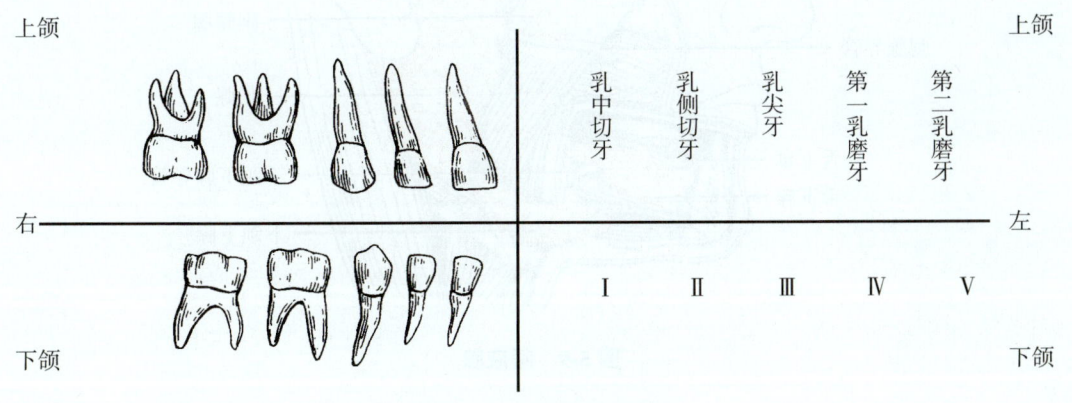

图 5-7 乳牙的名称及符号

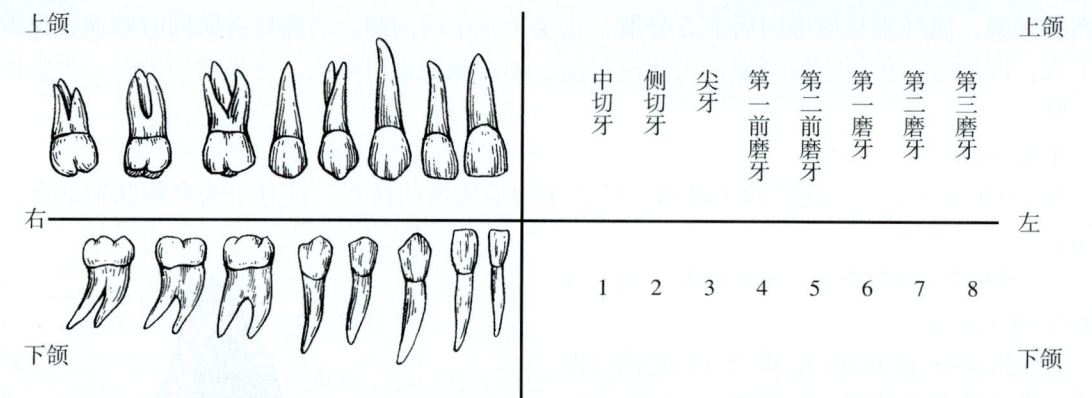

图 5-8　恒牙的名称及符号

岁左右萌出，又称**迟牙** wisdom tooth 或**智牙**。恒牙全部出齐共 32 个，上、下颌各 16 个。

3. 牙的命名及功能　根据牙的形状和功能，乳牙和恒牙可分**切牙** incisors、**尖牙** canine teeth 和**磨牙** molars 3 种。恒牙又有**磨牙**和**前磨牙** premolars 之分。切牙、尖牙分别用以咬切和撕扯食物，磨牙和前磨牙则有研磨和粉碎食物的功能。

4. 牙的分类　根据牙的形状和功能，一般可分为切牙、尖牙、前磨牙和磨牙（图 5-7，8）。切牙、尖牙只有一个牙根，前磨牙一般也只有一个牙根，上颌磨牙三个牙根，下颌磨牙有两个牙根。

乳牙在上、下颌左右各 5 个，共计 20 个。恒牙在上、下颌左右各 8 个，共计 32 个。临床上为了记录牙的位置，常以患者的方位为准，以"十"记号划分为四区，表示上、下颌及左右侧的牙位。通常用罗马数字 Ⅰ～Ⅴ 标示乳牙，用阿拉伯数字 1～8 表示恒牙。

（六）唾液腺

唾液腺 salivary gland 位于口腔周围（图 5-9），能分泌并向口腔内排泄唾液，分大、小两类：**小唾液腺** minor salivary glands 位于口腔各部黏膜内，属黏液腺，如唇腺、颊腺、腭腺和舌腺等。**大唾液腺** major salivary glands 有 3 对，即腮腺、下颌下腺和舌下腺。

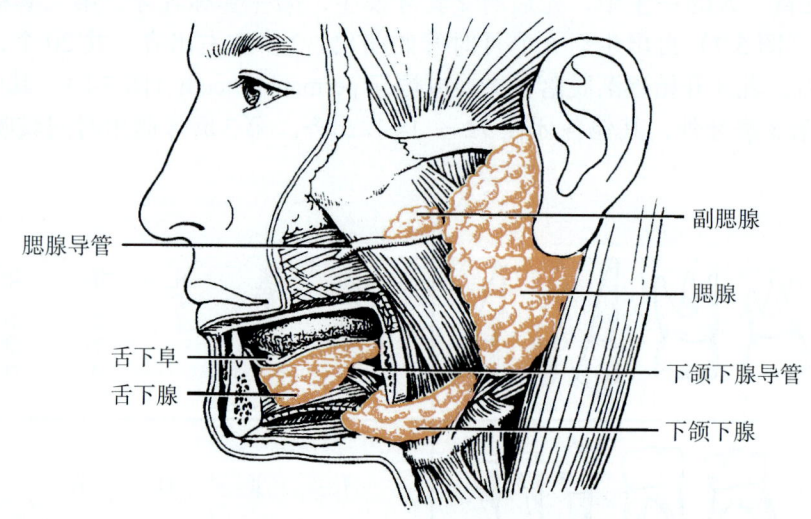

图 5-9　唾液腺

1. **腮腺** parotid gland　呈不规则的三角形，位于耳郭的前下方，上达颧弓，下至下颌角，前至咬肌 1/3 处的浅面。腮腺管自腺体前缘上部发出，于颧弓下 1 横指处向前横越咬肌前面，至咬肌前缘处弯向内侧，穿颊肌开口于平对上颌第二磨牙的颊黏膜上。

2. **下颌下腺 submandibular gland** 略呈卵圆形，位于下颌体的内面，其导管开口于舌下阜。

3. **舌下腺 sublingual gland** 较小，呈杏仁形，位于舌下襞的深面，它的排泄管有两种：舌下腺大管开口于舌下阜，舌下腺小管开口于舌下襞。

二、咽

（一）咽的位置和形态

咽 pharynx（图5-10，11）是消化管上端扩大的部分，是消化管与呼吸道的共同通道。咽呈上宽下窄、前后略扁的漏斗形肌性管道，长约12cm，其内腔称**咽腔** cavity of pharynx。咽位于第1～6颈椎前方，上端起于颅底，下端约在第6颈椎下缘或环状软骨的高度续于食管。

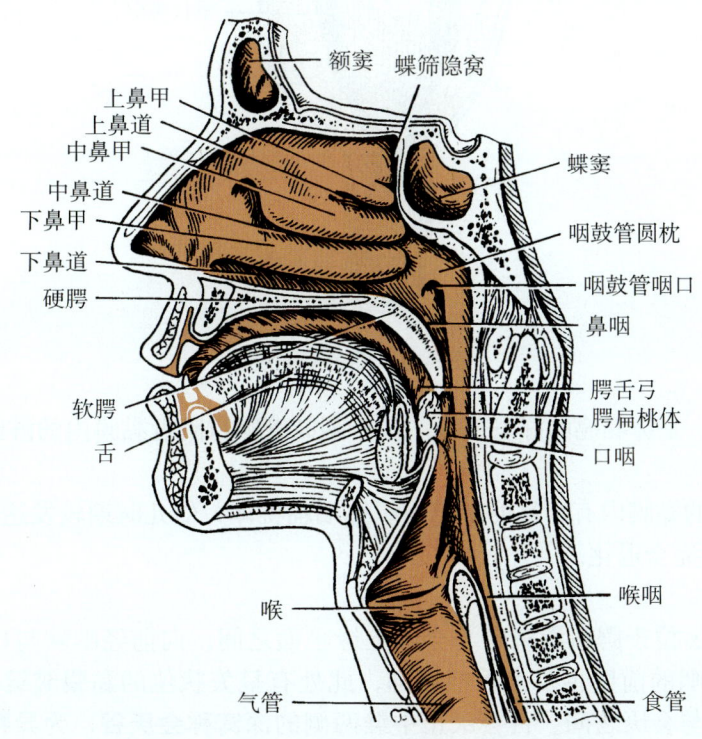

图5-10 鼻腔、口腔、咽和喉的正中矢状切面

咽的前壁不完整，自上向下分别通向鼻腔、口腔和喉腔相通。后壁平坦，两侧壁与颈部大血管和甲状腺侧叶等相毗邻。

（二）咽的分部与交通

咽以腭帆游离缘和会厌上缘平面为界，可将咽分为鼻咽、口咽和喉咽3部。其中，口咽和喉咽两部分是消化管与呼吸道的共同通道。

1. **鼻咽**

鼻咽 nasopharynx 是咽的上部，位于鼻腔后方，上达颅底，下至腭帆游离缘平面续口咽，向前经鼻后孔通鼻腔。

鼻咽的两侧壁上，相当于下鼻甲后方约1cm处，各有一**咽鼓管咽口**，经咽鼓管与中耳的鼓室相通。咽鼓管咽口平时是关闭的，当吞咽或用力张口时，空气通过咽鼓管进入鼓室，以维持鼓膜两侧的气压平衡。咽部感染时，细菌可经咽鼓管波及中耳，从而引起中耳炎。由于小儿的咽鼓管较短而宽，且略呈水平位，故儿童患急性中耳炎较成人为多。咽鼓管咽口的前、上、后方的弧形隆起称**咽鼓管圆枕**，它是寻找咽鼓管咽口的标志。咽鼓管圆枕后方与咽后壁之间的

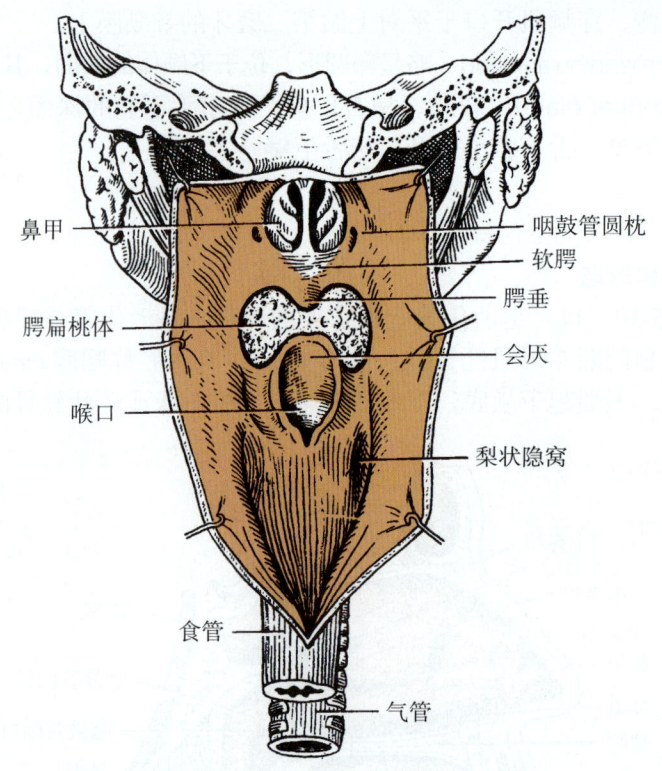

图 5-11　咽的后面观

纵行深窝称**咽隐窝**，是鼻咽癌的好发部位。位于咽鼓管咽口附近黏膜内的淋巴组织，称**咽鼓管扁桃体**。

鼻咽上壁后部的黏膜内有丰富的淋巴组织称**咽扁桃体**，幼儿时期较发达，6～7岁时开始萎缩，至10岁以后完全退化。

2. 口咽

口咽 oropharynx 位于腭帆游离缘与会厌上缘平面之间，向前经咽峡与口腔相通，上续鼻咽，下通喉咽。口咽的前壁主要为舌根后部，此处有呈矢状位的黏膜皱襞称**舌会厌正中襞**，连于舌根后部正中与会厌之间。舌会厌正中襞两侧的深窝称**会厌谷**，为异物易滞留处。在侧壁上，在腭舌弓与腭咽弓之间有三角形凹窝，称**扁桃体窝**，容纳**腭扁桃体 palatine tonsil**（图5-2，10），腭扁桃体由淋巴组织构成，能产生淋巴细胞和抗体，参与机体的免疫功能，但也容易受细菌的侵袭而发炎。腭扁桃体、舌扁桃体、咽扁桃体、咽鼓管扁桃体共同围成**咽淋巴环 tonsillar ring**，对消化道和呼吸道具有防御功能。

3. 喉咽

喉咽 laryngopharynx 位于会厌上缘平面至第6颈椎体下缘平面之间，向下移行为食管，向前经喉口通喉腔。喉咽是咽腔最狭窄的部分，在喉口两侧各有一个深窝，称**梨状隐窝 piriform recess**，为异物常滞留之处。

三、食管

（一）食管的位置和分部

食管 esophagus（图5-12）是一前后扁平的肌性管状器官，长约25cm。食管上端在第6颈椎体下缘平面与咽相延续，下端约平第11胸椎体左侧与胃的贲门连接。食管可分为颈部、胸部和腹部。颈部长约5cm，自食管起始端至平对胸骨颈静脉切迹平面之间；胸部最长，有18～20cm，位于胸骨颈静脉切迹平面至膈的食管裂孔之间；腹部最短，仅1～2cm，自食裂孔至贲门。

(二) 食管的狭窄

在形态上食管最重要的特点是有3处生理性狭窄（图5-12）。第一狭窄为食管的起始处，相当于第6颈椎体下缘水平，距中切牙约15cm；第二狭窄为食管与左主支气管的交叉处，相当于第4、5胸椎体之间水平，距中切牙约25cm；第三狭窄为食管通过膈的食管裂孔处，相当于第10胸椎水平，距中切牙约40cm。上述狭窄部是食管异物易滞留和食管癌的好发部位。

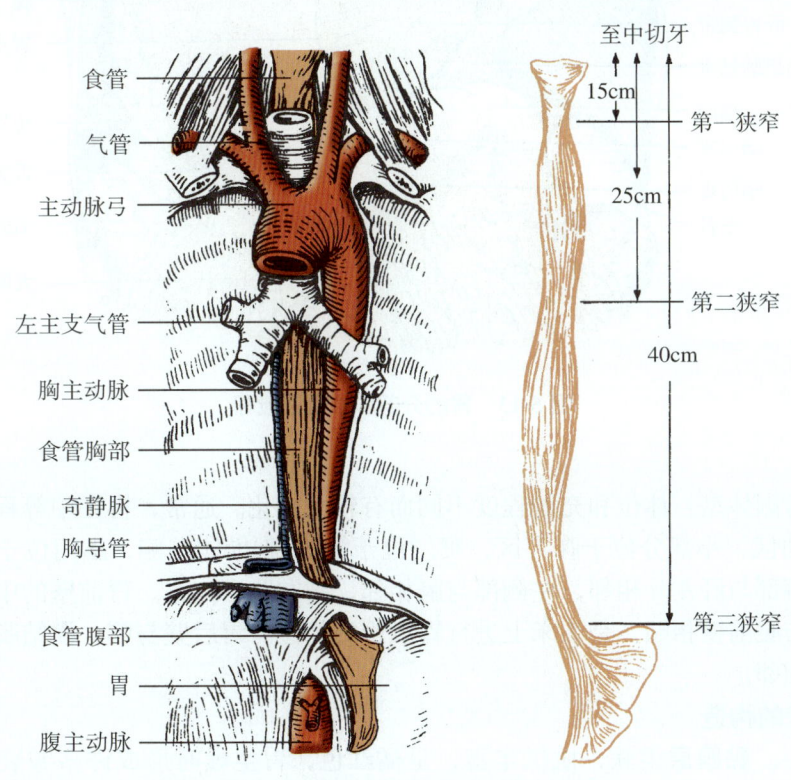

图5-12 食管（前面，示毗邻结构及三个狭窄位置）

四、胃

胃 stomach 是消化管中最为膨大的部分，上连食管，下续十二指肠。成人胃的容量约为1500ml，具有收纳食物、分泌胃液和初步消化食物的功能。

(一) 胃的形态、位置和分部

胃的形态可受体位、体型、年龄、性别和胃的充盈状态等多种因素的影响。胃在完全空虚时略呈管状，高度充盈时可呈球囊形。

胃分前壁、后壁，大弯、小弯，入口、出口（图5-13）。胃前壁朝向前上方，后壁朝向后下方。**胃小弯**凹向右上方，其最低点弯度明显折转处，称**角切迹**。**胃大弯**大部分凸向左下方。胃的近端与食管连接处是胃的入口，称**贲门** cardia。贲门的左侧，食管末端左缘与胃底所形成的锐角，称**贲门切迹**。胃的远端接续十二指肠处，是胃的出口，称**幽门** pylorus。由于幽门括约肌的存在，在幽门表面，有一缩窄的环行沟，幽门前静脉常横过幽门前方，这为胃手术提供了确定幽门的标志。

通常将胃分为4部：贲门附近的部分称**贲门部**，界域不明显；贲门平面以上，向左上方膨出的部分为**胃底**，自胃底向下至角切迹处的中间部分，称**胃体**；胃体与幽门之间的部分，称**幽门部**。幽门部的大弯侧有一不甚明显的浅沟称**中间沟**，将幽门部分为右侧的**幽门管**和左侧的**幽门窦**。胃溃疡和胃癌多发生于胃的幽门窦近胃小弯处。

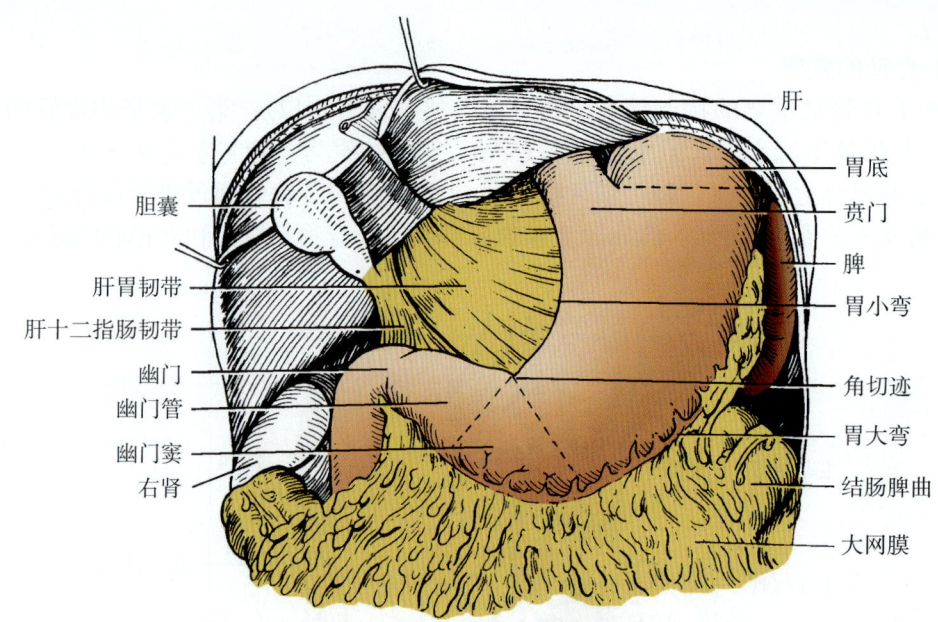

图 5-13 胃的分部和位置及毗邻

胃的位置常因体型、体位和充盈程度不同而有较大变化。通常，胃在中等程度充盈时，大部分位于左季肋区，小部分位于腹上区。贲门位于第 11 胸椎体左侧，幽门位于第 1 腰椎体右侧。胃前壁右侧部与肝左叶相邻，左侧部与膈相邻，被左肋弓掩盖。胃前壁的中间部分位于剑突下方，直接与腹前壁相贴，是临床上进行胃触诊的部位。胃后壁与胰、横结肠、左肾、左肾上腺、膈和脾相邻。

（二）胃壁的构造

胃壁分 4 层。**黏膜层**柔软，血供丰富，呈橘红色，胃空虚时形成许多皱襞，充盈时变平坦。**黏膜下层**由疏松结缔组织构成。**肌层**较厚，由外纵、中环、内斜的 3 层平滑肌构成（图 5-14）。**外膜层**为浆膜。

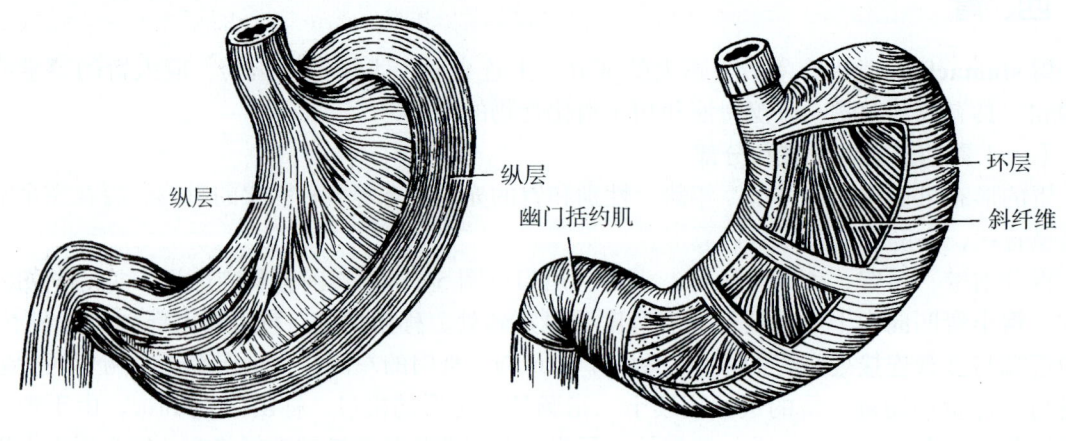

图 5-14 胃的肌层

五、小肠

小肠 small intestine 是消化管中最长的一段，成人长 5～7m，上起自幽门，下续盲肠，分为十二指肠、空肠和回肠三部分。小肠是消化和吸收的主要器官，还有某些内分泌作用。

（一）十二指肠

十二指肠 duodenum 位于胃与空肠之间，因约相当于十二横指的长度而得名，全长约 25cm。呈 "C" 字型包绕胰头，可分上部、降部、水平部和升部 4 部分（图 5-15）。

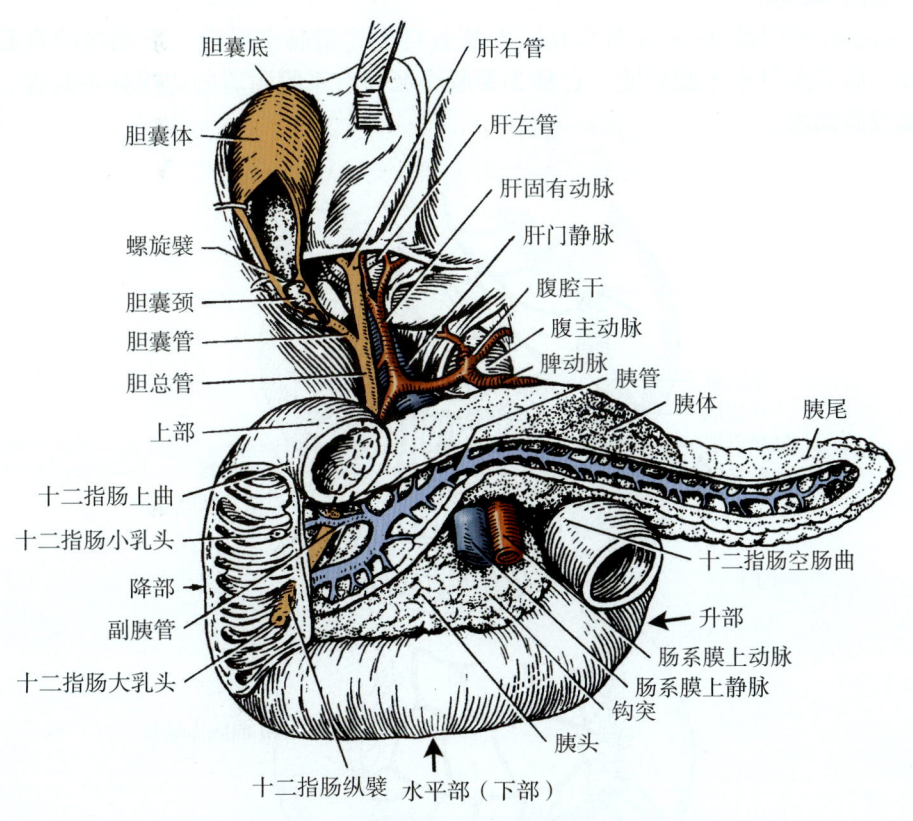

图 5-15 胆道、十二指肠和胰（前面观）

1. 上部

上部长约 5cm，起自胃的幽门，水平行向右后方，至肝门下方、胆囊颈的后下方，急转向下，移行为降部。转折处形成的弯曲，称**十二指肠上曲**。十二指肠上部近侧与幽门相连接的一段肠管，长约 2.5cm，由于其肠壁薄，管径大，黏膜面光滑平坦，无环状襞，故临床常称此段为**十二指肠球**，是十二指肠溃疡及其穿孔的好发部位。

2. 降部

降部长 7～8cm，起自十二指肠上曲，垂直下行于第 1～3 腰椎体和胰头的右侧，至第 3 腰椎体右侧下端，弯向左行，移行为水平部，转折处的弯曲，称**十二指肠下曲**。降部的黏膜形成发达的环状襞，其中份后内侧壁上有一纵行的皱襞称**十二指肠纵襞**，其下端的圆形隆起称**十二指肠大乳头**，距中切牙约 75cm，为肝胰壶腹的开口处。在大乳头上方（近侧）1～2cm 处，有时可见到**十二指肠小乳头** minor duodenal papilla，是副胰管的开口处。

3. 水平部

水平部 又称下部，长约 10cm，起自十二指肠下曲，横过下腔静脉和第 3 腰椎体的前方，至腹主动脉前方移行于升部。肠系膜上动、静脉紧贴此部前面下行，在某些情况下，肠系膜上动脉可压迫该部引起十二指肠梗阻。

4. 升部

升部最短，仅 2～3cm，自水平部末端起始，斜向左上方至第 2 腰椎体左侧转向下，移行为空肠。十二指肠与空肠间转折处形成的弯曲，称**十二指肠空肠曲**。

十二指肠空肠曲的上后壁被一束由肌纤维和结缔组织构成的**十二指肠悬肌**固定于右膈脚上。十二指肠悬肌和包绕其下段表面的腹膜皱襞共同构成**十二指肠悬韧带**，又称 **Treitz 韧带**。在外科手术中，该韧带可作为确定空肠起始的重要标志。

（二）空肠和回肠

空肠 jejunum 和**回肠** ileum（图 5-16）上端起自十二指肠空肠曲，下端接续盲肠。空肠和回肠一起被小肠系膜悬系于腹后壁，合称为**系膜小肠**，有系膜附着的边缘称系膜缘，其相对缘称对系膜缘或游离缘。

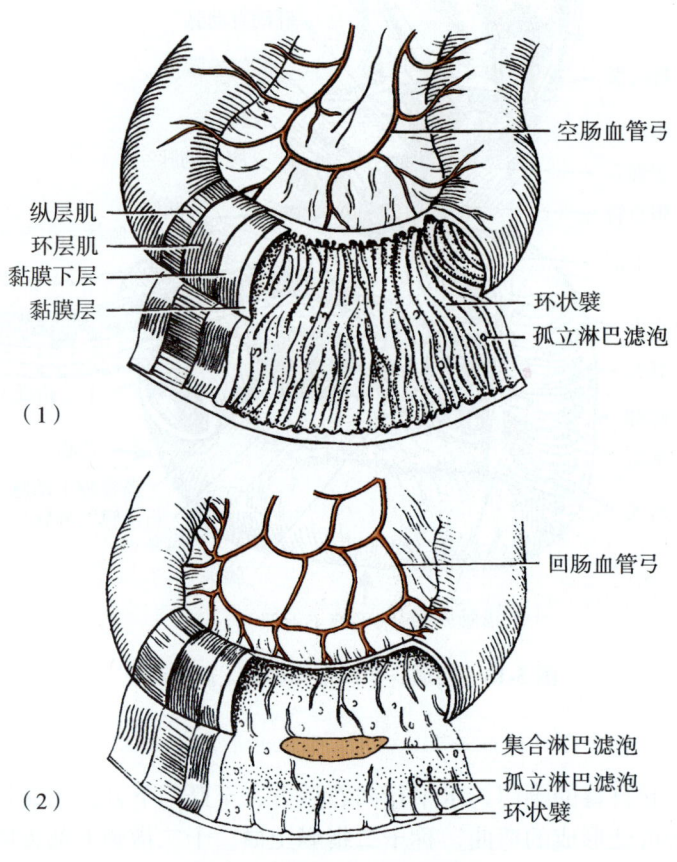

图 5-16　肠黏膜（淋巴滤泡）
（1）空肠内面观　（2）回肠内面观

空肠和回肠的形态结构不完全一致，但变化是逐渐发生的，故两者间无明显界限。一般是将系膜小肠的近侧 2/5 称空肠，远侧 3/5 称回肠。空肠位于左上腹，管径较粗，管壁较厚，血供丰富，颜色较红，肠系膜内血管弓少（1～2 级），黏膜环状皱襞高而密，有散在的孤立淋巴滤泡。回肠位于右下腹，管径较细，管壁较薄，血供较差，颜色较浅，肠系膜血管弓多（4～5 级），黏膜环状皱襞低而疏，除有孤立淋巴滤泡外还有集合淋巴滤泡。肠伤寒的病变发生于集合淋巴滤泡，可并发肠穿孔或肠出血。

六、大肠

大肠 large intestine 是消化管的末段，起自回肠末端，止于肛门，全长约 1.5m，全程围绕于空、回肠的周围，可分为盲肠、阑尾、结肠、直肠和肛管 5 部分。大肠的主要功能为吸收水分、维生素和无机盐，并将食物残渣形成粪便，排出体外。

除直肠、肛管和阑尾外，结肠和盲肠均具有 3 种特征性结构：结肠带、结肠袋和肠脂垂

(图5-17)。**结肠带**有3条，由肠壁的纵行肌增厚形成，沿大肠的纵轴平行排列，3条结肠带均汇集于阑尾根部。**结肠袋**是由横沟隔开向外膨出的囊状突起，这是由于结肠带短于肠管的长度使肠管皱缩而形成。**肠脂垂**是沿结肠带两侧分布的许多小突起，由浆膜和其所包含的脂肪组织形成。临床上鉴别大、小肠主要依据大肠的上述3个特征。

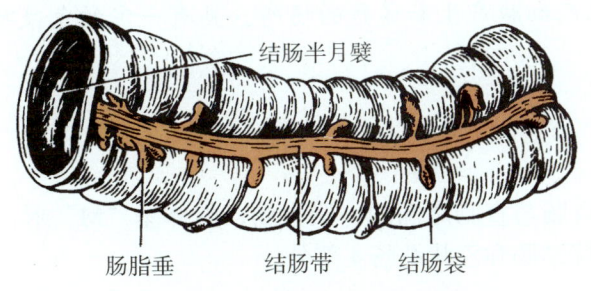

图5-17　结肠的外观特征

（一）盲肠和阑尾

盲肠 caecum（图5-18）是大肠的起始部，位于右髂窝内，长6～8cm，其下端为盲端，上续升结肠，左侧与回肠相连接。

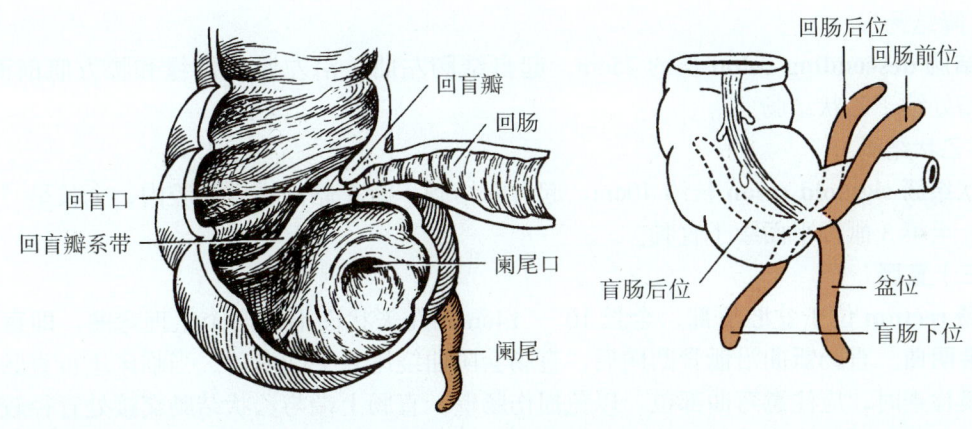

图5-18　盲肠和阑尾

回肠末端向盲肠的开口，称**回盲口**。此处肠壁内的环行肌增厚，并覆以黏膜而形成上、下两片半月形的皱襞称**回盲瓣**，此瓣的作用为阻止小肠内容物过快地流入大肠，以便食物在小肠内充分消化吸收，并可防止盲肠内容物逆流入小肠。

阑尾 vermiform appendix（图5-18）是从盲肠下端后内侧壁向外延伸的一条细管状器官，因外形酷似蚯蚓，故又称蚓突。其长度因人而异，一般长5～7cm，偶有长达20cm或短至1cm者。阑尾根部较固定，多数在回盲口的后下方约2cm处开口于盲肠，称此口为**阑尾口**。

阑尾的位置多不恒定，如有盲肠后位、盲肠下位、回肠前位、回肠后位和盆位等。由于阑尾位置变化较大，手术中有时寻认困难，但三条结肠带均汇集在阑尾根部，故沿结肠带向下追踪是寻找阑尾的有效方法。阑尾根部位置比较固定，阑尾根部的体表投影点，通常在右髂前上棘与脐连线的中、外1/3交点处，该点称 **McBurney 点**。急性阑尾炎时该处常有压痛。

阑尾的功能

过去认为阑尾是属于无重要功能的退化器官，但近年来的研究证明阑尾是一个淋巴器官，是B淋巴细胞产生和成熟的场所，具有一定的免疫功能。急性阑尾炎是外科的常见病。

（二）结肠

结肠 colon 是介于盲肠与直肠之间的一段大肠，整体呈"M"形，包绕于空、回肠周围。分为升结肠、横结肠、降结肠和乙状结肠4部分。

1. 升结肠

升结肠 ascending colon 长约15cm，在右髂窝处，起自盲肠上端，沿腰方肌和右肾前面上升至肝右叶下方，折转向左移行于横结肠，折转处的弯曲称**结肠右曲**（或称**肝曲**）。

2. 横结肠

横结肠 transverse colon 长约50cm，起自结肠右曲，向左横行至脾的下方，折转向下续于降结肠，折转处的弯曲称为**结肠左曲**（或称**脾曲**）。

3. 降结肠

降结肠 descending colon 长约25cm，起自结肠左曲，沿左肾外侧缘和腰方肌前面下降，至左髂嵴处续于乙状结肠。

4. 乙状结肠

乙状结肠 sigmoid colon 长约40cm，起自降结肠，沿左髂窝转入盆腔内，全长呈"乙"字形弯曲，至第3骶椎平面续于直肠。

（三）直肠

直肠 rectum 位于盆腔下部，全长10～14cm，在矢状面形成两个生理弯曲，即**直肠骶曲**和**直肠会阴曲**。直肠骶曲沿骶骨凸向后，直肠会阴曲绕尾骨尖凸向前。当临床进行直肠镜、乙状结肠镜检查时，应注意弯曲部位，以免损伤肠壁。直肠上端与乙状结肠交接处管径较细，向下肠腔显著膨大，称**直肠壶腹**。直肠内面有三个**直肠横襞**（图5-19），具有阻挡粪便下移的作用。中直肠横襞大而明显，位置恒定，可作为直肠镜检时的定位标志。

（四）肛管

肛管 anal canal（图5-19）长3～4cm，上端在盆膈平面接续直肠，下端终于肛门。肛管被肛门括约肌所包绕，平时处于收缩状态，有控制排便的作用。

肛管内面有6～10条纵行的黏膜皱襞称**肛柱**，内有血管和纵行肌。各肛柱下端彼此借半月形黏膜皱襞相连，此襞称**肛瓣**。每一肛瓣与其相邻的两个肛柱下端之间形成开口向上的隐窝称**肛窦**，窦深3～5mm，其底部有肛腺的开口。肛窦内往往积存粪屑，易感染而引起肛窦炎。连接各肛柱下端与各肛瓣边缘的锯齿状环行线称**齿状线**（或**肛皮线**）。齿状线以上为黏膜，齿状线以下为皮肤。在齿状线下方有一宽约1cm的环状区域称**肛梳**（或称**痔环**），表面光滑，因其深层有静脉丛，故呈浅蓝色。肛梳下缘有一不甚明显的环行线称**白线**，此线相当于肛门内、外括约肌的分界处。**肛门**是肛管的下口，为一前后纵行的裂孔，前后径为2～3cm。

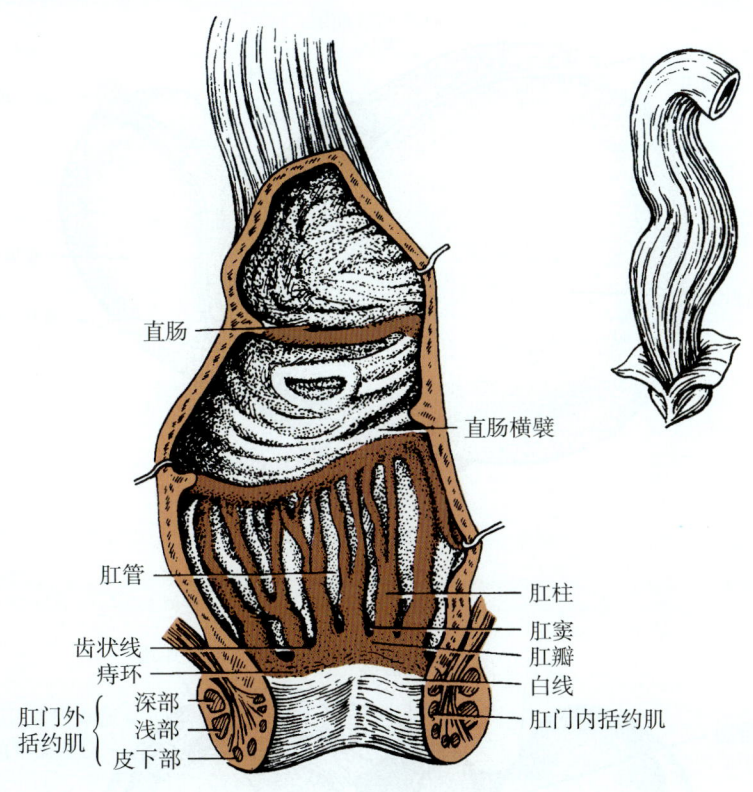

图 5-19　直肠和肛管

第二节　消 化 腺

人体的大消化腺除前述的唾液腺外，还有肝和胰。

一、肝

肝 liver 是人体内最大的腺体，也是体内最大的消化腺。我国成年人肝的重量男性为 1240～1470g，女性为 1160～1340g，约占体重的 1/50。胎儿和新生儿的肝相对较大，约占体重的 1/20。肝的血供十分丰富，故活体的肝呈棕红色。肝的质地柔软而脆弱，易受外力冲击而破裂，并引起腹腔内大出血。

肝的功能极为复杂，它是机体新陈代谢最活跃的器官，不仅参与蛋白质、脂类、糖类和维生素等物质的合成、转化与分解，而且还参与激素、药物等物质的转化和解毒。肝还具有分泌胆汁、吞噬、防御以及在胚胎时期造血等重要功能。

（一）肝的形态和分叶

肝呈不规则的楔形，可分为上、下两面，前、后、左、右 4 缘（图 5-20，21，22）。肝上面膨隆，与膈相接触，故又称**膈面**（图 5-20）。肝膈面有矢状位的镰状韧带附着，借此将肝分为左、右两叶。**肝左叶** left lobe 小而薄，**肝右叶** right lobe 大而厚。膈面后部没有腹膜被覆的部分称**肝裸区 bare area**。肝下面凹凸不平，邻接一些腹腔器官，又称**脏面**（图 5-21）。肝脏面中部有略呈 "H" 形的沟，即左侧纵沟、右侧纵沟和横沟。左侧纵沟窄而深，其前部称肝圆韧带裂，有肝圆韧带通过；后部称静脉韧带裂，有静脉韧带通过；右侧的纵沟较宽而浅，沟的前部为一浅窝，称**胆囊窝**，容纳胆囊；后部为**腔静脉沟**，有下腔静脉通过。横行的沟位于肝脏面正中，有肝左、右管，肝固有动脉左、右支，肝门静脉左、右支和肝的神经、淋巴管等由此出入，称**肝门**（第一肝门）**porta hepatis**。出入肝门的这些结构被结缔组织包绕，构成肝蒂。在

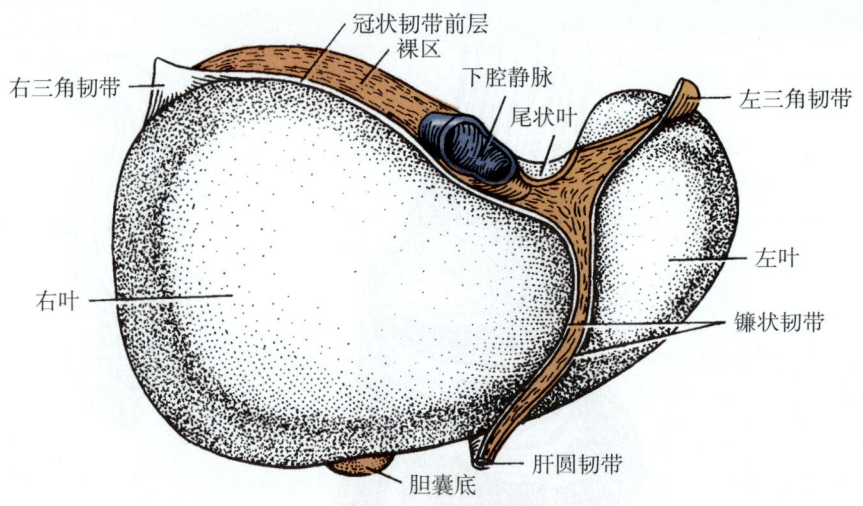

图 5-20 肝的膈面

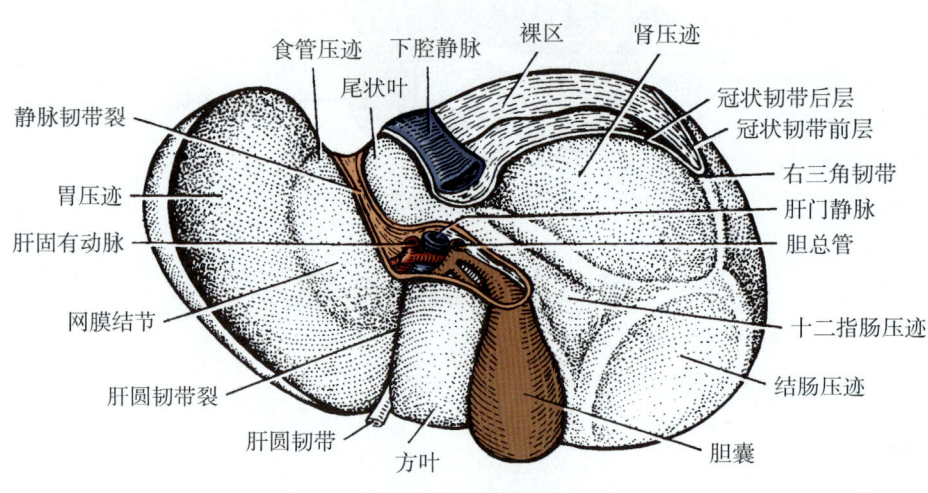

图 5-21 肝的脏面

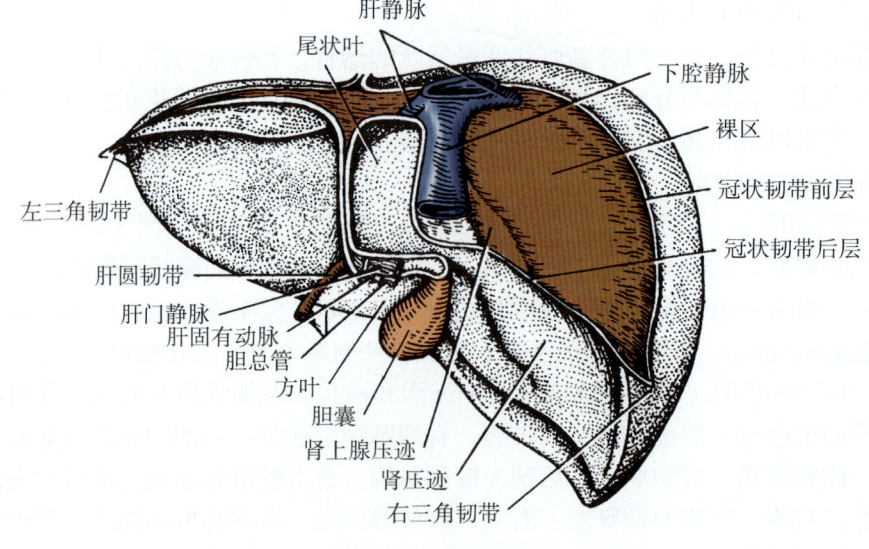

图 5-22 肝的后面观

腔静脉沟的上端处，有肝左、中间、右静脉出肝后立即注入下腔静脉，故临床上常称此沟上端为**第二肝门 secondary porta of liver**。在肝的脏面，借"H"形的沟将肝分为4个叶：左纵沟的左侧为**肝左叶**；右纵沟的右侧为**肝右叶**；左、右纵沟之间在横沟的前方为**方叶 quadrate lobe**；横沟的后方为**尾状叶 caudate lobe**。

（二）肝的位置和毗邻

肝大部分位于右季肋区和腹上区，小部分位于左季肋区。肝的膈面前部分被肋所掩盖，仅在腹上区的左、右肋弓之间，有一小部分露出于剑突之下，直接与腹前壁相接触。

肝的上面与膈的穹窿一致。肝右叶下面，前部与结肠右曲邻接；中部近肝门处邻接十二指肠上曲；后部邻接右肾和右肾上腺。肝左叶下面大部分与胃前壁相邻，后上方邻接食管腹部。

二、肝外胆道

肝外胆道系统是指肝门之外的胆道系统，包括胆囊和输胆管道（肝左管、肝右管、肝总管和胆总管）。这些管道与肝内胆道一起，将肝分泌的胆汁输送到十二指肠腔。

（一）胆囊

胆囊 gall bladder（图5-23）是位于肝脏面的胆囊窝内，呈梨形的囊状器官，容量为40～60ml，具有储存和浓缩胆汁的功能。其上面借结缔组织与肝相连，易于分离。

胆囊分底、体、颈、管4部分。**胆囊底**是胆囊突向前下方的盲端，常在肝前缘的胆囊切迹处露出。胆囊底的体表投影在右锁骨中线与右肋弓交点附近。胆囊发炎时，该处可有压痛。**胆囊体**是胆囊的主体部分，与底之间无明显界限。**胆囊颈**是胆囊体向下延续并变细的部分，常以直角向左下弯行，移行于胆囊管。**胆囊管**比胆囊颈稍细，在肝十二指肠韧带内与其左侧的肝总管汇合，形成**胆总管**。

胆囊管、肝总管和肝的脏面围成的三角形区域称**胆囊三角**（Calot 三角），三角内常有胆囊动脉通过，因此该三角是胆囊手术中寻找胆囊动脉的标志。

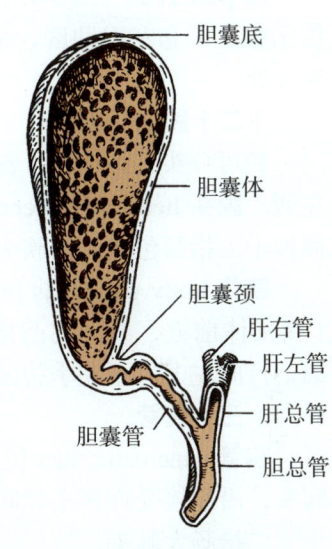

图 5-23　胆囊

（二）输胆管道

输胆管道是将肝分泌的胆汁输送到十二指肠的管道（图5-24）。

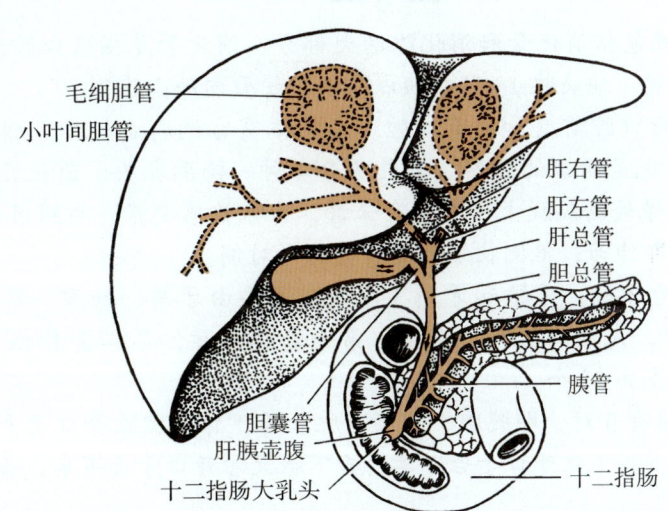

图 5-24　输胆管道模式图

1. 肝管与肝总管

肝左、右管分别由左、右半肝内的毛细胆管逐渐汇合而成，走出肝门之后汇合成肝总管。**肝总管 common hepatic duct** 长约 3cm，下行于肝十二指肠韧带内，并在韧带内与胆囊管以锐角汇合成胆总管。

2. 胆总管

胆总管 common bile duct 由肝总管和胆囊管汇合而成，在肝十二指肠韧带内下行于肝固有动脉的右侧、肝门静脉的前方，向下经十二指肠上部的后方，降至胰头后方，再转向十二指肠降部中份，在此处的十二指肠后内侧壁内与胰管汇合，形成一略膨大的共同管道称**肝胰壶腹**（Vater 壶腹），开口于十二指肠大乳头。在肝胰壶腹周围有**肝胰壶腹括约肌**（或称 Oddi 括约肌）包绕。

三、胰

（一）胰的位置

胰 pancreas（图 5-15，24）是位于腹后壁的一个狭长腺体，质地柔软，呈灰红色，横向位于腹上区和左季肋区，平对第 1～2 腰椎体。胰的上缘约平脐上 10cm，下缘约相当于脐上 5cm 处。

（二）胰的分部

胰可分头、体、尾 3 部分，各部之间无明显界限。头部在腹中线右侧，体、尾部在腹中线左侧。**胰头 head of pancreas** 为胰右端膨大部分，位于第 2 腰椎体的右前方，其上、下方和右侧被十二指肠包绕。当胰头肿大压迫胆总管时，可影响胆汁排出，发生阻塞性黄疸。**胰体 body pancreas** 位于胰头与胰尾之间，占胰的大部分，略呈三棱柱形。胰体横位于第 1 腰椎体前方，故向前凸出。胃后壁癌肿或溃疡穿孔常与胰体粘连。**胰尾 tail of pancreas** 较细，行向左上方至左季肋区，在脾门下方与脾的脏面相接触。

（三）胰管

胰管 pancreatic duct 位于胰实质内，偏背侧，其走行与胰的长轴一致，从胰尾经胰体走向胰头，沿途接受许多小叶间导管，最后于十二指肠降部的壁内与胆总管汇合成肝胰壶腹，开口于十二指肠大乳头。

小 结

1. 消化系统包括消化管和消化腺两大部分。消化管是指从口腔到肛门的通道，消化腺包括口腔腺（唾液腺）、肝、胰以及消化管壁内的小腺体。

2. 口腔分为口腔前庭和固有口腔。扁桃体窝容纳腭扁桃体。咽峡是口腔和咽之间的狭窄部，也是两者的分界。舌乳头分 4 种。轮廓乳头、菌状乳头、叶状乳头以及软腭、会厌等处的黏膜上皮中含有味蕾，为味觉感受器。两侧颏舌肌同时收缩，拉舌向前下方，即伸舌；单侧收缩可使舌尖伸向对侧。

3. 牙可分为牙冠、牙根和牙颈 3 部分，主要由牙质、釉质、牙骨质和牙髓组成。人的一生中，先后有 2 套牙发生，第一套称乳牙，第二套称恒牙。乳牙共 20 个，恒牙全部出齐共 32 个。

4. 大唾液腺有 3 对，即腮腺、下颌下腺和舌下腺。腮腺开口于平对上颌第二磨牙的颊黏膜上；下颌下腺开口于舌下阜；舌下腺大管开口于舌下阜，舌下腺小管开口于舌下襞。

5. 咽分为鼻咽、口咽和喉咽3部。其中，口咽和喉咽是消化管与呼吸道的共同通道。咽淋巴环对消化道和呼吸道具有防御功能。

6. 食管最重要的特点是有3处生理性狭窄。狭窄部是食管异物易滞留和食管癌的好发部位。

7. 胃分前壁、后壁，大弯、小弯，入口、出口，分为4部：贲门部，胃底，胃体；幽门部。胃壁分四层。

8. 十二指肠位于胃与空肠之间，全长约25cm。十二指肠球是十二指肠溃疡及其穿孔的好发部位，十二指肠大乳头为肝胰壶腹的开口处，十二指肠悬韧带可作为确定空肠起始的重要标志。

9. 小肠成人长5～7m，分为十二指肠、空肠和回肠三部分。小肠是消化和吸收的主要器官。空肠和回肠合称为系膜小肠，两者在长度、管径、管壁、血供、颜色、黏膜环状皱襞、淋巴滤泡等方面有区别。

10. 大肠全长1.5m，可分为盲肠、阑尾、结肠、直肠和肛管5部分。结肠和盲肠均具有3种特征性结构：结肠带、结肠袋和肠脂垂。直肠全长10～14cm，在矢状面形成两个生理弯曲，即直肠骶曲和直肠会阴曲。当临床进行直肠镜检查时，应注意弯曲部位。直肠内面有三个直肠横襞，中直肠横襞可作为直肠镜检时的定位标志。

11. 肝大部分位于右季肋区和腹上区，小部分位于左季肋区。肝脏面正中有肝左、右管，肝固有动脉左、右支，肝门静脉左、右支和肝的神经、淋巴管等由此出入，称肝门。出入肝门的这些结构被结缔组织包绕，构成肝蒂。

12. 肝外胆道系统是包括胆囊和输胆管道（肝左管、肝右管、肝总管和胆总管）。肝左、右管汇合成肝总管，肝总管与胆囊管汇合成胆总管，胆总管与胰管汇合，形成肝胰壶腹，开口于十二指肠大乳头。

自测题

一、名词解释
1. 咽峡　　2. 牙周组织　　3. 咽淋巴环　　4. 梨状隐窝　　5. 齿状线　　6. 肛梳
7. 胆囊三角　　8. 肝门　　9. 肝蒂　　10. 肝胰壶腹　　11. McBurney 点
12. 回盲瓣　　13. 十二指肠悬韧带

二、简答题
1. 简述牙的形态和结构。
2. 大唾液腺有哪几对？其腺管各开口于何处？
3. 简述咽的分部，各部的形态特点及交通。
4. 简述食管的三个狭窄及意义。
5. 简述胃的位置、形态及分部。
6. 简述十二指肠的分部和弯曲。
7. 简述空、回肠的主要区别。
8. 简述直肠的位置和弯曲。

9. 简述肝的位置和形态。
10. 简述肝外胆道系统的构成。
11. 简述结肠的分部。

（何　戈　金昌洙）

第六章　　呼吸系统

学习目标

通过本章内容的学习，学生应能：

◆ 记忆
1．定义呼吸系统的组成。
2．陈述鼻腔的分部及各部的形态结构，鼻旁窦的位置、开口部位及功能。
3．陈述喉的组成、喉腔的分部及结构特点。
4．陈述气管的位置、形态结构特点，左、右主支气管形态学上的区别及其临床意义。
5．陈述肺的形态和分叶。
6．陈述胸膜和胸膜腔的概念，胸膜的分部、胸膜隐窝的位置及临床意义。

◆ 理解
1．说明喉软骨的组成及连结。
2．说明胸膜和肺的体表投影。
3．说明肺段的概念及意义。
4．说明纵隔的概念。

◆ 应用
1．举例说明上颌窦炎最为多见的解剖学特点。
2．举例说明声门下腔易发生水肿的解剖学特点。
3．举例说明肋膈隐窝的临床意义。

呼吸系统 respiratory system 由输送气体的呼吸道和执行气体交换的肺组成（图6-1）。呼吸道包括鼻、咽、喉、气管及各级支气管等。通常将鼻、咽、喉称为上呼吸道，气管和各级支气管称为下呼吸道。肺由肺实质（肺内各级支气管和肺泡）和肺间质（结缔组织、血管、神经、淋巴管和淋巴结等）组成，表面包有脏胸膜。呼吸系统的主要功能是进行气体交换，即吸入氧，排出二氧化碳，还兼有发音和嗅觉等功能。

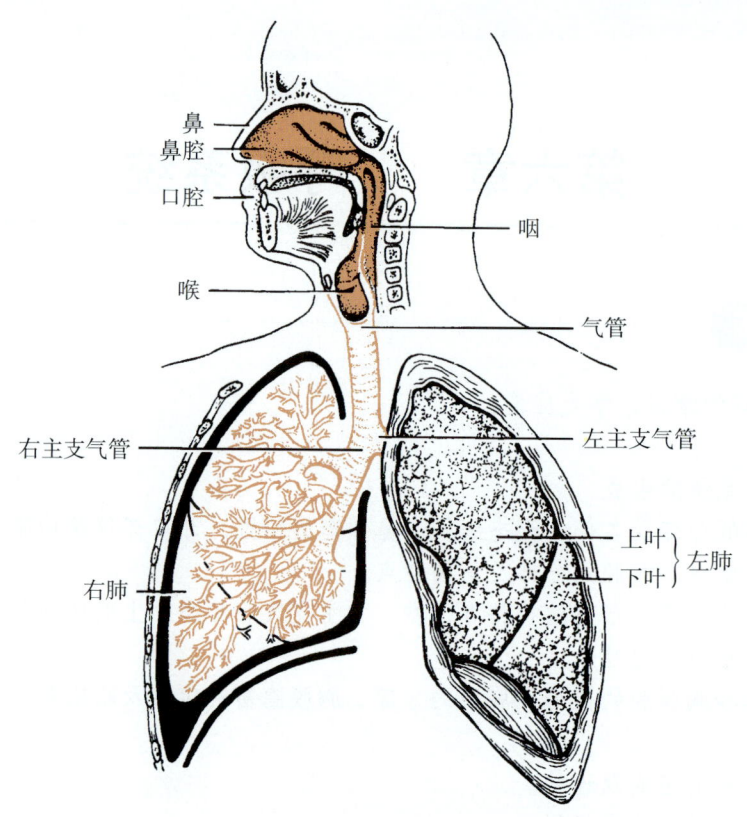

图 6-1　呼吸系统模式图

第一节　呼吸道

一、鼻

鼻 nose 分三部，即外鼻、鼻腔和鼻旁窦。它既是呼吸道的起始部，又是嗅觉器官。

（一）外鼻

外鼻位于面部中央，以鼻骨和鼻软骨为支架，外被皮肤、内覆黏膜。外鼻与额相连的狭窄部称**鼻根**，向下延续为**鼻背**，末端称**鼻尖**，鼻尖两侧扩大称**鼻翼**，呼吸困难的患者有鼻翼扇动的症状。鼻翼和鼻尖处皮肤富含皮脂腺和汗腺，成为痤疮、酒渣鼻和疖肿的好发部位。

（二）鼻腔

鼻腔 nasal cavity 是由骨和软骨及其表面被覆的黏膜和皮肤构成。鼻腔内衬黏膜并被鼻中隔分为两半，向前经**鼻孔**与外界相通，向后经**鼻后孔**通鼻咽。每侧鼻腔又分为前部的**鼻前庭**和后部的**固有鼻腔**（图 6-2），两者以**鼻阈**为界。**鼻前庭**由鼻翼围成，内面衬以皮肤，生有鼻毛，有过滤灰尘和净化空气的作用。鼻前庭由于缺乏皮下组织，皮肤与软骨膜紧密相连，故发生疖肿时疼痛明显。**鼻中隔 nasal septum**（图 6-3）由筛骨垂直板、犁骨和鼻中隔软骨覆以黏膜而成，位置通常偏向一侧。其前下方血管丰富、位置浅表，外伤或干燥刺激均易引起出血。90%左右的鼻出血发生于此区，称为**易出血区**（Little 区）。**固有鼻腔**位于鼻阈的后上方，是鼻腔的主要部分。鼻腔外侧壁自上而下为上、中、下三个**鼻甲**，上鼻甲与中鼻甲之间称**上鼻道**，中鼻甲与下鼻甲之间为**中鼻道**，下鼻甲下方为**下鼻道**。

鼻黏膜按生理功能分为**嗅区**和**呼吸区**。位于上鼻甲与其相对的鼻中隔及二者上方鼻腔顶部的鼻黏膜区域统称为**嗅区**，有感受嗅觉刺激的嗅细胞。其余部分的黏膜区域称为**呼吸区**，活体

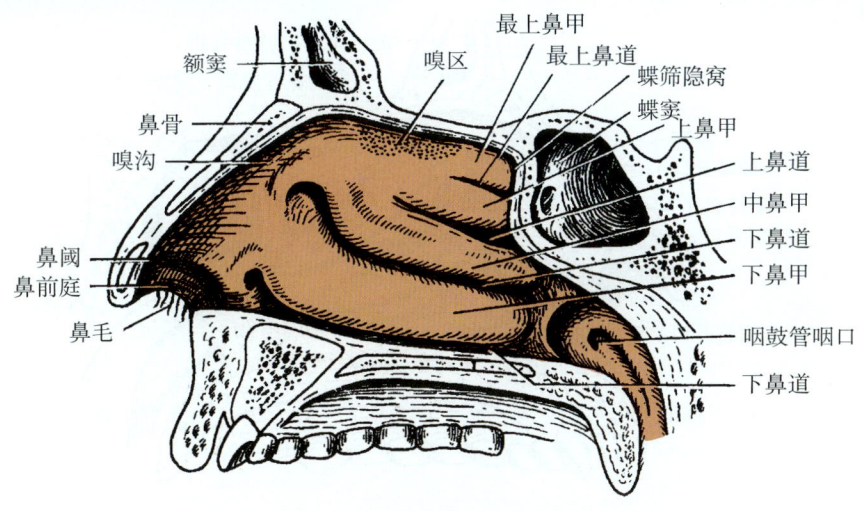

图 6-2 鼻腔外侧壁（右侧）

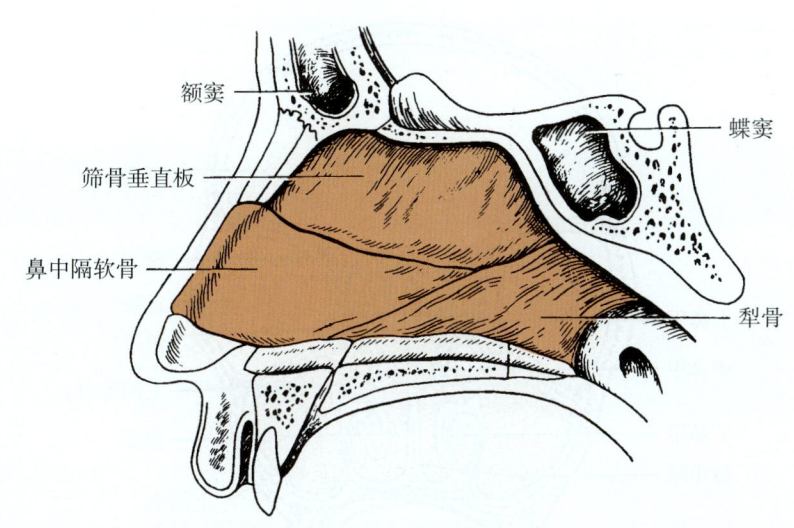

图 6-3 鼻中隔

呈淡红色，表面光滑湿润，黏膜内含丰富的血管、黏液腺和纤毛，对吸入的空气有加温、湿润和净化作用。

（三）**鼻旁窦**

鼻旁窦（图6-4，5）又称**副鼻窦**，指鼻腔周围含气颅骨的腔，开口于鼻腔。鼻旁窦共有 4 对，包括额窦、筛窦、蝶窦和上颌窦。**筛窦**又分为**前筛窦**、**中筛窦**和**后筛窦**。4 对鼻旁窦分别位于其同名颅骨内。有加温加湿空气及对发音产生共鸣的作用。额窦、上颌窦、前筛窦、中筛窦开口于中鼻道；**后筛窦**开口于上鼻道；**蝶窦**开口于蝶筛隐窝。由于鼻旁窦的黏膜与鼻腔的黏膜相延续，故鼻腔黏膜的炎症可蔓延至鼻旁窦引起鼻旁窦炎。

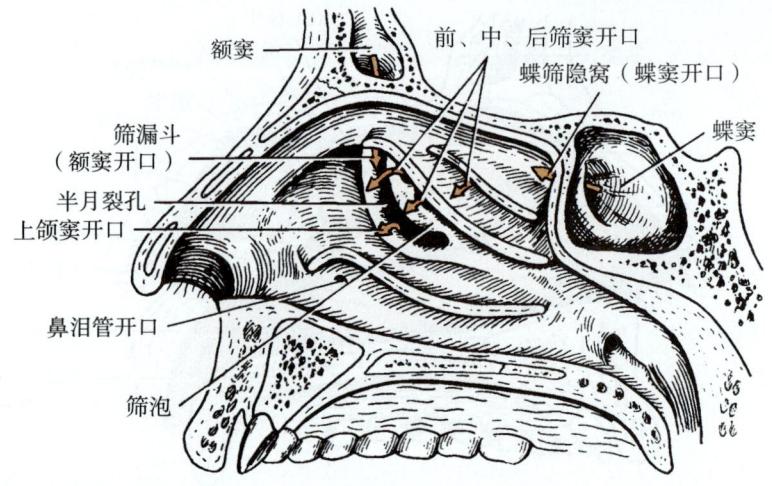

图 6-4 鼻腔外侧壁（鼻甲切除）

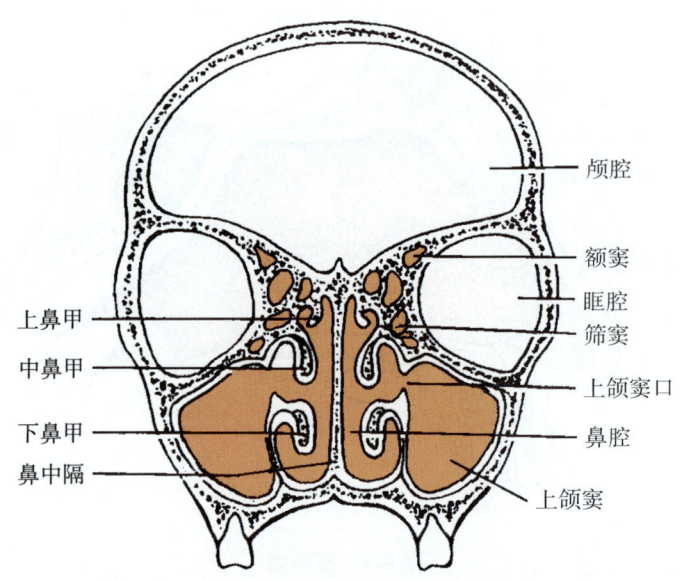

图 6-5 鼻旁窦及鼻腔冠状切面

# 知识链接

上颌窦炎

上颌窦是鼻旁窦中最大的一对。由于上颌窦的窦口高于窦底，所以上颌窦炎症化脓时，常引流不畅。上颌窦窦腔较大，窦底邻近上颌磨牙的牙根，此处骨质薄弱，牙根感染常波及上颌窦，引起牙源性上颌窦炎。鼻旁窦的炎症以上颌窦炎最为多见。

二、咽

详见消化系统章节。

三、喉

喉 larynx（图 6-6）主要由喉软骨和喉肌构成，它既是呼吸的管道，又是发音的器官。

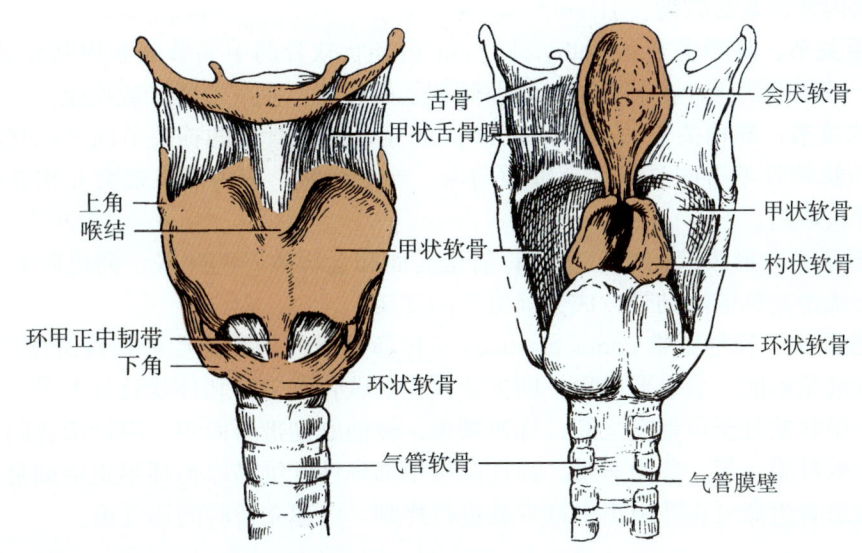

图 6-6　喉的软骨及连结

（一）喉的位置和毗邻

喉位于颈前部正中的皮下，上借甲状舌骨膜与舌骨相连，向下接气管，借喉口通喉咽。喉的前方有皮肤、颈筋膜、舌骨下肌群；后方为咽；两侧有颈血管、神经和甲状腺侧叶。成年人的喉平对第 4～6 颈椎体，女性略高于男性，小儿比成人高。由于喉与舌骨和咽紧密相连，故当吞咽时，喉可上下移动。

（二）喉的结构

喉是复杂的中空性器官，由支架、连接和喉肌共同组成，其支架是喉软骨（图 6-6），由甲状软骨、环状软骨、会厌软骨和成对的杓状软骨等构成。连接（图 6-7，8）由喉软骨间的连接及舌骨、气管与喉之间的连接组成。喉肌属横纹肌，其作用是紧张或松弛声带，开大或缩小声门裂，并可缩小喉口。

1. 支架

（1）甲状软骨：**甲状软骨** thyroid cartilage 是最大的喉软骨，构成喉的前壁和侧壁，由前缘互相愈着的呈四边形的左、右软骨板组成。愈着处称**前角**，前角上端向前突出，称**喉结**，在成年男子尤为明显。喉结上方呈"V"形的切迹，称**上切迹**。左、右板的后缘游离并向上、下发出突起，分别称**上角**和**下角**。上角较长，借韧带与舌骨大角连接；下角较短，与环状软骨相关节。

（2）环状软骨：**环状软骨** cricoid cartilage 位于甲状软骨的下方，是喉软骨中惟一完整的软骨环。它由前部低窄的**环状软骨弓**和后部高阔的**环状软骨板**围成。板上缘两侧各有一**杓关节面**，与杓状软骨底部形成关节；弓与板交界处有**甲关节面**，与甲状软骨的下角相关节。

（3）会厌软骨：**会厌软骨** epiglottic cartilage 位于舌骨体后方，上宽下窄呈叶状，下端借**甲状会厌韧带**连于甲状软骨前角内面上部。会厌软骨被覆黏膜构成**会厌**，是喉口的活瓣，吞咽时喉随咽上提并向前移，会厌封闭喉口，阻止食团入喉而引导食团进咽。

（4）杓状软骨：**杓状软骨** arytenoid cartilage 成对，坐落于环状软骨板上缘两侧，分为一尖、一底、两突和三个面。环状软骨底有关节面，底向前伸出的突起称**声带突**，有声韧带附着；向外侧伸出的突起称**肌突**，大部分喉肌附着于此。

2. 连接

(1) 甲状舌骨膜：甲状舌骨膜（图6-6）thyrohyoid membrane 是位于舌骨与甲状软骨上缘之间的结缔组织膜。其中部增厚称**甲状舌骨正中韧带**。**甲状舌骨外侧韧带**连接甲状软骨上角和舌骨大角，其内常含**麦粒软骨**。

(2) 环甲关节：环甲关节 cricothyroid joint 由环状软骨的甲关节面和甲状软骨下角构成，属联动关节，可使甲状软骨在冠状轴上做前倾和复位运动，使声带紧张或松弛。

(3) 环杓关节：环杓关节 cricoarytenoid joint 由环状软骨板的杓关节面和杓状软骨底的关节面构成。杓状软骨可沿该关节垂直轴做向内、外侧旋转。旋内使声带突互相靠近，缩小声门；旋外则开大声门。

(4) 方形膜：方形膜起始于甲状软骨前角后面和会厌软骨两侧缘，向后附着于杓状软骨前内侧缘。下缘游离称前庭韧带，成为前庭襞的支架。

(5) 弹性圆锥：弹性圆锥 conus elasticus 又称**环甲膜**，是圆锥形的弹性纤维膜（图6-7）。起自甲状软骨前角后面，呈扇形向后、向下止于杓状软骨声带突和环状软骨上缘。其上缘游离增厚，紧张于甲状软骨至声带突之间，称**声韧带**，较前庭韧带厚而短。声韧带连同声带肌及覆盖于其表面的喉黏膜一起，称为**声带**。弹性圆锥中部弹性纤维增厚称**环甲正中韧带**。急性喉阻塞时，为抢救患者生命可在环甲正中韧带处进行穿刺，以建立暂时的通气道。

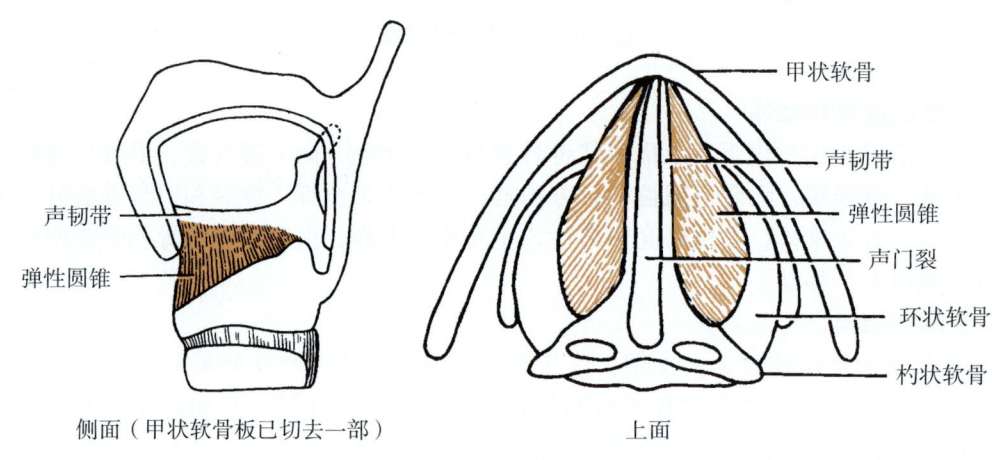

图 6-7 弹性圆锥

(6) 环状软骨气管韧带：环状软骨气管韧带 cricotracheal ligament 为连接环状软骨下缘和第1气管软骨环的结缔组织膜。

3. 喉肌

喉肌 laryngeal muscle（图6-8，9，10）均为骨骼肌，是发音的动力器官。具有紧张或松弛声带、缩小或开大声门裂以及缩小喉口的作用。按功能可分为两群：一群作用于环甲关节，使声带紧张或松弛；另一群作用于环杓关节，使声门裂、喉口开大或缩小。因此，喉肌的运动可控制发音的强弱和调节音调的高低。

（三）喉腔

喉腔 laryngeal cavity（图6-11）是由喉软骨、韧带和纤维膜、喉肌、喉黏膜等围成的管腔。上起自喉口，与咽腔相通；下连气管。喉腔侧壁有上、下两对黏膜皱襞，上方的黏膜皱襞称**前庭襞**，下方的黏膜皱襞称**声襞**，两侧前庭襞间的裂隙称**前庭裂**；两侧声襞及两侧杓状软骨间的裂隙称**声门裂**。声门裂是喉腔中最狭窄的部位，发音时呼出的气流通过声门裂引起声带振动，发出声音。喉腔借前庭裂和声门裂分为三部分。前庭裂平面以上的部分称**喉前庭**，前庭裂和声门裂之间的部分，称**喉中间腔**，向侧方突出的隐窝称**喉室**。声门裂平面以下的部分称**声门下**

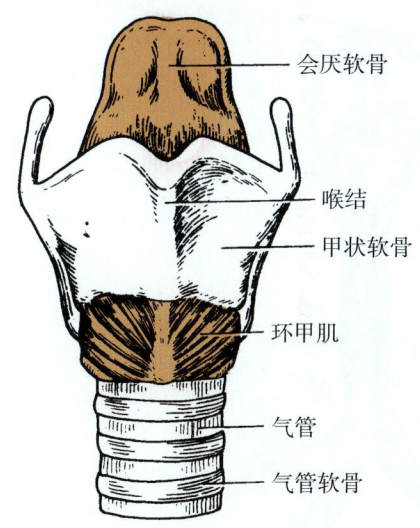

图 6-8 喉肌（前面）

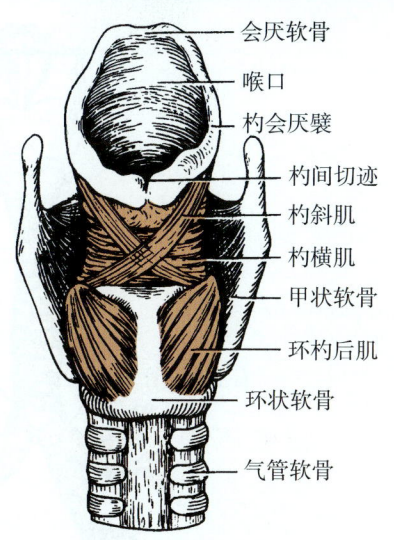

图 6-9 喉肌（后面）

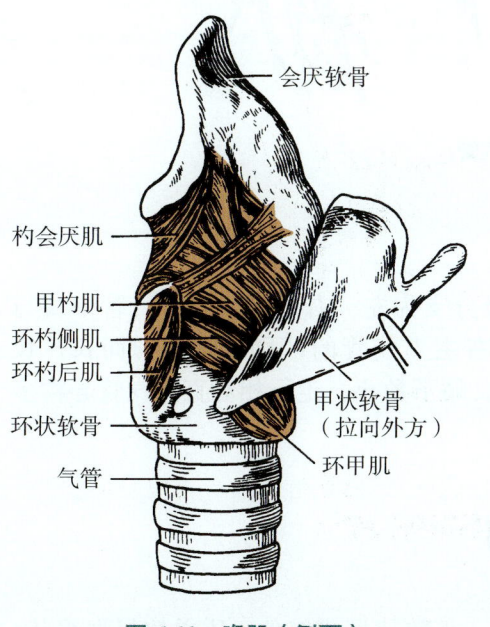

图 6-10 喉肌（侧面）

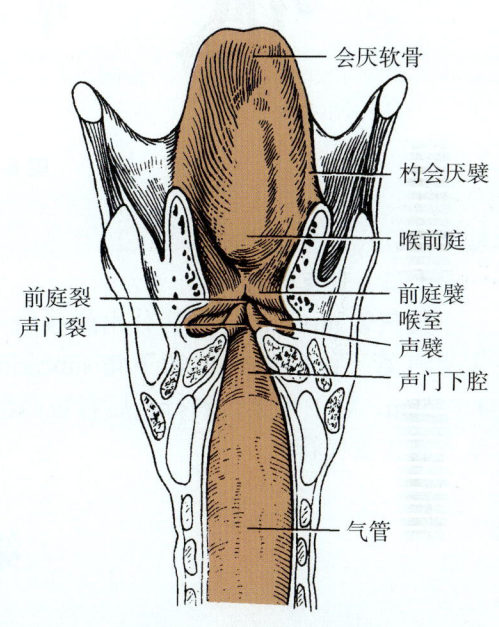

图 6-11 喉腔额状断面

腔，此区黏膜下组织疏松，当急性炎症时，易发生水肿。婴幼儿喉腔较狭小，喉水肿易引起喉阻塞，导致呼吸困难。

四、气管和主支气管

气管和主支气管是连接喉和肺之间的通道（图 6-12）。

（一）气管

气管 trachea 位于喉与气管杈之间，起于环状软骨下缘约平第 6 颈椎体下缘；向下至胸骨角平面约平第 4 胸椎体下缘处，分叉形成左、右主支气管。分叉处称**气管杈**，在气管杈的内面，有一矢状位的向上的半月状嵴称**气管隆嵴**，略偏向左侧，是支气管镜检查时判断气管分叉的重要标志。气管分为颈部和胸部。

气管由气管软骨、平滑肌和结缔组织构成。气管软骨由 14～17 个缺口向后，呈"C"形的透明软骨环构成。气管软骨后壁缺口由气管的膜封闭，气管切开术常在第 3～5 气管软骨环

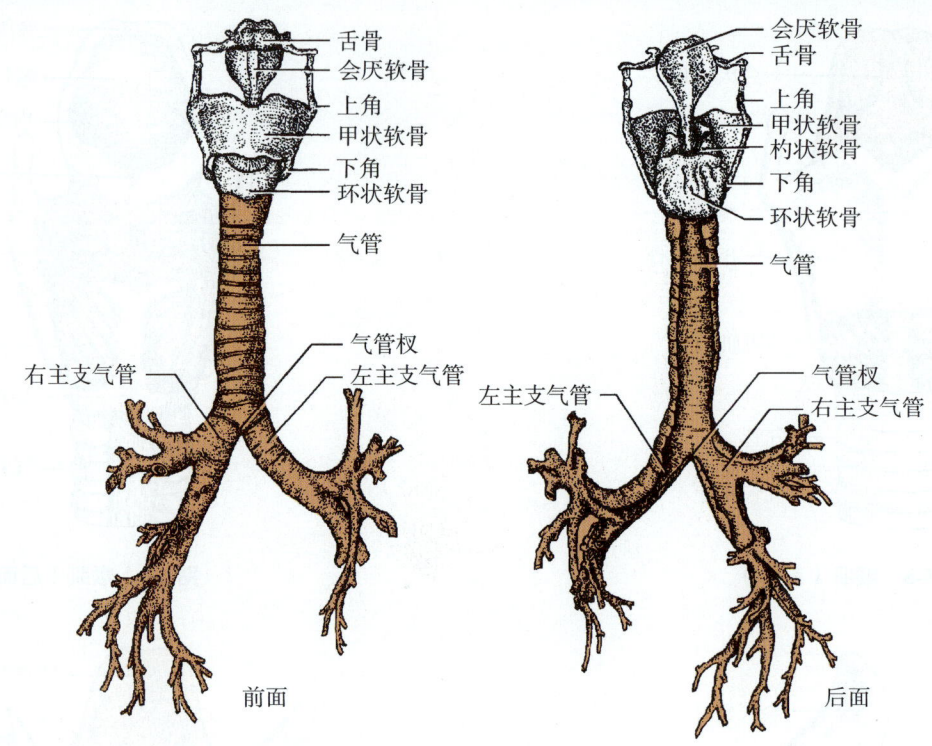

图 6-12 气管及主支气管

处施行。

（二）主支气管

支气管 bronchi 是气管分出的各级分支，其中一级分支为左、右主支气管。气管中线与主支气管下缘间夹角称**嵴下角** subcarinal angle。左、右主支气管的区别：前者细而长，长 4～5cm，嵴下角大，斜行；后者短而粗，长 2～3cm，嵴下角小，走行相对直，气管异物多坠入右主支气管。

第二节 肺

肺 lung 位于胸腔内，在膈肌的上方、纵隔的两侧。正常肺呈浅红色，质柔软呈海绵状，富有弹性。幼儿肺呈淡红色，随年龄增长，因吸入空气中的灰尘不断沉积于肺，颜色逐渐变灰暗，可呈现灰蓝色。健康男性成人两肺的空气容量为 5000～6500ml，女性小于男性。

胎儿肺与成人肺的区别

胎儿和未曾呼吸过的新生儿肺不含空气，比重较大，可沉于水底。成人因呼吸肺含空气，比重较小，能浮出水面。这在法医学上有重要的诊断意义。

一、肺的位置和形态

肺呈圆锥形，外观特征为一尖、一底、三面、三缘（图 6-13，14，15）。**肺尖**钝圆，经胸

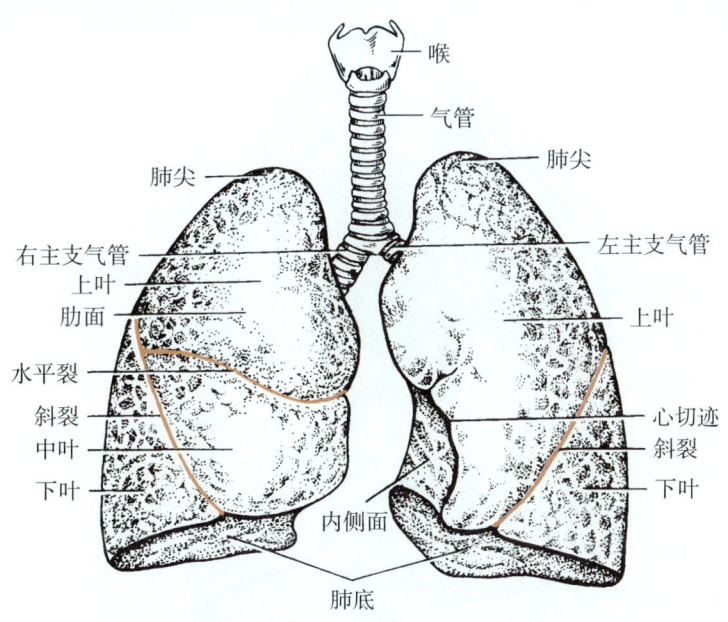

图 6-13 气管、主支气管和肺（前面观）

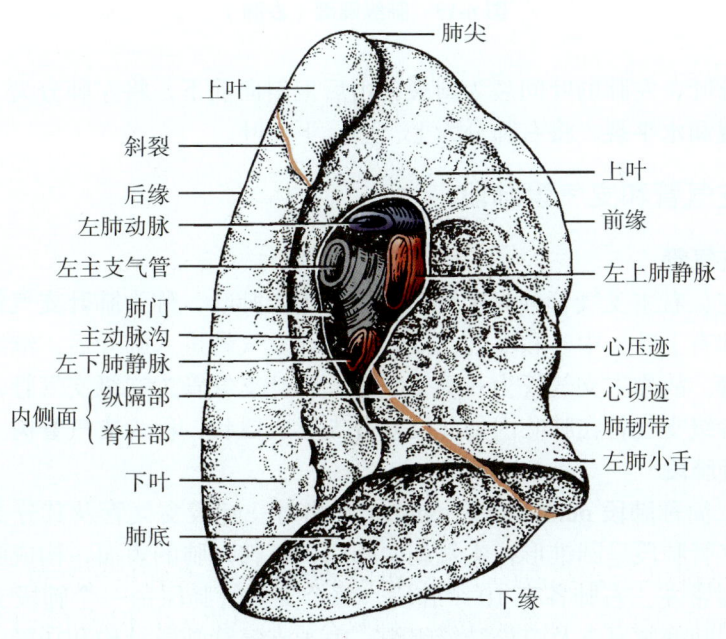

图 6-14 肺纵隔面（左肺）

廓上口伸入颈根部，在锁骨中、内 1/3 交界处向上突至锁骨上方。

肺底即膈面，受膈肌压迫向上凹陷。**肋面**隆凸，与胸壁的内面贴近，**纵隔面**即内侧面与纵隔相邻，其中央有椭圆形凹陷，称**肺门** hilum of lung，是主支气管、肺动静脉、淋巴管和神经出入肺的部位，这些结构被结缔组织包绕在一起，统称为**肺根** root of lung，把肺连于纵隔。两肺根内的结构排列自前向后依次为：上肺静脉、肺动脉、主支气管；两肺根的结构自上而下排列不同，左肺根的结构自上而下是：肺动脉、左主支气管、下肺静脉；右肺根的结构自上而下为：上叶支气管、肺动脉、肺静脉。**前缘**薄而锐，左肺前缘下部有**心切迹**，切迹下方有一突起称**左肺小舌**。**后缘**厚而圆钝，贴于脊柱两侧。**下缘**为膈面与肋面、纵隔面的移行处，其位置随呼吸运动而显著变化。

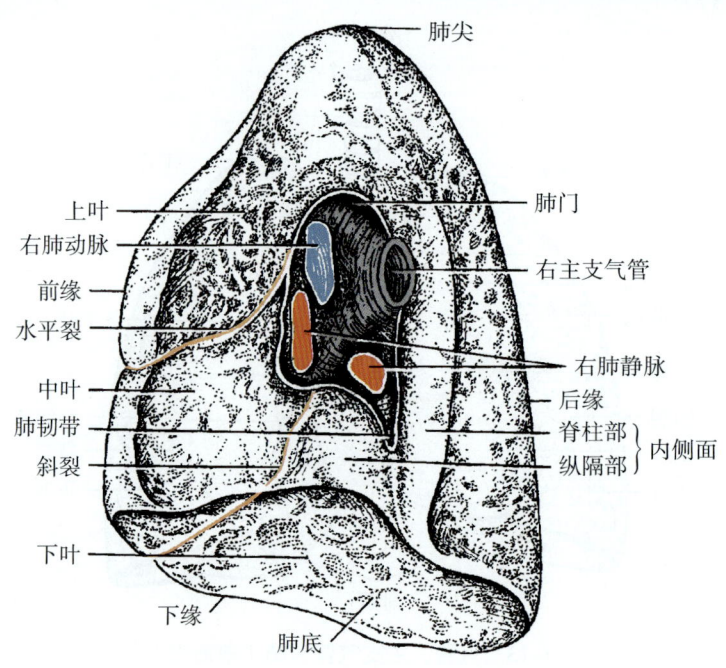

图 6-15 肺纵隔面（右肺）

肺借叶间裂分叶，左肺的叶间裂为**斜裂**，由后上斜向前下，将左肺分为上、下两叶。右肺的叶间裂包括**斜裂**和**水平裂**，将右肺分为上、中、下三叶。

二、肺内支气管和支气管肺段

（一）肺内支气管

在肺门处，左、右主支气管分为次级支气管，进入肺叶，称为**肺叶支气管**。左肺有上叶和下叶支气管；右肺有上叶、中叶和下叶支气管。肺叶支气管进入肺叶后，继续分出再次级支气管，称**肺段支气管**。故称主支气管为一级支气管，肺叶支气管为二级支气管，肺段支气管为三级支气管。全部各级支气管在肺叶内如此反复分支形成树状，称为**支气管树**（图 6-12）。

（二）支气管肺段

支气管肺段，简称**肺段** pulmonary segment 是指每一肺段支气管及其分支分布区的全部肺组织的总称。支气管肺段呈圆锥形，尖端朝向肺门，底朝向肺的表面，构成肺的形态学和功能学的基本单位。通常左、右肺各有 10 个肺段。每个支气管肺段由一个肺段支气管分布，相邻支气管肺段间隔以肺静脉属支及疏松结缔组织。由于支气管肺段结构和功能的相对独立性，临床常以支气管肺段为单位进行手术切除。

第三节　胸膜与胸膜腔

一、胸膜及胸膜腔的概念

胸膜 pleura 是衬覆于胸壁内面、膈上面、纵隔两侧面和肺表面等处的一层浆膜。被覆于胸壁内面、纵隔两侧面和膈上面及突至颈根部等处的胸膜部分称**壁胸膜** parietal pleura，覆盖于肺表面的称**脏胸膜** visceral pleura，两层胸膜之间密闭、狭窄、呈负压的腔隙称**胸膜腔** pleural cavity（图 6-16）。

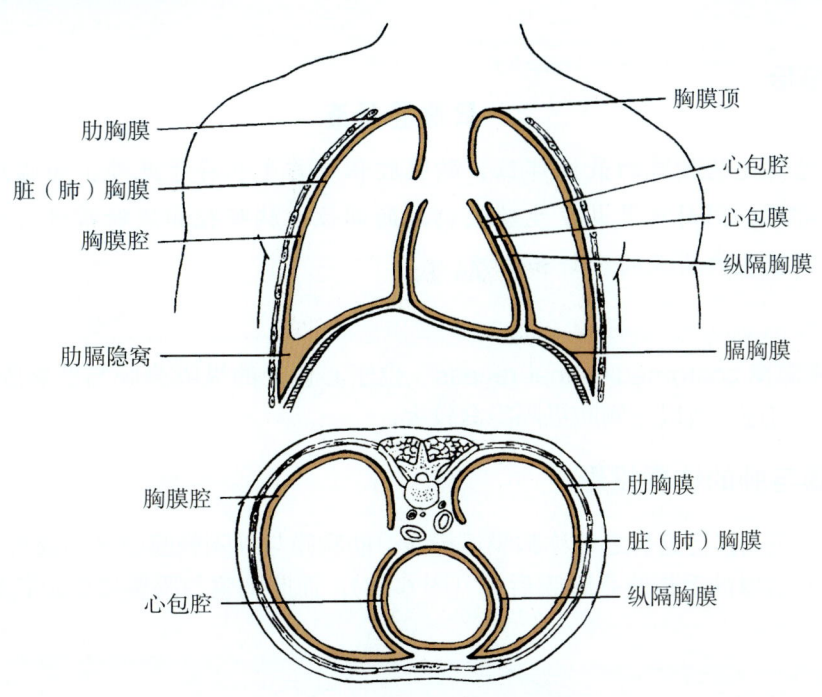

图 6-16 胸膜和胸膜腔示意图

二、胸膜的分部

（一）壁胸膜

壁胸膜依其衬覆部位不同分为以下四部分（图 6-16）：

1. **肋胸膜 costal pleura** 衬覆于肋骨、胸骨、肋间肌、胸横肌及胸内筋膜等诸结构内面的浆膜。其前缘位于胸骨后方，后缘达脊柱两侧，下缘以锐角反折移行为膈胸膜，上部移行为胸膜顶。

2. **膈胸膜 diaphragmatic pleura** 覆盖于膈上面，与膈紧密相贴，不易剥离。

3. **纵隔胸膜 mediastinal pleura** 衬覆于纵隔两侧面，其中部包裹肺根并移行为脏胸膜。纵隔胸膜向上移行为胸膜顶，下缘连接膈胸膜，前、后缘连接肋胸膜。

4. **胸膜顶 cupula of pleura** 是肋胸膜和纵隔胸膜向上的延续，呈穹窿状，覆盖于肺尖上方。胸膜顶突至胸廓上口，伸向颈根部，高出锁骨内侧 1/3 上方 2.5cm。

（二）脏胸膜

脏胸膜（图 6-16）是贴附于肺表面，并伸入至叶间裂内的一层浆膜。因其与肺实质连接紧密故又称**肺胸膜**。

三、胸膜隐窝

胸膜隐窝 pleural recesses 是不同部分的壁胸膜返折并相互移行处的胸膜腔，即使在深吸气时，肺缘也达不到其内，主要包括肋膈隐窝、肋纵隔隐窝等。

1. **肋膈隐窝 costodiaphragmatic recess**（图 6-16） 左、右各一，由肋胸膜与膈胸膜返折形成，是诸胸膜隐窝中位置最低、容量最大的部位。深度可达两个肋间隙，胸膜腔积液常先积存于肋膈隐窝，也是临床胸腔穿刺抽液的部位。

> **知识链接**
>
> **胸膜腔积液**
>
> 肋膈隐窝是胸膜腔的最低部位，胸膜腔积液首先积存于此处，为临床胸膜腔穿刺抽液的部位，同时也是易发生胸膜粘连的部位。胸膜腔积液时常进行胸膜腔穿刺术，用于胸膜腔内疾病的诊断和治疗。

2. 肋纵隔隐窝 costomediastinal recess　位于心包处的纵隔胸膜与肋胸膜相互移行处，因左肺前缘有心切迹，所以左侧肋纵隔隐窝较大。

四、胸膜与肺的体表投影

各部壁胸膜相互移行返折之处称胸膜返折线。肋胸膜与纵隔胸膜前缘的返折线是胸膜前界（图 6-17）；与其后缘的返折线是胸膜后界（图 6-18）；而肋胸膜与膈胸膜的返折线则是胸膜下

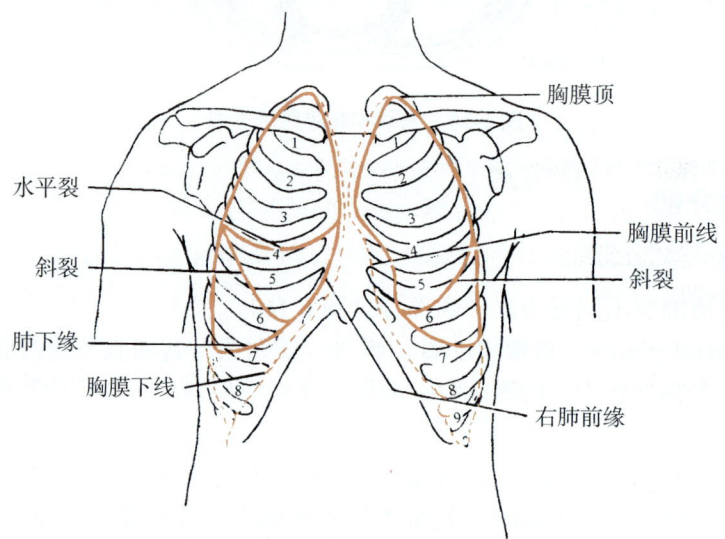

图 6-17　胸膜及肺的体表投影（前面）

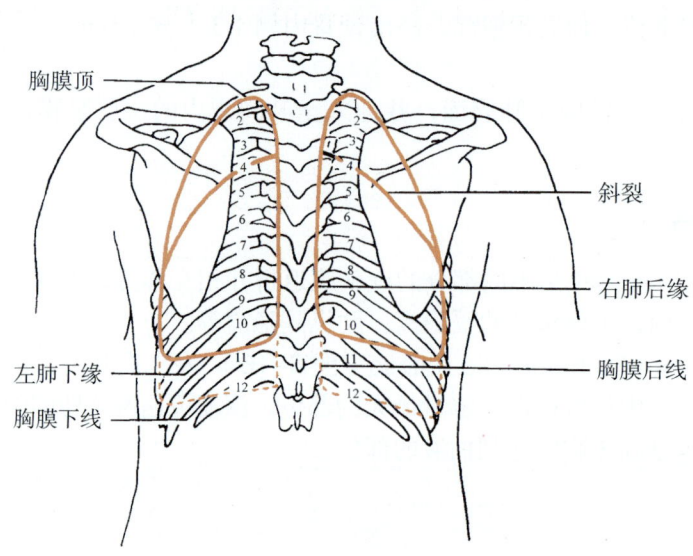

图 6-18　胸膜及肺的体表投影（后面）

界（图 6-17，18，19，20）。

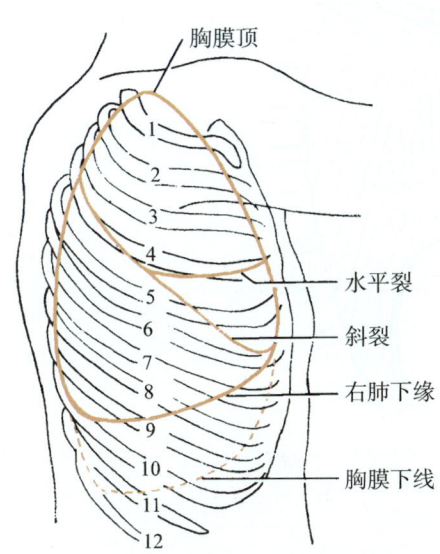

图 6-19　胸膜及肺的体表投影（右侧面）

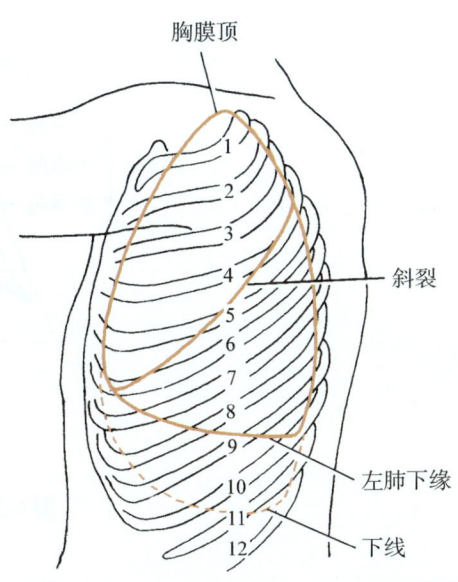

图 6-20　胸膜及肺的体表投影（左侧面）

（一）胸膜前界和下界体表投影

两侧的胸膜前界均起自胸膜顶，向内下经胸锁关节后方，至第 2 胸肋关节水平，两侧互相靠拢并沿中线附近垂直下行。右侧至第 6 胸肋关节处转向右，移行于下界；左侧在第 4 胸肋关节处转向外下方，沿胸骨的侧缘 2～2.5cm 的距离向下行，于第 6 肋软骨后方与胸膜下界相移行。由于胸膜前界在第 2～4 肋软骨水平两侧靠拢，上下两端相互分开，所以在胸骨后方各形成一个三角形区域：上方为**胸腺区**，内有胸腺；下方为**心包区**，其间显露心及心包。

右侧的胸膜下界起自第 6 胸肋关节的后方，左侧的胸膜下界起自第 6 肋软骨中点后方。两侧均行向外下方，在锁骨中线与第 8 肋相交，在腋中线与第 10 肋相交，在肩胛线与第 11 肋相交，最终止于第 12 胸椎棘突高度。

（二）肺的体表投影

肺尖的体表投影与胸膜顶大致相同，肺的前界几乎与胸膜前界一致，两肺下缘的体表投影相同，在相同部位肺下界一般较胸膜下界高出两个肋，即在锁骨中线处与第 6 肋相交，腋中线处与第 8 肋相交，肩胛线处与第 10 肋相交，最后在脊柱侧方止于第 10 胸椎棘突高度。

第四节　纵　隔

纵隔 mediastinum（图 6-21）是两侧纵隔胸膜间全部器官、结构和结缔组织的总称。纵隔稍偏左，上窄下宽、前短后长。其前界为胸骨，后界为脊柱胸段，两侧为纵隔胸膜，上界是胸廓上口，下界是膈。以胸骨角水平面将纵隔分为上纵隔和下纵隔。下纵隔以心包为界，又分为前、中、后纵隔。

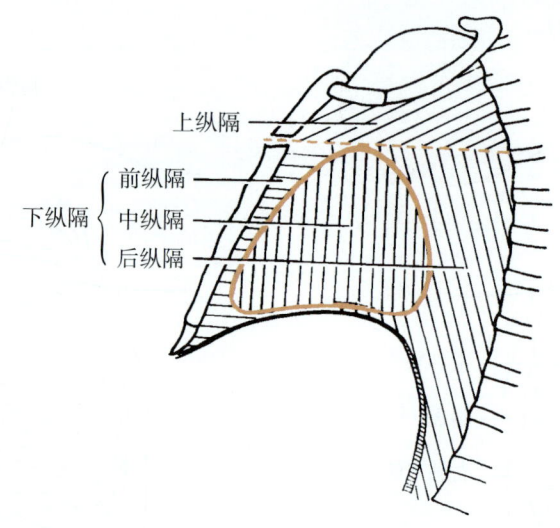

图 6-21 纵隔分区示意图

小 结

1. 呼吸系统由呼吸道和肺组成。鼻、咽、喉称为上呼吸道,气管和各级支气管称为下呼吸道。肺由肺实质和肺间质组成,表面包有脏胸膜。

2. 鼻分三部,即外鼻、鼻腔和鼻旁窦。每侧鼻腔分为鼻前庭和固有鼻腔。固有鼻腔是鼻腔的主要部分。鼻黏膜分为嗅区和呼吸区。鼻旁窦又称副鼻窦,共有4对,包括额窦、筛窦、蝶窦和上颌窦,均开口于鼻腔。

3. 喉由支架、连接和喉肌共同组成。其支架是喉软骨,连接由喉软骨间的连接及舌骨、气管与喉之间的连接组成。喉肌的作用是紧张或松弛声带,开大或缩小声门裂,并可缩小喉口。

4. 喉腔借前庭裂和声门裂分为喉前庭,喉中间腔和声门下腔三部分。声门裂是喉腔中最狭窄的部位。

5. 气管杈内面的气管隆嵴是支气管镜检查时判断气管分叉的重要标志。左、右主支气管的区别:前者细而长,斜行;后者短而粗,走行相对直,气管异物多进入右主支气管。主支气管为一级支气管,肺叶支气管为二级支气管,肺段支气管为三级支气管。每一肺段支气管及其分支分布区的全部肺组织构成一个肺段。

6. 肺是气体交换的器官,呈圆锥形,左肺分为两叶,右肺分为三叶。

7. 胸膜分壁胸膜和脏胸膜,两层胸膜之间的腔隙称胸膜腔。最大的胸膜隐窝是肋膈隐窝。纵隔是两侧纵隔胸膜间全部器官、结构和结缔组织的总称。

自测题

一、名词解释
1. 上呼吸道 2. 下呼吸道 3. 鼻旁窦 4. 气管隆嵴 5. 肺根
6. 支气管肺段 7. 纵隔 8. 弹性圆锥 9. 声韧带 10. 环甲正中韧带
11. 胸膜 12. 嗅区 13. 声带

二、简答题

1．简述喉软骨的解剖特点。
2．简述肋膈隐窝的解剖特点。
3．气管异物多坠入哪侧主支气管？
4．鼻旁窦有哪些？开口在什么部位？
5．左、右肺根各结构的排列有什么不同？
6．为什么上颌窦炎发病率高于其他鼻旁窦？
7．简述肺下缘和胸膜下界的体表投影。

（孔　丽　金昌洙）

第七章 泌尿系统

学习目标

通过本章内容的学习，学生应能：

◆ 记忆
1．定义泌尿系统的组成。
2．陈述肾的形态、位置、主要毗邻。
3．定义肾门、肾区、肾窦、膀胱三角、输尿管间襞的概念。
4．陈述输尿管的三个狭窄部位及意义。
5．陈述女性尿道的特点。

◆ 理解
1．说明肾的冠状切面肉眼所见的结构。
2．说明肾的被膜及肾的固定装置。
3．说明输尿管的行程。

◆ 应用
1．运用女性尿道的形态特点说明女性尿道易感染的原因。
2．举例说明男、女性盆部输尿管与生殖器官的关系。

泌尿系统 urinary system（图 7-1）由肾、输尿管、膀胱和尿道四部分组成。其主要功能是排出机体内水溶性代谢产物。机体在新陈代谢过程中产生的废物如尿素、尿酸及多余的水分和无机盐等，由循环系统运至肾，在肾内形成尿液，经输尿管流入膀胱贮存，达到一定量再经尿道排出体外。尿的质和量常随机体内环境的变化而改变，对保持机体内环境相对稳定和电解质平衡起重要作用。当肾功能障碍时，代谢产物蓄积体内，改变内环境的理化性质，影响新陈代谢的正常进行，肾衰竭可出现尿毒症，危及生命。

第一节 肾

一、肾的形态

肾 kidney（图 7-2）为成对的实质性器官，表面光滑，形如蚕豆，左右各一，重约 130～150g。肾可分上、下两端，前、后两面，内、外侧两缘。上端宽而薄，下端窄而厚。前面较隆凸，朝向前外侧，后面较平坦，紧贴腹后壁。外侧缘隆凸，内侧缘中部凹陷，称**肾门 renal hilum**，有肾动脉、肾静脉、肾盂、神经和淋巴管等出入，这些结构被结缔组织包裹在一起，称为**肾蒂**。自肾门深入肾实质的凹陷称**肾窦**，内含肾动脉的分支、肾静脉的属支、肾小盏、肾大盏、肾盂、神经、淋巴管和脂肪组织等。

第七章 泌尿系统

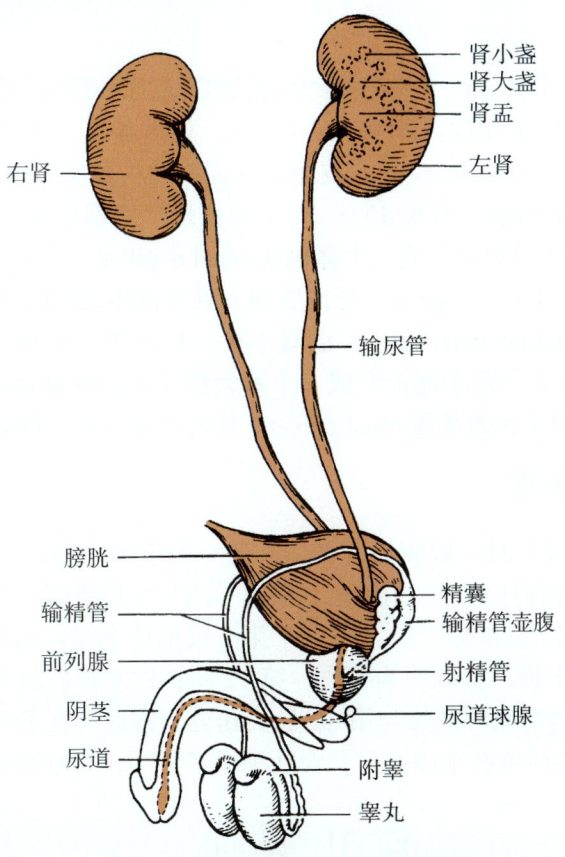

图 7-1　男性泌尿生殖系统模式图

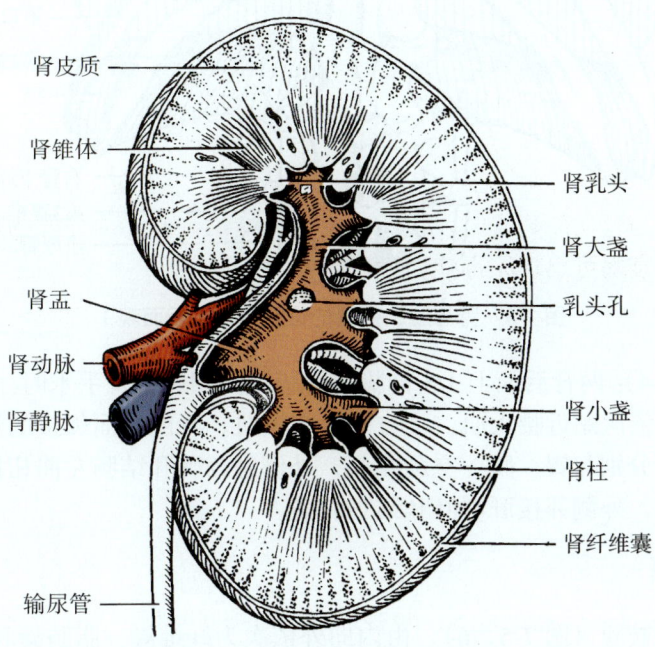

图 7-2　右肾的冠状切面（后面观）

二、肾的结构

在肾的冠状切面上（图 7-2），肾实质分为表层的**肾皮质**和深层的**肾髓质**。

肾皮质 renal cortex 位于浅层，厚 0.5～1.5cm，富含血管，新鲜标本呈红褐色，肉眼观察为颗粒状。**肾髓质** renal medulla 位于肾皮质的深面，约占肾实质厚度的 2/3，色淡，致密而有条纹，由许多小的管道组成，可见 15～20 个圆锥形、底朝皮质、尖向肾窦的**肾锥体** renal pyramids，2～3 个肾锥体的尖端合成一个**肾乳头** renal papillae，并突入肾小盏，肾乳头顶端有许多小孔，称**乳头孔** papillary foramina。肾皮质伸入到肾锥体之间的部分称**肾柱** renal columns。

在肾窦内，**肾小盏** minor renal calices 呈漏斗状，共有 7～8 个，包绕肾乳头周围，承接肾乳头排出的尿液。2～3 个肾小盏汇合成一个**肾大盏** major renal calices。再由 2～3 个肾大盏汇合成一个前后扁平漏斗状的**肾盂** renal pelvis，肾盂出肾门后，逐渐变细移行为输尿管。

三、肾的位置和毗邻

肾位于脊柱两侧（图 7-3），腹膜后间隙内，紧贴腹后壁上部，为腹膜外位器官。肾的长轴向外下倾斜，上端靠近脊柱，下端稍远离，略呈"八"字形排列。因受肝的影响，右肾略低于左肾。左肾上端平第 11 胸椎体下缘，下端平第 2 腰椎体下缘；右肾上端平第 12 胸椎体上缘，下端平第 3 腰椎体上缘。如以肋为标志，第 12 肋斜过左肾后面中部，右肾后面上部。肾门约平第 1 腰椎平面。竖脊肌外侧缘与第 12 肋夹角处为**肾区**，在某些肾疾病患者，叩击或触压该区常引起疼痛。肾的位置有个体差异，女性稍低于男性，儿童低于成人。

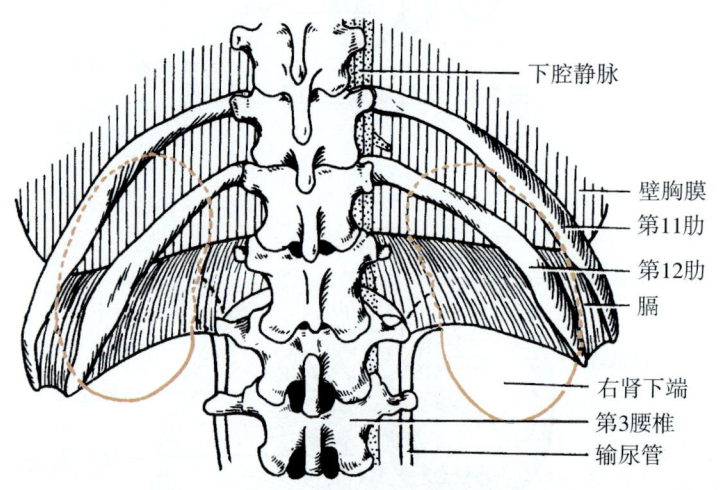

图 7-3 肾与肋、椎骨的位置关系（后面观）

肾的毗邻（图 7-4）：两肾后面上 1/3 借膈与肋膈隐窝相邻，肾手术时注意，以免损伤胸膜。后面下 2/3 自内向外依次贴近腰大肌、腰方肌及腹横肌。肾的前面邻接的器官，左右不同：左肾前面内侧自上而下分别与胃、胰、空肠相邻，外侧缘与脾和结肠左曲相接触；右肾前面近内侧缘邻十二指肠降部，外侧邻接肝右叶和结肠右曲。

四、肾的被膜

肾的表面有三层被膜（图 7-5，6），由内向外依次为纤维囊、脂肪囊和肾筋膜。

1. **纤维囊** fibrous capsule 为紧贴肾实质表面和衬附于肾窦内的一层薄而坚韧的结缔组织膜，正常情况下，易与肾实质分离，但在病理情况下，则与肾实质粘连，不易剥离。在肾破裂或部分肾切除时，需缝合此膜，以防肾实质撕裂。

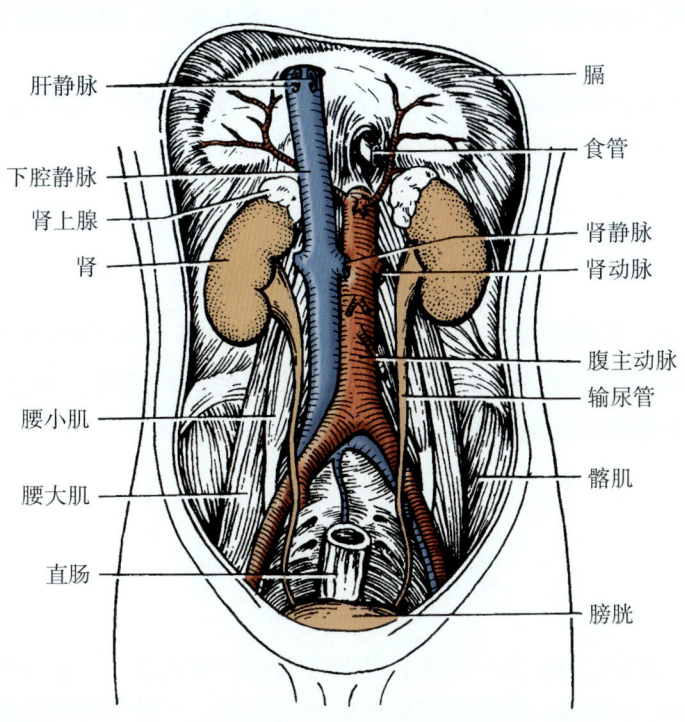

图 7-4 肾和输尿管

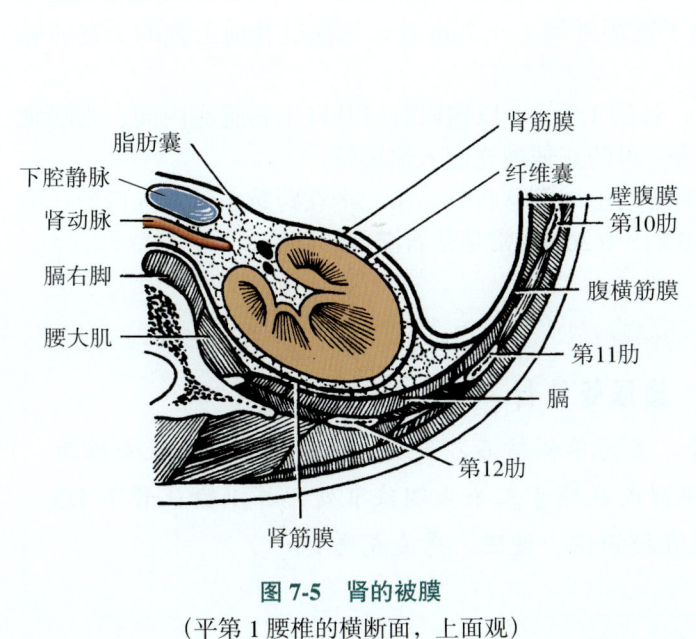

图 7-5 肾的被膜
（平第 1 腰椎的横断面，上面观）

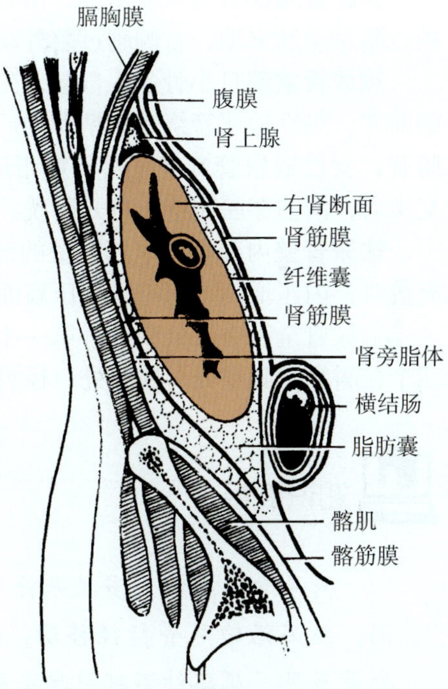

图 7-6 肾的被膜
（经右肾和肾上腺的纵断面，右面观）

2. **脂肪囊 fatty renal capsule** 为包在纤维囊外面的脂肪组织层，包裹肾及肾上腺，并经肾门延伸至肾窦内。脂肪囊对肾起弹性垫样的保护作用。临床上肾囊封闭，即将药物注入此囊。

3. **肾筋膜 renal fascia** 覆盖在脂肪囊外面的结缔组织膜，分前、后两层。前层覆盖肾、腹主动脉、下腔静脉的前面，在中线上与对侧的前层相延续；后层包被肾的后面，与腰大肌筋膜相融合。前、后两层在肾的外侧和上方相互融合，下方分开，输尿管行于两层之间。肾筋膜对肾起固定作用。

肾位置的固定主要靠肾的被膜，其次是肾的血管、腹膜、腹压及邻近器官的承托。当肾的固定装置不健全时，肾可向下移动，形成肾下垂或游走肾。

肾的毗邻关系与临床

肾周围炎时，可刺激腰大肌和腰方肌，使髋关节的活动幅度减小，产生疼痛，引起髋关节屈曲挛缩。肾手术时注意勿伤及上面的肋膈隐窝，以免造成气胸。右肾手术时，还应注意十二指肠降部，因其比较固定以免撕裂。

第二节　输尿管

输尿管 ureter（图 7-1，3）为一对细长的肌性管道，左右各一，起自肾盂，终于膀胱。长 20～30cm，管径为 5～7mm，管壁内有较厚的平滑肌层，可做节律性的蠕动，使尿液不断地流入膀胱。按其行程可分为腹部、盆部和壁内部。

输尿管腹部起自肾盂末端，沿腰大肌前方下降，至小骨盆入口处，跨越髂血管前方（左侧越过髂总动脉末端，右侧越过髂外动脉起始部），进入盆腔。

输尿管盆部自小骨盆入口起，先沿盆腔侧壁行向后下，再转向前内，行走在髂内血管神经的前方。男性输尿管绕过输精管的后方与之交叉，于输精管与精囊腺顶端间斜穿膀胱壁，进入膀胱；女性输尿管则经子宫阔韧带底至子宫颈外侧 1～2cm 处，与横过其前上方的子宫动脉交叉后，向前穿膀胱壁，进入膀胱。

输尿管壁内部指斜穿膀胱壁的部分，长约 1.5cm，以输尿管口开口于膀胱底内面。当膀胱充盈时，内压增高，将壁内部压扁而闭合，可防止尿液逆流入输尿管。

输尿管全程有三处**狭窄**：第一个在肾盂与输尿管移行处；第二个在跨越小骨盆入口处；第三个在斜穿膀胱壁处。狭窄处口径只有 0.2～0.3cm，常是结石滞留的部位。

输尿管结石

输尿管结石绝大多数来源于肾。多为单侧结石，多发生于中年，男性较女性为高。结石沿输尿管行径移动，常停留或嵌顿于三个生理狭窄处，并以输尿管下 1/3 处最多见。尿路结石可引起泌尿道直接损伤、梗阻、感染或恶变。

第三节　膀　胱

膀胱 urinary bladder 为贮存尿液的肌性囊状器官，其形态、大小、位置和壁的厚薄均随尿液充盈程度、年龄及性别而不同。一般正常成人膀胱容量为 350～500ml，最大容量可达 800ml，新生儿容量为 50ml 左右，约为成人的 1/10。

一、膀胱的形态和结构特点

膀胱空虚时呈三棱锥体形（图 7-7），顶端尖细，朝向前上方，称**膀胱尖**，连接脐正中韧带（胚胎早期脐尿管遗迹）。底部膨大，朝向后下方，称**膀胱底**。尖与底之间的部分称**膀胱体**。膀胱的最下部称**膀胱颈**，以**尿道内口**与尿道相接。膀胱各部之间无明显界限。膀胱充盈时其形状略呈卵圆形。

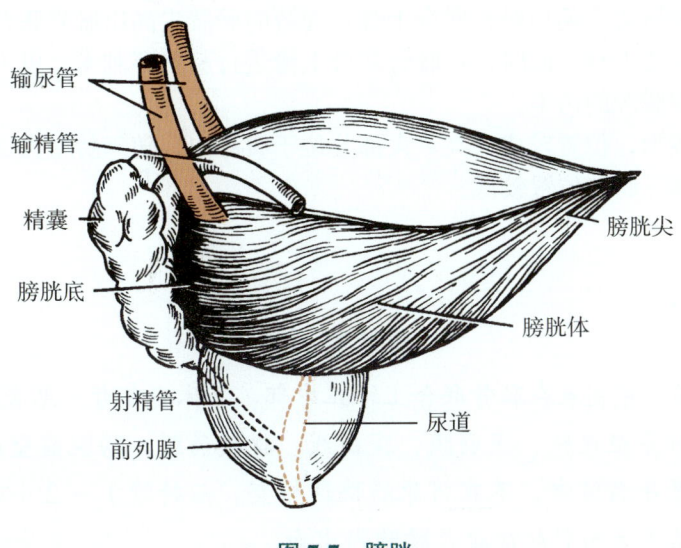

图 7-7　膀胱

膀胱内面被覆黏膜，空虚时由于肌层的收缩而形成许多皱襞，充盈时皱襞扩展而消失。在膀胱底内面，两侧输尿管口与尿道内口之间的三角区，缺少黏膜下层，其黏膜与肌层紧密相连，无论膀胱处于空虚或充盈时，黏膜均平滑无皱襞，称**膀胱三角** trigone of bladder（图 7-8），

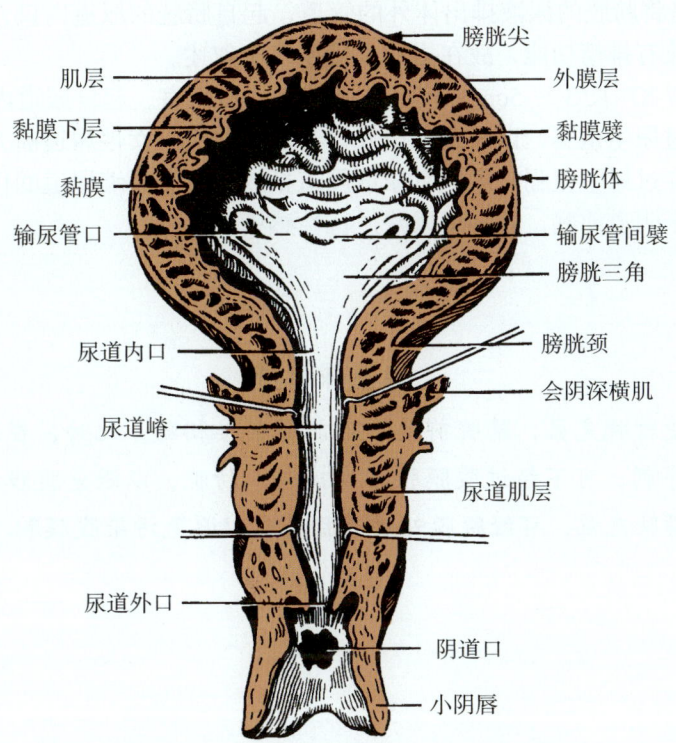

图 7-8　膀胱和女性尿道额状断面（前面观）

是膀胱肿瘤和结核的好发部位。在两侧输尿管口之间的黏膜，形成一横行的皱襞，称**输尿管间襞 interureteric fold**，膀胱镜检查时可见此襞呈一苍白带，可作为寻认输尿管口的标志。

二、膀胱的位置和毗邻

成人膀胱位于盆腔的前部。其前方为耻骨联合，后方男性与精囊腺、输精管壶腹和直肠相邻；女性则与子宫、阴道相邻。膀胱颈下方，男性邻接前列腺；女性邻接尿生殖膈。

膀胱空虚时，膀胱尖不超出耻骨联合上缘；充盈时膀胱尖高出耻骨联合之上，膀胱与腹前壁的腹膜反折线也随之上移，此时，经耻骨联合上缘进行膀胱穿刺术，可不经过腹膜腔，不损伤腹膜，可避免对腹膜腔的污染。

新生儿膀胱呈梭形，位置较成人高，大部分位于腹腔内，随年龄增长逐渐降入盆腔，老年人因盆膈承托力减弱，膀胱位置较低。

膀 胱 穿 刺 术

①部位选择：穿刺点在耻骨联合上缘正中部。②体姿参考：患者取仰卧位。③穿刺结构：穿刺针穿经皮肤、浅筋膜、腹白线、腹横筋膜、膀胱前壁达膀胱腔。④注意事项：对大量尿潴留者，不宜将尿液快速排空，应持续1～2小时缓慢排出，以免膀胱内压骤然下降而引起虚脱或膀胱内出血。

第四节　尿　道

尿道 urethra 是将膀胱的尿液排出体外的管道，起自膀胱的尿道内口，止于尿道外口。男性尿道除排尿外还兼有排精功能，故在男性生殖系统中叙述。

女性尿道（图7-8）长3～5cm，较男性尿道宽、短而直。起自尿道内口，经耻骨联合与阴道之间下行，穿过尿生殖膈，以**尿道外口**开口于阴道前庭。女性尿道前方为耻骨联合，后方紧贴阴道前壁，在穿过尿生殖膈时周围有尿道阴道括约肌，有紧缩尿道的作用。由于女性尿道宽短而直，且开口于阴道前庭，故易患尿路逆行性感染。

膀 胱 尿 潴 留

尿液潴留使膀胱充盈，膀胱前壁与腹前壁直接相贴，此时，在耻骨联合上缘经腹前壁行膀胱穿刺，可不经过腹膜腔而直接进入膀胱，以避免腹膜腔感染。膀胱手术时也需要使膀胱充盈，可经腹膜外切开膀胱，以避免污染腹膜腔。

小 结

1. 泌尿系统包括肾（生成尿液的器官）、输尿管（输送尿液入膀胱的管道）、膀胱（贮存尿液的器官）及尿道（将尿液排出体外）。
2. 肾形态上可分为上、下两端，前、后两面，内、外侧两缘。内侧缘中部凹陷，称肾门，有肾动脉、肾静脉、肾盂、神经和淋巴管等出入，这些结构被结缔组织包裹在一起，称为肾蒂。肾的冠状切面上可见肾皮质、肾髓质、肾柱、肾锥体、肾乳头、乳头孔肾盂等结构。肾的被膜由内向外依次为纤维囊、脂肪囊和肾筋膜，是肾的主要固定装置。
3. 输尿管可分为输尿管腹部、输尿管盆部和壁内部3个部分，有三处狭窄，第一个在肾盂与输尿管移行处；第二个在跨越小骨盆入口处；第三个在斜穿膀胱壁处。狭窄处为结石易嵌顿之处。
4. 膀胱三角是膀胱肿瘤和结核的好发部位，输尿管间襞可作为寻认输尿管口的标志。
5. 由于女性尿道宽短而直，且开口于阴道前庭，故易患尿路逆行性感染。

自测题

一、名词解释
1．肾门　　2．肾区　　3．肾窦　　4．膀胱三角　　5．输尿管间襞

二、简述题
1．简述肾的形态、位置、被膜。
2．简述肾的冠状切面结构。
3．简述输尿管的分部及狭窄部位。
4．简述尿液的产生及排出途径。

（黄明玉　金昌洙　章惠英）

第八章 生殖系统

学习目标

通过本章内容的学习,学生应能:

◆ 记忆
1. 定义男、女生殖系统的组成。
2. 陈述睾丸的形态结构,输精管的分部,射精管构成和开口,精索的概念,阴茎海绵体的组成,男性尿道的分部、狭窄和弯曲。
3. 陈述卵巢的形态和固定装置,输卵管的形态与分部,子宫的形态和固定装置,阴道穹的临床意义。

◆ 理解
1. 说明附睾和精囊的位置与形态,睾丸与精索的被膜,前列腺的位置与形态。
2. 说明女性外生殖器的组成,卵巢和子宫的位置。
3. 说明乳房的位置和结构,会阴和会阴中心腱的概念。
4. 说明精子的排出途径。

◆ 应用
1. 举例说明男性输精管和女性输卵管结扎的部位。
2. 运用尿道的解剖特点实施插导尿管和护理。

生殖系统 reproductive system 的主要功能是繁衍后代和形成并保持第二性征。男、女性生殖系统均包括内生殖器和外生殖器两部分。内生殖器由生殖腺、生殖管道和附属腺组成,外生殖器主要为两性交接的器官。

第一节 男性生殖系统

男性生殖系统包括内生殖器和外生殖器。男性内生殖器由生殖腺(睾丸)、输精管道(附睾、输精管、射精管和男性尿道)和附属腺(精囊、前列腺和尿道球腺)组成。睾丸产生**精子 sperm** 和分泌男性激素,精子先储存于附睾内,当射精时经输精管、射精管和尿道排出体外。精囊、前列腺和尿道球腺的分泌液参与组成精液。男性外生殖器为阴囊和阴茎。

一、内生殖器

(一)睾丸

1. 位置和形态

睾丸 testis 位于阴囊内,左、右各一,睾丸(图 8-1)为微扁的椭圆体,分前、后缘,上、下端和内、外侧面。前缘游离,后缘有血管、神经和淋巴管出入。睾丸上端被附睾头遮盖,下端游离。内侧面较平坦，外侧面较隆凸。

2. 结构

睾丸表面有一层坚韧的纤维膜构成**白膜 tunica albuginea**。白膜在睾丸后缘增厚，并突入睾丸内形成**睾丸纵隔 mediastinum testis**。纵隔又发出许多**睾丸小隔 septula testis**，呈扇形伸入睾丸实质，将睾丸分为许多个**睾丸小叶 lobules of testis**。每个小叶内含有 2～4 条盘曲的**精曲小管 contorted seminiferous tubules**，其上皮能产生精子。精曲小管之间的间质细胞能分泌男性激素。精曲小管汇合成**精直小管 straight seminiferous tubules**，进入睾丸纵隔后交织成**睾丸网 rete testis**。睾丸网发出 12～15 条**睾丸输出小管 efferent ductules of testis**，在睾丸后缘的上部进入附睾（图 8-1）。

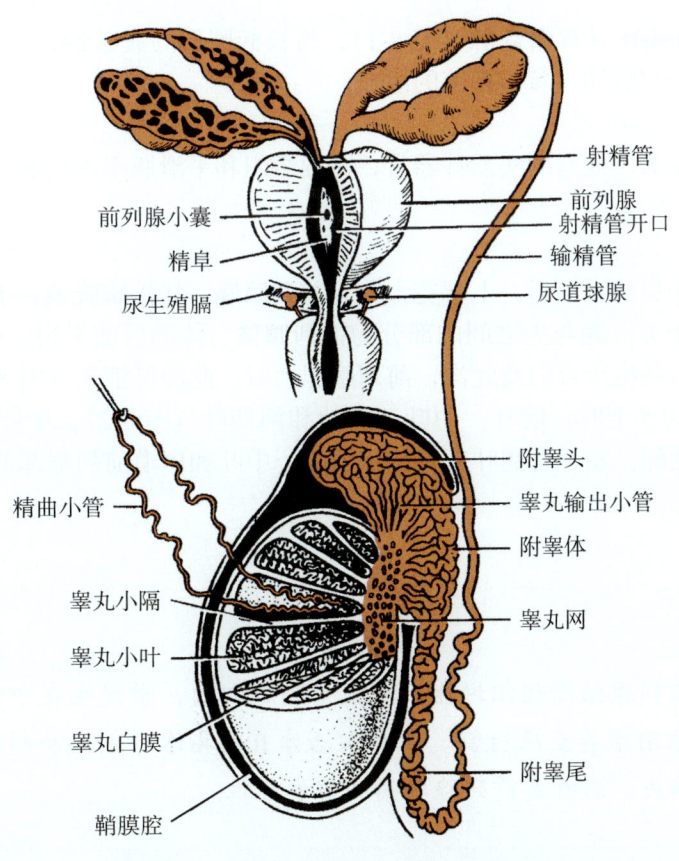

图 8-1 睾丸、附睾的结构和输精管道

（二）附睾

附睾 epididymis（图 8-1）呈新月形，紧贴睾丸的上端和后缘，略偏外侧。睾丸输出小管进入附睾后，弯曲盘绕形成上端膨大的**附睾头**，末端汇合成一条附睾管。附睾管迂曲而形成中部的**附睾体**和下端的**附睾尾**，附睾尾向上弯曲移行为输精管。

（三）输精管和射精管

1. 输精管

输精管 ductus deferens（图 8-1）是附睾管的直接延续，长度约 50cm，直径约 3mm，为一壁厚腔小的肌性管道。

输精管按其行程可分为 4 部：①**睾丸部**：起自附睾尾，沿睾丸后缘上行至睾丸上端；②**精索部**：介于睾丸上端与腹股沟管浅环之间，此段位于皮下，又称皮下部，位置表浅易于经皮肤触及，为男性绝育手术结扎输精管的常用部位；③**腹股沟管部**：位于腹股沟管的精索内；④**盆**

部：为最长的一段，由深环出腹股沟管后，沿盆腔侧壁行向后下，经输尿管末端前方转至膀胱底的后面，在此处，输精管膨大形成**输精管壶腹 ampulla ductus deferentis**。

2. 精索

精索 spermatic cord（图 8-1）为柔软的条索状结构，从腹股沟管深环到睾丸上端。精索内主要由输精管、睾丸动脉、蔓状静脉丛、输精管血管、神经、淋巴管和鞘韧带等组成。精索表面包有 3 层被膜，从内向外依次为精索内筋膜、提睾肌和精索外筋膜。

3. 射精管

射精管 ejaculatory duct（图 8-1）由输精管的末端与精囊的排泄管汇合而成，开口于尿道的前列腺部。

（四）精囊

精囊 seminal vesicle 又称**精囊腺**（图 8-1），为长椭圆形的囊状器官，位于膀胱底的后方，左右各一。精囊可分泌液体，参与精液的组成。

（五）前列腺

前列腺 prostate 为不成对的实质性器官，由腺组织和平滑肌组织构成，其分泌物是精液的主要成分。

1. 形态

前列腺呈前后稍扁的栗子形，上端宽大称为**前列腺底**，邻接膀胱颈；下端尖细，为**前列腺尖**，位于尿生殖膈上方。底与尖之间的部分为**前列腺体**。体的后面平坦，中间有一纵行浅沟，称**前列腺沟**，活体直肠指诊可扪及此沟，前列腺肥大时，此沟可消失（图 8-1）。

前列腺一般分为 5 个叶：前叶、中叶、后叶和两侧叶（图 8-2）。中叶呈楔形，位于尿道前列腺部与射精管之间。左、右侧叶分别位于前叶、中叶和尿道前列腺部的两侧。后叶位于中叶和侧叶后方。

前列腺肥大

老年人因前列腺结缔组织增生而形成前列腺肥大，常发生在中叶和侧叶可压迫尿道，造成排尿困难甚至尿潴留。正常人活体直肠指诊可扪及前列腺沟，前列腺肥大时，此沟可消失。后叶是前列腺肿瘤的好发部位。

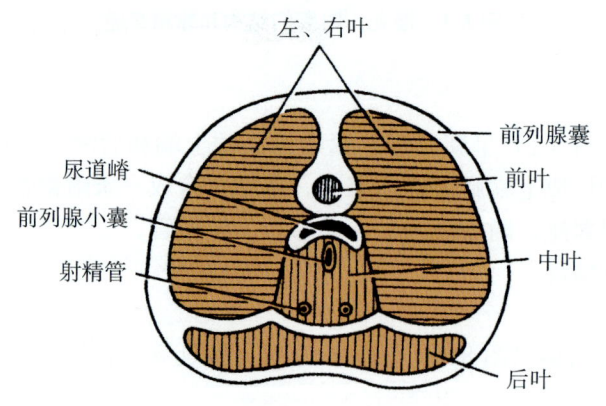

图 8-2　前列腺的分叶（横断面）

2. 位置

前列腺位于膀胱与尿生殖膈之间，前列腺底与膀胱颈、精囊和输精管壶腹毗邻。前列腺的前方为耻骨联合，后方是直肠壶腹。

（六）尿道球腺

尿道球腺 bulbourethral gland（图 8-3）是一对豌豆大小的球形腺体，位于会阴深横肌内，其分泌物参与精液的组成。

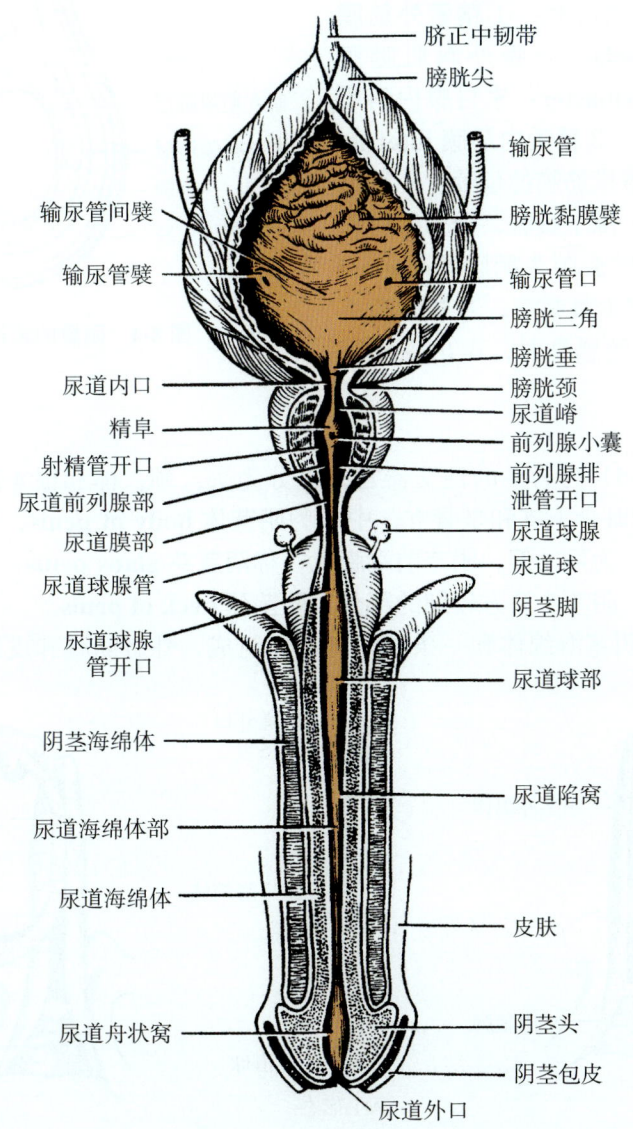

图 8-3　膀胱及男性尿道额断面（前面观）

（七）精液

精液 spermatic fluid 由睾丸产生的精子和输精管道各部及附属腺的分泌物组成，呈乳白色，弱碱性。正常成年男性一次射精约 2～5ml，含精子 3 亿～5 亿个。

二、外生殖器

（一）阴囊

阴囊 scrotum 是位于会阴和阴茎后下方的囊袋状结构。阴囊壁由皮肤和肉膜组成（图 8-4）。阴囊的皮肤薄而柔软，色素沉着明显，有少量阴毛。**肉膜 dartos coat** 为浅筋膜，内含有平滑肌纤维，可随外界温度的变化而舒缩，以调节阴囊内的温度，利于精子的发育与存活。阴囊皮肤表面沿中线有纵行的阴囊缝，其对应的肉膜向深部发出**阴囊中隔 septum of scrotum** 将阴囊分为左、右两个腔，分别容纳睾丸、附睾和精索等。

睾丸和精索被膜：阴囊深面有包被睾丸和精索的被膜，由外向内有：①**精索外筋膜 external spermatic fascia**：是腹外斜肌腱膜的延续；②**提睾肌 cremaster**：来自腹内斜肌和腹横肌的肌纤维束；③**精索内筋膜 internal spermatic fascia**：为腹横筋膜的延续；④**睾丸鞘膜 tunica vaginalis**：源于腹膜，分为壁层和脏层，脏、壁层之间的腔隙为**鞘膜腔 vaginal cavity**（图8-4），内有少量浆液。若腹膜鞘突上部闭锁不全或鞘膜腔感染时，可出现鞘膜积液。

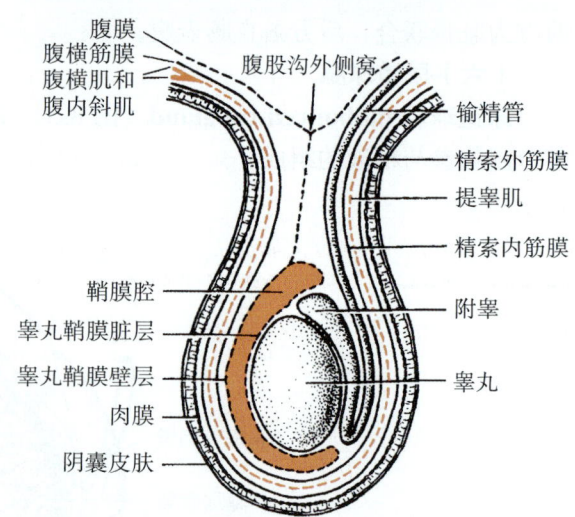

图 8-4　阴囊的结构及精索的被膜

（二）阴茎

阴茎 penis（图8-5）为男性的性交器官，可分为头、颈、体和根4部分。后端为**阴茎根 root of penis**，固定于耻骨下支和坐骨支。中部为**阴茎体 body of penis**，呈圆柱形，以韧带悬于耻骨联合的前下方，为可动部。阴茎前端膨大，称**阴茎头 glans penis**，也称龟头，头的尖端有较狭窄的尿道外口，阴茎头后方较细的部分为**阴茎颈 neck of penis**。

阴茎主要由两条阴茎海绵体和一条尿道海绵体组成，外有筋膜和皮肤包被（图8-5）。阴

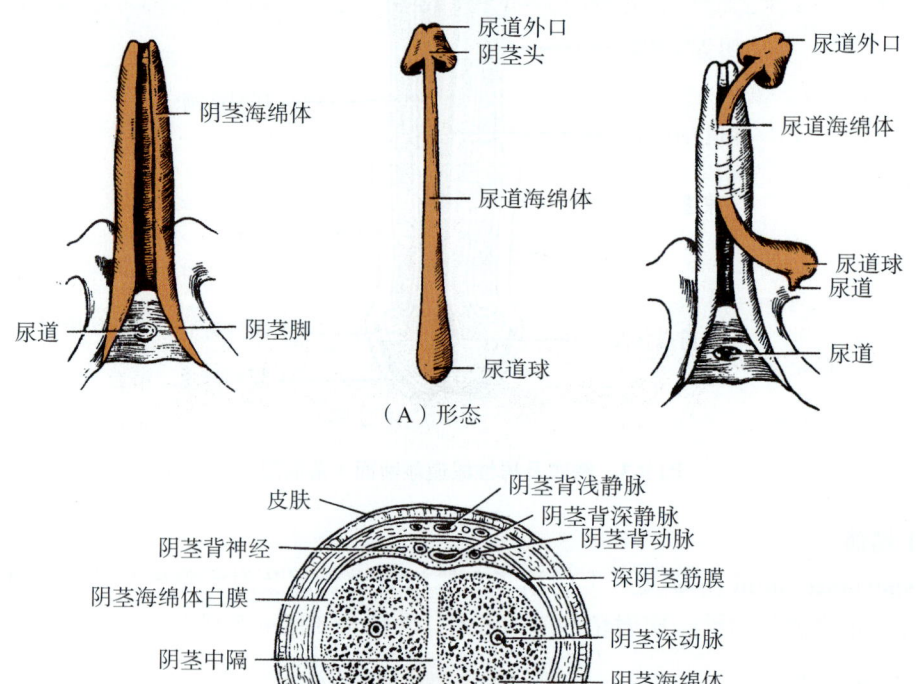

（A）形态

（B）结构（横断面）

图 8-5　阴茎的形态与结构

茎海绵体 cavernous body of penis 位于阴茎背侧。阴茎海绵体的后端左、右分离，称**阴茎脚 crus penis**，分别附于两侧耻骨下支和坐骨支。**尿道海绵体 cavernous body of urethra** 位于阴茎海绵体的腹侧，尿道贯穿其全长，其前端膨大称为阴茎头，后端膨大为**尿道球 bulb of urethra**。海绵体内部由许多海绵体小梁和腔隙构成，腔隙与血管相通。当腔隙充血时，阴茎即变粗变硬而勃起。

阴茎的皮肤薄而柔软，在阴茎颈的前方反折形成双层皱襞，包绕阴茎头，称为**阴茎包皮 prepuce of penis**，包皮前端围成包皮口，包皮内层与阴茎头之间的腔隙称包皮腔。阴茎包皮在阴茎头的腹侧中线处形成一条皮肤皱襞为**包皮系带 frenulum of prepuce**。

阴茎包皮

如果成年以后，阴茎头仍被包皮包裹，或包皮口过小，包皮不能退缩暴露阴茎头时，临床上称为包皮过长或包茎。这种情况下，污物易存留在阴茎包皮与阴茎头之间的包皮腔内而导致炎症，可能成为阴茎癌的诱发因素。因此，应行包皮环切术。手术时须注意勿伤及包皮系带，以免术后影响阴茎的正常勃起。

（三）男性尿道

男性尿道 male urethra（图 8-6）兼有排尿和排精的功能。起自膀胱的尿道内口，止于阴茎头的尿道外口，成人长约 16～22cm，管径约 5～7mm。男性尿道可分前列腺部、膜部和海绵体部 3 部分。临床上称尿道的海绵体部为前尿道，而前列腺部和膜部合称为后尿道。

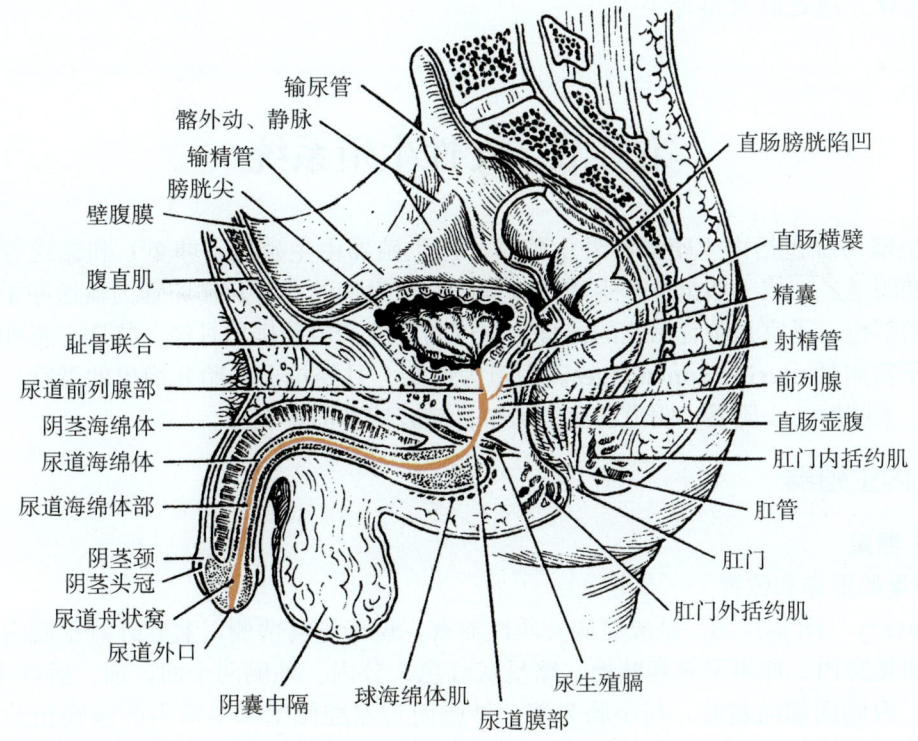

图 8-6　男性骨盆正中矢状断面

1. 前列腺部

前列腺部 prostatic part 为尿道穿行于前列腺的部分，是尿道中最宽和最易扩张的部分。此部后壁上有一纵行隆起，称为**尿道嵴 urethral crest**，嵴中部隆起的部分为**精阜 seminal colliculus**（图 8-3）。

2. 膜部

膜部 membranous part 为尿道穿过尿生殖膈的部分，是 3 部中最短的，其周围有尿道膜部括约肌环绕，有控制排尿的作用。

3. 海绵体部

海绵体部 cavernous part 为尿道穿行于尿道海绵体的部分，是尿道行程中最长的一段。尿道球处的尿道较宽，**称尿道球部**，尿道球腺开口于此。阴茎头内的尿道扩大成**尿道舟状窝 navicular fossa of urethra**。

尿道有 3 个狭窄和 3 个膨大。3 个狭窄分别位于尿道内口、尿道膜部和尿道外口，尿道结石常易嵌顿在这些部位。3 个膨大分别位于尿道前列腺部、尿道球部和尿道舟状窝。尿道有两个弯曲，分别是凸向后下方的**耻骨下弯 subpubic curvature** 和凸向前上方的**耻骨前弯 prepubic curvature**。耻骨下弯是恒定的。耻骨前弯位于阴茎根与阴茎体之间，阴茎勃起或将阴茎向上提起时，此弯曲即可变直而消失。

插导尿管

临床上，常需要插导尿管进行导尿，插导尿管时应注意矫正耻骨前弯，此时将阴茎向上提起，该弯曲即可变直而消失。通过的结构有：尿道外口、尿道海绵体部、膜部、前列腺部、尿道内口和膀胱。应注意尿道的三个狭窄，即尿道外口、膜部和尿道内口，通过时应格外小心。

第二节　女性生殖系统

女性生殖系统包括内生殖器和外生殖器。内生殖器由生殖腺（卵巢）和输送管道（输卵管、子宫和阴道）组成。卵巢是产生卵子并分泌女性激素的器官。输卵管为输送卵子的管道和卵子受精的部位。子宫是孕育胎儿的器官，并可周期性产生和排出月经。临床上将卵巢和输卵管合称为**子宫附件 uterine appendages**。阴道为性交、月经排出和胎儿娩出的器官。外生殖器包括阴阜、大阴唇、小阴唇、阴道前庭、阴蒂、前庭球和前庭大腺。

一、内生殖器

（一）卵巢

1. 卵巢的形态和位置

卵巢 ovary（图 8-7，8）是成对的实质性器官，位于子宫两侧，盆腔外侧壁髂内、外动脉分叉处的卵巢窝内。卵巢呈扁卵圆形，略呈灰红色，分内、外侧两个面，前、后两个缘和上、下两个端。内侧面朝向盆腔，与小肠为邻；外侧面与盆腔侧壁卵巢窝内的腹膜相贴。上端钝圆与输卵管末端接触，称为**输卵管端 tubal extremity**；下端较细，借卵巢固有韧带连于子宫，称为**子宫端 uterine extremity**。前缘借卵巢系膜连于子宫阔韧带，称**卵巢系膜缘 mesovarian**

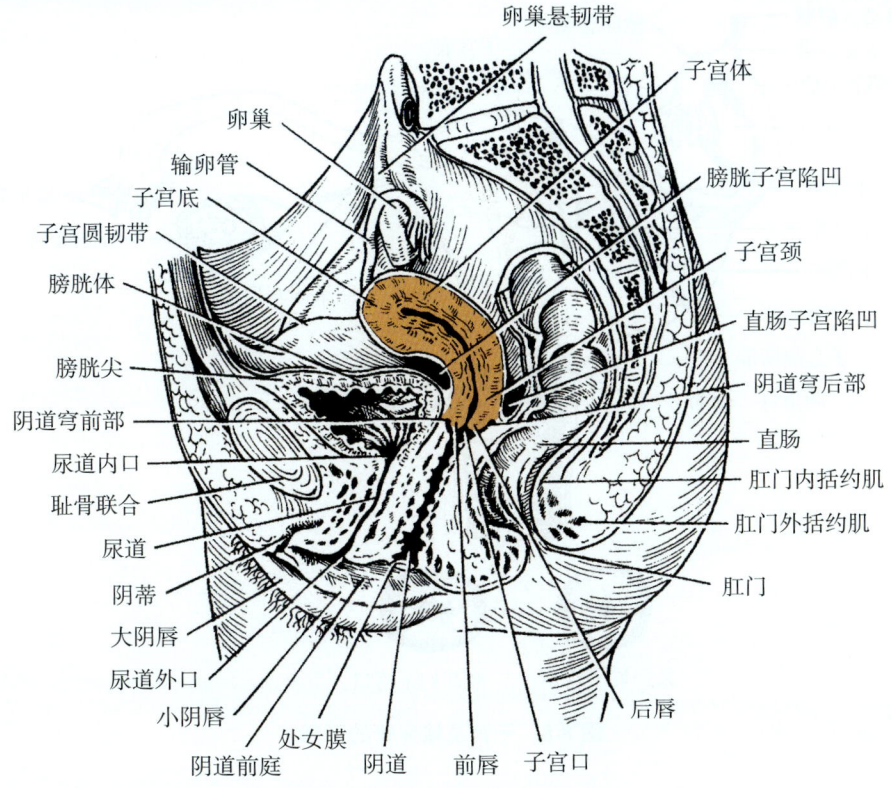

图 8-7　女性盆腔正中矢状断面

border of ovary，其中部有血管、神经等出入的**卵巢门 hilum of ovary**；后缘游离，称**独立缘 free border**。

2. 卵巢的固定装置

卵巢在盆腔内的位置主要靠**卵巢悬韧带 suspensory ligament of ovary**、**卵巢固有韧带 proper ligament of ovary** 和卵巢系膜维持和固定。卵巢悬韧带起自小骨盆侧缘，至卵巢的输卵管端，韧带内含有卵巢血管、淋巴管和神经等。该韧带是临床手术寻找卵巢血管的标志，故临床上又称**骨盆漏斗韧带**。卵巢固有韧带又称**卵巢子宫索**，自卵巢子宫端连至子宫与输卵管结合处的后下方。

（二）输卵管

1. 输卵管的形态

输卵管 uterine tube（图 8-8）是输送卵子的肌性管道。长 10～14cm。输卵管的内侧端与子宫相连，开口于子宫腔，称为**输卵管子宫口**；外侧端游离达卵巢的上方，开口于腹膜腔，称为**输卵管腹腔口**。

2. 输卵管的分部

输卵管由内侧向外侧可分为输卵管子宫部、输卵管峡部、输卵管壶腹部和输卵管漏斗部 4 部分。

（1）**输卵管子宫部**：为穿过子宫壁的一段，以输卵管子宫口开口于子宫腔。

（2）**输卵管峡部**：为输卵管子宫部外侧的一段，此部短而直，壁厚且腔窄，水平向外延伸为输卵管的壶腹部，是输卵管结扎常选用的部位。

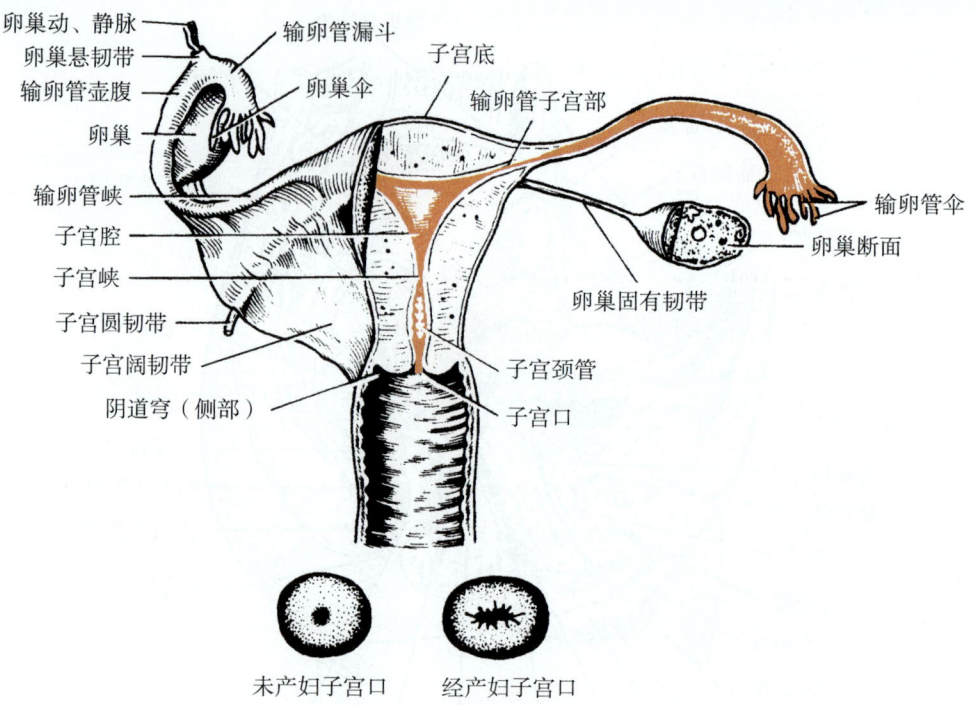

图 8-8 子宫及输卵管的形态

女性输卵管结扎术

在女性绝育术实施输卵管结扎时，为了避免误扎其他结构，手术时，可沿着子宫角向外侧寻找，必须看到输卵管伞才能确定是输卵管予以结扎。在子宫角处寻找输卵管时，应注意与卵巢固有韧带和子宫阔韧带区别。输卵管结扎常选择在输卵管峡部进行，这是因为，此部输卵管较细而直，系膜内血管分布较少，再生能力差，手术效果佳。

（3）**输卵管壶腹部**：在输卵管峡部的外侧，粗而弯曲，向外移行为漏斗部。卵子多在此受精，与精子结合以后的受精卵，经输卵管子宫口入子宫腔，植入子宫内膜着床并发育成胎儿。

（4）**输卵管漏斗部**：为输卵管末端的膨大部分，呈漏斗状。输卵管腹腔口的周缘有许多细长的指状突起，呈伞状，故称为**输卵管伞** fimbriae of uterine tube，其中最长的一个突起，内面沟较深，称为**卵巢伞** ovarian fimbria，与卵巢表面相连。

输卵管通气或通液术及输卵管造影

为了确定输卵管是否通畅，临床上常进行输卵管通气或通液，即将 CO_2 或液体导入子宫腔和输卵管，观察气体或液体能否进入腹膜腔，或者将造影剂注入子宫腔和输卵管内，通过 X 线诊断输卵管是否通畅。输卵管通气或通水也可以用来扩张输卵管的狭窄处，使其通畅，帮助治疗女性不孕症。

（三）子宫

子宫 uterus 是一个壁厚腔小，孕育胎儿和产生月经的肌性器官。其形态、大小、位置和结构，随年龄、月经周期和妊娠而改变。

1. 子宫的形态和分部

成年未孕子宫为前、后略扁倒置的梨形，长7～8cm，宽4～5cm，厚2～3cm。重40～50g。

子宫依据外形可分为底、体、颈3个部分（图8-8）。**子宫底** fundus of uterus 为输卵管子宫口水平面以上隆凸的部分。**子宫颈** neck of uterus 是子宫下端较狭窄而呈圆柱状的部分，成人长2.5～3.0cm，其下部1/3段伸入阴道内的部分，称**子宫颈阴道部**；上部2/3段位于阴道以上，称**子宫颈阴道上部**。子宫颈阴道部可经阴道窥视检查，子宫颈阴道部也是子宫颈癌的好发部位。**子宫体** body of uterus 为子宫底与子宫颈之间的部分。子宫与输卵管相接处称**子宫角**。子宫体与子宫颈阴道上部交界处较狭窄的部分称**子宫峡** isthmus of uterus。非妊娠子宫此部不明显，长约1cm；在妊娠期间，子宫峡可随子宫底的上升而逐渐伸展变长，形成子宫下段，妊娠末期，可延长至7～11cm，故产科常在此处进行经腹膜腔或腹膜外剖宫产术。

子宫的内腔较为狭窄，可分为两部分。在子宫体内的部分称**子宫腔** cavity of uterus，呈前后略扁的倒三角形间隙。子宫颈内的部分称**子宫颈管** canal of cervix of uterus。子宫颈管呈梭形，其向上通子宫腔，向下通阴道，称**子宫口** orifice of uterus。未产妇的子宫口多为圆形，边缘光滑整齐；经产妇的子宫口为横裂状。子宫口的前、后缘分别称为**前唇**和**后唇**，后唇较长，位置也较高。

2. 子宫的位置

子宫位于小骨盆的中央，膀胱与直肠之间，下端接阴道，两侧有输卵管和卵巢。成年子宫的位置呈前倾前屈位。前倾是指整个子宫向前倾斜，子宫长轴与阴道长轴之间形成一个向前开放的夹角，约为90°；前屈是指子宫体与子宫颈不在一条直线上，二者之间形成一个向前开放的钝角，约为170°。人体直立时，子宫体伏于膀胱的后上方。

3. 子宫的固定装置

子宫主要靠周围的韧带、下方的阴道、尿生殖膈、盆膈和盆底肌肉及其周边的结缔组织等结构维持其正常位置（图8-9）。子宫的韧带包括：

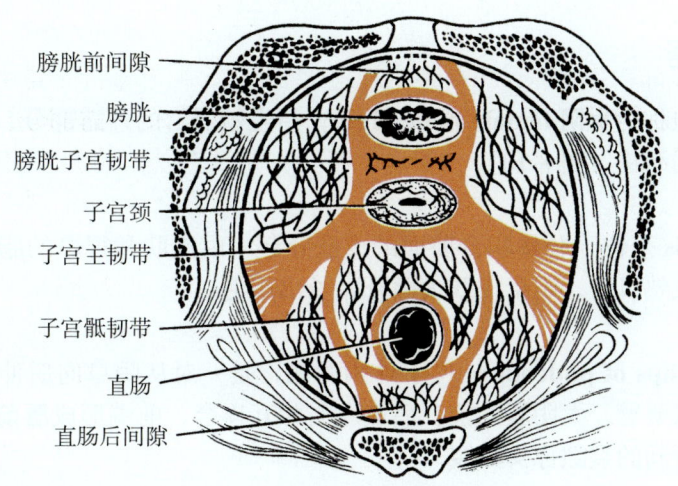

图8-9 子宫的固定装置模式图

（1）**子宫阔韧带** broad ligament of uterus：位于子宫的两侧，由双层腹膜形成的略呈冠状位的腹膜皱襞，起自子宫两侧缘至骨盆侧壁，子宫阔韧带可限制子宫向两侧移动。子宫阔韧带依其连接的部位可分为后方的卵巢系膜、上方的输卵管系膜和下方的子宫系膜 3 部分。

1）**卵巢系膜 mesovarium**：是卵巢系膜前缘与子宫阔韧带后层之间的双层腹膜，内含卵巢的血管、神经和淋巴管等。

2）**输卵管系膜 mesosalpinx**：是输卵管与卵巢系膜根之间的双层腹膜，内含输卵管的血管、神经和淋巴管等。

3）**子宫系膜 mesometrium**：是子宫阔韧带其余部分的双层腹膜，内含子宫的血管、神经和淋巴管等。

（2）**子宫圆韧带 round ligament of uterus**：是由平滑肌纤维和结缔组织构成的一对圆索状结构，起自子宫体前面的上外侧，输卵管子宫口的下方，经腹股沟管后止于阴阜和大阴唇的皮下。子宫圆韧带是维持子宫前倾位的主要结构。

（3）**子宫主韧带 cardinal ligament of uterus**：又称**子宫旁组织**，由结缔组织纤维束和平滑肌纤维组成，由子宫颈两侧缘延伸至盆腔侧壁，是维持子宫颈正常位置和防止子宫向下脱垂的重要结构。

（4）**子宫骶韧带 uterosacral ligament**：由结缔组织和平滑肌纤维构成的扁索状结构。起自子宫颈后面的上外侧，向后弯行绕过直肠的两侧，止于骶骨前面的筋膜。子宫骶韧带的作用是向后上方牵引子宫颈，与子宫圆韧带协同，维持子宫前倾前屈位。

（四）阴道

1. 阴道的形态

阴道 vagina 是连接子宫和外生殖器的肌性管道，是女性的交接器官，也是排出月经和胎儿娩出的管道（图 8-7）。阴道前壁邻接膀胱和尿道，后壁与直肠接触。临床上可隔着直肠前壁触诊子宫。阴道下端较窄，以**阴道口 vaginal orifice** 开口于阴道前庭。处女的阴道口周围有**处女膜 hymen** 附着，首次性交或剧烈运动时处女膜通常在后方或后外侧破裂。分娩后，处女膜大部分破裂缺损，只残留少数几片黏膜突起，称处女膜痕。

2. 阴道穹

阴道上端环绕子宫颈阴道部形成的环形凹陷称**阴道穹 fornix of vagina**（图 8-8）。阴道穹依据位置可分为**前穹**、**后穹**及**两侧穹**。阴道后穹最深，与其后上方的直肠子宫陷凹仅隔以阴道后壁和一层腹膜，临床上常经阴道后穹穿刺引流直肠子宫陷凹内的积液或积血，进行诊断和治疗。

二、外生殖器

女性外生殖器也称为**女阴 female pudendum**，指生殖器官的外露部分，为耻骨联合至会阴和两侧股内侧之间的结构（图 8-10）。

1. 阴阜

阴阜 mons pubis 是位于耻骨联合前面的皮肤隆起，由皮肤和很厚的脂肪组织构成，富含皮脂腺和汗腺。性成熟以后，阴阜皮肤表面开始长出阴毛。

2. 大阴唇

大阴唇 greater lips of pudendum 位于外阴两侧，是一对从阴阜向后伸展到会阴，纵行隆起的生有阴毛的皮肤皱襞。大阴唇的前、后端左右相互连合，前端形成**唇前连合**，后端形成**唇后连合**。两侧大阴唇间的裂隙称**女阴裂**。

3. 小阴唇

小阴唇 lesser lips of pudendum 位于两侧大阴唇之间的内侧，是两片纵行、较薄而柔软的皮肤皱襞，表面光滑无阴毛。小阴唇的前端左右分开，形成两个小皱襞，外侧的在阴蒂的上方，包绕阴蒂，左右汇合成**阴蒂包皮**，内侧的在阴蒂下方，左右汇合成**阴蒂系带**。两侧小阴唇

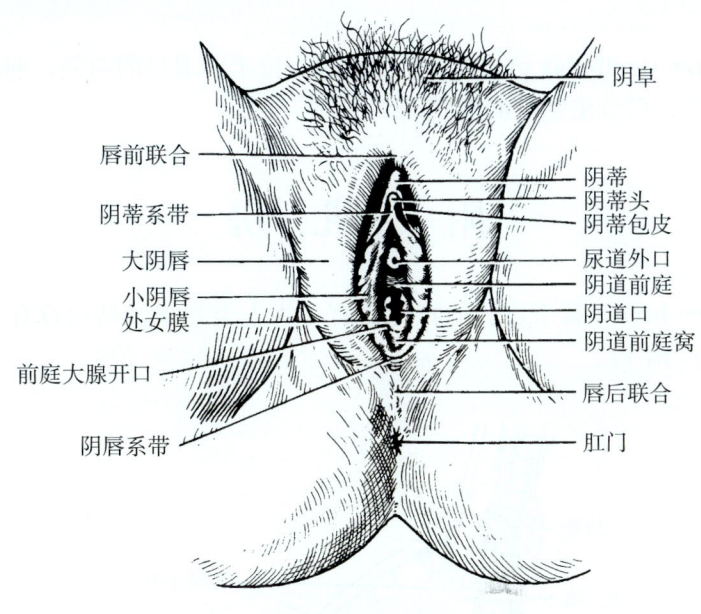

图 8-10 女外阴

后端彼此汇合，形成一条明显的皱襞，即**阴唇系带**。

4. 阴道前庭

阴道前庭 vaginal vestibule 是指位于两侧小阴唇之间，由小阴唇围成的菱形区，有前庭大腺导管的开口。

5. 阴蒂

阴蒂 clitoris（图 8-11）位于两侧小阴唇之间的前端，由两个阴蒂海绵体组成，在发生学上相当于男性的阴茎海绵体，可勃起。阴蒂可分为脚、体、头 3 部分。**阴蒂脚**附着于耻骨下支和坐骨支，向前两侧汇合成**阴蒂体**，表面有阴蒂包皮包绕，露在包皮外面的部分为**阴蒂头**，富有感觉神经末梢，感觉敏锐，是性敏感部位。

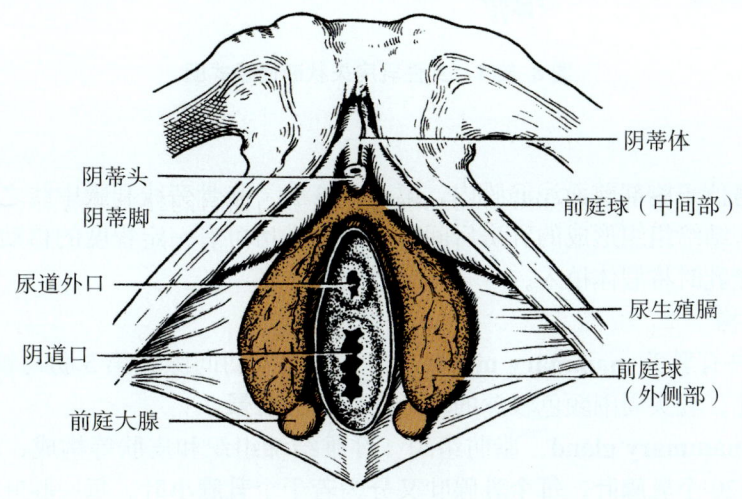

图 8-11 阴蒂、前庭球及前庭大腺

6. 前庭球

前庭球 bulb of vestibule 位于阴道两侧的大阴唇皮下，可分为较细小的中间部和较大的外侧部。

7. 前庭大腺

前庭大腺 greater vestibular gland 又称**巴氏腺**，位于阴道口的两侧，前庭球的后下方，其导管开口于阴道前庭，可分泌黏液润滑阴道。

附一 乳 房

乳房 mamma or breast 属于皮肤的特化器官，为人类和哺乳动物特有的结构，是女性的第二性征器官（图 8-附 1）。

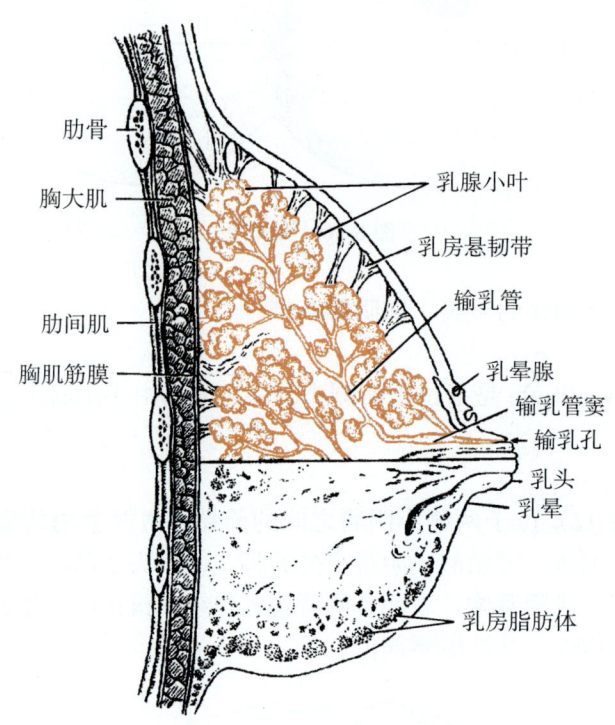

图 8-附 1　女性乳房矢状断面模式图

1. 位置

成年女性乳房位于胸部前面浅筋膜内，第 2～6 肋、胸骨旁线和腋中线之间。在乳房和胸肌筋膜之间为疏松结缔组织形成的乳房后间隙，因而乳房可有一定程度的移动。此间隙无大血管存在，有利于隆乳时将假体植入。

2. 形态和结构

乳房表面中央有**乳头** mammary nipple，常位于第 4 肋间隙或第 5 肋与锁骨中线交界处。乳头顶端有输乳孔。乳头周围颜色较深的环形皮肤区为**乳晕**。

乳房由**乳腺** mammary gland、脂肪组织、纤维结缔组织和皮肤等构成，乳腺被纤维结缔组织分隔成 15～20 个**乳腺叶**，每个乳腺叶又分为若干个**乳腺小叶**。每一腺叶有一个以乳头为中心呈放射状排列的**输乳管**，输乳管在乳晕深面呈梭形膨大称**输乳管窦**，末端变细开口于乳头的输乳孔。故乳房手术时宜做放射状切口，以减少对乳腺叶和输乳管的损伤。乳房内有许多致密结缔组织纤维束一端连于皮肤，一端连于胸肌筋膜，形成**乳房悬韧带** suspensory ligament of breast 或 **Cooper 韧带**，对乳腺起支持作用。乳腺癌时，**Cooper 韧带**变得相对缩短，牵引皮肤向内凹陷，外观呈橘皮样变，是乳腺癌的重要体征之一。

附二 会 阴

1. 会阴的概念

会阴 perineum（图 8-附 2）是指在盆膈以下封闭骨盆下口的所有软组织结构，也称为广义的会阴。临床上常将外生殖器与肛门之间的软组织称为会阴，即狭义的会阴。狭义的会阴在女性是指阴唇后连合至肛门之间的软组织，也称**产科会阴 obstetrical perineum**。

2. 会阴的境界和分区

会阴位于两侧股部上端之间，其前端为耻骨联合；后端为尾骨尖；两侧为耻骨下支、坐骨支、坐骨结节和骶结节韧带。

在两侧坐骨结节之间作一连线，可将菱形的会阴分成前、后两个三角形区。前者有尿道和阴道通过，为**尿生殖区 urogenital region**，又称**尿生殖三角 urogenital triangle**；后者有肛管通过，为**肛区 anal region**，又称**肛门三角 anal triangle**。

会阴中心腱 perineal central tendon，也称**会阴体 perineal body**，位于肛门与阴道之间的腱性结构，会阴诸肌均附着于此，具有承托和加固盆底和支持盆腔脏器的作用。

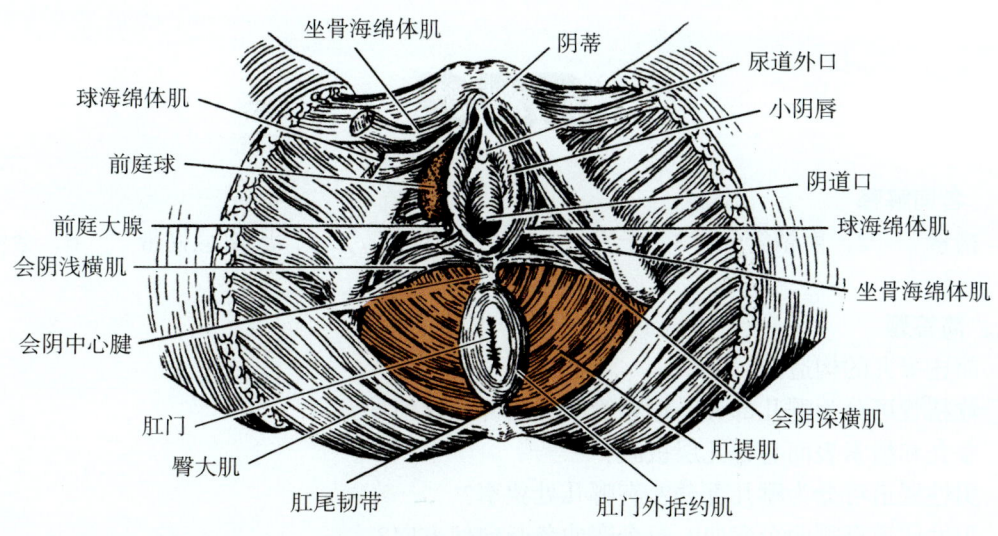

图 8-附 2　女性会阴肌（浅层）

小 结

1. 睾丸的形态和结构：睾丸含有白膜、睾丸纵隔、睾丸小隔、睾丸小叶、精曲小管、精直小管、睾丸网和睾丸输出小管。

2. 输精管：可分为 4 部分，睾丸部、精索部、腹股沟管部和盆部。输精管结扎部位是精索部。输精管末端与精囊排泄管汇合成射精管，开口尿道的前列腺部。

3. 睾丸和精索的被膜：精索外筋膜、提睾肌和精索内筋膜。

4. 男性尿道：3 个分部：前列腺部、膜部和海绵体部；3 个狭窄：尿道内口、膜部和尿道外口；3 个扩大：尿道前列腺部、尿道球部和尿道舟状窝；2 个弯曲：耻骨前弯和耻骨下弯。

5. 固定卵巢的韧带：卵巢悬韧带和卵巢固有韧带。

小 结

6. 输卵管：可分为4部分，输卵管漏斗部、输卵管壶腹部、输卵管峡部和输卵管子宫部。输卵管结扎部位是输卵管峡部，受精部位是输卵管壶腹部。

7. 子宫的形态和位置：子宫可分为子宫底、子宫体和子宫颈，子宫颈又分为子宫颈阴道部和阴道上部。子宫体与子宫颈阴道上部之间为子宫峡。子宫内腔可分为子宫腔和子宫颈管。子宫的位置是前倾前屈位。

8. 固定子宫的装置：子宫阔韧带、子宫圆韧带、子宫主韧带和子宫骶韧带。

9. 乳房：成年女性乳房位于胸部前面浅筋膜内，第2～6肋、胸骨旁线和腋中线之间。乳房由乳腺、脂肪组织、纤维结缔组织和皮肤等构成，腺叶的输乳管以乳头为中心呈放射状排列。

10. 会阴：广义的会阴是指在盆膈以下封闭骨盆下口的所有软组织结构。临床上常将外生殖器与肛门之间的软组织称为狭义的会阴。会阴以两侧坐骨结节之间的连线为界分为尿生殖区和肛区。

自测题

一、名词解释

1．精索　　2．射精管　　3．子宫峡　　4．阴道穹　　5．乳房悬韧带　　6．会阴

二、简答题

1．简述睾丸的构造。
2．输精管可分为哪几部分？输精管结扎的部位在何处？
3．睾丸和精索表面有哪几层被膜？
4．男性尿道可分为哪几部分？有哪几处狭窄？
5．男性尿道有哪两个弯曲？每个弯曲各凸向何方向？
6．精子产于何处？经过哪些结构排出体外？
7．男性插导尿管时，经过哪些结构？应注意什么问题？
8．固定卵巢的韧带有哪些？
9．输卵管可分为哪几部分？输卵管结扎和精子与卵子受精各位于哪个部位？
10．维持子宫位置的韧带有哪些？

（谢遵江　金昌洙）

第九章 腹 膜

学习目标

通过本章内容的学习，学生应能：
◆ 记忆
1．定义腹膜和腹膜腔的概念。
2．陈述腹膜包被器官的三种形式。
◆ 理解
说明腹膜形成的结构。
◆ 应用
1．举例说明女性腹膜腔的形态特点。
2．举例说明腹膜与脏器的关系。

一、概 述

腹膜 peritoneum 为衬覆于腹、盆腔壁内面和覆盖于腹、盆腔各脏器表面的一层薄而光滑的浆膜，呈半透明状，由间皮和结缔组织构成（图9-1）。衬于腹、盆腔壁内面的腹膜，称为

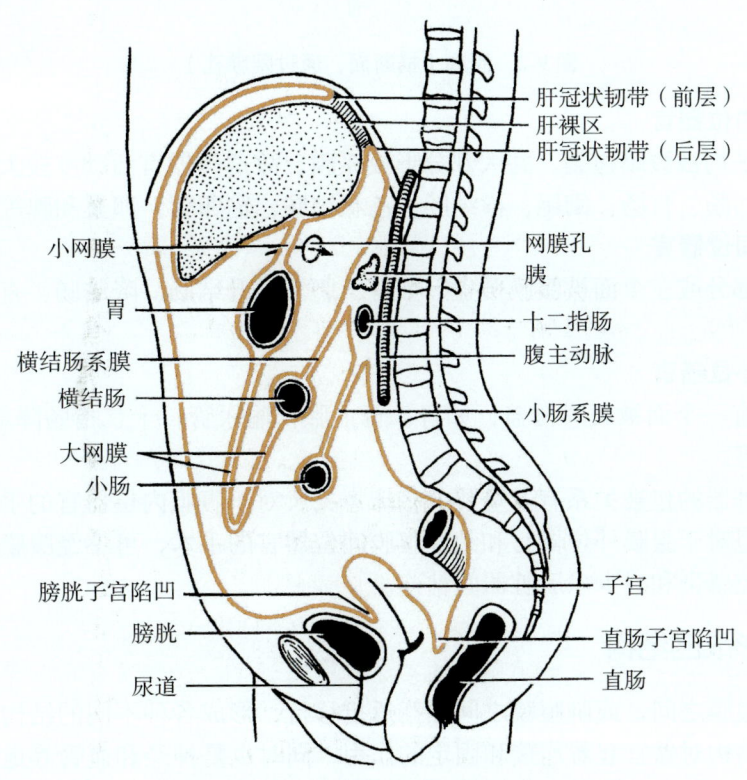

图9-1 腹膜（正中矢状断面，女性）

壁腹膜 parietal peritoneum 或腹膜壁层；被覆于腹、盆腔器官表面的腹膜，称**脏腹膜 visceral peritoneum** 或腹膜脏层。脏、壁腹膜相互移行共同围成不规则的潜在性腔隙，称为**腹膜腔 peritoneal cavity**，腔内含少量浆液，起到润滑和减少脏器之间摩擦的作用。男性腹膜腔为一封闭的腔隙；女性腹膜腔可借输卵管腹腔口经输卵管、子宫、阴道与外界相通。因此女性腹膜腔感染的机会比男性大。

腹膜具有分泌、吸收、保护、修复和支持等功能。

二、腹膜与腹、盆腔脏器的关系

依据腹膜覆盖脏器的范围多少，可将腹、盆腔脏器分为 3 种类型，腹膜内位器官、腹膜间位器官和腹膜外位器官（图 9-1，2）

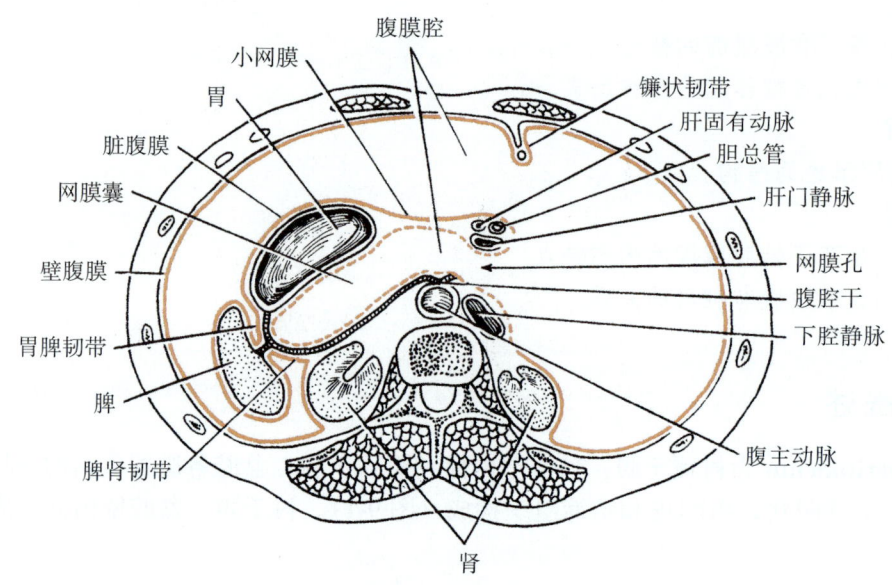

图 9-2　腹膜（横断面，通过网膜孔）

（一）腹膜内位器官

脏器表面几乎均被腹膜包裹，并大部分形成系膜，故这类器官活动度较大，如胃、十二指肠上部、空肠、回肠、盲肠、阑尾、横结肠、乙状结肠、输卵管、卵巢和脾等。

（二）腹膜间位器官

脏器表面大部分或三个面被腹膜覆盖，如肝、胆囊、升结肠、降结肠、直肠上段、子宫和膀胱等。

（三）腹膜外位器官

脏器表面只有一个面被腹膜覆盖，如肾、肾上腺、输尿管、十二指肠降部、下部和升部、直肠中下段及胰等。

了解腹膜与脏器的包被关系有着重要的临床意义。对于腹膜内位器官的手术，必须通过腹膜腔才能进行；但对于腹膜外位器官和某些腹膜间位器官的手术，可不经腹膜腔而在腹膜外进行，以避免腹膜腔感染和减少术后脏器间粘连。

三、腹膜形成的结构

壁腹膜与脏腹膜之间，或脏腹膜之间相互返折移行，形成各种不同的结构，如网膜、系膜和韧带等。这些结构对器官起着连接和固定的作用，同时也是神经和血管等走行的部位。

(一)网膜

网膜 omentum 是指与胃小弯和胃大弯相连的双层腹膜结构,包括小网膜和大网膜(图9-3)。

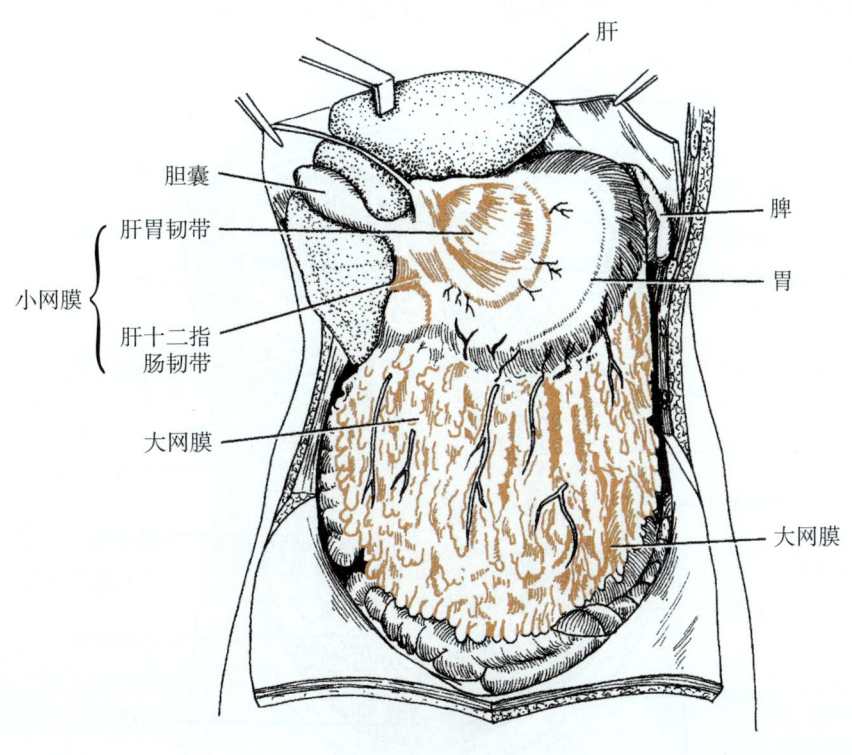

图 9-3 网膜

1. 小网膜

小网膜 lesser omentum 由肝门移行至胃小弯和十二指肠上部的双层腹膜结构,两层腹膜之间含有血管、神经、淋巴结和淋巴管等。小网膜的左侧部,连于肝门与胃小弯之间,称为**肝胃韧带 hepatogastric ligament**,右侧部连于肝门与十二指肠上部之间,称为**肝十二指肠韧带 hepatoduodenal ligament**,构成小网膜的游离右缘,内有三个重要的结构通过,即位于右前方的胆总管、左前方的肝固有动脉和二者之间后方的肝门静脉(图9-2)。

2. 大网膜

大网膜 greater omentum 是连于胃大弯和横结肠之间的4层腹膜结构,形似围裙覆盖于横结肠和空、回肠的前面。大网膜的前两层由胃和十二指肠上部的前、后两层腹膜在胃大弯下垂而成,当下垂至脐平面下方后向上返折,构成大网膜的后两层,继而包绕横结肠,并与横结肠系膜相延续。连于胃大弯和横结肠之间的大网膜前两层形成**胃结肠韧带 gastrocolic ligament**。

3. 网膜囊和网膜孔

网膜囊 omental bursa(图9-2)是位于小网膜、胃后壁与腹后壁腹膜之间的一个窄扁而不规则的腹膜腔隙,属于腹膜腔的一部分,又称小腹膜腔。网膜囊的前壁为小网膜、胃后壁的腹膜和横结肠韧带;后壁为大网膜后两层、横结肠及其系膜,以及覆盖于胰、左肾和左肾上腺等处的腹膜;上壁为肝尾状叶和膈下方的腹膜;下壁为大网膜前、后两层愈着处。网膜囊的左侧为脾、胃脾韧带和脾肾韧带;右侧借网膜孔与大腹膜腔相通。

网膜孔 omental foramen(Winslow孔)位于肝十二指肠韧带游离右缘的后方,是网膜囊与腹膜腔的唯一通道,可容纳1~2个手指通过,其高度约位于第12胸椎至第2腰椎体前方。网膜孔的上界为肝尾状叶,下界为十二指肠上部,前界为肝十二指肠韧带,后界为覆盖于下腔静脉表面的腹膜。

（二）系膜

由脏、壁腹膜相互延续移行而形成的将器官固定于腹、盆壁的双层腹膜结构称为系膜，其两层腹膜之间有血管、神经、淋巴结和淋巴管等结构出入（图 9-4）。

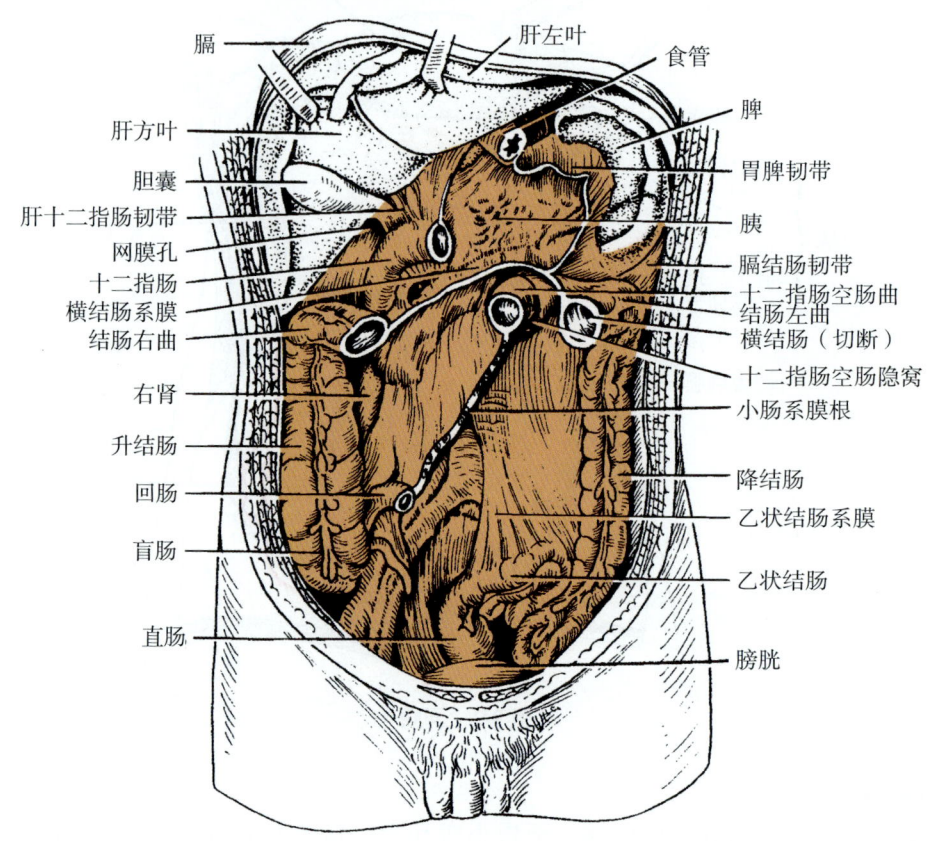

图 9-4　腹膜形成的结构

1. 肠系膜

肠系膜 mesentery 是将空、回肠固定于腹后壁的双层腹膜结构，其附着于腹后壁的部分称为**肠系膜根 radix of mesentery**（图 9-4），长约 15cm，起自第 2 腰椎左侧，斜向右下跨过脊柱前方，止于右骶髂关节前方。肠系膜内含有肠系膜血管、淋巴管和淋巴结等。

2. 阑尾系膜

阑尾系膜 mesoappendix 是将阑尾连于肠系膜下端的三角形双层腹膜结构，阑尾的血管、淋巴管和神经走行于系膜的游离缘内，因此阑尾切除时，应从阑尾系膜游离缘进行血管结扎。

3. 横结肠系膜

横结肠系膜 transverse mesocolon 是将横结肠连于腹后壁的双层腹膜结构，系膜根起自结肠右曲，横行向左，止于结肠左曲。系膜内含有中结肠血管等。

4. 乙状结肠系膜

乙状结肠系膜 sigmoid mesocolon 是将乙状结肠连于左下腹后壁的双层腹膜，其根部附着于左髂窝和骨盆左后壁。该系膜较长，因此乙状结肠活动度较大，易发生肠扭转。系膜内含有乙状结肠血管和直肠上血管等。

（三）韧带

腹膜所形成的韧带是指连接腹、盆壁与脏器之间或连接相邻脏器之间的腹膜结构。有的韧带内含有血管和神经等结构,对脏器起固定作用。

1. 肝的韧带

除了前面已述的肝胃韧带和肝十二指肠韧带外,还有镰状韧带、冠状韧带、三角韧带和肝圆韧带。**镰状韧带 falciform ligament** 是位于腹前壁上部和膈下面与肝上面之间的双层腹膜结构,呈矢状位,内含脐静脉索,又称**肝圆韧带 ligamentum teres hepatis**。**冠状韧带 coronary ligament** 为膈下面的壁腹膜返折至肝上面的双层腹膜结构,呈冠状位。冠状韧带前、后两层在左、右端彼此愈合增厚形成**左、右三角韧带**。这些韧带将肝固定于膈的下面。

2. 脾的韧带

为从脾门连于周围脏器的双层腹膜结构。**胃脾韧带 gastrosplenic ligament** 是连于脾门与胃底之间的双层腹膜结构。**脾肾韧带 splenorenal ligament** 是连于脾门与左肾前面的双层腹膜结构(图9-2)。**膈脾韧带 phrenicosplenic ligament** 是脾与膈之间的腹膜,其向上由膈延至贲门和食管腹部的移行部分,称为**胃膈韧带 gastrophrenic ligament**。

3. 胃的韧带

胃的韧带包括肝胃韧带、胃脾韧带、胃结肠韧带和胃膈韧带。

(四)腹膜陷凹

腹膜陷凹位于盆腔内,是由腹膜在脏器之间移行返折形成的。男性在直肠与膀胱之间形成**直肠膀胱陷凹 rectovesical pouch**。女性在膀胱与子宫之间形成**膀胱子宫陷凹 vesicouterine pouch**,在直肠与子宫之间形成**直肠子宫陷凹 rectouterine pouch**,又称 **Douglas 腔**,与阴道后穹仅隔阴道后壁。男性的直肠膀胱陷凹和女性的直肠子宫陷凹是腹膜腔的最低部位,因此腹膜腔积液多聚于此,临床上可通过直肠或阴道后穹穿刺进行疾病的诊断和治疗。

腹　水

腹膜的主要功能是分泌和吸收,还具有屏障作用和修复能力。当腹膜腔内出现刺激性因子时,如阑尾炎穿孔等,可使腹膜渗出增多,产生大量积液,称为腹水。腹膜有较强的吸收能力,一般认为,腹膜腔上部的腹膜比下部吸收能力强。这可能是由于胸腔负压和膈的呼吸运动促进了上腹部腹膜的吸收;也许是上腹部腹膜下组织少,有利于吸收。因此,腹膜炎或腹水的患者常采取半卧位,为了防止或减缓腹膜对毒素的吸收,以免引起毒血症。

腹膜透析

腹膜透析就是利用腹膜的渗出和吸收功能,排出血液中的有害物质。方法是将透析液输入患者的腹膜腔,使其与腹膜组织间液和血液进行物质交换,然后将透析后的液体引出体外,可用于治疗急性肾衰竭等。

大　网　膜

大网膜具有粘连功能,有着重要的防御和再生修复能力。当腹膜腔内发生感染时,如阑尾炎,大网膜可将感染灶粘连包裹起来,使感染局限化,防止感染蔓延和扩散。在创伤或手术时,常将大网膜覆盖在脏器的创面、缝合处或吻合处,可起到修复作用。

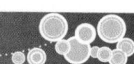

小 结

1. 腹膜的定义：覆盖于腹、盆壁内面和脏器表面的浆膜，其中衬于腹、盆壁内面的腹膜称壁腹膜，而被覆于脏器表面的腹膜称脏腹膜，二者之间为腹膜腔。
2. 腹膜包被器官的形式：腹膜内位器官、腹膜间位器官和腹膜外位器官。
3. 腹膜形成的结构：包括网膜（大、小网膜、网膜囊和网膜孔）、系膜、韧带和陷凹等。
4. 含有系膜的结构：肠系膜、阑尾系膜、横结肠系膜和乙状结肠系膜。
5. 腹膜形成的陷凹：男性：直肠膀胱陷凹；女性：膀胱子宫陷凹和直肠子宫陷凹。

自测题

一、名词解释

1．腹膜　　2．腹膜腔　　3．小网膜　　4．网膜孔　　5．系膜　　6．直肠子宫陷凹

二、简答题

1．小网膜由哪两部分组成？
2．哪些肠管有系膜？
3．何谓腹膜内位、腹膜间位和腹膜外位器官？各举一例。
4．脾的韧带有哪些？肝有哪些韧带？
5．男性及女性腹膜腔最低的部位分别位于何处？
6．女性腹膜腔经过哪些结构与外界相通？

（谢遵江　金昌洙）

第三篇 循环系统

循环系统是封闭的管道系统，分布于人体各部，包括心血管系统和淋巴系统。循环系统的主要功能是物质运输，以保证身体新陈代谢的不断进行。此外，循环系统对维持人体内环境理化特性的相对稳定以及实现防卫功能等均有重要作用。

第十章 心血管系统

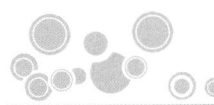

通过本章内容的学习，学生应能：

◆ 记忆
1．定义体循环和肺循环的概念。
2．定义窦房结、三尖瓣复合体、二尖瓣复合体、室间隔、心包腔的概念。
3．陈述心的位置和外形，心的构造和心腔的形态结构。
4．陈述左、右颈总动脉、锁骨下动脉、胸主动脉、腹主动脉和髂内、外动脉的主要分支分布。
5．陈述腋动脉、肱动脉、桡动脉、尺动脉的起止和分支分布。
6．陈述股动脉的起止和分支分布。
7．定义静脉角、静脉瓣的概念。
8．熟记上、下腔静脉的组成、主要属支。
9．陈述体循环和肺循环的静脉，头颈部静脉的组成和回流，上肢浅、深静脉的位置，行程和回流途径。
10．陈述大隐静脉的属支行径及注入部位。
11．陈述肝门静脉的组成和属支以及与上、下腔静脉间的吻合。

◆ 理解
1．说明心包的组成和心包腔的概念。
2．说明心传导系的构成和功能。
3．说明心的血管分布特点。
4．说明颈内动脉在颈部的行径。
5．说明掌浅弓和掌深弓的组成及其意义。
6．说明胫前、后动脉及足背动脉的起止及分布。
7．说明静脉的结构特点。
8．说明面静脉走行特点。

9．说明奇静脉系的组成、回流途径。
10．归纳肝门静脉在结构上的特点。
11．归纳椎静脉丛的位置、交通。

◆ 应用
1．运用冠状动脉分布特点的知识诠释心肌梗死区的对应关系。
2．举例说明心的体表投影。
3．举例说明临床心脏疾病的解剖基础。
4．实施常用的动脉体表压迫止血。
5．解释面部危险三角的概念和临床意义。
6．解释门脉高压的解剖学基础。

第一节　概　述

心血管系统由心、动脉、毛细血管和静脉构成一个密闭的管道系统。血液在心血管系统内周而复始地流动称血液循环。

血液循环的主要功能是物质运输，将消化器官吸收的营养物质和肺吸收的氧气运送到全身各器官的组织和细胞；同时又将组织和细胞的代谢产物如二氧化碳、尿素等运送至肺、肾、皮肤等器官排出体外，保证人体新陈代谢的正常进行。内分泌系统分泌的激素也经血液循环运送至相应器官，调节其生理功能。

一、心血管系统的组成

心血管系统 cardiovascular system 由心、动脉、毛细血管和静脉组成（图10-1）。

1. 心 heart　主要由心肌构成，是血液循环的"动力泵"。心内被房间隔和室间隔分为左、右心房和左、右心室四个腔。心房接受静脉，心室发出动脉。在房室口和动脉口处的瓣膜起到阀门的作用，保证血液沿着一个方向流动。在神经体液的调节下，心有节律地收缩与舒张，使血液在心血管内不停地循环流动。

2. 动脉 artery　是由心室发出的血管，运送血液离心的管道。动脉管壁较厚，由三层构成：①内膜：薄而光滑，由一层内皮细胞构成；②中膜：较厚，由弹性纤维、胶原纤维和平滑肌构成；③外膜：由结缔组织构成，具有抗张力作用。动脉在行径中不断分支，愈分愈细，最后移行为毛细血管。

3. 毛细血管 capillary　是连于动、静脉末梢间的极细微的血管，平均直径6～9μm。管壁主要由单层内皮细胞和基质组成。毛细血管数量多，管壁薄，有一定的通透性，其内血流缓慢，有利于血液与血管外组织液之间进行物质交换和气体交换。

4. 静脉 vein　是运送血液回心房的血管。小静脉起于毛细血管的静脉端，在向心延续中不断汇合成中静脉、大静脉，最后注入心房。由于静脉管壁薄，缺乏弹性，管腔断面较大，血流缓慢，故静脉系内血液的总容量约为动脉系内的1倍以上。

二、血液循环

血液由心室射出，经动脉、毛细血管、静脉而返回心脏，如此周而复始，称血液循环。这一循环是由相互衔接的体循环和肺循环组成（图10-1）。

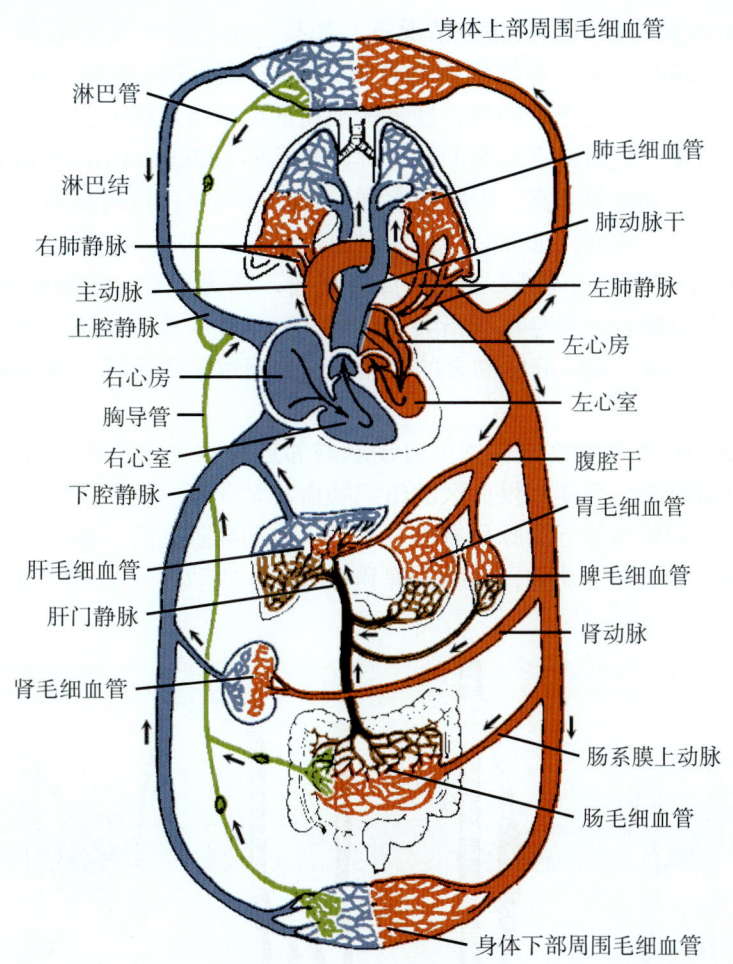

图 10-1 血液循环模式图

1. 体循环

当左心室收缩时，将富含氧及营养物质的血射入主动脉，经各级动脉分支输送到全身各部的毛细血管，血液在此与周围的组织、细胞进行物质交换和气体交换，然后变成富含二氧化碳及代谢产物的静脉血，再经各级静脉，最后经上、下腔静脉及冠状窦流回右心房。这一途径称**体循环 systemic circulation**。

2. 肺循环

当右心室收缩时，血液经肺动脉干和左右肺动脉及其各级分支，到达肺泡周围的毛细血管网。血液通过毛细血管壁和肺泡壁之间进行气体交换，使氧分压低的静脉血变成氧分压高的动脉血。再经左、右肺静脉流入左心房，这一途径称**肺循环 pulmonary circulation**。

三、血管的吻合与侧支循环

体内血液除经动脉—毛细血管—静脉相通外，在动脉与动脉、静脉与静脉之间甚至动脉与静脉之间，可借血管支（吻合支或交通支）彼此连接，形成**血管吻合 vascular anastomosis**。

动脉间的吻合在体内广泛存在，形式多样（图10-2）。连接两条动脉之间的血管称为**交通支 communicating branch**；较大的动脉主干发出1~2条与其平行的细支称**侧副支 collateral branch**；在同一主干的上、下侧副支之间或两条主干的侧副支之间互相吻合称**侧副吻合 collateral anastomosis**；动脉干末端直接相通称为**动脉弓 arterial arch**；但更多的形式是几条动脉的分支之间互相吻合成**动脉网 arterial network**。在正常情况下，这些吻合具有保证局部血液供应，调节血流量的作用。在病理情况下，如某一主动脉干发生阻塞（血栓形成、结扎等），阻塞部位近侧端的血液，可经侧副吻合流入阻塞部位的远侧端。此时吻合血管逐渐变粗，血流量逐渐增加，代偿主干的功能，使远侧缺血部位获得足够的血供，不致发生坏死。这种通过侧副吻合管（支）重新建立起来的循环称**侧支循环** collateral circulation。

静脉之间的吻合比动脉更丰富，形式更多样。在某些部位，特别是器官容量较大的脏器周围或壁内常形成静脉丛，从而保证器官受挤压时血流通畅。

体内某些部位小动脉与小静脉之间可直接相通，称为**小动 - 静脉吻合** arteriolovenular anastomosis。动 - 静脉吻合主要存在于指尖、趾端、唇、鼻、外耳皮肤、消化道的黏膜、肾皮质和生殖器勃起组织等处。动 - 静脉吻合的功能意义是缩短循环途径，调节局部血流量，以适应局部功能之需要。

终动脉 end-artery 体内少数器官的供血动脉与邻近动脉之间没有吻合，这种动脉称为终动脉。终动脉一旦被阻塞，可使其供血区的组织缺血甚至坏死。视网膜中央动脉被认为是典型的终动脉，如果某一动脉与邻近动脉虽有吻合，但当该动脉阻塞后，邻近动脉不足以代偿其血液供应，这种动脉称功能性终动脉，如脑、脾和肾内的一些动脉分支（图 10-2）。

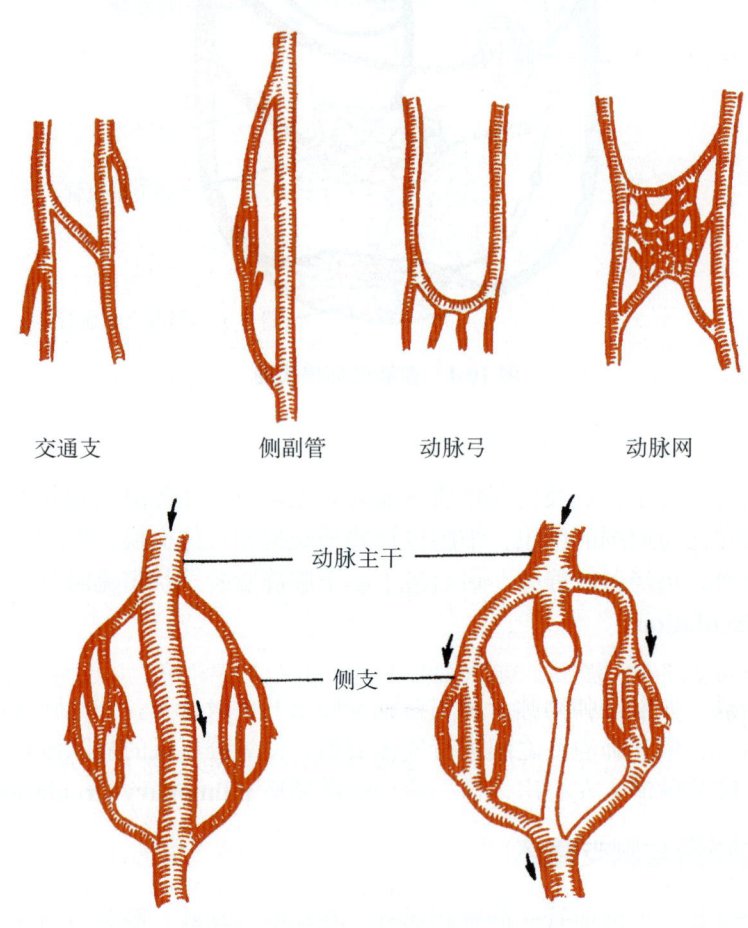

图 10-2　血管吻合和侧支循环示意图

第二节　心

心是一个中空性肌性器官，心的外形似倒置的、前后略扁的圆锥体，与本人拳头大小相当，周围裹以心包。国人成人男性正常心重为 280～340g，女性为 250～280g。

一、心的位置和外形

心斜位于胸腔的中纵隔内，约 2/3 在正中面的左侧，1/3 在右侧。其周围的毗邻是：前方为胸骨体和第 2～6 肋软骨；后方为第 5～8 胸椎体；两侧为左、右肺和纵隔胸膜；上方为出入心脏的大血管；下方为膈（图 10-3）。心底朝向右后上方，心尖向左前下方，故心的长轴与身体正中矢状面成 45°。心前方大部分被肺和胸膜遮盖，仅在下部一小区域与胸骨体下部和左侧 4～6 肋软骨相毗邻，称**心包裸区**。临床上进行心内注射多在胸骨左缘第 4 或第 5 肋间隙进针，以免损伤胸膜和肺。

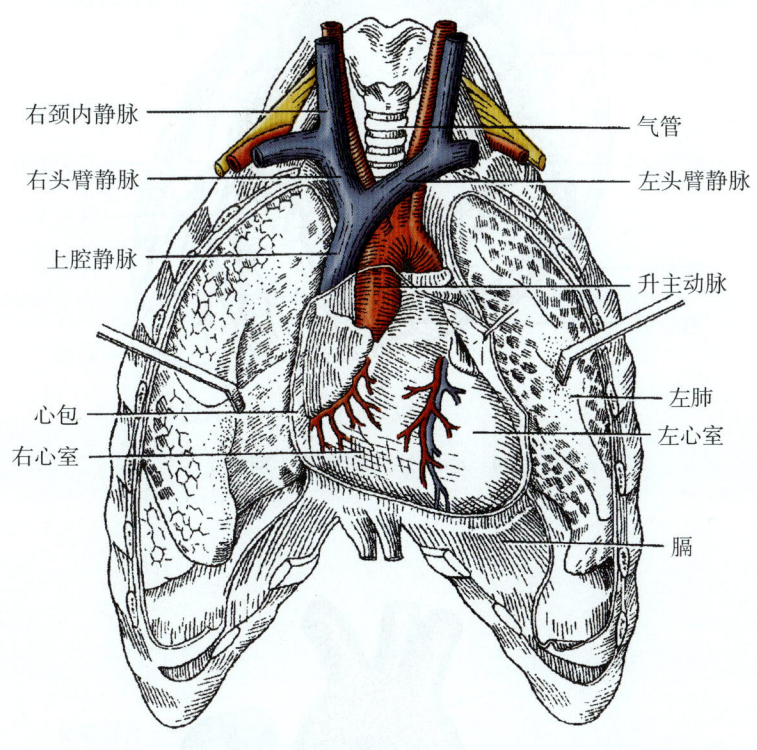

图 10-3　心的位置

心可分为一尖、一底、两面、三缘，心的表面有四条沟、一个切迹、一个点（图 10-4，10-5）。

心尖 cardiac apex 圆钝、游离，朝向左前下方，由左心室构成，平对左侧第五肋间隙锁骨中线内侧 1～2cm 处，活体可在此扪及心尖搏动。

心底 cardiac base 由左、右心房组成。心底部与出入心的大血管相连，肺动脉起自右心室，行向左后上方，主动脉起自左心室，行向右前上方。右心房上、下分别有上腔静脉和下腔静脉注入。左心房两侧有左、右两对肺静脉注入。

胸肋面（前面），朝向前上方，大部分由右心室和右心房构成，左侧小部分由左心室和左心耳构成。膈面亦称下面，略呈三角形，朝向后下方，与膈相邻。大部分由左心室，小部分由右心室构成。

右缘近垂直位，由右心房构成；左缘圆钝，斜向左下，大部分由左心室、小部分由左心耳构成；下缘近水平位，较锐，由右心室及心尖构成。

心的表面有四条浅沟：**冠状沟 coronary sulcus**（房室沟），呈额状位的环形沟，前部被肺动脉隔断，它是心房与心室的表面分界线。**前室间沟 anterior interventricular groove** 是左、右心室在心前面的分界线。**后室间沟 posterior interventricular groove**，是左、右心室在膈面

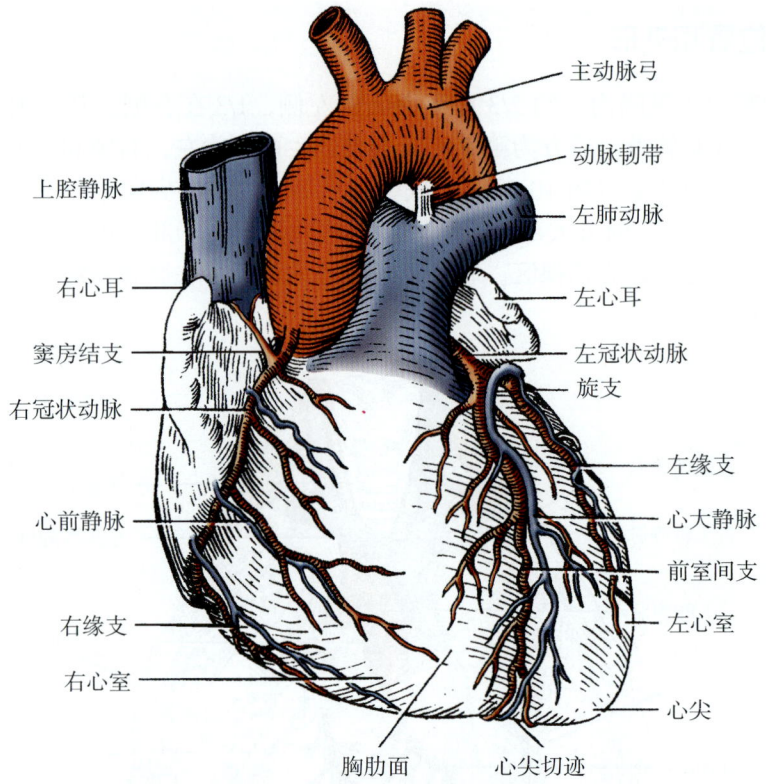

图 10-4　心的外形和血管（前面）

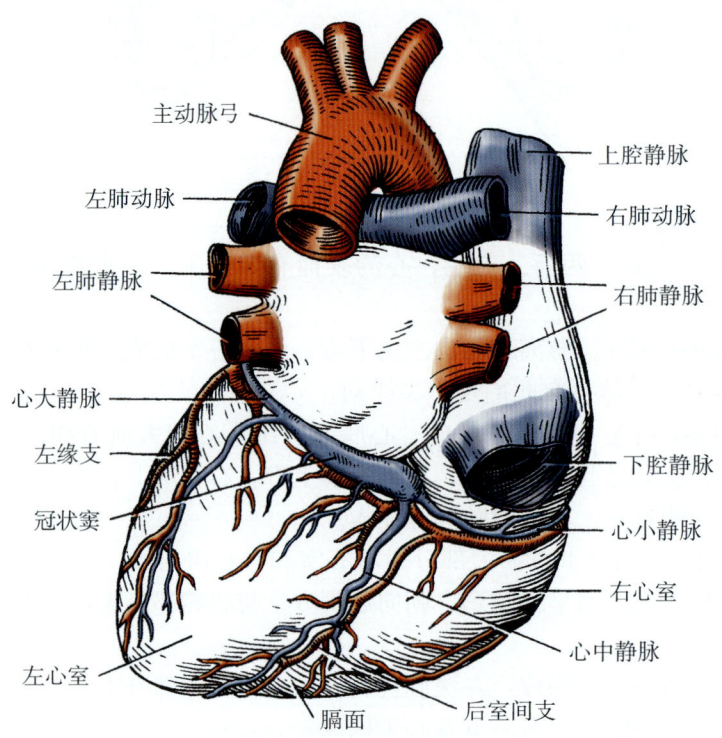

图 10-5　心的外形和血管（后面）

的分界线。前、后室间沟在心尖右侧会合，会合处稍凹陷，称**心尖切迹**。后室间沟与冠状沟的交汇处称**房室交点**。

胸外心脏按压

胸外心脏按压是发生心跳骤停时，借助外力挤压心脏和胸腔排送血液，以形成暂时的人工循环的方法。

胸外心脏按压：使患者仰卧于硬木板上，救助者跪在患者身旁，用一手掌根部放在患者胸骨体的中下 1/3 交界处，另一手重叠于前一手的手背上，两肘伸直，借操作者的体重、肘及臂力，快速、有节奏地垂直向下按压患者胸骨，施压的力量应足以使胸骨下沉 3～4cm，然后迅速解除重压，使其胸骨靠弹性自行复位，如此反复进行，每分钟 80 次左右。在胸外心脏按压的整个过程中必须注意：按压位置必须准确，手掌不能离开患者胸壁，以保证动作的连贯性和弹性；按压的力量大小应依伤员的身体、胸廓情况而定。身强力壮胸肌发达者按压力量可适当增大；对于呼吸、心跳停止的儿童用双指按压的力度即可；老年人骨质较脆，一旦用力过大容易导致骨折发生，所以按压时要倍加小心；每次向下按压时间较短，只占一个按压周期的 1/3，放松时间应占 2/3；有呼吸停止者应同时进行人工呼吸，否则单纯心脏按压很难奏效；按压有效时必须坚持不懈，绝不可半途而废。

二、心的各腔

（一）右心房

右心房 right atrium（图 10-6）位于心的右上部分，壁薄腔大。右心房以**界沟 terminal sulcus** 为界可分前、后两部，前部由原始心房衍变而来，称固有心房。其前上部的锥形盲囊突出部分称**右心耳 right auricle**；后部由原始静脉窦发育而成，称**腔静脉窦 sinus venarum cavarum**。界沟是一条由上腔静脉根部至下腔静脉根部的纵形浅沟。在腔内面以与界沟相对应的纵形肌隆起即称**界嵴 terminal crest**。

1. 固有心房

腔面粗糙不平，自界嵴向前发出许多平行的肌隆起，称**梳状肌 pectinate muscle**。梳状肌在右心耳内面交织成网状，此处易形成血栓。固有心房的左前下方有**右房室口 right atrioventricular orifice**，通向右心室。

2. 腔静脉窦

内面光滑，窦内有 3 个入口：**上腔静脉口 orifice of superior vena cava** 位于窦的上壁，**下腔静脉口 orifice of inferior vena cava** 从下面开口于腔静脉窦，其前缘有下腔静脉瓣 Eustachian 瓣，呈半月形，延伸至卵圆窝前缘，此瓣在胎儿时期有引导血液经卵圆孔流向左心房的作用。在下腔静脉口与右房室口之间有**冠状窦口 orifice of coronary sinus**，口的下缘有半月形的**冠状窦瓣 Thebesian 瓣**。右心房的后内侧壁为房间隔，其下部有一浅凹，称**卵圆窝 fossa ovalis**，为胎儿时期卵圆孔闭合后的遗迹，房间隔缺损多发生于此。

（二）右心室

右心室 right ventricle（图 10-6）位于右心房的左前下方，是心脏最靠前的部分，壁

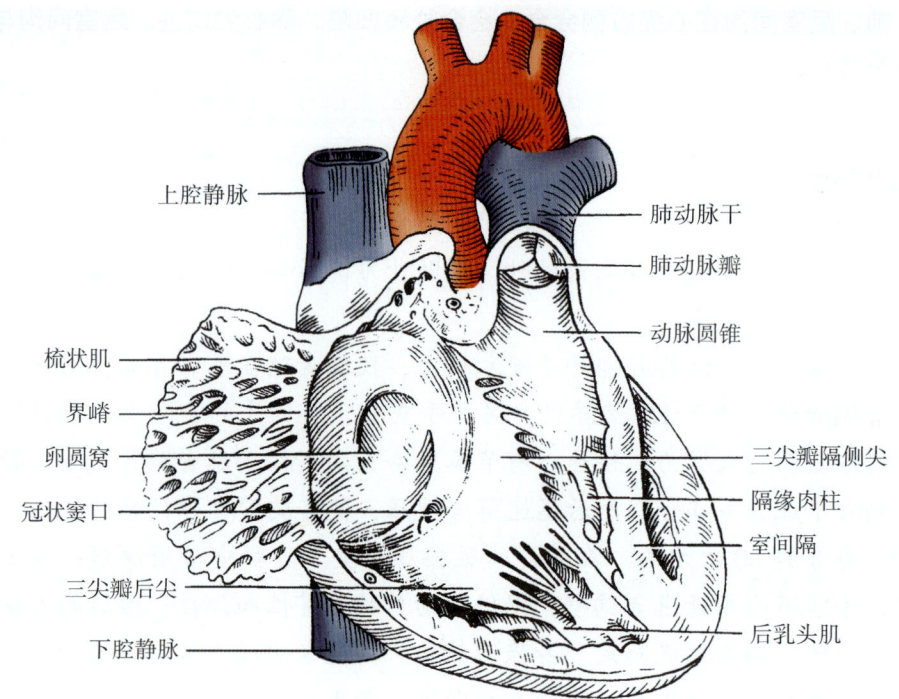

图 10-6　右半心内部结构

厚 0.3～0.4cm，壁内有交错排列的肌隆起称**肉柱**，突入腔内的锥形肌束称**乳头肌**。室腔呈锥形，底为右心房口和肺动脉口，尖向左前下方。右心室被一弓形的肌性隆起即**室上嵴** supraventricular crest 分为右心室流入道和流出道。

流入道是血液从右房室口流至右心室腔的通道。右房室口呈卵圆形，其周缘有致密结缔组织构成的三尖瓣环围绕。**三尖瓣** tricuspid valve（图 10-7）基底附着于该环上，游离缘垂入室腔，三尖瓣借腱索与乳头肌相连，当心室收缩时，防止血液反流心房。三尖瓣环、瓣尖、腱索和乳头肌在结构和功能上是一个整体，称**三尖瓣复合体** tricuspid valve complex，它们共同保证血液的单向流动。

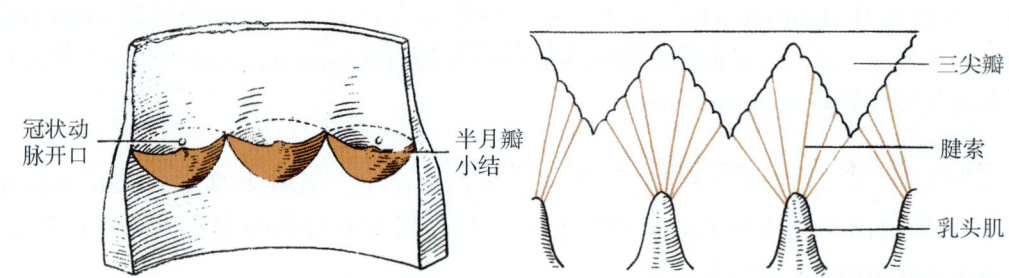

图 10-7　瓣膜示意图
主动脉瓣和三尖瓣形状（将主动脉口和右房室口切开展平）

流出道为血液经右心室流入肺动脉的通道。腔面光滑无肉柱，其向上逐渐变细形似圆锥形，又称**动脉圆锥** conus arteriosus。出口为**肺动脉口** orifice of pulmonary trunk，其周缘有 3 个袋口向上的半月形瓣膜，称**肺动脉瓣** pulmonary valve。当心室舒张时，防止血液反流心室。

（三）左心房

左心房 left atrium（图 10-8）是心腔中最靠近后上方的部分，位于右心房左后方。其左前方的锥形突起称**左心耳** left auricle，左心耳腔面肌小梁交织成网，当心功能障碍，心内血流缓慢时容易导致血栓形成。左心房后部较大，壁光滑，厚约0.3cm，有5个开口：两侧有成对的肺上、下静脉开口；前下部有**左房室口** left atrioventricular orifice 通左心室。

（四）左心室

左心室 left ventricle（图10-8）位于右心室的左后下方。壁厚0.9～1.2cm，约为右心室壁厚的3倍。左侧部有左房室口，右侧部有主动脉口。左心室以二尖瓣前瓣为界分为流入道和流出道。

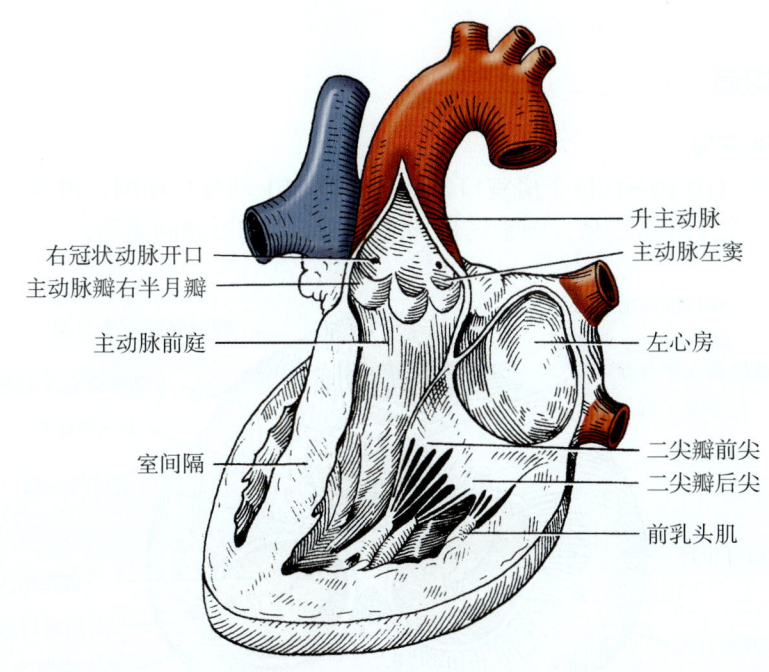

图10-8　左心房和左心室

流入道，其入口为左房室口，其周缘有**二尖瓣环** bicuspid annulus。**二尖瓣** bicuspid valve 基底附于二尖瓣环，游离缘垂入室腔。二尖瓣的边缘及室面也有数条腱索连于乳头肌。每个乳头肌尖端发出数条腱索连于两个相邻的瓣膜。二尖瓣环、瓣尖、腱索和乳头肌在结构和功能上是一个整体，称**二尖瓣复合体** bicuspid valve complex，在心室收缩时，具有防止血液反流心房的功能。

流出道，出口为**主动脉口** aortic orifice，位于左房室口的前内侧。口周缘有三个彼此相连的半月形的瓣膜，称**主动脉瓣** aortic valve。与瓣膜相对应的主动脉壁向外略膨出，称**主动脉窦** aortic sinus。其中左、右窦的主动脉壁上，分别有左、右冠状动脉开口。

心腔内的瓣膜，是保障血液定向流动的结构基础。当心室收缩时，左右室内压力增高，血流推动二尖瓣和三尖瓣分别关闭左房室口和右房室口，并冲开主动脉口和肺动脉口射入主动脉和肺动脉。当心室舒张时，由于主动脉、肺动脉管壁的弹性回缩，血液充满主动脉窦和肺动脉窦，使瓣膜关闭，防止血液逆流入心室。同时二、三尖瓣开放，使心房内的血液流入心室，随即进入下一个心动周期。由此可见，各瓣膜如同泵的"阀门"，始终保持血液向一个方向流动。如果因瓣膜病变引起瓣膜闭锁不全，或不能完全开放（狭窄）时，会导致心腔内血流动力学改变，产生病理性心脏杂音和其他症状。

> **知识链接**
>
> **心脏瓣膜病**
>
> 是指二尖瓣、三尖瓣、主动脉瓣和肺动脉瓣的瓣膜因风湿热、黏液变性、退行性改变、先天性畸形、缺血性坏死、感染或创伤等出现了病变，影响血流的正常流动，从而造成心脏功能异常，最终导致心力衰竭的单瓣膜或多瓣膜病变。

三、心的构造

（一）心纤维支架

心纤维性支架（图10-9）位于房室口，肺动脉口和主动脉口周围，由致密结缔组织构成。包括四个纤维环、二个纤维三角、圆锥韧带、室间隔膜部和瓣膜间隔等。

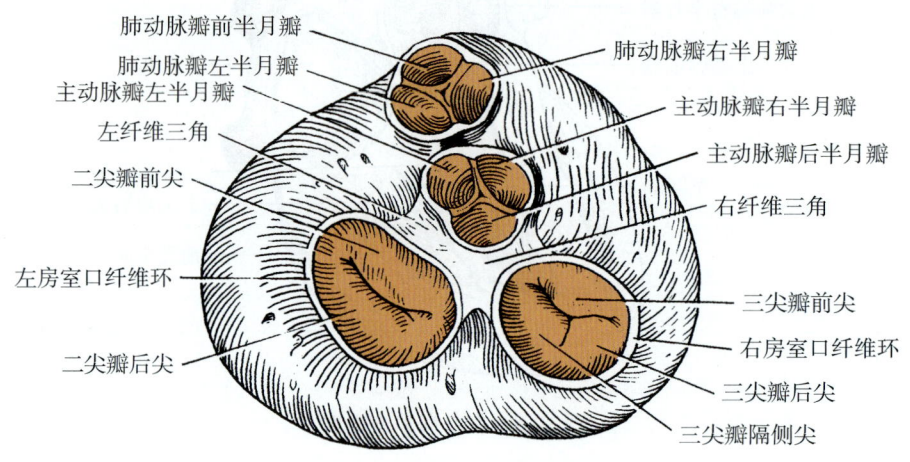

图 10-9　心瓣膜与心纤维支架

1. **纤维环 fibrous rings**　包括二尖瓣环、三尖瓣环、主动脉瓣环和肺动脉瓣环，它们分别位于左、右房室口和主、肺动脉口周围的结缔组织环，为心房肌、心室肌和瓣膜的附着处。

2. **纤维三角 fibrous trigone**　左、右各一。位于二尖瓣环与主动脉瓣环之间的称**左纤维三角 left fibrous trigone**，是二尖瓣手术的重要标志。位于二尖瓣环、三尖瓣环和主动脉后瓣之间的较大纤维结缔组织，称**右纤维三角 right fibrous trigon**。右纤维三角前方与室间隔膜部延续，房室束穿右纤维三角前行。当纤维三角变性硬化时，可压迫房室束，造成房室传导阻滞。

（二）心壁

心壁由心内膜、心肌层和心外膜三层组成，它们分别与血管的三层膜对应。

1. **心内膜 endocardium**　是被覆在心腔内面的一层光滑薄膜，并与大血管内膜相延。心内膜向心腔内折叠形成心瓣膜。瓣膜由双层内皮及其间薄层结缔组织形成。

2. **心肌层 myocardium**　构成心壁的主体，由心肌和心肌间质（包括心肌胶原、血管、神经纤维等）组成，包括心房肌和心室肌两部分，两者之间由心的纤维环支架隔开而互不延续，故心房肌、心室肌不同时收缩。

心房肌较薄，分浅、深两层。浅层肌横行，环绕左、右心房；深层肌为各心房所固有，厚 0.1~0.3cm。心室肌较厚，分浅、中、深三层。浅层肌束起自纤维和纤维三角，斜行向心尖。前面的肌束自上斜向左下，后面的肌束自左向右，在心尖处捻转形成心涡后即进入深部移行为纵行的深层肌，形成肉柱和乳头肌。中层亦起自纤维环，肌束呈环形，为各室所固有，左心室环形肌特别发达。

3. **心外膜 epicardium**　为浆膜心包的脏层，被覆与心肌层表面，其深面有血管、淋巴管和神经纤维分布。

（三）心间隔

包括房间隔和室间隔。

1. **房间隔 interatrial septum**　位于左、右心房之间，由双层心内膜夹以结缔组织和少量心肌所组成。前缘正对主动脉后瓣的中央，后缘与房间沟一致。房间隔右侧面中下部有卵圆窝，是房间隔最薄弱处。

2. **室间隔 interventricular septum**（图 10-8）　位于心房和心室交界部位，大部分由心肌和心内膜组成，称肌部 muscular part，其上方中部有一不规则形的膜性结构，称膜部 membranous part，是室间隔缺损的常见部位。

四、心的传导系统

心传导系 conduction system of heart 位于心壁内，主要由特殊分化的心肌细胞组成，包括窦房结、房室结、房室束及其分支和浦肯野纤维四部分（图 10-10）。其功能是产生并传导冲动，维持心房肌和心室肌有节律地协调收缩。

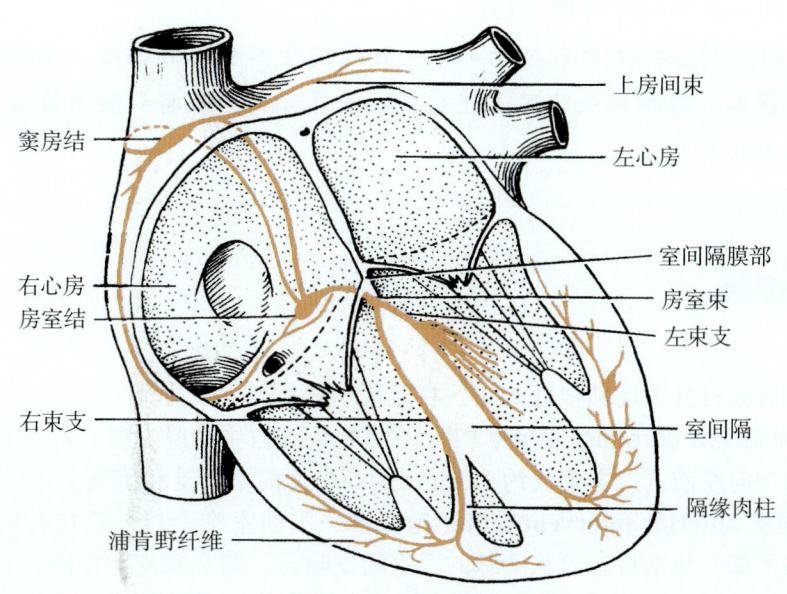

图 10-10　心传导系统模式图

（一）窦房结

窦房结 sinuatrial node 是心的正常起搏点，略呈长椭圆形或梭形，大小约 1.5cm×0.5cm×015 cm.。位于上腔静脉根部与右心房交界处，界沟上部的心外膜深面，具有自动节律性。

（二）房室结

房室结 atrioventricular node 位于房间隔下部右心房的心内膜下，冠状窦口的前上方，呈扁椭圆形，大小约 0.6cm×0.3cm×0.1cm，其前端发出房室束。房室结的作用是将窦房结传来的冲动发生短暂延搁再传至心室，保证心房收缩后再开始心室收缩。

（三）房室束及其分支

房室束 atrioventricular bundle 又称 His 束，从房室结前端发出后，穿右纤维三角，沿室间隔膜部后下缘前行，至室间隔肌部分上缘分为左、右束支，分别入左、右心室。

右束支 right bundle branch 为单一的索状纤维束，沿室间隔右侧面的心内膜下行，经隔缘肉柱（节制带）至前乳头肌根部，分支分布于右心室心肌。

左束支 left bundle branch 呈扁带状，沿室间隔左侧心内膜深面走行，在主动脉右、后瓣联合处分为三支：①左室前支，较细，行向前乳头肌根部、室间隔前部、左心室前壁和侧壁；②左室后支，较粗大，行向后乳头肌、室间隔后部；③间隔支，位于左室前、后支夹角内，由左室前、后支发出的数条细纤维构成，并呈网状，分布于室间隔下部心肌。

（四）浦肯野纤维

是左、右束支在心内膜深面的终末纤维，互相交织成心内膜下浦肯野纤维网，与心肌纤维相连，司心肌纤维的收缩。房室束、左右束支和浦肯野纤维的功能是将心房传来的兴奋迅速传播到整个心室。

心脏起搏器

是一种植入于体内的电子治疗仪器，通过脉冲发生器发放电脉冲，通过导线电极的传导，刺激电极所接触的心肌，使心脏激动和收缩，从而达到治疗由于某些心律失常所致的心脏功能障碍的目的。

人工心脏起搏系统主要包括两部分：脉冲发生器和电极导线。常将脉冲发生器单独称为起搏器。起搏系统除了上述起搏功能外，尚具有将心脏自身心电活动回传至脉冲发生器的感知功能。

五、心的血管

（一）动脉

营养心的动脉来自升主动脉根部的左、右冠状动脉。

1. 左冠状动脉 left coronary artery（图 10-11） 起自主动脉左窦，经左心耳与肺动脉根部之间沿冠状沟行向左前方，主干长约 1.0cm，随即分为前室间支和旋支。

（1）**前室间支 anterior interventricular branch**：沿前室沟走行，绕过心尖切迹转向心脏膈面的后室间沟下部，与来自右冠状动脉的后室间支吻合。前室间支向左侧、右侧和深面发出 3 组小分支，分布于左心室前壁大部、右心室前壁小部分及室间隔间 2/3 区域。

（2）**旋支 circumflex branch**：沿冠状沟继续左行，绕过心左缘至膈面，分支分布于左心房、左心室前壁一小部、左心室侧壁和后壁。有时可发出窦房结支和房室结支。

2. 右冠状动脉 right coronary artery（图 10-11） 起自主动脉右窦。在右心耳与肺动脉根部之间进入冠状沟向右后行，在行至房室交点处分二支。

（1）**后室间支 posterior interventricular branch**：沿后室间沟下行，终于后室间沟下部与来自左冠状动脉的前室间支吻合。分支分布于左、右心室后壁和室间隔后下 1/3 部。

（2）**左室后支 posterior branch of left ventricle**：自房室交点处向左下，分布于左心室后壁。

右冠状动脉沿途还发出分支营养心脏。①**右缘支 right marginal branch** 是右冠状动脉在心右缘下端处的分支，较恒定且粗大。沿心下缘由右向左走行，是冠状动脉造影时辨认血管分支的重要标志。分支布于右室前壁；②窦房结支，56.81% 的人起于右冠状动脉起始部段内，沿右心耳与主动脉根部之间向后上行，至上腔静脉口处分布于窦房结；③右圆锥支，从右冠状动

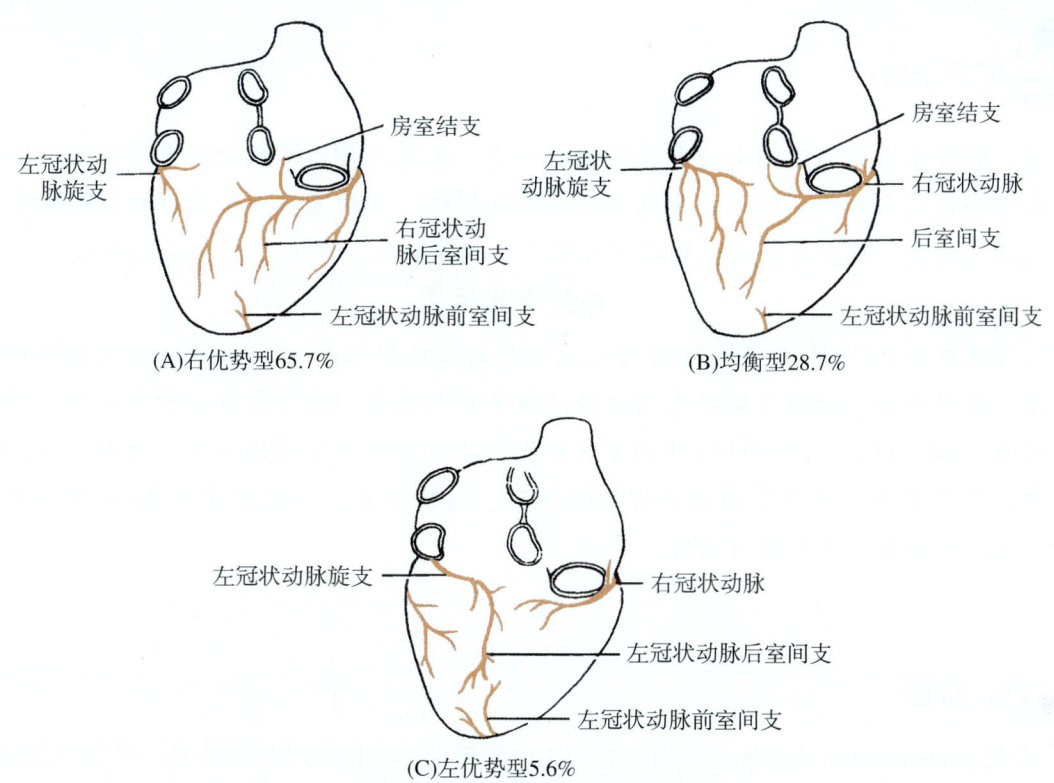

图 10-11 冠状动脉分布类型模式图

脉分出后，行向左下方与来自左冠状动脉的左圆锥支吻合成 Vieussen 环；④房室结支，90% 的人此支由右冠状动脉房室交点处的"U"形弯曲的顶点发出后向深部分布于房室结和房室束。

（二）静脉

心的静脉血经三个途径回心。

1. **心最小静脉** 是心壁内的一些小静脉，直接开口于各心腔。
2. **心前静脉** 起于右心室前壁，有 2~3 支，跨越冠状沟，向上直接开口于右心房。
3. **冠状窦 coronary sinus** 位于心膈面冠状沟内，是心大静脉在左心房和左心室之间的膨大部分，长约 4.6cm，其右端借冠状窦口开口于右心房。其属支有：

（1）心大静脉：与左冠状动脉的前室间支伴行，向上至冠状沟，向左绕过心左缘至心膈面，向右延续和注入冠状窦。

（2）心中静脉：与右冠状动脉后室间支伴行，向上注入冠状窦右端。主要收纳心膈面静脉血。

（3）心小静脉：与右冠状动脉伴行，绕过心右缘向左注入冠状窦。

知识链接

心脏架桥

俗称冠脉搭桥术，是国际上公认的治疗冠心病最有效的方法。冠心病的冠状动脉狭窄多呈节段性分布。且主要位于冠状动脉的近中段，远段大多正常。冠状动脉搭桥术就是在冠状动脉狭窄的近端和远端之间建立一条通道，使血液绕过狭窄位而到达远端，如一座桥梁使公路跨过山壑江河一样畅通无阻。心脏日夜不停地泵出血

> 知识链接
>
> 液，将营养成分输送到全身各器官组织中去。但是，作为泵的心脏自身的肌肉组织也需要氧气和养料，这是由冠状动脉系统来提供。如果冠状血管粥样硬化造成管腔狭窄或闭塞，就会导致这段冠状动脉供应的心肌缺血，严重的发生心肌梗死。
>
> **心脏支架手术**
>
> 是最近20年来开展的改善冠心病引起的心肌供血不足、心脏动脉阻塞的新技术。简单地说，心脏支架手术治疗的过程是穿刺血管，使导管在血管中前行，到达冠状动脉开口处，用特殊的传送系统将支架输送到需要安放的部位，放置、撤出导管，结束手术。患者在局部麻醉的情况下，接受手术，一般在穿刺24小时后便可下床，一般术后3天即可出院。

六、心包

心包 pericardium 是包裹心和出入心的大血管根部的圆锥形纤维浆膜囊，可分为外层的纤维心包和内层的浆膜心包两部分（图10-12）。

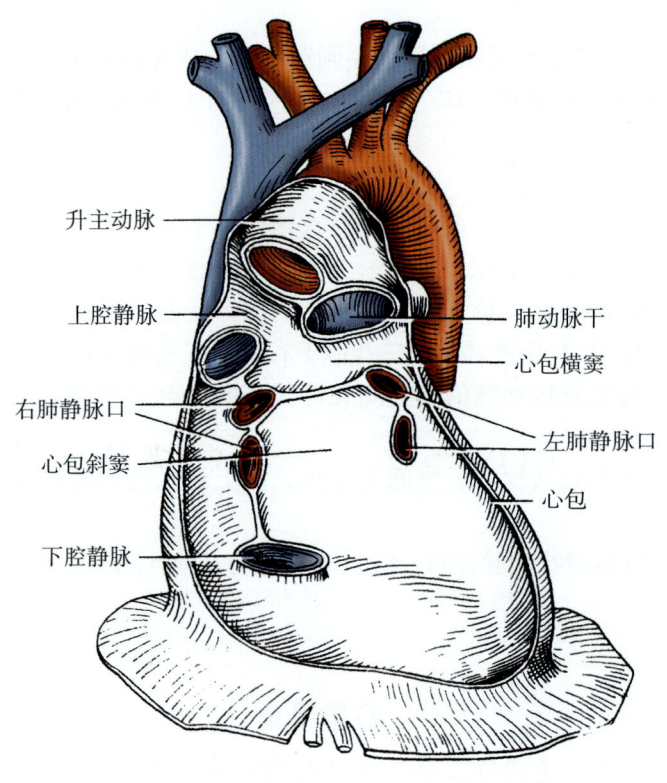

图10-12 心包

（一）纤维心包

纤维心包 fibrous pericardium 是坚韧的结缔组织囊，为心包的外层，向上包裹出入心的升主动脉、肺动脉干、上腔静脉和肺静脉的根部，并与这些大血管的外膜相移行，向下与膈中心腱相愈着。

（二）浆膜心包

浆膜心包 serous pericardium 分壁、脏两层。壁层紧贴于纤维心包的内面，脏层覆于心肌层的表面，即心外膜。两层在出入心的大血管根部相互移行。

浆膜心包脏、壁层之间的腔隙为**心包腔** pericardial cavity，内含少量浆液，起润滑作用，以减少心跳动时的摩擦。

在心包腔内，浆膜心包脏、壁两层返折处的间隙，称**心包窦**。主要有①**心包横窦** transverse pericardial sinus 位于主动脉升部、肺动脉干后方与上腔静脉、左心房前壁之间一横行空隙；②**心包斜窦** oblique pericardial sinus 位于左心房后壁、左、右上、下肺静脉和下腔静脉与心包后壁之间腔隙。

心包对心具有保护作用，正常时防止心过度扩大。由于纤维心包伸缩性很小，心包腔若大量积液可限制心的舒缩运动，影响静脉血回流。

七、心的体表投影

心在胸前壁的体表投影（图 10-13）可用下列 4 点连线来确定：①左上点，在左侧第 2 肋软骨下缘，距胸骨左缘 1.2cm 处；②右上点，在右侧第 3 肋软骨上缘，距胸骨右缘 1.0cm 处；③左下点，在左侧第 5 肋间隙距正中线 7～9cm（或左锁骨中线内侧 1～2cm）处，此点相当于心尖部；④右下点，在右第 6 胸肋关节处。

左、右上点连线为心上界；左、右下点连线为心下界；右上、下点间微凸向右侧的连线为心右界；左上、下点间微凸向左侧的连线为心左界。了解心脏的正常体表投影，对判断心的大小和位置有实用意义。

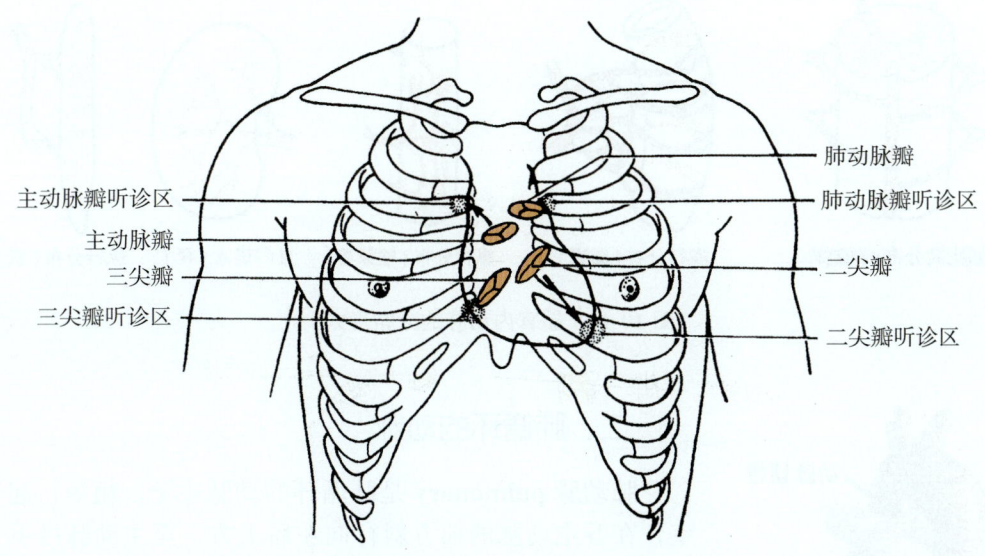

图 10-13　心的体表投影

（吴开云　王旻晨　金昌洙　章惠英）

第三节 动　脉

一、概述

动脉 artery 在机体内的分布情况有一定的规律，这种规律与机体的构造、发育和功能等相适应。动脉在器官外和器官内的分布各具特点。

1. 器官外动脉的分布遵循一些基本规律　①每一局部有主要动脉干，如头颈部的颈总动脉，上下肢的锁骨下动脉和髂外动脉等；②动脉的分布与机体左右对称的形式相对应。左右对称的结构，有对称的动脉供应，如四肢、头颈、肺、肾等；不对称的器官则由单支动脉供应，如肝、脾、胃、肠等；③分布于躯干的动脉分支有壁支和脏支。壁支供应体壁，成对，如肋间后动脉等；脏支供应体腔内的内脏，根据脏器对称与否，分成对和不成对两种；④动脉管径不仅取决于它供应器官的大小，而且与器官的功能有关；⑤血管经过和进入器官的部位也有一定的规律，一般以最短的途径到达器官，并且多从器官的凹侧进入。少数器官如男女生殖腺，由于器官在发生过程中的迁徙移位，动脉就相应地延长；⑥动脉多与静脉、神经伴行，形成血管神经束，走行于身体的屈侧、深部或隐蔽的部位。

2. 器官内动脉的分布形式与器官的结构特点相关，有放射型、纵行型、横行型等。分叶器官如肾、肝、肺等，动脉自门进入后常以放射型分布；管状或柱状器官动脉常以纵行型、横行型或放射状分布（图 10-14）。

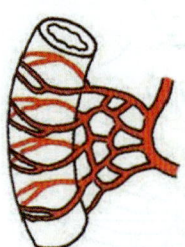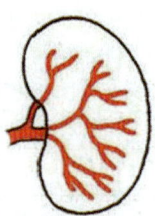

放射状分布（脊髓）　横行分布（肠管）　纵行分布（输尿管）　自门进入（肾）　纵行分布（肌）

图 10-14　器官内动脉的分布形式

二、肺循环的动脉

肺动脉 pulmonary 是肺循环的动脉主干，粗短，起于右心室，在升主动脉的前方斜行向左后上方，至主动脉弓下方分为左、右肺动脉入肺。左肺动脉较短，经左主支气管的前方肺静脉的后方至左肺门，分为 2 支进入左肺上、下叶。右肺动脉较长，向右后经升主动脉和上腔静脉的后方，食管和右支气管的前方到达右肺门，分 3 支进入右肺上、中、下叶。在肺动脉干分杈处稍左侧与主动脉弓下壁之间，有一结缔组织索相连，称动脉韧带，是胎儿时期动脉导管闭锁的遗迹（图 10-15）。动脉导管若在出生后六个月未闭锁，则称动脉导管未闭，是先天性心脏病之一。

图 10-15　动脉韧带

三、体循环的动脉

主动脉 aorta 是体循环的动脉主干。主动脉按走行可分为升主动脉、主动脉弓和降主动脉（图 10-16）。

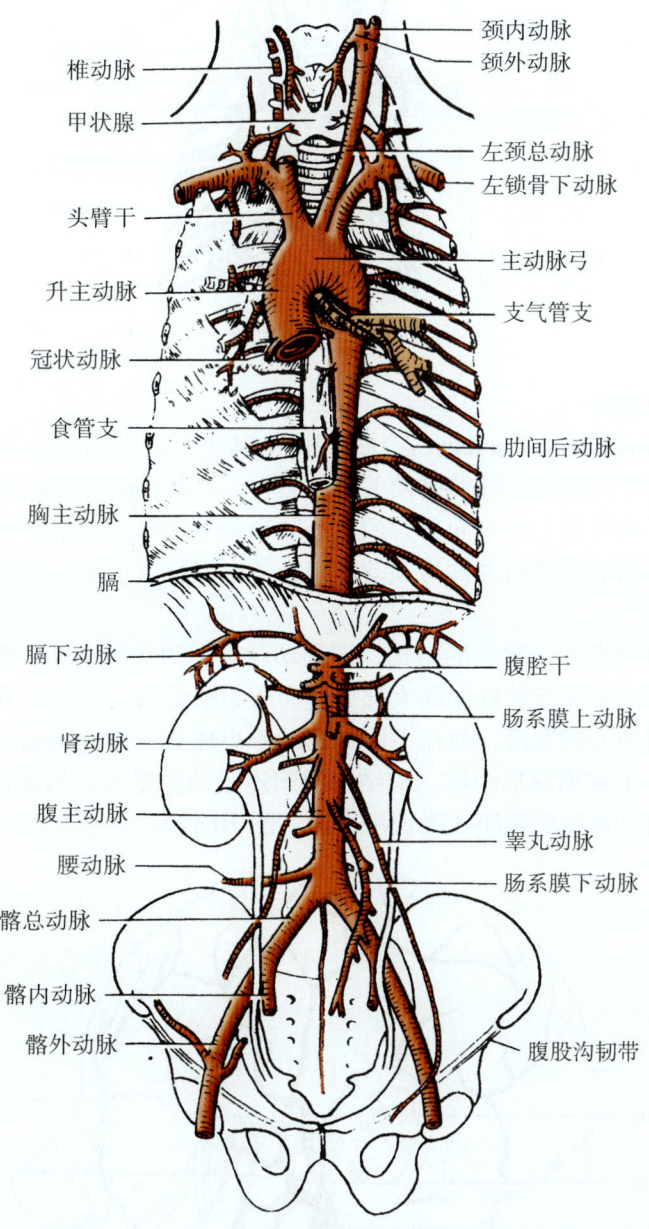

图 10-16　体循环动脉示意图

升主动脉 ascending aorta 位于胸腔中纵隔内，于胸骨左缘后方平对第 3 肋间隙起于左心室主动脉口，起始后斜向右前上方至右第二胸肋关节上缘处移行为主动脉弓。升主动脉的根部稍膨大，内面相应凹陷处为主动脉窦，为压力感受器。升主动脉发出左、右冠状动脉营养心。

主动脉弓 aortic arch 接续升主动脉，斜越左肺根上方，至第 4 胸椎体下缘左侧延续为降主动脉。主动脉弓的凸侧发出 3 条脉干，自右前向左后分别为头臂干、左颈总动脉和左锁骨下动脉。头臂干在右侧胸锁关节后方分为右颈总动脉和右锁骨下动脉（图 10-17）。

降主动脉 descending aorta 接续主动脉弓，沿脊柱左侧下降，途中逐渐移至脊柱前方，至第 12 胸椎前方穿过膈的主动脉裂孔进入腹腔，向下直行至第 4 腰椎体下缘分为左、右髂总动脉。降主动脉以膈的主动脉裂孔为界分为胸主动脉和腹主动脉（图 10-16）。

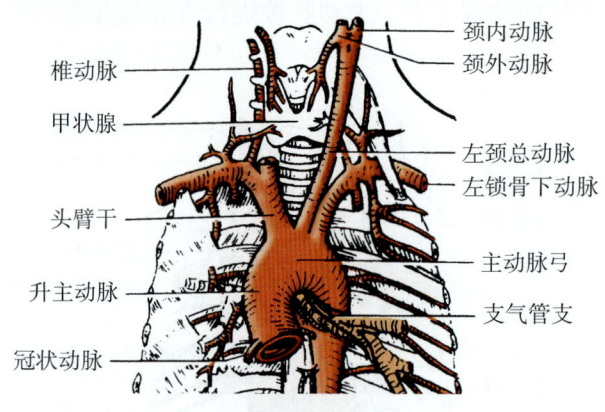

图 10-17　主动脉

（一）头颈部的动脉

颈总动脉 common carotid artery 是头颈部的动脉主干。左侧颈总动脉起于主动脉弓，右侧颈总动脉起于头臂干。颈总动脉经胸锁关节的后方，在胸锁乳突肌的深面，沿气管、食管和喉的两侧上升，至甲状软骨上缘平面分为颈内动脉和颈外动脉。颈总动脉与颈内静脉、迷走神经共同包被于一个共同的筋膜鞘内称为颈动脉鞘。颈内静脉位于颈总动脉的外侧，迷走神经位于该二血管的后方。

在颈总动脉分杈处有两个重要的结构，即颈动脉窦和颈动脉小球。**颈动脉窦 carotid sinus** 是颈总动脉末端和颈内动脉起始处的膨大部分，为压力感受器。当血压升高时，可刺激压力感受器，通过神经反射使心跳减慢、血压下降。**颈动脉小球 carotid glomus** 位于颈内动脉与颈外动脉分杈处后方的一个扁椭圆形小体，借结缔组织连于动脉壁上，当血液中 CO_2 浓度升高时，可刺激该感受器，通过神经反射使呼吸加深加快（图 10-18）。

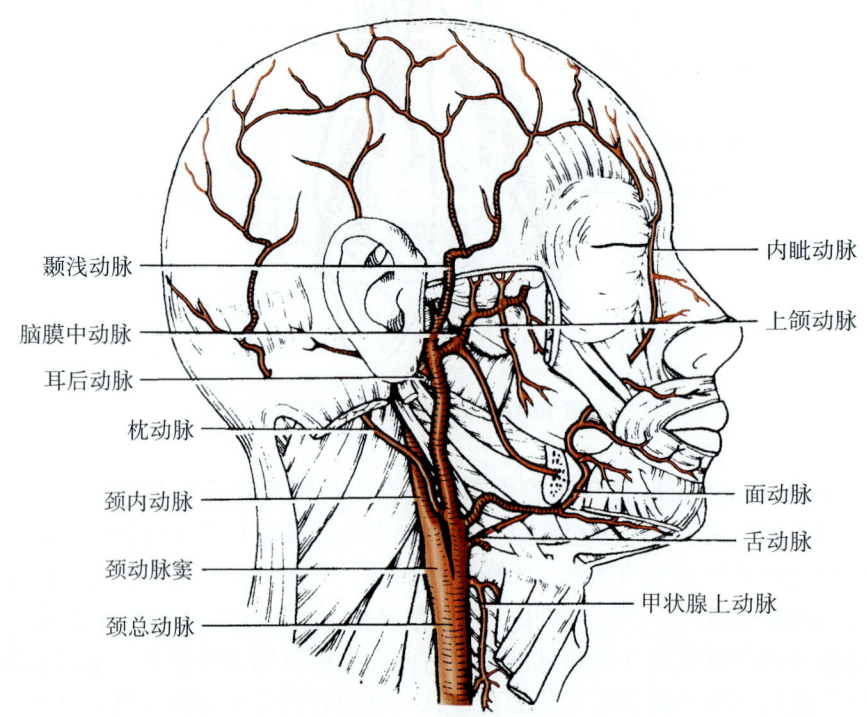

图 10-18　头颈部动脉

1. 颈外动脉 external carotid artery

自颈总动脉发出后，自内侧向外侧斜行向上绕过颈内动脉前方，于下颌支深面穿过腮腺，沿途自下而上发出甲状腺上动脉、舌动脉、面动脉等分支，至下颌颈处分为颞浅动脉和上颌动脉2个终支（图10-18）。

（1）甲状腺上动脉 superior thyroid artery：在颈外动脉起始处稍上方发出，向前下方行于颈总动脉和喉之间，达甲状腺侧叶上端，分支分布于甲状腺和喉。

（2）舌动脉 lingual artery：在舌骨大角处，甲状腺上动脉起点的稍上方起始，向前内进入口底，分支营养舌、舌下腺和腭扁桃体等。

（3）面动脉 facial artery：在舌动脉稍上方起始，向前内上至咬肌止点的前缘越过下颌骨底达面部，经鼻唇沟附近向上内方行至内眦，移行为内眦动脉。面动脉的分支主要分布于咽、腭扁桃体、下颌下腺和面部软组织。

（4）颞浅动脉 superficial temporal artery：发出后在腮腺内经下颌颈的后方上升到耳屏前方，越过颧弓根部表面到达颞区，分支分布于腮腺及颞区软组织。

（5）上颌动脉 maxillary artery：在下颌颈内面与颞浅动脉呈直角发出，向前入颞下窝，于翼内肌和翼外肌之间向内，最后进入翼腭窝。该动脉发出脑膜中动脉，向上穿棘孔入颅腔，在颅中窝的外侧分为前后支，其中前支走行在翼点内面的骨沟或骨管内，当翼点骨折时，此动脉易受损伤形成硬膜外血肿。上颌动脉的分支主要营养硬脑膜、鼻腔、腭、颞下颌关节和咀嚼肌等。

颈外动脉尚有枕动脉、耳后动脉、咽升动脉等分支，分布于枕部和耳后等部位。

2. 颈内动脉 internal carotid artery 起始后沿咽侧壁向后上方达颅底，穿颈动脉管入颅。该动脉在颅外没有分支，在颅内分支分布于脑和视器。

（二）上肢的动脉

1. 锁骨下动脉 subclavian artery 为营养上肢的动脉干。左侧的起于主动脉弓，右侧的起于头臂干。起始后经胸锁关节后方，呈弓形越过胸膜顶前面，穿斜角肌间隙后于第1肋外缘延续为腋动脉。锁骨下动脉的分支主要有椎动脉、胸廓内动脉和甲状颈干等（图10-19）。

（1）椎动脉 vertebral artery：在前斜角肌内侧起自锁骨下动脉上壁，向上穿经上位6个

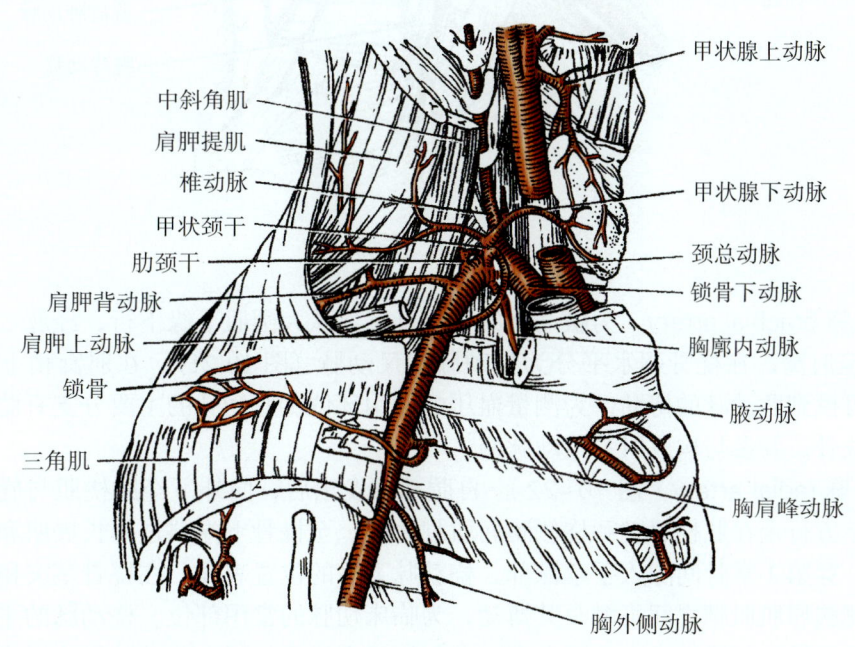

图10-19　锁骨下动脉及分支

颈椎横突孔，再穿枕骨大孔入颅腔，分布于脑和脊髓。

（2）**胸廓内动脉 internal thoracic artery**：起自锁骨下动脉的下壁，与椎动脉起点相对。在距胸骨外侧缘约 1.2cm 的范围内，紧贴在第 1～6 肋软骨后面下行，沿途分支分布于胸前壁、心包、膈及乳房等。至第 6 肋软骨后面附近，分为肌膈动脉和腹壁上动脉 2 终支。肌膈动脉分布于下位肋间隙、腹壁诸肌和膈，腹壁上动脉穿过膈后分布于腹前壁的上部及腹膜等。

（3）**甲状颈干 thyrocervical trunk**：为一短干，在椎动脉起点外侧起于锁骨下动脉上壁，其主要分支为：①甲状腺下动脉，绝大多数由甲状颈干发出，少数直接由锁骨下动脉发出。发出后由内向外横过颈动脉鞘后方，分布于甲状腺、气管以及食管等；②肩胛上动脉，向外下穿肩胛骨上缘的冈上切迹入冈上窝和冈下窝，分支营养冈上肌和冈下肌；③颈横动脉，向后走行，分布于肩胛区。

2. **腋动脉 axillary artery**　为锁骨下动脉在第 1 肋外缘的延续（图 10-20）。腋动脉与臂丛一起自内上向外下穿过腋窝深部，至大圆肌下缘移行于肱动脉。腋动脉的主要分支有：①胸肩峰动脉，为一短干，分布于肩峰、三角肌、胸肌和锁骨；②胸外侧动脉，沿胸小肌下缘走行，分布于胸肌、前锯肌和乳房外侧；③肩胛下动脉，沿肩胛骨腋缘向后下行，分为胸背动脉和旋肩胛动脉，前者分布于前锯肌和背阔肌，后者分布于冈下窝附近肌；④旋肱前动脉和旋肱后动脉，两者分别在前面和后面旋绕肱骨外科颈，分布于肩关节和附近诸肌。

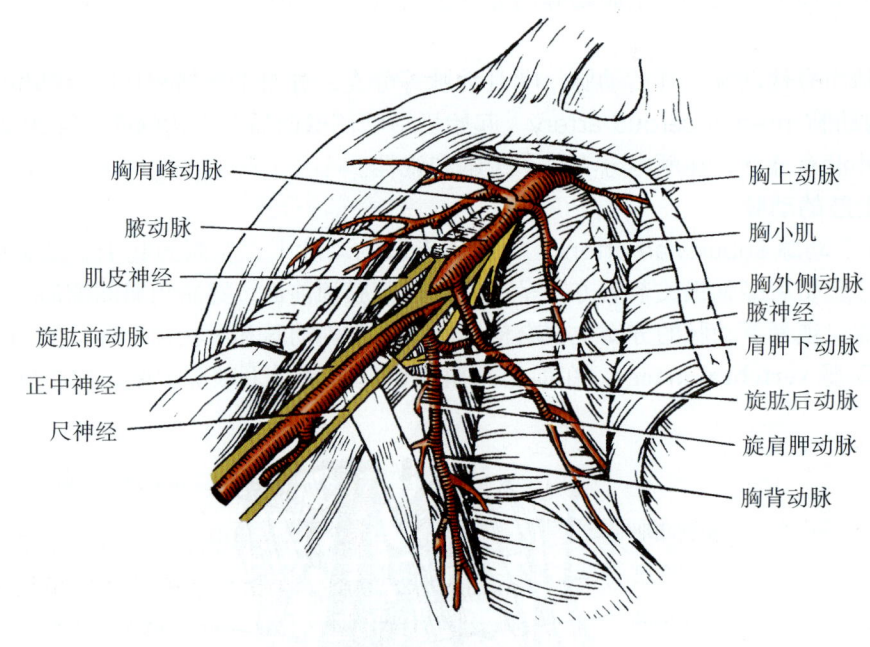

图 10-20　腋动脉

3. **肱动脉 brachial artery**　为腋动脉的直接延续。从大圆肌下缘下行，经肱二头肌内侧紧贴肱骨下行至肘窝，在桡骨颈水平分为桡动脉和尺动脉（图 10-21）。在肘窝稍上方，于肱二头肌腱内侧可摸到肱动脉的搏动，为测量血压的常用部位。肱动脉的主要分支有肱深动脉，分布于臂肌和肱骨，并参与构成肘关节动脉网。

4. **桡动脉 radial artery**（图 10-22）　自肱动脉发出后，向外下经肱桡肌与旋前圆肌之间下行，至腕上方行走在肱桡肌腱和桡侧腕屈肌腱之间，至桡骨下端斜过拇长展肌和拇短伸肌腱深面至手背，穿第 1 掌骨间隙入手掌深部。桡动脉下段的位置表浅，在桡骨茎突稍内侧，肱桡肌肌腱与桡侧腕屈肌肌腱之间可触及其搏动，为临床切脉的常用部位。桡动脉的主要分支有掌浅支和拇主要动脉。掌浅支沿大鱼际向下，参与构成掌浅弓。拇主要动脉供应拇指。桡动脉末

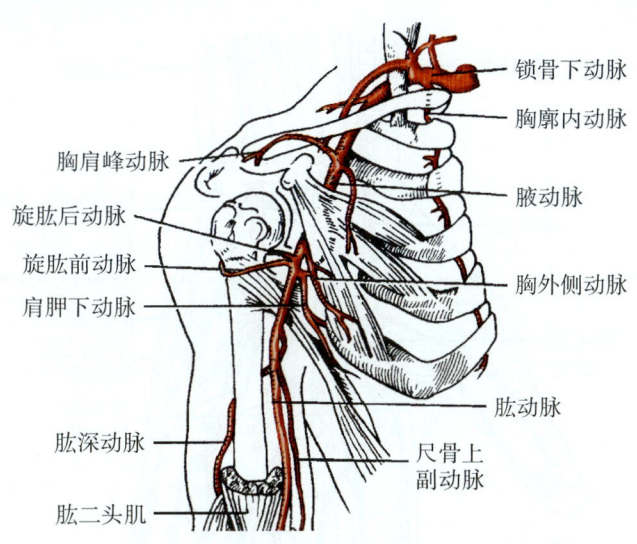

图 10-21　肱动脉

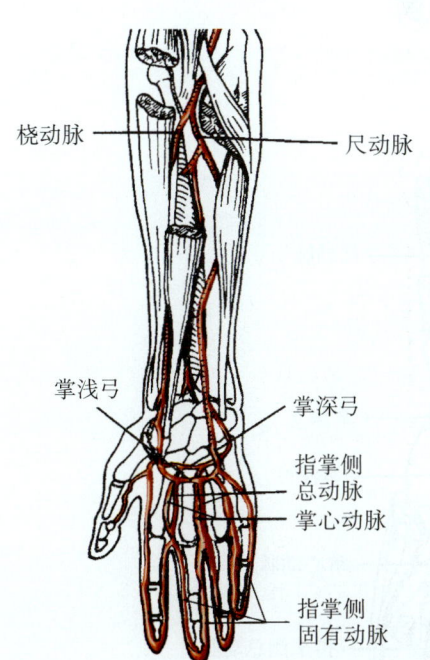

图 10-22　桡动脉和尺动脉

端进入手掌深部与尺动脉的掌深支吻合形成掌深弓。

5. **尺动脉 ulnar artery**（图 10-22）　自肱动脉发出后，沿着尺侧腕屈肌和指浅屈肌腱之间下行，在腕部绕经豌豆骨桡侧进入手掌，其末端行于掌腱膜深面，与桡动脉掌浅支吻合构成掌浅弓。尺动脉在起始处附近发出骨间总动脉，该动脉在前臂骨间膜上缘再分为骨间前动脉和骨间后动脉，分别于骨间膜前面和后面下降，分支营养前臂肌。尺动脉在豌豆骨的远侧发出掌深支，穿经小鱼际至掌深部，与桡动脉末端吻合构成掌深弓。

6. **掌浅弓和掌深弓**　掌浅弓 superficial palmary arch 较粗大，由尺动脉末端和桡动脉的掌浅支吻合而成（图 10-23），由弓的凸缘发出 3 条指掌侧总动脉和 1 条小指尺掌侧动脉。各指掌侧总动脉下行至掌指关节附近分为 2 条指掌侧固有动脉，分布到第 2～5 指相对缘的掌侧，小指尺掌侧动脉分布到小指的尺侧缘。**掌深弓 deep palmary artery** 较细小，由桡动脉末端和尺动脉的掌深支组成（图 10-23），由弓的凸侧发出 3 条掌心动脉，沿第 2～4 掌侧骨间肌表面下行，至掌指关节附近并入指掌侧总动脉。掌浅弓和掌深弓沟通了自掌侧进入的尺动脉和从手背进入的桡动脉之间的联系，掌浅弓与掌深弓之间也借掌心动脉连接，形成了多方位的手的动脉吻合，保证手在握持物体时，仍然能得到充足的血液供应。

（三）胸部的动脉

胸主动脉 thoracic aorta 是胸部的动脉主干，平第 4 胸椎体下缘的左侧接续主动脉弓，沿脊柱下降至第 12 胸椎高度穿膈的主动脉裂孔移行为腹主动脉（图 10-24）。胸主动脉的分支有壁支和脏支。

1. **壁支**　包括肋间后动脉和肋下动脉。肋间后动脉走行于相应的肋间隙内，与肋间后静脉、肋间神经伴行，向前与胸廓内动脉发出的肋间前动脉吻合，沿途分支分布于脊髓、背深

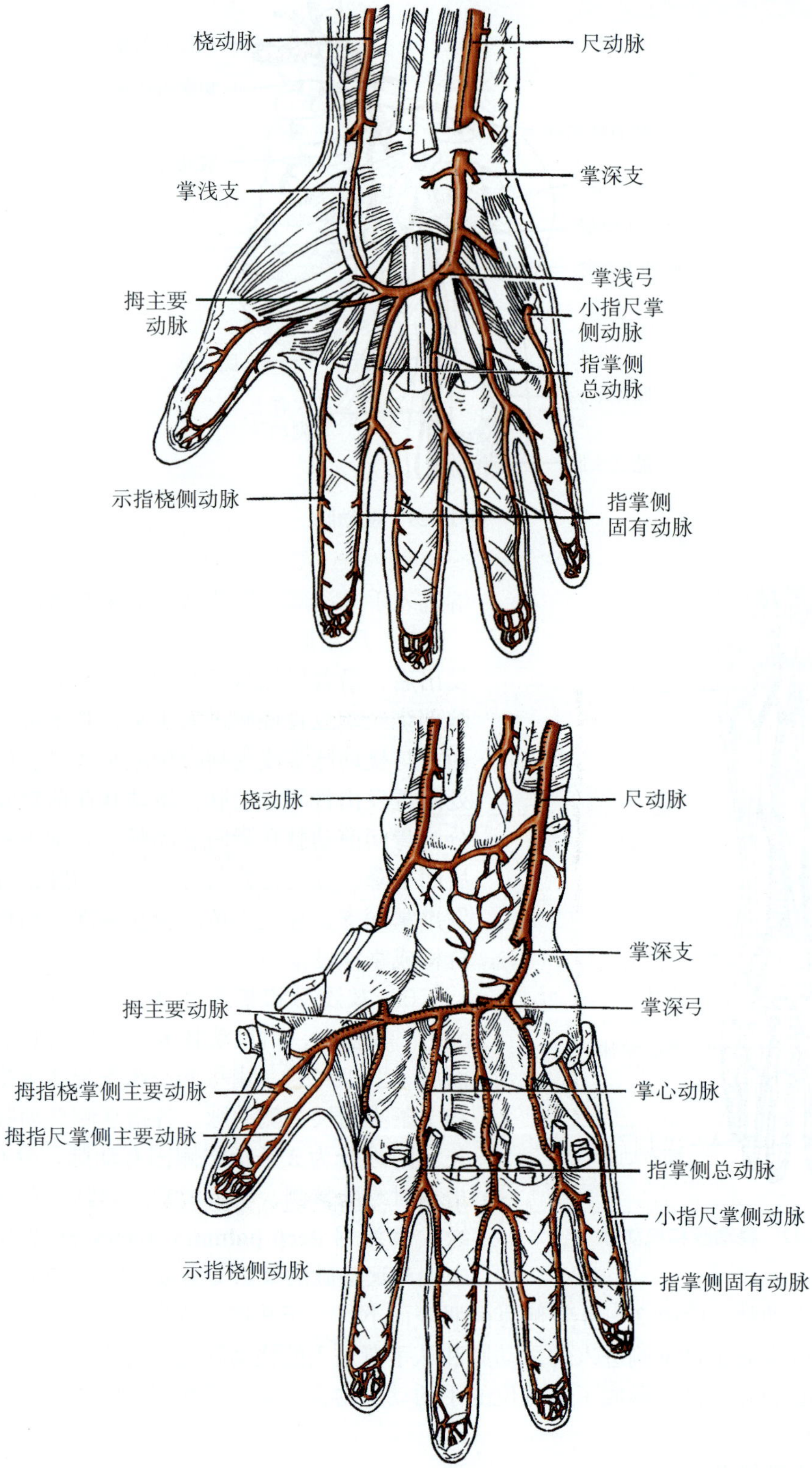

图 10-23　掌浅弓和掌深弓

肌、胸壁和腹壁。肋下动脉走行于第 12 肋下缘，与肋下神经伴行，分布于腹前壁下部。

2. 脏支　细小，主要有支气管动脉、食管动脉、心包支，分布于支气管、食管和心包。

（四）腹部的动脉

腹主动脉 abdominal aorta 是腹部的动脉主干，于膈的主动脉裂孔处接续胸主动脉，在第

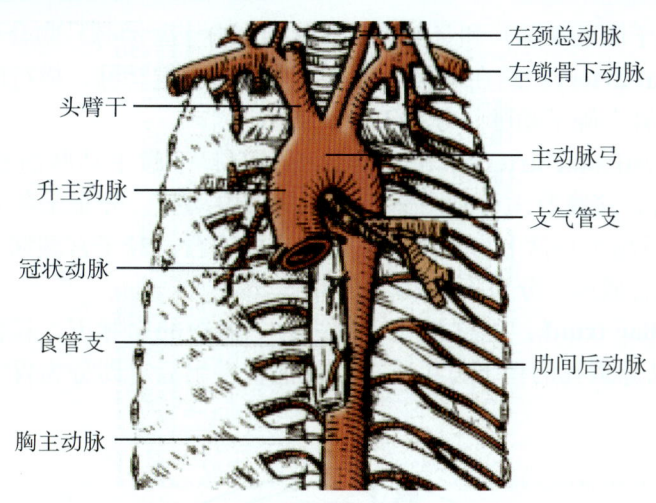

图 10-24 胸主动脉

4 腰椎下缘分为左、右髂总动脉（图 10-25）。腹主动脉的分支有壁支和脏支。

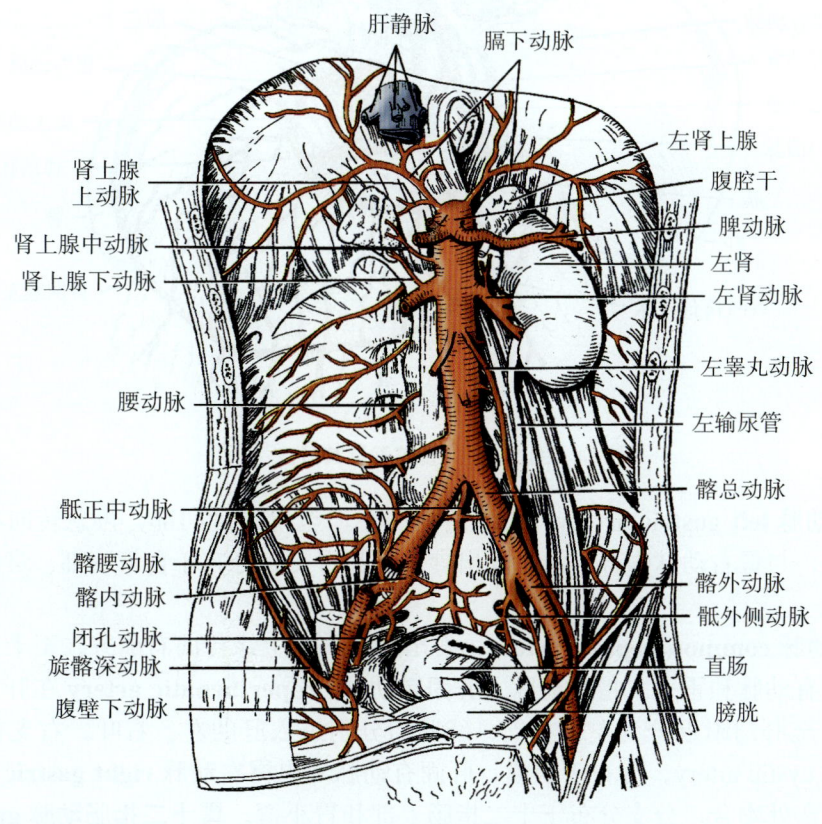

图 10-25 腹主动脉及其分支

1. **壁支** 主要有膈下动脉和腰动脉。膈下动脉起于腹主动脉起始端附近，分布于膈和肾上腺。腰动脉有 4 对，自腹主动脉背侧发出，在肾动脉起点下方的不同高度起于腹主动脉后壁，分布于腰部和腹前外侧壁肌、脊柱、脊髓及被膜等。

2. **脏支** 又分为成对和不成对两种，成对的脏支包括肾上腺中动脉、肾动脉和睾丸动脉（卵巢动脉），不成对的脏支包括腹腔干、肠系膜上动脉和肠系膜下动脉。

（1）**肾上腺中动脉 suprarenal media artery**：约在第 1 腰椎平面起始于腹主动脉侧壁，与肾上腺上动脉（来自于肌膈动脉）和肾上腺下动脉（来自于肾动脉）吻合分布于肾上腺。

（2）**肾动脉 renal artery**：约在平第 2 腰椎高度起于腹主动脉，横行向外，经肾门进入肾实质。肾动脉还发出肾上腺下动脉，分布于肾上腺。

（3）**睾丸动脉 testicular artery**：在肾动脉稍下方起于腹主动脉前壁，细而长，沿腰大肌表面斜向下外走行，穿腹股沟管到阴囊，也称精索内动脉，分布于睾丸和附睾。**卵巢动脉 ovarian artery** 发出后越小骨盆上口进入卵巢悬韧带内下行，经子宫阔韧带，在输卵管下方与子宫动脉的卵巢支吻合成弓，分布于卵巢和子宫。

（4）**腹腔干 coeliac trunk**：也称腹腔动脉。为一粗短的动脉干，长仅 1～2cm，约平第 12 胸椎高度，在主动脉裂孔的稍下方由腹主动脉前壁发出后，即分为胃左动脉、肝总动脉和脾动脉（图 10-26）。

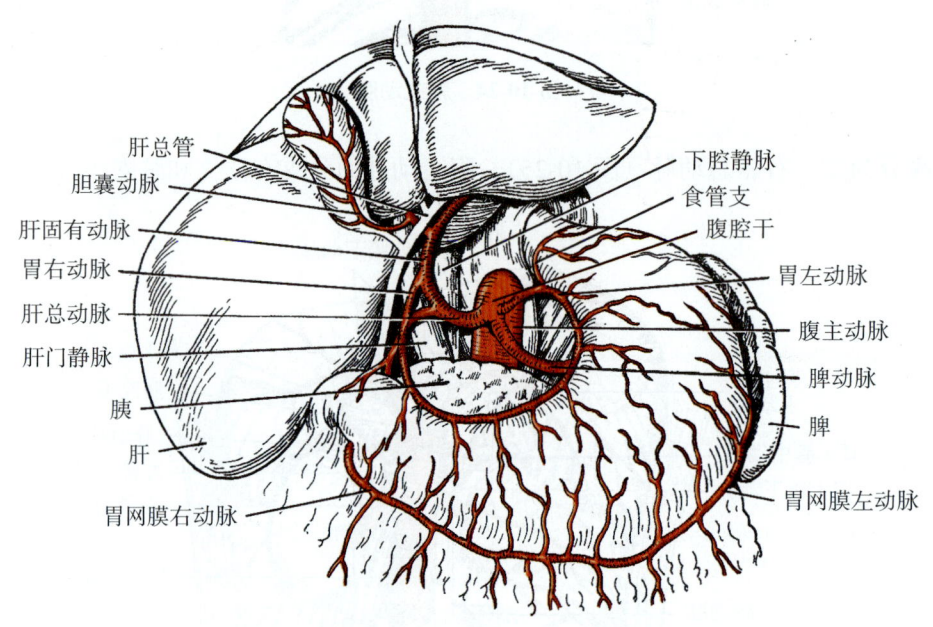

图 10-26　腹腔干及其分支

1）**胃左动脉 left gastric artery**：发出后斜向左上至胃的贲门部，再急转向右，沿胃小弯向幽门部行进，与胃右动脉吻合，沿途发出食管支和胃支，分布于食管腹部、贲门和胃小弯附近的胃壁。

2）**肝总动脉 common hepatic artery**：发出后沿胰头上缘行向右前方，至十二指肠上部的上方分为肝固有动脉和胃十二指肠动脉。**肝固有动脉 proper hepatic artery** 在肝十二指肠韧带内向右上行，至肝门附近分为左、右支，经肝门分别进入肝的左、右叶。右支在进入肝门前发出胆囊动脉 cystic artery，分布于胆囊。肝固有动脉发出**胃右动脉 right gastric artery**，与胃左动脉在胃小弯处吻合，分支分布于十二指肠上部和胃小弯。**胃十二指肠动脉 gastroduodenal artery** 在十二指肠上部的后方下降，至幽门下缘分为**胃网膜右动脉 right gastroepiploic artery** 和胰十二指肠上动脉。前者沿胃大弯向左走行，末端与胃网膜左动脉吻合，沿途分支分布于大网膜和胃大弯侧胃壁；后者发出分支分布于胰头和十二指肠。

3）**脾动脉 splenic artery**：较粗大，沿胰上缘左行达脾门入脾。在脾门附近，脾动脉的分支有：①脾支，数支，进入脾门。②**胃短动脉 short gastric arteries**，2～4 支，分布于胃底。③**胃网膜左动脉 left gastroepiploic artery**，沿胃大弯右行，与胃网膜右动脉吻合，分支分布于胃大弯处胃壁。胰支，分布于胰体和胰尾。

（5）**肠系膜上动脉 superior mesenteric artery**：约平第 1 腰椎高度起自腹主动脉前壁，在胰头和十二指肠水平部之间穿出，越过十二指肠水平部的前面进入小肠系膜根的两层腹膜之间，斜向右下至右髂窝（图 10-27）。主要分支有：

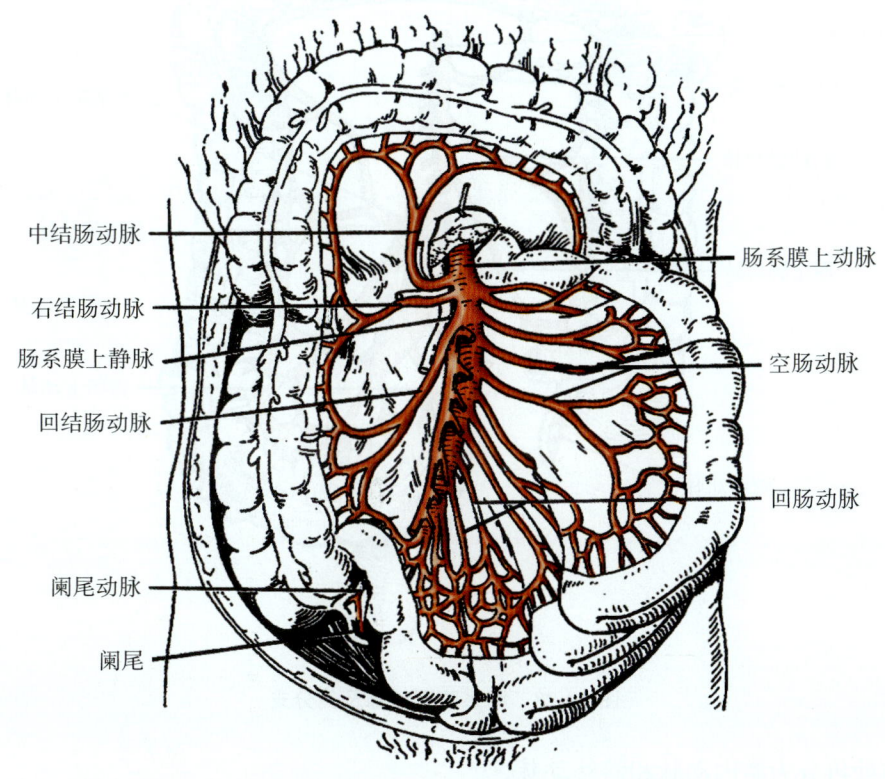

图 10-27　肠系膜上动脉及其分支

1）胰十二指肠下动脉：分布于胰头和十二指肠。

2）**空肠动脉 jejunal artery** 和**回肠动脉 ileal artery**：数目不定，一般常见者有 12～16 支，分布于空、回肠。

3）**中结肠动脉 middle colic artery**：在胰的稍下方由肠系膜上动脉发出，分布于横结肠，并与左、右结肠动脉的分支吻合。

4）**右结肠动脉 right colic artery**：在中结肠动脉起点的稍下方自肠系膜上动脉发出，横行向右，分支营养升结肠，末端分别与回结肠动脉和中结肠动脉吻合。

5）**回结肠动脉 ileocolic artery**：为肠系膜上动脉最低分支，分布到回肠末端、盲肠、阑尾和升结肠的下部。回结肠动脉分出**阑尾动脉 appendicular artery**，进入阑尾系膜，分布于阑尾。

（6）**肠系膜下动脉 inferior mesenteric artery**：较细，约平第 3 腰椎高度起于腹主动脉前壁，行向左下方（图 10-28）。分支有：

1）**左结肠动脉 left colic artery**：发出后，沿腹后壁横行向左，分布于降结肠和结肠左曲，并与中结肠动脉及乙状结肠动脉的分支吻合。

2）**乙状结肠动脉 sigmoid artery**：2～3 支，发出后，斜向左下，进入乙状结肠系膜，分布于乙状结肠。

3）**直肠上动脉 superior rectal artery**：为肠系膜下动脉主干的延续，经乙状结肠系膜的两层之间小骨盆上口进入骨盆，分布于直肠上部，并与乙状结肠动脉及直肠下动脉吻合。

（五）盆部的动脉

髂总动脉 common iliac artery 左、右各一，由腹主动脉平第 4 腰椎体左侧分出，向下外

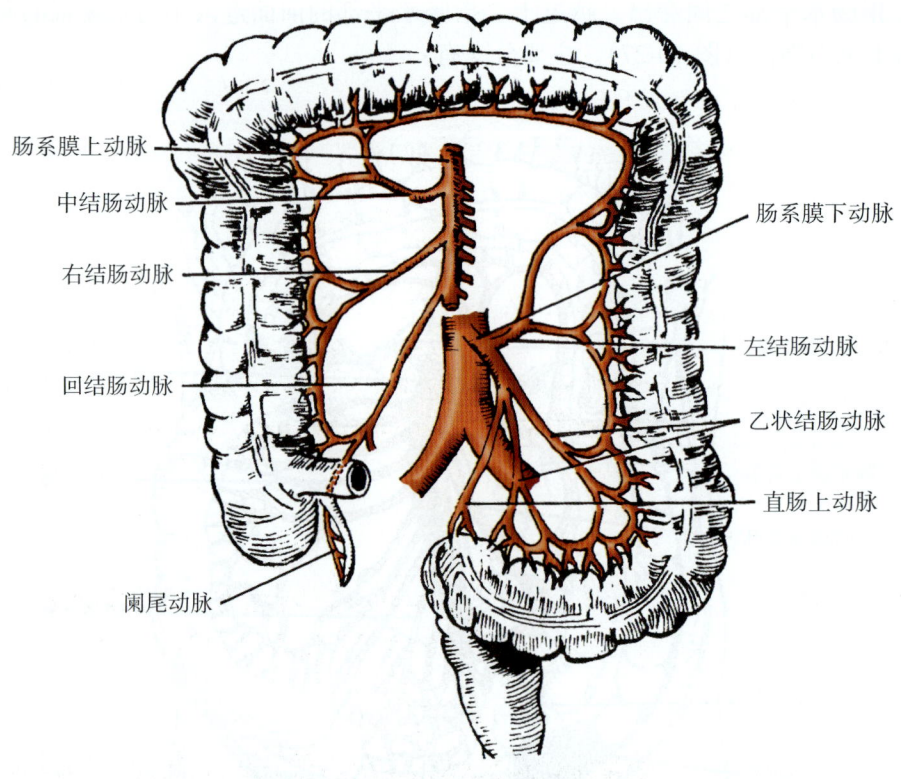

图 10-28 肠系膜下动脉及其分支

至骶髂关节处再分为髂内动脉和髂外动脉。

1. **髂内动脉** internal iliac artery 为一粗短动脉干，斜向内下进入骨盆，发出脏支和壁支，分布于盆部和会阴（图 10-29）。

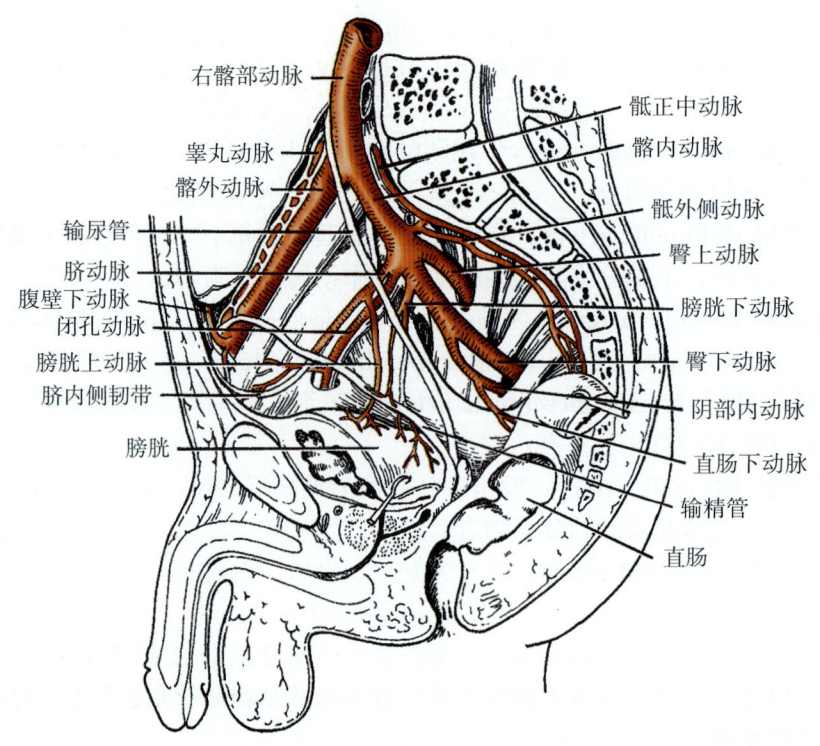

图 10-29 盆部的动脉（男性，右侧）

（1）壁支：主要有 3 条：

1) **闭孔动脉 obturator artery**：沿盆腔侧壁，经盆内筋膜与腹膜之间，与闭孔神经伴行，穿闭膜管至股部，分支分布于髋关节和股内收肌群。

2) **臀上动脉 superior gluteal artery**：穿梨状肌上孔出骨盆，主要分布于臀中肌和臀小肌。

3) **臀下动脉 inferior gluteal artery**：穿梨状肌下孔出骨盆，主要分布于臀大肌。

（2）脏支：主要分支为：①**脐动脉 umbilical artery**：是胎儿时期输送胎儿血到胎盘的动脉干，出生后远段闭锁形成脐内侧韧带，近侧保留一段流通血液，自此部发出膀胱上动脉，分布于膀胱；②**子宫动脉 uterine artery**：发出后向内下方，越过输尿管的前方，至在子宫阔韧带的两层腹膜之间上升至子宫底，营养子宫、输卵管和阴道；③**阴部内动脉 internal pudendal artery**：自梨状肌下缘出骨盆，绕过坐骨棘，穿坐骨小孔进入坐骨直肠窝，分布于肛管、外生殖器等。还有膀胱下动脉、直肠下动脉，分布于膀胱和直肠。

由于子宫动脉在子宫颈外侧约 2cm 处跨过输尿管的前上方（水在桥下流），因此子宫全切术结扎子宫动脉宜紧贴子宫进行。

2. **髂外动脉 external iliac artery**（图 10-29） 是营养下肢的动脉干。在骶髂关节由髂总动脉分出后，沿着腰大肌内侧缘下行，经腹股沟韧带中点的深面进入股前部，移行为股动脉。穿过腹股沟韧带深面之前，髂外动脉发出腹壁下动脉和旋髂深动脉。腹壁下动脉由髂外动脉分出后斜向内上，进入腹直肌鞘，在腹直肌后面上行，营养腹直肌并与腹壁上动脉吻合；旋髂深动脉由髂外动脉分出后行向外上至髂前上棘附近，供应髂骨前部和髂肌。

（六）下肢动脉

1. **股动脉 femoral artery** 在腹股沟韧带中点处的深面接续于髂外动脉，在股三角内与股静脉、股管被股鞘包裹，动脉在外侧，静脉居中，股管在内侧（图 10-30）。股动脉向下经股三角尖端进入收肌管，穿大收肌腱裂孔至腘窝，移行于腘动脉。在股三角内，股动脉位置表浅，于腹股沟韧带中点稍下方容易触及。由于股动脉与内侧的股静脉紧密伴行，股动脉穿刺时务必准确定位，否则容易误刺入股静脉。股动脉的主要分支为股深动脉 deep femoral artery，自腹股沟韧带下方约 3cm 范围内，起自股动脉的外侧壁或后壁，行向内下方，先后发出旋股外侧动脉、旋股内侧动脉和 3～4 条穿动脉，营养附近诸肌和髋关节等。

2. **腘动脉 popliteal artery** 续于股动脉，在腘窝内向下直行，至腘窝下角处分为胫前动脉和胫后动脉（图 10-30）。腘动脉在腘窝内发出数条分支，吻合形成膝关节动脉网，营养膝关节和附近组织。

3. **胫前动脉 anterior tibial artery** 在腘窝下缘自腘动脉发出后，穿小腿骨间膜至小腿前群肌深面下行，至足背，移行为足背动脉（图 10-30）。足背动脉在踝关节前方接续胫前动脉，行走于姆长伸肌腱之间，至第 1 跖骨间隙近侧分出足底深支和跖背动脉两终支。足底深支穿第 1 跖骨间隙至足底，参与足底弓的形成；跖背动脉分布于足背。足背动脉位置表浅，在踝关节前方，内、外踝连线的中点可触及该动脉。

4. **胫后动脉 posterior tibial artery** 为腘动脉的直接延续，自腘动脉分出后在小腿后群肌浅、深层之间下行，经内踝后下方至足底，分为足底内侧动脉和足底外侧动脉两终支（图 10-31）。足底内侧动脉分布于足底内侧，足底外侧动脉至第 1 跖骨间隙与足背动脉的足底深支吻合

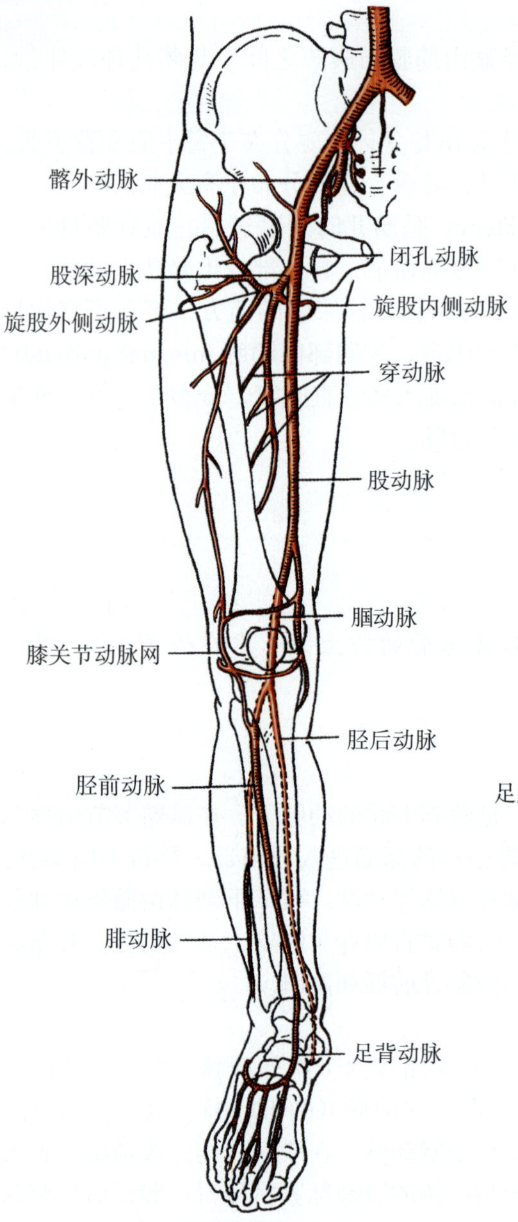

图 10-30　下肢的动脉

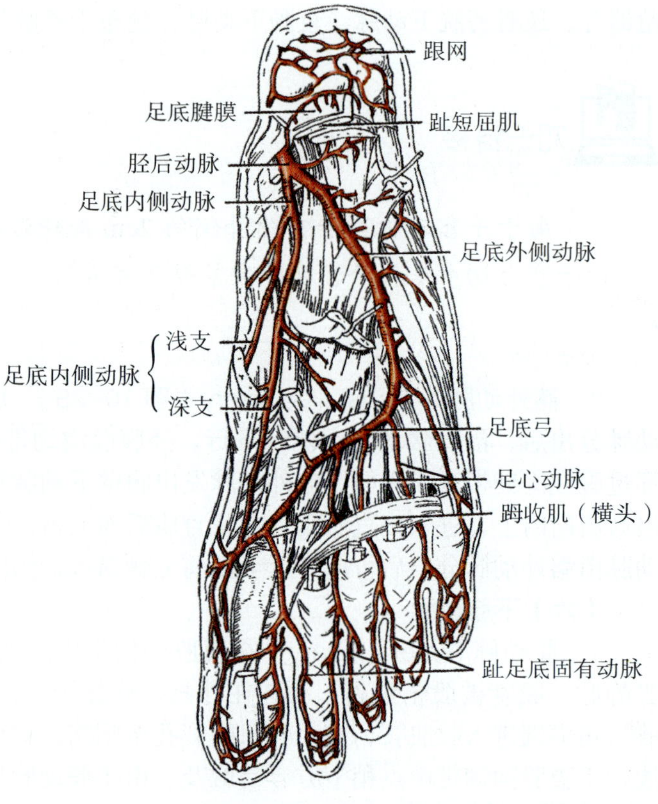

图 10-31　足底的动脉

成足底弓。胫后动脉在小腿上部发出腓动脉，行于胫骨后肌和𧿹长屈肌之间，营养腓骨及小腿外侧群肌。

四、常用的动脉体表压迫止血部位

1. **面动脉**　面动脉在咬肌止点前缘与下颌体下缘相交处，面动脉位置表浅，可触及其搏动，面部出血时可在此处紧急压迫止血。

2. **颞浅动脉**　颞浅动脉在耳屏前方颧弓根部，位置表浅，可在该处触及动脉搏动。当头部颞区流血不止时，可在此处紧急压迫止血。

3. **颈总动脉**　颈总动脉在胸锁乳突肌前缘中点处，可触及动脉搏动，当一侧头面部出血不止时，将该动脉压向第 6 颈椎横突，可达到暂时止血的目的。

4. **肱动脉**　前臂或手大出血时，可在臂的中部自内侧向外侧将肱动脉压向肱骨以紧急止血。

5. 指掌侧固有动脉　指掌侧固有动脉是手指的主要供血动脉，行走于手指的两侧。手指出血时，在手指根部两侧同时压迫可达到止血的目的。

6. 股动脉　下肢大出血时，可在腹股沟韧带中点稍下方将股动脉向后压向髋骨的髂耻隆起进行紧急止血。

7. 足背动脉　在内、外踝连线中点与第1、2跖骨底之间可触及动脉搏动，当足背部流血不止时，将该动脉压向深部的骨面，达到暂时止血的目的。

（曲立文　章惠英　金昌洙）

第四节　静　脉

一、概述

静脉 vein 是指从毛细血管输送血液回流入心的血管。静脉内血流缓慢，压力较低，管壁薄，弹性小，可扩张性大，故静脉系的血容量很大，有血液贮存库的作用。静脉易受重力及血管外组织挤压等因素影响。全身静脉分为肺循环的静脉和体循环的静脉。

静脉在结构与配布上有以下特点：

1. 管腔内有静脉瓣（图10-32）　静脉瓣有防止血液逆流或改变血流方向的功能，主要存在于中等静脉，下肢多于上肢。当静脉瓣功能不全时，常引起静脉曲张。

2. 体循环静脉可分为浅静脉和深静脉　浅静脉行于皮下组织，临床多在此进行注射、输液或采血；深静脉位于深筋膜的深面或体腔内，多数深静脉与同名动脉伴行，收集范围与伴行动脉的分布区大体一致。

3. 静脉吻合广泛，形成静脉网和静脉丛　静脉网由浅静脉吻合而成；静脉丛在容积经常变动的脏器周围或壁内特别发达。静脉的吻合有利于各静脉系间的沟通和血液回流，但也为感染、肿瘤提供了扩散途径。

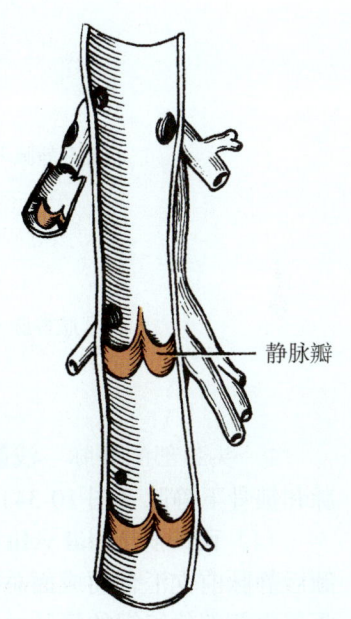

图10-32　静脉瓣

二、肺循环的静脉

肺静脉 pulmonary vein 每侧两条，分别称为左、右肺上静脉和肺下静脉。它们起自肺门，横行向内，注入左心房后部。右肺上静脉收集右肺上、中叶的血液，其他各肺静脉收集同名肺叶的血液。

三、体循环的静脉

体循环的静脉包括上腔静脉系、下腔静脉系和心静脉系（参看本章：心）。

（一）上腔静脉系

上腔静脉系由上腔静脉及其属支组成，主要收集头颈部、上肢和胸部（心和肺除外）的静脉血。

上腔静脉 superior vena cava（图10-33）是一条粗大的静脉干，由左、右头臂静脉汇合而成，沿升主动脉右侧垂直下行，至右侧第 3 胸肋关节处注入右心房。在注入右心房前，奇静脉自后方弓形向前跨过右肺根注入上腔静脉。

头臂静脉 brachiocephalic vein（图 10-33）左、右各一，分别由同侧颈内静脉和锁骨下静脉在胸锁关节的后方汇合而成。汇合处的夹角称**静脉角 venous angle**，是淋巴导管注入静脉的部位。左头臂静脉较长，横过主动脉弓的上缘，斜向右下；右头臂静脉较短，在头臂干的右前方，几乎垂直下降。头臂静脉除收集颈内静脉及锁骨下静脉的血液外，还收纳椎静脉、胸廓内静脉和甲状腺下静脉等。

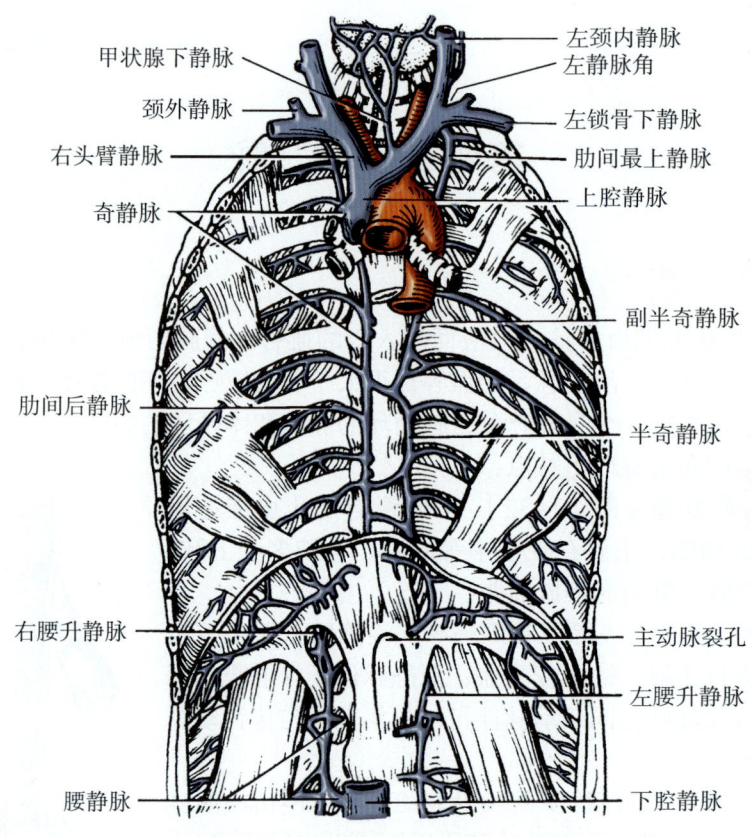

图 10-33 上腔静脉及其属支

1. 头颈部的静脉　浅静脉主要有面静脉、下颌后静脉和颈外静脉；深静脉主要是颈内静脉和锁骨下静脉（图 10-34）。

（1）**面静脉 facial vein**：起自内眦静脉，斜向外下行于面动脉的后方，在下颌角下方与下颌后静脉前支汇合而成面总静脉，越过颈外动脉的前面至舌骨大角高度注入颈内静脉。面静脉收集面前部软组织的静脉血。面静脉通过内眦静脉，眼上、下静脉与颅内海绵窦相交通。在平口角高度，咬肌前方，借面深静脉经翼静脉丛及导静脉与海绵窦相交通。在口角平面以上的面静脉缺少静脉瓣，因此，上唇部发生急性炎症时，有沿上述途径向颅内蔓延的可能。临床上将两侧口角至鼻根间的三角区，称为"危险三角"。

知识链接

颅内海绵窦综合征

患者，女，20岁，因头痛、眼睑下垂、瞳孔散大、眼球固定入院就诊。询问病史后发现患者5天前挤压右侧鼻唇沟处脓肿。诊断为颅内海绵窦综合征。患者经抗感染治疗10天后痊愈出院。右侧鼻唇沟处脓肿可通过两条途径与颅内海绵窦交通，即右侧面静脉通过经眼静脉或借面深静脉经翼静脉丛至海绵窦。因此临床把鼻根至两侧口角之间的面静脉收纳的三角形区域称为危险三角。面静脉内无瓣膜，又有上述交通途径，因而对危险三角区的脓肿不恰当处理（如挤压）可以感染从该区域逆行蔓延到颅内海绵窦。

(2) **下颌后静脉 retromandibular vein**（图10-34）：由颞浅静脉和上颌静脉在下颌颈的深面汇合而成。下行至腮腺下端分为前、后两支，前支与面静脉汇合；后支与耳后静脉及枕静脉汇合成颈外静脉。颞浅静脉和上颌静脉均收集同名动脉分布区的静脉血。上颌静脉起自翼静脉丛。**翼静脉丛 pterygoid venous plexus** 位于颞下窝的翼内、翼外肌之间，通过卵圆孔及破裂孔的导静脉与颅内的海绵窦相交通，向外借面深静脉与面静脉相交通。

(3) **颈内静脉 internal jugular vein**（图10-34）：是头颈部静脉回流的主干，上端在颈静脉孔处续于乙状窦，初沿颈内动脉，继而沿颈总动脉外侧下行，并一起包于颈动脉鞘内，在胸

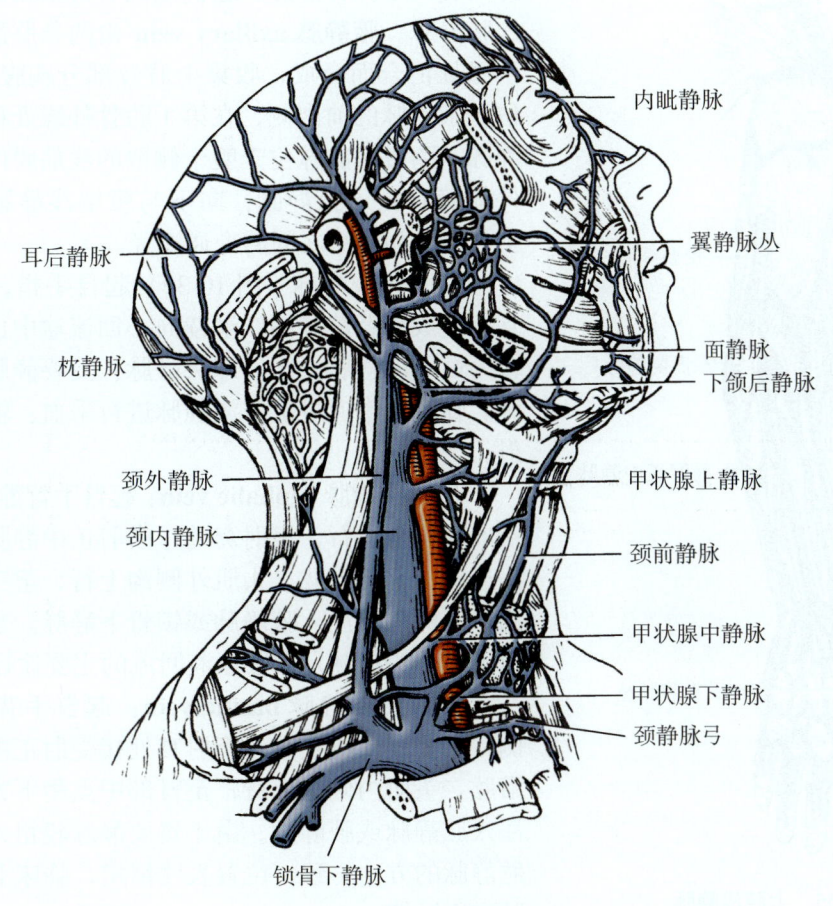

图10-34 头颈部的静脉

锁关节的后方与锁骨下静脉汇合成头臂静脉。颈内静脉起始部膨大，下端也稍膨大，腔内有瓣膜。由于管壁附着于动脉鞘，使管腔经常处于开放状态，有利于头颈部的血液回流；但当颈内静脉破裂时，由于管腔张开和胸腔负压的抽吸作用，可能导致空气栓塞。颈内静脉有颅内属支和颅外属支。颅内属支有硬脑膜窦及注入窦内的静脉，最后经乙状窦注入颈内静脉（详见中枢神经系统）。颅外属支主要是面静脉和下颌静脉。咽静脉、舌静脉、甲状腺上静脉和甲状腺中静脉，自上而下依次注入颈内静脉。

（4）**颈外静脉 external jugular vein**（图 10-34）：为颈部最大的浅静脉，在耳下方由下颌后静脉的后支、耳后静脉和枕静脉汇合而成，沿胸锁乳突肌浅面斜行向下，在锁骨中点上方约 2cm 处，穿深筋膜注入锁骨下静脉。当颈外静脉穿经深筋膜时，管壁与筋膜彼此愈着，管腔张开，当静脉破损时，易发生空气栓塞。颈外静脉位置表浅而恒定，故临床儿科常在此做静脉穿刺。颈外静脉的属支有颈前静脉、肩胛上静脉和颈横静脉等。颈前静脉通常有两条，在胸骨柄上方互相连接成颈静脉弓，并接受甲状腺下静脉的属支。

（5）**锁骨下静脉 subclavian vein**（图 10-34）：在第 1 肋骨外缘处起始于腋静脉，弓行向内，经锁骨下动脉及前斜角肌的前面，在胸锁关节的后方与颈内静脉汇合成头臂静脉。锁骨下静脉管壁与第 1 肋骨骨膜、锁骨下肌和前斜角肌表面的筋膜紧密相连，位置固定，管腔较大，有利于静脉穿刺。锁骨下静脉除收集腋静脉的血液外，还有颈外静脉注入。与锁骨下动脉分支伴行的静脉多注入头臂静脉及颈外静脉。

2. **上肢的静脉** 上肢的静脉分深静脉和浅静脉两类。富有瓣膜，最终都汇入腋静脉。

上肢的深静脉与同名动脉伴行，肱动脉和桡、尺动脉均有两条伴行静脉，它们之间有许多吻合支，最后汇入腋静脉。**腋静脉 axillary vein** 由两条肱静脉在胸大肌下缘处汇合而合成，收集上肢及部分胸腹壁的静脉血。位于腋动脉的前内侧，在第 1 肋骨外缘处移行为锁骨下静脉。胸腹壁静脉位于躯干侧壁的浅筋膜内，上行经胸外侧静脉注入腋静脉；向下与腹壁浅静脉吻合，构成上、下腔静脉系之间的交通途径。

上肢的浅静脉（图 10-35）起自手指，在手背中部互相连成手背静脉网。继续向心回流途中逐渐汇成 3 条较为恒定的静脉主干，即头静脉、贵要静脉和肘正中静脉。临床上常通过上肢浅静脉进行采血、输液或药物注射。

（1）**头静脉 cephalic vein**：起自手背静脉网的桡侧，沿前臂桡侧上行，至肘窝处，借肘正中静脉与贵要静脉相连。本干再沿肱二头肌外侧沟上行，至三角胸大肌间沟，穿深筋膜注入腋静脉或锁骨下静脉。当肱静脉高位受阻时，头静脉是上肢血液回流的主要途径。

（2）**贵要静脉 basilic vein**：起自手背静脉网的尺侧，沿前臂尺侧上行，至肘窝处接受肘正中静脉，继续沿肱二头肌内侧沟上行，至臂部中点稍下方，穿深筋膜注入肱静脉或腋静脉。由于贵要静脉较粗，其入口处与肱静脉的方向一致，位置表浅恒定，临床上常经贵要静脉进行插管。

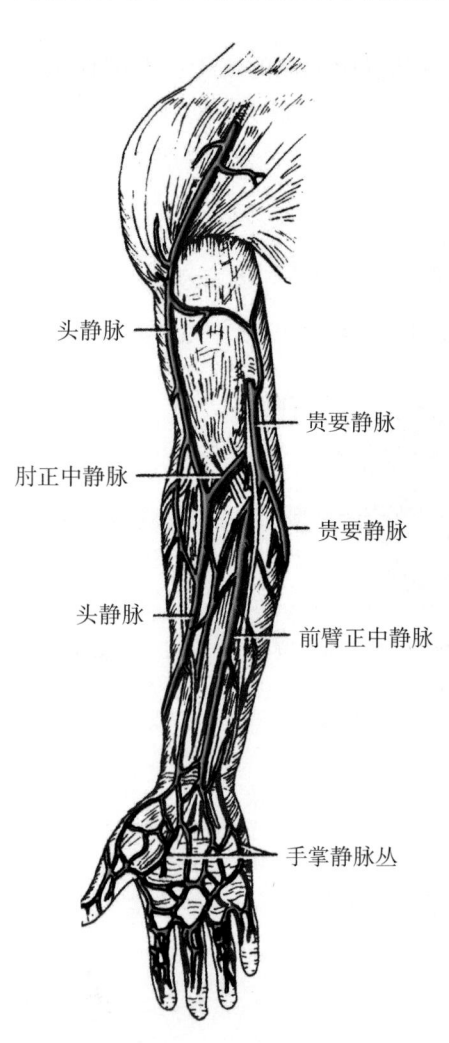

图 10-35　上肢浅静脉

（3）**肘正中静脉 median cubital vein**：在肘窝处，连接头静脉与贵要静脉，粗而短。临床常通过肘部浅静脉进行药物注射，输血或取血。

3. **奇静脉 azygos vein**（图10-33） 自右膈脚处起自右腰升静脉，经膈的右膈脚处进入胸腔，在食管后方沿脊柱右前方上行，至第4胸椎高度，向前勾绕右肺根上方，形成奇静脉弓，于第2肋软骨平面注入上腔静脉。奇静脉主要收集右肋间后静脉、食管静脉、右支气管静脉、半奇静脉和后纵隔器官的静脉血液。奇静脉是沟通上、下腔静脉系的重要通道之一。

（1）半奇静脉：起自左腰升静脉，穿左膈脚处入胸腔，沿脊柱左侧上行，至第9胸椎高度，向右横过脊柱前面，注入奇静脉。半奇静脉主要收集左侧下部肋间后静脉、食管静脉和副半奇静脉的血液。

（2）副半奇静脉：沿脊柱左侧下行，注入半奇静脉或向右横过脊柱直接注入奇静脉。副半奇静脉收集左侧中、上部肋间后静脉及左支气管静脉的血液。

（3）椎静脉丛：分布于椎管内外，贯穿脊柱全长。分为椎内静脉丛和椎外静脉丛。椎内静脉丛位于硬膜外隙内，接受椎骨和脊髓回流的血液；椎外静脉丛位于脊柱的前方和后方，接受椎体和脊柱附近肌肉回流的血液。椎内、椎外静脉丛互相吻合，最后分别注入邻近的椎静脉、肋间后静脉、腰静脉和骶外侧静脉等。椎静脉丛向上与硬脑膜窦相连通，向下与盆腔静脉丛相交通，同时与颈、胸、腹盆腔静脉的属支之间有丰富而广泛的吻合。椎静脉丛是沟通上、下腔静脉系及颅腔内、外静脉的主要途径之一。椎静脉丛既有广泛联系，又无瓣膜。故易成为感染、肿瘤或寄生虫扩散的途径，也是胸、腹及盆腔感染向颅内传播的重要道路。

案例10-1

患者，女，45岁，因头痛、肢体麻木、表情淡漠入院就诊。磁共振显示颅内有多个占位性病变。综合其他检查后确诊为子宫颈癌脑转移。患者经化疗2个月后无效死亡。

案例解析：

癌细胞可能经脊柱静脉丛转移至脑，因为，脊柱静脉丛是沟通上、下腔静脉和颅内外静脉的重要通道。当盆、腹、胸腔等部位发生感染、肿瘤或寄生虫时，可经脊柱静脉丛侵入颅内或其他远位器官。

（二）下腔静脉系

下腔静脉系由下腔静脉及其属支组成，主要收集下肢、盆部和腹部的静脉血。

1. **腹部的静脉** 腹腔脏器和腹壁的静脉血直接或间接（经肝门静脉系）汇入下腔静脉。**下腔静脉 inferior vena cava**（图10-36）由左、右髂总静脉在第5腰椎体的右侧汇合而成，沿腹主动脉右侧上行，经肝的腔静脉沟，穿膈的腔静脉孔，入胸腔，注入右心房。下腔静脉的属支分壁支和脏支。

壁支有膈下静脉、骶正中静脉和4~5对腰静脉，均与同名动脉伴行。每侧腰静脉的串联纵支形成腰升静脉。左、右腰升静脉向上分别移行为半奇静脉和奇静脉，向下注入髂总静脉。

脏支主要有右睾丸静脉（或右卵巢静脉）、肾静脉、右肾上腺静脉和肝静脉。

（1）**睾丸静脉 testicular vein**：起自睾丸和附睾，缠绕睾丸动脉，形成蔓状静脉丛，上行经腹股沟管至深环附近形成两条睾丸静脉。它们伴随同名动脉，沿腰大肌前方上行。左睾丸静脉以直角注入左肾静脉，右睾丸静脉以锐角注入下腔静脉。睾丸静脉行程长，加之左侧睾丸静脉以直角汇入肾静脉，血流较右侧缓慢。故睾丸静脉曲张以左侧者多见。在女性，此静脉为卵

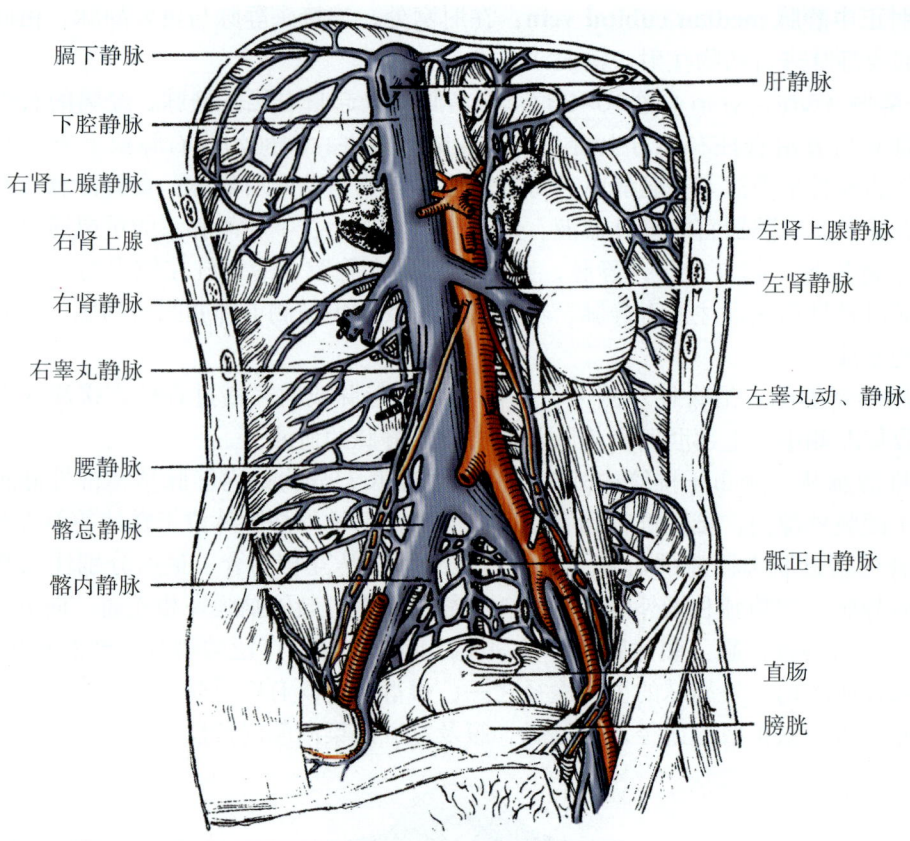

图 10-36　下腔静脉及其属支

巢静脉（ovarian vein），起自卵巢，在子宫阔韧带内形成蔓状静脉丛，经卵巢悬韧带上行，其注入部位与睾丸静脉相同。

(2) **肾静脉 renal vein**：左右各一，位于肾动脉前方。在肾门处由 3～5 支静脉集合而成。左肾静脉比右肾静脉稍长。左、右肾静脉均接受肾及输尿管的静脉血，此外，左肾静脉还收纳左睾丸静脉（左卵巢静脉）及左肾上腺静脉。

(3) **肾上腺静脉 suprarenal vein**：左肾上腺静脉注入左肾静脉，右肾上腺静脉注入下腔静脉。

(4) **肝静脉 hepatic vein**：起自肝血窦，收集肝血窦回流的血液，有肝左静脉、肝中静脉和肝右静脉，包埋在肝实质内，由肝的腔静脉沟穿出注入下腔静脉。

案例10-2

患者，男，28岁，因婚后3年女方不孕，女方经检查无异常后就诊。检查发现患者阴囊表面有明显的粗大血管，阴囊内有蚯蚓状扩张的静脉，静脉壁肥厚变硬；平卧时消失缓慢。诊断为重度精索静脉曲张。患者经采用精索内静脉高位结扎治疗后出院。

案例解析：

由于左睾丸静脉以直角注入左肾静脉，容易导致静脉血回流受阻。因此精索静脉曲张常发生于左侧。

（5）肝门静脉系（图10-37）：由肝门静脉及其属支构成，收集腹腔不成对脏器（肝除外）的静脉血，注入肝，再经肝静脉注入下腔静脉。**肝门静脉 hepatic portal vein** 长约6～8cm，无瓣膜。通常由肠系膜上静脉和脾静脉在胰颈的后方汇合而成，由此斜向右上，进入肝十二指肠韧带，在肝固有动脉和胆总管的后方继续上行，至肝门分为左、右两支入肝。在肝内不断分支，终于肝血窦，肝血窦的血液再经肝静脉入下腔静脉。

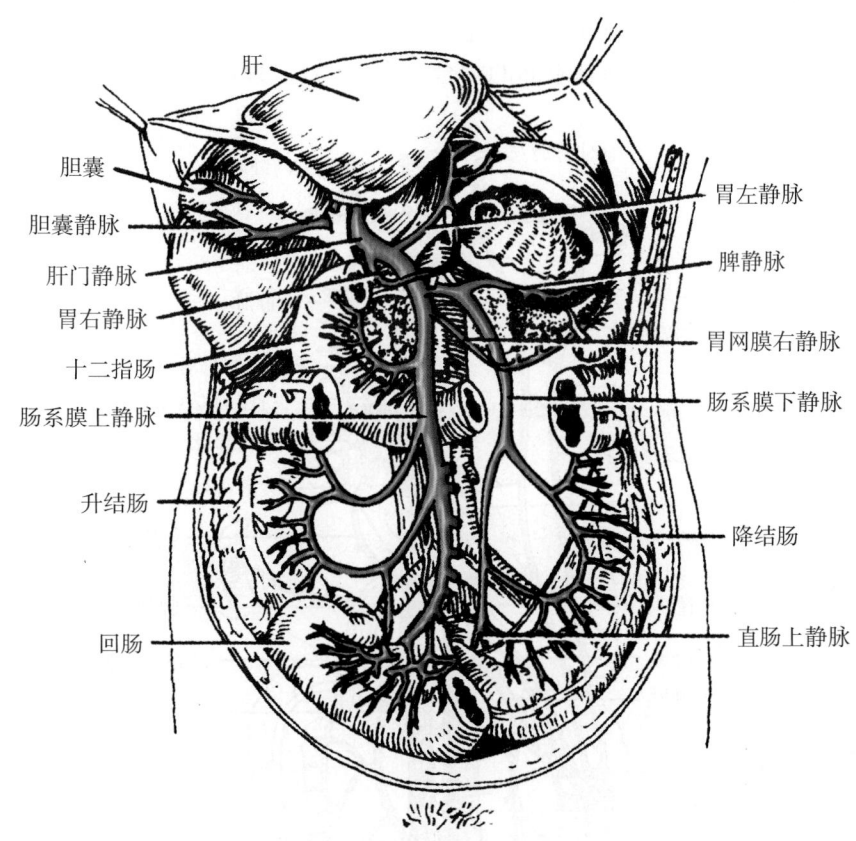

图 10-37　肝门静脉及其属支

1）肝门静脉的主要特点

①肝门静脉起端和止端均是毛细血管，肝门静脉一端起自腹腔内肝以外不成对脏器的毛细血管，另一端在肝内再不断分支形成肝血窦（毛细血管），因此肝门静脉内的血液通过两次毛细血管的物质交换才回流入下腔静脉。

②肝门静脉及其属支内没有静脉瓣，故当肝门静脉回流受阻（如肝硬化、门脉高压）时，血液可发生逆流。

2）肝门静脉的主要属支

①**肠系膜上静脉 superior mesenteric vein**：伴随同名动脉右侧上行，走行于小肠系膜内，收集十二指肠至结肠左曲之间肠管及部分胃和胰腺的静脉血。

②**脾静脉 splenic vein**：在脾门处由数条静脉汇合而成。沿胰的后面，脾动脉的下方，横行向右，多与肠系膜上静脉以直角汇合成肝门静脉。除收集同名动脉分布区的静脉血外，还收纳肠系膜下静脉。脾静脉与左肾静脉接近，临床常据此施行脾肾静脉吻合术。

③**肠系膜下静脉 inferior mesenteric vein**：与同名动脉伴行，收集降结肠、乙状结肠和直肠上部的静脉血，在胰头后方注入脾静脉或肠系膜上静脉，少数注入肠系膜上静脉和脾静脉的汇合处。

④**胃左静脉 left gastric vein**：与同名动脉伴行，注入肝门静脉。胃左静脉在贲门处接受食管静脉丛的食管支。

⑤**胃右静脉 right gastric vein**：与同名动脉伴行，并与胃左静脉吻合，在幽门附近注入肝门静脉。胃右静脉注入肝门静脉前常接受幽门前静脉，此静脉在活体上比较明显，手术时，可作为胃与十二指肠分界的标志。

⑥**胆囊静脉 cystic vein**：收集胆囊的血液，注入肝门静脉或其右支。

⑦**附脐静脉 paraumbilical vein**：起自脐周静脉网，沿肝圆韧带至肝，注入肝门静脉左支。

3）肝门静脉系与上、下腔静脉系间的吻合（图10-38，39）

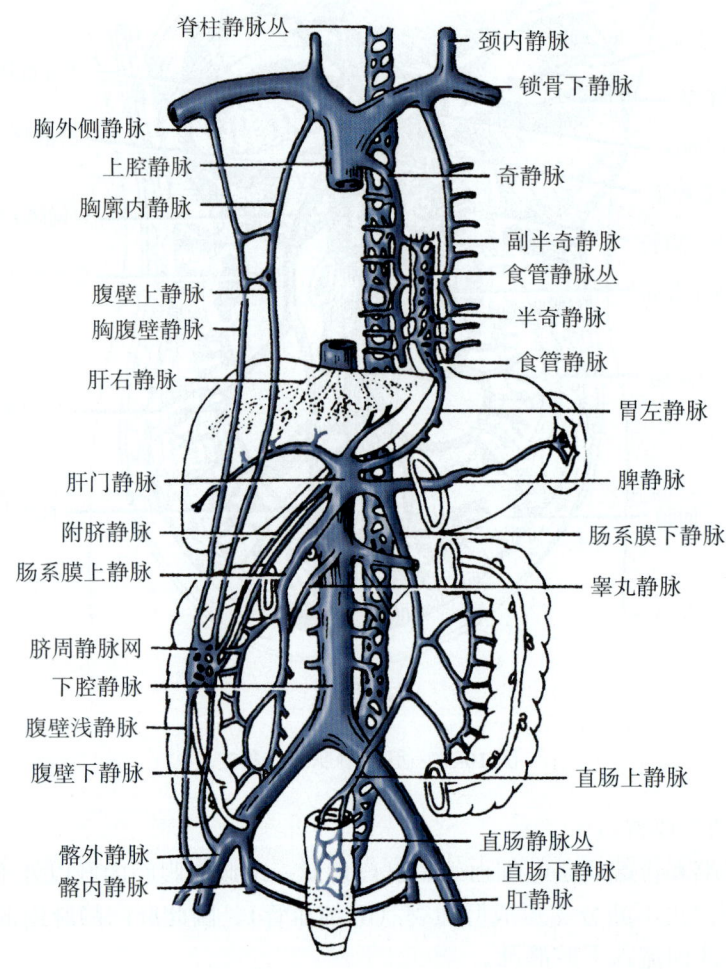

图 10-38　肝门静脉系与上、下腔静脉系之间的吻合模式图

①肝门静脉系的胃左静脉与上腔静脉系的食管静脉在食管下段和胃底处相吻合，形成食管静脉丛。

②肝门静脉系的直肠上静脉与下腔静脉系的直肠下静脉及肛静脉在直肠下段相吻合，形成直肠静脉丛。

③肝门静脉系的附脐静脉与上腔静脉系的腹壁上静脉、胸腹壁静脉及下腔静脉系的腹壁下静脉、腹壁浅静脉在脐部周围相吻合，形成脐周静脉网。

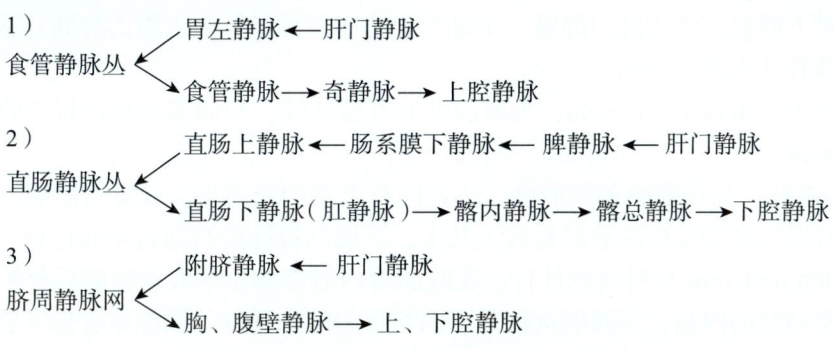

图 10-39　肝门静脉主要侧支循环的血流途径

在正常情况下，肝门静脉系与腔静脉系间的吻合支细小、血流量较少，均按正常方向分别回流入所属静脉系。当肝门静脉受阻时（如肝硬化门脉高压症），血液不能畅流入肝，则通过上述交通途径形成侧支循环，直接经腔静脉系回流入心。此时，吻合部位的小静脉，由于血流量增加变得粗大迂曲，形成静脉曲张。食管静脉丛曲张、破裂则发生呕血，直肠静脉丛曲张、破裂则发生便血；脐周静脉网由于静脉曲张自脐周围放射状分布呈现蜘蛛网状的体征被称为"海蛇头"。

案例10-3

患者，男，45岁，因腹胀加重、呕血、便血1天入院就诊。患者有肝炎、肝硬化病史，经病理检查诊断为肝硬化导致腹水、呕血、便血。患者经保肝、抗感染治疗20天后症状减轻出院。

案例解析：

在正常情况下，肝门静脉系与上、下腔静脉系之间的交通支细小，血流量少。肝硬化、肝肿瘤、肝门处淋巴结肿大或胰头肿瘤等可压迫肝门静脉，导致肝门静脉回流受阻，此时肝门静脉系的血液经上述交通途径形成侧支循环，通过上、下腔静脉系回流。由于血流量增多，交通支变得粗大和弯曲，出现静脉曲张，如食管静脉丛、直肠静脉丛和脐周静脉丛曲张。如果食管静脉丛和直肠静脉丛曲张破裂，则引起呕血或便血。当肝门静脉系的侧支循环失代偿时，可引起脾大和腹水。

2. **盆部的静脉**　盆部的静脉与同名的动脉伴行。主干包括髂内静脉和髂外静脉，二者在骶髂关节前方汇成髂总静脉 common iliac vein。左、右髂总静脉各向内上方斜行，在第5腰椎体处汇合成下腔静脉。髂总静脉收集同名动脉分布区的血液。

（1）髂内静脉 internal iliac vein：在坐骨大孔的稍上方，由盆部的静脉汇合而成。它伴随同名动脉的后内侧，在骶髂关节的前方，与髂外静脉汇合成髂总静脉。髂内静脉干短粗，无瓣膜，其属支可分为壁支和脏支。

1）壁支：包括臀上静脉、臀下静脉、闭孔静脉和骶外侧静脉。与同名动脉伴行，并收集同名动脉分布区的静脉血。

2）脏支：包括膀胱静脉、前列腺静脉（男）、子宫静脉（女）、阴道静脉（女）、直肠下静脉、阴部内静脉等。与同名动脉伴行，均起自盆腔静脉丛。

盆腔静脉丛位于盆腔脏器周围。主要有膀胱静脉丛、前列腺静脉丛、子宫和阴道静脉丛及直肠静脉丛等。各静脉丛之间相互吻合，血流缓慢。

直肠静脉丛围绕直肠的后方及两侧，在直肠下部更为发达。直肠静脉丛的上部发出直肠上静脉，经肠系膜下静脉，注入肝门静脉；中部发出直肠下静脉，注入髂内静脉；下部发出肛静脉，经阴部内静脉注入髂内静脉。

（2）髂外静脉 external iliac vein：为股静脉的直接延续，与同名动脉伴行。收集下肢和腹前壁下部的静脉血。

3. 下肢的静脉　分浅静脉和深静脉，二者间有丰富的交通支。受重力影响，下肢血液回流比较困难，所以下肢静脉内的静脉瓣较上肢多。下肢深静脉均与同名动脉伴行，最后汇入股静脉。股静脉 femoral vein 与股动脉伴行，在收肌管内股静脉位于股动脉的后外侧，在股三角处股静脉转至股动脉的内侧，至腹股沟韧带深面移行为髂外静脉。股静脉收集下肢、腹前壁下部和外阴部的静脉血。

下肢浅静脉（图10-40）起自趾背静脉，在跖骨远端皮下形成足背静脉弓，弓的内、外侧缘分别上行续为大隐静脉和小隐静脉。下肢静脉曲张多好发于这两条静脉。

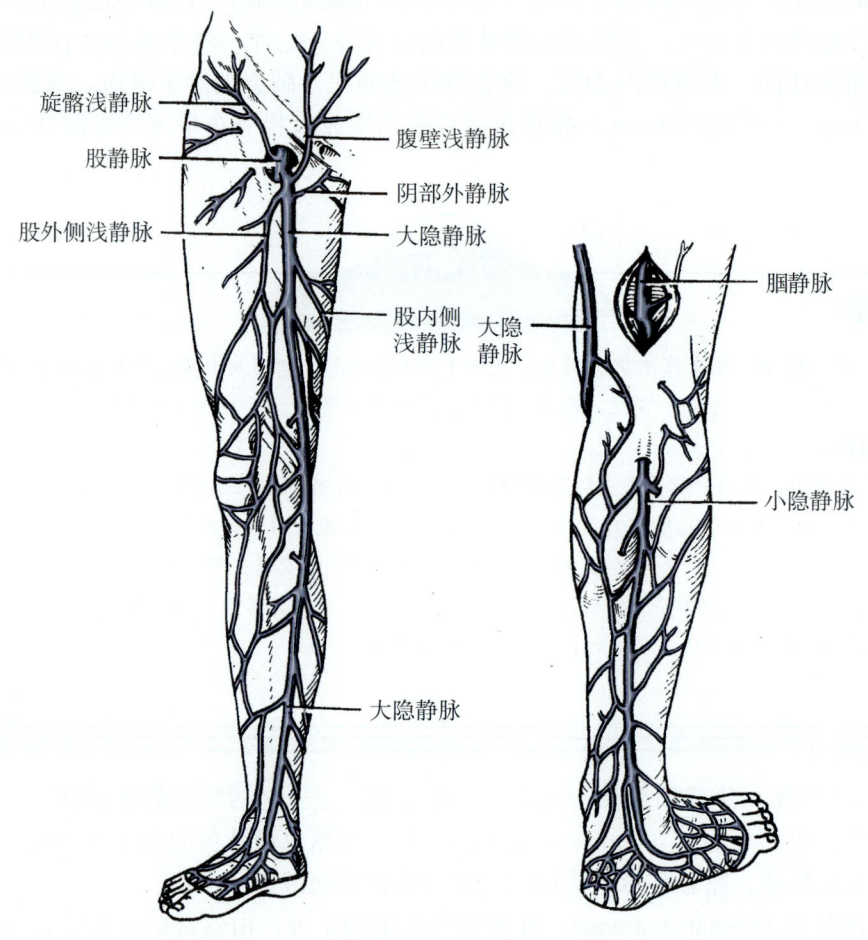

图 10-40　下肢浅静脉

（1）大隐静脉 great saphenous vein：为全身最长的皮下静脉。起自足背静脉弓的内侧端，经内踝前方，沿小腿内侧伴随隐神经上行，过膝关节内侧，绕股骨内侧髁后方，再沿大腿内侧上行，并逐渐转至前面，在耻骨结节下外方约3cm处，穿隐静脉裂孔注入股静脉。在隐静脉裂孔附近有五条属支注入：股内侧浅静脉、股外侧浅静脉、旋髂浅静脉、腹壁浅静脉、阴部外静脉。大隐静脉行程长，位置表浅，易发生静脉曲张。大隐静脉在内踝前方位置表浅而恒定，是静脉输液或切开的常用部位。

（2）小隐静脉 small saphenous vein：起自足背静脉弓的外侧端，经外踝后方，沿小腿后面中线上行至腘窝，穿深筋膜注入腘静脉。

大、小隐静脉之间有交通支相互连接，并借穿静脉与深静脉相通。穿静脉内也有瓣膜，瓣窦开向深静脉。小腿部的穿静脉和瓣膜数目比大腿多。当瓣膜功能不全时，小腿部易发生静脉曲张。

小 结

1. 循环系统由心血管系统和淋巴系统组成。心血管系统包括心、动脉、毛细血管和静脉。

2. 血液循环包括体循环和肺循环，它们进行物质交换和气体交换。

3. 心是心血管系统的"动力泵"，位于胸腔纵隔内，约2/3位于正中线的左侧，1/3位于正中线的右侧。连于心脏的大血管有上、下腔静脉、升主动脉、肺动脉和4根肺静脉。心借房间隔和室间隔分为左、右心房和左、右心室；左、右心房和心室间借左、右房室口相连；右房室口处有三尖瓣，左房室口处有二尖瓣。

4. 心脏有节律的收缩和舒张，是由心传导系统决定的，包括：窦房结、房室结、房室束及分支和浦肯野纤维。

5. 心的血供来源于左、右冠状动脉。左冠状动脉起于左冠状动脉窦，分为前室间支和旋支，分布于左室前壁大部、右室前壁小部分及室间隔间2/3区域，右冠状动脉分为后室间支和左室后支，分支分布于左、右心室后壁和室间隔后下1/3部。

6. 心的表面由纤维性和浆膜性心包包裹，浆膜性心包的壁层和脏层之间称为心包腔，在心包腔内，浆膜心包脏、壁两层返折处的间隙，称心包窦，有心包横窦和心包斜窦。

7. 动脉是离开心脏的血管，在器官外和器官内的分布各具特点。

8. 肺循环的动脉主干是肺动脉。

9. 主动脉是体循环的动脉主干。主动脉按走行可分为升主动脉、主动脉弓和降主动脉（又可分胸主动脉和腹主动脉）。

10. 头颈部的动脉主干是颈总动脉；上肢的动脉主干是锁骨下动脉；胸部的动脉主干是胸主动脉；腹部的动脉主干是腹主动脉；盆部的动脉主干是髂内动脉；下肢的动脉主干是髂外动脉。

11. 子宫动脉在子宫颈外侧约2cm处跨过输尿管的前上方。

12. 心的动脉营养—冠状动脉（来源于升主动脉）；肺的血液供应—功能血管：肺动脉、肺静脉。营养血管：支气管动脉（来源于胸主动脉）、支气管静脉；肝的血液供应—功能血管：肝门静脉。营养血管：肝固有动脉、肝静脉；胆囊的动脉供应—胆囊动脉（来源于肝固有动脉）；阑尾的动脉供应—阑尾动脉（来源于回结肠动脉）；胃的动脉供应—胃小弯：胃左动脉（来源于腹腔干）和胃右动脉（来源于肝固有动脉）。胃大弯：胃网膜右动脉（来源于胃十二指肠动脉）和胃网膜左动脉（来源于脾动脉）。胃底部由胃短动脉（来源于脾动脉）；直肠肛管的动脉供应—直肠上部：直肠上动脉（来源于肠系膜下动脉）。直肠下部：直肠下动脉（来源于髂内动脉）。肛管：肛门动脉（来源于髂内动脉的阴部内动脉）。甲状腺的动脉供应—甲状腺上动脉（来源于颈外动脉）、甲状腺下动脉（来源于锁骨下动脉的甲状颈干）；肾上腺的动脉供应—肾上腺上动脉（来源于膈下动脉）、肾上腺中动脉（来源于腹主动脉）、肾上腺下动脉（来源于肾动脉）。

13. 全身静脉分为肺循环的静脉和体循环的静脉。静脉在结构与配布上有以下特点：①管腔内有静脉瓣（下肢多于上肢，头面部和门静脉系统缺如）；②体循环静脉可分为浅静脉和深静脉。头颈部的浅静脉是面静脉、下颌后静脉、颈外静脉；上肢的浅静脉有头静脉、贵要静脉和肘正中静脉；下肢的浅静脉包括大隐静脉和小隐静脉）。浅静脉行于皮下组织，临床多在此进行注射、输液或采血；③静脉吻合广泛，形成静脉网和静脉丛。

14. 体循环的静脉包括上腔静脉系、下腔静脉系和心静脉系。上腔静脉系主要收集头颈部、上肢和胸部（心和肺除外）的静脉血；下腔静脉系主要收集下肢、盆部和腹部的静脉血。

15. 颅外静脉可通过面静脉、翼静脉丛和颈内静脉与颅内海绵窦、乙状窦等相交通，当头颈部皮肤黏膜发生急性炎症时，有沿上述途径向颅内蔓延的可能。

16. 奇静脉既是胸部（心和肺除外）的静脉主干，亦是沟通上、下腔静脉系的重要通道之一。

17. 肝门静脉系具有如下特点：①没有静脉瓣；②起端和止端均是毛细血管；③有分支（左、右分支）和7支属支；④收集腹腔内不成对脏器（肝除外）的静脉血，注入肝，再经肝静脉注入下腔静脉；⑤与腔静脉间有三大吻合处：食管静脉丛、直肠静脉丛和脐周静脉网，是肝门静脉受阻失代偿后引起呕血、便血症状和"海蛇头"体征的解剖学基础。

附：体循环静脉回流概况

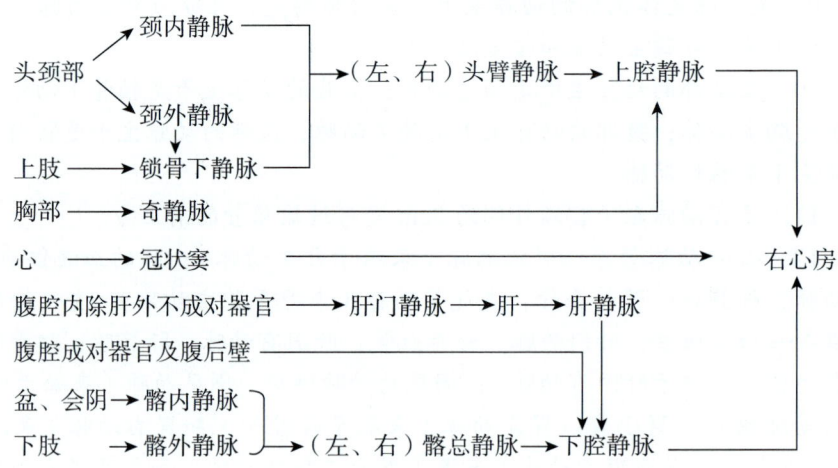

自测题

一、名词解释

1. 窦房结　2. 三尖瓣复合体　3. 二尖瓣复合体　4. 室间隔　5. 心包腔
6. 动脉韧带　7. 颈动脉窦　8. 颈动脉小球　9. 静脉瓣　10. 静脉角

二、简答题

1. 体循环的组成和特点是什么？
2. 心脏传导系统的组成包括哪些？
3. 简述左右冠状动脉的起始、行径要点、主要分支分布。
4. 试述心脏的位置和外形。
5. 血液在心脏内的正常流向是怎样的？心室在收缩和舒张时保证正常流向的心内结构分别有哪些？
6. 试述营养胃的动脉的名称及来源。
7. 写出常用的动脉体表压迫止血部位。
8. 写出口服黄连素后药物出现在尿液的所经途径（可用箭头表示）。
9. 从手背静脉点滴抗菌素治疗阑尾炎，请说明抗菌素从注射部位到达阑尾的路径。
10. 肝门静脉与上、下腔静脉在什么部位形成吻合？
11. 肝门静脉在结构上有何特点？
12. 简述肝门静脉的合成、主要属支和收集范围（器官）。
13. 简述大隐静脉的起止部位，主要走行及主要属支的名称。

（何　璐　金昌洙　章惠英）

第十一章 淋巴系统

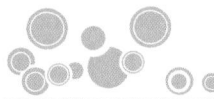

通过本章内容的学习，学生应能：

◆ 记忆

定义淋巴系统的组成和功能。

◆ 理解

1．说明胸导管和右淋巴导管的组成及淋巴引流范围。
2．说明腋淋巴结的组成及淋巴引流范围。
3．说明腹股沟淋巴结的分群及淋巴引流范围。

◆ 应用

举例说明局部淋巴结的临床意义。

第一节 淋巴系统的组成及功能

淋巴系统 lymphatic system 由**淋巴管道、淋巴器官**和**淋巴组织**组成（图11-1）。淋巴管道内流动着无色透明的液体，即为淋巴（液）。淋巴器官包括淋巴结、扁桃体、胸腺和脾等。淋巴组织除构成淋巴器官外，还分布在消化、呼吸、泌尿和生殖管道的黏膜内以及皮肤等处。

淋巴系统具有辅助静脉运输体液回心的功能，而且淋巴器官和淋巴组织具有产生淋巴细胞，滤过淋巴和产生抗体参与免疫应答等功能。

当血液流经毛细血管动脉端时，一部分血浆成分渗入组织间隙，形成**组织液**。组织液在与细胞进行物质交换后，大部分经毛细血管静脉端重新吸收入静脉，少部分进入毛细淋巴管成为**淋巴**。淋巴沿各级淋巴管道向心流动，途中经过诸多淋巴结的滤过，最后注入静脉。因此可将淋巴系统视作心血管系统的辅助系统，协助静脉引流组织液。

淋巴系统的功能与疾病

长期以来，淋巴系统被认为是心血管系统的一个辅助系统，现代研究表明，淋巴系统不仅是心血管系统的一个重要组成部分，也是人体的重要的自救系统，具有免疫、清洁、修复等多种功能。能输送和过滤蛋白质、细胞碎片及各种异物，参加淋巴细胞的免疫反应等，构成机体内重要的防御装置。淋巴系统往往因为在标本上难以见到而不被重视。然而，对于临床医生来说却至关重要。了解一个器官或区域的淋巴回流具有重要临床意义，临床上可以检查到淋巴结肿大，医生的责任是确定淋巴结肿大的真正原因。因为淋巴结会因某些疾病、原发性肿瘤或转移性肿瘤而增大。

第二节 淋巴管道

淋巴管道包括毛细淋巴管、淋巴管、淋巴干和淋巴导管。

一、毛细淋巴管

毛细淋巴管 lymphatic capillary（图 11-1）是淋巴管道的起始部，以略膨大的盲端始于组织间隙，彼此吻合成网。除脑、脊髓、上皮、角膜、晶状体、软骨、牙釉质等处外，毛细淋巴管几乎遍布全身。其结构与毛细血管相似，管径粗细不等，通透性比毛细血管更大，一些不易透过毛细血管壁的大分子物质，如蛋白质、肿瘤细胞、细菌、异物、细胞碎片等比较容易进入毛细淋巴管。因此，肿瘤或炎症常经淋巴管道转移。

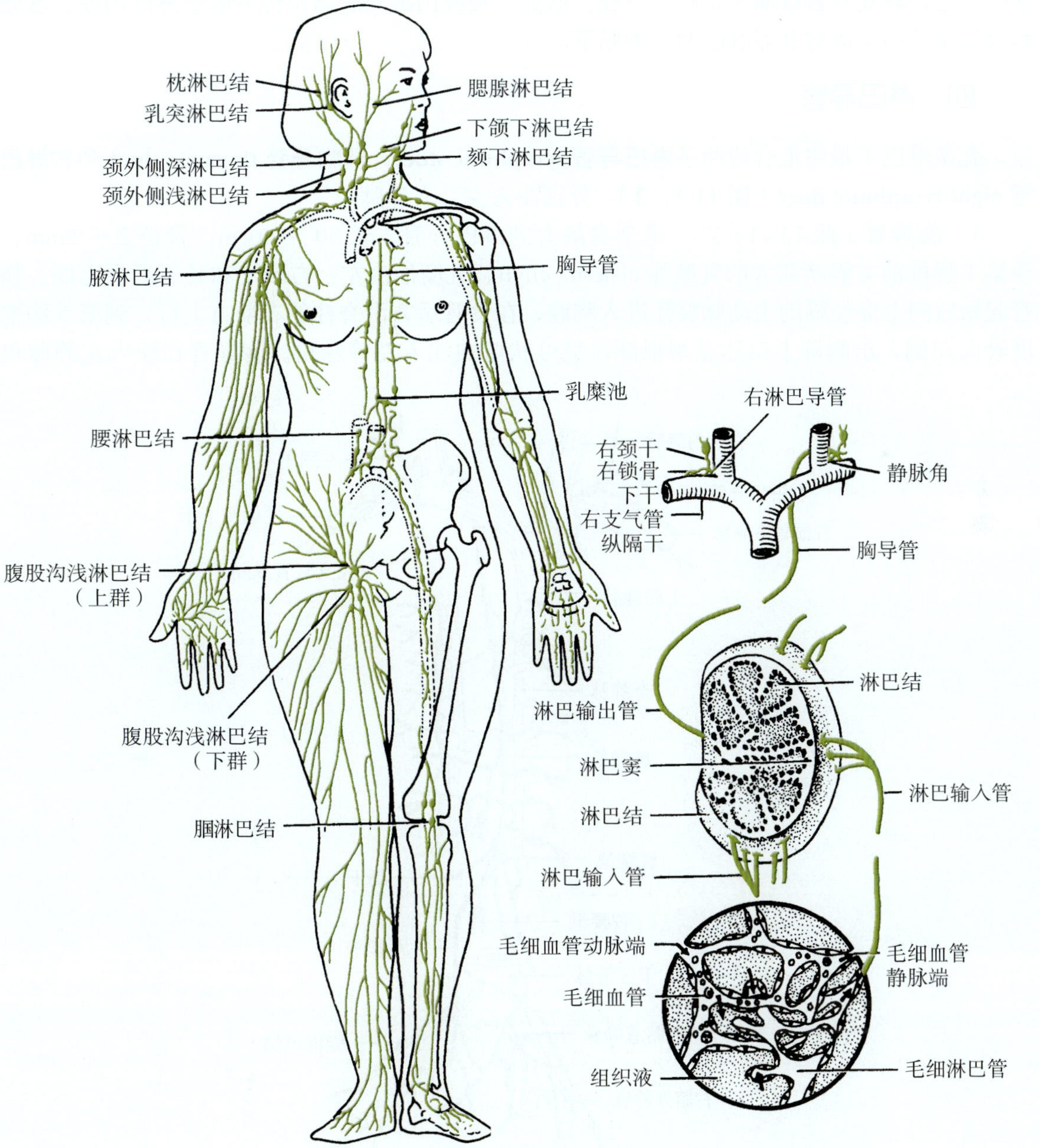

图 11-1　全身的淋巴管和淋巴结

二、淋巴管

淋巴管 lymphatic vessel（图 11-1）由毛细淋巴管汇合而成。其管壁结构与小静脉相似，但管径较细，管壁较薄，有丰富的瓣膜，故外观呈串珠状或藕节状，可防止淋巴逆流。淋巴管在向心行程中常穿过一个或多个淋巴结。淋巴管以深筋膜为界分浅、深淋巴管，浅淋巴管位于浅筋膜内，多与浅静脉伴行；深淋巴管多与深部的血管神经伴行。浅、深淋巴管之间具有丰富的交通。

三、淋巴干

全身各部的浅、深淋巴管经过一系列的淋巴结后，其最后一群淋巴结的输出管相互汇合形成较大而短的**淋巴干 lymphatic trunk**（图 11-1，2）。全身共有九条淋巴干：即收集头颈部淋巴的**左、右颈干**，收集上肢及部分胸壁淋巴的**左、右锁骨下干**，收集胸腔脏器及部分胸、腹壁淋巴的**左、右支气管纵隔干**，收集下肢、盆部、腹腔内成对脏器及部分腹壁淋巴的**左、右腰干**和收集腹腔内不成对脏器淋巴的一条**肠干**。

四、淋巴导管

九条淋巴干最终汇合成两条**淋巴导管 lymphatic duct**，即**胸导管 thoracic duct** 和**右淋巴导管 right lymphatic duct**（图 11-1，2），分别注入左、右静脉角。

1. 胸导管（图 11-1，2） 是全身最大的淋巴导管，长 30～40cm，管径 2～5mm，起于第 1 腰椎前方囊状膨大的**乳糜池 cisterna chyli**。乳糜池由左、右腰干和肠干汇合而成。胸导管起始后向上穿经膈的主动脉裂孔进入胸腔，在食管后方沿脊柱的右前方上行，到第 5 胸椎高度转向左侧，出胸廓上口达左颈根部，呈弓状弯曲注入左静脉角。胸导管在注入左静脉角之

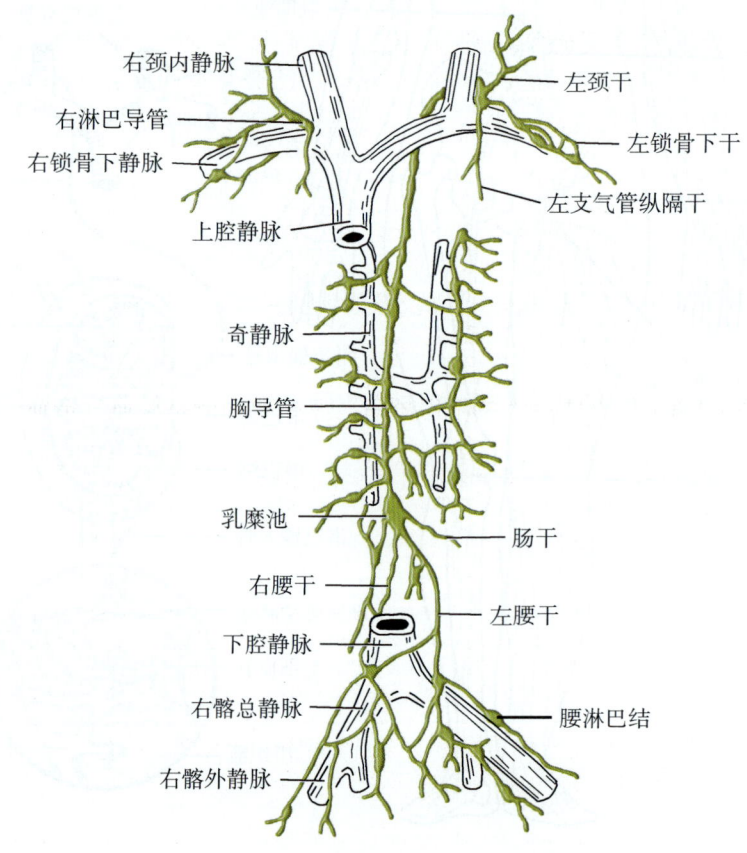

图 11-2 胸导管及右淋巴导管

前，有左颈干、左锁骨下干和左支气管纵隔干汇入。胸导管通过上述6条淋巴干收纳两下肢、盆部、腹部、左胸部、左上肢和左头颈部的淋巴，即全身3/4区域的淋巴。

2. **右淋巴导管**（图11-1，2） 为一短干，长1～1.5cm，由右颈干、右锁骨下干和右支气管纵隔干汇合而成，注入右静脉角。右淋巴导管通过上述3条淋巴干收纳右上肢、右胸部与右头颈部的淋巴，即全身右上1/4区域的淋巴。

第三节 淋巴器官

一、淋巴结

淋巴结 lymph node（图11-1）质软，为大小不一的圆形或椭圆形灰红色小体，直径2～20mm，是淋巴管向心行程的淋巴器官。淋巴结一侧隆凸，有数条输入淋巴管进入；另一侧凹陷称**淋巴结门**，有1～2条输出淋巴管及血管、神经等出入。淋巴结多呈群分布，按所在位置分为浅淋巴结和深淋巴结，淋巴结多沿血管排列，四肢的淋巴结多位于关节的屈侧；内脏的淋巴结多位于血管的周围或器官的门附近。淋巴结的主要功能是产生淋巴细胞和抗体，过滤淋巴以及参与机体的免疫反应，是人体的重要防御器官之一。

引流人体某器官或某部位淋巴的第一群淋巴结称为该器官或部位的**局部淋巴结 regional lymph node**，临床上称为**哨位淋巴结 sentinel lymph node**。

局部淋巴结的意义

局部淋巴结具有重要的临床意义。当某器官或局部发生病变时，致病因子如寄生虫、细菌、病毒或肿瘤细胞等可沿淋巴管进入相应的局部淋巴结，引起淋巴结的肿大。如果局部淋巴结不能阻止或清除时，则病变可沿淋巴管道向远处扩散和转移。因此，局部淋巴结肿大常反映其引流范围存在病变。因此，了解局部淋巴结的位置、收纳范围和淋巴引流途径，对疾病的诊断和治疗具有重要的临床意义。

二、脾

脾 spleen（图11-3）是人体最大的淋巴器官，其主要功能是储血、造血、滤血及参与机体免疫应答。脾位于左季肋区深部，胃底与膈之间，第9～11肋的深面，长轴与第10肋一致，成人重约150g。正常情况下，在左肋弓下不能触及脾。脾近似扁三角形或扁椭圆形，呈暗红色，质软而脆，受暴力打击时易破裂。脾可分为内、外两面，前、后两端和上、下两缘。内面（脏面）凹陷，近中央处有**脾门 hilum of spleen**，是血管神经等进出脾的部位。外面（膈面）平滑隆凸，紧贴膈。上缘前部有2～3个**脾切迹**，脾大时，可作为触诊脾的标志。

三、胸腺

胸腺 thymus（图11-4）位于胸骨柄后方，上纵隔的前部，有的可向上突入颈根部。由左、右不对称的两叶构成，每叶多呈扁条状，质地柔软。胸腺有明显的年龄变化，新生儿和幼儿发育较快，相对较大，重10～15g，至青春期后逐渐萎缩退化，发育达顶点，成年人的胸腺被脂肪组织代替。胸腺是中枢淋巴器官，兼具内分泌功能，其分泌的胸腺素，可使骨髓产生的淋

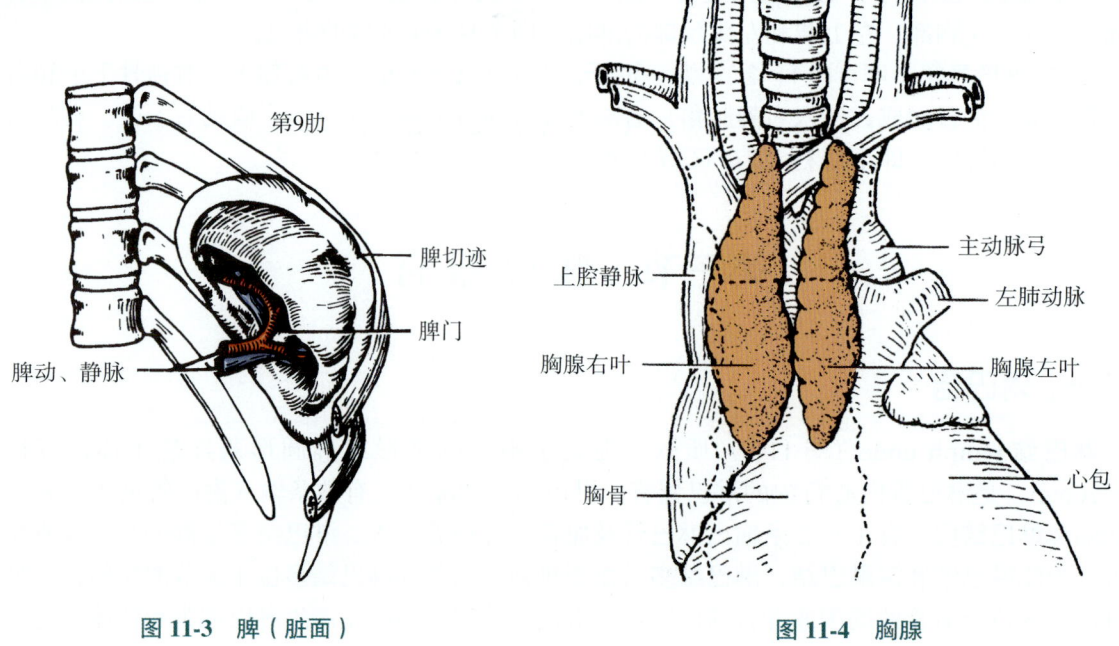

图 11-3 脾（脏面）　　　　图 11-4 胸腺

巴细胞转化为具有免疫活性的 T 淋巴细胞，提高其免疫能力，参与机体细胞免疫反应。

第四节　人体各部的主要淋巴管和淋巴结

一、头颈部

（一）头部的淋巴结

头部的淋巴结（图 11-5，6）大多位于头、颈交界处，由后向前依次有**枕淋巴结、乳突淋巴结、腮腺淋巴结、下颌下淋巴结**和**颏下淋巴结**。主要收纳头面部的淋巴，其输出管直接或间接地注入颈外侧深淋巴结。**下颌下淋巴结**位于下颌下腺附近及其腺实质内，收纳面部和口腔的淋巴。面部大部分淋巴管直接或间接注入下颌下淋巴结，所以面部有炎症或肿瘤时，常引起此淋巴结的肿大。

（二）颈部的淋巴结

颈部的淋巴结主要有颈前淋巴结、颈外侧浅淋巴结和颈外侧深淋巴结（图 11-5，6）。

1. **颈前淋巴结 anterior cervical lymph node**　沿颈前正中部，在喉、甲状腺及气管颈部的前方，收纳上述各器官的淋巴管，其输出淋巴管注入颈外侧深淋巴结。

2. **颈外侧浅淋巴结 superficial lateral cervical lymph nodes**　位于胸锁乳突肌表面，沿颈外静脉排列，收纳枕部、耳后部和颈浅部的淋巴管，其输出管注入颈外侧深淋巴结。

3. **颈外侧深淋巴结 deep lateral cervical lymph nodes**　位于胸锁乳突肌深面，沿颈内静脉排列。其中上群位于鼻咽部后方，称**咽后淋巴结 retropharyngeal lymph node**，鼻咽癌患者，癌细胞首先转移到此；下群中除沿颈内静脉排列外，还有沿锁骨下动脉和臂丛排列的**锁骨上淋巴结 supraclavicular lymph node**。颈外侧深淋巴结的输出管汇合成**颈干 jugular trunk**，左侧的注入胸导管，右侧的注入右淋巴导管。胃癌或食管癌患者，癌细胞常经胸导管由颈干逆行转移到左锁骨上淋巴结，引起该淋巴结的肿大。

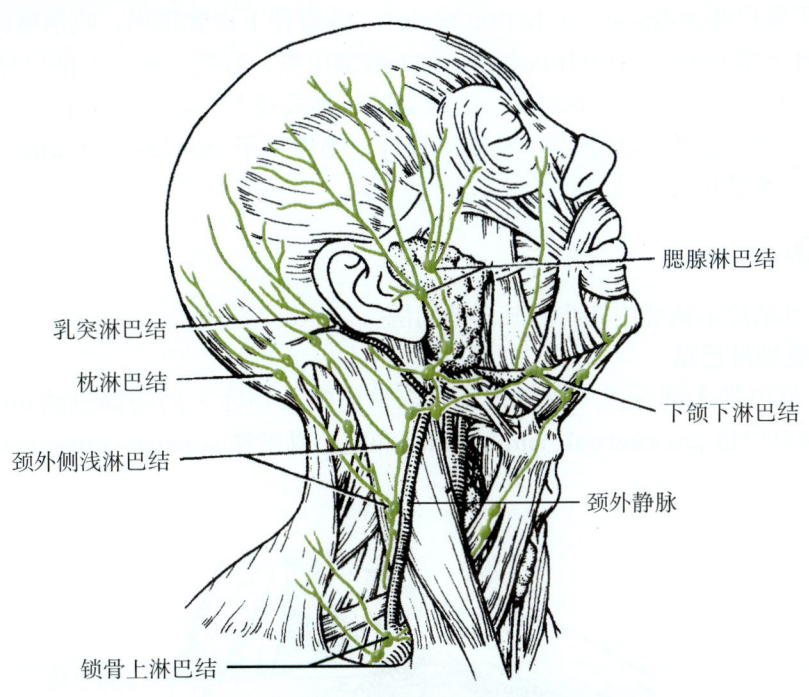

图 11-5　头颈部的淋巴管和淋巴结（Ⅰ）

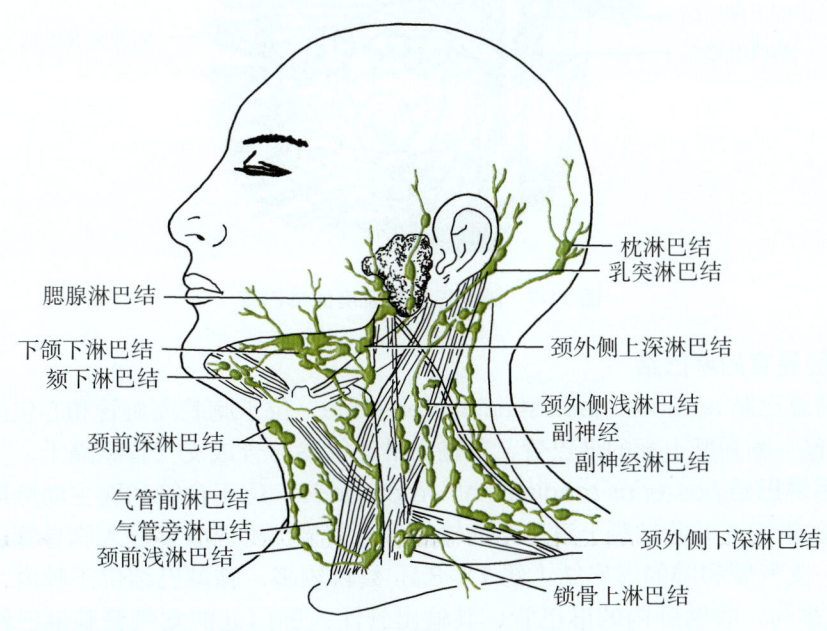

图 11-6　头颈部的淋巴管和淋巴结（Ⅱ）

二、上肢

上肢的淋巴结主要为**腋淋巴结** axillary lymph nodes（图 11-7），位于腋窝内，沿着腋血管排列，按位置分为五群。

1. **胸肌淋巴结** pectoral lymph nodes　位于胸小肌下缘，沿胸外侧血管排列，收纳胸、脐以上腹前外侧壁和乳房外侧部及中央部的淋巴。
2. **外侧淋巴结** lateral lymph nodes　沿腋静脉远侧段排列，收纳上肢浅、深淋巴。

3. 肩胛下淋巴结 subscapular lymph nodes 沿肩胛下血管排列，收纳项、背部的淋巴。

4. 中央淋巴结 central lymph nodes 位于腋窝中央，收纳上述三群淋巴结的输出管。

5. 尖淋巴结 apical lymph nodes 沿腋静脉近侧段排列，收纳上述四群淋巴结、锁骨下淋巴结的输出管和乳房上部的淋巴，其输出管合成**锁骨下干 subclavian trunk**，左侧注入胸导管，右侧注入右淋巴导管。

三、胸部

胸部的淋巴结位于胸壁内和胸腔脏器的周围。

（一）胸壁的淋巴结

胸壁的浅淋巴管大部分注入腋淋巴结，深淋巴管分别注入**肋间淋巴结 intercostal lymph nodes、胸骨旁淋巴结 parasternal lymph nodes 和膈上淋巴结 superior phrenic lymph nodes** 等（图 11-7）。

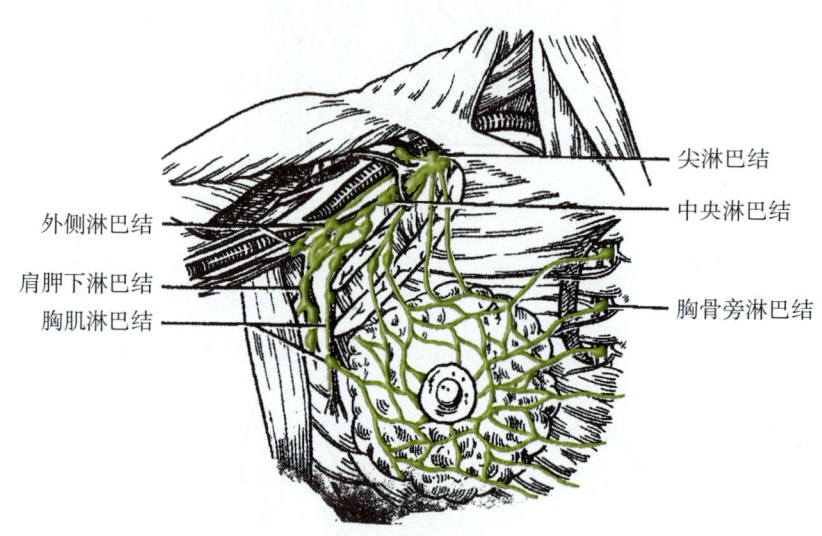

图 11-7 腋淋巴结和乳房的淋巴管

（二）胸腔器官的淋巴结

1. 纵隔前淋巴结 anterior mediastinal lymph node 位于胸腔大血管和心包的前方，收纳胸腺、心、心包、膈和肝上面的淋巴管，其输出淋巴管参与合成支气管纵隔干。

2. 纵隔后淋巴结 posterior mediastinal lymph node 位于食管和胸主动脉周围，收纳心包、食管和膈的淋巴，并收纳膈上淋巴结的输出管，其输出淋巴管多注入胸导管。

3. 气管、支气管和肺的淋巴结（图 11-8） 数目较多，肺淋巴结位于肺内，沿支气管和肺动脉的分支排列，收纳肺内的淋巴管，其输出管注入肺门处的**支气管肺淋巴结（肺门淋巴结）**。该淋巴结的输出管注入气管杈周围的**气管支气管淋巴结**。该淋巴结的输出管注入**气管旁淋巴结**。气管旁淋巴结的输出管与纵隔前淋巴结的输出管汇合构成**左、右支气管纵隔干**，左侧注入胸导管，右侧注入**右淋巴导管**（图 11-2）。

四、腹部

（一）腹壁的淋巴结

腹前外侧壁脐平面以上的浅、深淋巴管分别注入腋淋巴结和胸骨旁淋巴结；脐平面以下浅淋巴管注入腹股沟浅淋巴结，深淋巴管注入腹股沟深淋巴结、髂外淋巴结和腰淋巴结。腹后壁的深淋巴管注入腰淋巴结。腰淋巴结（图 11-2）位于下腔静脉和腹主动脉的周围，还收纳髂

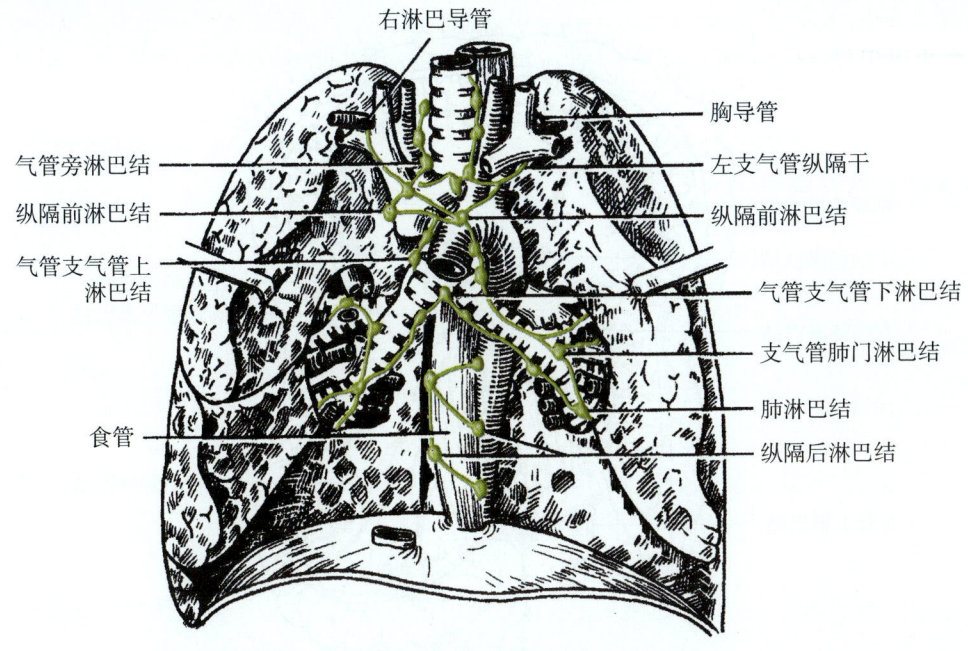

图 11-8 胸腔脏官的淋巴结

总淋巴结的输出管、腹腔成对脏器的淋巴，其输出管汇合成左、右腰干，注入乳糜池。

（二）腹腔器官的淋巴结

腹腔成对脏器的淋巴管注入**腰淋巴结 lumbar trunk**。不成对脏器的淋巴管分别注入腹腔淋巴结、肠系膜上淋巴结和肠系膜下淋巴结。

1. **腹腔淋巴结 celiac lymph nodes**（图 11-9） 位于腹腔干的周围，收纳沿腹腔干分布区的淋巴。包括胃左、右淋巴结，胃网膜左、右淋巴结，幽门上、下淋巴结，脾淋巴结和胰淋巴结等的输出管。

2. **肠系膜上淋巴结 superior mesenteric lymph nodes**（图 11-10） 位于肠系膜上动脉根部周围，收纳沿肠系膜上动脉分布区域的淋巴。包括肠系膜淋巴结、回结肠淋巴结、右结肠淋巴结和中结肠淋巴结的输出管。

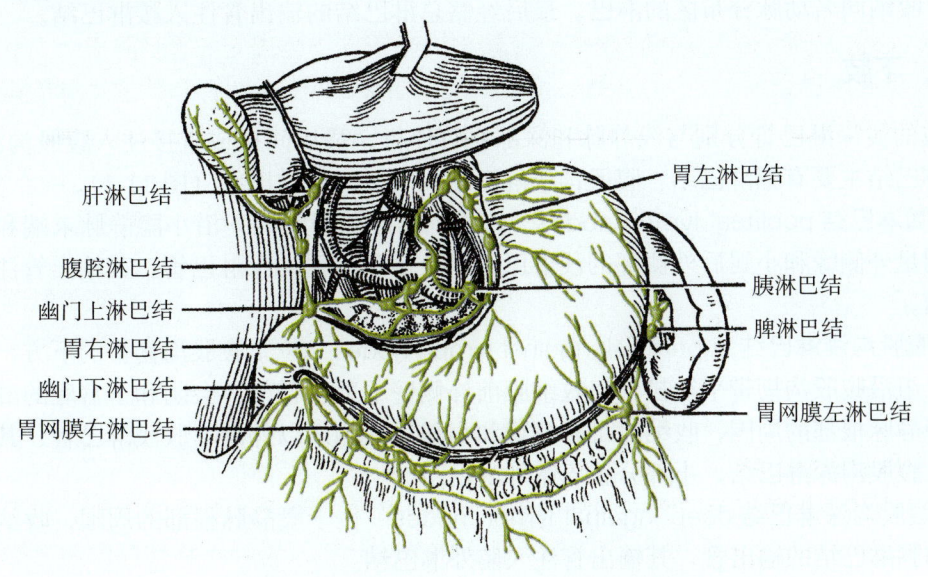

图 11-9 沿腹腔干及其分支排列的淋巴结

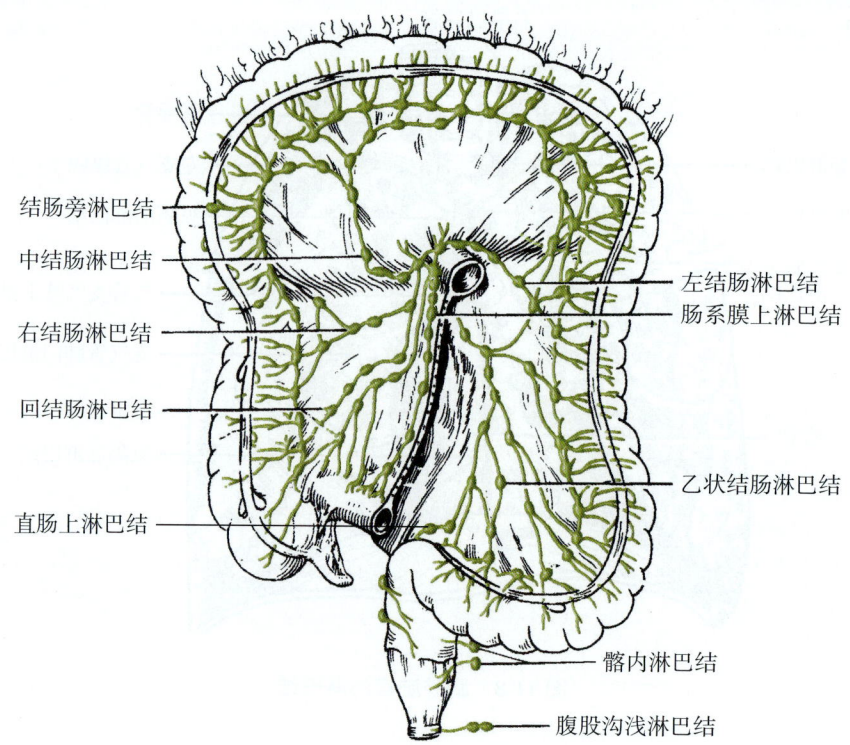

图 11-10　沿肠系膜上、下动脉及其分支排列的淋巴结

3. 肠系膜下淋巴结 inferior mesenteric lymph nodes（图 11-10）　位于肠系膜下动脉根部的周围，收纳沿肠系膜下动脉分布区域的淋巴。包括左结肠淋巴结、乙状结肠淋巴结和直肠上淋巴结的输出管。

以上三部分淋巴结的输出管共同汇合成一条**肠干 intestinal trunk**，注入**乳糜池**。

五、盆部

盆部的淋巴结沿髂内、外血管及髂总血管排列，分别称**髂内淋巴结 internal iliac lymph nodes**、**髂外淋巴结 external iliac lymph nodes** 和**髂总淋巴结 common iliac lymph nodes**（图 11-11）。收纳同名动脉分布区的淋巴，最后经髂总淋巴结的输出管注入腰淋巴结。

六、下肢

下肢的浅深淋巴管分别与浅静脉和深部血管伴行，最后间接或直接注入腹股沟深淋巴结。下肢的淋巴结主要有腘淋巴结、腹股沟浅淋巴结和腹股沟深淋巴结（图 11-1）。

1. 腘淋巴结 popliteal lymph nodes　位于腘窝脂肪组织内，沿小隐静脉末端和腘血管排列，收纳足外侧缘和小腿后外侧部的浅淋巴管以及足和小腿的深淋巴管，其输出管注入腹股沟深淋巴结。

2. 腹股沟浅淋巴结 superficial inguinal lymph nodes　位于腹股沟韧带的下方，分上、下两组。上组沿腹股沟韧带平行排列，收纳腹前外侧壁下部、臀部、会阴和子宫底的淋巴；下组位于大隐静脉根部的周围，收纳除足外侧缘和小腿后外侧面以外的下肢浅淋巴管，其输出管大部分注入腹股沟深淋巴结，小部分注入髂外淋巴结。

3. 腹股沟深淋巴结 deep inguinal lymph nodes　位于股静脉根部的周围，收纳腹股沟浅淋巴结和腘淋巴结的输出管，其输出管注入髂外淋巴结。

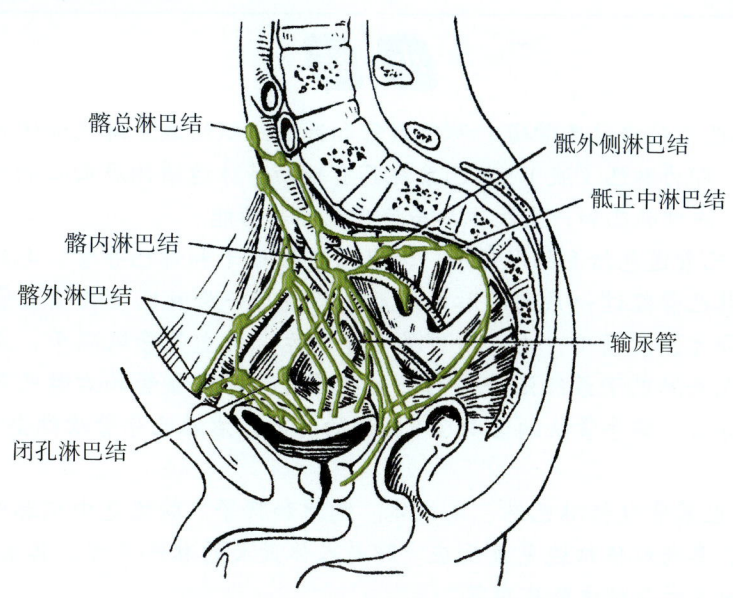

图 11-11（A） 男性盆部淋巴结

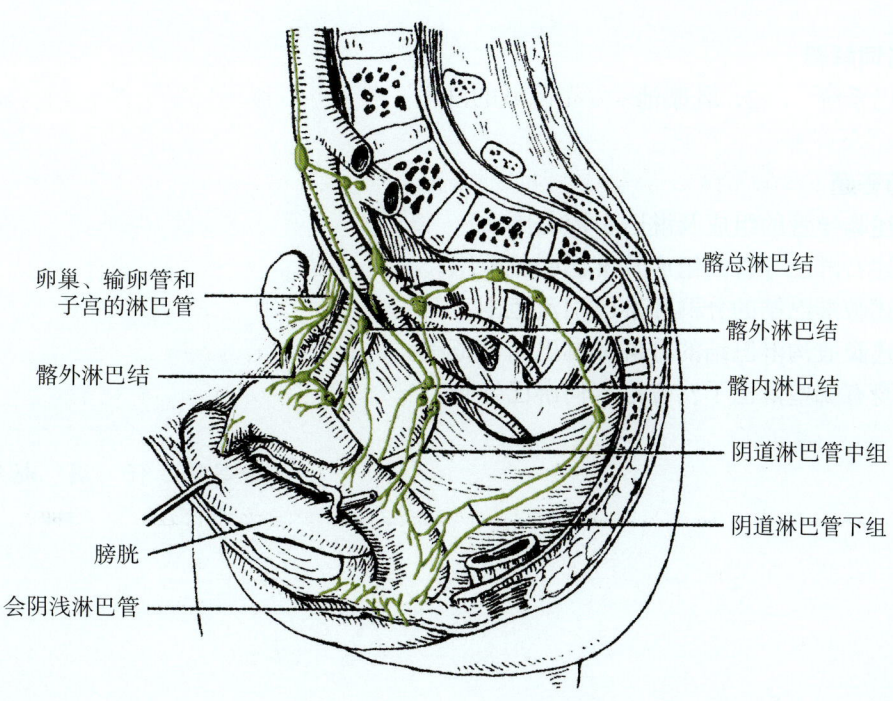

图 11-11（B） 女性盆部淋巴结

小结

1. 淋巴系统由淋巴管道、淋巴器官和淋巴组织组成。淋巴管道内流动着无色透明的液体，即为淋巴（液）。淋巴系统具有辅助静脉运输体液回心的功能，而且产生淋巴细胞，滤过淋巴和产生抗体参与免疫应答等功能。

2. 淋巴管道包括毛细淋巴管、淋巴管、淋巴干和淋巴导管。毛细淋巴管汇合成淋巴管，淋巴管经过一系列的淋巴结后，其最后一群淋巴结的输出管汇合形成九条淋巴干，即左、右颈干，左、右锁骨下干，左、右支气管纵隔干，左、右腰干和一条肠干。九条淋巴干最终汇合成两条淋巴导管，即胸导管和右淋巴导管，分别注入左、右静脉角。胸导管收纳全身 3/4 区域的淋巴，右淋巴导管收纳全身右上 1/4 区域的淋巴。

3. 淋巴器官包括淋巴结、扁桃体、胸腺和脾等。胸腺是中枢淋巴器官，兼具内分泌功能，参与机体细胞免疫反应。脾是人体最大的淋巴器官，其主要功能是储血、造血、滤血及参与机体免疫应答。

自测题

一、名词解释

1. 淋巴系统　　2. 乳糜池

二、简答题

1. 简述胸导管的组成及淋巴引流范围。
2. 简述右淋巴导管的组成及淋巴引流范围。
3. 简述腋淋巴结的分群和淋巴引流范围。
4. 简述腹股沟淋巴结的分群和淋巴引流范围。
5. 全身有哪些淋巴干？各汇入何淋巴导管？

（金昌洙　任　玥　赵冬梅）

第四篇 感觉器

感觉器 sensory organs 又称感觉器官，是机体感受环境刺激的装置，由感受器和复杂的附属结构组成。

感受器 receptor 是感觉神经末梢及其相连的特殊结构，它可接受机体内、外环境的各种刺激。并把刺激转换为神经冲动，再经过神经系统传导至大脑皮质，从而产生相应的感觉。

根据感受器所在部位和接受刺激的来源，可分为三类：

1. 外感受器：位于皮肤、黏膜、视器和听器等处，接受来自外界环境的物理和化学刺激，如触觉、痛觉、视、听觉感受器等；外感受器还可根据其特化程度分为一般感受器和特殊感受器。（1）一般感受器：分布在全身各部，如分布在皮肤的痛觉、温觉、触觉、压觉感受器；分布在肌、肌腱、关节、内脏及心血管的各种感受器等。（2）特殊感受器：分布在头部，包括视觉、听觉、嗅觉、味觉和平衡觉的感受器。

2. 内感受器：分布在内脏和心血管等处，接受来自内环境的物理或化学刺激，如渗透压、血压、温度、压力、离子和化合物浓度变化等。

3. 本体感受器：分布在肌、肌腱、关节和内耳等处，接受机体运动和平衡时产生的刺激。

人体感觉器有视器、前庭蜗器、嗅器和味器等，本篇主要介绍视器（眼）、前庭蜗器（耳）。

 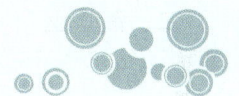

第十二章 视 器

学习目标

通过本章内容的学习，学生应能：

◆ **记忆**

1. 列举视器的组成与功能。
2. 陈述眼球壁的形态结构及其各部的功能。
3. 陈述眼的屈光系统、房水的产生及循环途径。
4. 陈述眼球外肌的位置和作用以及神经支配。

◆ **理解**

1. 说明眼睑的形态和构造。
2. 说明结膜的分部。
3. 说明泪器的组成及开口。
4. 总结眼的血管和神经。

◆ **应用**

1. 举例说明眼屈光系统的疾病。
2. 视网膜中央动脉的检查法。

视器 visual organ 又称眼 eye，由眼球和眼副器两部分组成，眼球的功能是接受可见光的刺激，将感受的光波刺激转变为神经冲动，经视觉传导通路到大脑视觉中枢，产生视觉。眼副器位于眼球的周围，包括眼睑、结膜、泪器、眼球外肌、眶脂体和眶筋膜等，对眼球起支持、保护和运动等作用。眼的血管则对视器起营养及收集其代谢产物的作用。

第一节 眼 球

眼球 eyeball 近似球形，居眶内，为视器的主要部分，前有眼睑，后面借视神经连于脑，周围有泪腺和眼球外肌等眼副器，借筋膜与眶壁相连并有眶脂体衬垫。

当眼平视前方时，眼球前面正中点称**前极**，后面正中点称**后极**。通过前、后极的连线称眼轴。由瞳孔的中央至视网膜中央凹的连线，称**视轴**。眼轴与视轴成锐角交叉（图 12-1）。

眼球由眼球壁及其眼球内容物所组成。

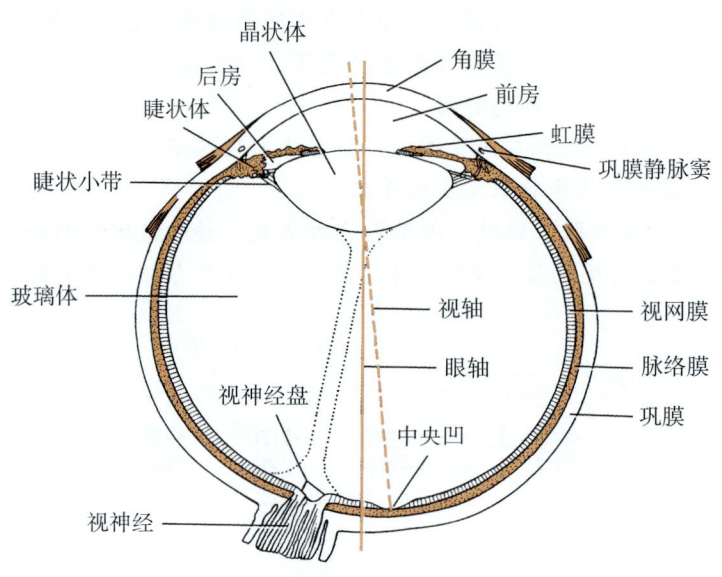

图 12-1 右侧眼球（水平切面）

一、眼球壁

眼球壁由外向内可分为外膜、中膜和内膜三层（图 12-1）。

（一）外膜

外膜 fibrous tunic（又称纤维膜）为眼球壁最外层，由厚而坚韧的致密结缔组织构成，具有支持眼球外形和保护眼球内容物的作用。可分为**角膜**和**巩膜**两部分。

1. 角膜 cornea　占纤维膜的前 1/6，无色透明，曲度较大，具有屈光作用。角膜内无血管，但有丰富的感觉神经末梢，故角膜的感觉十分敏锐，发生病变时疼痛也很剧烈。角膜的营养来自周围的毛细血管、泪液和房水。角膜损伤可致溃疡，形成瘢痕，使角膜失去透明性，影响视觉。

2. 巩膜 sclera　占外膜的后 5/6，为乳白色不透明的纤维膜。在靠近角膜的巩膜实质内有环形的巩膜静脉窦 sinus venosus sclerae，是房水回流的通道。巩膜前部暴露于眼裂的部分正常时呈乳白色，黄色常是黄疸的重要体征。老年人的巩膜因脂肪沉积略呈黄色。

（二）中膜

中膜 vascular tunic（又称血管膜或葡萄膜）在纤维膜的内面，含丰富的血管、神经和色素，呈棕黑色，具有营养眼球内组织及遮光的作用。中膜由前向后可分为虹膜、睫状体和脉络膜三部分。

1. **虹膜 iris** 呈冠状位，是血管膜最前部圆盘形的薄膜，中央有圆形的**瞳孔 pupil**。虹膜把角膜和玻璃体之间的腔隙分成较大的眼前房和较小的眼后房，两者借瞳孔相通。在前房内，虹膜和角膜交界处构成**虹膜角膜角**，又称**前房角**。虹膜内有两种排列方向不同的平滑肌：环绕瞳孔周围的称**瞳孔括约肌 sphincter pupillae**；呈放射状排列的叫**瞳孔开大肌 dilator pupillae**，它们分别缩小和开大瞳孔。在弱光下或看远方时瞳孔开大；在强光下或看近距离物体时瞳孔缩小。在活体，透过角膜可见虹膜和瞳孔（图 12-1，2）。虹膜的颜色存在人种差异，可有黑、棕、蓝和灰色等数种。虹膜的颜色取决于所含色素的多少。

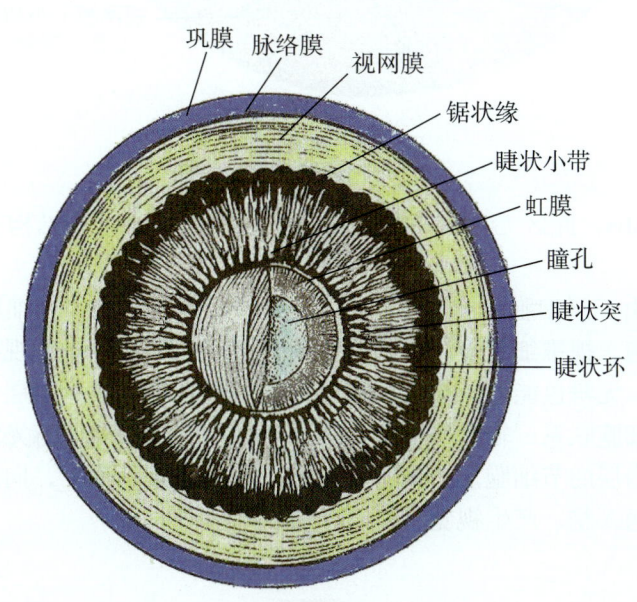

图 12-2 眼球前半部（后面观）

2. **睫状体 ciliary body** 位于巩膜与角膜移行处的内面，在眼球的水平面上呈三角形，是中膜的最肥厚部分。前部为**睫状突 ciliary processes**，后部为睫状环。由睫状突发出**睫状小带**与晶状体相连。睫状体内的**睫状肌 ciliary muscle** 为平滑肌，由副交感神经支配。睫状体有调节晶状体曲度和产生房水的作用（图 12-1，2）。

3. **脉络膜 choroid** 占后 2/3，富含血管及色素。后方有视神经穿过，内面紧贴视网膜的色素层，外与巩膜疏松结合。其功能是可营养眼球内组织并吸收眼球内分散光线以免扰乱视觉。

（三）内膜

内膜 retina（又称视网膜）位于眼球壁的最内层，其中贴在虹膜和睫状体内面的部分无感光作用，称**视网膜盲部**；贴在脉络膜内面的部分有感光作用，称**视网膜视部**。

视网膜视部分内、外两层，外层为色素上皮层，内层为神经细胞层。视网膜的内、外两层之间有一潜在间隙，容易分离，临床上的"视网膜脱离症"即指此两层的分离。

视部的后部在内面于视神经的起始处有一圆盘形隆起，称**视神经盘 optic disc**，又称视神经乳头，此处无感光细胞，故称生理性盲点。视神经、视网膜中央动、静脉由此穿行（图12-3）。在视神经盘的颞侧约 3.5 mm 稍下方有一黄色区域称**黄斑 macula lutea**，其中央的凹陷

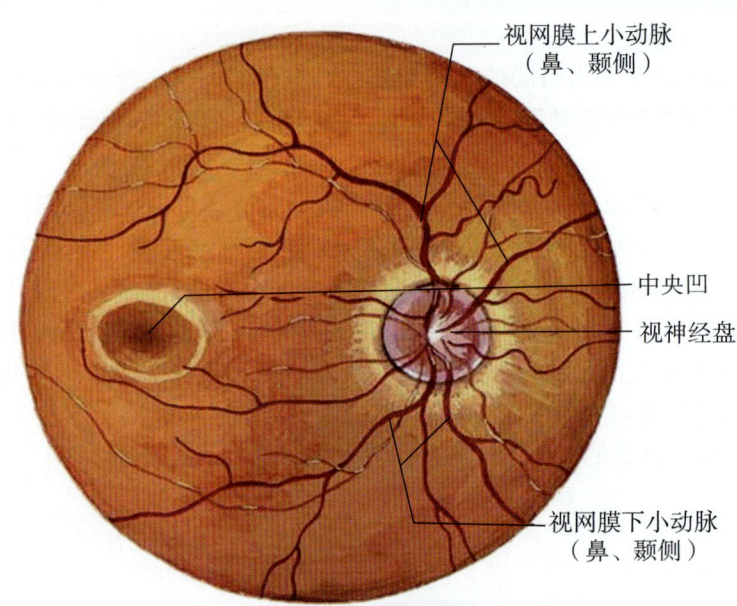

图 12-3　右侧眼底

称**中央凹** fovea centralis，此区无血管，是感光最敏锐的部位。这些结构在活体用眼底镜检查时可见到。

　　神经细胞层主要由三层细胞组成（图 12-4）。最外层是视细胞，视细胞是感光细胞，可分为视锥细胞和视杆细胞，视锥细胞能感受强光和辨色，在白天或明亮处视物时起主要作用；视杆细胞只能感受弱光，无辨色能力，在夜间或暗视物时起主要作用。中层为双极细胞，是传入神经元，其树突与视细胞联系，轴突与节细胞联系；内层为节细胞。感光细胞的神经冲动传导经双极细胞传导至最内层的节细胞。节细胞的轴突向视神经盘处集中，向后穿出眼球壁形成视神经，把神经冲动传送入脑，产生视觉。

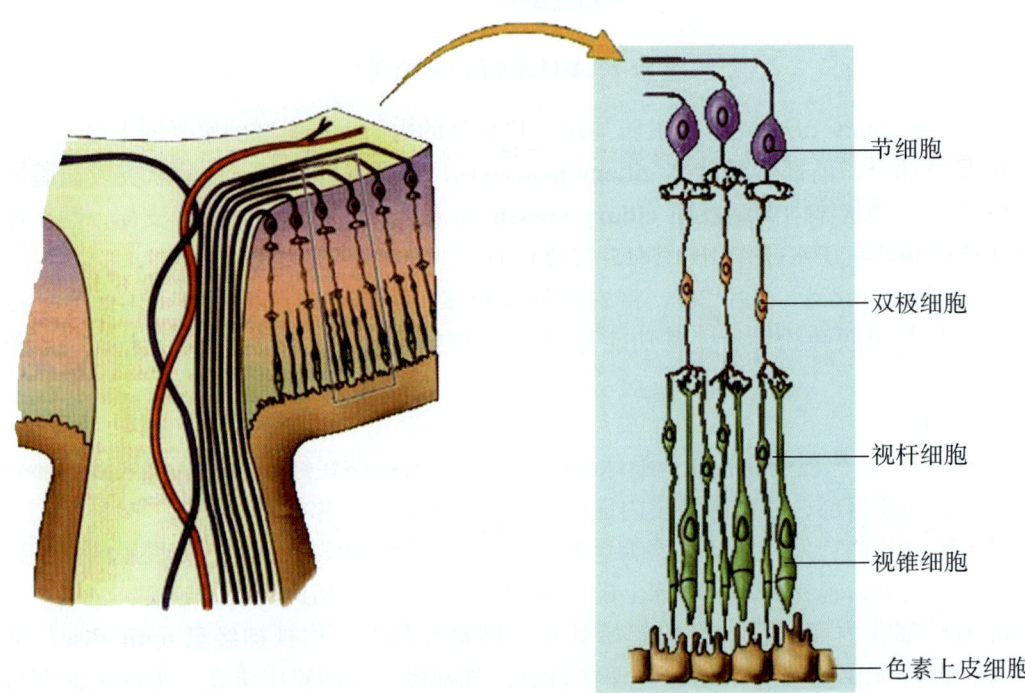

图 12-4　视网膜的结构

二、眼球的内容物

眼球的内容物包括**房水**、**晶状体**和**玻璃体**（图12-1，2）。这些结构透明而无血管分布，具有屈光作用，与角膜一起合称为眼的屈光系统。

（一）房水

房水 aqueous humor 是无色透明的液体，充满于眼房内。眼房为位于角膜、晶状体和睫状体之间的腔隙。房水由睫状体产生后自眼后房经瞳孔至眼前房，然后由虹膜角膜角入**巩膜静脉窦**，最后汇入**眼静脉**。房水除具有屈光作用外，还具有营养角膜和晶状体以及维持眼内压的作用。

（二）晶状体

晶状体 lens 位于虹膜和玻璃体之间，借睫状小带与睫状体相连；呈双凸透镜状，后面较前面隆凸，无色透明而有弹性，不含血管和神经。晶状体外面包有**晶状体囊**。晶状体周围部较软称**晶状体皮质**，中央部较硬称**晶状体核**。晶状体若因疾病或创伤而变浑浊，称为白内障。

晶状体是眼屈光系统的主要调节结构，其曲度可随睫状肌的舒缩而改变。当视近物时，睫状肌收缩，向前牵引睫状突，使睫状小带放松，晶状体则由于本身的弹性而变凸，特别是前面的曲度加大，屈光力加强，使物像能聚焦于视网膜上。视远物时，与此相反。随着年龄的增长，晶状体逐渐失去弹性，睫状肌也逐渐萎缩，调节功能减退，从而出现老视。

（三）玻璃体

玻璃体 vitreous body 是位于晶状体和视网膜之间无色透明的胶状物质，约占眼球内腔的后4/5。它具有屈光作用和支撑视网膜的作用。若玻璃体发生浑浊，可影响视力。若支撑作用减弱，可导致视网膜剥离。

> 老视：由于年龄的增长，晶状体核逐渐硬化、弹性减弱，睫状肌功能减低，导致眼调节力逐渐衰弱，近视力减退、阅读与近距离工作困难，称为老视。
>
> 青光眼：在房水循环环节中，若房水循环发生障碍时，由于房水回流受阻，引起的眼压增高，压迫视网膜，导致视力减退或失明，临床上称之为青光眼。
>
> 玻璃体浑浊：临床上称飞蚊症，往往由于外伤或其他原因导致的玻璃体浑浊，患者眼前可出现飘动的黑点。
>
> 沙眼：是由沙眼衣原体引起的一种慢性传染性结膜角膜炎，睑结膜面粗糙不平，形似沙粒。

第二节　眼副器

眼副器包括眼睑、结膜、泪器和眼球外肌等，对眼球起保护、运动和支持作用（图12-5）。

一、眼睑

眼睑 eyelids 位于眼球前方，俗称眼皮，是眼球的保护屏障，分上睑和下睑（图12-5，6），

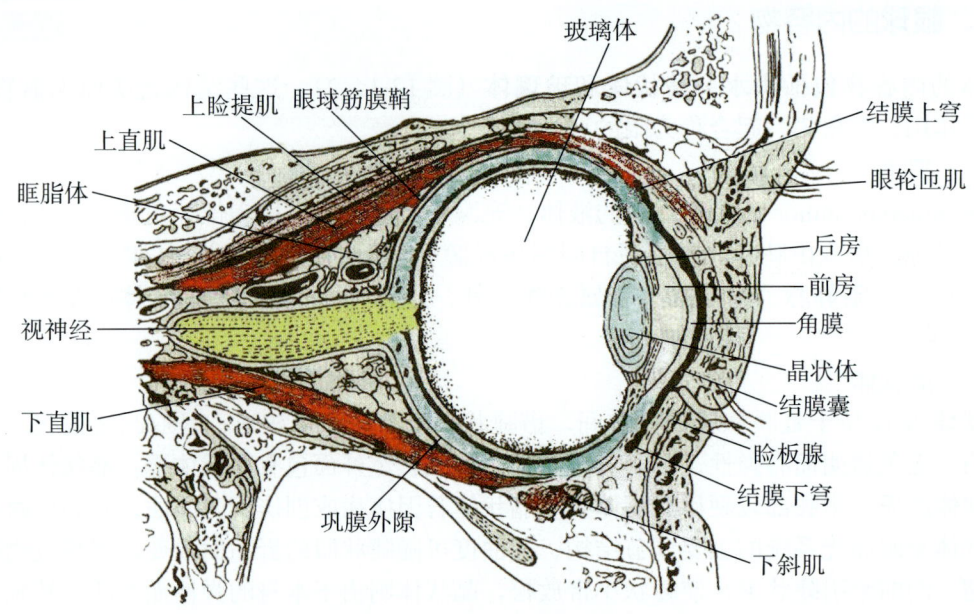

图 12-5　眼眶（矢状切面）

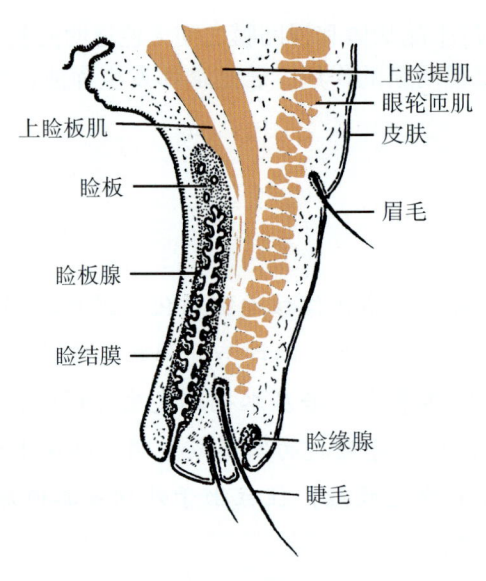

图 12-6　眼睑的结构

两者之间的裂隙称**睑裂**。睑裂的内、外侧端成锐角，分别称**内眦**和**外眦**。眼睑的游离缘称**睑缘**，有向外生长的**睫毛**，有防止异物进入眼内和减弱强光照射的作用，睫毛根部的皮脂腺称**睑缘腺（Zeis腺）**。

眼睑由浅入深可分为五层：皮肤、皮下组织、肌层、睑板和睑结膜。

眼睑的皮肤细薄，皮下组织疏松，易因积水或出血而肿胀，肌层主要为眼轮匝肌，收缩时闭合睑裂。睑板 tarsus 由致密结缔组织构成，呈半月形，睑板内有许多呈麦穗状分支的**睑板腺**，与睑缘成垂直排列，开口于睑缘。睑板腺分泌油脂类物质，可润滑睑缘，防止泪液外流。**睑结膜**被覆于眼睑最内面，含有丰富的血管。

二、结膜

结膜 conjunctiva 覆盖在眼睑的后面和眼球的前面,为富有血管的透明黏膜。按所在部位可分为三部分:

1. **睑结膜**覆盖于眼睑内面的部分。
2. **球结膜**覆盖于眼球巩膜前面的部分。
3. **结膜穹窿**位于睑结膜与球结膜相互移行处,其反折处分别形成**结膜上穹**和**结膜下穹**,闭眼时,全部结膜围成的囊状腔隙称结膜囊(图 12-5),此囊通过睑裂与外界相通。滴眼药即入此囊内。结膜炎和沙眼是结膜的常见疾病。

三、泪器

泪器 lacrimal apparatus 由泪腺和泪道组成,泪道包括泪点、泪小管、泪囊和鼻泪管(图 12-7)。

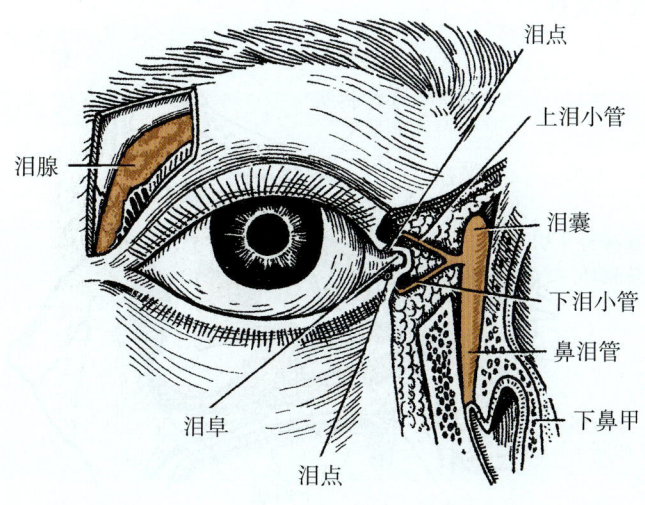

图 12-7 泪器

(一)泪腺

泪腺 lacrimal gland 位于眶上壁外侧部的泪腺窝内,有 10~20 条排泄小管开口于结膜上穹的外侧部。泪腺分泌泪液有保护眼球,冲洗结膜异物,湿润角膜和杀菌等作用。多余的泪液流向内眦处的泪湖,经泪点、泪小管进入泪囊,再经鼻泪管至鼻腔。

(二)泪道

泪道包括泪点、泪小管、泪囊和鼻泪管。**泪点 lacrimal punctum** 在上、下睑缘近内侧端各有一小的隆起称**泪乳头**,其顶端有一小孔,称泪点,是泪小管的入口。**泪小管 lacrimal ductule** 为连结泪点与泪囊的小管,由上泪小管和下泪小管组成。分别垂直向上、下行,继而几乎成直角转向内侧汇合在一起,开口于泪囊上部。**泪囊 lacrimal sac** 位于眼眶内侧壁的泪囊窝内,为一上部盲端的膜性囊,下部移行于鼻泪管。眼轮匝肌收缩时不仅闭眼,同时可牵拉扩大泪囊,囊内产生的负压,使泪湖内的泪液经泪小管流入。**鼻泪管 nasolacrimal duct** 为膜性管道,上接泪囊,下端开口于下鼻道。开口处的黏膜内有丰富的静脉丛,在感冒时黏膜充血肿胀会使鼻泪管下口闭塞,泪液向鼻腔引流不畅,因此感冒时常有流泪的现象。

四、眼球外肌

眼球外肌 extraocular muscles 均为骨骼肌,共 7 块,配布在眼球周围,统称为视器的运动装置（表12-1）。包括运动眼球的4块直肌、2块斜肌和运动眼睑的上睑提肌。其中**上睑提肌 levator palpebrae superior** 起于视神经管前上方的眶壁，在上直肌上方向前走行，止于上睑皮肤和上睑板，此肌收缩提上睑，开大眼裂，由动眼神经支配。其余4条直肌和2条斜肌的收缩可使瞳孔向6个方向运动（图12-8）。**上直肌**、**下直肌**、**内直肌**和**外直肌**分别位于眼球的上方、下方、内侧和外侧。各直肌共同起自视神经管周围和眶上裂内侧的总腱环，在赤道的前方，分别止于巩膜的上、下、内侧和外侧。上、下、内、外直肌收缩时，分别使瞳孔转向上内、下内、内侧和外侧。**上斜肌 obliquus superior** 位于上直肌和内直肌之间，起于蝶骨体，以细腱通过眶内侧壁前上方的滑车，然后转向后外，在上直肌和外直肌之间止于眼球后外侧赤道后方的巩膜。该肌收缩使瞳孔转向下外方。**下斜肌 obliquus inferior** 位于眶下壁与下直肌之间，起自眶下壁前内侧，斜向后外，止于眼球下面赤道后方的巩膜。该肌收缩使瞳孔转向上外方。

眼球的正常运动，并非单一眼球外肌的收缩，而是两眼多块肌肉协同作用的结果。如俯视时，两眼的下直肌和上斜肌同时收缩；仰视时，两眼上直肌和下斜肌同时收缩；侧视时，一侧眼的外直肌和另一侧眼的内直肌共同作用；聚视正中时，双眼内直肌共同收缩。当某一眼球外肌麻痹时，可出现斜视和复视。

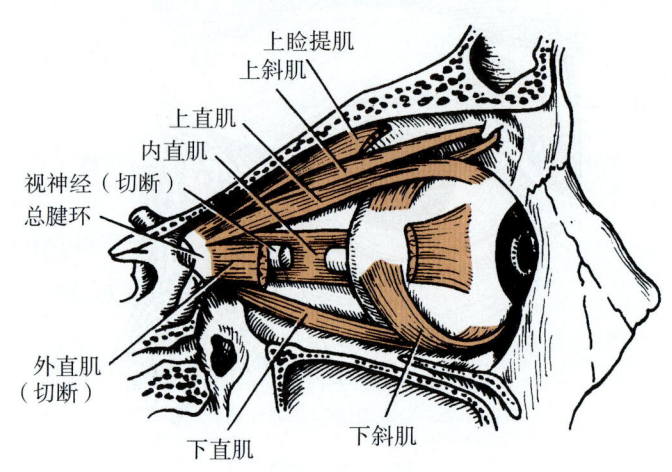

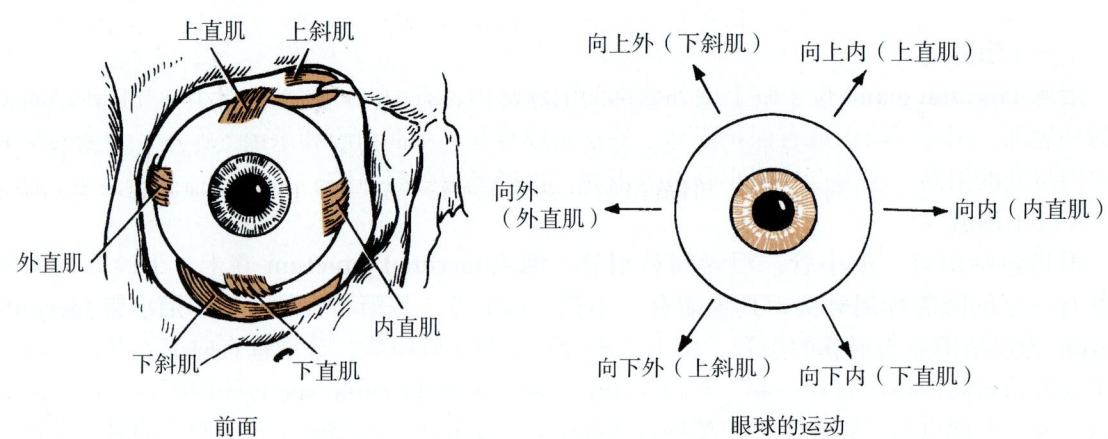

图 12-8　眼球外肌

表 12-1 眼球外肌的起止、作用及神经支配

名称	起点	止点	作用	神经支配
上睑提肌	视神经管前上方的眶壁	上睑皮肤、上睑板	提上睑	动眼神经
上直肌	总腱环	眼球赤道以前的巩膜	瞳孔转向上内	动眼神经
下直肌			瞳孔转向下内	
内直肌			瞳孔转向内侧	
外直肌			瞳孔转向外侧	展神经
上斜肌	蝶骨体	眼球后外侧赤道后方的巩膜	瞳孔转向下外	滑车神经
下斜肌	眶下壁的内侧近前缘	眼球下部赤道后方的巩膜	瞳孔转向上外	动眼神经

霰粒肿：睑板腺被阻塞时，形成睑板腺囊肿，亦称霰粒肿。

麦粒肿：当睑板腺发生化脓性感染时，临床上称内麦粒肿；睫毛根部有睫毛腺，睫毛腺的急性炎症称外麦粒肿。

（赵冬梅　金昌洙）

第三节　眼的血管和神经

一、眼的动脉

眼球和眶内结构的血液供应，主要来自颈内动脉的分支眼动脉。

眼动脉 ophthalmic artery 起自颈内动脉，与视神经一起经视神经管入眶，眼动脉在行程中发出分支供应眼球、眼球外肌、泪腺和眼睑等。主要的分支有视网膜中央动脉。

视网膜中央动脉 central artery of retina 是眼动脉的一小分支，在眼球后方穿入视神经，行于视神经中央，从视神经盘穿出，再分为 4 支，即**视网膜鼻侧上、下小动脉**和**视网膜颞侧上、下小动脉**，营养视网膜内层，但黄斑的中央凹无血管分布（图 12-3）。视网膜中央动脉是供应视网膜内层的唯一动脉，临床上常用眼底镜观察此动脉，以帮助诊断某些疾病。

二、眼的静脉

眶内血液通过眼静脉回流。

眼球内的静脉主要包括**视网膜中央静脉**和**涡静脉**，前者收集视网膜的静脉血，穿出视神经后注入眼上静脉；后者有 4～6 条，收集虹膜、睫状体和脉络膜的静脉血，穿出巩膜后注入眼上、下静脉。眼球外的静脉有**眼上、下静脉**。眼静脉无瓣膜，向前与面静脉吻合，向后注入海绵窦。因此，面部感染可经此途径侵入颅内海绵窦引起颅内感染。

三、眼的神经

视器的神经支配来源较多，眼的神经包括传导视觉冲动的视神经，支配上、下、内直肌、

下斜肌和上睑提肌的动眼神经，支配上斜肌的**滑车神经**，支配外直肌的**展神经**；管理眼球感觉的眼神经，主管泪腺分泌和眼轮匝肌收缩的面神经以及支配眶内平滑肌的交感神经和副交感神经。

小　结

1. 视器又称眼，由眼球和眼副器两部分组成，眼球的功能是接受可见光的刺激，产生视觉。眼副器包括眼睑、结膜、泪器、眼球外肌、眶脂体和眶筋膜等，对眼球起支持、保护和运动等作用。

2. 眼球由眼球壁及其眼球内容物所组成。眼球壁由外向内可分为外膜、中膜和内膜三层。眼球的内容物包括房水、晶状体和玻璃体，这些结构与角膜一起合称为眼的屈光系统。

3. 眼球和眶内结构的血液供应，主要来自颈内动脉的分支眼动脉。眶内血液通过眼静脉回流。视器的神经支配来源较多，有视神经、动眼神经、滑车神经、展神经、眼神经、面神经。

自测题

一、名词解释

1. 眼轴　　2. 视轴　　3. 巩膜静脉窦　　4. 眼房　　5. 视神经盘　　6. 黄斑　　7. 结膜穹窿　　8. 泪囊

二、简答题

1. 简述视器的组成和功能。
2. 简述眼球壁各层的结构和作用。
3. 简述房水的产生、循环和临床意义。
4. 简述眼的屈光系统。
5. 简述眼睑的层次结构特点。
6. 简述泪器的组成及泪液的功能。
7. 简述眼球外肌的作用和神经支配。

（金昌洙　赵冬梅）

第十三章 前庭蜗器

> **学习目标**
>
> 通过本章内容的学习，学生应能：
>
> ◆ **记忆**
> 1. 定义前庭蜗器的组成和功能。
> 2. 陈述鼓膜的形态和分部。
> 3. 陈述鼓室的位置及六个壁的特点。
> 4. 定义内耳的组成及功能。
>
> ◆ **理解**
> 1. 说明骨迷路的分部和功能。
> 2. 说明膜迷路的分部和功能。
>
> ◆ **应用**
> 举例说明声波的传导途径。

前庭蜗器（位听器）vestibulocochlear organ 又称**耳 ear**，包括前庭器 vestibular apparatus 和听器 auditory apparatus 两部。这两部分的功能虽然不同，但结构上关系密切。前庭蜗器包括外耳、中耳和内耳三部分（图13-1）。外耳和中耳是收集和传导声波的装置，内耳是听觉和位觉感受器所在的部位。

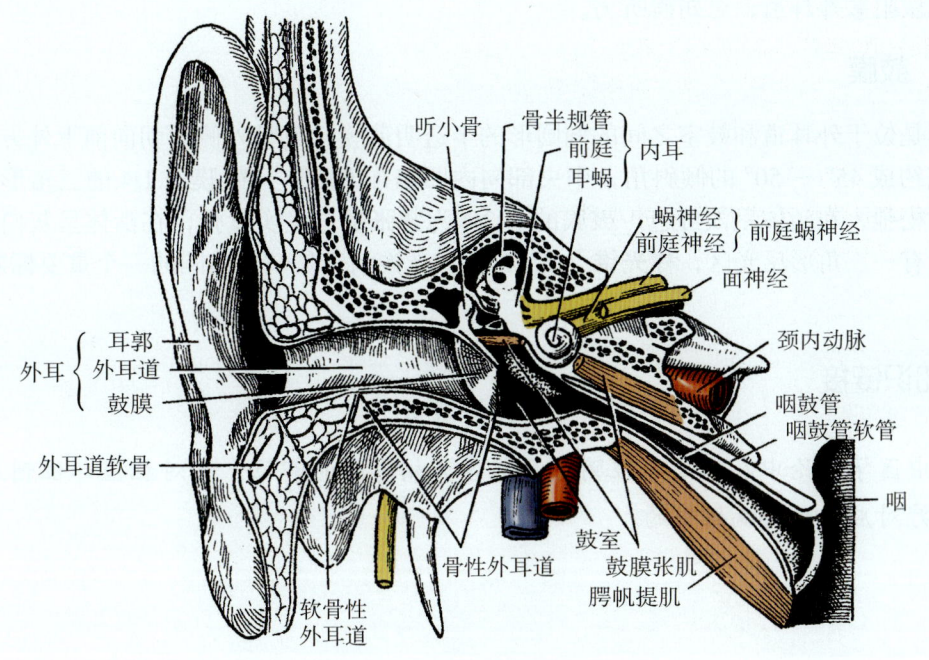

图13-1 前庭蜗器模式图

第一节 外 耳

外耳 external ear 包括耳郭、外耳道和鼓膜三部分。

一、耳郭

耳郭 auricle 位于头部两侧，有收集声波的作用。耳郭的上方大部以弹性软骨为支架，外覆皮肤，皮下组织很少，但血管神经丰富；耳郭的下方无软骨，仅含结缔组织和脂肪，名为**耳垂**，是临床常用的采血部位。由于耳郭以软骨为主，除耳垂外的其他部位皮下组织较少，皮肤较薄，血管位置表浅，且裸露在外，因此御寒能力较差，在寒冬季节容易发生冻疮（图 13-2）。耳郭的外部形态是耳针取穴的标志。

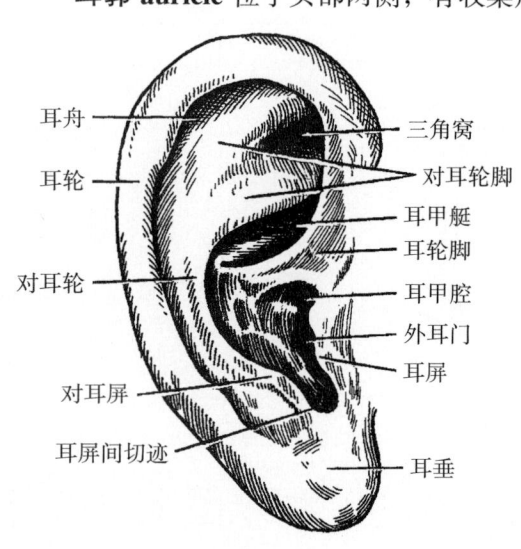

图 13-2 耳郭

二、外耳道

外耳道 external acoustic meatus 是自外耳门至鼓膜的管道，成人长 2.0～2.5 cm。可分为外 1/3 的软骨部和内 2/3 的骨性部。两部交界处较狭窄。外耳道是一弯曲的管道，约呈"S"状，从外向内，其方向是先向前上，稍向后，然后再向前下。外耳道软骨部有活动性，做外耳道检查时，向后上方牵拉耳郭，即可拉直外耳道，观察鼓膜。婴儿外耳道骨性部和软骨部发育未完全，故外耳道短而狭窄，且鼓膜的位置较近水平位，检查鼓膜时，须将耳郭向后下方牵拉。外耳道皮肤较薄，皮下组织稀少，与软骨膜和骨膜附着甚紧，此处又含有丰富的神经末梢，故外耳道发生疖肿时疼痛剧烈。外耳道的皮肤除含有毛囊、皮脂腺外，还含有耵聍腺，能分泌耵聍，干燥后成痂块，可因咀嚼或运动而向外脱落。如凝结成块阻塞外耳道，可妨碍听力。

三、鼓膜

鼓膜是位于外耳道和鼓室之间的椭圆形的半透明薄膜，鼓膜外侧面朝向前下外方倾斜，与外耳道底约成 45°～50° 的倾斜角，中央部向内凹陷称鼓膜脐。鼓膜上 1/4 的三角形区为**松弛部**，薄而松弛，在活体呈淡红色。鼓膜的下 3/4 为**紧张部**，坚实紧张，在活体呈灰白色，鼓膜脐前下方有一三角形反光区，称**光锥**（图 13-3）。光锥消失是鼓膜内陷的一个重要标志。

耳针疗法

中医学理论中人体的各脏腑在耳郭各有相对应的部位，可对相应部位刺激以达到治疗对应脏腑疾病的目的。

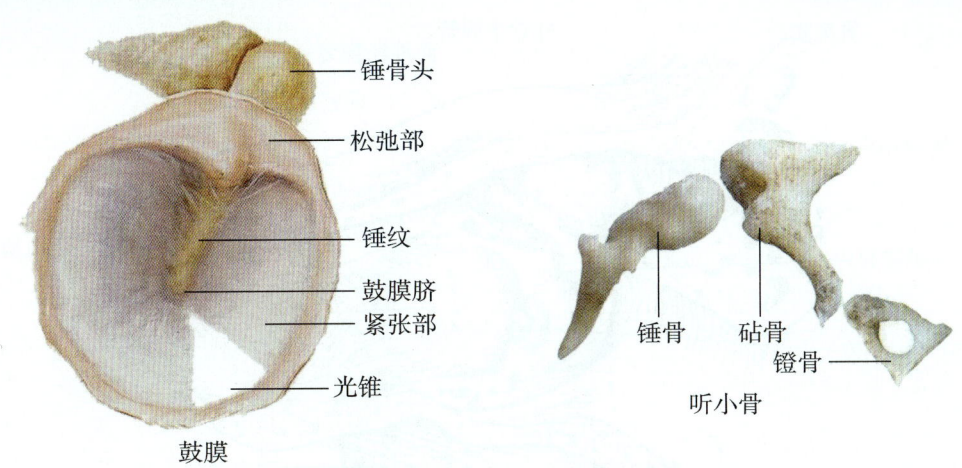

图 13-3 鼓膜与听小骨（右侧）

第二节 中 耳

中耳 middle ear 包括鼓室咽鼓管、乳突窦和乳突小房等，位于外耳与内耳之间，是声波传导的重要部分。

一、鼓室

鼓室 tympanic cavity 位于鼓膜和内耳之间，为颞骨岩部内不规则的含气小腔，覆有黏膜，向前经咽鼓管通咽，向后借乳突窦通乳突小房。**鼓室**有上、下、前、后、内侧和外侧六个不规则的壁（图 13-4，5）。鼓室内有听小骨、韧带、肌、血管和神经等。

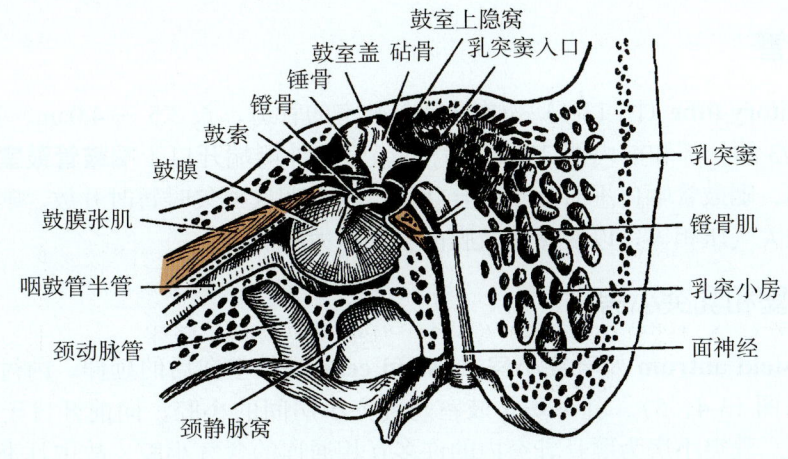

图 13-4 鼓室外侧壁

上壁为**鼓室盖**，借颞骨岩部的薄层骨板与颅中窝相邻；下壁为**颈静脉壁**，借薄层骨板与颈内静脉起始处相隔；前壁为**颈动脉壁**，即颈动脉管的后壁，上部有咽鼓管的开口；后壁为**乳突壁**，上部有乳突窦开口。鼓室向后借乳突窦与乳突小房相通，因此中耳炎可经此延至乳突小房而引起乳突炎；外侧壁为**鼓膜壁**，大部分由鼓膜构成；内侧壁为**迷路壁**，此壁的中部隆凸，称**岬**，岬的后上方有一卵圆形的孔洞，称**前庭窗**，该孔在活体被镫骨底及环状韧带所封闭；岬的后下方有一圆形的孔，称**蜗窗**，在活体有第二鼓膜封闭。前庭窗的后上方有一弓形隆起，称**面**

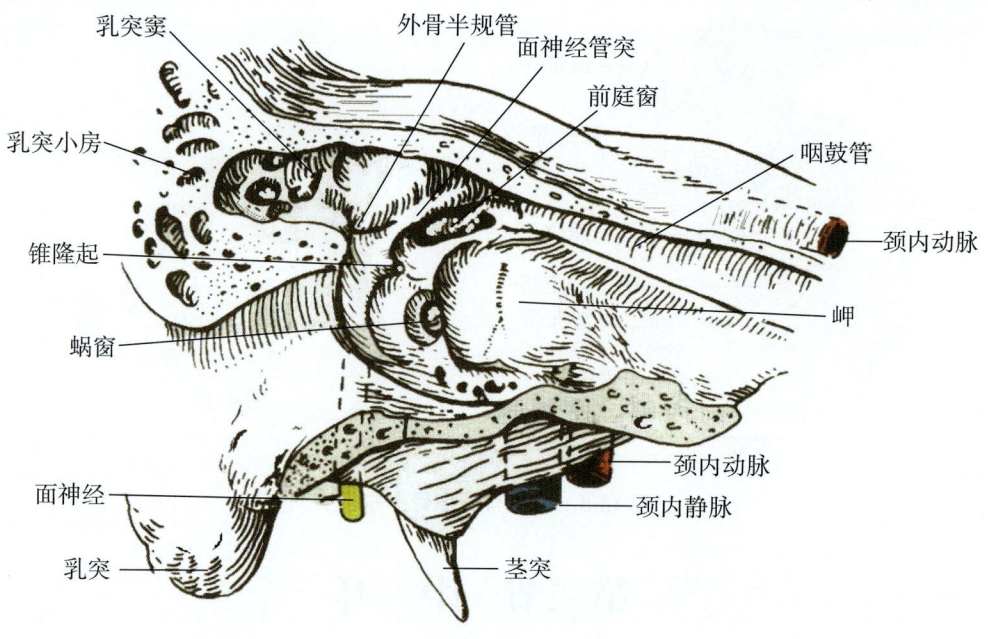

图 13-5　鼓室内侧壁

神经管凸，内有面神经。此管壁很薄或缺如，中耳炎或施行中耳手术时易损伤面神经，造成面神经麻痹。

听小骨 auditory ossicles 共三块，由外向内依次为**锤骨 malleus**、**砧骨 uncus** 和**镫骨 stapes**，三块听小骨借关节和韧带相连，构成一条**听小骨链**（图 13-3）。当声波振动鼓膜时，振动通过听骨链的传导，使镫骨底在前庭窗上来回摆动，从而将声波的振动从鼓膜传至内耳。如有炎症引起听小骨粘连、韧带硬化等，听小骨的活动受到限制，可导致听觉下降。

二、咽鼓管

咽鼓管 auditory tube（图 13-1）为连通咽与鼓室的管道，长 3.5～4.0cm，斜向前内下方，可分为后外侧 1/3 的骨部和前内侧 2/3 的软骨部。管的外侧端开口于**咽鼓管鼓室口**，内侧端开口于**咽鼓管咽口**，咽鼓管咽口平时处于闭合状态，当吞咽或呵欠时暂时开放。咽鼓管的功能是使鼓室和外界的大气压相等，以便保证鼓膜内、外压力平衡。

三、乳突窦和乳突小房

乳突窦 mastoid antrum 及**乳突小房** mastoid cells 是鼓室向后的延伸，内衬黏膜并与鼓室的黏膜相连续（图 13-4，5）。乳突窦是鼓室与乳突小房间的小腔，向前开口于鼓室，向后与乳突小房相连通。乳突小房为颞骨乳突内的许多互相通连的含气小腔。故中耳炎时病变可蔓延到乳突窦和乳突小房。

知识链接

幼儿咽鼓管的特点

幼儿的咽鼓管较成人短而平，腔径也较大，故咽部感染易沿咽鼓管侵入鼓室，引致中耳炎。咽鼓管咽口和软骨部平时处于关闭状态，当吞咽或尽力张口时，牵拉咽鼓管咽口张开，空气进入鼓室。

第三节 内 耳

内耳 internal ear 又称迷路，是前庭蜗器的主要部分，位于颞骨岩部的骨质内，在鼓室和内耳道底之间，由**骨迷路**和**膜迷路**组成，是位听、位觉感受器的所在部位。骨迷路是颞骨岩部内曲折的骨性隧道，膜迷路套在骨迷路内，膜迷路为一封闭的膜性管道系统，管内充满**内淋巴**。膜迷路和骨迷路之间的间隙充满**外淋巴**，内、外淋巴互不相通。

一、骨迷路

骨迷路 bony labyrinth 由密质骨构成的管道，从前内向后外沿颞骨岩部的长轴排列（图13-6），依次可分为耳蜗、前庭和骨半规管三部分，它们互相通连。

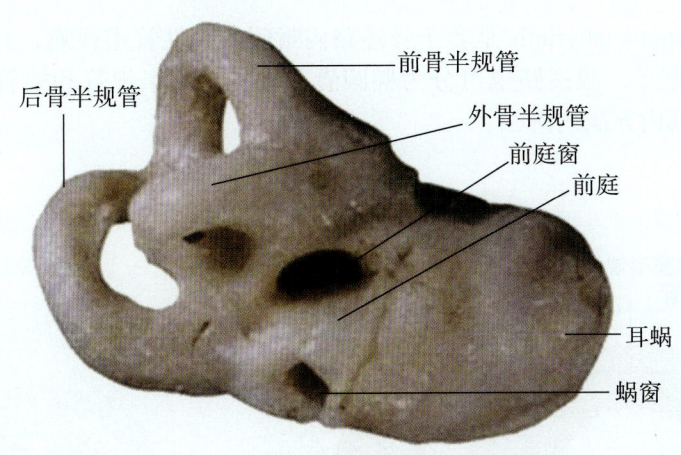

图 13-6 骨迷路

（一）前庭

前庭 vestibule 是位于骨迷路中部的椭圆形空腔，内藏膜迷路的椭圆囊和球囊。前庭的后上部有五个小孔通三个半规管，前下部有一大孔，通连耳蜗。前庭的外侧壁即鼓室的内侧壁，有前庭窗和蜗窗。内侧壁是内耳道的底，有前庭蜗神经穿行。

（二）骨半规管

骨半规管 bony semicircular canals 为三个相互成直角排列的半环形小管，按其位置可分为**前骨半规管**、**后骨半规管**和**外骨半规管**。每个半规管有两个骨脚：一为细小的**单骨脚**，一为膨大的**壶腹骨脚**。壶腹骨脚上的膨大部称为**骨壶腹**，前、后骨半规管的单骨脚合成一个**总骨脚**，因此三个半规管只有五个孔开口于前庭。

（三）耳蜗

耳蜗 cochlea 位于前庭的前方，形如蜗牛壳（图 13-7）。蜗底朝向内耳道底；尖端朝向前外，称**蜗顶**，中央部称**蜗轴**，呈水平位圆锥形，耳蜗由蜗螺旋管（骨蜗管）环绕蜗轴约两圈半形成，顶端为盲端终于蜗顶。自蜗轴伸出的骨螺旋板与膜迷路的蜗管相连，把蜗螺旋管分成上、下两半，上半称**前庭阶**，下半称**鼓阶**。前庭阶和鼓阶内充满外淋巴，两者在蜗顶处借**蜗孔**彼此相通。

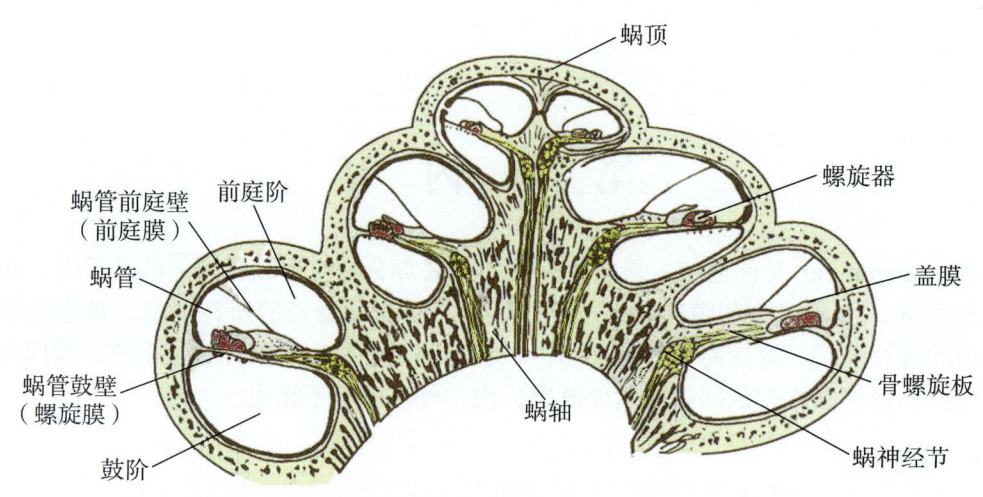

图 13-7 耳蜗轴切面

二、膜迷路

膜迷路 membranous labyrinth 是套于骨迷路内封闭的膜性管道或囊，其管径较小，借纤维束固定于骨迷路的壁上。膜迷路也可分为椭圆囊及球囊、膜半规管和蜗管三部分（图 13-8），它们之间相连通，其内充满内淋巴。

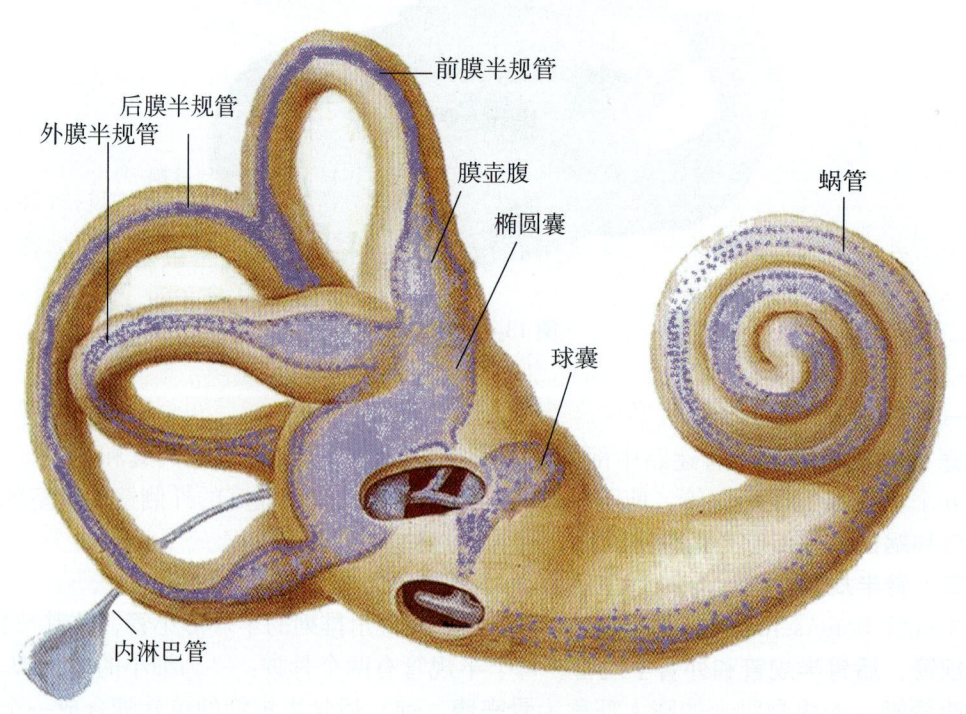

图 13-8 膜迷路

（一）膜半规管

膜半规管 membranous semicircular ducts 位于同名骨半规管内（图 13-8），形态与骨半规管相似。在骨壶腹内，膜半规管有相应膨大的**膜壶腹**，膜壶腹壁上有隆起的壶腹嵴，是位觉感受器，能感受头部旋转变速运动的刺激。

（二）椭圆囊和球囊

椭圆囊 utricle 和**球囊** saccule 位于前庭部。椭圆囊在后上方，后壁有五个开口，连通三个膜半规管。自前壁发出椭圆球囊管与球囊相连，并由此管发出内淋巴管，至颞骨岩部后面硬脑膜下扩大为内淋巴囊。内淋巴可经此囊渗透到周围血管丛。球囊较小，靠前下方，下端借连合管连于蜗管。在椭圆囊的底部、前壁和球囊内的前壁上分别有**椭圆囊斑**和**球囊斑**，均为位觉感受器，能感受头部静止及直线变速运动的刺激。

（三）蜗管

蜗管 cochlear duct 套在蜗螺旋管内（图 13-7, 8）横切面呈三角形，有上、下和外三个壁。其上壁为**前庭膜**；外侧壁较厚，富有血管；下壁由**基底膜**组成，又称**螺旋膜**。基底膜上有**螺旋器** spiral organ，又称 Corti 器，是听觉感受器。

知识链接

声音传导途径有空气传导和骨传导二种，正常情况下以空气传导为主。

一、空气传导途径：声波经外耳道传入内耳。

声波→耳郭→外耳道→鼓膜→锤骨→砧骨→镫骨→前庭窗→内耳淋巴液→螺旋器→前庭蜗神经→听觉中枢

二、骨传导途径：声波经颅骨传入内耳。

声波→颅骨→骨迷路→内耳淋巴液→螺旋器→前庭蜗神经→听觉中枢

小 结

1. 前庭蜗器（位听器）又称耳，包括前庭器和听器。前庭蜗器包括外耳、中耳和内耳三部分。外耳和中耳是收集和传导声波的装置，内耳是听觉和位觉感受器所在的部位。

2. 外耳包括耳郭、外耳道和鼓膜三部分；中耳包括鼓室咽鼓管、乳突窦和乳突小房等，是声波传导的重要部分；内耳是前庭蜗器的主要部分，由骨迷路和膜迷路组成，是听、位觉感受器的所在部位。

3. 骨迷路可分为耳蜗、前庭和骨半规管三部分，膜迷路也可分为椭圆囊及球囊、膜半规管和蜗管三部分，其内充满内淋巴。

4. 椭圆囊斑和球囊斑，均为位觉感受器，能感受头部静止及直线变速运动的刺激。蜗管下壁由基底膜组成，又称螺旋膜。基底膜上有螺旋器，是听觉感受器。

自测题

一、名词解释

1．乳突窦　　2．乳突小房　　3．耳蜗　　4．壶腹嵴　　5．蜗管　　6．骨迷路
7．膜迷路

二、简答题

1．简述前庭蜗器的组成与功能。
2．简述鼓膜的形态与分部。
3．简述鼓室的位置及六个壁的特点。
4．简述咽鼓管的位置及功能。
5．简述内耳的位置及分部。
6．简述位觉感受器和听觉感受器的位置。

（于振海　金昌洙　赵光涛）

第十四章　外皮系统

学习目标

通过本章内容的学习，学生应能：
◆ 记忆
1. 定义外皮系统的概念。
2. 陈述皮肤的功能。
◆ 理解
1. 说明皮下组织的组成和功能。
2. 说明皮肤附属器的组成。

外皮系统 integumentary system 包括皮肤 skin 和皮肤的附属器（图14-1）。皮肤是人体内最大的器官，被覆于体表，成人皮肤的表面积约 1.2～2.0m²，平均为 1.7m²，重量约占体重的 16%，全身皮肤厚薄不一，厚可达 3～4mm，薄则不到 0.5mm，由表皮和真皮组成，借皮下组织与深部的组织相连，皮肤的附属器有毛、皮脂腺、汗腺和指（趾）甲，它们均由表皮衍生而来。皮肤与外界环境直接接触，不但感受刺激，发挥重要的保护屏障作用，能阻挡各种异物和病原生物的侵入，防止体液丢失，分泌汗液和皮脂，还具有排泄废物、物质代谢及调节

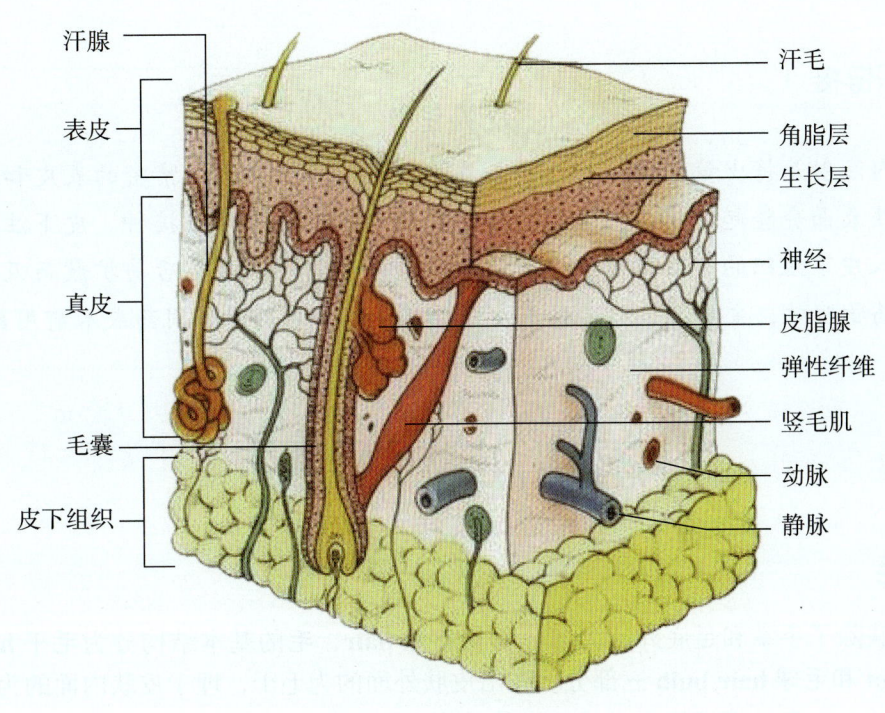

图 14-1　皮肤构造模式图

体温等功能。同时皮肤又是一个重要的免疫器官，参与机体的各种免疫反应并发挥免疫监视作用。

第一节　皮肤的结构

一、表皮

表皮 epidermis 位于皮肤的浅层，由角化的复层扁平上皮组成，无血管分布。表皮厚度一般为 0.07～0.12mm，在手掌和足底最厚，可达 0.8～1.5mm，在表皮的基底层细胞之间有色素细胞，色素细胞的多少是决定肤色的主要因素。

二、真皮

真皮 dermis 位于表皮深面，由致密结缔组织组成，并含有从表皮陷入的毛囊和腺体以及从深处来的血管、神经和淋巴管等。身体各部位真皮厚薄不等，一般为 1～3mm，足跟处可达 3mm，眼睑最薄，仅达 0.3mm。

第二节　皮下组织

皮下组织 hypodermis 即浅筋膜，位于真皮的深部，皮下组织由疏松结缔组织和脂肪组织构成，有丰富的浅血管、浅淋巴管、浅淋巴结和皮神经等，又称为皮下脂肪层。皮下组织的厚度因个体、年龄、性别、部位和营养状态等而有较大的差别，此层为连接皮肤和肌肉间的组织，它的主要功能是将皮肤与深层组织相连，并使皮肤有一定的移动性，具有保温、缓冲、储存能量等功能。

> **皮内注射**
>
> 皮内注射是将少量药物注入表皮与真皮之间，药物在连接紧密的表皮和真皮之间，皮肤表面会隆起皮丘，主要用于各种药物过敏试验和预防接种。皮下注射是将药物注入皮下组织的方法。由于皮下组织疏松，药物注入此层后易扩散而吸收，迅速达到药物疗效，主要用于不能或不宜经口服用药和局部麻醉用药或术前用药。

第三节　皮肤的附属器

一、毛

人体皮肤除了手掌和足底外，大部分都长有**毛 hair**，毛的基本结构分为**毛干 hair shaft**、**毛根 hair root** 和**毛球 hair bulb** 三部分。露出皮肤外面的为毛干，埋于皮肤内面的为毛根，包在毛根外面的上皮和结缔组织形成的鞘，称毛囊 hair follicle，毛囊末端膨大呈球状，称为毛

球。毛和毛囊斜长在皮肤内，在它们与皮肤表面呈钝角的一侧，有一束斜行的平滑肌，连接毛囊和真皮，称竖毛肌 arrector pili muscle。竖毛肌受交感神经支配，遇冷或恐惧时收缩，使毛发竖立。

二、皮脂腺

皮脂腺 sebaceous gland 存在于几乎所有的皮肤，但手掌和足底没有皮脂腺，常位于毛囊与竖毛肌之间，为泡状腺体，以短导管开口于毛囊，皮脂腺分泌的脂性分泌物称为皮脂 sebum，经毛囊排至皮肤，有润滑皮肤的作用，其分泌活动受性激素的调控，在青春期皮脂分泌旺盛，如皮脂排出发生障碍，可形成粉刺。

痤 疮

痤疮，俗称粉刺、毛囊炎或青春痘，是累及毛囊皮脂腺的慢性炎症性皮肤疾病，高发于 15～30 岁青年男女，好发于面颊和额部。发病原因比较复杂，雄激素分泌增多，刺激皮脂腺肥大增生，分泌皮脂增多，毛囊角化异常，使毛囊口变小变窄，使皮脂分泌受阻，排泄不畅淤积在皮脂腺内，形成粉刺。部分患者还与毛囊内分泌功能失调，饮食刺激，使用化妆品不当，遗传与免疫等因素等有关。

三、汗腺

汗腺 sweat gland 除乳头和阴茎头等个别区域外，遍布全身皮肤，以手掌、足和腋窝最多。汗腺分泌的汗液经导管排到皮肤表面，含大量的水分和含氮化合物，汗液分泌是身体散热的主要方式，由湿润皮肤、调节体温和排出代谢废物的作用。腋窝和会阴等处还有大汗腺，分泌物为较黏稠的乳状液，含蛋白质、脂类和碳水化合物等，经细菌分解后产生特殊气味，俗称狐臭（腋臭）。

四、指（趾）甲

指（趾）甲 nail 为指（趾）端背面的坚硬角质，露在外面的部分为甲体，埋在体内的部分为甲根，甲体下面的皮肤为甲床，甲根附着处的上皮为甲母质，为指（趾）甲的生长点。疾病、营养状况和生活习惯等的改变可影响甲的形状和生长速度。

小 结

1. 外皮系统包括皮肤和皮肤的附属器。
2. 皮肤是人体内最大的器官，被覆于体表，由表皮和真皮组成，皮肤的附属器有毛、皮脂腺、汗腺和指（趾）甲，皮肤有保护、感觉、屏障、分泌和排泄、体温调节和免疫功能。

自测题

简答题

1. 简述皮肤的组成及功能。
2. 简述皮下组织的组成及功能。

(金昌洙 黄 飞)

第五篇 神经系统

第十五章 神经系统总论

学习目标

通过本章内容的学习,学生应能:
◆ 记忆
1. 列举神经系统区分。
2. 定义灰质、白质、皮质、髓质、神经纤维、神经、神经核和神经节的概念。
◆ 理解
1. 说明反射的概念、反射弧的基本组成。
2. 说明神经系统在机体内的作用和地位。
3. 说明神经元的分类和结构。

神经系统 nervous system 包括位于颅腔内的脑、椎管内的脊髓,以及与脑和脊髓相连遍布全身各处的周围神经(图 15-1)。神经系统是人体内结构和功能最复杂的系统,一方面它通过直接或间接地调节体内各系统的器官、组织和细胞的活动,使之相互联系、相互制约、相互协调而成为统一的整体;另一方面通过各种感受器接受外界刺激,经中枢的整合作用,使机体做出适宜的反应,保持人体与复杂多变的外界环境的平衡和统一。因此,神经系统在人体中起主导作用。人类神经系统是在长期进化过程中形成的,与其他脊椎动物相比在结构组合模式上是相似的,但人类长期生产劳动和社会生活,促进了大脑的高度发展,不仅产生了更高级的感觉和运动中枢,而且大脑还成为语言文字、思维意识活动的物质基础。这使人类神经系统在结构和功能上远远超越其他动物,人类不仅能够认识世界,而且可以能动地改造世界。

一、神经系统的区分

神经系统在形态和功能上是一个整体,为了学习和研究方便,通常将神经系统区分为**中枢神经系统**和**周围神经系统**两部分(图 15-2)。

中枢神经系统包括**脑**和**脊髓**,脑分为端脑、间脑、小脑、中脑、脑桥和延髓 6 部分,其中中脑、脑桥和延髓三部分又合称**脑干**。

周围神经系统有几种区分方法,具体如下:

1. 根据与中枢神经连接部位的不同,区分为**脑神经**和**脊神经**。与脑相连的周围神经称脑神经,共 12 对,与脊髓相连的周围神经称脊神经,共 31 对。
2. 按其在各器官、系统中分布范围的不同,可区分为**躯体神经**和**内脏神经**。躯体神经分布于体表和运动系统,内脏神经分布于内脏各器官、脉管系统和各种腺体。

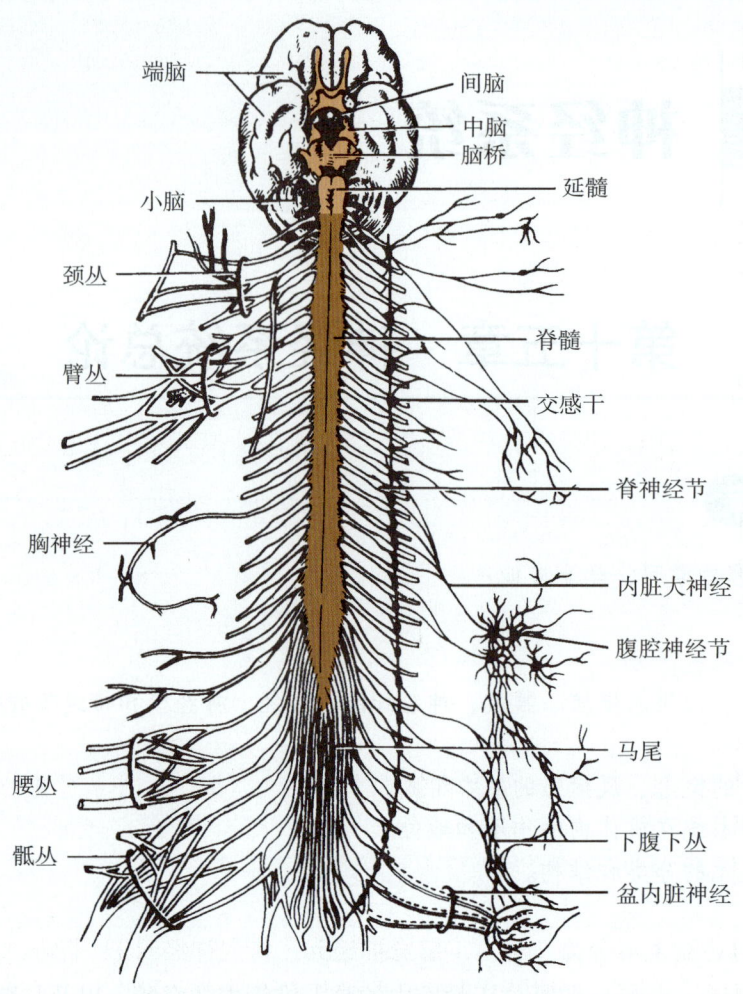

图 15-1 神经系统概况

3. 根据神经冲动传导方向（功能）的不同，区分为**传入神经（感觉神经）**和**传出神经（运动神经）**。传入纤维（感觉纤维）将身体各处感受器产生的神经冲动传向中枢神经系统；传出纤维（运动纤维）将神经冲动自中枢神经系统传向身体各处的效应器。

躯体神经和内脏神经都有**感觉纤维**和**运动纤维**。其中，内脏神经的传出纤维（即内脏运动

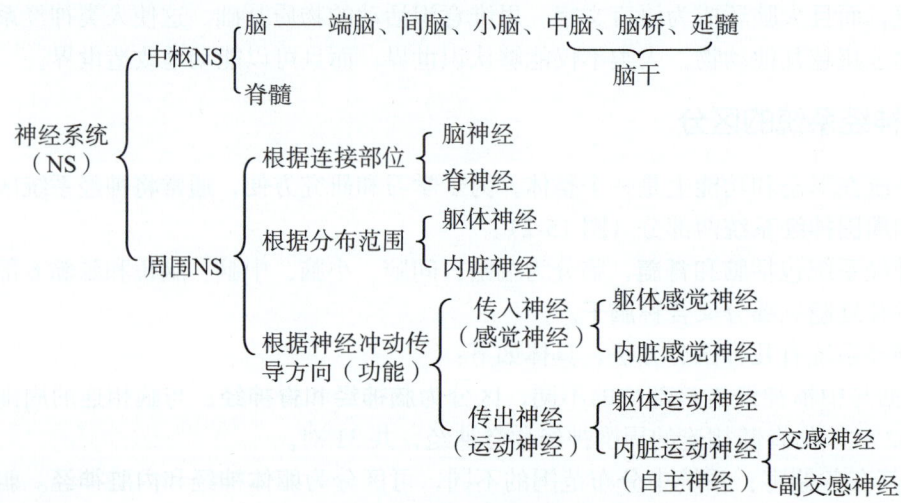

图 15-2 神经系统的区分

神经）支配的是心肌、平滑肌和腺体的活动，它不受人的主观意志控制，故又称**自主神经**或**植物神经**。内脏运动神经依其结构和功能的不同，又区分为**交感神经**和**副交感神经**（图 15-2）。

二、神经系统的组成

神经系统除了血管和结缔组织的被膜外，基本组织是神经组织，神经组织由神经元 neuron 和神经胶质 neuroglia 组成。

（一）神经元

神经元即神经细胞，是神经系统的结构和功能单位，具有接受刺激、产生和传导冲动等功能。

1. **神经元的基本形态**　神经元的形态是多种多样的，但每一个神经元都包括有胞体和突起两部分（图 15-3），突起又分为树突和轴突。树突为胞体本身向外伸出的树枝状突起，结构大致与胞体相同。树突的数量和配布方式在不同的神经元中很不一致，一般有多个，较短，可反复分支。有些神经元树突具有小突起，称树突棘，是接受信息的装置。轴突通常只有一条，可发出侧支。不同类型神经元轴突粗细长短不一，直径 0.2～20μm。从功能上看，树突和胞体是接受其他神经元传来冲动的主要部位，而自神经元发出的冲动沿其轴突朝向远离胞体方向传导。

2. **神经元的分类**　根据神经元突起的数目可分为三类（图 15-4）：①**假单极神经元**：从胞体发出一个短突起，很快呈 "T" 字形分叉为两支，一支至周围的感受器，称为周围突，另一支进入脑或脊髓，称为中枢突。部分脑、脊神经节中的感觉神经元属于此类。②**双极神经元**：数量较少，胞体呈梭形，其两端各发出一个突起，一支伸向感受器为周围突，另一支伸向中枢为中枢突。如位于视网膜内的双极细胞、内耳的前庭神经节和蜗神经节内的感觉神经元。③**多极神经元**：具有多个树突和一个轴突，中枢内绝大多数的神经元属于此类。

根据神经元的功能也可分为三类：①**感觉神经元（传入神经元）**：将内、外环境的各种刺激传向中枢部，胞体位于脑、脊神经节内，假单极和双极神经元属此类。②**运动神经元（传出神经元）**：将神经冲动自中枢部传向身体各部，支配骨骼肌、心肌、平滑肌和腺体，胞体位于

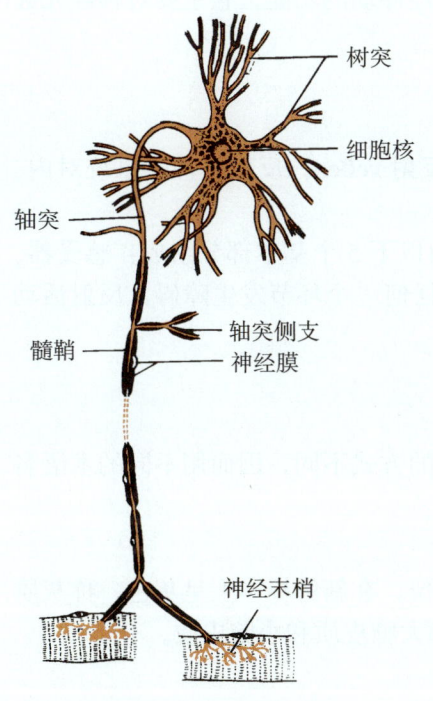

图 15-3　神经元模式图

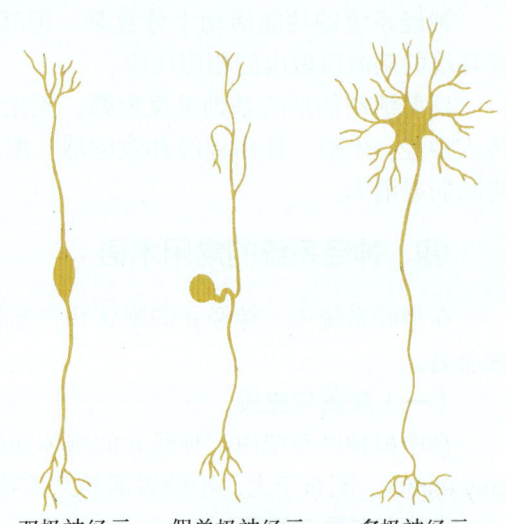

图 15-4　神经元按突起数目的分类

中枢部，为多极神经元。③**联络神经元（中间神经元）**：在中枢内位于感觉和运动神经元之间的多极神经元，数量很大，约占神经元总数的99%，在中枢内构成复杂的网络系统，以不同方式对传入信息进行储存、整合和分析，并将其传至神经系统的其他部位。

依据神经元轴突的长短将联络神经元分为两类：① Golgi I 型，为长轴突，将冲动从中枢某一部位传向其他部位；② Golgi II 型，为短轴突，常在特定区域小范围传递信息。

此外，依据神经元所含化学递质的不同，分为胆碱能神经元、胺能神经元和肽能神经元。

3. 突触　**突触 synapse** 是指神经元与神经元之间、神经元与感受器细胞之间、神经元与效应器之间特化的接触区域。一个神经元必须通过突触影响下一个神经元或效应器。大部分突触为化学性突触（图 15-5），少数为电突触。一个典型的化学突触包括突触前部、突触间隙和突触后部三部分，突触的传递都是单方向的。

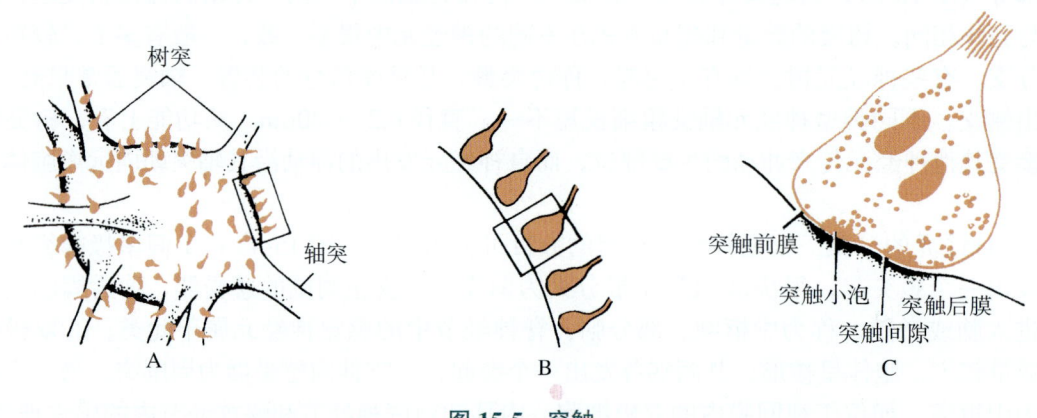

图 15-5　突触

A. 光镜下运动神经元表面上的突触；B. 为A图方框范围内的放大；C. 为B图方框内的电镜图

（二）神经胶质

神经胶质细胞（胶质细胞）是中枢神经系统中的间质或支持细胞，围绕在神经元的胞体和轴突周围，其数量是神经元的 10～50 倍，一般没有传递神经冲动的功能，它主要对神经元起支持、营养、保护、修复和形成髓鞘等作用。

三、神经系统的活动方式

神经系统的功能活动十分复杂，但其基本活动方式是**反射 reflex**。反射是神经系统对内、外环境的刺激所做出的相应反应。

反射活动的形态基础是**反射弧**。无论反射多复杂，都由以下 5 个基本部分组成：感受器、传入神经、中枢、传出神经和效应器（图 15-6）。反射弧中任何一个环节发生障碍，反射活动将减弱或消失。

四、神经系统的常用术语

在神经系统中，神经元的胞体和突起聚集的部位和排列的方式不同，因而用不同的术语名称命名。

（一）灰质与皮质

在中枢神经系统内，神经元的胞体连同其树突集中的部位，在新鲜标本上呈灰色，称灰质 gray matter。配布于大、小脑表面的灰质特称皮质 cortex，如大脑皮质和小脑皮质。

（二）白质与髓质

在中枢神经系统内，神经元的轴突集中的部位，因多数轴突具有髓鞘，在新鲜标本上色泽

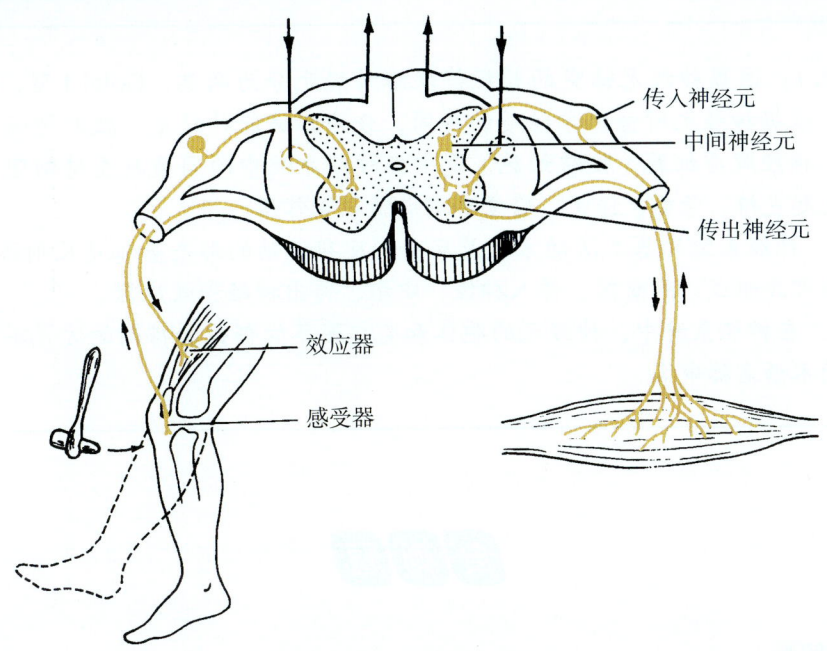

图 15-6 反射弧示意图

亮白，称**白质** white matter。分布于大、小脑深部的白质特称**髓质** medulla。

（三）神经核和神经节

除皮质外，形态和功能相似的神经元胞体聚集而成的灰质团块或柱，位于中枢部的称**神经核** nucleus；位于周围部的称**神经节** ganglion。

（四）神经纤维、神经和纤维束

神经元的轴突（或长突起）及其髓鞘统称为**神经纤维** neurofibril 神经纤维在周围部聚集并由结缔组织被膜包裹组成粗细不等的**神经** nerve。在中枢部，起止、行程和功能相似的神经纤维聚集、走行在一起，称为**纤维束** tract。

（五）网状结构

在中枢神经系统内，神经纤维交织成网状，网眼内含有分散的神经元或较小的核团，这些区域称**网状结构** reticular formation。

1. 神经系统包括位于颅腔内的脑、椎管内的脊髓，以及与脑和脊髓相连遍布全身各处的周围神经。神经系统是人体内结构和功能最复杂的系统，在人体中起主导作用。

2. 中枢神经系统包括脑和脊髓，周围神经系统是指与脑和脊髓相连的脑神经、脊神经和内脏神经。

3. 神经组织由神经元和神经胶质组成。神经元即神经细胞，是神经系统的结构和功能单位，具有接受刺激、产生和传导冲动等功能。依据神经元突起的数目可分为三类：假单极神经元、双极神经元、多极神经元；根据神经元的功能也可分为三类：感觉神经元（传入神经元）、运动神经元（传出神经元）、联络神经元（中间神经元）；依据神经元轴突的长短将联络神经元分为两类：Golgi Ⅰ型、Golgi Ⅱ型。此外，依据神经元所含化学递质的不同，分为胆碱能神经元、胺能神经元和肽能神经元。神经胶质细胞（胶质细胞）是中枢神经系统中的间质或支持细胞，它主要对神经元起支持、营养、保护、修复和形成髓鞘等作用。

4. 神经系统的基本活动方式是反射。反射活动的形态基础是反射弧，由以下5个基本部分组成：感受器、传入神经、中枢、传出神经和效应器。

5. 在神经系统中，神经元的胞体和突起聚集的部位和排列的方式不同，因而用不同的术语名称命名。

自测题

一、名词解释

1．神经核　　2．灰质　　3．白质　　4．反射弧　　5．突触　　6．神经

二、简答题

1．简述神经系统的区分。

2．简述神经系统的活动方式。

3．简述神经元的分类。

（刘　扬　金昌洙）

第十六章 中枢神经系统

> **学习目标**
>
> 通过本章内容的学习，学生应能：
>
> ◆ **记忆**
> 1. 列举脊髓的位置、外形；脊髓灰质（前、后、侧角中）的主要核团。
> 2. 陈述脑干的外形。
> 3. 列举小脑的外形、分部及小脑核。
> 4. 列举间脑分部、各部的位置及结构。
> 5. 陈述大脑半球的分叶及主要沟回；基底核的组成和位置；内囊的位置、分部及主要投射纤维排列关系。
>
> ◆ **理解**
> 1. 说明脊髓节段与椎骨的对应关系及临床意义；脊髓白质的薄束、楔束、脊髓丘脑束、皮质脊髓束、脊髓小脑前束、脊髓小脑后束、红核脊髓束和前庭脊髓束的位置和功能。
> 2. 说明脑神经核在脑干内的排列规律，脑神经核与脑神经的关系；脑干内内侧丘系、脊髓丘系、外侧丘系、三叉丘系、锥体束的位置、起止、交叉部位及功能；第Ⅳ脑室位置、形态、交通和脉络丛的位置及功能。
> 3. 说明丘脑特异性核团及其纤维联系；下丘脑与垂体的关系；第三脑室位置、形态、交通及其脉络丛的位置。
> 4. 说明大脑皮质第Ⅰ躯体运动区、第Ⅰ躯体感觉区、视区、听区和语言中枢的机能定位以及损伤后产生的症状；侧脑室形态、位置、交通及其脉络丛的位置。
>
> ◆ **应用**
> 1. 举例说明脊髓的功能。
> 2. 应用脑干的功能理解脑干损伤病变常见综合征的表现。
> 3. 举例说明小脑的功能。
> 4. 应用内囊解剖特点理解内囊损伤的表现。

中枢神经系统包括脑和脊髓。脑起源于胚胎时期神经管的前部，形态和功能均比脊髓复杂，延髓向下经枕骨大孔连接脊髓。人脑的平均重量约1400g，有明显的个体差异。人脑的发展特别是大脑皮质的发展与劳动、语言和思维有关。大脑皮质的高度发展，成为控制其他脑部和脊髓活动的最高级中枢。

脊髓起源于胚胎时期神经管的后部，与脑相比是分化较少的部分，仍保持着明显的节段性。正常生理条件下，脊髓在脑的控制下可执行复杂的功能，脊髓本身也能完成许多反射活动。

第一节 脊髓

一、脊髓的位置和外形

（一）位置

脊髓 spinal cord（图16-1）位于椎管内，上端在枕骨大孔处与延髓相连，下端在成人约平第1腰椎体下缘；在新生儿约平第3腰椎体的下缘。脊髓长约42～45cm，重约35g。

（二）外形

脊髓呈前后略扁粗细不等的圆柱状，外包被膜并与脊柱的弯曲相一致，其末端变细呈圆锥状，称**脊髓圆锥** conus medullaris。自脊髓圆锥向下延伸出一条细丝，称**终丝 filum terminale**（图16-1），是无神经组织的结构，终止于尾骨背面，有固定脊髓的作用。

脊髓表面有数条纵行的沟或裂。前面正中有一条较深的裂隙称为**前正中裂**；后面正中有一条浅沟称为**后正中沟**。由此二沟裂将脊髓分成大致对称的左、右两半，每一半脊髓的外侧面各有两条浅沟，分别称为**前外侧沟**和**后外侧沟**，是脊神经前、后根的出入处。

脊髓与31对脊神经相连（图16-1，2），通常将与每一对脊神经相连的一段脊髓称为一个脊髓节段。故脊髓可划分为31个节段，即颈髓8节（C1～8）、胸髓12节（T1～12）、腰髓5节（L1～5）、骶髓5节（S1～5）、尾髓1节（Co）。

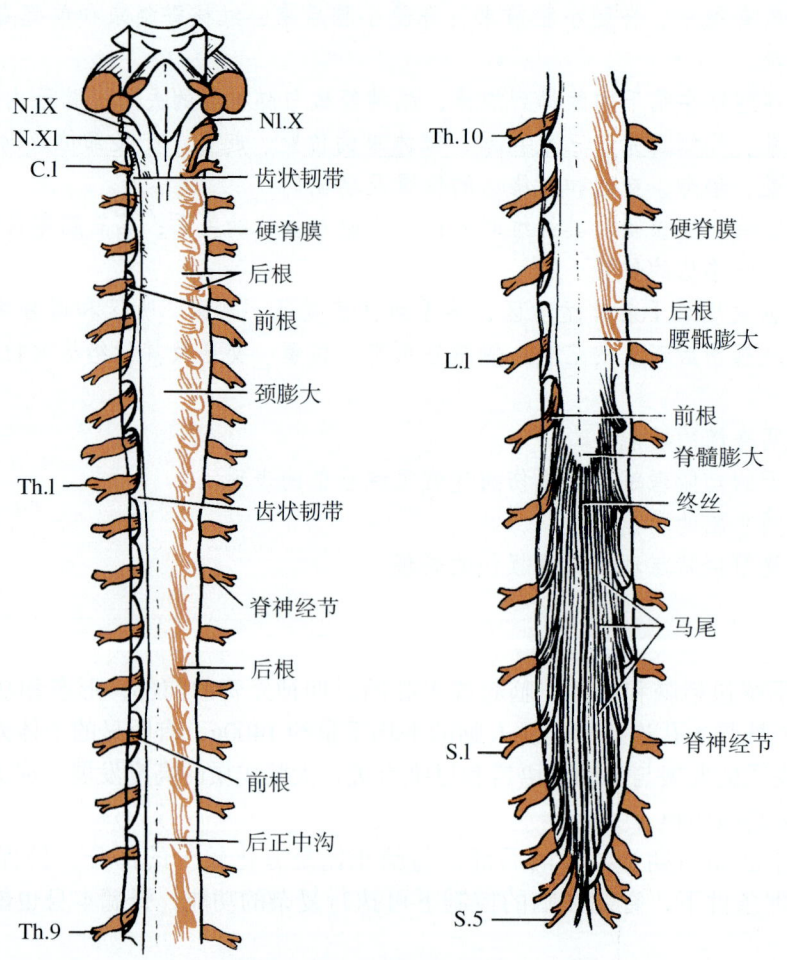

图16-1 脊髓的外形（背面）

脊髓全长有两处呈梭形的膨大，即颈膨大和腰骶膨大。**颈膨大 cervical enlargement** 由第 4 颈节至第 1 胸节构成，与其相连的神经分布到上肢；**腰骶膨大 lumbosacral enlargement** 位于第 2 腰节至第 3 骶节之间，与其相连的神经分布到下肢（图 16-1）。

胚胎 3 个月时，脊髓与椎管的长度几乎相等，因此，全部脊神经根均横行至相应的椎间孔而穿出椎管。胚胎第 4 个月以后脊髓的生长速度渐慢于脊柱，脊髓下端位置相应逐渐上升，出生时，脊髓下端已达第 3 腰椎体下缘，成人则平第 1 腰椎体下缘，因此各脊神经根与其相对应的椎间孔之间的位置关系发生了变化（图 16-2）。上颈段的脊神经根仍横行至相应的椎间孔，而下颈段及胸、腰、骶、尾段的脊神经根则斜向外下方行至相应的椎间孔。越接近脊髓下端的神经根斜度越大，以致腰、骶和尾神经根几乎垂直下行，围绕在终丝周围形成**马尾 cauda equina**。因成人第 1 腰椎以下已无脊髓，组成的马尾又都浸泡在脑脊液中，故临床常在第 3、4 或第 4、5 腰椎间进行蛛网膜下隙穿刺或麻醉术，而不致损伤脊髓。

由于成人脊髓和脊柱的长度不等。所以脊髓的节段与脊柱的节段不完全对应。了解脊髓节段与椎骨的对应关系，对推测脊髓病灶的位置有临床应用意义。其规律大致如下（表 16-1）：

表16-1 脊髓节段与椎骨的对应关系

脊髓节段	对应椎骨	推算举例
C1～4	与同序数的椎骨等高	如第2颈节平对第2颈椎
C5～T4	比同序数的椎骨高1个椎体	如第3胸节平对第2胸椎
T5～8	比同序数的椎骨高2个椎体	如第7胸节平对第5胸椎
T9～12	比同序数的椎骨高3个椎体	第10胸节平对第7胸椎
L1～5	平对第10～12胸椎	
S1～5、Co	平对第1腰椎的高度	

二、脊髓的内部结构

脊髓由灰质和白质组成（图 16-3，4），脊髓的各节段，内部结构虽不尽相同，但基本特征是一致的。在脊髓的横切面上，中部可见纵贯脊髓全长的中央管的断面，**中央管**纵贯脊髓全长，向上通延髓的第四脑室，管的周围是"H"形的**灰质**，主要是神经元的胞体及一些纵横交织的神经纤维。灰质的外面是**白质**，主要是纵行排列的上、下行纤维束。每侧的灰质前部扩大称为**前角**，后部狭细称为**后角**。在胸髓和上 2～3 节腰髓，前、后角之间还有**侧角**。中央管周围连接两侧灰质的部分，称为**灰质连合**。前、后角之间的外侧，灰、白质混淆交织，称为**网状结构**。白质借脊髓表面的纵沟分为 3 个索：前正中裂与前外侧沟之间为**前索**；前、后外侧沟之间为**外侧索**；后外侧沟与后正中沟之间为**后索**，在中央管的前方有纤维在此横行越过，称为**白质前连合**。

（一）灰质

脊髓灰质内含有大量大小不等的多极神经元。其中多数神经元的胞体在横切面上组合成群，称为**神经核**；在纵切面上各群细胞纵贯成**细胞柱**。一个神经核的神经细胞具有相似的形态特征，其轴突有共同的终止点，功能性质也相同。

1. **前角 anterior horn** 又称**前柱**（图 16-3，4），在脊髓前角有成群排列的前角运动神经元 motor neurons of anteriorhorn，是大型多极神经元。前角运动细胞在配布上可分为内、外侧两群：内侧群支配躯干固有肌，见于脊髓全长；外侧群在颈膨大和腰骶膨大节段发达，支配四肢肌。当前角运动细胞的胞体或轴突受损时，它所支配的骨骼肌失去随意运动，不能完成反射活动，肌张力降低，出现肌萎缩，为弛缓性瘫痪。临床上，脊髓灰质炎是指脊髓前角运动神经元受损，导致所支配的骨骼肌瘫痪、萎缩，腱反射消失，常见于小儿，故称**小儿麻痹症**。

2. **侧角 lateral horn** 又称**侧柱**（图16-3,4），由中、小型细胞组成，称**中间外侧柱 intermediolateral colum**，见于胸髓和上 2～3 节腰髓，是交感神经的节前神经元胞体。它们的轴突经前根、白交通支入交感干。在骶髓第 2～4 节中，虽无侧角，但前角基部相当于侧角位置的神经元，是骶部副交感神经的节前神经元，称为**骶副交感核**，是副交感神经的低级中枢，其轴突出脊髓，构成脊神经前根中内脏运动的副交感神经成分，纤维组成盆内脏神经。

3. **后角 posterior horn** 又称**后柱**（图16-3,4），后角细胞主要接受后根纤维，分群较多，在后角浅层有纵贯脊髓全长的**胶状质**，由小型细胞组成，它发出短的纤维，在胶状质背外方的**背外侧束**中上行或下行，但仍终止于本节段或邻近几个节段的胶状质内，参与脊髓节段间的联系。在胶状质的背方有**后角边缘核**。在胶状质的腹侧，大、中型细胞较多，称为**后角固有核 nucleus proprius**。在后角基部的内侧有边界明确的一团大型细胞，称为**胸核 nucleus thoracicus**，又名**背核**，仅见于自颈髓 8 至腰髓 3 节段。

依据 Rexed 对脊髓灰质细胞构筑的研究，脊髓灰质从背侧向腹侧可被划分为 10 个板层（图16-5）。Ⅰ 层相当于后角边缘核；Ⅱ 层相当于胶状质；Ⅲ～Ⅳ 层相当于后角固有核；Ⅴ～Ⅵ 层位于后角基部；Ⅶ 层位于前、后角之间的中间带，内有胸核和中间外侧柱（核）；Ⅷ 层位于前角基部；Ⅸ 层内有前角运动神经元；Ⅹ 层在中央管的周围。由于这种分层方法更能反映脊髓的生理功能特性，故被广为采用。

（二）白质

1. 上行（感觉）纤维束

（1）**薄束 fasciculus gracilis** 和**楔束 fasciculus cuneatus**（图16-3,4）：位于后索内，这两个束是后根内侧部纤维进入脊髓后在同侧后索内直接上行构成的。薄束起自同侧 T_5 以下的脊神经节细胞；楔束起自同侧 T_4 以上的脊神经节细胞。这些脊神经节细胞的周围突分布至肌、腱、关节和皮肤的感受器；中枢突经后根内侧部进入脊髓后索上行，止于延髓的薄束核和楔束核。薄、楔束分别传导身体下半部和上半部的本体感觉（肌、腱、关节的位置和运动觉以及振动觉）和精细或辨别性触觉（如辨别两点距离和物体的纹理粗细），在脑内经两次中继，最后传入对侧大脑皮质。后索病变或损伤，患者患侧伤面水平以下本体感觉和精细触觉丧失。

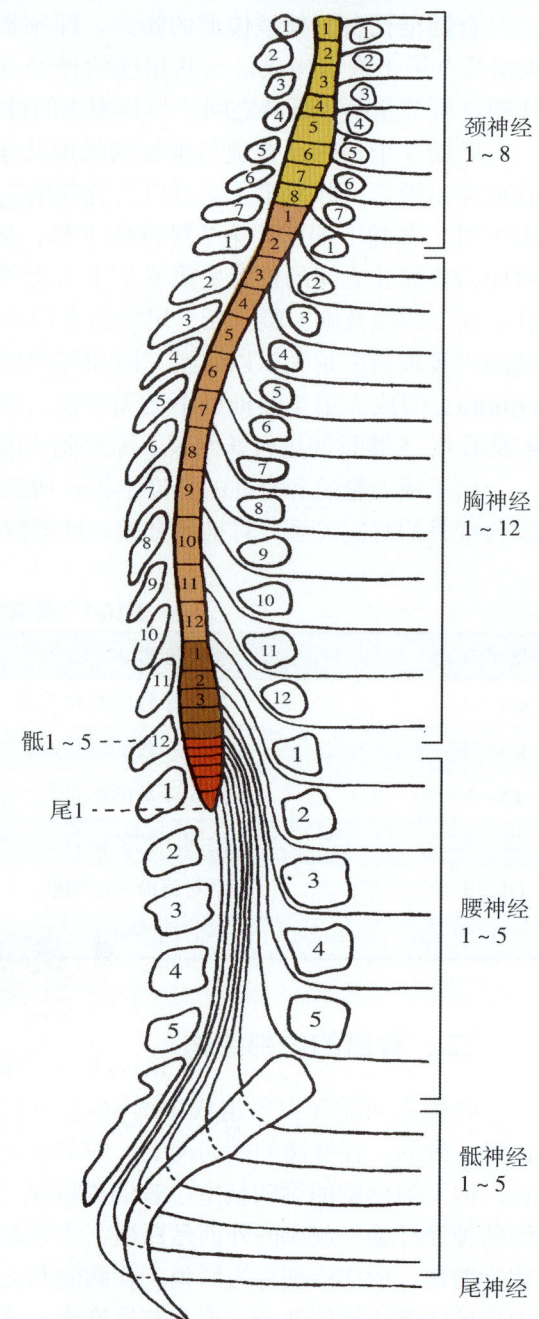

图 16-2 脊髓节段与椎骨的相应位置关系

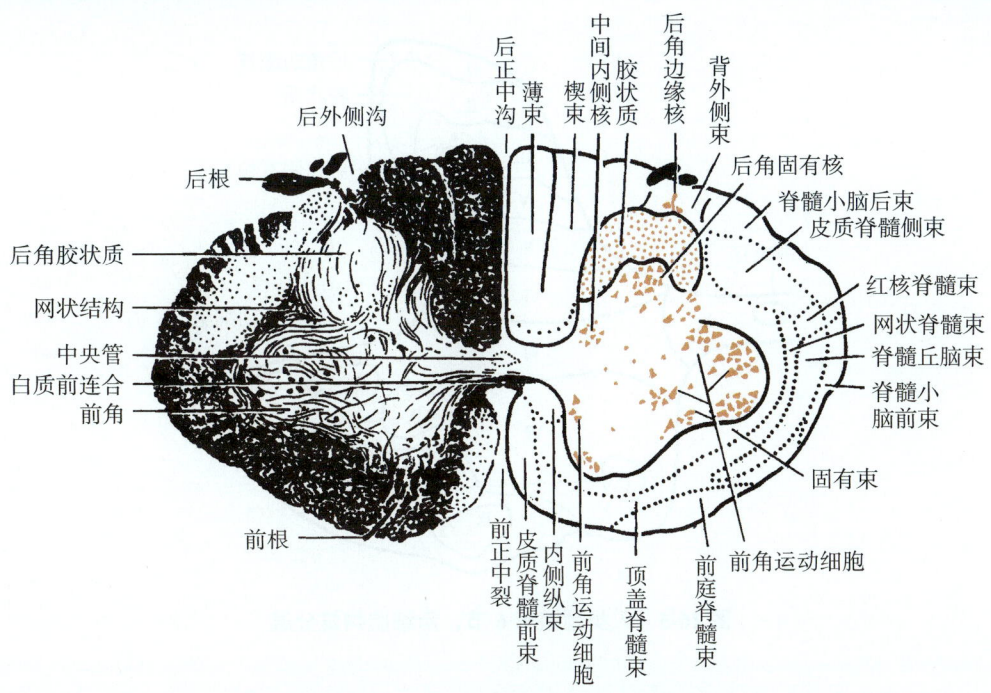

图 16-3　新生儿脊髓颈膨大的横切面

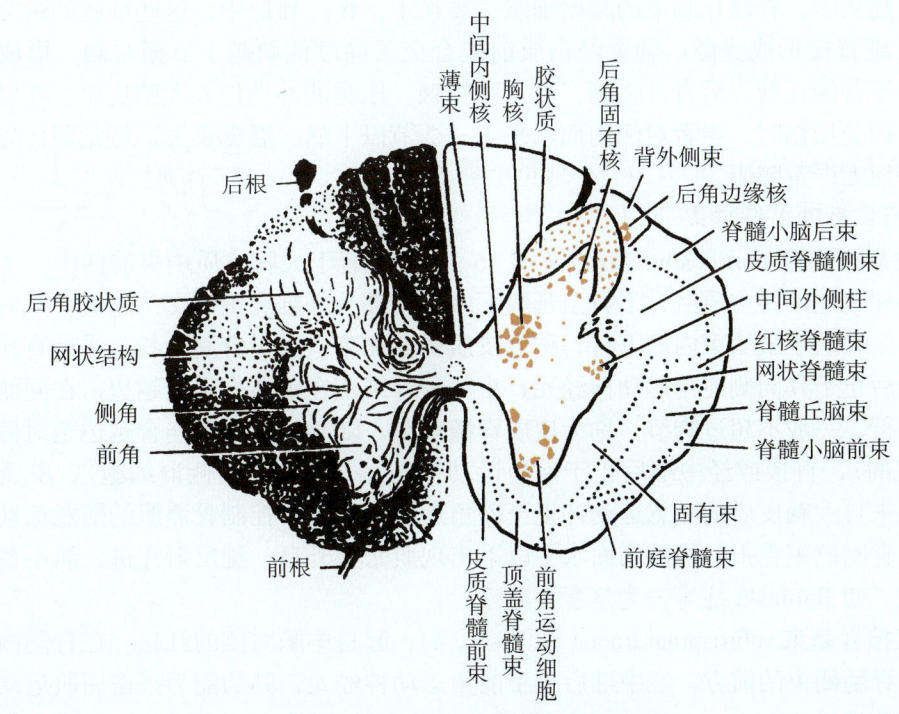

图 16-4　新生儿脊髓胸部的横切面

（2）**脊髓小脑后束**和**脊髓小脑前束** posterior spinocerebellar tract and anterior spinocerebellar tract（图 16-3，4）：分别位居外侧索周边的后部和前部。脊髓小脑后束起于同侧胸核，上行经小脑下脚止于小脑皮质；脊髓小脑前束起于双侧（以对侧为主）脊髓灰质Ⅴ～Ⅶ层的外侧部，上行经小脑上脚止于小脑皮质。两束主要传导非意识性（反射性）本体感觉冲动入小脑。

（3）**脊髓丘脑束** spinothalamic tract（图 16-3，4）：位于外侧索的前半（脊髓小脑前束内侧）和前索中。可分为脊髓丘脑侧束和脊髓丘脑前束，前者传导痛、温觉信息，后者传导粗触、压

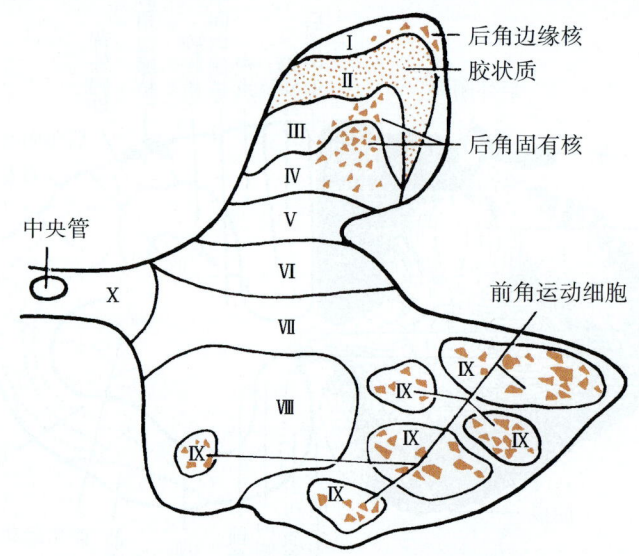

图 16-5　人类颈髓第 6 节，示细胞构筑分层

觉信息。脊神经节内传导痛、温觉的神经元的中枢突经后根外侧部入脊髓，在位居胶状质背外方的背外侧束中上行 1～2 节止于灰质Ⅰ～Ⅱ层内；传导粗触、压觉者经后根的内侧部入后索直接止于脊髓灰质。脊髓丘脑束的起始细胞主要在Ⅰ、Ⅳ～Ⅶ层中，这些细胞的树突可伸入Ⅱ层与后根纤维直接形成突触；轴突经白质前连合交叉向颅侧斜越 1 节至对侧，形成脊髓丘脑束，上行止于背侧丘脑，后者再将痛、温觉和粗触、压觉的冲动传入大脑皮质。在脊髓内一侧脊髓丘脑束病变损伤时，患者对侧伤面水平 1～2 节以下痛、温觉丧失，触觉因传导精细触觉的后索完好而无严重障碍。

2. 下行（运动）纤维束

（1）**皮质脊髓束** corticospinal tract（图 16-3，4）：起于大脑皮质中央前回中、上部，中央旁小叶前部和其他一些皮质区，下行至延髓下端，大部分纤维经锥体交叉越边，至对侧脊髓的外侧索后半、脊髓小脑后束内侧下行，称为**皮质脊髓侧束**，纵贯脊髓全长，沿途直接或经中间神经元中继后止于其同侧前角运动神经元；小部分纤维不在锥体交叉处越边，在同侧前索前正中裂近旁下行，一般不超过胸节，称为**皮质脊髓前束**，陆续经白质前连合越边至对侧（也有不越边至同侧的），直接或经中继后止于前角运动神经元（主要是内侧群细胞）。皮质脊髓束的功能是传导来自大脑皮质的随意运动冲动至前角运动神经元，控制骨骼肌的随意运动。在脊髓若一侧皮质脊髓侧束受损，同侧伤面水平以下出现肌张力升高，腱反射亢进，肌不萎缩，并可有病理反射，如 Babinski 症等，为痉挛性瘫痪。

（2）**红核脊髓束** rubrospinal tract（图 16-3，4）：起自中脑对侧的红核。在脊髓内它下行于外侧索皮质脊髓侧束的前方，经中继后止于前角运动神经元，其功能为兴奋屈肌运动神经元和抑制伸肌运动神经元。

（3）其他的下行纤维束（图 16-3，4）：均起自脑干，下行入脊髓，直接或间接止于前角运动神经元。①**前庭脊髓束**：位于前索前沿，起自同侧前庭神经外侧核。此束能兴奋伸肌运动神经元和抑制屈肌运动神经元。②**顶盖脊髓束**：位于前索，起自对侧上丘。此束参与完成视、听反射。③**网状脊髓束**：位于前索和外侧索的深部，起自双侧网状结构。此束能调节肌张力和运动的协调。④**内侧纵束**：位于前索、前正中裂底的两侧，起于双侧前庭神经核，下行只到颈髓。其功能主要参与完成与身体平衡有关的反射。

在脑的各级中枢控制和调节下，脊髓通过其上、下行纤维束和灰质及脊神经完成传导功

能及各种反射活动。但是当脊髓横断性截瘫后，失去高级中枢的控制，仍可通过脊髓的前、后根，灰质和固有束来完成一些简单的反射，如腱反射、屈肌反射和排便、排尿反射等。

三、脊髓的功能

1. 传导功能　脊髓通过上行纤维束将躯干和四肢的各种感觉信息传至脑，同时又通过下行纤维束将脑发出的运动冲动传至效应器。

2. 反射功能　脊髓灰质内有许多低级反射中枢，可完成一些反射活动，如膝跳反射、排尿和排便反射等。

1. 脊髓的位置和外形：脊髓位于椎管内，上端在枕骨大孔处与延髓相连，下端在成人约平第 1 腰椎体下缘；脊髓长约 42～45cm，重约 35g，有颈膨大和腰骶膨大。颈膨大与其相连的神经分布到上肢；腰骶膨大与其相连的神经分布到下肢。

2. 脊髓的节段：脊髓可划分为 31 个节段，即颈髓 8 节、胸髓 12 节、腰髓 5 节、骶髓 5 节、尾髓 1 节。脊髓的节段与脊柱的节段不完全对应。

3. 脊髓内部结构主要包括灰质和白质。灰质包括前角、侧角和后角。前角由运动神经元组成，T1～L3 的侧角是交感神经低级中枢，S2～S4 相应位置有副交感神经低级中枢；后角主要由感觉神经元组成。白质分前索、外侧索和后索，分别有上行和下行纤维束等走行。

4. 脊髓灰质内含有大量大小不等的多极神经元。其中多数神经元的胞体在横切面上组合成群，称为神经核；在纵切面上各群细胞纵贯成细胞柱；脊髓白质的上行纤维束有薄束和楔束、脊髓小脑后束和脊髓小脑前束、脊髓丘脑束；下行纤维束主要有皮质脊髓束和红核脊髓束。

5. 脊髓的功能：传导功能和反射功能。

第二节　脑

一、脑干

脑干 brain stem 自下而上由延髓、脑桥和中脑三部分组成。延髓向下于枕骨大孔处与脊髓相连，中脑向上与间脑和端脑相续，延髓和脑桥腹侧贴附于颅后窝的斜坡上，脑干的背面与小脑相连（图 16-6，7）。脑干从上到下依次有第Ⅲ～Ⅻ对脑神经根出入，内部有许多重要的神经中枢。

（一）脑干的外形

1. 腹侧面　延髓与脑桥之间以一横行的浅沟即**延髓脑桥沟**分界，脑桥与中脑之间则以脑桥上缘为界，中脑上界为视束，借此与间脑分界（图 16-6）。

（1）**延髓 medulla oblongata**：位于脑干的最下部，呈倒置的锥体形，上接脑桥，下连脊髓。其腹侧面上有与脊髓相连续的沟和裂，即前正中裂和前外侧沟。在前正中裂两侧，各有一纵行隆起，称为**锥体**，其内主要有皮质脊髓束通过。在锥体下端延髓与脊髓交界处，皮质脊髓

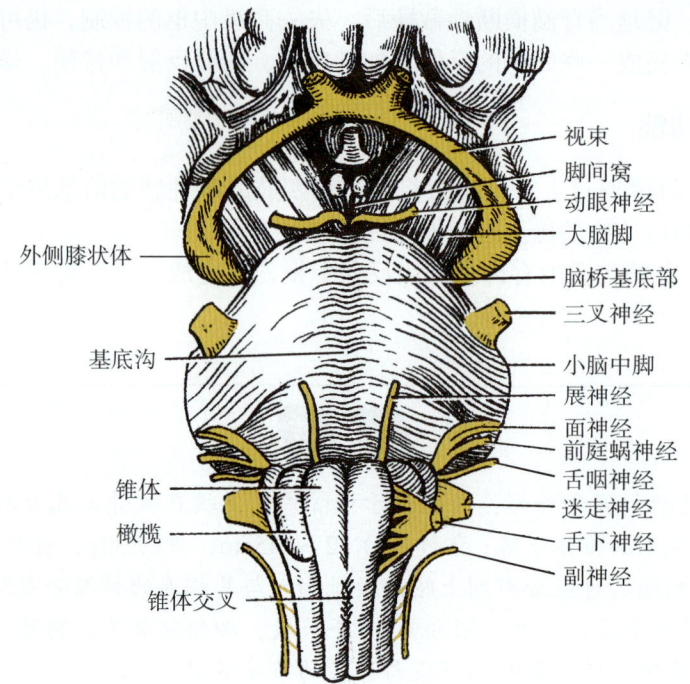

图 16-6 脑干的腹面

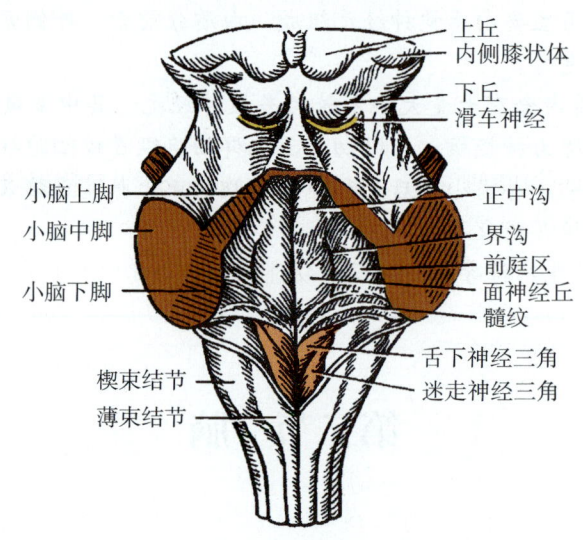

图 16-7 脑干的背面

束的大部分纤维越过中线，左、右交叉，称为**锥体交叉**，在表面可见其斜行的交叉纤维束填塞前正中裂。锥体的外侧有卵圆形隆起称**橄榄**，内有下橄榄核。橄榄与锥体之间的前外侧沟中有**舌下神经（Ⅻ）**根出脑。橄榄后外侧，自上而下依次有**舌咽神经（Ⅸ）**、**迷走神经（Ⅹ）**和**副神经（Ⅺ）**的根丝。

（2）**脑桥 pons**：位于脑干的中部，其腹侧面显著膨隆称**脑桥基底**。在正中线上有一条纵行的浅沟称**基底沟**，容纳基底动脉。基底部向两侧延伸逐渐缩细形成**小脑中脚 middle cerebellar peduncle（又称脑桥臂）**，与小脑相连。脑桥基底与小脑中脚移行处有粗大的三叉神经根出入；延髓脑桥沟内，自内向外依次有**展神经（Ⅵ）**、**面神经（Ⅶ）**和**前庭蜗神经（Ⅷ）**出入。

（3）**中脑 midbrain**：位于脑干上部，腹侧面有一对粗大的柱状隆起称**大脑脚 cerebral**

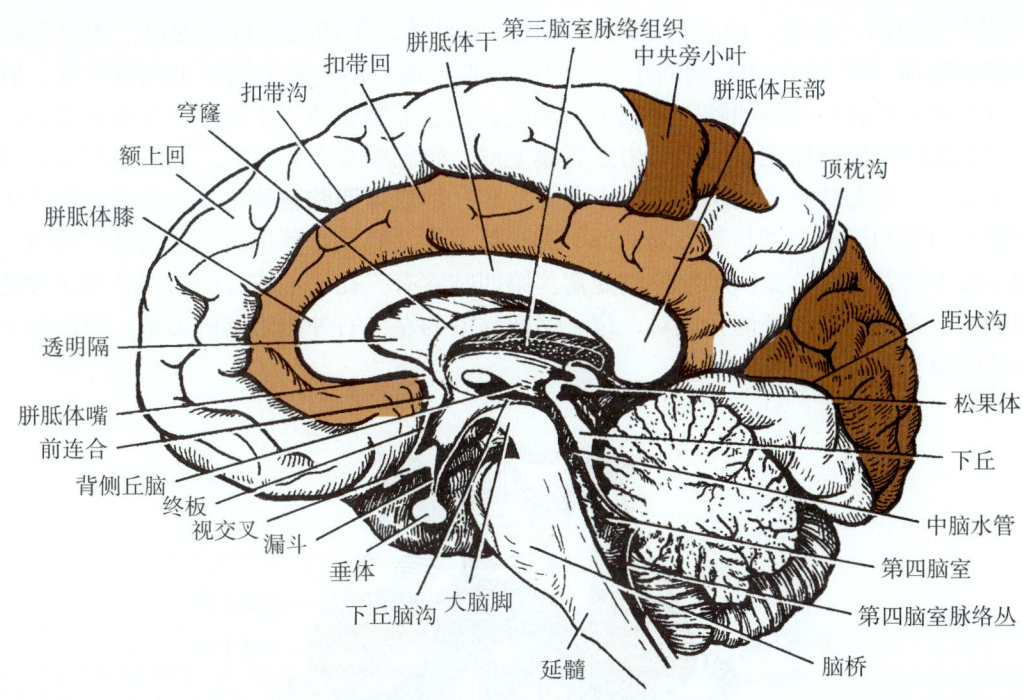

图 16-8 脑的正中矢状面

peduncle，其内有下行传导束通过。两脚之间的深凹称**脚间窝**。**动眼神经（Ⅲ）**从脚间窝出脑。

2. 背侧面　在脑干背侧面上，延髓、脑桥、中脑之间无明显的分界标志（图 16-7）。

（1）延髓：背侧面的下半部形似脊髓。后正中沟两侧有相对应的两个膨大，分别称为**薄束结节**和**楔束结节**，其深面含有薄束核和楔束核。在楔束结节的外上方，还有主要由进入小脑的纤维构成的隆起，称为**小脑下脚** inferior cerebellar peduncle（又称绳状体）。延髓背侧面的上半部，由于延髓中央管背移并敞开，构成菱形窝的下半部。

（2）脑桥：背侧面形成菱形窝的上半部。两侧是左、右**小脑上脚** superior cerebellar peduncle（又称结合臂）和**小脑中脚**（脑桥臂）。两侧小脑上脚之间所夹的薄层白质板，称为**上（前）髓帆**，参与构成第四脑室顶。

（3）菱形窝：第四脑室底即菱形窝 rhomboid fossa（图 16-7）呈菱形，由脑桥背侧面和延髓上半部背侧面构成，其外上界为左、右小脑上脚，外下界为左、右小脑下脚、薄束结节和楔束结节。菱形窝的两个外侧角称第四脑室的**外侧隐窝**。髓纹为由菱形窝的外侧角横行至中线的纤维，作为延髓和脑桥在背面的分界线。在窝的正中线上有一纵行的**正中沟**，将菱形窝分为左、右两半。每侧又被纵行的界沟分为内、外侧两部分：内侧部位于正中沟与界沟之间，称为**内侧隆起**；界沟以外的外侧部是三角形的**前庭区**，深方为**前庭神经核团**。前庭区的外侧角上有一小隆起，称为**听结节**，内隐蜗神经核。在内侧隆起上，髓纹以下可见两个小三角区：靠内上方的为**舌下神经三角**，内隐舌下神经核；靠外下方的称迷走神经三角，内隐**迷走神经背核**。在髓纹的上方，内侧隆起上有一圆形隆凸，为**面神经丘**，内隐展神经核。在界沟的上端，深面有富含去甲肾上腺素能神经元聚集，此处称为**蓝斑**。

（4）中脑：背侧面有两对小隆起，上方的一对为**上丘** superior colliculus，是视觉皮质下反射中枢；下方的一对为**下丘** inferior colliculus，是听觉皮质下反射中枢。自上丘向外上方有一斜行隆起，称为**上丘臂**，连于间脑的外侧膝状体。自下丘向外上方也有一斜行隆起，称为**下丘臂**，连于间脑的内侧膝状体。在下丘下方与上髓帆之间有**滑车神经（Ⅳ）**根出脑，它是唯一自脑干背侧面出脑的脑神经。

（5）第四脑室 fourth ventricle：是位于延髓、脑桥和小脑之间的室腔，室内有脑脊液，向上经中脑水管通第三脑室，向下通延髓和脊髓的中央管。第四脑室可分为顶、侧壁和底三部分。**第四脑室顶**（图16-8，9）朝向小脑，呈帐篷形，前部由小脑上脚及上髓帆形成，后部由下髓帆（也称后髓帆）和第四脑室脉络组织形成。上、下髓帆伸入小脑，以锐角相会合。下髓帆向下续于**第四脑室脉络组织**，后者由室管膜上皮、软脑膜及血管组成。脉络组织上部分血管反复分支成丛，带着软脑膜和室管膜上皮突入室腔，形成**第四脑室脉络丛**，脉络丛能产生脑脊液。**侧壁**的前部和后部分别是菱形窝的外上界和外下界，**底**就是菱形窝。第四脑室的两个侧角延伸到小脑下脚背侧，称**第四脑室外侧隐窝**。第四脑室有三孔，不成对的第四脑室正中孔，位于第四脑室下角的上方，外侧孔成对，位于第四脑室的左、右外侧隐窝的尖端。第四脑室借这些孔与蛛网膜下隙相通。

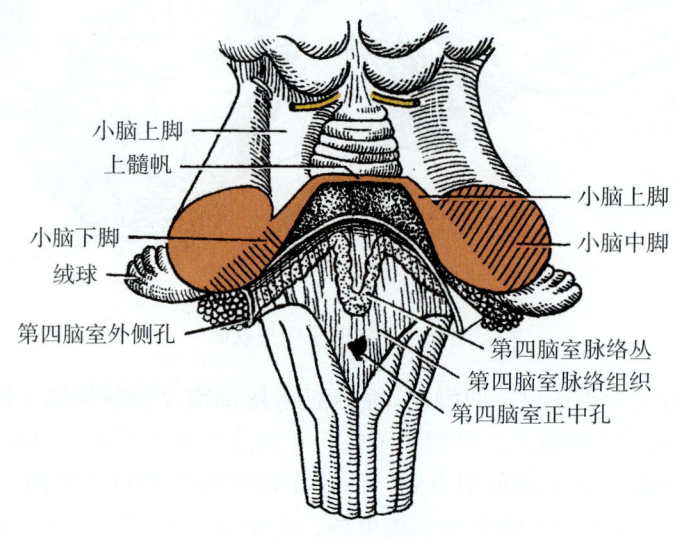

图16-9　第四脑室顶

（二）脑干的内部结构

脑干结构比脊髓复杂，由灰质、白质和网状结构组成，主要有以下改变：①灰质不再连贯成柱，而成为许多分离断续的核团；②很多纤维束在脑干内交叉传导，打乱了脊髓原来的灰、白质的界限；③脊髓灰质中的运动性核团（前角和侧角）和感觉性核团（后角）在位置上是腹背关系。脑干内，由于中央管后壁开放向两侧展开，原先腹背方向排列的脊髓灰质变成内、外方向排列的室底灰质，以第四脑室底的界沟为界，界沟内侧即中线两侧，为运动性核团；界沟外侧为感觉性核团（图16-10）；④脑干中央的网状结构范围比脊髓大。

1. 灰质

脑干灰质不像脊髓灰质那样是连续的细胞柱，而是以神经核的形式存在。脑干的神经核分为两种：一种是直接与第Ⅲ～Ⅻ对脑神经相关联的，称**脑神经核**；另一种是不与脑神经相连，但参与组成各种神经传导通路或反射通路，称**非脑神经核**或**传导中继核**。

（1）脑神经核：第Ⅲ～Ⅻ对脑神经的核团均位于脑干内，而且功能相同的脑神经核排列成断续的纵行细胞柱，每一个柱并非纵贯脑干全长，多数是间断开的，可以包括数个核团，但它们的功能性质相同、位置相当，故每一个柱代表一个单独的功能体系，称之为**功能柱**。靠近第四脑室底，由内向外排列着四个功能柱（图16-14，15）：①**躯体运动柱**，支配头颈部的骨骼肌。②**内脏运动柱**，分布在胸腹腔内脏，支配平滑肌、心肌和腺体活动。③**内脏感觉柱**，在界沟外侧，接受味觉和内脏感觉。④**躯体感觉柱**，包括一般和特殊躯体感觉神经核（图16-10，11，表16-2，3）。

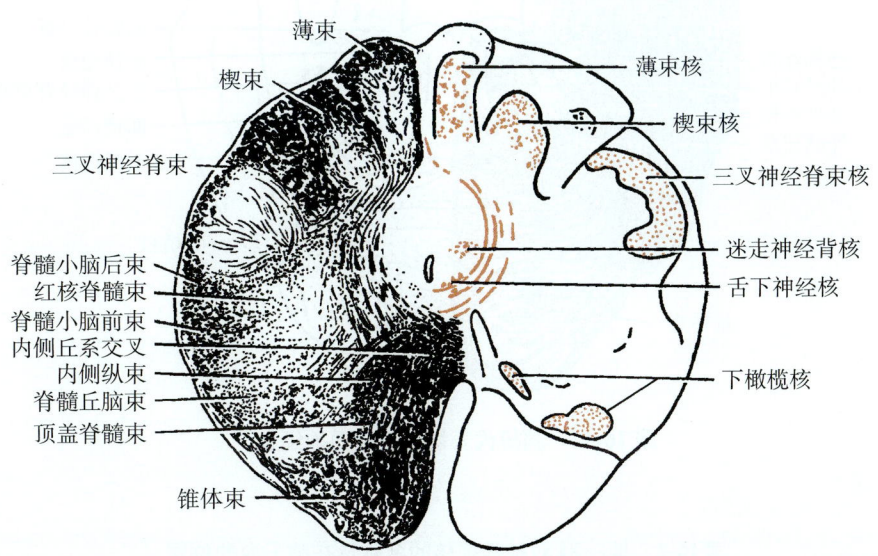

图 16-10　延髓下部代表切面（经内侧丘系交叉）

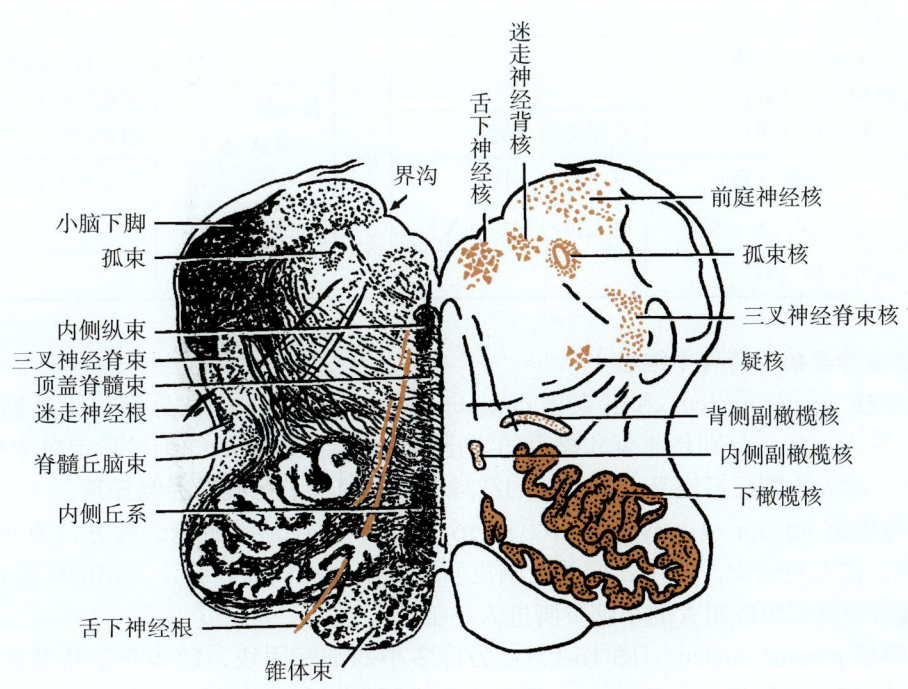

图 16-11　延髓上部代表切面（经橄榄中部）

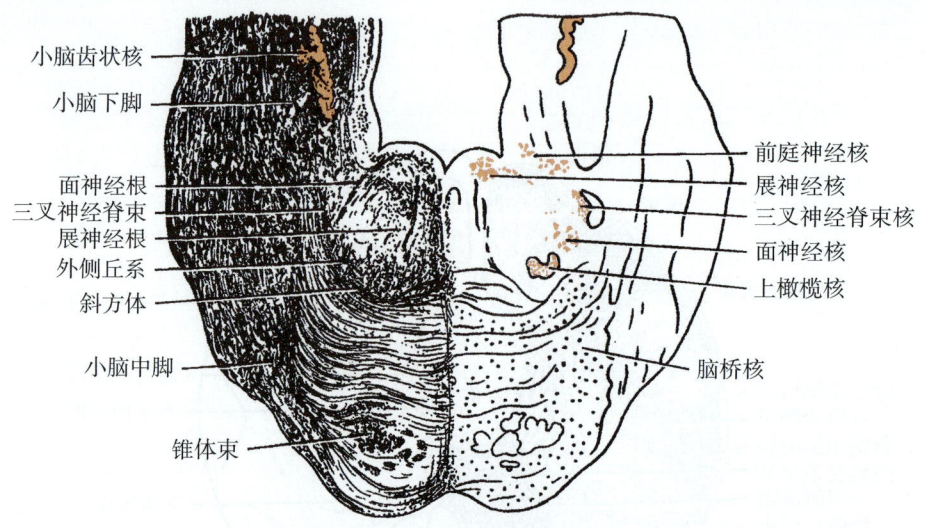

图 16-12 脑桥代表切面（经面神经丘）

表 16-2 Ⅲ~Ⅻ对脑神经核的名称及在脑干内的位置

脑神经核 功能柱	内　侧		界 沟	外　侧	
	躯体运动柱	内脏运动柱 （副交感核）		内脏感觉柱	躯体感觉柱
中脑	动眼神经核（Ⅲ） 滑车神经核（Ⅳ）	动眼神经副核（Ⅲ）			三叉神经中脑核（Ⅴ）
脑桥	三叉神经运动核（Ⅴ） 展神经核（Ⅵ）			孤束核 （Ⅶ Ⅸ Ⅹ）	三叉神经脑桥核（Ⅴ） 前庭神经核（Ⅷ） 蜗神经核（Ⅷ）
	面神经核（Ⅶ）	上泌涎核（Ⅶ）			
延髓	舌下神经核（Ⅻ）	下泌涎核（Ⅸ）			三叉神经脊束核 （Ⅴ、Ⅸ、Ⅹ）
	疑核（Ⅸ、Ⅹ、Ⅺ）	迷走神经背核（Ⅹ）			
	副神经核（Ⅺ）				

（2）**非脑神经核（传导中继核）**

1）**薄束核** gracile nucleus 和**楔束核** cuneate nucleus（图16-10）：分别位于延髓薄束结节和楔束结节深方。它们分别是薄束和楔束的终止核。此两核发出的纤维弓形走向中央管腹侧，左、右交叉，称为**内侧丘系交叉**，交叉后的纤维在中线两侧上行成为**内侧丘系**。

2）**下橄榄核** infedor olivary nucleus（图16-10，11）：在延髓橄榄的深方，为一皱褶的囊形灰质团块，在人类较大。它主要接受大脑皮质、脊髓和红核的纤维，发出的纤维走向对侧，与脊髓小脑后束共同组成粗大的小脑下脚进入小脑。

3）**脑桥核** pontine nucleus（图16-12）：为许多小的细胞团块，散布于脑桥基底部的纤维之间，接受同侧皮质脑桥束的纤维。自脑桥核发出纤维横行，交叉至对侧，聚成小脑中脚入小脑。

4）**红核** red nucleus（图16-13）：主要位于中脑上丘节段的被盖部，呈圆柱形，它接受大脑运动皮质发出的纤维和小脑的传出纤维——小脑上脚。红核的传出纤维主要形成对侧的红核脊髓束，影响前角运动神经元的活动。

5）**黑质** substantia nigra（图16-13）：位于中脑被盖和大脑脚底之间，主要见于中脑的全长。

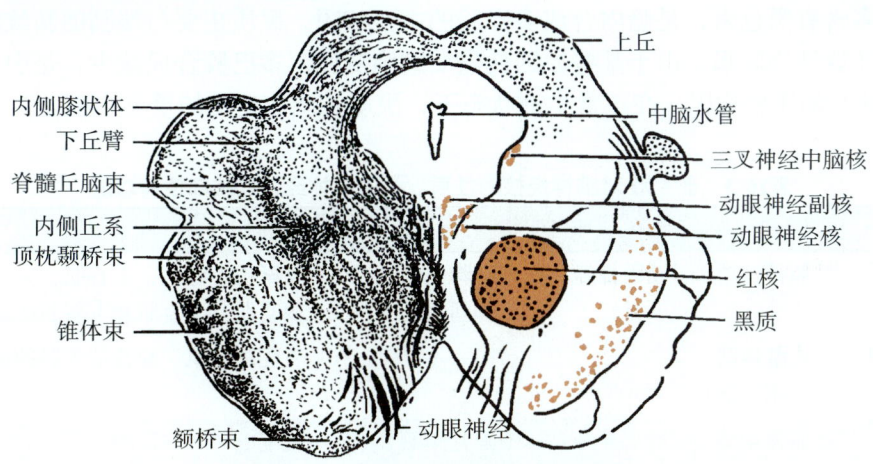

图 16-13 中脑代表切面（经上丘）

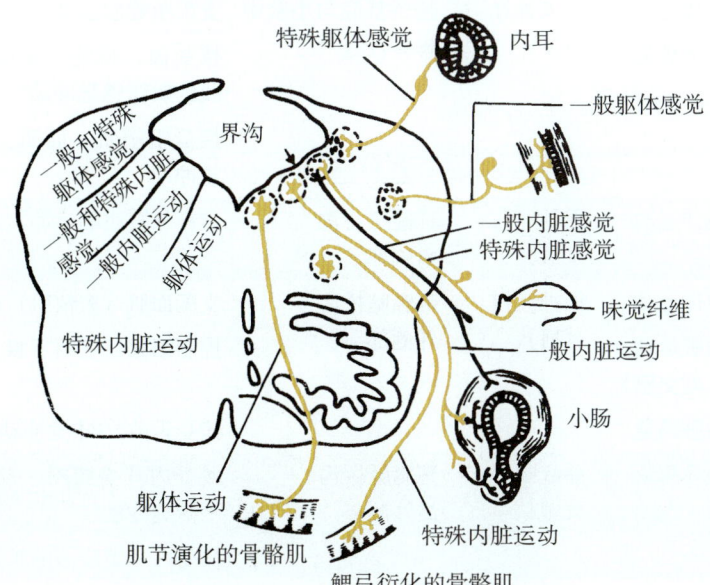

图 16-14 延髓橄榄中部横切面图解
示脑神经核的六个功能柱

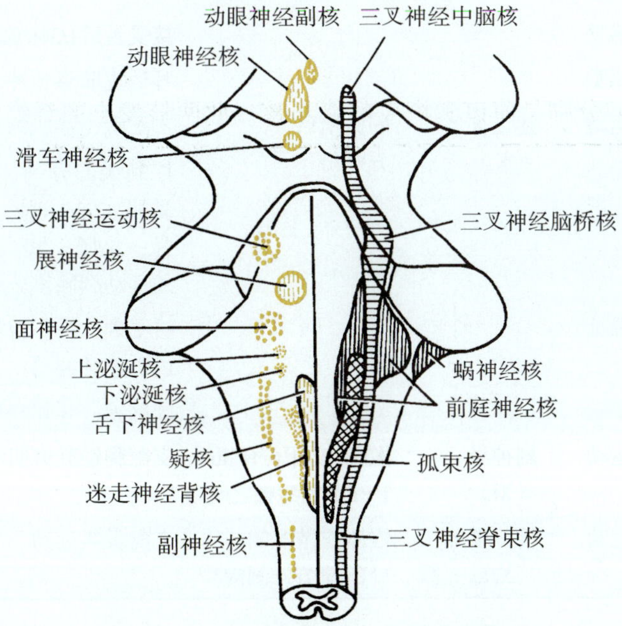

图 16-15 脑神经核在脑干背面的投影

黑质细胞大多含有黑色素，是脑内合成多巴胺的主要核团。黑质主要与端脑的新纹状体（尾状核和壳）有往返纤维联系。由于某些原因使黑质细胞变性，多巴胺合成减少，是引起震颤麻痹（Parkinson病）的主要病因。在正常生理状态下，黑质是调节运动的重要中枢。

表16-3　Ⅲ～Ⅻ对脑神经核的性质、相关脑神经、连脑部位和功能

名称	性质	相关脑神经	连脑部位	功能
动眼神经核	躯体运动	动眼神经（Ⅲ）	大脑脚内侧（脚间窝）	支配提上睑肌、上直肌、内直肌、下直肌和下斜肌的运动
动眼神经副核	内脏运动（副交感）			支配睫状肌、瞳孔括约肌的运动
滑车神经核	躯体运动	滑车神经（Ⅳ）	中脑背侧面下丘下方	支配上斜肌的运动
三叉神经运动核	躯体运动	三叉神经（Ⅴ）	脑桥基底与小脑中脚移行处	支配咀嚼肌运动
三叉神经脑桥核	躯体感觉			接受面、口腔、鼻腔、眼等处皮肤、黏膜的躯体感觉冲动
三叉神经脊束核				
三叉神经中脑核				接受咀嚼肌、面肌、眼球外肌的本体感觉冲动
展神经核	躯体运动	展神经（Ⅵ）	延髓脑桥沟内侧部	支配外直肌的运动
面神经核	躯体运动	面神经核（Ⅶ）	延髓脑桥沟外侧部	支配面肌（表情肌）运动
上泌涎核	内脏运动（副交感）			控制泪腺、下颌下腺、舌下腺的分泌
孤束核	内脏感觉			接受舌前2/3味觉冲动
前庭神经核	躯体感觉	前庭蜗神经（Ⅷ）	延髓脑桥沟最外侧部	接受内耳壶腹嵴、球囊斑、椭圆囊斑的平衡觉冲动
蜗神经核				接受内耳螺旋器的听觉冲动
疑核	躯体运动	舌咽神经（Ⅸ）	延髓橄榄后方上份	支配茎突咽肌的运动
下泌涎核	内脏运动（副交感）			控制腮腺的分泌
孤束核	内脏感觉			接受舌后1/3味觉和咽的一般内脏感觉冲动
三叉神经脊束核	躯体感觉			耳后皮肤感觉冲动
疑核	躯体运动	迷走神经（Ⅹ）	髓橄榄后方中份	支配咽、喉肌的运动
迷走神经背核	内脏运动（副交感）			控制大部分颈、胸、腹腔脏器（咽与喉黏膜、心、肺、气管、胃、肝、脾、肾、小肠、胰、结肠左曲以上的大肠）的运动和腺体分泌
孤束核	内脏感觉			接受颈、胸、腹部脏器的内脏感觉冲动
三叉神经脊束核	躯体感觉			硬脑膜、耳郭和外耳道皮肤感觉冲动
副神经核	躯体运动	副神经（Ⅺ）	橄榄后方下份脊髓颈1～6节前后根之间	支配胸锁乳突肌和斜方肌的运动
舌下神经核	躯体运动	舌下神经（Ⅻ）	锥体与橄榄间（延髓前外侧沟）	支配舌肌运动

2. 白质　主要是一些上、下行纤维束（图 16-10 ~ 13），其中有的是脊髓纤维束的续行段。

（1）上行（感觉）传导束

1）**内侧丘系** medial lemniscus：由延髓薄束核和楔束核发出的纤维，向前内侧呈弓状绕过中央管的腹侧，左右互相交叉形成**内侧丘系交叉**，后向上走行称**内侧丘系**，终于背侧丘脑的腹后外侧核，传导对侧躯干、四肢本体感觉和精细触觉。

2）**三叉丘系** trigeminal lemniscus：由三叉神经脑桥核和三叉神经脊束核发出纤维交叉至对侧，上行组成三叉丘系，在脑桥和中脑被盖其位置与内侧丘系毗邻，向上止于背侧丘脑腹后内侧核，传导对侧头面部痛觉、温度觉和触觉。

3）**脊髓丘系** spinal lemniscus：又称**脊髓丘脑束**。脊髓内的脊髓丘脑前束和脊髓丘脑侧束上升至延髓中部后，即合并成一束，称脊髓丘系，向上终于背侧丘脑的腹后外侧核，传导对侧躯干及上、下肢的痛、温觉和粗触觉。

4）**外侧丘系** lateral lemniscus：蜗神经核发出的大部分纤维在脑桥被盖腹侧左右交叉形成**斜方体**，斜方体的纤维折向上行，称外侧丘系；小部分纤维加入同侧外侧丘系。止于间脑的内侧膝状体，传导双耳的听觉信息。

（2）下行（运动）传导束

锥体束 pyramidal tract　由大脑皮质发出控制骨骼肌随意运动的下行纤维组成，为一巨大的纤维束，途经内囊、中脑大脑脚下行。锥体束分为**皮质核束** Corticonuclear tract 和**皮质脊髓束**。皮质核束在下行过程中分散走行，陆续止于脑干内的各脑神经运动核。**皮质脊髓束**在延髓腹侧中线两侧形成锥体，其大部分纤维在锥体下端处越过前正中裂，左右互相交叉，形成**锥体交叉**。交叉后的纤维在对侧脊髓外侧索内下行，组成**皮质脊髓侧束**；小部分不交叉的纤维，在同侧脊髓前索内下行，形成**皮质脊髓前束**。

临床上一侧锥体束损伤时，引起对侧肢体随意运动障碍，并有对侧下部面肌和舌肌瘫痪，而其他脑神经运动核的功能不出现障碍。

除上述纤维束外还有：①皮质脑桥束：起自大脑皮质，向下行经中脑的大脑脚底、脑桥基底部，止于脑桥核。②红核脊髓束：自红核发出后，立即在被盖腹侧部中线处交叉下行。③顶盖脊髓束和内侧纵束都经脑干中缝两侧走行。

3. 脑干网状结构

脑干内除神经核和纤维束以外的区域，由纵横交错的纤维和散在其中大小不等的神经细胞核团构成，称**网状结构** reticular formation。网状结构与中枢神经各部之间均有广泛的纤维联系。

4. 脑干的功能

（1）**传导功能**：脑干中的上、下行纤维束是脊髓与脑各部分相联系的重要通路，具有传导神经冲动的功能。

（2）**反射中枢**：脑干内有多个低级反射中枢，如中脑有瞳孔对光反射中枢，脑桥有角膜反射中枢，延髓网状结构有调节心血管活动和呼吸运动的生命中枢。延髓病变可造成呼吸、心跳停止，危及生命。

（3）**网状结构的功能**

①网状结构可维持大脑皮质的觉醒状态。②通过上、下行网状激动系统调节躯体、内脏活动等。

小 结

6. 脑和脑干的组成：脑由端脑、间脑、中脑、脑桥、延髓及小脑6部分组成，其中延髓、脑桥和中脑三部分组成脑干。

7. 脑干外形：

（1）腹侧面：脑干的最下部为延髓，以延髓脑桥沟与脑桥分界，下连脊髓，有前正中裂和前外侧沟。在前正中裂的两侧，各有一纵行的隆起，称锥体。锥体下方有锥体交叉。脑桥位于脑干中部，其腹侧面膨隆，称脑桥基底部。基底部正中有纵行的浅沟，称基底沟，容纳基底动脉。在延髓脑桥沟中，自内侧向外侧依次有展神经根、面神经根和前庭蜗神经根附着。延髓、脑桥与小脑交界处，称脑桥小脑三角。中脑位于脑干上部，上接间脑，下连脑桥。

（2）背侧面：其后正中沟外侧有一对隆起，分别称薄束结节和楔束结节，其深面有薄束核和楔束核。脑桥背侧面形成菱形窝的上半部，两侧是小脑上脚和小脑中脚。两侧小脑上脚间的薄层白质，称上（前）髓帆。菱形窝是第四脑室底，中部有横行的髓纹，分界脑桥和延髓。窝内有正中沟、内侧隆起、界沟、前庭区（深面有前庭神经核）、听结节（含蜗神经核）、面神经丘（深面有展神经核）、迷走神经三角（内含迷走神经背核）、舌下神经三角（内含舌下神经核）等结构。中脑背侧面有两对圆形隆起：上丘是视觉反射中枢；下丘是听觉反射中枢。在下丘的下方有滑车神经根。在中脑的中部有一纵行的管道，称中脑水管，贯穿中脑全长。

（3）第四脑室：是位于延髓、脑桥和小脑间的室腔，底为菱形窝，顶朝向小脑。顶的后部有第四脑室脉络组织，其突入脑室内者形成第四脑室脉络丛，可产生脑脊液。第四脑室向上经中脑水管通第三脑室，向下经延髓中央管通脊髓中央管，并借第四脑室正中孔和外侧孔与蛛网膜下隙相通。

8. 脑干内部结构：脑干内部由灰质、白质及网状结构组成。其中，网状结构较脊髓发达。灰质主要包括脑神经核和非脑神经核。

非脑神经核参与构成各种神经传导通路或反射通路。薄束核和楔束核分别位于延髓薄束结节和楔束结节的深面，是薄束和楔束的终止核，传导躯干、四肢的本体感觉和精细触觉。脑桥核位于脑桥基底部，是大脑皮质与小脑皮质间的中继核团。红核位于中脑上丘平面的被盖部，发出红核脊髓束，支配对侧半脊髓前角运动细胞。黑质位于中脑被盖和大脑脚底间的板状灰质，是锥体外系的重要核团，与躯体运动有密切关系。脑干的白质主要由上、下行纤维束组成。上行（感觉）传导束主要有内侧丘系、脊髓丘系、三叉丘系和外侧丘系，下行（运动）传导束主要有锥体束和皮质脑桥束。在脑干中，除了明显的脑神经核、中继核和长的纤维外，尚有神经纤维交织成网状，其间散在有大小不等的细胞团块，这种结构称脑干网状结构。网状结构是中枢神经系统的整合中心，对维持大脑皮质的清醒和警觉、调节躯体运动、内脏活动及参与睡眠发生和抑制具有重要作用。

9. 脑干的功能：(1) 传导功能。(2) 反射中枢。(3) 网状结构可维持大脑皮质的觉醒状态，调节躯体、内脏活动等。

二、小脑

（一）小脑的外形

小脑 cerebellum 位于颅后窝（图 16-16），借三对小脑脚连于延髓和脑桥的后方。小脑上面平坦，贴近小脑幕，下面中部凹陷，容纳延髓，中间部窄细称**小脑蚓**，两侧部膨大称为小脑半球称**小脑半球**。近枕骨大孔处，小脑半球下端前内侧部较为膨出，称**小脑扁桃体**，它的位置靠近枕骨大孔。当颅脑外伤或颅内肿瘤等导致颅内压升高时，小脑扁桃体可移位嵌入枕骨大孔，形成小脑扁桃体疝，又称枕骨大孔疝，压迫延髓，危及生命。整个小脑表面有许多大致平行的浅沟，将小脑分成许多小脑叶片。小脑上面前 1/3 与后 2/3 交界处有一横行深沟称**原裂**。

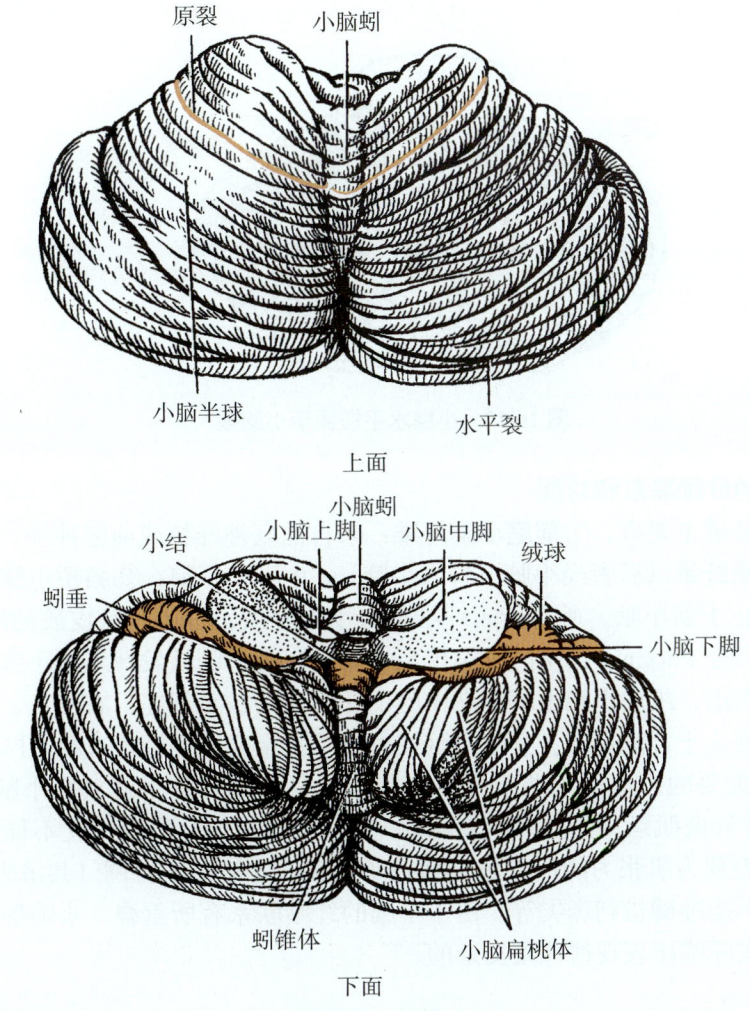

图 16-16　小脑外形

小脑依其表面的沟裂可分为三叶：

1. **绒球小结叶**　在小脑的下面，包括半球上的绒球和小脑蚓中的小结，二者间有绒球脚相连。

2. **小脑前叶**　在小脑上面的前部，包括原裂以前的半球和小脑蚓。

3. **小脑后叶**　包括原裂以后的小脑上面和小脑下面的余下大部。绒球小结叶在种系发生上最古老，称**原（古）小脑**，它的纤维主要与脑干前庭核和前庭神经相联系，故又称**前庭小脑**。其功能协调躯干运动和平衡；小脑前叶加上小脑蚓下部的蚓锥体和蚓垂，在种系发生上出现较早，合称**旧小脑**，它主要接受来自脊髓的信息，故又称**脊髓小脑**，其功能为调节肌张力和维持姿势等；除原、旧小脑以外的其余部分，在种系发生上出现较晚，称为**新小脑**，仅见于哺乳类，它随着大脑皮质的发展而发展起来，又称**大脑小脑**，在人类它占据了小脑的大部分。大脑皮质通过皮质脑桥束、脑桥核和脑桥小脑纤维（束）与新小脑相连系，其功能为协调四肢远端精细运动和站立平衡。

（二）小脑的内部结构

小脑表层由大量的神经元胞体集中而形成薄层灰质，称**小脑皮质**，小脑的白质被皮质包裹称为**髓体**，髓体内还埋有灰质核团，称为**小脑核**。小脑核有 4 对，包括**齿状核、顶核、栓状核和球状核**。其中**齿状核**最大，属新小脑，位于小脑半球的髓质内，接受来自新小脑皮质的纤维，发出纤维经小脑上脚，在中脑交叉后终止于对侧中脑的红核以及背侧丘脑的腹中间核和腹前核，其内侧有栓状核、球状核和顶核（图 16-17）。

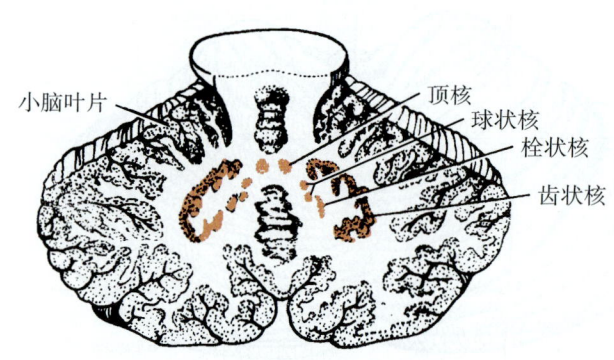

图 16-17 小脑水平切面示小脑核

（三）小脑的纤维联系和功能

小脑的传入纤维主要有：①**前庭小脑纤维**：来自前庭神经核或前庭神经，止于原小脑；②**脊髓小脑前、后束纤维**（后者经小脑下脚入小脑）：止于旧小脑；③**脑桥小脑纤维**：起自脑桥核，经小脑中脚止于新小脑。所有传入纤维都入小脑皮质，进入小脑皮质的冲动，经各类神经元的整合，最后经 Purkinje 细胞的轴突传至小脑核，由小脑核发纤维出小脑。小脑的主要传出纤维由齿状核发出，组成**小脑上脚**，在中脑下丘阶段的被盖部左、右交叉，小部分纤维止于红核，大部分纤维止于背侧丘脑。其他小脑核可发纤维至前庭神经核或脑干网状结构。

小脑是一个重要的躯体运动调节中枢。其功能是维持身体平衡（原小脑）、调节肌张力（旧小脑）和调节骨骼肌运动的协调（新小脑）。原小脑损伤，患者站立不稳，步态蹒跚。旧小脑病变，主要表现为肌张力降低。新小脑病变，表现为运动不协调（共济失调），如步行时抬足过高、手指不能准确指到鼻尖等。由于小脑的纤维联系有所重叠，小脑病变也常常不是局限于某一叶，故实际临床表现往往是复杂的。

小　结

10. 小脑的位置和外形：位于颅后窝，可分为绒球小结叶、前叶和后叶 3 个叶。
11. 小脑的内部结构：小脑由表面的皮质和深面的髓质及小脑核组成，其中小脑核共 4 对，包括顶核、球状核、栓状核和齿状核。
12. 小脑的功能：是重要的躯体运动调节中枢，其功能是维持身体平衡、调节肌张力和调节骨骼肌运动的协调。

三、间脑

间脑 diencephalon（图 16-18）位于中脑与端脑之间，人类由于大脑半球的高度发展，间脑除腹面的一小部分露于表面以外，其他部分被端脑所掩盖。间脑的外侧壁与大脑半球愈合，因此，间脑和端脑之间的边界不如其他脑部之间的清楚。

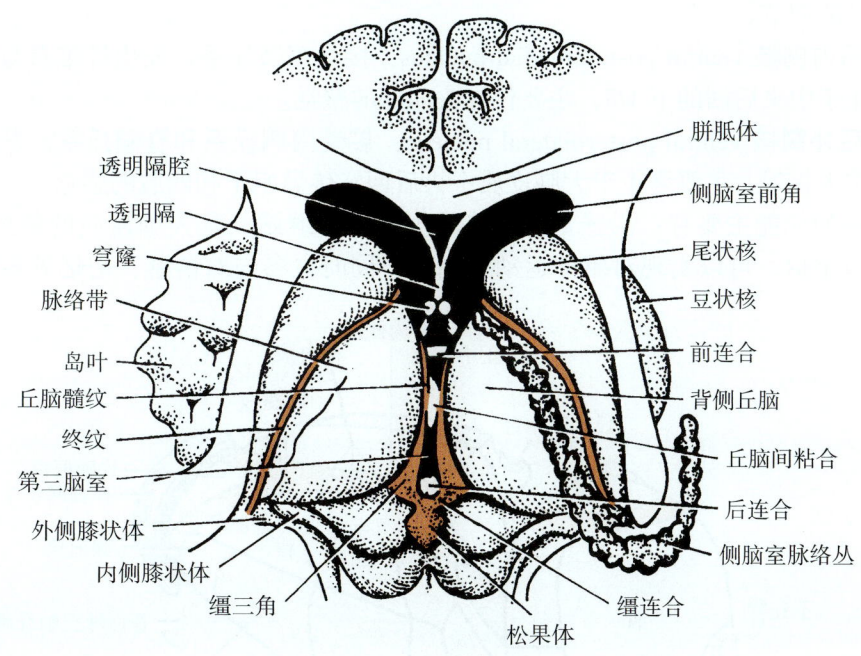

图 16-18　间脑的背面

（一）间脑的外形

间脑分为背侧丘脑、上丘脑、后丘脑、底丘脑和下丘脑五部分（图 16-8，18）。

1. **背侧丘脑 dorsal thalamus**　又称**丘脑**，为两个卵圆形的灰质团块，中间被第三脑室隔开。丘脑中央有一由灰质形成的丘脑间粘合。丘脑的前端称丘脑前结节，后端膨大，称为丘脑枕。内侧邻第三脑室上份，背面位于侧脑室底，外侧面与尾状核和内囊相贴，腹侧前接下丘脑，后侧移行于底丘脑和中脑。

2. **上丘脑 epithalamus**　位于第三脑室顶部的周围。丘脑背侧面和内侧面交界处有一束纵行纤维，称**丘脑髓纹**。它向后进入**缰三角**。左、右缰三角间为**缰连合**，它的后方连有**松果体**。

3. **后丘脑 metathalamus**　位于丘脑枕的下方，包括一对**内侧膝状体**和一对**外侧膝状体**，前者借下丘臂连于下丘，后者借上丘臂连于上丘。

4. **下丘脑 hypothalamus**　位于下丘脑沟以下，构成第三脑室侧壁的下份和底壁。在脑底面，下丘脑由前向后可见到**视交叉**、**灰结节**和**乳头体**。灰结节向下移行为**漏斗**。漏斗的下端连**垂体**。

5. **底丘脑 subthalamus**　是间脑和中脑的移行区，表面不可见。

6. **第三脑室 third ventricle**　是背侧丘脑和下丘脑左、右两部分间的矢状裂隙，其前部借两个室间孔与左、右侧脑室相通，后方通中脑水管。顶由第三脑室脉络组织封闭，其底由视交叉、灰结节和乳头体组成。

（二）间脑的内部结构和功能

1. **背侧丘脑**

背侧丘脑（图 16-19，20）被一"Y"字型的**内髓板**分隔成 3 个核群，内髓板的内、外侧，分别是**内侧核群**和**外侧核群**。内髓板前端分叉的前方是**前核群**。其中外侧核群又分为腹侧和背侧两部分，腹侧部又分为**腹前核**、**腹中间核（腹外侧核）**和**腹后核**。腹后核又分为腹后内侧核和腹后外侧核。此外内髓板内有若干灰质团，称板内核群，第三脑室侧壁有薄层灰质称中线核群。背侧丘脑外侧核群中的腹侧核群又称特异性中继核团，功能上最重要，现分述如下：

（1）**腹前核** ventral anterior nucleus 和**腹外侧核** ventral lateral nucleus：两核主要接受小脑上脚、黑质和苍白球（属端脑的旧纹状体）的纤维，发出纤维投射至大脑皮质躯体运动区，参与对随意运动的调节。

（2）**腹后内侧核** ventral posteromedial nucleus：接受三叉丘系，发出纤维参与组成丘脑中央辐射，终止于中央后回的下 1/3，主要传导头面部的感觉。

（3）**腹后外侧核** ventral posterolateral nucleus：接受内侧丘系和脊髓丘系，发出的纤维参与组成丘脑中央辐射，主要终止于大脑皮质中央后回，传导躯干和四肢的感觉。

背侧丘脑的功能主要有：①感觉传导路的皮质下中继站，是大脑皮质的信息进入门户。②复杂的调节中枢，可以实现对躯体运动的调节，同时也参与对情感、记忆等多种生理活动

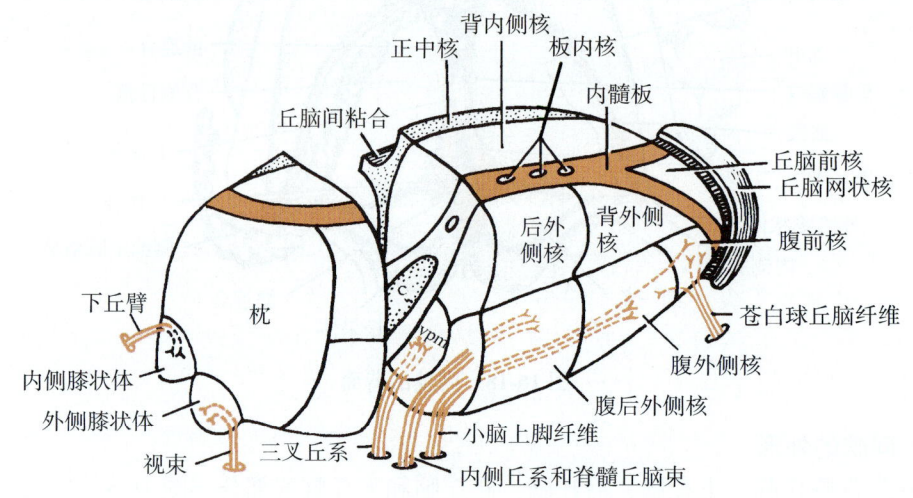

图 16-19　人右侧背侧丘脑核团的立体观

vpm．腹后内侧核　C．中央中核

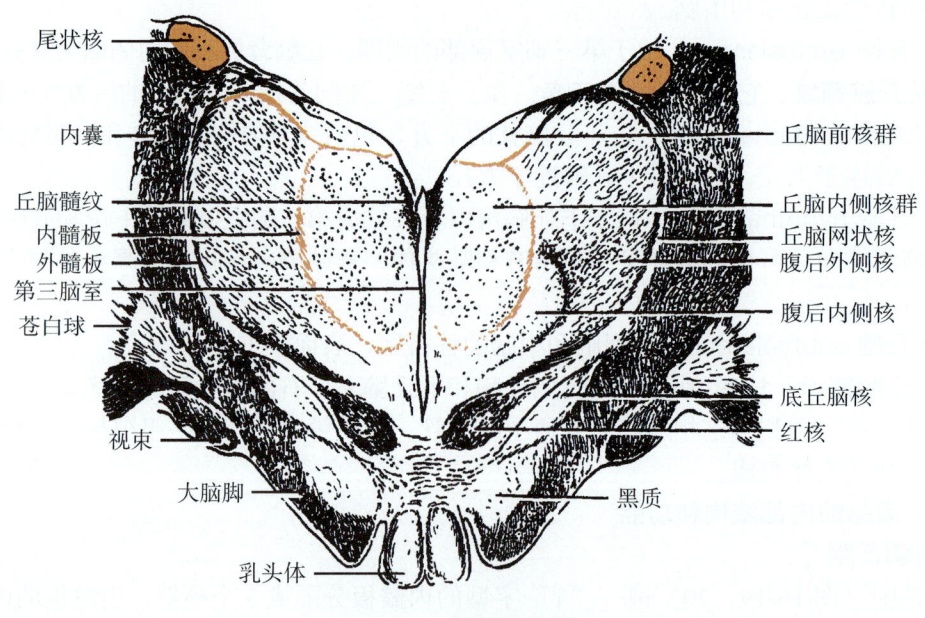

图 16-20　间脑额状切面

的调节。背侧丘脑受损害时，常见的症状是感觉丧失、过敏和失常，并可伴有剧烈的自发性疼痛。

2. 后丘脑

后丘脑包括①**内侧膝状体** medial geniculate body：接受下丘（经下丘臂）来的听觉纤维，发出纤维形成听辐射，投射至大脑皮质的听觉中枢；②**外侧膝状体** lateral geniculate body：接受视束纤维，发出纤维形成视辐射，投射至大脑皮质的视觉中枢。

3. 下丘脑　成人下丘脑仅占脑重的 5%，但其功能非常重要，在调节内脏活动、内分泌活动和维持机体内环境稳定等方面起重要作用。

（1）**下丘脑的主要核团**：下丘脑的核团较多（图 16-21），大多界限不清。轮廓较清晰的重要核团有：①**视上核** supraoptic nucleus，跨越视交叉的背外方；②**室旁核** paraventricular nucleus，位于视上核的上方，紧贴第三脑室侧壁。此两核的细胞较大，分泌催产素和加压素，经它们的轴突运送至神经垂体；③**漏斗核**，位于第三脑室壁最下方，靠近漏斗处；④**乳头体核**，位于乳头体内。

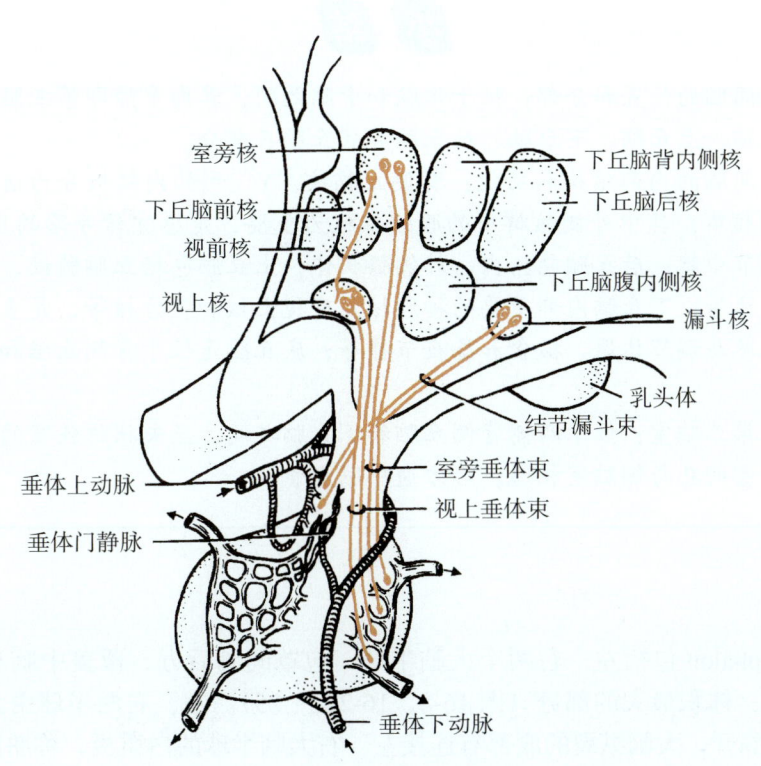

图 16-21　下丘脑核团及其与垂体间的联系示意图

（2）**下丘脑的纤维联系**：下丘脑的纤维联系广泛而复杂，简述如下：①下丘脑的主要传入纤维虽有粗大而清晰的，如起于海马，止于乳头体核的**穹窿**等，但以弥散走行者多。经过下丘脑外侧的**前脑内侧束**，兼有与下丘脑往返联系的纤维，下丘脑与端脑和脑干的联系大多通过它进行的。②下丘脑的主要传出纤维：**乳头丘脑束**，自乳头体核至丘脑前核，后者与大脑皮质的扣带回有往返的纤维联系；下丘脑下行纤维通过中脑中央灰质和网状结构等的中继，至脑干和脊髓的副交感和交感节前神经元核团，影响内脏的活动。③下丘脑与垂体的联系（图 16-21）：下丘脑的一些神经元兼有传导冲动和分泌激素的功能。视上核、室旁核分泌催产素和加压素，沿**视上垂体束**和**室旁垂体束**输送至神经垂体，经血管吸收再运送至靶器官。漏斗核分泌能影响腺垂体细胞分泌活动的激素（释放因子或抑制因子），经其轴突形成的**结节漏斗束**送至漏斗起始部，再经垂体门脉系运输至腺垂体，影响垂体各种激素的分泌。

（3）下丘脑的功能：下丘脑是调节内脏、脉管和内分泌系统的皮质下较高级中枢，控制着机体的多种重要功能，是脑内维持机体内环境稳定的最重要部位之一，下丘脑还参与对摄食行为、水盐平衡、体温、生殖、情绪反应等活动。下丘脑的损伤常会引起如：尿崩症、体温调节和人类昼夜节律紊乱以及情感变化等症状。

4. 上丘脑　位于第三脑室顶部，主要包括松果体、丘脑髓纹和缰三角等。松果体位于缰连合后方，缰连合即左、右缰三角相连的部分，它是一个内分泌器官，具有抑制性腺过早发育和调节生物钟的功能。

5. 第三脑室　位于两侧背侧丘脑和下丘脑之间，呈矢状位狭窄的裂隙状。前方借左、右室间孔与两侧大脑半球内的侧脑室相通，后方通中脑水管。脑室底部由乳头体、灰结节和视交叉形成；顶部为第三脑室脉络组织，并突入室腔形成第三脑室脉络丛，产生脑脊液（图16-8，18）。

小　结

13. 间脑的位置和分部：位于端脑和中脑之间，其内窄隙即第三脑室。间脑可分为背侧丘脑、上丘脑、下丘脑、后丘脑和底丘脑5部分。

14. 间脑的内部结构和功能：背侧丘脑被"Y"形的内髓板分为前核群、内侧核群和外侧核群，其中外侧核群中的腹后核极为重要，是感觉传导路的皮质下中继站，复杂的调节中枢；后丘脑包括内、外侧膝状体；上丘脑包括丘脑髓纹、缰三角、缰连合和松果体等；下丘脑内部重要的神经核团有视上核和室旁核等，是重要的神经内分泌中心，参与调节体温、摄食和昼夜节律等；底丘脑是位于背侧丘脑和中脑被盖间的过渡区。

15. 第三脑室：位于两侧背侧丘脑和下丘脑之间，呈矢状位狭窄的裂隙状。前方借左、右室间孔与侧脑室相通，后方通中脑水管。

四、端脑

端脑 telencephalon 包括左、右两个大脑半球，包罩间脑后方，覆盖中脑和小脑，为中枢神经结构最复杂、体积最大的部分（图16-8，16-22～25）。左、右两半球由**大脑纵裂**将其分开，但不是完全隔开，大脑纵裂的底部有连接左、右大脑半球的白质板，称**胼胝体**，将两半球联系在一起。大脑半球和小脑之间有**大脑横裂**。

（一）端脑的外形

大脑半球表面凹凸不平，布满深浅不同的沟，沟间隆起的部分是大脑回。每个半球分为三个面，即宽广隆凸的上外侧面，两半球相对的内侧面和狭窄的下面，上外侧面与内侧面交界处为上缘，上外侧面与下面交界处为下缘。

1. 大脑半球的分叶

大脑半球以三条深而恒定的大脑沟为标记，分为五个大脑叶。这三条沟是：①**中央沟**，起自半球上缘中点稍后方，向前下斜行于半球上外侧面；②**外侧沟**，起自半球下面，转向上外侧面，由前下方行向后上方；③**顶枕沟**位于半球内侧面的后部，从前下方行向后上方，并绕半球上缘转向上外侧面。中央沟前方、外侧沟上方的部分是**额叶**；中央沟后方和外侧沟上方的部分为**顶叶**；外侧沟下方的部分为**颞叶**；顶枕沟以后较小的部分为**枕叶**。**岛叶**藏于外侧沟深面（图

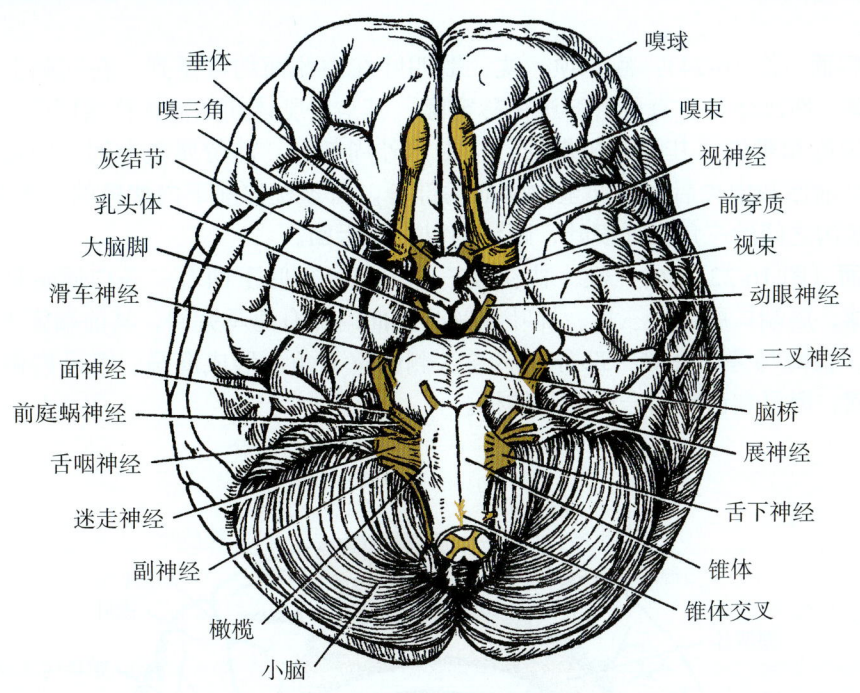

图 16-22 脑的底面

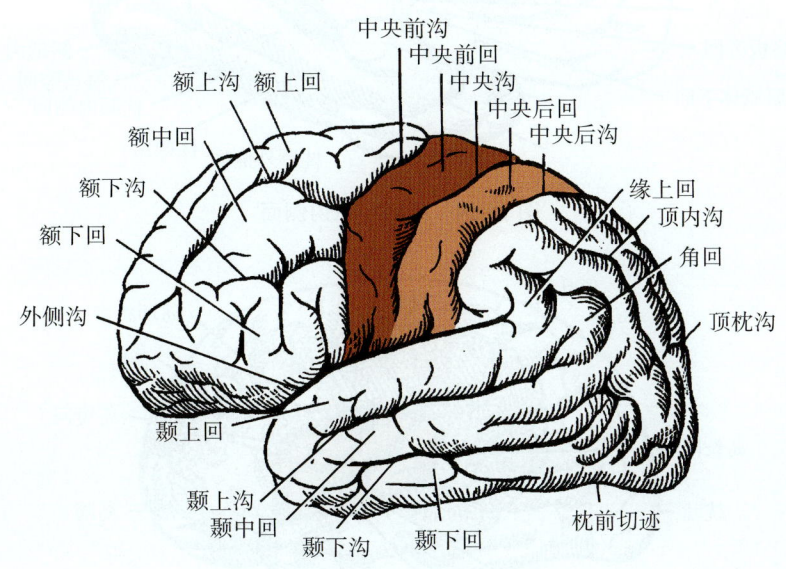

图 16-23 大脑半球背外侧面

16-23、25）。

2. 大脑半球的重要沟回

（1）上外侧面（图 16-23）：在额叶上有与中央沟相平行的中央前沟，两沟间为**中央前回**。自中央前沟有两条水平向前走行的沟，为**额上沟**和**额下沟**。两沟将额叶上外侧面分为**额上回**、**额中回**和**额下回**。在顶叶，中央沟后方有一条与其平行的**中央后沟**。此沟中部向后发出与上缘平行的沟为**顶内沟**。中央后沟以后是**中央后回**，顶内沟以上是**顶上小叶**；以下是**顶下小叶**。顶下小叶包括两个回，围绕外侧沟后端的**缘上回**，围绕颞上沟末端的**角回**。在颞叶，颞上沟与外侧沟大致平行，两者间的部分称**颞上回**。自颞上回转入外侧沟的下壁上，有 2～3 个短而横行的脑回，称为**颞横回**。颞下沟与颞上沟大致平行，二者间的部分称**颞中回**，颞下沟以下的部分称颞下回。

(2) **内侧面**（图 16-24）：额、顶、枕、颞四叶在内侧面均可见到。在间脑上方有联络两半球的**胼胝体**。胼胝体下方有弓形纤维束称**穹窿**，其与胼胝体间的薄板称**透明隔**，胼胝体上方与之平行的沟称**扣带沟**，其间是**扣带回**。扣带回外周部分，前份属额上回，中份称**中央旁小叶**，它是中央前回和中央后回延伸至内侧面的部分。自顶枕沟前下向枕极的弓形沟称**距状沟**，顶枕沟与距状沟之间的三角区称**楔叶**，距状沟以下为**舌回**。

(3) **下面**（图 16-22，26）：额、枕、颞三叶组成。额叶下面有一条白质带称**嗅束**，其前端膨大为**嗅球**，后端扩展为**嗅三角**。枕叶和颞叶下面内侧有**海马旁回**，其前端膨大向后弯成钩形，称为**钩**。在海马旁回外侧一部分皮质卷入侧脑室下角，形成**海马**。海马内侧有窄条状灰质，称**齿状回**，海马和齿状回合称**海马结构**。

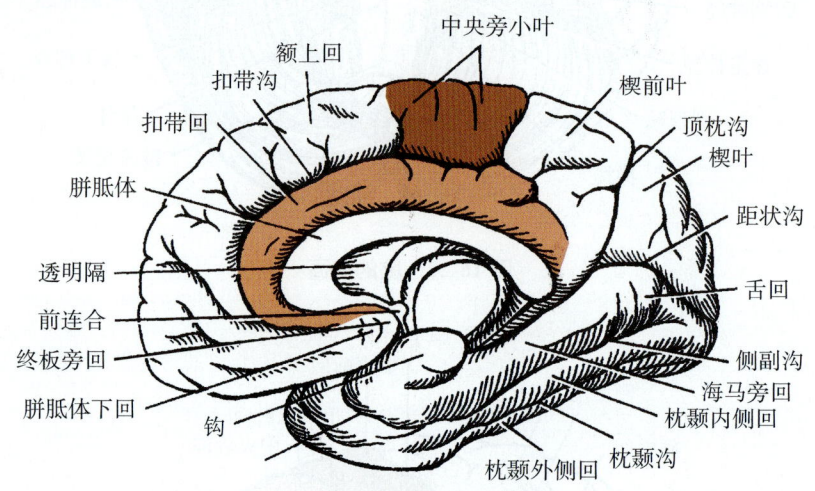

图 16-24　大脑半球内侧面

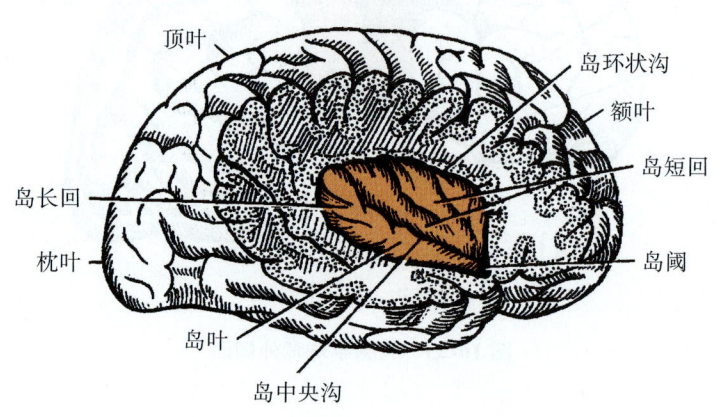

图 16-25　岛叶

（二）端脑的内部结构

端脑的内部结构由浅入深依次为：**大脑皮质**、**大脑髓质**、**基底核**和**侧脑室**。大脑半球表层的灰质为**大脑皮质**，其深面的白质称**大脑髓质**，在髓质深部若干灰质团块为**基底核**，端脑内部的室腔为**侧脑室**。

1. **侧脑室 lateral ventricle**　是位于大脑半球深面的腔隙（图 16-27），内含脑脊液。侧脑室左右各一，呈"C"形，可分为四部：**中央部**位于顶叶内，自此发出三个角，**前角**向前伸入额叶，**后角**向后伸入枕叶，**下角**最长，向前下伸入颞叶。在前角与中央部交界处有室间孔使侧

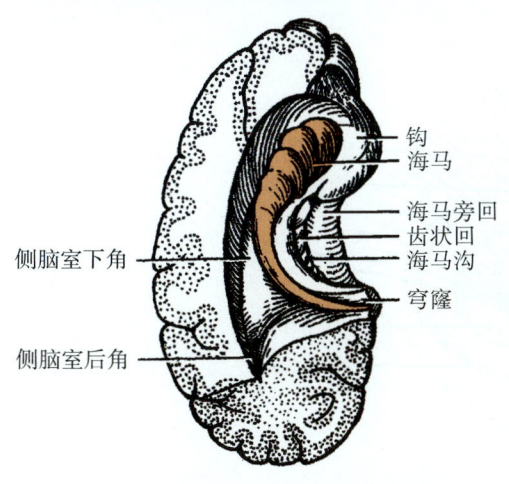

图 16-26 颞叶的一部分示海马结构

脑室与第三脑室相通。在中央部和下角有侧脑室脉络丛，是产生脑脊液的主要部位。

2. **基底核** basal nuclei 是位于大脑半球髓质深方四对灰质核团的总称，包括**尾状核、豆状核、屏状核和杏仁体**（图 16-28）。

（1）**尾状核** caudate nucleus：前后方向弯曲，在背侧丘脑上外侧，可分为头、体、尾三部分。全长与侧脑室相邻，尾状核头前端膨大，体部稍细，尾部延伸到侧脑室下角。

（2）**豆状核** lentiform nucleus：位于背侧丘脑的外侧，其前端的腹侧部与尾状核头相连结。在切面上，豆状核呈三角形，被两个白质板分隔成三部，外侧部最大称**壳**，内侧两部称**苍白球**。豆状核与尾状核合称**纹状体** corpus striatum。从种系发生上看，尾状核和壳是较新的结构，合称**新纹状体**；苍白球是纹状体中较古老的部分，称**旧纹状体**。新纹状体主要接受来自大脑皮质和黑质的纤维，其传出纤维除一部分返回黑质外，主要止于苍白球。苍白球的传出纤维主要止于丘脑的腹前核和腹外侧核。

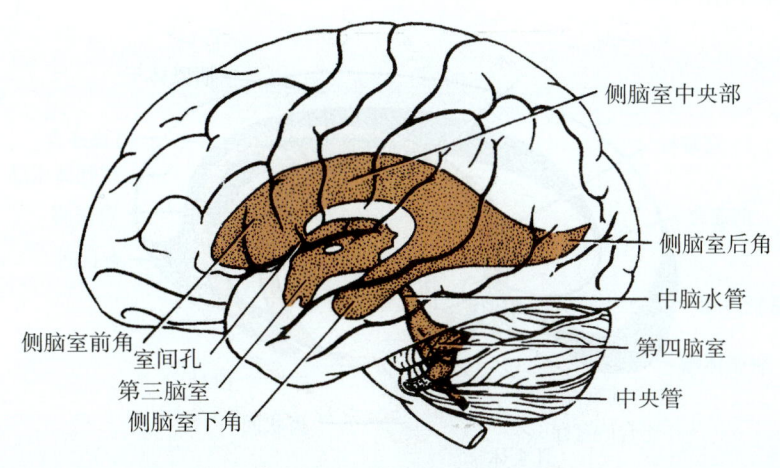

图 16-27 侧脑室投影图

纹状体的功能被认为是躯体运动的一个主要调节中枢，病变后的主要表现是运动不正常和肌张力的改变。其中一类主要表现为运动减少，肌张力亢进，如震颤麻痹（Parkinson 病），主要症状为震颤、肌张力过高、随意运动减少，运动缓慢，面部表情呆板。另一类表现为运动过多，肌张力低下，如舞蹈病，主要表现为上肢和头面部不自主和无目的动作。

（3）**屏状核**：为位于岛叶皮质和豆状核之间的薄层灰质，功能不明。

（4）**杏仁核**：位于海马旁回钩的深面与尾状核相连，属于边缘系统。

3. **大脑髓（白）质**

大脑髓质 cerebral medullary substance 由大量神经纤维组成。纤维可分为三类：

（1）**连合纤维**（图 16-29）：是连接左、右大脑半球的纤维，包括**胼胝体、前连合和穹窿连合**。①**胼胝体** corpus callosum 位于大脑纵裂的底，是最大的连合纤维束，在脑的正中矢状切面上，呈弓形，它的后部叫**压部**，中间的大部称为**干**，前端弯曲叫**膝**，再向后下为薄层的**嘴**。嘴向下连于第三脑室前壁的终板。胼胝体纤维在半球内呈放射状投向皮质广大区域。②**前

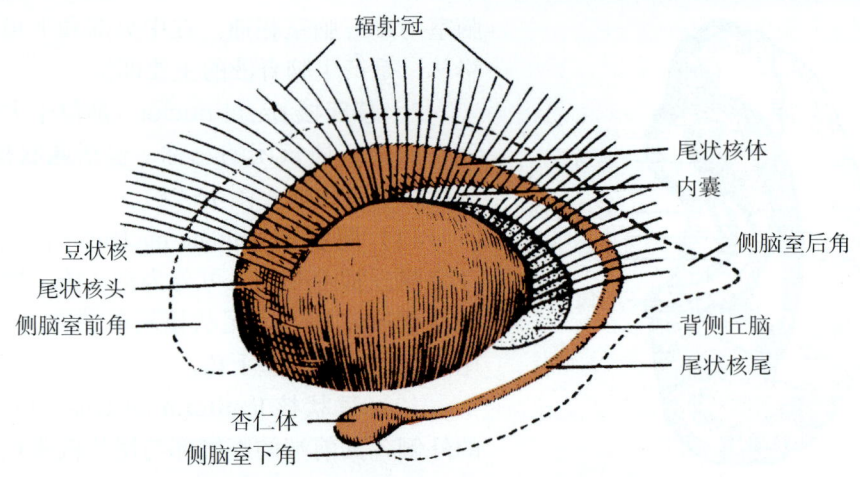

图 16-28 基底核与侧脑室、内囊、背侧丘脑示意图

连合：紧邻终板后方，连接两侧的嗅球和颞叶。③**穹窿连合**：穹窿 fornix 是海马发出的纤维，弓形向上，贴在胼胝体的下面前行并互相靠近，其中一部分纤维越至对侧，称为穹窿连合。过了连合仍以两束纤维前行，再向下止于乳头体核。

（2）**联络纤维**（图 16-30）：是联系同侧半球内各部分皮质的纤维。包括弓状纤维、上纵束、下纵束、钩束和扣带等。

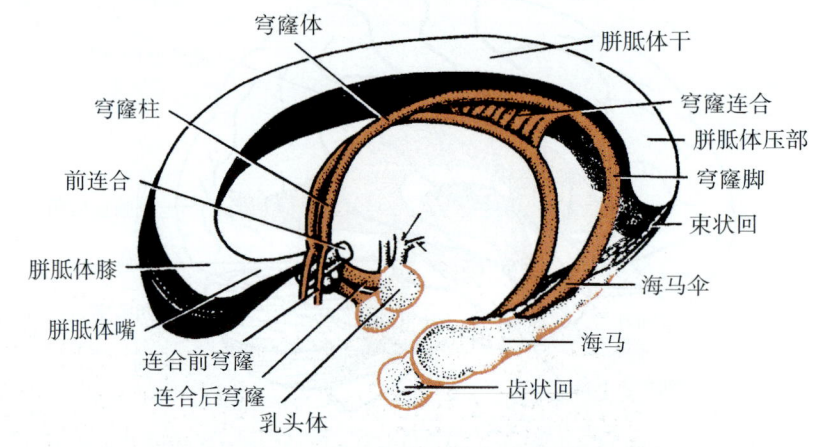

图 16-29 大脑半球髓质连合纤维示意图

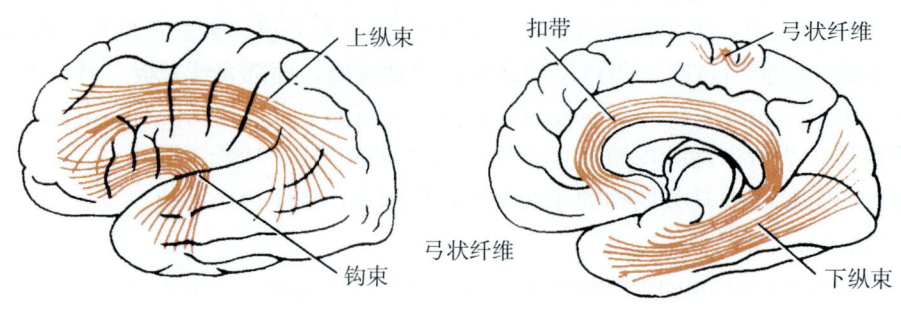

图 16-30 大脑半球髓质的联络纤维（外侧面和内侧面）

（3）**投射纤维**：由连接大脑皮质和皮质下结构的上、下行纤维构成。这些纤维绝大部分经过尾状核、背侧丘脑与豆状核之间，形成一宽厚的白质层，称**内囊**（图 16-31，32）。内囊

在大脑的水平切面上，左右略呈"><"形。前部位于豆状核与尾状核之间，称**内囊前肢**，有上行至额叶的丘脑前辐射和下行的额桥束通过；后部位于豆状核与背侧丘脑之间，称**内囊后**

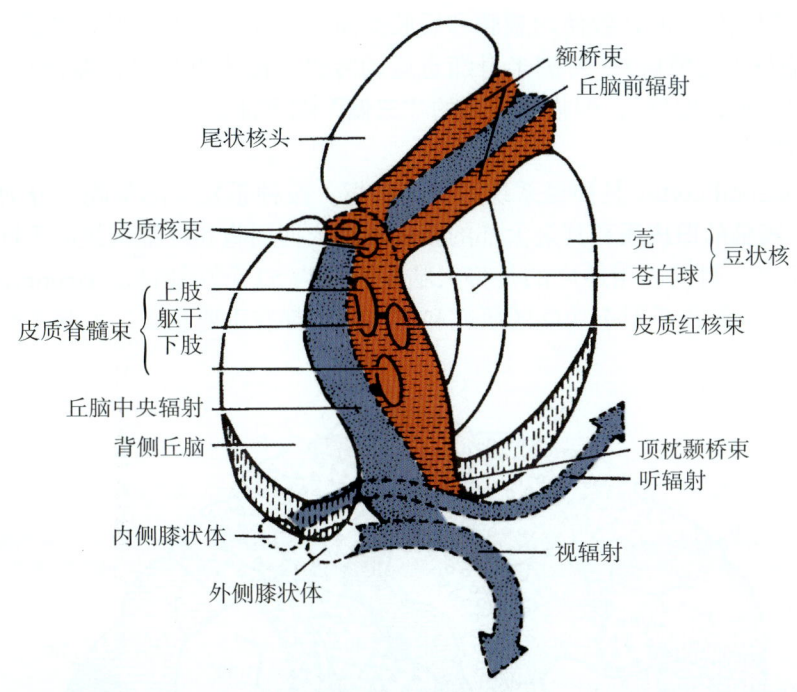

图 16-31 内囊模式图

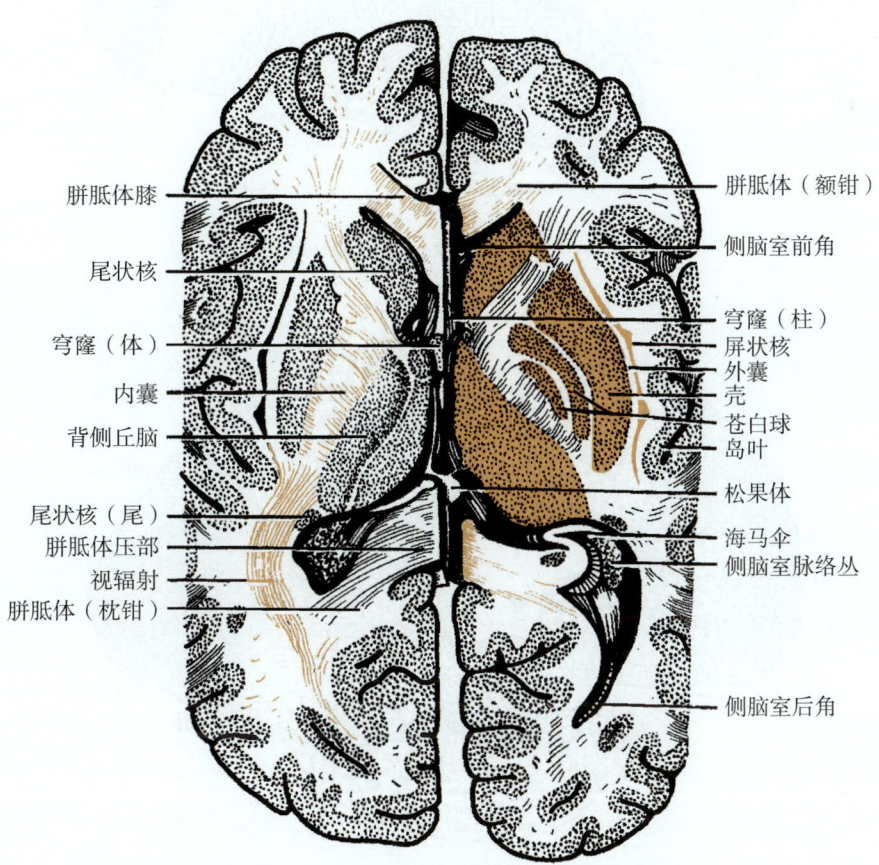

图 16-32 经内囊和纹状体的大脑半球水平切面

肢，靠内侧的主要是上行的传导束，由前向后依次为丘脑中央辐射、听辐射和视辐射。靠外侧的主要是下行传导束，即皮质脊髓束；前、后肢相交处称**内囊膝**，主要有皮质核束经此下行。

内囊是投射纤维高度集中的区域，所以此处的病灶即使不大，也可以导致严重的后果。如一侧内囊动脉破裂或栓塞时，致使内囊膝和后肢受损，导致对侧半身深、浅感觉障碍（丘脑中央辐射受损，偏身感觉障碍）、对侧半身随意运动障碍（锥体束受损，偏瘫）、双眼对侧半视野缺失（视辐射受损，偏盲），即临床所谓的"三偏"综合征。

4. 大脑皮质

大脑皮质 cerebral cortex 是神经系统的最高中枢。按种系发生的早晚，分为形成海马和齿状回的**原皮质**、嗅脑的**旧皮质**和其余大部的**新皮质**。依据细胞和纤维构筑的不同，可将全部大脑皮质分为若干区，目前应用最广的是将大脑皮质分为 52 个功能区的 **Brodmann** 分区法（图16-33，34）。这对大脑皮质形态功能的研究和临床应用都有重要意义。大脑皮质各区各有其不

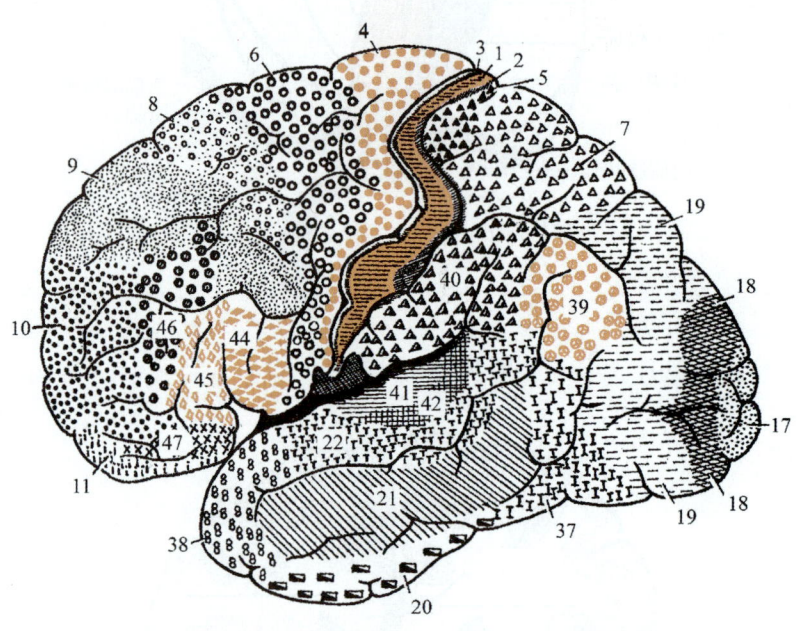

图 16-33　大脑皮质的分区（背外侧面）

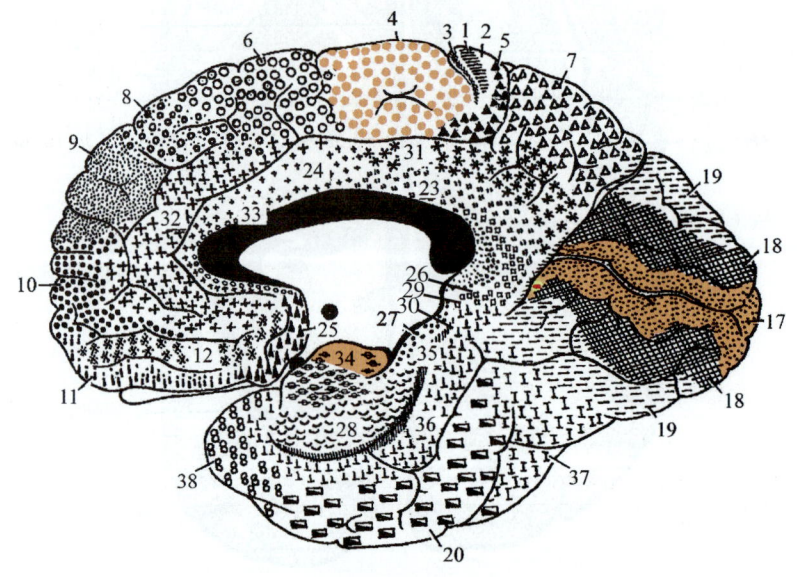

图 16-34　大脑皮质的分区（内侧面）

同的主要功能。大脑皮质按功能定位可分为若干运动区、感觉区和参与语言功能的区域。除感觉和运动区外，其余区域可称为联络区，感觉分析的高级加工是在联络区完成的。下面仅介绍大脑皮质的几个主要功能区：

（1）**第Ⅰ躯体运动区（运动中枢）**：位于中央前回和中央旁小叶前部（图16-35）。包括Brodmann第4区和第6区。此区主要接受中央后回和背侧丘脑的腹外核、腹前核发来的纤维。自此区发出锥体束，至脑干运动核和脊髓前角运动神经元，控制骨骼肌随意运动。身体各部在此区的投影犹如倒置的人形，但头部仍然是正置的（图16-35）。中央前回最上部和中央旁小叶前部与下肢的运动有关；中部与躯干和上肢运动有关；下部与面、舌、咽、喉的运动有关。各代表区的大小与该部功能的重要程度和复杂性有关，如头和手的运动很精细，所以占的面积比较大。

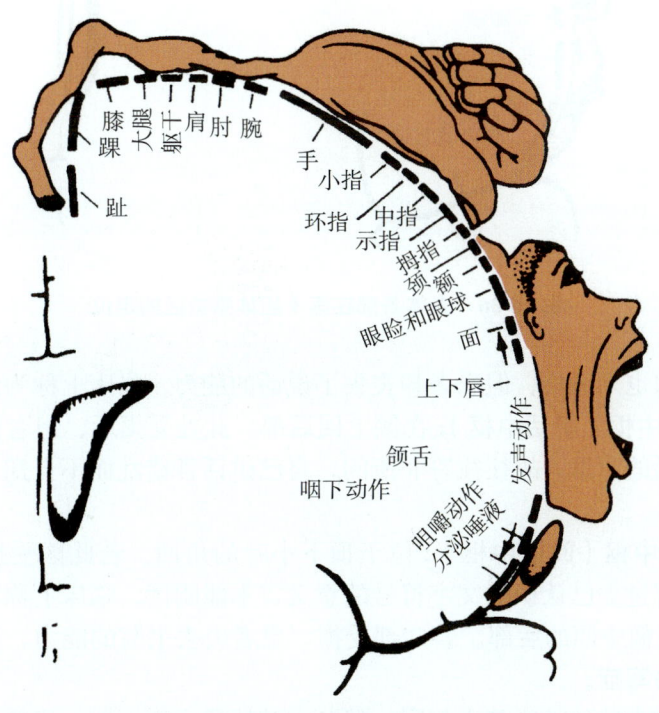

图16-35　人体各部在第Ⅰ躯体运动区的定位

（2）**第Ⅰ躯体感觉区（感觉中枢）**：位于中央后回和中央旁小叶的后部，包括第3、第2和第1区（图16-36）。该区接受背侧丘脑腹后核传来的对侧半身痛觉、温度觉、触觉、压觉以及位置觉和运动觉等。身体各部在此区的投影也如倒置的人形，头部也是正置的。

（3）**视觉区（视觉中枢）**：位于枕叶内侧面距状沟两侧的皮质，接受外侧膝状体发来的视辐射纤维。因视神经在视交叉处部分纤维交叉（详见视觉传导通路），一侧视区皮质接受同侧视网膜的颞侧半和对侧视网膜的鼻侧半传来的信息，即接受双眼对侧半视野的物像，故损伤一侧视区，可引起双眼视野对侧半同向性偏盲。

（4）**听觉区（听觉中枢）**：位于颞横回。内侧膝状体发出的听辐射投射至此。因一侧听区接受来自两耳的听觉冲动，故一侧听区受损，仅有轻度双侧听力障碍，不致引起全聋。

（5）**语言中枢**：人类大脑皮质与动物本质区别在于有意识和思维，并进行语言表达。语言中枢是人类大脑皮质特有的一些区域，通常在一侧半球上发展。与语言功能有关的半球可视为优势半球，多数为左半球。优势半球有说话、听话、书写和阅读四个语言中枢（图16-37）。

1）**运动性语言中枢（说话中枢）**：在额下回后部。若此中枢受损，患者虽能发音，与发

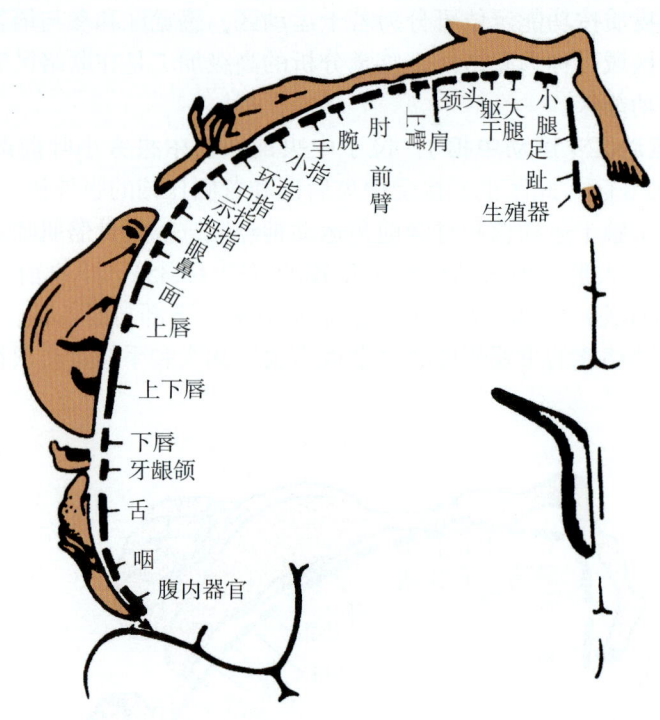

图 16-36 人体各部在第Ⅰ躯体感觉区的定位

音、说话有关的肌肉也未瘫痪，但患者却丧失了说话的能力，临床上称为**运动性失语症**。

2) **听觉性语言中枢（听话中枢）：**在颞上回后部。此处受损后，患者能听到别人谈话的声音，但不能理解谈话的意思，故往往答非所问，自己讲话常错乱而不自知，临床上称为**感觉性失语症**。

3) **视觉性语言中枢（阅读中枢）：**位于顶下小叶的角回。若此区受损，患者视觉虽无障碍，但患者不能理解过去已认识的文字符号的意义，不能阅读，临床上称为**失读症**。

4) **书写中枢** 在额中回的后部。若此部受损，患者失去书写的能力，但手的运动功能仍然保存，临床上称为**失写症**。

人类大脑左、右半球的功能基本相同，但各有其特化方面，如：优势半球是从事语言文字符号方面的特化；而非优势半球是从事于空间感觉、美术、音乐等方面的特化。

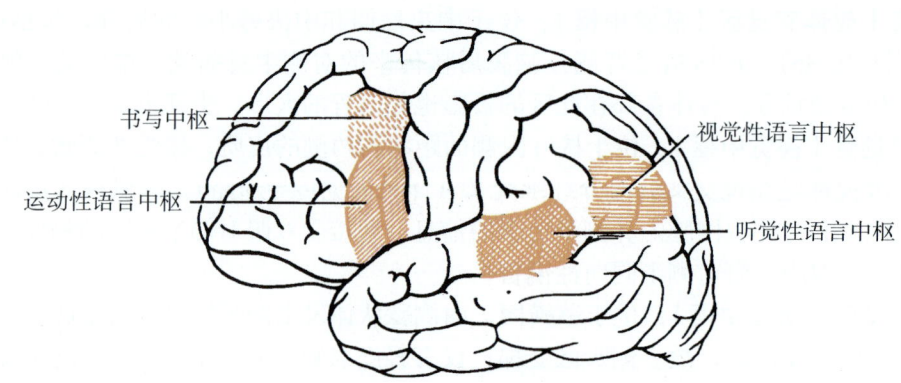

图 16-37 人左侧大脑半球的语言中枢

5. 边缘系统

在半球的内侧面，围绕胼胝体的隔区（位于终板前方）、扣带回和海马旁回，加上海马和齿状回等，合称为**边缘叶**。边缘叶再加上与它联系密切的皮质和皮质下结构（如杏仁体、隔区下的隔核、下丘脑、背侧丘脑的前核群、中脑被盖等），共同组成**边缘系统** limbic system。

由于这部分脑与嗅觉和内脏活动关系密切，故也称**内脏脑**。此外，边缘系统还与记忆、情绪反应和性活动等有关。

帕金森病和老年性痴呆

帕金森病（Parkinson 病）又称震颤麻痹，200 多年前由英国医生 James Parkinson 首先描述。发病多见于中老年人。患者主要表现为肌肉强直，运动迟缓，随意运动减少和震颤等。典型患者可伴有面部表情呆板和手的静止震颤（搓丸样动作），同时还可伴有认知障碍及抑郁等精神症状。现在认为此病是由于中脑黑质病变导致纹状体内多巴胺类神经递质不足所致。目前治疗方法除针对脑内多巴胺类递质不足的药物治疗外，还开展了多种类型的细胞移植研究，但都还没有收到满意的临床效果。

老年性痴呆又称 Alzheimer 病，是一种慢性的大脑退行性变性疾病。在 20 世纪初由德国神经内科医生 Alzheimer 最先全面描述并报告，遂以他的名字命名 Alzheimer Disease，简称 AD。AD 典型患者的大脑具有特征性神经病理和神经化学改变。AD 起病可在老年前期，但老年期的发病率更高。在 65 岁以前起病的类型常有痴呆家族史，病情进展较快，有明显颞叶和顶叶损害的特征，包括失语、失用等，锥体系症状也较多。AD 可延续 20 年，给个人、家庭和社会带来深重的负担和痛苦。据统计：美国 AD 患者为 200 万～400 万，全球为 1700 万～2500 万，在我国有关调查尚缺乏大系列资料，但是随着我国人口的老龄化，AD 的发病率明显上升已经成为事实。在西方国家 AD 是继心脏病、肿瘤、脑卒中之后，排在第四位的导致死亡的疾病；其病因至今不明。目前尚无根本有效治疗 AD 的药物。针对 AD 发病的诸多危险因素进行预防，是降低该病发病率的根本性措施，早发现、早治疗是降低该病死亡率的关键。

小 结

16. 端脑的位置和外形：端脑可分为左、右大脑半球，以胼胝体相连。大脑半球表面凹凸不平，布满大脑沟和回，为中枢神经结构最复杂、体积最大的部分。

17. 大脑半球的分叶：每侧大脑半球被外侧沟、中央沟和顶枕沟 3 条叶间沟分为额、顶、枕、颞、岛 5 叶。

18. 端脑的内部结构：端脑的内部结构由浅入深依次为：大脑皮质、大脑髓质、基底核和侧脑室。大脑半球表层的灰质为大脑皮质，其深面的白质称大脑髓质，在髓质深部若干灰质团块为基底核，包括纹状体（由尾状核和豆状核组成）、屏状核和杏仁体。端脑内部的室腔为侧脑室。

19. 大脑皮质的几个主要功能区：大脑皮质是运动、感觉的最高中枢以及语言、意识和思维的物质基础，其中，第Ⅰ躯体运动区位于中央前回和中央旁小叶的前部；第Ⅰ躯体感觉区位于中央后回和中央旁小叶后部；视区位于距状沟上、下方的枕叶皮质；听区位于颞横回。语言中枢包括位于额中回后部的书写中枢、位于额上回后部的说话中枢、位于颞上回后部的听话中枢和位于角回的阅读中枢。

20. 大脑半球内部的神经纤维：可分为联络纤维、连合纤维和投射纤维3种，其中大部分投射纤维经过内囊。内囊位于背侧丘脑、尾状核和豆状核间，分为内囊前肢、膝和后肢3部。

21. 边缘系统：边缘叶再加上与它联系密切的皮质和皮质下结构共同组成边缘系统。

自测题

一、名词解释

1. 脊髓圆锥　　2. 终丝　　3. 马尾　　4. 锥体交叉　　5. 橄榄　　6. 第四脑室
7. 内侧丘系　　8. 红核　　9. 黑质　　10. 脑干网状结构　　11. 小脑扁桃体
12. 脊髓小脑　　13. 间脑　　14. 第三脑室　　15. 端脑　　16. 基底核
17. 大脑皮质　　18. 内囊　　19. 第Ⅰ躯体运动区（运动中枢）
20. 第Ⅰ躯体感觉区（感觉中枢）

二、简答题

1. 简述脊髓的位置、外形和功能。
2. 简述脊髓节段与椎骨的对应关系。
3. 简述脊髓的内部结构。
4. 简述脊髓白质的上、下行纤维束。
5. 简述脑干内部结构与脊髓相比有何特点？
6. 简述脑干的神经核。
7. 简述脑干白质的结构。
8. 简述脑干的功能。
9. 简述脑干的组成以及与其相连的脑神经。
10. 简述小脑的纤维联系。
11. 简述小脑的功能。
12. 简述背侧丘脑特异性中继核团和纤维的联系。
13. 简述后丘脑的纤维联系。
14. 简述下丘脑的主要核团和功能。
15. 简述大脑半球的分叶。
16. 简述端脑的内部结构。
17. 简述大脑髓质的纤维分类。
18. 简述大脑的语言中枢。

（刘　扬　金昌洙）

第十七章　周围神经系统

学习目标

通过本章内容的学习，学生应能：

◆ 记忆
1. 定义周围神经和脊神经的概念。
2. 识别肌皮神经、正中神经、尺神经、桡神经、腋神经、股神经和坐骨神经的分布。
3. 列表脑神经的名称、顺序、连脑部位以及出入颅腔的部位。
4. 定义内脏神经系统、交感干、交通支的概念。
5. 定义副交感神经、内脏神经丛、牵涉性痛的概念。

◆ 理解
1. 说明颈丛、臂丛、腰丛、骶丛的组成和位置。
2. 说明胸神经前支在胸腹壁节段性分布概况。
3. 说明脊神经的纤维成分和分布。
4. 说明脊神经损伤后的主要表现。
5. 说明嗅神经、视神经的行径和分布及其损伤后的表现。
6. 说明支配眼球外肌神经（动眼、滑车、展神经）的行程要点及功能。
7. 说明三叉神经三大主干的名称、行程要点及其终末支在面部的分布。
8. 说明面神经的行程要点、主要分支与分布。
9. 说明前庭蜗神经两大主干的名称、分布。
10. 说明迷走神经的行程要点，颈、胸、腹部的主要分支及其分布。
11. 说明舌咽神经的主要分支及其分布。
12. 说明副神经的组成、行程要点及分布。
13. 说明舌下神经的分布。
14. 比较 12 对脑神经损伤后的临床表现。
15. 比较内脏运动神经和躯体运动神经，交感神经和副交感神经的主要区别。
16. 说明交感神经节前纤维和节后纤维的走行规律。
17. 归纳交感神经的分布概况，内脏感觉神经的特点。

◆ 应用
1. 实施脊神经损伤后的护理。
2. 举例说明 12 对脑神经损伤的的解剖学基础。
3. 举例说明交感神经和副交感神经对内脏器官的双重支配。
4. 应用牵涉痛的概念帮助临床疾病的诊断。

第一节 脊神经

一、概述

脊神经 spinal n. 与脊髓相连，主要分布于躯干和四肢，共 31 对。每对脊神经（图 17-1）由连于脊髓的**前根 anterior root** 和**后根 posterior root** 在椎间孔处合成。前根为运动性，由运动纤维组成，其胞体位于脊髓的灰质内；后根为感觉性，在椎间孔处有一椭圆形的膨大，称**脊神经节 spinal ganglion**，由假单极感觉神经元胞体聚集而成。

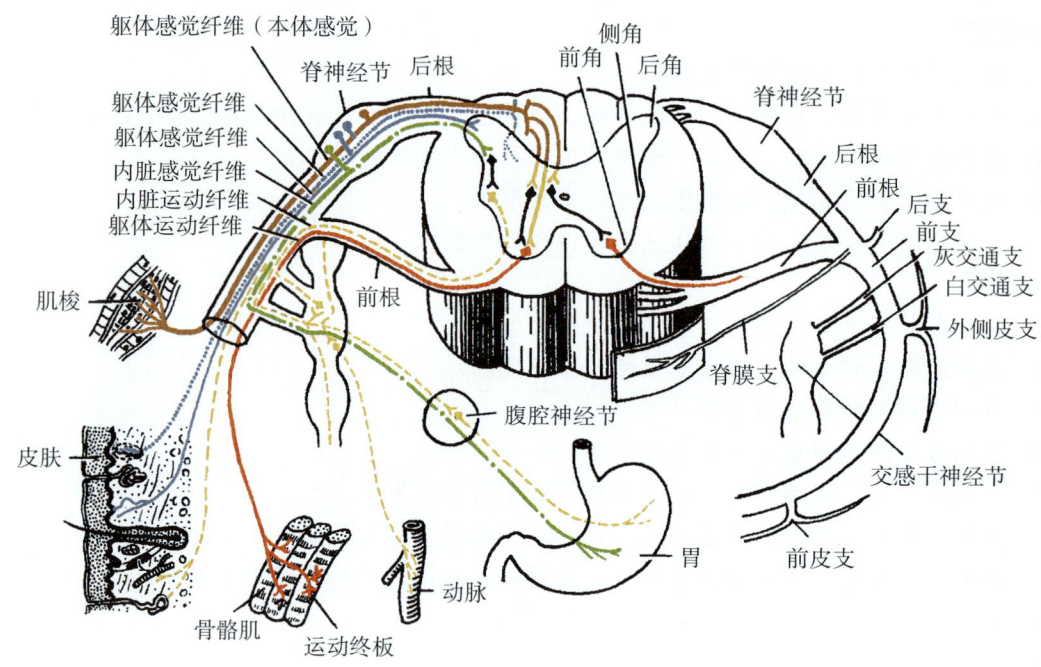

图 17-1 脊神经的组成和分布模式图

31 对脊神经可分为 5 部分：包括**颈神经 cervical nerves** 8 对（$C_{1\sim8}$）、**胸神经 thoracic nerves** 12 对（$T_{1\sim12}$）、**腰神经 lumbar nerves** 5 对（$L_{1\sim5}$）、**骶神经 sacral nerves** 5 对（$S_{1\sim5}$）、**尾神经 coccygeal nerve** 1 对（Co）。第 1 对颈神经从寰椎上方与枕骨之间出椎管，以下各对脊神经依次出各椎间孔和骶前、后孔，但第 5 骶神经和尾神经从骶管裂孔穿出。

每一对混合性的脊神经含有 4 种纤维成分：

1. 躯体运动纤维支配骨骼肌的运动。
2. 躯体感觉纤维分布于皮肤、骨骼肌、肌腱和关节。
3. 内脏运动纤维支配平滑肌和心肌的运动，控制腺体的分泌。
4. 内脏感觉纤维分布于内脏、心血管和腺体。

脊神经在出椎间孔后，立即分为 4 支：

1. 前支 anterior branch 较粗大，分布于躯干前、外侧部和四肢的骨骼肌及皮肤。除胸神经前支呈明显节段性走行和分布外，其余脊神经前支相互交织形成颈丛、臂丛、腰丛和骶丛，由这些神经丛再发出分支至相应分布区。

2. 后支 posterior branch 较细短，分布于项部、背部、腰、骶、臀部的深层肌和皮肤，具有较明显的节段性分布特点。

3. 交通支 communicating branch 为连于脊神经与交感干之间的细支。

4. 脊膜支 meningeal branch　为返回椎管内的细支。主要分布于脊髓被膜。

二、颈丛

（一）颈丛的组成和位置

颈丛 **cervical plexus** 由第 1～4 颈神经前支相互交织而成，位于胸锁乳突肌上部的深面。

（二）颈丛的分支

颈丛主要可分为皮支和肌支。

1. **皮支**　从胸锁乳突肌后缘中点附近浅出，呈放射状分布于枕部、耳郭、颈部和肩部皮肤。颈丛皮支在胸锁乳突肌后缘中点附近浅出的部位在临床上又称为**神经点**，是颈丛皮支浸润麻醉的重要阻滞点。

颈丛皮支的主要分支（图 17-2）：

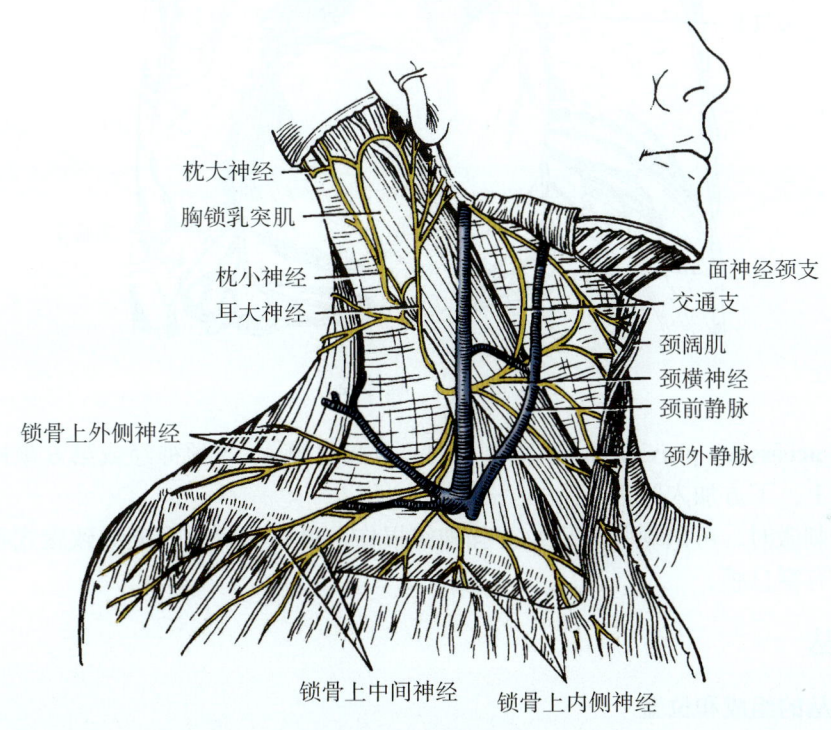

图 17-2　颈丛皮支

（1）**枕小神经 lesser occipital n.**（C2）：沿胸锁乳突肌后缘向上分布于枕部及耳郭背面上部的皮肤。

（2）**耳大神经 great auricular n.**（C2，C3）：沿胸锁乳突肌表面行向耳垂，分布于耳郭及附近皮肤。

（3）**颈横神经 transverse nerve of neck**（C2，C3）：横过胸锁乳突肌表面向前内分布于颈前部皮肤。

（4）**锁骨上神经 supraclavicular n.**（C3，C4）：向下呈辐射状分布于肩部、胸上部和颈外侧下部的皮肤。

2. **肌支**　主要支配舌骨下肌群、肩胛提肌、颈部深层肌和膈。其中**膈神经 phrenic n.**（C3～C5）为最重要的肌支。

膈神经（图 17-3）从前斜角肌上端的外侧向前内侧下行，穿锁骨下动、静脉之间经胸廓上口入胸腔。膈神经与心包膈血管伴行，经肺根前方，在心包和纵隔胸膜之间下行至膈。其运动纤维支配膈肌运动，感觉纤维分布于心包、胸膜、膈下的部分腹膜。右膈神经的感觉纤维还分布到肝、胆囊和肝外胆道。

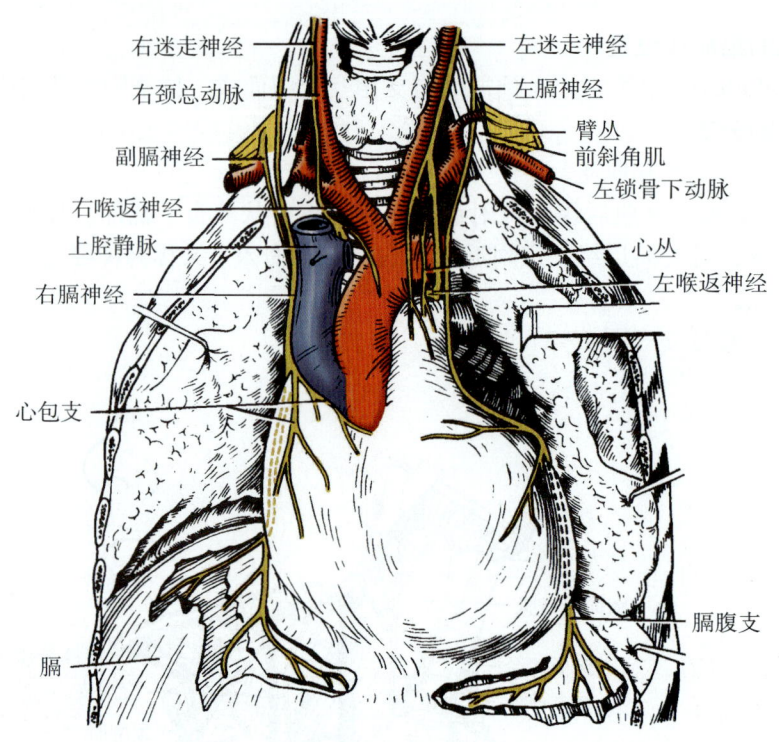

图 17-3　膈神经

副膈神经 accessory phrenic n. 多见于一侧，可起自第 4、5 颈神经或第 6 颈神经前支，可于锁骨下静脉上、下方加入膈神经。

膈神经受刺激时，可出现呃逆现象。膈神经损伤，可引起膈肌瘫痪导致腹式呼吸减弱或消失，严重者可有窒息感。

三、臂丛

（一）臂丛的组成和位置

臂丛 brachial plexus（图 17-4）由第 5～8 颈神经前支和第 1 胸神经前支大部分纤维组成，于锁骨下动脉的后上方，穿斜角肌间隙，再经锁骨后方进入腋窝。臂丛的分支在锁骨中点的后上方相对集中，位置表浅，可以触及。在腋窝臂丛分支包绕腋动脉，位于动脉的外侧、内侧和后方，分别形成**外侧束**、**内侧束**和**后束**。上肢手术时常麻醉臂丛，麻醉部位可在锁骨上窝或腋窝，但前者应注意勿损伤胸膜顶而导致气胸。

（二）臂丛的主要分支

1. 胸长神经 long thoracic n.（图 17-4,5）　沿前锯肌表面下降并支配此肌。此神经损伤，前锯肌瘫痪，上肢做前推动作时，患侧肩胛骨内侧缘和下角离开胸廓而耸起，呈现"**翼状肩**"体征。

2. 胸背神经 thoracodorsal n.　沿肩胛骨外侧缘下行，支配背阔肌。在乳癌根治术中，清除腋淋巴结时，应注意勿损伤此神经。

3. 肌皮神经 musculocutaneous n.（图 17-4,5）　发自外侧束，肌支支配肱二头肌、喙肱肌和肱肌，终支在肘关节稍上方穿出深筋膜延续为**前臂外侧皮神经**，分布于前臂外侧皮肤。

4. 正中神经 median n.（图 17-4,5,6,A,C）　由发自内侧束和外侧束的内、外侧两

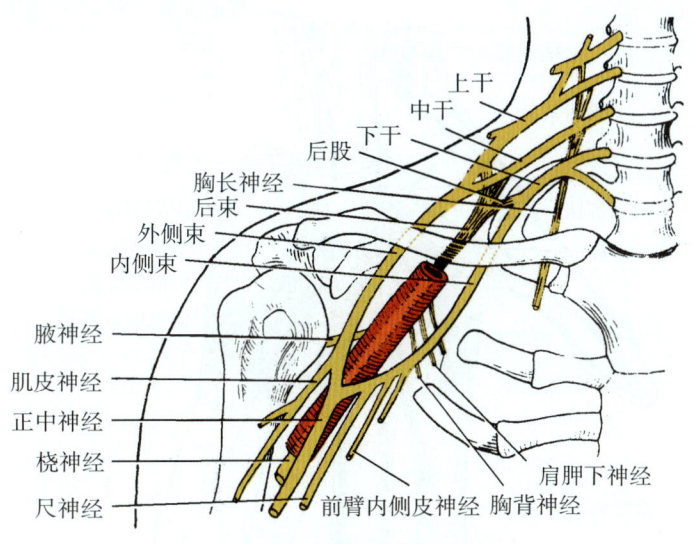

图 17-4 臂丛组成模式图

根夹持腋动脉向下合成。沿肱二头肌内侧沟伴肱动脉下行至肘窝，穿旋前圆肌后于前臂指浅、深屈肌之间达腕部，经腕管至手掌，发出**正中神经返支**，进入鱼际；发出 3 条**指掌侧总神经**，再各分为 2～3 条**指掌侧固有神经**至 1～4 指相对缘。

正中神经在臂部无分支。在肘部和前臂发肌支：支配除肱桡肌、尺侧腕屈肌、指深屈肌尺侧半以外的所有前臂屈肌及旋前肌。在手掌支配除拇收肌以外的鱼际肌和第 1、2 蚓状肌。皮支分布于手掌桡侧 2/3、桡侧三个半指的掌面及其中节和远节背面的皮肤（**图 17-6，C**）。

正中神经损伤主要表现为运动障碍和感觉障碍。运动障碍：前臂屈指、屈腕、屈肘能力减弱，前臂不能旋前，拇指不能对掌，拇指、示指和中指不能屈曲，称为"猿手"（图 17-7 A）。感觉障碍：以拇指、示指和中指远节最明显。

5. **尺神经** ulnar n.（图 17-5，6，A，B）发自臂丛内侧束，沿肱二头肌内侧沟伴肱动脉下降，至臂中部离开此动脉转向后下，经肱骨内上髁后方的尺神经沟至前臂。在尺神经沟中位置表浅，紧贴骨面，骨折时易受损伤。尺神经在前臂尺侧腕屈肌深面伴尺动脉内侧下行，至桡腕关节上方约 5cm 处，发出**尺神经手背支**，本干下行称**尺神经掌支**，经豌豆骨桡侧分为**浅、深支**入手掌。

尺神经在前臂发出肌支，支配前臂尺侧腕屈肌和指深屈肌的尺侧半，**深支**支配小鱼际肌、拇收肌、骨间肌和第 3、4 蚓状肌。**浅支**在手掌面分布于手掌尺侧 1/3 区和尺侧 1 个半手指的皮肤；手背支分布手背尺侧半及尺侧两个半指皮肤（第 3、4 指毗邻侧只分布于近节背面皮肤）（图 17-6，B）。

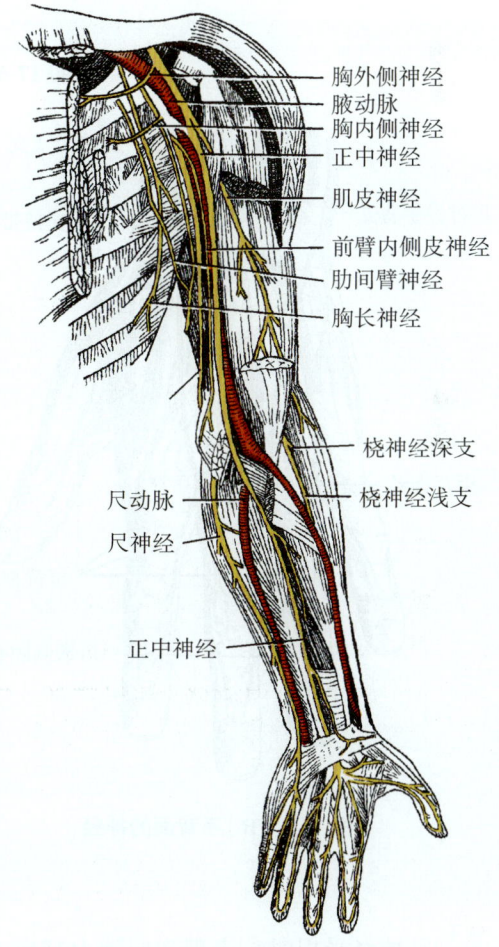

图 17-5 上肢前面的神经

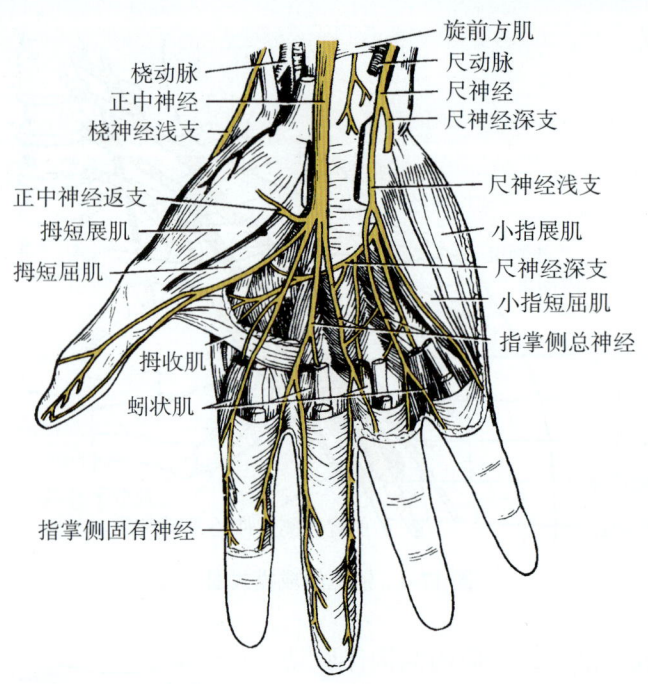

图 17-6（A）手掌面的神经

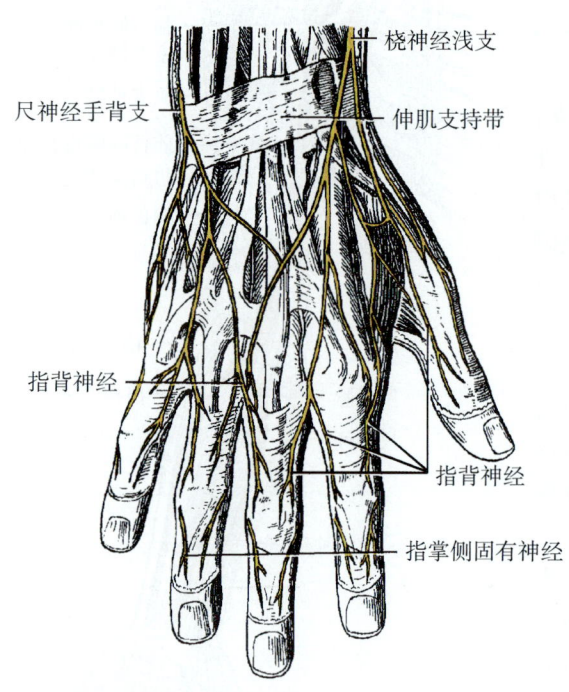

图 17-6（B）手背面的神经

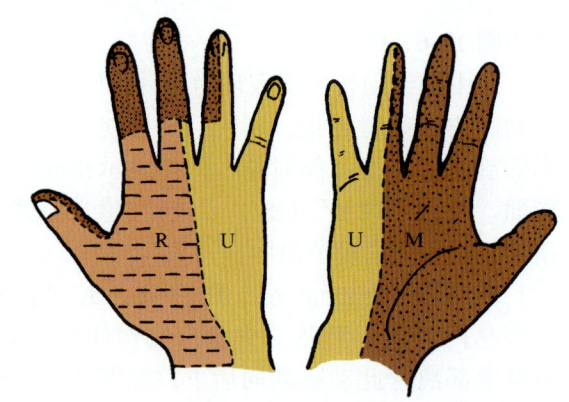

图 17-6（C）手皮肤的神经分布示意图
M. 正中神经　U. 尺神经　R. 桡神经

尺神经受损时，表现为屈腕力减弱，拇指不能内收，其他各指不能收和展，第 4、5 指远节不能屈曲，小鱼际萎缩，各掌指关节过伸，指间关节屈曲，出现"**爪形手**"（图 17-7，B）。尺神经分布区感觉迟钝，小鱼际及小指感觉丧失明显。

6. **桡神经** radial n.（图 17-8，6B）　发自臂丛后束的粗大神经，在肱三头肌深面紧贴肱骨体背面的桡神经沟伴肱深动脉向下外行，于肱骨外上髁前方分为**浅、深两支**，浅支在肱桡肌深面，伴桡动脉下行，至前臂中下 1/3 交界处转向手背，分布于手背桡侧半的皮肤以及桡侧两个半指背面皮肤。深支较粗，主要为肌支，至前臂背侧在浅、深肌之间下降，分数支，其长支可达腕部。

桡神经肌支：支配肱三头肌、肱桡肌和前臂所有的伸肌和旋后肌。

桡神经皮支：分布于臂、前臂背侧和手背桡侧半及桡侧两个半指近节背面的皮肤。

桡神经损伤表现为前臂伸肌瘫痪，抬前臂时出现"**垂腕**"状态（图17-9）。感觉丧失以前臂背侧和手部"虎口区"皮肤最明显。

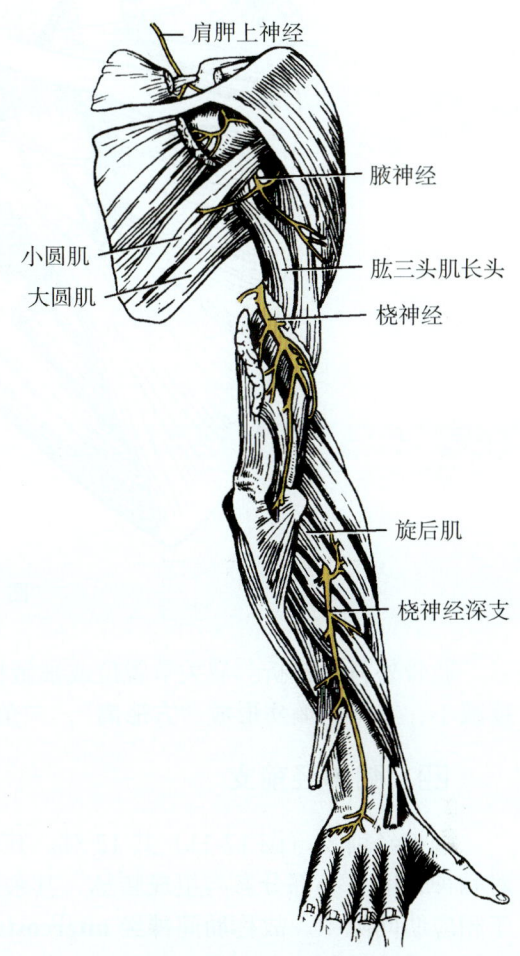

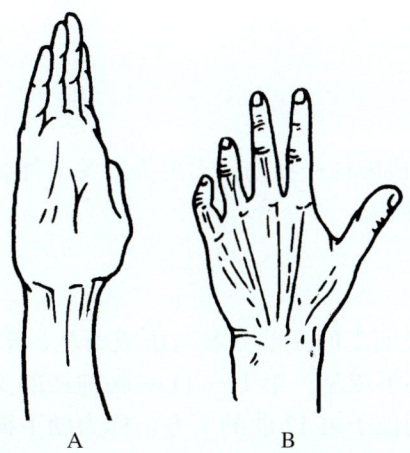

图 17-7 "猿手"（A）和"爪形手"（B）

图 17-8 上肢后面的神经

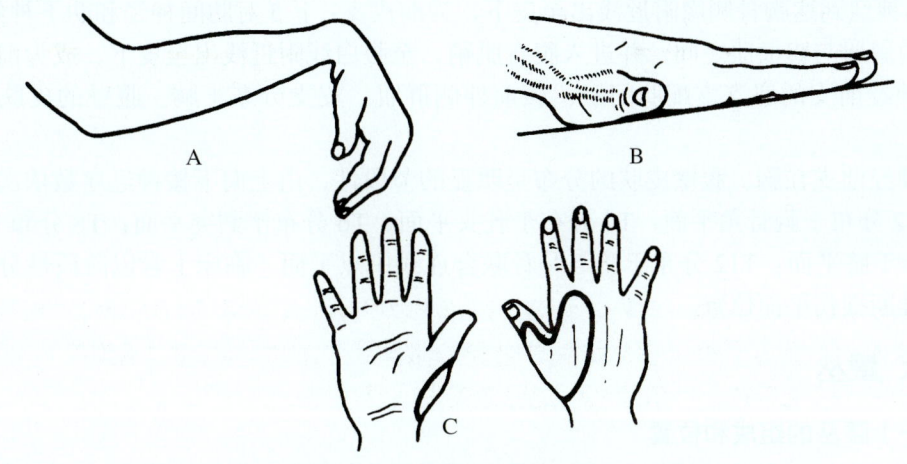

图 17-9 桡神经损伤症状图解
A．垂腕　B．拇指不能外展　C．"虎口区"皮肤感觉消失

7. **腋神经 axillary n.**（图 17-10） 发自臂丛后束，与旋肱后动脉伴行向后外，绕肱骨外科颈至三角肌深面，肌支支配三角肌和小圆肌；其皮支绕三角肌后缘分布于肩部、臂外侧区上部的皮肤。

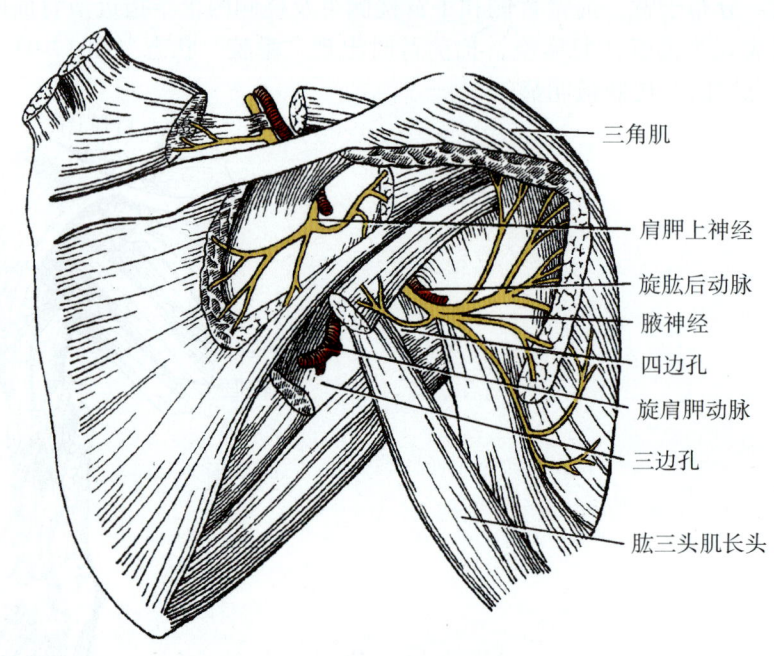

图 17-10　腋神经

肱骨外科颈骨折、肩关节脱位或被腋杖压迫，都可造成腋神经损伤，表现为肩关节外展幅度减小，三角肌瘫痪形成"**方形肩**"，三角肌区皮肤感觉障碍。

四、胸神经前支

胸神经前支（图 17-11）共 12 对，其中第 1 对胸神经前支的大部分参与组成臂丛，第 12 对胸神经前支小部分参与组成腰丛，其余胸神经前支互不形成丛。第 1～11 对胸神经前支位于相应肋间隙中，故称**肋间神经 intercostal n**，第 12 对则位于第 12 肋的下方，称为**肋下神经 subcostal n**。肋间神经位于肋间内、外肌之间，肋间血管的下方，分别沿各肋沟前行，在腋前线附近离开肋骨下缘，行于肋间隙中，并在胸腹壁外侧面发出外侧皮支，其本干继续前行。上 6 对肋间神经到达胸骨侧缘附近浅出至皮下，为前皮支；下 5 对肋间神经和肋下神经斜向内下，行于腹内斜肌与腹横肌之间，并进入腹直肌鞘，至腹白线附近浅出至皮下，成为前皮支。

胸神经前支的肌支支配肋间肌、腹前外侧群肌；皮支分布于胸、腹壁的皮肤以及胸腹膜壁层。

胸神经前支在胸、腹壁皮肤的分布呈明显的节段性，由上向下按神经序数依次排列，其规律为：T2 分布于胸骨角平面；T4 分布于乳头平面；T6 分布于剑突平面；T8 分布于肋弓平面；T10 分布于脐平面；T12 分布于脐与耻骨联合连线中点平面。临床上常以阶段性分布区的感觉障碍来推断损伤平面位置。

五、腰丛

（一）腰丛的组成和位置

腰丛 lumbar plexus（图 17-12）由第 12 胸神经前支的一部分、第 1～3 腰神经前支和第 4 腰神经前支的一部分组成，位于腰大肌深面、腰椎横突的前方。

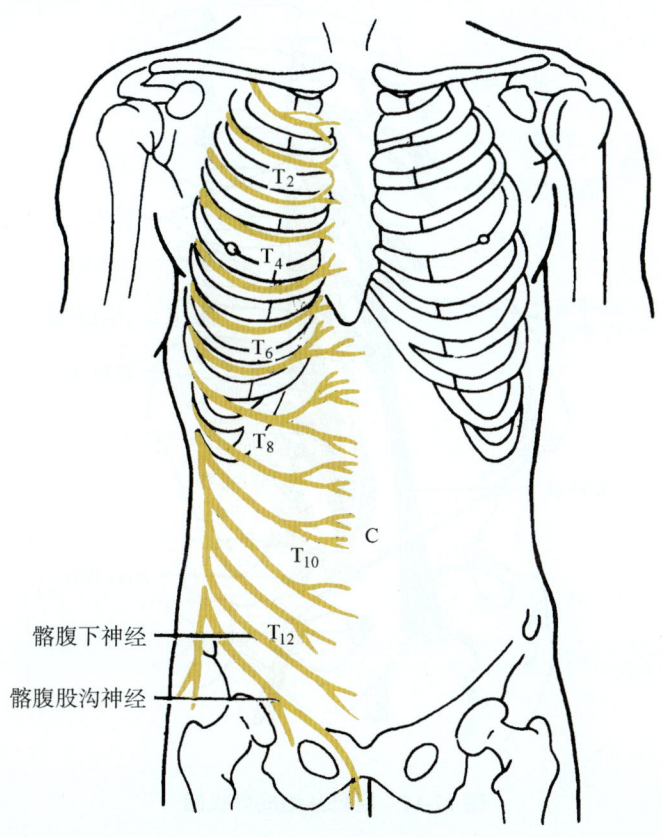

图 17-11　胸神经前支的分布

（二）腰丛的分支

腰丛除发出肌支支配髂腰肌和腰方肌外，其主要分支分布于腹股沟区、大腿的前部和内侧部（图 17-12，13）。

1. **髂腹下神经** iliohypogastric n.（T12、L1）　自腰大肌外侧缘穿出，沿腰方肌前面行向外下，在髂嵴上方，经腹内斜肌和腹横肌之间前行，约在腹股沟管浅环上方 3cm 处浅出于皮下。其肌支支配腹壁肌；皮支分布于下腹部、腹股沟区和臀外侧区皮肤。

2. **髂腹股沟神经** ilioinguinal n.（L1）　在髂腹下神经的下方，走行方向也与其略同，向下穿经腹股沟管与精索（子宫圆韧带）伴行，从腹股沟管浅环浅出。其肌支支配腹壁肌；皮支分布于腹股沟部和阴囊（或大阴唇）的皮肤。

3. **股外侧皮神经** lateral femoral cutaneous n.（L2、L3）　自腰大肌外侧缘穿出，向外下方前行，斜越髂肌表面，经腹股沟韧带深面进入股部，分布于大腿前外侧区的皮肤。

4. **股神经** femoral n.（L2～L4）　为腰丛最大的分支。自腰大肌外侧缘与髂肌之间下行，于腹股沟韧带中点稍外侧进入股三角内，位于股动脉的外侧。其肌支主要支配大腿前群肌；皮支分布于大腿和膝关节前面的皮肤。最长的皮支是**隐神经 saphenous n.**，是股神经的终末支，其伴随股动脉下行至收肌管，在膝关节内侧浅出于皮下，伴随大隐静脉沿小腿内侧面至足内侧缘，沿途分支分布于小腿内侧面和足内侧缘的皮肤（图 17-13）。

股神经损伤后主要表现为：屈髋无力；坐位时，不能伸膝；行走困难；膝反射消失；大腿前面和小腿内侧面皮肤感觉障碍。

5. **生殖股神经** genitofemoral n.（L1，L2）　从腰大肌前面穿出沿该肌前面下行，分支分布于提睾肌、阴囊（大阴唇）和股上部皮肤。

6. **闭孔神经** obturator n.（L2～L4）　自腰大肌内侧缘穿出，与闭孔血管伴行穿闭膜管

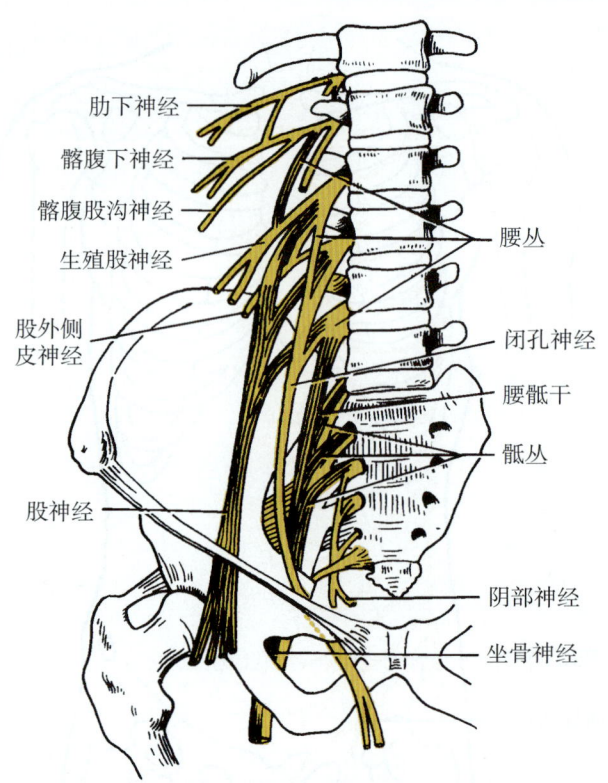

图 17-12　腰骶丛组成模式图

出盆腔，至大腿内侧。分前、后两支，分别经短收肌前、后面浅出至大腿内侧区。其肌支支配大腿内收肌群；皮支分布于大腿内侧皮肤。

六、骶丛

（一）骶丛的组成和位置

骶丛 sacral plexus（图 17-12）由第 4 腰神经前支的部分纤维和第 5 腰神经前支形成的腰骶干和全部骶、尾神经前支组成，位于盆腔内，骶骨和梨状肌的前面。

（二）骶丛的分支

骶丛（图 17-14）分支主要分布于臀部、大腿后部、小腿和足的肌和皮肤，其主要分支有：

1. **臀上神经 superior gluteal n.**（L4、L5、S1）　自骶丛发出后，伴臀上血管经梨状肌上孔出盆腔，支配臀中肌、臀小肌和阔筋膜张肌。

2. **臀下神经 inferior gluteal n.**（L5、S1、S2）　自骶丛发出后，伴臀下血管经梨状肌下孔出盆腔，支配臀大肌。

3. **股后皮神经 posterior femoral cutaneous n.**（S1～S3）　穿梨状肌下孔至臀部，在臀大肌下缘浅出，分支分布于臀区、股后区和腘窝的皮肤。

4. **阴部神经 pudendal n.**（图 17-15）（S2～S4）　伴阴部内血管经梨状肌下孔盆腔，绕坐骨棘经坐骨小孔进入坐骨直肠窝。其肌支支配肛门括约肌和会阴诸肌；皮支分布于肛门及外生殖器皮肤。

5. **坐骨神经 sciatic n.**（L4，L5，S1～S3）　是全身最粗大的神经，经梨状肌下孔出盆腔至臀大肌深面，经坐骨结节与股骨大转子连线中点之间至股后区，下行达腘窝上角上方分为**胫神经**和**腓总神经**两大终支。坐骨神经在股后区发肌支支配大腿后群肌。

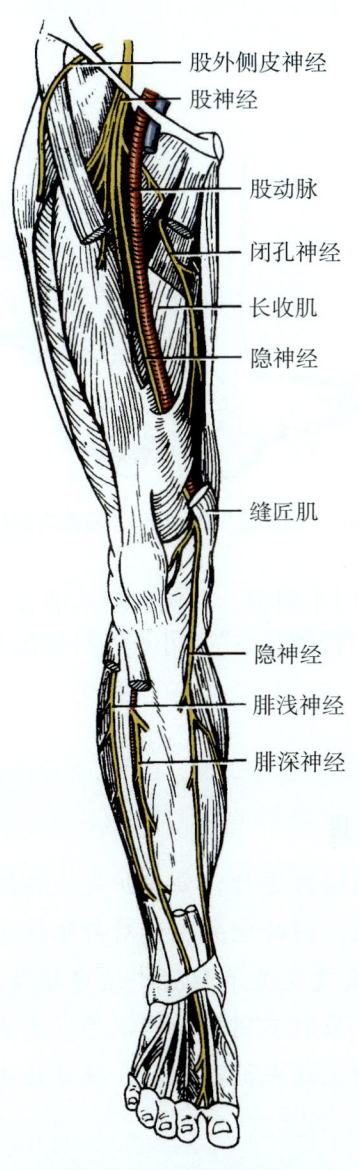

图 17-13 下肢前面的神经

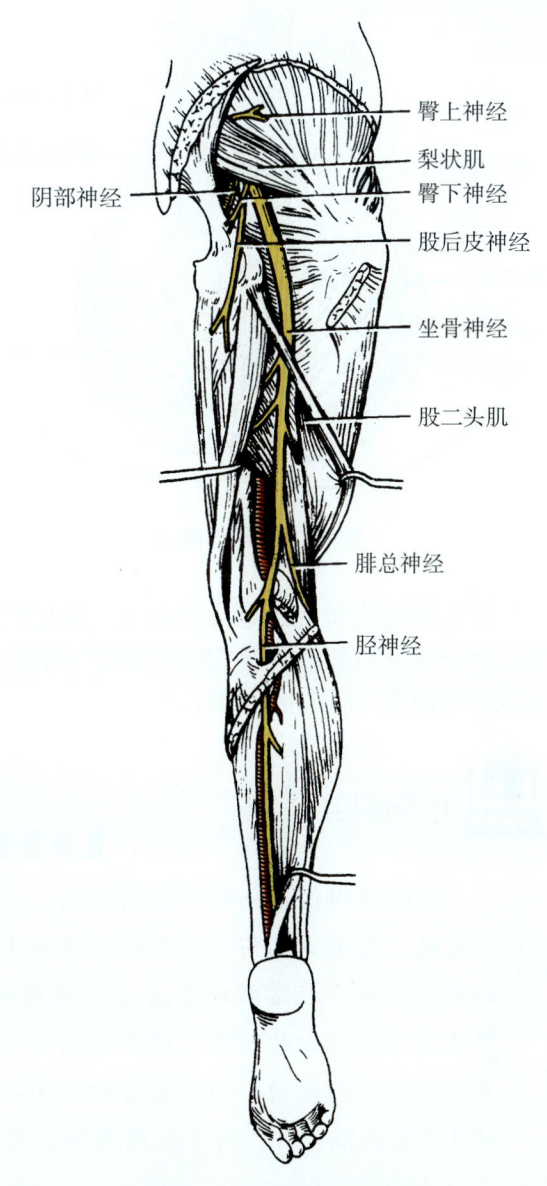

图 17-14 下肢后面的神经

坐骨神经干的体表投影：从坐骨结节与股骨大转子连线的中点，向下至股骨内、外侧髁连线的中点作一直线，此连线的上 2/3 段即为坐骨神经在股后区的投影线。

（1）**胫神经 tibial n.**（L4，L5，S1～S3）：为坐骨神经干的直接延续，伴腘动脉及胫后动脉下行，通过内踝后方至足底分为**足底内侧神经**和**足底外侧神经**。其肌支支配小腿后群肌和足底肌；皮支分布于小腿后面和足底皮肤。

胫神经损伤后因其支配的小腿后群肌收缩无力，故表现为足不能跖屈，内翻力减弱，不能以足尖站立。同时由于小腿前外侧群肌的过度牵拉，使足呈背屈和外翻位，呈"钩状足"畸形。感觉障碍区主要在足底（图 17-16，A）。

（2）**腓总神经 common peroneal n.**（L4，L5，S1，S2）：自腘窝上角沿股二头肌内侧走向外下，绕腓骨颈外侧向前，穿腓骨长肌分为**腓浅神经 superficial peroneal n.** 和**腓深神经 deep peroneal n.**（图 17-13）。腓浅神经下行于腓骨长、短肌之间，肌支支配腓骨长肌和腓骨短肌；皮支分布于小腿外侧、足背和第 2～5 趾背的皮肤。腓深神经在小腿前群肌之间伴胫前动脉下行，肌支支配小腿前群肌和足背肌；皮支分布于第 1、2 趾背相对缘的皮肤。

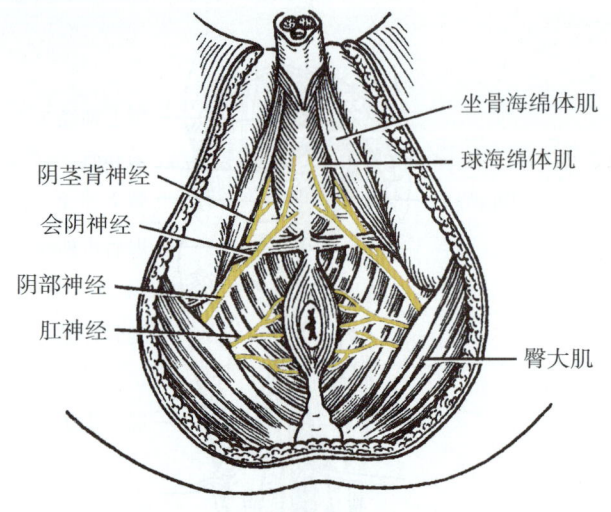

图 17-15 阴部神经

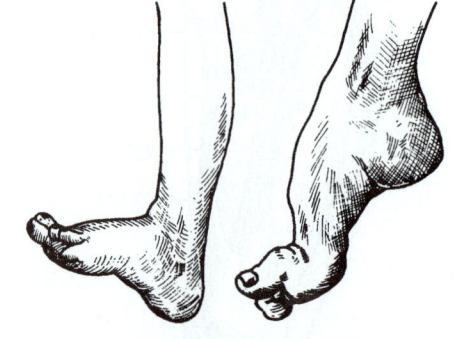

图 17-16 "钩状足"（A）和"马蹄内翻足"（B）

腓总神经绕腓骨颈处位置表浅，易受损伤。受伤后因小腿前、外侧群肌功能丧失，表现为：足下垂且内翻，呈"马蹄内翻足"畸形；走路时呈"跨阈步态"；小腿前外侧区及足背区皮肤感觉障碍（图 17-16，B）。

脊神经损伤后的护理

脊神经损伤是一种严重的疾病，治疗和护理需同时进行。要保护失去神经支配的皮肤，避免烫压伤；由于肢体肌肉失去运动功能，同时也失去了对静脉挤压回流的作用，故要经常帮助患者进行肌肉的被动活动及改变关节位置，适当抬高患肢，便于肢体静脉血的回流。还需根据手术方式不同，采取不同的功能锻炼。术后 1 周开始肌肉舒缩运动，指导患者对未固定的关节进行主动或被动运动，每日数次，有助于改善血液循环，防止肌肉萎缩，预防关节僵直。

1. 周围神经系统是指脑和脊髓以外的神经成分，包括脊神经、脑神经和内脏神经三部分。脊神经与脊髓相连，主要分布于躯干和四肢；脑神经与脑相连，主要分布于头颈部；内脏神经为脊神经和脑神经中分布于内脏、心血管和腺体的纤维成分。

2. 脊神经是混合性神经，含有 4 种纤维成分；脊神经前支形成颈丛、臂丛、腰丛和骶丛。

3. 颈丛有 4 个主要皮支，最重要的肌支是膈神经。

4. 臂丛主要分布于上肢的肌和皮肤，主要分支有胸长神经、胸背神经、肌皮神经、正中神经、桡神经、尺神经、腋神经等。

5. 胸神经前支的分布呈明显的节段性。

6. 腰丛的主要分支有：髂腹下神经、髂腹股沟神经、股神经、闭孔神经和生殖股神经等。

7. 骶丛的主要分支有：臀上神经、臀下神经、阴部神经、股后皮神经和坐骨神经等。

（陈黎华　金昌洙）

第二节　脑 神 经

一、概述

脑神经 cranial nerves 是连于脑的周围神经（图 17-17），共 12 对，其排列顺序一般用罗马数字表示（表 17-1）。其纤维成分不像脊神经那样都是混合性的，而是分成**感觉性神经**（Ⅰ、Ⅱ、Ⅷ）、**运动性神经**（Ⅲ、Ⅳ、Ⅵ、Ⅺ、Ⅻ）及既含感觉纤维又含运动纤维的**混合性神经**（Ⅴ、Ⅶ、Ⅸ、Ⅹ）。脑神经中只有四对（Ⅲ、Ⅶ、Ⅸ、Ⅹ）含有副交感纤维。了解其连脑部位和进出颅腔的位置对脑神经损伤部位的判断具有实际的临床意义（表 17-1）。

表17-1　脑神经顺序、名称、性质、连脑部位及出入颅腔部位

顺序	名称	性质	连脑部位	出入颅腔部位
Ⅰ	嗅神经	感觉性	端脑	筛孔
Ⅱ	视神经	感觉性	间脑	视神经管
Ⅲ	动眼神经	运动性	中脑	眶上裂
Ⅳ	滑车神经	运动性	中脑	眶上裂
Ⅴ	三叉神经	混合性	脑桥	眶上裂（V_1） 圆孔（V_2） 卵圆孔（V_3）
Ⅵ	展神经	运动性	脑桥	眶上裂
Ⅶ	面神经	混合性	脑桥	内耳门→茎乳孔
Ⅷ	前庭蜗神经	感觉性	脑桥	内耳门
Ⅸ	舌咽神经	混合性	延髓	颈静脉孔
Ⅹ	迷走神经	混合性	延髓	颈静脉孔
Ⅺ	副神经	运动性	延髓	颈静脉孔
Ⅻ	舌下神经	运动性	延髓	舌下神经管

二、感觉性脑神经

1. 嗅神经

嗅神经 olfactory n.（图 17-18）由内脏感觉纤维组成，传导嗅觉。起于鼻腔嗅黏膜中的嗅细胞，嗅细胞为双极神经元，其周围突分布于嗅黏膜上皮，中枢突聚集成 20 多条嗅丝合称嗅

神经，穿筛孔入颅前窝，止于嗅球，将嗅觉冲动传入大脑。颅前窝骨折时，造成嗅丝和脑膜的撕脱，可出现嗅觉障碍及脑脊液鼻漏。

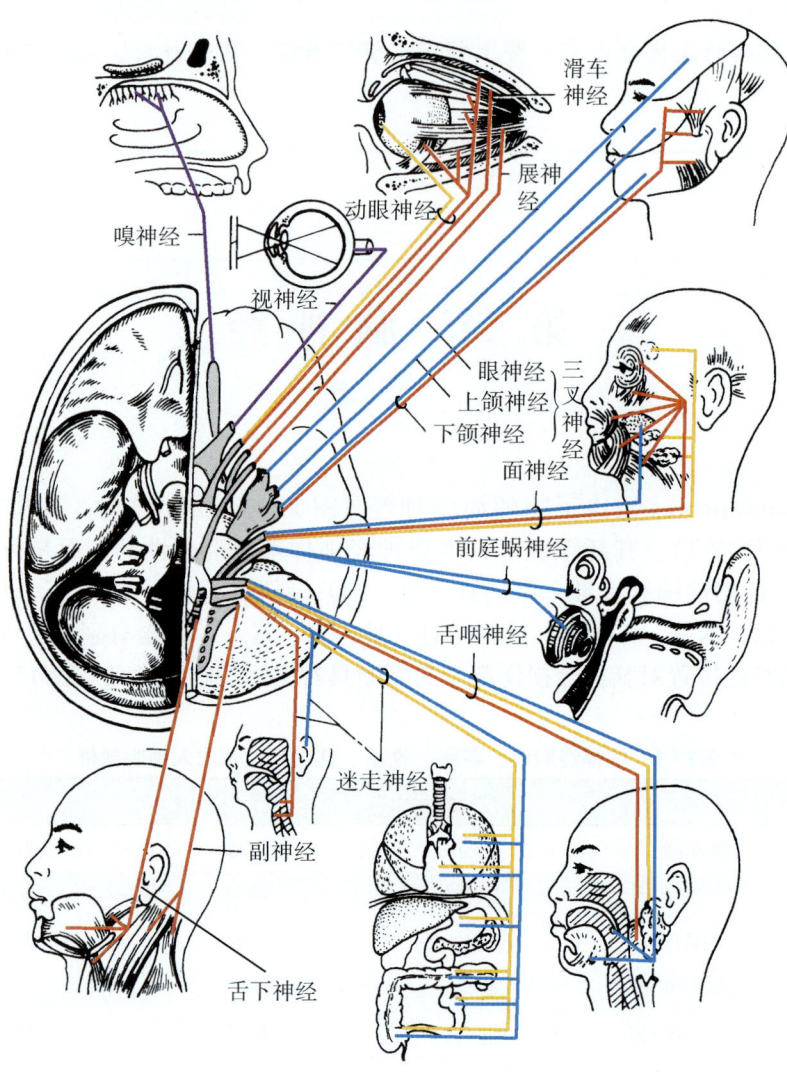

图 17-17　脑神经概观

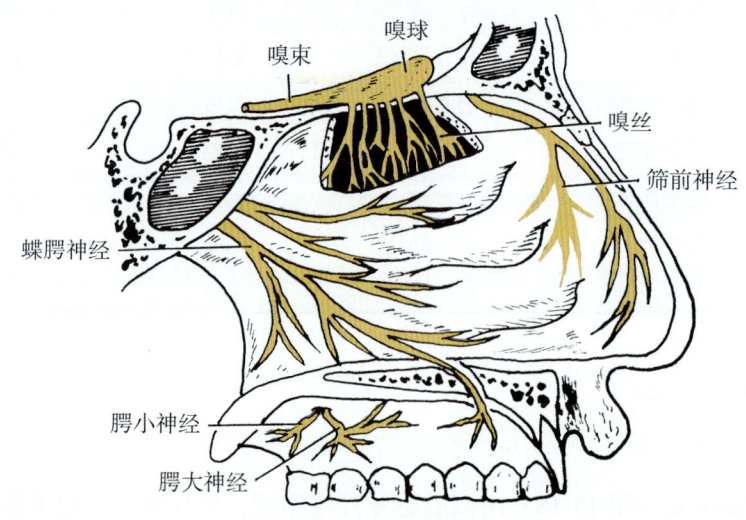

图 17-18　嗅神经

2. 视神经

视神经 optic n.（图 17-19，20）由躯体感觉纤维组成，传导视觉。由视网膜的节细胞轴突在视神经盘处聚集后穿过巩膜构成视神经，视神经向后内穿视神经管入颅中窝连于视交叉，再经视束连于外侧膝状体。损伤后引起视觉障碍。

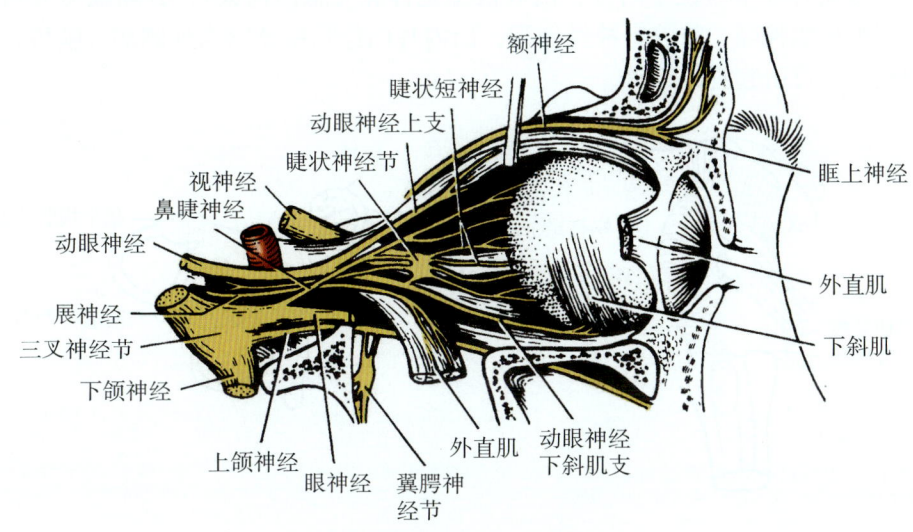

图 17-19　眶内神经（外侧面观）

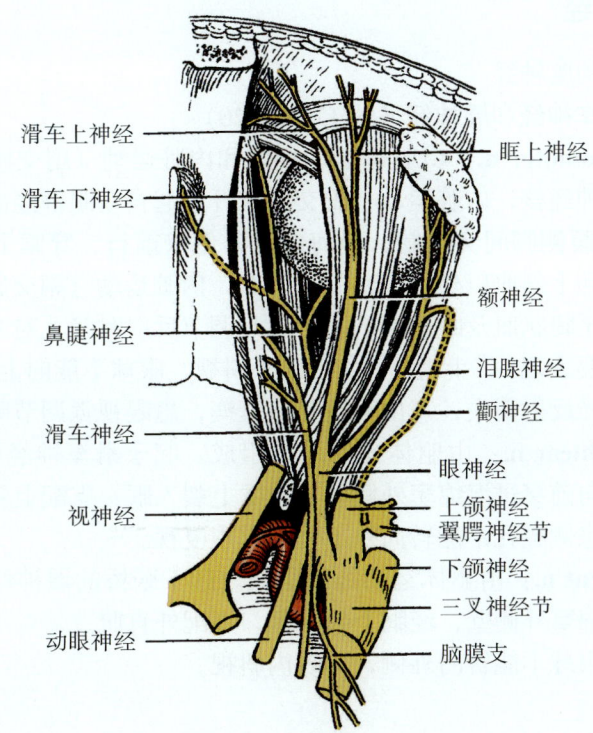

图 17-20　眶内神经（上面观）

3. 前庭蜗神经

前庭蜗神经 vestibulocochlear n.（图 17-21）即位听神经，由传导平衡觉和传导听觉的躯体感觉纤维组成，包括**前庭神经**和**蜗神经**两部分。

（1）**前庭神经 vestibular n.**：传导平衡觉。其双极感觉神经元胞体在内耳道底聚集成前庭神经节，其周围突穿内耳道底分布于内耳椭圆囊斑、球囊斑和壶腹嵴，中枢突组成前庭神经，与蜗神经伴行，出内耳门经脑桥延髓沟外侧入脑桥，终于前庭神经核。前庭神经功能障碍时，可出现耳鸣、眩晕及平衡失调等症状。

（2）**蜗神经 cochlear n.**：传导听觉。其双极感觉神经元胞体在内耳耳蜗的蜗轴内聚集成蜗神经节，起自螺旋神经节（位于内耳，由双极感觉神经元胞体构成），其周围突分布于内耳螺旋器，中枢突组成蜗神经，与前庭神经伴行，出内耳门经脑桥延髓沟外侧部入脑桥，终于蜗神经核。蜗神经损伤可引起听力障碍。

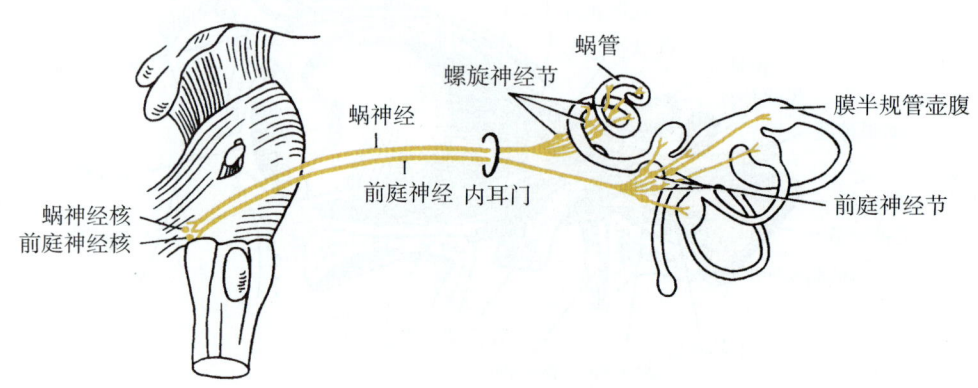

图 17-21　前庭蜗神经

三、运动性脑神经

1. 支配眼球运动的脑神经

包括**动眼神经、滑车神经**和**展神经**（图 17-19，20）。

（1）**动眼神经 oculomotor n.**：由躯体运动纤维和内脏运动（副交感）纤维组成。躯体运动纤维起自中脑的动眼神经核，内脏运动（副交感）纤维起自动眼神经副核，两种纤维合并形成动眼神经后，自中脑腹侧脚间窝出脑，经海绵窦外侧壁前行，穿眶上裂入眶。躯体运动纤维，分支支配除外直肌和上斜肌以外的全部眼球外肌，内脏运动（副交感）纤维至睫状神经节处换神经元，节后纤维至睫状肌及瞳孔括约肌，参与调节反射和瞳孔对光反射。

动眼神经损伤的主要表现：①上睑下垂；②眼外斜视，眼球不能向上、向内、向下方运动；③瞳孔散大，患侧眼对光反射消失；④由于睫状肌瘫痪，患眼视觉调节障碍。

（2）**滑车神经 trochlear n.**：由躯体运动纤维组成。起于滑车神经核，自中脑背侧出脑，绕大脑脚外侧至腹侧，向前穿过海绵窦外侧壁，经眶上裂入眶，支配上斜肌。

滑车神经损伤时，患侧瞳孔不能转向外下方，出现复视。

（3）**展神经 abducent n.**：由躯体运动纤维组成。起于脑桥的展神经核，经脑桥延髓沟外侧出脑，向前穿行径海绵窦外侧壁，经眶上裂入眶，支配外直肌。

展神经损伤后患侧眼球不能转向外侧，出现内斜视。

2. 副神经

副神经 accessory n.（图 17-22）为运动性神经。由脑根（起于疑核）和脊髓根（起于脊髓副神经核）两部分合成，经颈静脉孔出颅，脑根并入迷走神经，支配咽喉肌；脊髓根绕颈内静脉行向后下，支配胸锁乳突肌和斜方肌。

副神经损伤可致：一侧胸锁乳突肌瘫痪，患者头不能向患侧屈，不能使面部转向对侧；双侧胸锁乳突肌瘫痪，则不能仰头。斜方肌瘫痪，则患侧肩下垂（"塌肩"），不能耸肩。

3. 舌下神经

舌下神经 hypoglossal n.（图 17-22）由躯体运动纤维组成。起于延髓的舌下神经核，经舌下神经管出颅，在颈内动、静脉之间行向前下行至舌骨上方，呈弓形弯向前内，沿舌骨舌肌外侧入舌，支配舌内肌和大部分舌外肌。

一侧舌下神经损伤，患侧舌肌瘫痪，伸舌时舌尖偏向患侧；双侧受损，则不能伸舌，出现言语及吞咽障碍。

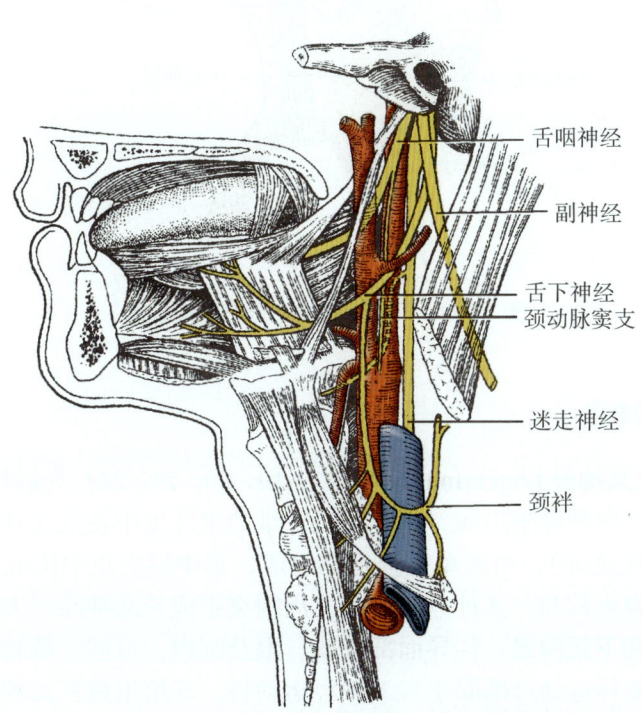

图 17-22　舌咽神经、副神经和舌下神经

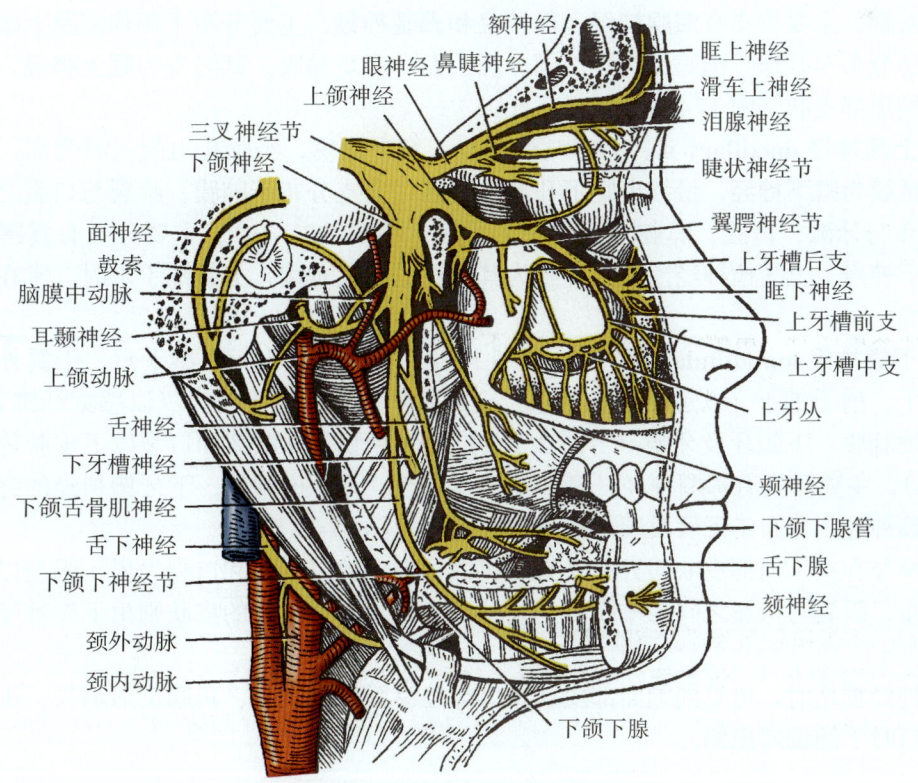

图 17-23　三叉神经及其分支

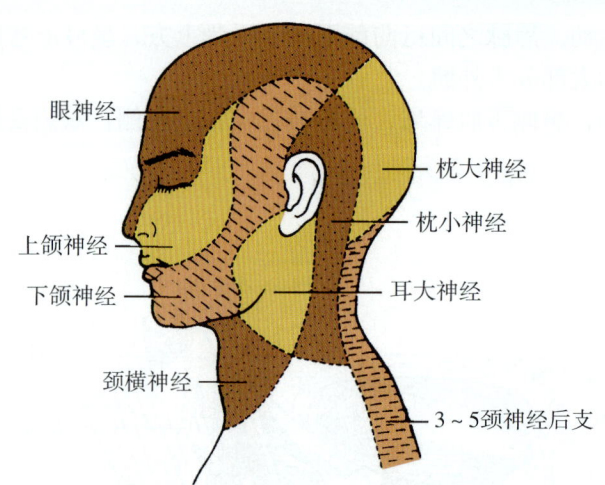

图 17-24 三叉神经皮支分布区模式图

四、混合性脑神经

1. **三叉神经** 三叉神经 trigeminal n.（图 17-19，20，23，24）为最粗大的混合性脑神经，由躯体感觉和躯体运动两种纤维组成。躯体感觉纤维的胞体集中在三叉神经节（位于颅中窝颞骨岩部尖端三叉神经压迹处），由假单极神经元组成，其中枢突集中构成了粗大的三叉神经感觉根，止于三叉神经脊束核和三叉神经脑桥核，周围突组成三叉神经三大分支，自上而下依次为**眼神经**、**上颌神经**和**下颌神经**，传导面部皮肤、眼及眶内、口腔、鼻腔、鼻旁窦的黏膜、牙和脑膜等处的感觉。躯体运动纤维起于三叉神经运动核，纤维组成三叉神经运动根，自脑桥出脑，随下颌神经伴行，支配咀嚼肌等。

（1）**眼神经 ophthalmic n.**：为感觉性神经，自三叉神经节发出后向前穿海绵窦外侧壁，经眶上裂入眶。主要分支有**泪腺神经**、**额神经**和**鼻睫神经**，主要分布于额顶部及上眼睑和鼻背部皮肤，还分布至眼球、泪腺、结膜、部分鼻腔及鼻旁窦黏膜。其终支为**眶上神经**，分布于眼裂以上的额顶部皮肤（图 17-23，24）。

（2）**上颌神经 maxillary n.**：为感觉性神经，穿海绵窦，经圆孔出颅入翼腭窝，再经眶下裂入眶，延续为**眶下神经**，最终出眶下孔至眶下区，分支分布于脑膜、睑裂与口裂之间的皮肤以及上颌牙与牙龈、口腔、鼻腔、上颌窦的黏膜（图 17-23，24）。主要分支有翼腭神经、颧神经、眶下神经、上牙槽神经。眶下神经为其主干的终支延续，上颌部手术时，常在眶下孔进行阻滞麻醉。

（3）**下颌神经 mandibular n.**：为混合性神经，自卵圆孔出颅至颞下窝，于翼外肌深面分前、后两干，前干细小（以运动纤维为主）支配咀嚼肌等，后干粗大（以感觉纤维为主），分支分布于硬脑膜、下颌牙及牙龈、舌前 2/3 及口腔底黏膜、耳颞区和口裂以下皮肤等部位（图 17-23，24）。主要分支有耳颞神经、颊神经、舌神经、下牙槽神经。下牙槽神经的终支经颏孔浅出，称颏神经，分布于下唇及颏部的皮肤和黏膜（图 17-23，24）。

三叉神经在头、面部皮肤的分布具有规律性，即大致以眼裂和口裂为界，眼裂以上皮肤由眼神经分布，眼裂与口裂之间的皮肤由上颌神经支配，口裂以下的皮肤则由下颌神经分布（图 17-24）。

三叉神经损伤时，可见同侧面部皮肤及口鼻腔黏膜感觉丧失、角膜反射消失、患侧咀嚼肌瘫痪，张口时下颌偏向患侧。

三叉神经痛

原发性三叉神经痛是一种原因未明的三叉神经分布区内闪电样反复发作的剧痛。发病情况：约70%～80%的病例发生在40岁以上，女性稍多于男性，多为一侧发病。临床特点：①面部剧痛：面部三叉神经分布区内出现突发似触电、刀割、火烫样的剧痛（每次发作从数秒至2分钟不等），以口角、鼻翼、颊部和舌等处最敏感，轻触、轻叩即可诱发，故有"触发点"或"扳机点"之称。此外，在三叉神经的皮下分支穿出骨孔处，常有压痛点。发作期间面部的机械性刺激，如说话、进食、洗脸、剃须、刷牙、打呵欠、甚至微风拂面皆可诱致疼痛发作，患者因而不敢大声说话、洗脸或进食，严重影响患者生活，甚至导致营养状况不良，有的产生消极情绪。②发作时间：每次发作从数秒至2分钟不等。其发作来去突然，间歇期完全正常。③疼痛范围：疼痛可固定累及三叉神经的某一或两分支，尤以第二、三支多见。临床诊断：临床上用棉签自上而下、由内向外轻触前额、鼻部两侧及下颌时由于三叉神经的面部终末支分布大致是以眼裂和口裂为界分布的，会诱发患者的感觉过敏。临床治疗：药物控制（首选卡马西平），如果症状严重、药物控制无效，可考虑行三叉神经阻断术。

2. 面神经　**面神经 facial n.**（图17-25，26）为混合性神经，含有四种纤维成分：①**躯体运动纤维**，起自面神经核，主要支配面肌的运动；②**内脏运动纤维**，起自上泌涎核，控制泪腺、下颌下腺、舌下腺等的分泌；③**内脏感觉纤维（味觉纤维）**，其胞体位于颞骨岩部内的**膝神经节**，周围突分布于舌前2/3的味蕾，中枢突至脑干内孤束核的上部；④**躯体感觉纤维**，传导耳部皮肤的浅感觉和表情肌的本体感觉。

面神经经脑桥延髓沟外侧部出脑，经内耳门穿内耳道底进入面神经管，经茎乳孔出颅，向前穿过腮腺，分支至面部。其主要分支如下：

（1）**面神经管内的分支**

1）**鼓索 chorda tympani** 在面神经出茎乳孔之前发出，穿鼓室进入颞下窝，并以锐角从后方加入舌神经（图17-25）。鼓索内含两种纤维，内脏运动（副交感）纤维经下颌下神经节换元后，节后纤维分布于下颌下腺和舌下腺，控制腺体分泌；内脏感觉纤维（味觉纤维），随舌神经分布于舌前2/3的味蕾，传导味觉。

2）**岩大神经 greater petrosal nerve** 又称**岩浅大神经**，含内脏运动纤维，在翼腭神经节换元，节后纤维分布于泪腺，控制腺体的分泌。

（2）**面神经的颅外分支**：面神经出茎乳孔后，向前进入腮腺，在腮腺内分为数支并交织成丛，自腮腺前缘呈放射状发出5组分支，即**颞支、颧支、颊支、下颌缘支和颈支**（图17-26），支配表情肌和颈阔肌。

面神经的行程较长，临床症状与损伤部位有关。①面神经管外损伤，主要表现为患侧面肌瘫痪、口角偏向健侧、不能鼓腮、额纹消失、鼻唇沟变浅、闭眼困难、患侧角膜反射消失等；②面神经管内损伤，除有上述症状外，可有患侧舌前2/3味觉障碍和泪腺、下颌下腺、舌下腺分泌障碍；还会有听觉过敏等症状。

3. 舌咽神经　**舌咽神经 glossopharyngeal n.**（图17-22）为混合性神经，含有四种纤维成分，①**躯体运动纤维**，起自疑核，支配茎突咽肌；②**内脏运动纤维**，起自下泌涎核，经岩小神

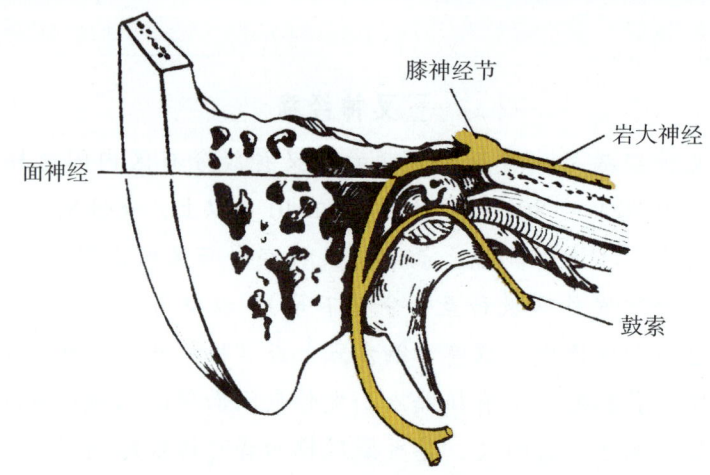

图 17-25　面神经的管内段

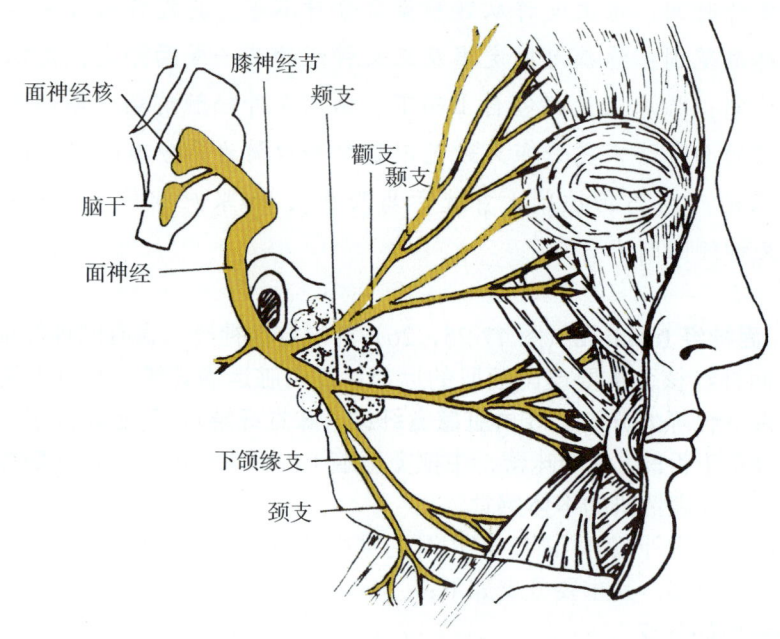

图 17-26　面神经在面部的分支

经进入耳神经节内交换神经元，其节后纤维分布于腮腺，调节其分泌；③**内脏感觉纤维**，终于孤束核，分布于咽、舌后 1/3、咽鼓管和鼓室等处黏膜以及颈动脉窦和颈动脉小球；④**躯体感觉纤维**，终于三叉神经脊束核，分布于耳后皮肤。

舌咽神经于延髓橄榄后沟上部出脑，与迷走神经和副神经共同穿颈静脉孔出颅，在颈内动、静脉之间下行，呈弓形向前经舌骨舌肌内侧达舌根。主要分支有①**舌支**：是舌咽神经的终支，分布于舌后 1/3 的黏膜和味蕾，传导一般感觉和味觉；②**咽支**：分布到咽肌及咽黏膜，传导咽壁的感觉冲动；③**颈动脉窦支**：分布于颈动脉窦和颈动脉小球，将血压和血液中二氧化碳浓度变化的信息传入中枢，反射性调节血压和呼吸；④**鼓室神经**：传导鼓室、咽鼓管、乳突小房的黏膜感觉，其终支为岩小神经，含副交感节前纤维，出鼓室后在耳神经节内交换神经元，节后纤维分布于腮腺，控制腮腺的分泌。

舌咽神经损伤时，可出现患侧舌后 1/3 味觉丧失和舌根与咽峡区痛觉障碍，以及患侧咽肌肌力减弱。

4. <u>迷走神经</u>　**迷走神经 vagus n.**（图 17-27，28，29）为混合性神经，是脑神经中行程最

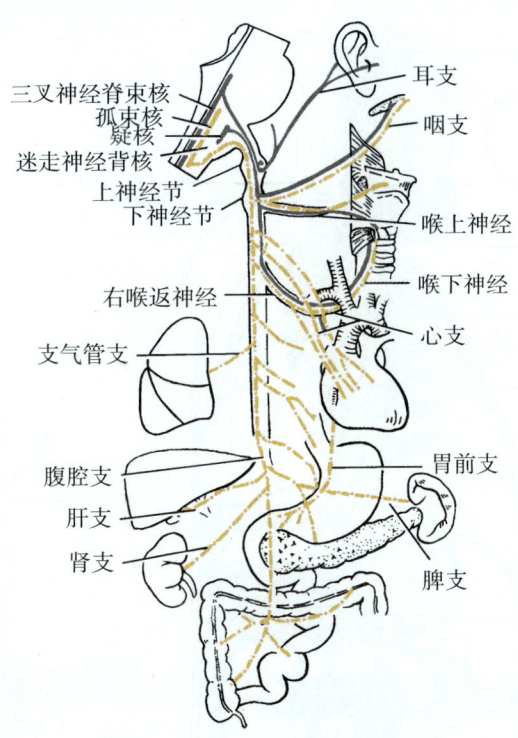

图 17-27　迷走神经分布示意图

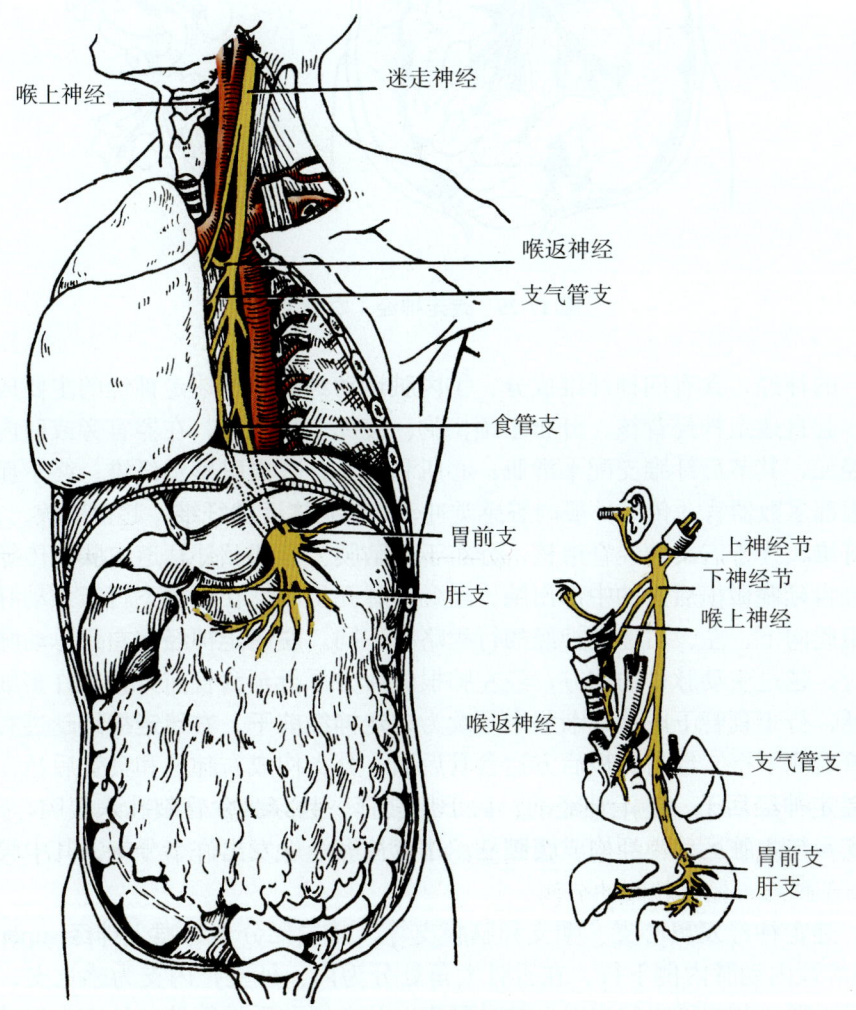

图 17-28　迷走神经（左侧）

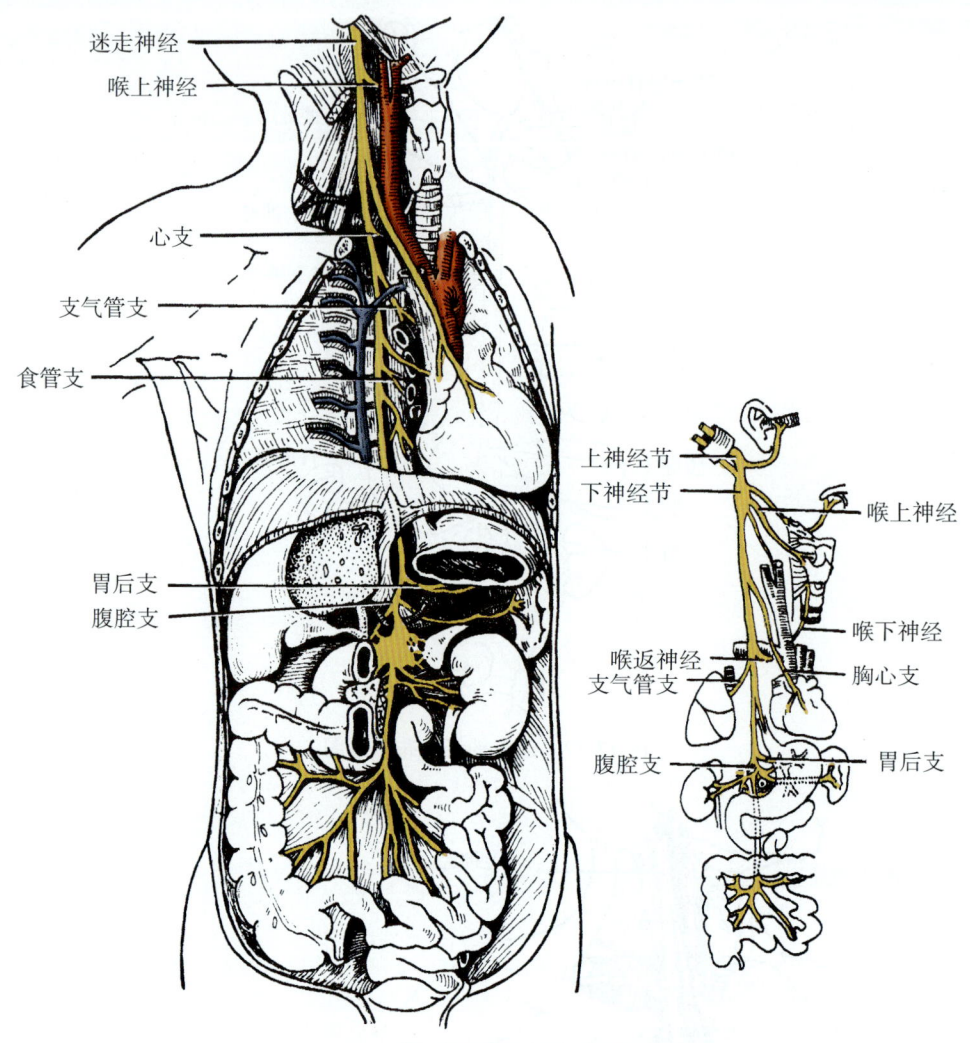

图 17-29　迷走神经（右侧）

长、分布最广的神经，含有四种纤维成分：①**内脏运动纤维**，是迷走神经的主要成分，属副交感节前纤维，起自迷走神经背核，分布于颈、胸、腹部多数器官，在器官旁或壁内的副交感神经节交换神经元，其节后纤维支配平滑肌、心肌和腺体；②**内脏感觉纤维**，终于孤束核，分布于颈、胸、腹部多数器官，传导一般内脏感觉冲动；③**躯体运动纤维**，起自疑核，支配咽喉肌；④**躯体感觉纤维**，终于三叉神经脊束核，分布于硬脑膜、耳郭及外耳道皮肤，传导一般感觉。

迷走神经自延髓橄榄后沟的中部出脑，经颈静脉孔出颅，在颈部下行于颈动脉鞘内，下行至颈根部，由此向下，左、右迷走神经的行程略有不同。左迷走神经在左颈总动脉与左锁骨下动脉之间下行，越过主动脉弓的前方，经左肺根的后方下行至食管前方分成许多细支构成左肺丛和食管前丛，行于食管下段又逐渐集中延续为**迷走神经前干**。右迷走神经越过右锁骨下动脉前方，沿气管右侧下行，经右肺根后方达食管后面，分支构成右肺丛和食管后丛，继续下行后再集中构成**迷走神经后干**。迷走神经前、后干伴食管一起穿膈食管裂孔入腹腔，分布于胃前、后壁，其终支参与内脏运动神经构成**腹腔丛**。迷走神经沿途发出许多分支，其中较重要的分支如下：

在颈部，迷走神经发出心支、咽支和脑膜支等，其主要分支为**喉上神经** superior laryngeal n：喉上神经沿颈内动脉内侧下行，在舌骨大角处分为内、外支，内支为感觉支，伴喉上动脉穿甲状舌骨膜入喉，分布于声门裂以上的喉黏膜以及会厌和舌根等处，外支为运动支，伴甲状腺上动脉下行，支配环甲肌。

在胸部，迷走神经的主要分支为**喉返神经** recurrent laryngeal n，左喉返神经勾绕主动脉弓，右喉返神经勾绕右锁骨下动脉返回颈部，于气管食管间沟上行，至甲状腺侧叶深面环甲关节后方入喉，其终支为**喉下神经**，其运动纤维支配除环甲肌以外的所有喉肌，感觉纤维分布于声门裂以下的黏膜。迷走神经还发出气管支和食管支等，参与构成心丛、肺丛和食管丛。

喉上神经损伤表现为误吞、发呛和声调降低。一侧喉返神经损伤可使声音嘶哑或发音困难，若双侧同时损伤可导致呼吸困难，甚至窒息。

在腹部，迷走神经前干延续为**胃前支**和**肝支**，分布于胃前壁及肝、胆囊等处；迷走神经后干延续为**胃后支**和**腹腔支**，胃后支分布于胃后壁，腹腔支与交感神经构成腹腔丛，伴血管分布于肝、胆、脾、肾、胰及结肠左曲以上的消化管。

迷走神经主干发生损伤，内脏功能表现为心悸、脉速、恶心、呕吐、呼吸变深且慢，甚至可以导致窒息。因咽喉肌瘫痪和感觉障碍，可导致声音嘶哑、发音和吞咽困难。

小 结

8. 脑神经有12对：Ⅰ嗅神经、Ⅱ视神经、Ⅲ动眼神经、Ⅳ滑车神经、Ⅴ三叉神经、Ⅵ展神经、Ⅶ面神经、Ⅷ前庭蜗神经、Ⅸ舌咽神经、Ⅹ迷走神经、Ⅺ副神经、Ⅻ舌下神经。

9. 脑神经根据所含纤维成分三大类。感觉性脑神经（Ⅰ、Ⅱ、Ⅷ），运动性脑神经（Ⅲ、Ⅳ、Ⅵ、Ⅺ、Ⅻ）和混合性脑神经（Ⅴ、Ⅶ、Ⅸ、Ⅹ）。

10. 12对脑神经损伤的主要临床表现有：

嗅神经：嗅觉障碍及脑脊液鼻漏。

视神经：视觉障碍。

动眼神经：①上睑下垂；②眼外斜视；③瞳孔散大，对光反射消失；④视觉调节障碍。

滑车神经：患侧瞳孔不能转向外下方，出现复视。

三叉神经：面部皮肤及口鼻腔黏膜感觉丧失、角膜反射消失、咀嚼肌瘫痪，张口时下颌偏向患侧。

展神经：眼内斜视。

面神经：①面肌瘫痪、口角偏向健侧、额纹消失、鼻唇沟变浅、闭眼困难、患侧角膜反射消失等；②患侧舌前2/3味觉障碍和泪腺、下颌下腺、舌下腺分泌障碍；还会有听觉过敏等。

前庭蜗神经：耳鸣、听力障碍、眩晕及平衡失调等。

舌咽神经：舌后1/3味觉丧失和舌根与咽峡区痛觉障碍，唾液分泌障碍以及患侧咽肌肌力减弱。

迷走神经：内脏功能表现为心悸、脉速、恶心、呕吐、呼吸变深且慢，甚至可以导致窒息。可导致声音嘶哑、发音和吞咽困难，腺体分泌障碍等。

副神经：一侧胸锁乳突肌瘫痪，患者头不能向患侧屈，不能使面部转向对侧；双侧胸锁乳突肌瘫痪，则不能仰头。斜方肌瘫痪，则患侧肩下垂（"塌肩"），不能耸肩。

舌下神经：舌肌瘫痪，伸舌时舌尖偏向患侧；双侧受损，则不能伸舌，出现言语及吞咽障碍等。

（章惠英　金昌洙）

第三节　内脏神经

内脏神经系统 visceral nervous system 是整个神经系统的一个组成部分，主要分布于内脏、心血管、平滑肌和腺体。其中枢部位于脑和脊髓，由脑和脊髓发出的内脏神经为周围部。内脏神经包括内脏运动神经和内脏感觉神经两部分。内脏运动神经调节内脏、心血管运动和腺体分泌，通常不受人的意志控制，是不随意的，因而又称**自主神经** autonomic nerves；因它主要控制和调节动、植物共有的新陈代谢活动，并不支配动物所特有的骨骼肌，故又称**植物神经** vegetative nerves。内脏感觉神经将来自内脏、心血管等处的感觉冲动传递至各级中枢，通过反射调节这些器官的活动，以维持机体内环境的相对稳定。

一、内脏运动神经

内脏运动神经 visceral motor nerve（图 17-30）和躯体运动神经一样，都受大脑皮质和皮质

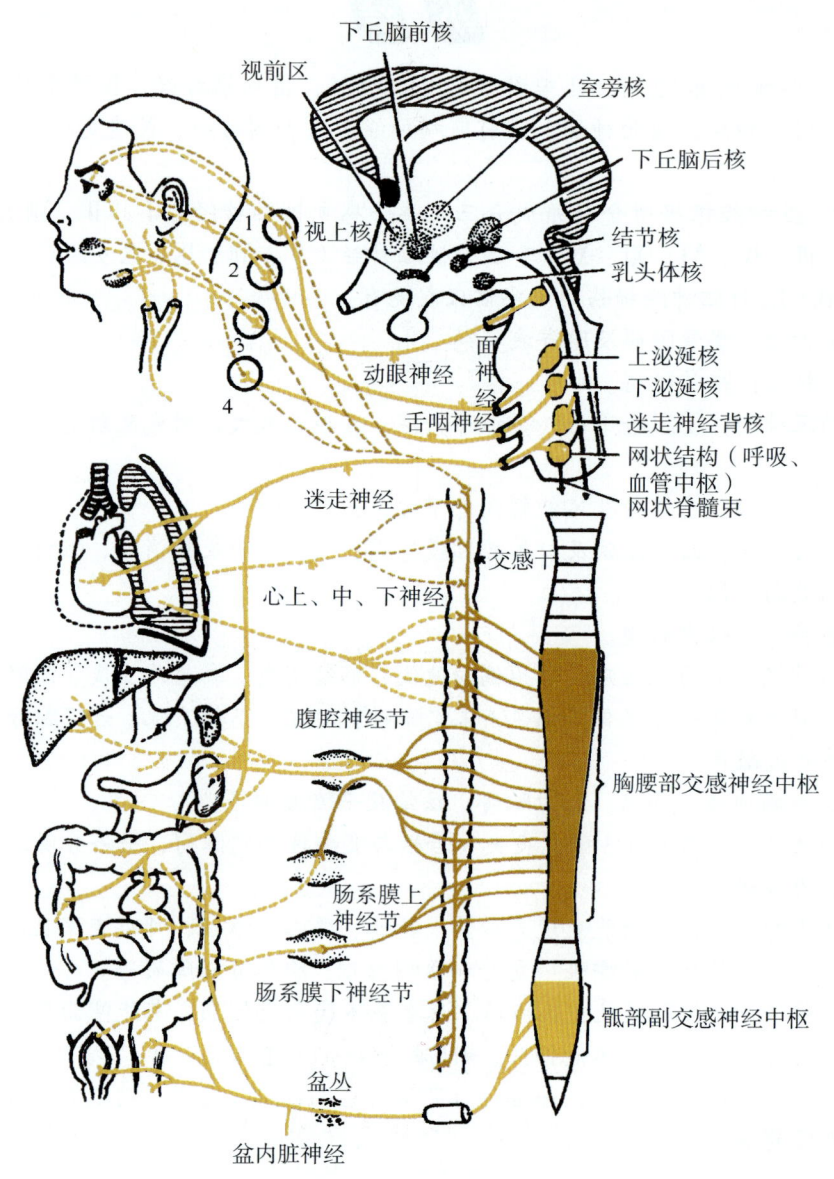

图 17-30　内脏运动神经概观
1. 睫状神经节　2. 翼腭神经节　3. 下颌下神经节　4. 耳神经节

下各级中枢的控制和调节，以维持机体内环境与外环境的统一和相对平衡，保障机体正常生理活动。但二者在功能、形态结构和分布范围上有较大差异。在形态结构上的差异表现为：①**支配的器官不同**：躯体运动神经支配骨骼肌，受意志控制；内脏运动神经则支配心肌、平滑肌和腺体，不受意志控制。②**纤维成分不同**：躯体运动神经只有一种纤维成分，内脏运动神经则有交感和副交感两种纤维成分，而多数内脏器官又同时接受交感和副交感神经的双重支配。③**神经元数目不同**：躯体运动神经从低级中枢到达骨骼肌（效应器）只有一个神经元，内脏运动神经从低级中枢发出后，需在周围部的内脏运动神经节（植物性神经节）交换神经元，再由节内神经元发出的纤维到达效应器。因此，内脏运动神经从低级中枢到达所支配的器官需经过两个神经元。第一个神经元称**节前神经元**，胞体位于脑干和脊髓内，其轴突称**节前纤维**；第二个神经元称**节后神经元**，胞体位于周围部的植物性神经节内，其轴突称**节后纤维**。④**节后纤维分布形式不同**：躯体运动神经以神经干的形式分布，而内脏运动神经的节后纤维常攀附脏器或血管形成神经丛，由丛再分支至效应器。

根据形态、功能和药理学特点，可将内脏运动神经分为**交感神经** sympathetic n. 和**副交感神经** parasympathetic n. 两部分。

（一）交感神经

交感神经的低级中枢（节前神经元）位于脊髓胸1～腰3节段灰质侧角的中间外侧核；周围部（图17-31, 32）包括交感神经节、交感干和交感神经分支。

1. **交感神经节**（图17-31, 32） 根据所在位置不同，分为椎旁节和椎前节。

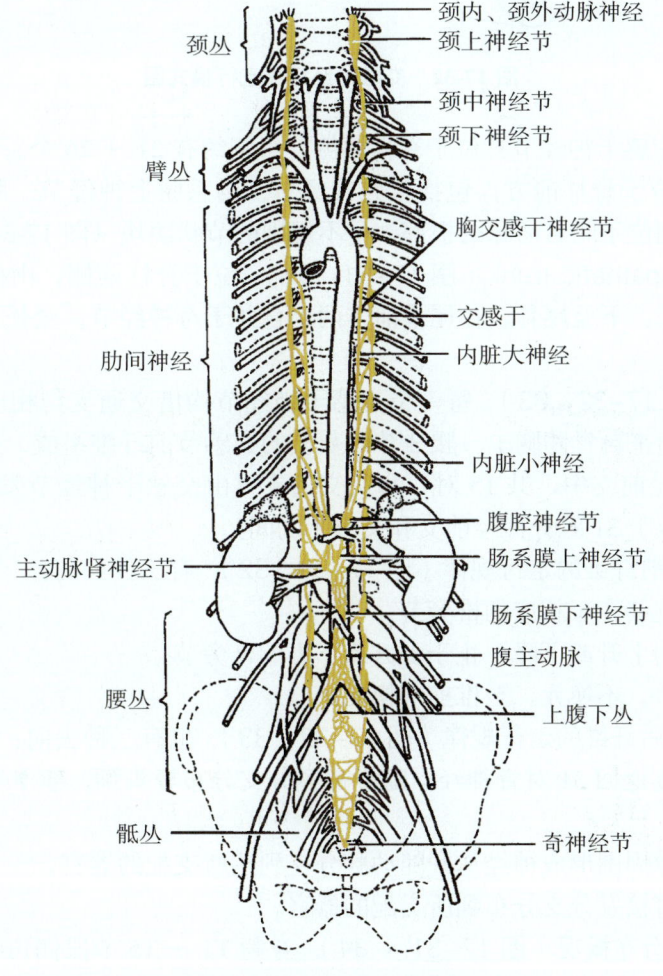

图17-31　交感干及交感神经节

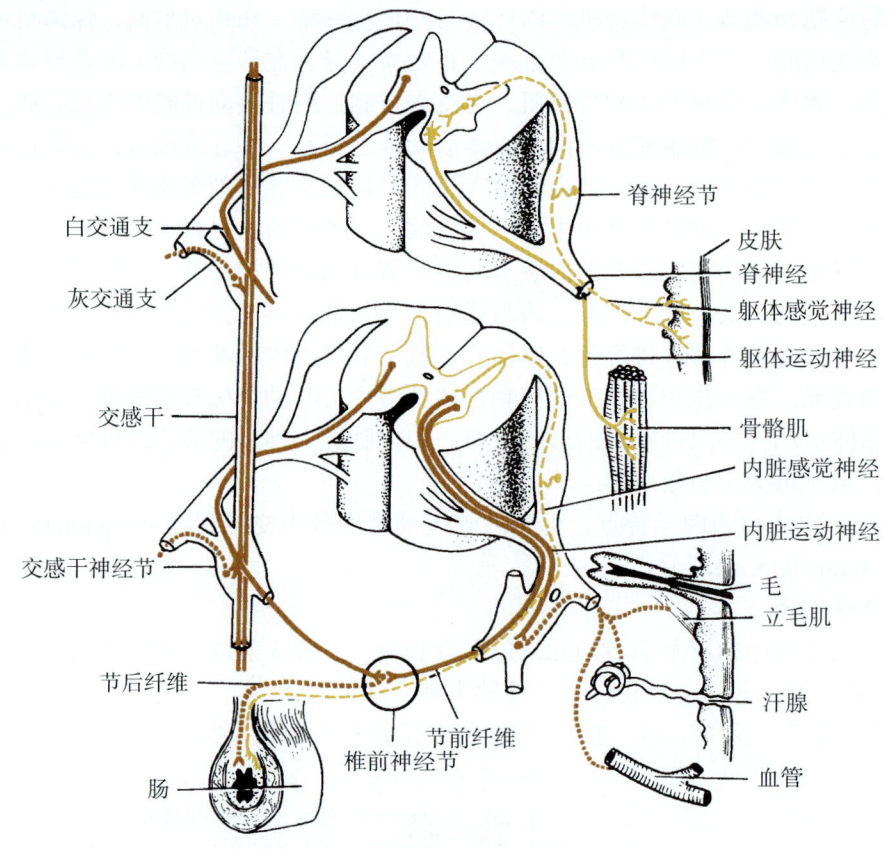

图 17-32 交感神经纤维走行模式图

(1) 椎旁节（交感干神经节）位于脊柱两侧，每侧约有 21～26 个。

(2) 椎前节：位于脊柱前方，包括腹腔神经节、肠系膜上神经节、肠系膜下神经节、主动脉肾神经节，分别位于同名动脉的根部，呈不规则的节状团块（图 17-32，34）。

2. 交感干 sympathetic trunk（图 17-31，32） 位于脊柱两侧，由椎旁神经节及节间支相连而成，上达颅底、下至尾骨，在尾骨前方两干合并于奇神经节。全长可分颈部、胸部、腰部和盆部 4 部分。

3. 交通支（图 17-32，33） 每一个交感干神经节均借交通支与相应的脊神经相连。交通支分白交通支（由来自脊髓胸 1～腰 3 节段灰质的交感节前纤维组成，有髓鞘，呈白色，故名，只存在于脊神经前支中，共 15 对）和灰交通支（由交感干神经节发出的节后纤维组成，无髓鞘，色灰暗，连于 31 对脊神经前支和交感干之间）。

4. 交感神经节前纤维的走行规律（图 17-30，32） 有三种去向：

(1) 随白交通支终止于相应的椎旁节。

(2) 在交感干内上升或下降，止于上方或下方的椎旁节。

(3) 穿过椎旁节，不换元，至椎前节换元。

5. 交感神经节后纤维的走行规律（图 17-32，33） 也有三种去向：

(1) 经灰交通支返回 31 对脊神经，随脊神经分支分布至头颈、躯干和四肢的血管、汗腺和竖毛肌。

(2) 攀附于动脉周围形成神经丛并随动脉分支到达所支配的器官。

(3) 由椎旁节直接发分支分布到所支配的器官。

6. 交感神经的分布概况（图 17-31～34） 脊髓 T1～T5 节段侧角细胞的节前纤维分别在颈部和上胸部椎旁节换元，其节后纤维分布于头、颈、胸腔脏器及上肢血管、汗腺和竖毛肌

第十七章　周围神经系统

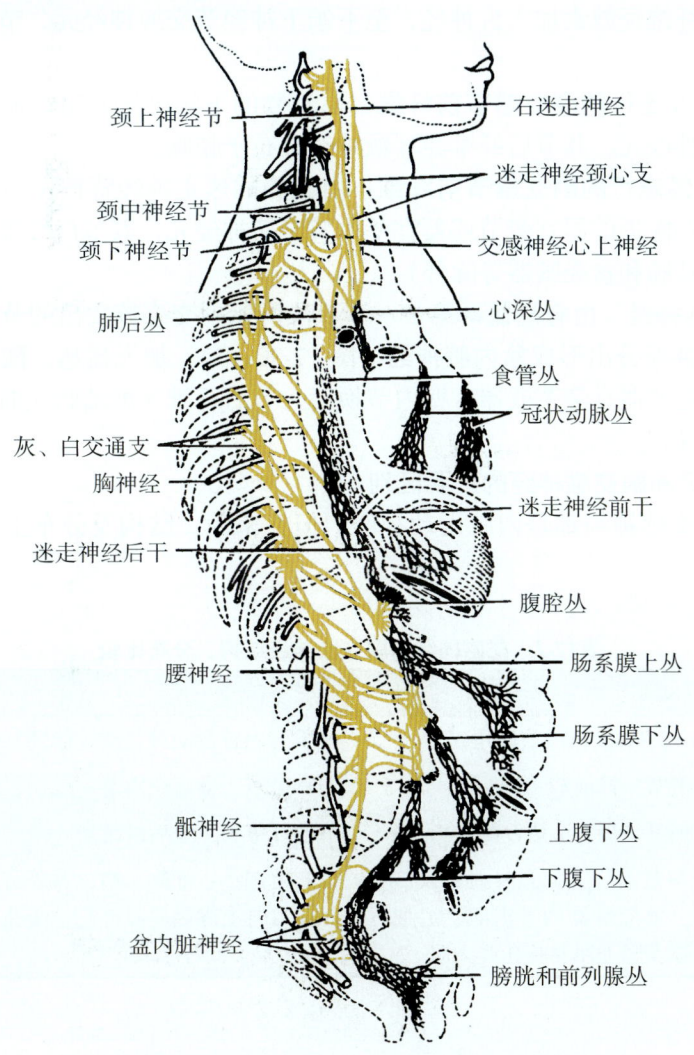

图 17-33　交感干及其与内脏神经丛的联系

等；来自脊髓 T6～T12 节段中间侧角细胞的部分节前纤维在相应椎旁节或椎前节（腹腔神经节、主动脉肾节和肠系膜上神经节）内换神经元，节后纤维分布到肝、胆、脾、肾、胰及结肠左曲以上的消化管；来自 L1～L3 节段侧角细胞的节前纤维在肠系膜下神经节或腰骶部椎旁神经节内换神经元，其节后纤维分布到结肠左曲以下的消化管、盆腔脏器和下肢的血管、汗腺和竖毛肌（主要攀附髂外动脉及下肢动脉）。

（二）副交感神经

副交感神经的低级中枢位于脑干的 4 对副交感神经核和脊髓骶 2～4 节段灰质的**骶副交感核**（图 17-30）。周围部包括副交感神经节和副交感节前、节后纤维（图 17-30）。**副交感神经节**多位于器官旁或器官壁内，分别称为**器官旁节**或**器官壁内节**。颅部的副交感神经节较大，肉眼可见的有睫状神经节、翼腭神经节、耳神经节和下颌下神经节等（图 17-30），其他部位的均较小，节内的细胞即为节后神经元。

1. 颅部副交感神经　其节前纤维行于Ⅲ、Ⅶ、Ⅸ、Ⅹ对脑神经内。

（1）**随动眼神经的副交感神经节前纤维**：由中脑的动眼神经副核发出，随动眼神经进入眶腔后到达睫状神经节内交换神经元，其节后纤维进入眼球壁，分布于瞳孔括约肌和睫状肌。

（2）**随面神经走行的副交感神经节前纤维**：由脑桥的上泌涎核发出，一部分节前纤维经岩大神经至翼腭窝内的翼腭神经节交换神经元，节后纤维分布于泪腺、鼻腔、口腔及腭黏膜腺体;另一部分节前纤维经鼓索加入舌神经,至下颌下神经节交换神经元,节后纤维分布于下颌下腺和舌下腺。

（3）**随舌咽神经走行的副交感节前纤维**：由延髓的下泌涎核发出,加入舌咽神经,分支进入耳神经节交换神经元,其节后纤维经耳颞神经分布于腮腺。

（4）**随迷走神经走行的副交感节前纤维**：由延髓的迷走神经背核发出,随迷走神经的分支到达胸、腹腔脏器附近的器官旁节或器官壁内节交换神经元,其节后纤维分布于胸、腹腔脏器（降结肠、乙状结肠和盆腔脏器等除外）。

2. **骶部副交感神经**　由脊髓骶部第2～4节段的骶副交感核发出的节前纤维,随骶神经出骶前孔,再从骶神经分出形成**盆内脏神经**（图17-30,33）加入盆丛,随盆丛分支分布到盆腔脏器,在脏器附近的器官旁节或器官壁内节换元,节后纤维支配结肠左曲以下的消化管、盆腔脏器和外生殖器等。

（三）交感神经和副交感神经的主要区别

交感神经和副交感神经都是内脏运动神经。但在来源、结构及分布上,又有明显的区别（表17-2）。

表17-2　交感神经和副交感神经结构、分布比较

比较项目	交感神经	副交感神经
低级中枢部位	T1～L3脊髓节段的侧角	脑干的内脏运动神经核,骶髓2～4节段的骶副交感核
神经节	椎旁节、椎前节	器官旁节、器官壁内节
节前、节后纤维	节前纤维短、节后纤维长	节前纤维长、节后纤维短
分布范围	分布范围广：如全身血管及胸、腹、盆腔脏器的平滑肌、心肌、腺体及竖毛肌和瞳孔开大肌	分布范围小：如胸、腹、盆腔脏器的平滑肌、心肌、腺体（肾上腺髓质除外）、瞳孔括约肌、睫状肌

交感神经和副交感神经对人体各系统的作用比较

交感神经和副交感神经常共同支配一个器官,形成对内脏器官的双重神经支配,其作用既互相拮抗又互相统一。例如：当机体运动时,交感神经兴奋增强,副交感神经兴奋减弱（相对抑制）,于是出现心率加快、血压升高、支气管扩张、瞳孔开大、消化活动受抑制等现象。说明此时机体的代谢加强,能量消耗加快,以适应环境的剧烈变化。而当机体处于安静或睡眠状态时,副交感神经兴奋加强,交感神经相对抑制,因而出现心率减慢、血压下降、支气管收缩、瞳孔缩小、消化活动增强等现象,这有利于体力的恢复和能量的储存。机体通过交感神经和副交感神经作用的对立统一,保持了机体内部各器官功能的动态平衡,从而使机体更好地适应内、外环境的变化。

交感神经和副交感神经对人体各系统的作用比较如下（表17-3）：

表17-3 交感神经和副交感神经对人体各系统的作用比较

系统	器官	交感神经	副交感神经
脉管系统	心	心率加快、收缩力增强	心率减慢、收缩力减弱
	冠状动脉	舒张	轻度收缩
	躯干、上肢的动脉	收缩	无作用
呼吸系统	支气管平滑肌	舒张	收缩
消化系统	胃肠平滑肌	抑制蠕动	增强蠕动
	胃肠括约肌	收缩	舒张
泌尿系统	膀胱	平滑肌舒张、括约肌收缩（贮尿）	平滑肌收缩、括约肌舒张（排尿）
视器	瞳孔	散大	缩小
	泪腺	抑制分泌	增加分泌
皮肤	汗腺	促进分泌	无作用
	竖毛肌	收缩	无作用

（四）内脏神经丛

交感神经、副交感神经和内脏感觉神经在分布到所支配脏器的过程中，常相互交织形成**内脏神经丛**（图17-33，34，35）。有的丛位于脏器的附近或器官之内，有的丛攀附动脉的周围。再由这些丛发出分支至其所支配的脏器。主要的内脏神经丛有心丛、肺丛、腹腔丛、腹主动脉丛、上腹下丛（位于两侧髂总动脉之间）和下腹下丛（即盆丛），其中心丛、肺丛、腹腔丛、下腹下丛更为重要。

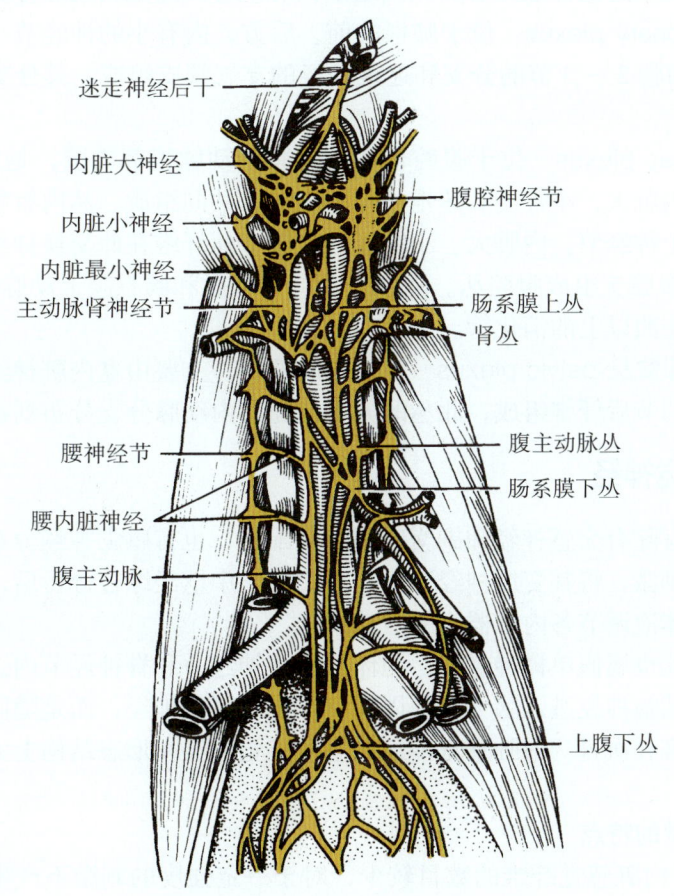

图 17-34 腹部内脏神经丛

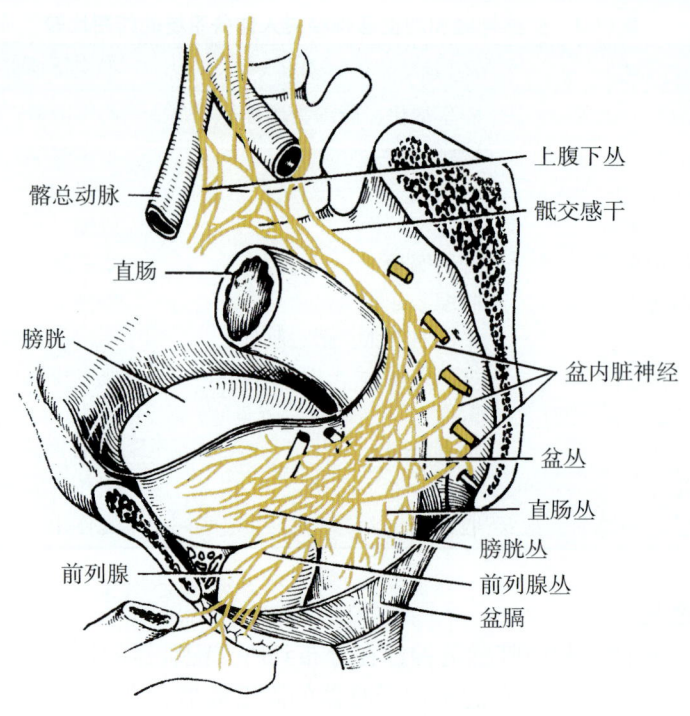

图 17-35　盆部内脏神经丛

1. **心丛 cardiac plexus**　位于主动脉弓的前下及后方，由颈上、中、下神经节及上 5 个胸交感节发出的心支和迷走神经的心支共同组成，心丛分支随冠状动脉分支分布至心。

2. **肺丛 pulmonary plexus**　位于肺根的前、后方，内有小的神经节（迷走神经的节后神经元）；由交感干的胸 2～5 节的分支和迷走神经的支气管支组成，其分支随支气管和肺血管的分支入肺。

3. **腹腔丛 celiac plexus**　位于腹腔干和肠系膜上动脉根部周围，是最大的内脏神经丛。由来自胸交感干的内脏大、小神经和迷走神经的腹腔支共同组成。丛内有腹腔神经节、主动脉肾神经节和肠系膜上神经节，内脏大、小神经的交感节前纤维在此交换神经元，节后纤维与来自迷走神经后干的腹腔支组成腹腔丛。随腹腔干、肾动脉和肠系膜上动脉的分支，分布于肝、脾、胰、肾及结肠左曲以上的消化管。

4. **下腹下丛 即盆丛 pelvic plexus**　位于直肠两侧，主要由盆内脏神经（骶部副交感节前纤维）和腰交感干的节后纤维组成，此丛的分支伴随髂内动脉分支分布到盆腔各脏器。

二、内脏感觉神经

人体各内脏器官除有交感神经和副交感神经支配外，也有感觉神经分布。**内脏感觉神经**接受来自内脏的各种刺激，将其变成神经冲动传入中枢，中枢经综合分析后，可直接通过内脏运动神经或间接通过体液调节各内脏器官的活动。

内脏感觉神经元也属假单极神经元，胞体位于脑神经节和脊神经节内。其中枢突随同脊神经后根进入脊髓或随脑神经进入脑干；其周围突不单独组成神经，而是随同交感神经或副交感神经分布于内脏器官和血管。内脏感觉神经与躯体感觉神经在形态结构上大致相同，但也有自身的特点。

（一）内脏感觉的特点

1. **痛阈较高**　内脏感觉纤维的数目较少，对于一定强度的刺激不产生疼痛，如手术切割或烧灼内脏，患者不觉疼痛，而空腔脏器因过度膨胀、平滑肌痉挛或化学刺激却能产生明显内脏痛。

2. **疼痛弥散、定位不准**　内脏感觉的传入途径分散，即一个脏器的感觉纤维可经几个节段的脊神经进入中枢，而一条脊神经又含几个脏器的感觉纤维，因此，内脏痛呈弥散性而定位不准确。

3. **疼痛主要表现为慢痛**　疼痛发生缓慢、持续时间较长，常呈渐进式增强。

4. **内脏痛常伴不愉快的情绪活动**　如恶心、呕吐和心血管及呼吸活动改变。

（二）牵涉性痛

当一个脏器发生病变（或疼痛）时，常引起体表一定区域皮肤的感觉过敏或疼痛，这种现象称**牵涉性痛**（图17-36）。例如，肝、胆有病变时，常在右颈部和右肩部有酸痛或感觉过敏；心肌缺血产生心绞痛时，常在左前胸和左臂内侧面有钝痛。牵涉性痛产生的机制目前尚不清楚，一般认为，病变内脏的传入神经与牵涉性痛区皮肤的传入神经，都进入相同的脊髓节段，在脊髓内病变内脏传入冲动可能扩散到邻近的躯体感觉通路，从而产生牵涉性痛。了解牵涉性痛现象，对某些内脏疾病的临床诊断有一定帮助。

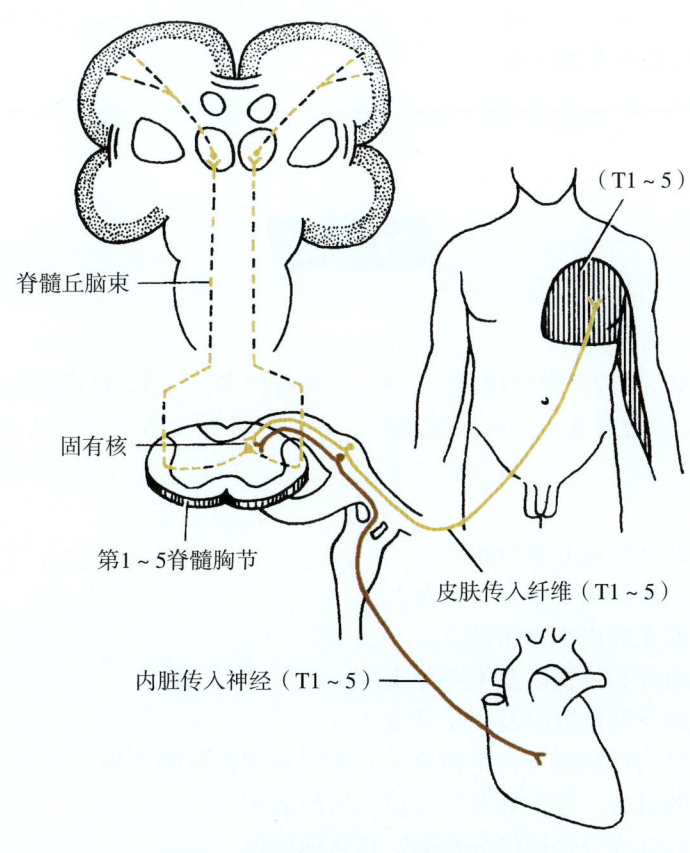

图17-36　内脏器官疾病时的牵扯涉性痛

小　结

11. 内脏神经系统是整个神经系统的一个组成部分，主要分布于内脏、心血管、平滑肌和腺体，包括内脏运动神经和内脏感觉神经两部分。

12. 内脏运动神经和躯体运动神经在形态结构上的差异表现为：①支配的器官不同；②纤维成分不同；③神经元数目不同；④节后纤维分布形式不同。

内脏运动神经分为交感神经和副交感神经两部分。

13. 交感神经的低级中枢（节前神经元）位于脊髓胸1～腰3节段灰质侧角的中间外侧核；周围部包括交感神经节、交感干和交感神经分支。

14. 副交感神经的低级中枢位于脑干的4对副交感神经核和脊髓骶2～4节段灰质的骶副交感核。周围部包括副交感神经节和副交感节前、节后纤维。

15. 交感神经和副交感神经都是内脏运动神经，但在来源、结构及分布上，又有明显的区别。交感神经和副交感神经常共同支配一个器官，形成对内脏器官的双重神经支配，其作用既互相拮抗又互相统一。

16. 交感神经、副交感神经和内脏感觉神经在分布到所支配脏器的过程中，常相互交织成内脏神经丛。

17. 内脏感觉的特点：① 痛阈较高；② 疼痛弥散、定位不准；③ 疼痛主要表现为慢痛；④ 内脏痛常伴不愉快的情绪活动。

18. 当一个脏器发生病变（或疼痛）时，常引起体表一定区域皮肤的感觉过敏或疼痛，这种现象称牵涉性痛。

自测题

一、名词解释

1．周围神经系统　　2．脊神经节　　3．三叉神经节　　4．前庭神经节　　5．鼓索
6．交感干　　7．交通支　　8．牵涉痛　　9．内脏神经丛

二、简答题

1．简述脊神经的纤维成分及分布。
2．简述臂丛的组成及主要分支和分布。
3．简述胸神经前支的皮支分布特点。
4．简述腰丛的组成和位置以及主要分支。
5．简述骶丛的组成和位置以及主要分支。
6．简述坐骨神经的行径要点、主要分支分布以及损伤后的表现。
7．简述股神经的组成、分支分布以及损伤后的表现。
8．根据脑神经纤维成分脑神经分几类？其名称如何？
9．简述12对脑神经损伤的主要表现。
10．简述喉上神经和喉返神经的起始、行程及支配。
11．简述三叉神经三大分支的终末支名称和面部分布特点。
12．简述面神经的颅外分支和分布。
13．眼球的特殊及一般感觉和内、外肌的运动各由何神经支配？
14．简述舌的运动、味觉及一般感觉的神经支配。
15．简述内脏神经系统的组成和分布。
16．简述交感神经节前纤维和节后纤维的走行规律。
17．简述内脏运动神经和躯体运动神经的区别。

18．简述交感神经和副交感神经结构及分布的主要区别。
19．简述交感神经的分布概况。
20．简述内脏感觉的特点。

（章惠英　金昌洙）

第十八章 神经系统的传导通路

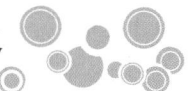

学习目标

通过本章内容的学习，学生应能：

◆ 记忆

1．定义感觉、运动传导通路的概念。
2．定义上、下运动神经元的基本概念。
3．定义锥体系、锥体外系的概念。

◆ 理解

1．归纳躯干、四肢意识性本体感觉（深感觉）传导通路的组成、各级神经元胞体及纤维束在中枢内的位置、内侧丘系交叉的水平及皮质投射区的位置。
2．描述躯干、四肢浅感觉传导路、各级神经元胞体在中枢内的位置、交叉的水平及皮质投射区的位置。
3．描述视觉传导路的行径及不同部位受损引起的视野缺损的临床表现；瞳孔对光反射路程及其反射弧的不同部位受损的临床表现。
4．概括皮质脊髓束起止、行程要点、通过内囊的部位、交叉水平；皮质核束起止、通过内囊的部位、对脑神经运动核的支配情况。
5．概括头面部的痛、温觉和粗触觉传导通路组成、各级神经元胞体在中枢内的位置、交叉的水平及皮质投射区的位置。
6．解释听觉传导通路的路径。

◆ 应用

1．运用感觉传导路的解剖学基础诠释感觉障碍的临床表现。
2．运用运动传导路的解剖学基础诠释瘫痪的临床表现。

传导通路 conductive pathway 是复杂反射弧的一部分，有上行（感觉）和下行（运动）之分。一般要涉及最高中枢大脑皮质。由感受器经周围神经、脊髓、脑干、间脑至大脑皮质的神经通路叫**上行或感觉传导通路 ascending（sensory）pathway**。由大脑皮质发出纤维经内囊、脑干、脊髓、周围神经至效应器的神经通路叫**下行或运动传导通路 descending（motor）pathway**。

一、感觉传导通路

（一）躯干、四肢意识性本体感觉和精细触觉（深感觉）传导通路（图18-1）

1．组成　本体（深部）感觉指运动觉、位置觉、振动觉和精细触觉，其传导通路由三级神经元组成。

第十八章　神经系统的传导通路

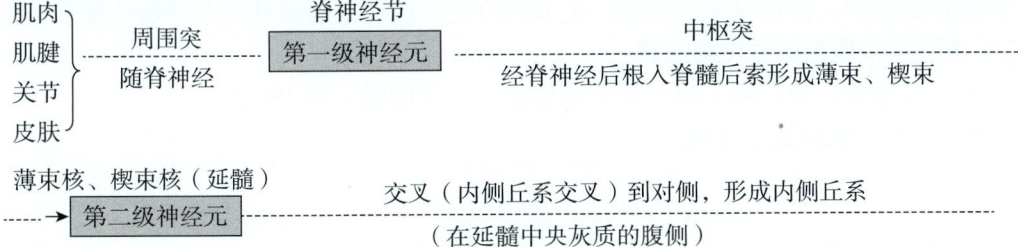

2. 深感觉传导通路损伤后的主要表现：
（1）一侧薄束（传导躯干下部及下肢来的信息）、楔束（传导躯干上部及上肢来的信息）受损，可出现闭目站立时摇晃、身体倾斜、向患侧跌倒（闭目难立征），损伤侧精细触觉和振动觉丧失。

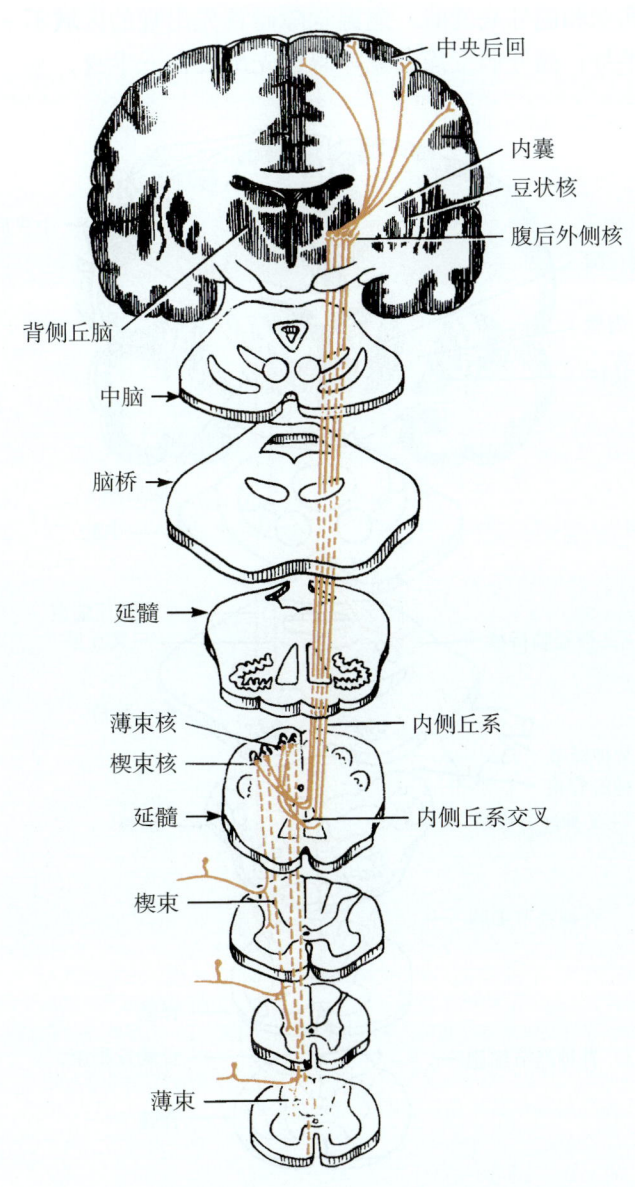

图 18-1　躯干四肢的本体感觉和精细触觉传导通路

2）内侧丘系受损，损伤对侧（健侧）关节的位置和运动方向以及两点辨别性触觉丧失。

（二）痛温觉和粗触压觉传导通路

1. 躯干、四肢痛、温、触（粗）觉（浅感觉）传导通路（图18-2）

（1）组成：由三级神经元组成。

颈部、躯干、四肢部皮肤 —周围突随脊神经→ 脊神经节 第一级神经元 —中枢突随脊神经后根入脊髓后角→

脊髓灰质第Ⅰ、Ⅳ、Ⅴ、Ⅵ和Ⅶ层 第二级神经元 ⟶ 交叉至对侧，形成脊髓丘脑侧束和脊髓丘脑前束（在白质前连合交叉）（痛、温觉纤维、粗触、压觉纤维）

背侧丘脑腹后外侧核 第三级神经元 —丘脑中央辐射经内囊后肢→ 大脑皮质中央后回中、上部及旁中央小叶后部

（2）局部定位：在脊髓内，脊髓丘脑侧束内的纤维排列出外侧向内侧为骶、腰、胸、颈部来的纤维，当髓内病变和髓外病变时，痛温觉障碍首先出现的区域不一样，髓内病变，痛温觉障碍首先出现在上半身；髓外病变痛温觉障碍首先出现在下半身。

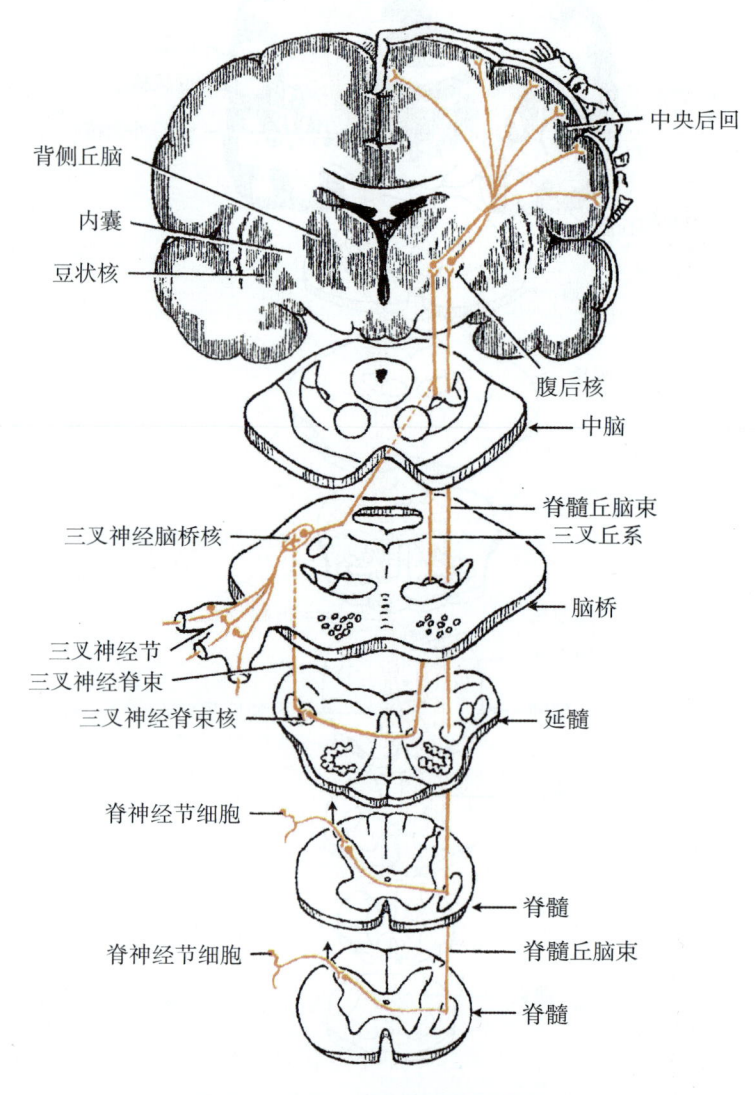

图18-2 躯干、四肢浅感觉传导通路

2. 头面部痛、温、触觉（浅感觉）传导通路（图18-2）

组面：由三级神经元组成。

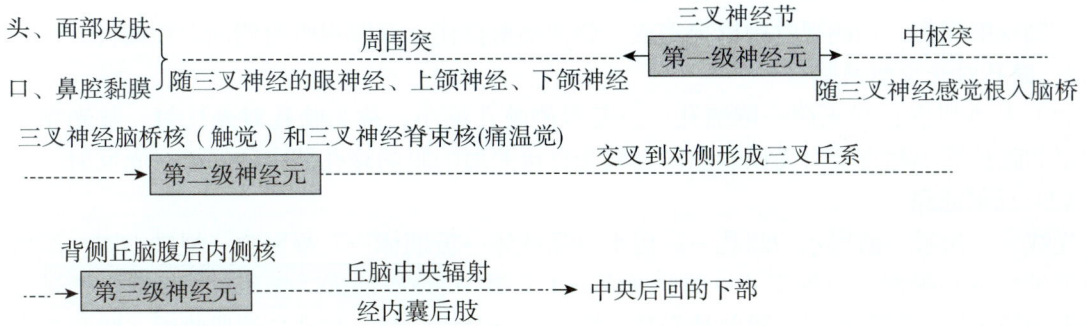

不同部位的损害产生不同类型的感觉障碍，典型的感觉障碍的类型具有特殊的定位诊断价值（表18-1）。

表18-1 感觉障碍的临床表现及定位诊断

受损部位	感觉障碍分布特点		疾病举例
末梢型感觉障碍	手、袜套状		多发性神经炎
节段型感觉障碍	受累节段浅感觉		脊髓空洞症
传导束型感觉障碍	（受损平面以下部位）		脊髓半切综合征
	对侧浅感觉、同侧深感觉障碍	双侧全部感觉	脊髓横贯-截瘫或四瘫
	偏身感觉缺失		内囊病变
交叉型感觉障碍	同侧头面部、对侧肢体浅感觉		脑干病变
皮质型感觉障碍	单肢感觉缺失		精细性感觉障碍

（三）视觉传导通路和瞳孔对光反射通路（图18-3）

1. 视觉传导通路

（1）组成

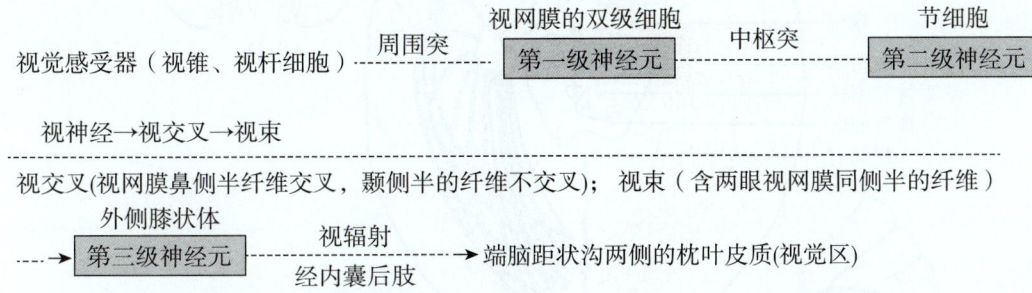

（2）视野与视网膜间光线投射的相应关系

视野：眼球固定向前平视时，所能看到的空间范围。

中心视野：黄斑部所能感受的空间范围。

周边视野：黄斑以外视网膜所感受的空间范围。

鼻侧半视野的光线投射到视网膜颞侧半；颞侧半视野的光线投射到视网膜鼻侧半；上半视野的光线投射到视网膜下半；下半视野的光线投射到视网膜上半。

（3）视觉传导通路不同部位损伤时的视野变化

一侧视神经损伤：患侧眼全盲。

视交叉中部损伤：双眼视野颞侧偏盲。

视交叉外侧部损伤：患侧视野鼻侧偏盲。

一侧视束损伤、一侧视觉中枢损伤或一侧视辐射损伤：双眼视野对侧同向性偏盲。

2. 瞳孔对光反射通路

（1）基本概念：强光照一侧瞳孔，引起双侧瞳孔缩小，称为瞳孔对光反射，被光直接照射的眼的瞳孔缩小称直接对光反射和没有被光直接照射的眼的瞳孔缩小称间接对光反射。

（2）反射通路

光线→（角膜→前房水→瞳孔→后房水→晶状体→玻璃体→）视网膜（视锥细胞←双极细胞→节细胞→）视神经→视交叉→两侧视束→上丘臂→ 顶盖前区（瞳孔对光反射中枢）→两侧动眼神经副核→动眼神经→睫状神经节（换元）→节后纤维→瞳孔括约肌收缩，瞳孔缩小。

（3）瞳孔对光反射弧不同部位损伤后的临床表现

1）当反射通路的传入部分（视神经）损伤时，由于光线不能传入，用光照患侧瞳孔时，两侧瞳孔都无反应；但光照健侧瞳孔时，两眼瞳孔均缩小，即患侧眼直接对光反射消失，间接对光反射存在。

2）若反射径路的传出部分（动眼神经）损伤时，患侧眼直接和间接对光反射都消失。

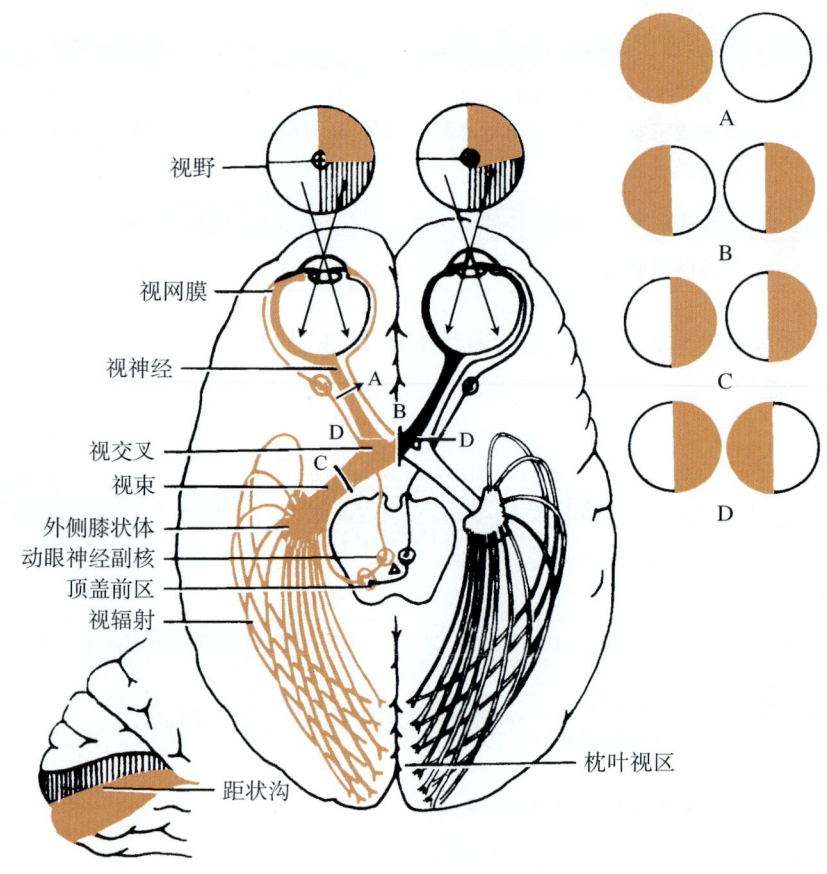

图 18-3　视觉传导通路和瞳孔对光反射通路

（四）听觉传导通路（图 18-4）

1. 组成　由四级神经元组成

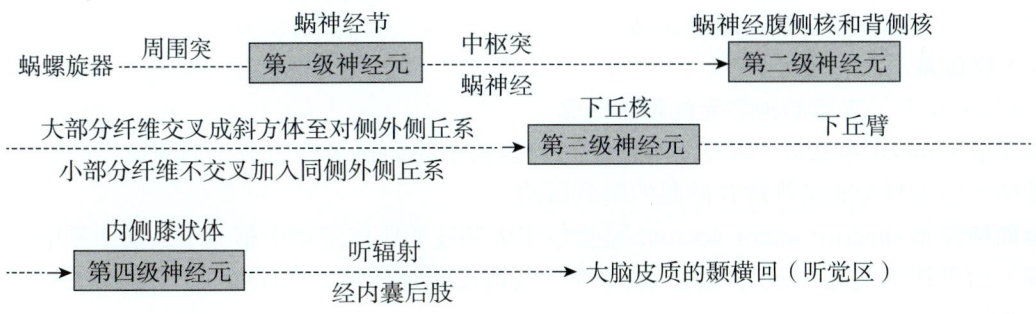

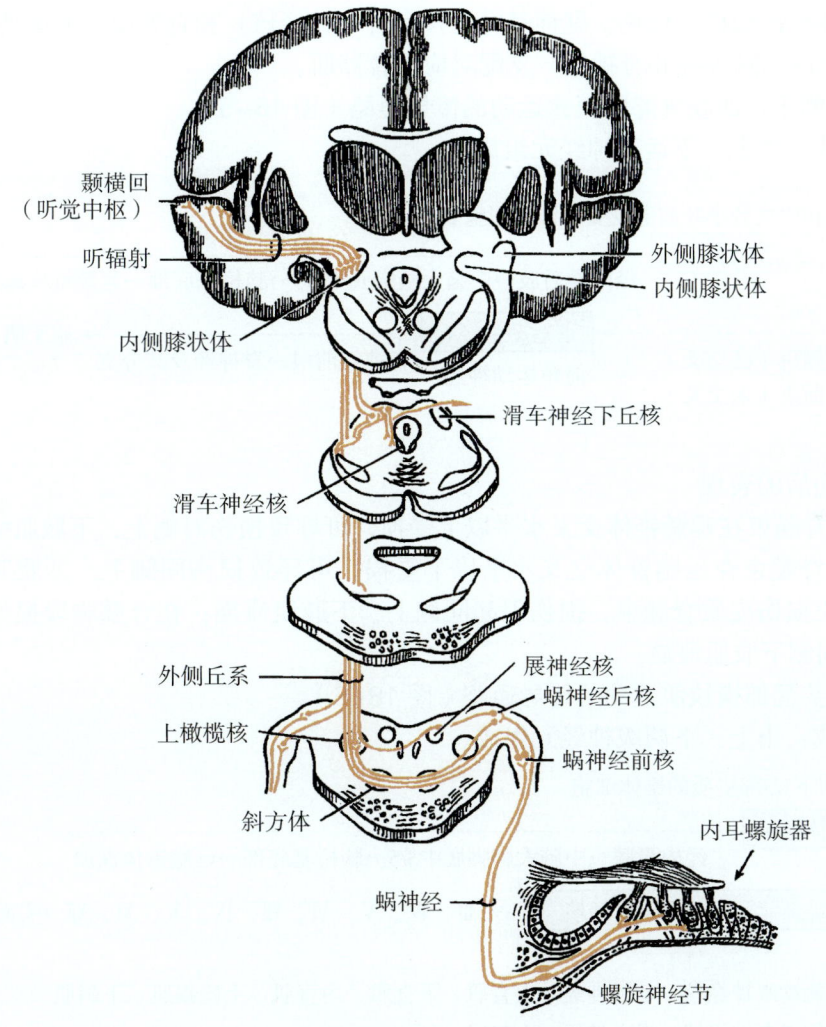

图 18-4　听觉传导通路

2. 特点

1）外侧丘系以上的听觉传导通路传导来自双耳的听觉冲动，故一侧外侧丘系、听辐射或听觉区损伤，不致产生全聋。

2）外侧丘系以下的听觉传导通路传导来自同侧耳的听觉冲动，故一侧蜗神经核、蜗神经或蜗神经节、蜗螺旋器损伤，可出现患侧耳全聋。

二、运动传导通路

大脑皮质对躯体运动的调节是通过锥体系和锥体外系来实现的。两者在功能上互相协调、互相配合，共同完成各项复杂的随意运动。

（一）锥体系

1. 锥体系及上、下运动神经元的基本概念

锥体系 pyramidal system　因皮质脊髓束行径延髓锥体而得名，由上、下两级运动神经元组成。锥体系的主要功能是管理骨骼肌的随意运动。

上运动神经元 superior motor neurons 是指位于大脑皮质躯体运动中枢（中央前回和中央旁小叶前部）的锥体细胞胞体及其轴突-锥体束（包括皮质脊髓束、皮质核束），直接或间接止于下运动神经元。

下运动神经元 inferior motor neurons 是指脑神经运动核（动眼神经核、滑车神经核、展神经核、三叉神经运动核、疑核、副神经脊髓核和舌下神经核）和脊髓前角的运动神经细胞胞体及其轴突（相应的脑神经和脊神经）支配对应的骨骼肌。

2. 管理躯干、四肢骨骼肌随意运动的传导通路（图 18-5）

（1）组成：由上、下运动神经元组成。

```
中央前回和中央旁小叶前部皮质的锥体细胞
                                         皮质脊髓束
  上运动神经元 ---------------------------------------------------------
                经内囊后肢→中脑大脑脚底中3/5→脑桥基底部→延髓锥体深面→锥体交叉

  ------------------------→ 下运动神经元 -------------------→ 躯干肌、四肢肌
   皮质脊髓侧束（已交叉）      前角运动神经    脊神经前根→脊神经及其分支
   皮质脊髓前束（未交叉）
```

（2）损伤后的表现

1）皮质脊髓束在延髓锥体交叉水平以上受损，可导致损伤对侧上、下肢肌瘫痪。

2）皮质脊髓束在延髓锥体交叉水平以下受损，可导致损伤同侧上、下肢肌瘫痪。例如，在脊髓上颈段损伤皮质脊髓束，损伤引起同侧上、下肢肌瘫痪；在脊髓胸段损伤皮质脊髓束，则损伤导致同侧下肢肌瘫痪。

3. 管理头面部横纹肌运动的传导通路（图 18-6）

（1）组成：由上、下两级神经元组成。

```
中央后回下1/3部皮质的锥体细胞
  上运动神经元 ------------------------------------------------------
                经内囊膝→中脑大脑脚底中3/5→脑桥基底部→延髓锥体深面

  下运动神经元，即脑神经运动核 ------ Ⅲ，Ⅳ，Ⅴ，Ⅵ，Ⅶ，Ⅸ，Ⅹ，Ⅺ，Ⅻ→头面部横纹肌
```

　　　　　⎧ 双侧动眼神经核→动眼神经→上直肌、下直肌、内直肌、上睑提肌、下斜肌
　　　　　⎪ 双侧滑车神经核→滑车神经→上斜肌
　　　　　⎪ 双侧展神经核→展神经→外直肌
　　　　　⎪ 双侧三叉神经运动核→三叉神经→下颌神经→咀嚼肌神经→咀嚼肌
　→　　　⎨ 双侧面神经核上部→面神经→眼裂以上面肌
　　　　　⎪ 对侧面神经核下部→面神经→眼裂以下面肌
　　　　　⎪ 双侧疑核→舌咽神经、迷走神经、副神经→咽肌、喉肌
　　　　　⎪ 双侧副神经核→副神经→胸锁乳突肌、斜方肌
　　　　　⎩ 对侧舌下神经核→舌下神经→舌肌

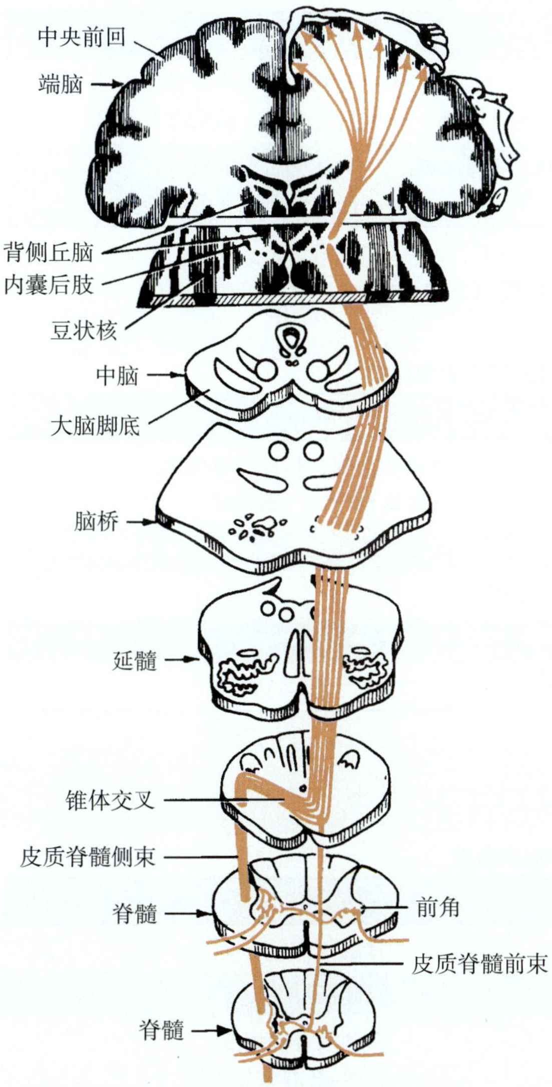

图 18-5　锥体系（示皮质脊髓束） 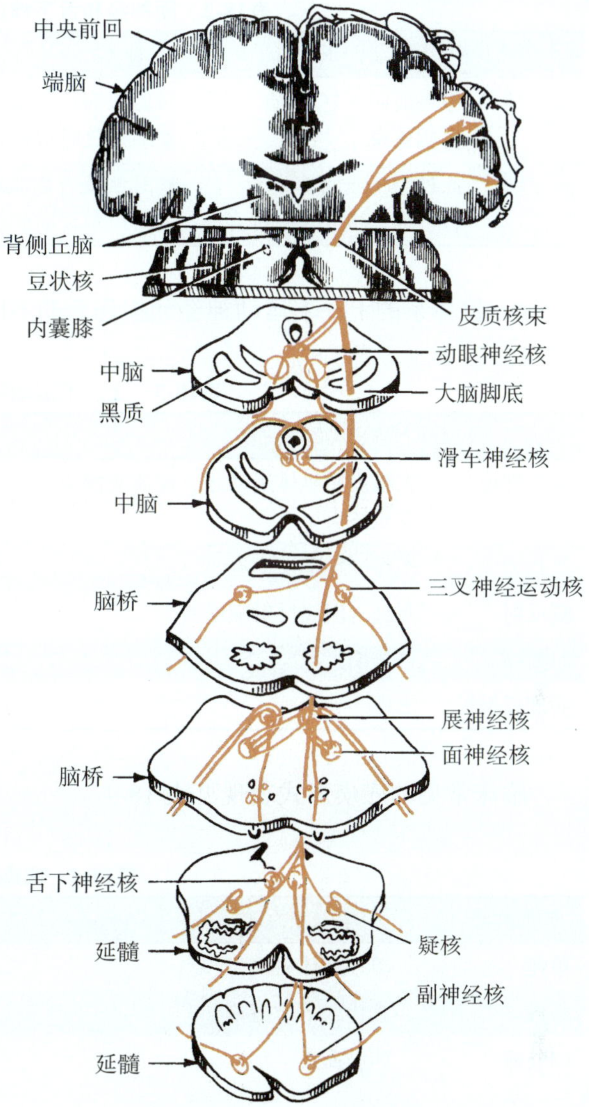　　　图 18-6　锥体系（示皮质核束）

（2）特点：皮质核束在下行过程中，纤维有的交叉，终于两侧的脑神经运动核，其中除面神经核的下群细胞和舌下神经核只接受对侧的皮质核束外，其他的脑神经运动核均接受双侧皮质核束的纤维。

（3）面神经和舌下神经核上瘫、核下瘫（表 18-2）

当中央前回下 1/3 皮质或皮质核束受损时，只出现损伤对侧的面神经核下群细胞和舌下神经核支配的横纹肌瘫痪，称面神经核上瘫或舌下神经核上瘫；若面神经核或面神经受损，出现损伤侧面肌瘫痪，则称面神经核下瘫；若舌下神经核或舌下神经受损，出现损伤侧舌肌瘫痪，则称舌下神经核下瘫。

表18-2 面神经和舌下神经核上瘫、核下瘫的表现

	损伤的结构	面 神 经	舌 下 神 经
核上瘫	中央前回下1/3皮质 皮质核束	对侧眼裂以下面肌瘫痪，但肌肉不萎缩。笑时口角歪向病灶同侧	对侧舌肌瘫痪，伸舌时舌尖偏向病灶对侧，但肌肉不萎缩
核下瘫	面神经核或面神经 舌下神经核或舌下神经	病灶侧所有面肌瘫痪，有肌萎缩。笑时口角歪向病灶对侧	病灶侧舌肌瘫痪，伸舌时舌尖偏向病灶侧，有舌肌萎缩

4．锥体系的上、下运动神经元损伤后的不同表现（表18-3）

表18-3 上、下运动神经元损伤表现比较

	上运动神经元损伤	下运动神经元损伤
病变部位	大脑皮质躯体运动区，皮质脊髓束、皮质核束	脊髓前角运动细胞、脑神经运动核，脊神经前根或脊神经、脑神经
肌张力	增高（痉挛性瘫痪）	降低（松弛性瘫痪）
腱反射	亢进（但浅反射减退）	消失
肌萎缩	（早期）无	有
病理反射征	出现	无

临床常见的瘫痪形式表现见表18-4。

表18-4 瘫痪的临床表现

瘫痪类型	瘫痪表现	疾病举例
单瘫	单一肢体瘫痪	脊髓灰质炎
截瘫	多为双下肢瘫痪	脊髓横贯性损害
四肢瘫	四肢瘫痪	高颈段脊髓病变 吉兰-巴雷综合征
交叉瘫	病变侧脑神经麻痹、对侧肢体瘫痪	脑干病变
偏瘫	一侧面部和肢体瘫痪	内囊出血

（二）锥体外系

1．基本概念

锥体系以外影响和控制躯体运动的一切传导路径称为**锥体外系 extrapyramidal system**，包括大脑皮质、纹状体、背侧丘脑、底丘脑、中脑顶盖、红核、黑质、脑桥核、前庭神经核、小脑、下橄榄核和脑干网状结构及其之间的纤维联系等。锥体外系的功能是调节肌张力、协调肌肉活动、维持和调整姿势、进行习惯性和节律性动作等。

2．主要的通路（图18-7）

（1）皮质——新纹状体——背侧丘脑——皮质环路

（2）新纹状体——黑质回路

（3）苍白球——底丘脑环路

（4）皮质——脑桥——小脑——皮质环路

3．锥体外系受损后的表现　主要表现为肌张力改变、运动异常、共济失调和平衡失调等。

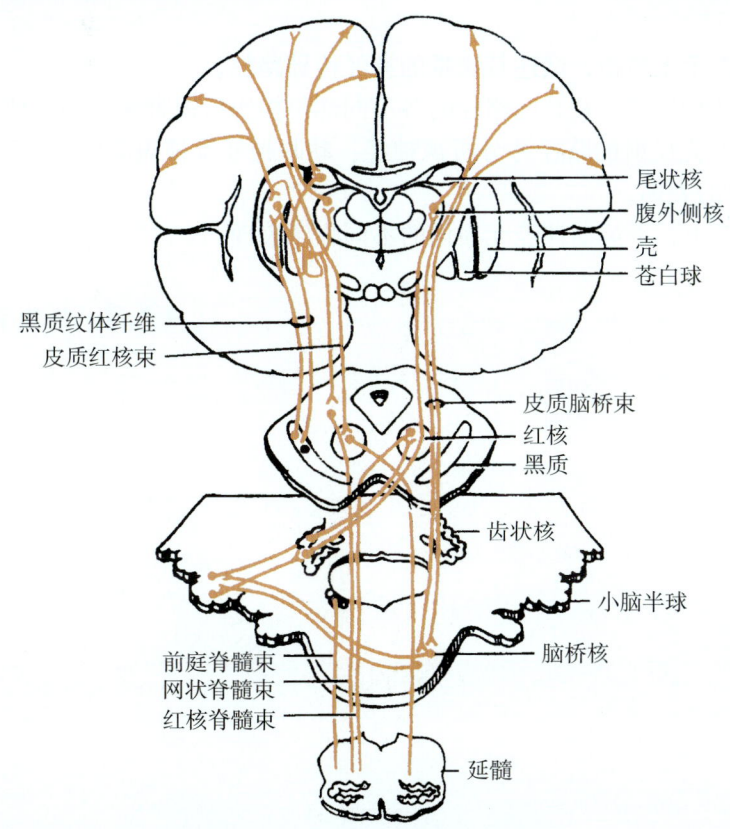

图 18-7　锥体外系的神经环路模式图

小结

1. 神经传导通路有感觉（上行）和运动（下行）之分。感觉传导通路是由感受器经周围神经、脊髓、脑干、间脑至大脑皮质的神经通路。运动传导通路由大脑皮质发出纤维经内囊、脑干、脊髓、周围神经至效应器的神经通路。

2. 感觉传导通路主要包括躯干四肢意识性深感觉通路、躯干四肢浅感觉通路、头面部浅感觉通路、视觉传导路及瞳孔对光反射的路径、听觉传导通路。感觉传导通路的解剖学基础对于诠释感觉障碍的表现具有十分重要的临床意义。

3. 运动传导通路主要包括锥体系和锥体外系。锥体系由上、下运动神经元组成，它们损伤的临床表现是不同的。锥体系的传导通路包括管理躯干、四肢骨骼肌随意运动的传导通路和管理头面部横纹肌运动的传导通路。运动传导通路的解剖学基础对于诠释运动障碍的表现具有十分重要的临床意义。

自测题

一、名词解释

1. 感觉传导通路　　2. 运动传导通路　　3. 上运动神经元　　4. 下运动神经元
5. 锥体系　　6. 锥体外系

二、简述题

1. 验血针刺左手无名指，试述其痛觉的神经传导路径。
2. 简述视觉的传导路径及其此路径的各不同部位损伤后视野缺损的表现。
3. 试述瞳孔对光反射的路径并分析视神经、动眼神经及顶盖前区（反射中枢）损伤后直接、间接对光反射的表现。
4. 简述锥体系上、下运动神经元损伤的不同临床表现。

（章惠英　陈黎华　金昌洙）

第十九章 脑和脊髓的被膜、血管和脑脊液循环

> **学习目标**
>
> 通过本章内容的学习,学生应能:
> ◆ 记忆
> 1. 定义脑和脊髓的被膜、血管和脑脊液循环。
> 2. 定义大脑动脉环的组成。
> ◆ 理解
> 1. 说明硬膜和蛛网膜形成的结构。
> 2. 说明大脑动脉环的功能。
> 3. 说明脑脊液的功能
> ◆ 应用
> 举例说明脑脊液循环障碍的解剖学基础。

第一节 脑和脊髓的被膜

脑和脊髓的外面都包有3层被膜,由外向内依次为硬膜、蛛网膜和软膜。这些被膜对脑和脊髓有支持和保护的作用。

一、硬膜

硬膜 dura mater 厚而坚韧,由致密结缔组织构成。包括硬脊膜和硬脑膜。

(一)硬脊膜

硬脊膜 spinal dura mater(图19-1)呈管状包被脊髓及脊神经根。上端附着于枕骨大孔边缘,向上与硬脑膜相延续;下端在第2骶椎以下包裹马尾,末端附于尾骨。硬脊膜与椎管内面的骨膜之间有一腔隙,称**硬膜外隙**。腔隙内含脊神经根、静脉丛、淋巴管和脂肪及疏松结缔组织,腔隙内呈负压。临床上将麻醉药注入此腔隙行硬膜外麻醉,以阻断脊神经的传导。

(二)硬脑膜

硬脑膜 cerebral dura mater(图19-2)坚韧有光泽,它由两层合成。外层相当于颅骨内面的骨膜,因此硬脑膜外无硬膜外隙。硬脑膜与颅盖诸骨连结疏松,故颅顶部外伤时,易使硬脑膜从颅盖剥离而形成硬脑膜外血肿;硬脑膜与颅底诸骨结合紧密,颅底骨折时,往往伤及硬脑膜和蛛网膜,致使脑脊液外漏。如颅前窝骨折时,脑脊液可流入鼻腔,形成鼻漏。

硬脑膜内层在某些部位折叠形成隔幕,伸入脑的各部间隙中:伸入大脑纵裂者,称**大脑镰 cerebral falx**;伸入大脑半球和小脑之间者,称**小脑幕 tentorium of cerebellum**。小脑幕的前

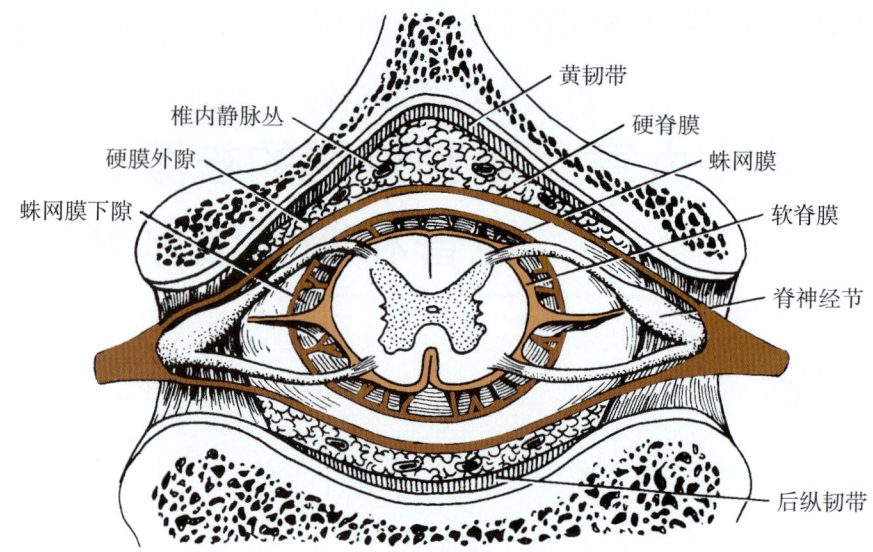

图 19-1 脊髓的被膜

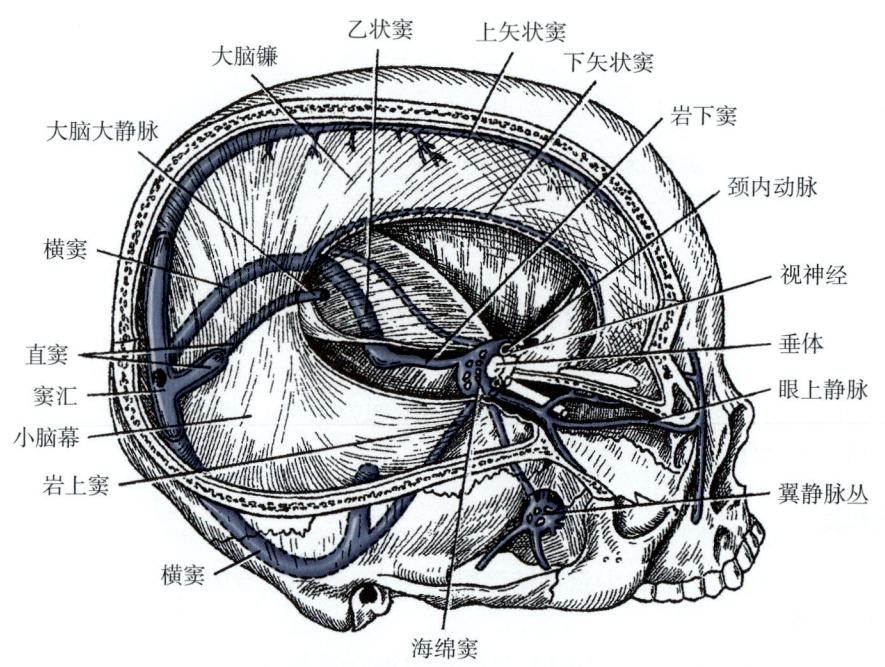

图 19-2 硬脑膜及硬脑膜窦

缘呈弧形凹陷，称**小脑幕切迹**。当颅内压增高时，切迹上方的脑组织可能被挤入小脑幕切迹下，形成小脑幕切迹疝。硬脑膜在某些部位，两层分开，留有腔隙，内衬内皮细胞，构成**硬脑膜窦 sinuses of duramater**，收纳脑的静脉血。重要的硬脑膜窦有：位于大脑镰上、下缘的为上矢状窦 superior sagittal sinus 和下矢状窦 inferior sagittal sinus；位于大脑镰与小脑幕连接处的为直窦 straight sinus；上矢状窦与直窦在枕内隆凸处汇合成窦汇，下矢状窦向后注入直窦；位于小脑幕后缘处的横窦左右各一，起自窦汇，沿枕骨横窦沟走向外侧，续于位于颅骨乙状窦沟中的乙状窦，乙状窦下达颈静脉孔处续接颈内静脉；另外，在颅中窝蝶骨体两侧有**海绵窦 cavernous sinus**，海绵窦向前经眼静脉可与面静脉相交通，故面部感染可经此途径波及颅内。

硬脑膜窦血液流向：

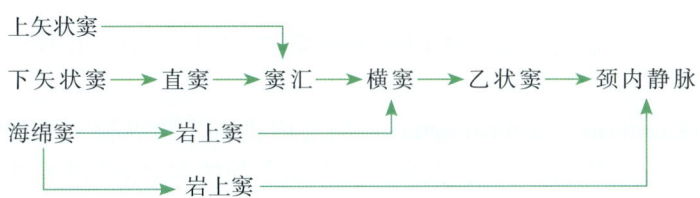

二、蛛网膜

蛛网膜 arachnoid mater（图19-1，3）为半透明薄膜，位于硬膜深面，脑蛛网膜和脊髓蛛网膜互相延续。蛛网膜与软膜之间的腔隙称**蛛网膜下隙** subarachnoid space，腔内充满脑脊液。蛛网膜下隙在某些部位比较宽大，形成蛛网膜下池 subarachnoid cisterns，如位于小脑和延髓背面之间的**小脑延髓池**（图19-9）；在脊髓下端至第2骶椎平面之间的为**终池**，终池特别阔大，内有马尾，临床上常在此进行穿刺术，以抽取脑脊液或注入药物。临床也可经枕骨大孔做小脑延髓池穿刺。脑的蛛网膜在硬膜窦附近，特别是在上矢状窦两侧，形成许多颗粒状突起，突入窦内，称**蛛网膜粒**，脑脊液由此渗入窦内，归入静脉。

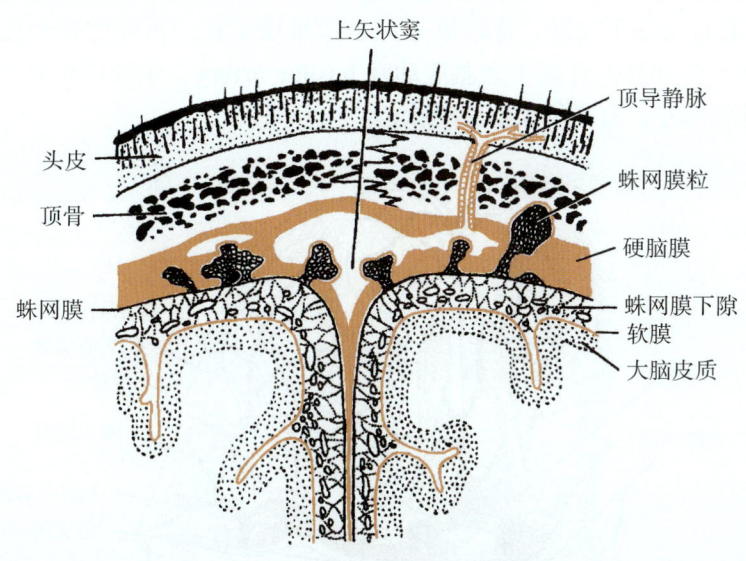

图19-3　上矢状窦和蛛网膜粒

三、软膜

软膜 pia mater（图19-1，3）很薄，富含血管，紧贴于脑和脊髓表面（分别称软脑膜和软脊膜），并深入脑和脊髓的沟裂之中。软脊膜自脊髓下端延为终丝。在脑室壁的某些部位，软脑膜及其血管与室管膜上皮共同构成脉络组织，后者某些部位血管反复分支成丛，夹带软脑膜和室管膜上皮一起突入脑室形成脉络丛，是产生脑脊液的主要结构。

第二节　脑和脊髓的血管

一、脑的血管

（一）脑的动脉

脑的动脉（图19-4，5）来自颈内动脉和椎动脉。颈内动脉供应大脑半球前2/3（以顶枕沟为界）和部分间脑；椎动脉供应大脑半球后 1/3、部分间脑、小脑和脑干。它们的分支均分为皮质支和中央支。

1. **颈内动脉** 经颈动脉管入颅，向前穿出海绵窦，折向后方，在视交叉的外侧分出以下主要分支：

（1）**大脑前动脉 anterior cerebral artery**：向前内进入大脑纵裂，与对侧同名动脉借前交通动脉相连，然后沿胼胝体背侧后行，其皮质支分布于顶枕沟以前的大脑半球内侧面、额叶底面的一部分和额、顶两叶外侧面的上部；其起始部发出数支细小的中央支，经前穿质入脑实质，供应豆状核、尾状核前部和内囊前肢。

（2）**大脑中动脉 middle cerebral artery**：是颈内动脉最大最主要的分支，可视为颈内动脉的直接延续，大脑半球所需血液的大约 80% 来自此动脉。它沿大脑外侧沟后行，皮质支分布于大脑半球上外侧面大部和岛叶，其中包括 躯体运动区、躯体感觉区和语言中枢。若该动脉发生阻塞，将出现严重的功能障碍；其起始段发出约数 10 支纤细的中央支（图 19-6），又称**豆纹动脉**，经后穿质垂直向上进入脑实质，主要供应尾状核、豆状核、内囊膝及后肢前部。豆纹动脉在高血压动脉硬化时容易破裂（故又名出血动脉）而导致脑卒中，出现严重的功能障碍。

（3）**后交通动脉 posterior communicating artery**：较小，于视束下方后行，与大脑后动脉相吻合，是颈内动脉系与椎 - 基动脉系的吻合支。

2. **椎动脉** 起自锁骨下动脉，穿经第 6～1 颈椎横突孔，再经枕骨大孔进入颅后窝，至脑桥腹侧下缘，两侧椎动脉汇合成 1 条**基底动脉 basilar artery**，于脑桥腹面的基底沟内行向前上，在脑桥上缘处分为左、右 2 条大脑后动脉。

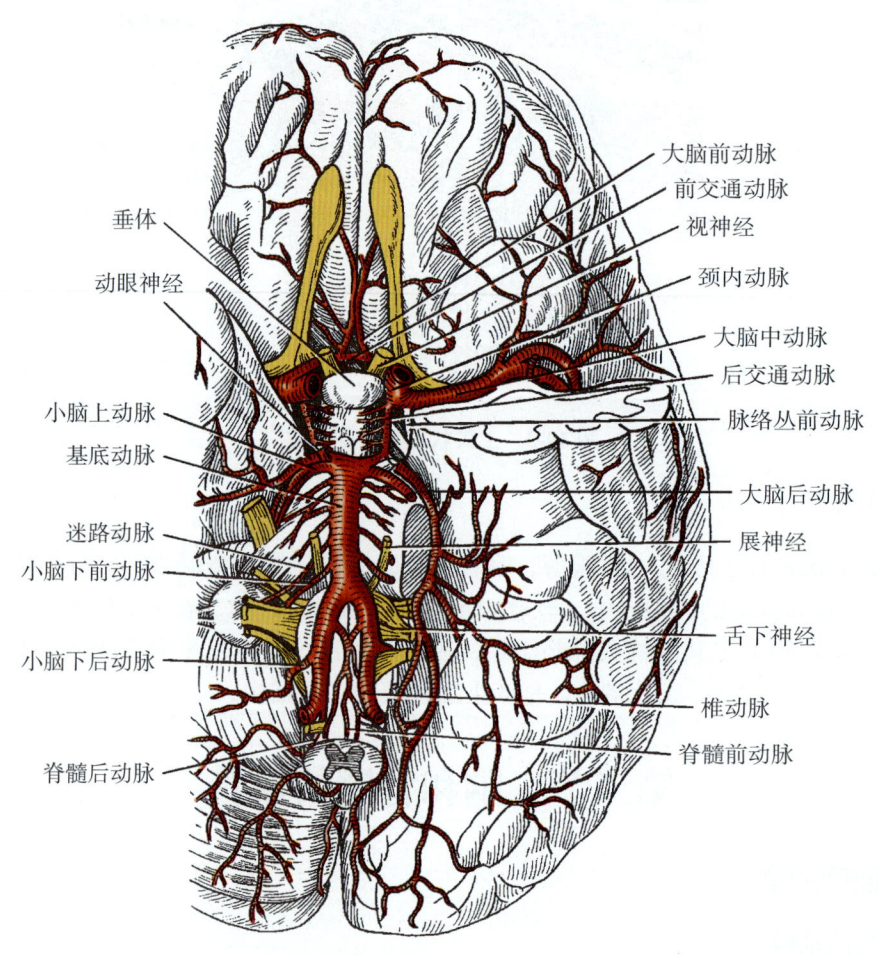

图 19-4 脑的动脉（底面）

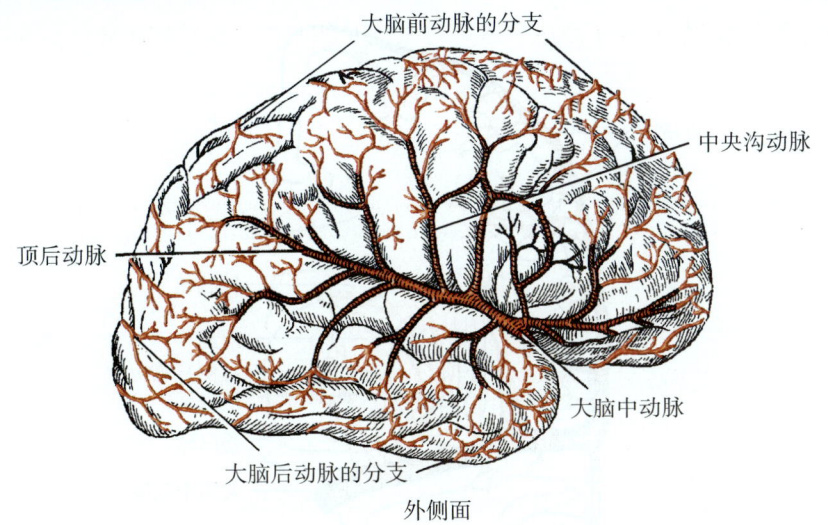

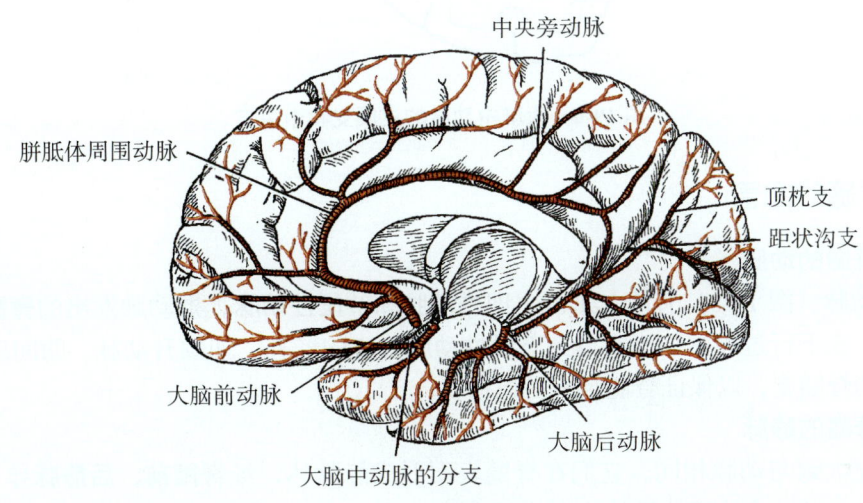

图 19-5 大脑前、中、后动脉在大脑半球表面的分布区域

大脑后动脉 posterior cerebral artery 是基底动脉的终支，绕大脑脚后行，其终支达顶枕沟，起始部与后交通动脉相连。皮质支主要分布于枕叶的全部和颞叶的底面及内侧面；中央支亦起自其根部，穿入脑实质，供应背侧丘脑、内外侧膝状体、下丘脑和底丘脑等。

3. **大脑动脉环 cerebral arterial circle**（图 19-4） 又称 **Willis 环**，是由前交通动脉、大脑前动脉、颈内动脉末端、后交通动脉和大脑后动脉彼此吻合组成的 1 个动脉环路。此环位于脑底正中，环绕视交叉、灰结节和乳头体，故也称**脑底动脉环**。在正常情况下，来自两侧颈内动脉和椎动脉的血液各有其供血区，互不相混，但当某 1 条动脉发生慢性阻塞或阻断时，若动脉环发育良好，血液则可通过此环重新分配和代偿，以维持脑的血液供应。

（二）脑的静脉

脑的静脉壁薄无瓣膜，不与动脉伴行，分浅、深 2 组。浅静脉（图 19-7）收集皮质及浅层白质的静脉血，在脑表面汇成一些大的大脑浅静脉，注入邻近的硬脑膜窦（如上矢状窦、海绵窦和横窦等）。

深静脉收集大脑深部白质、基底核、间脑、脉络丛等处的血液，在胼胝体下方合成 1 条**大脑大静脉（Galen 静脉）great cerebral veins**（图 19-2）向后注入直窦。

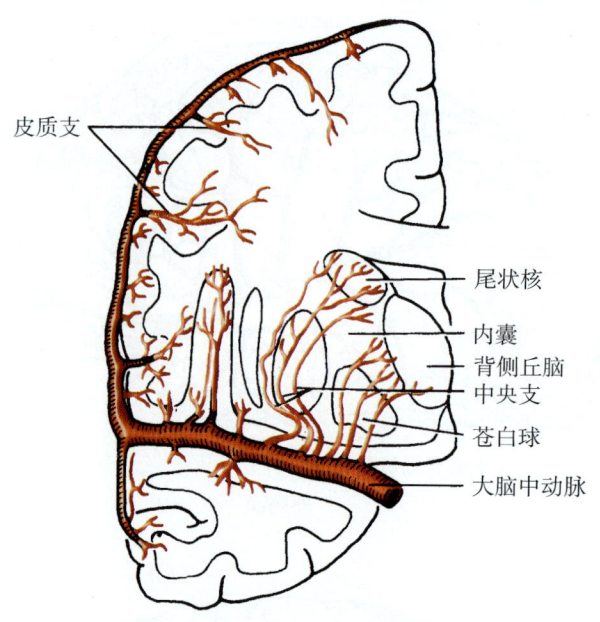

图 19-6 大脑中动脉的皮质支和中央支

二、脊髓的血管

（一）脊髓的动脉

脊髓的动脉（图 19-8）有两个来源：即**椎动脉**和**节段性动脉**。椎动脉发出的**脊髓前动脉**和**脊髓后动脉**；在下行过程中，不断得到**节段性动脉**分支的增补，如颈升动脉、肋间后动脉、腰动脉等发出的脊髓支，以保证脊髓足够的血液供应。

（二）脊髓的静脉

配布情况大致与动脉相同。它们在脊髓表面形成静脉丛，经**脊髓前、后静脉**导入硬膜外隙内的静脉丛，再经椎骨外面的静脉丛入节段静脉。

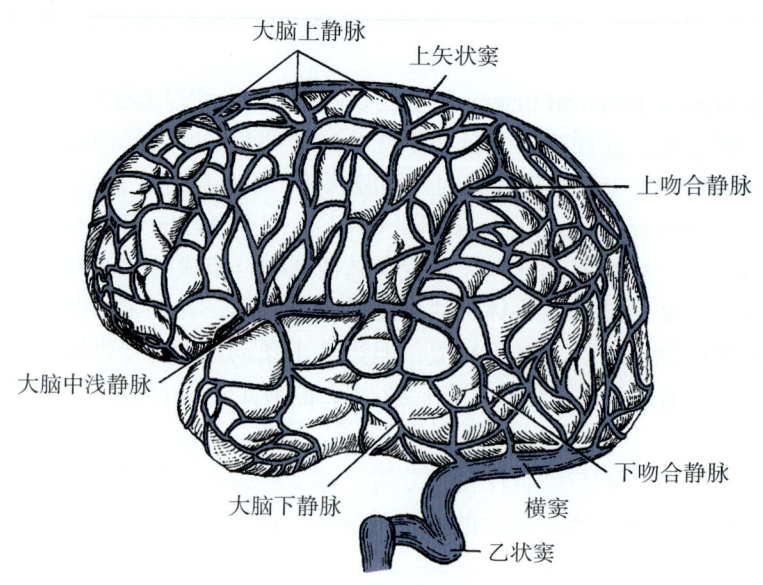

图 19-7 大脑浅静脉

第十九章 脑和脊髓的被膜、血管和脑脊液循环

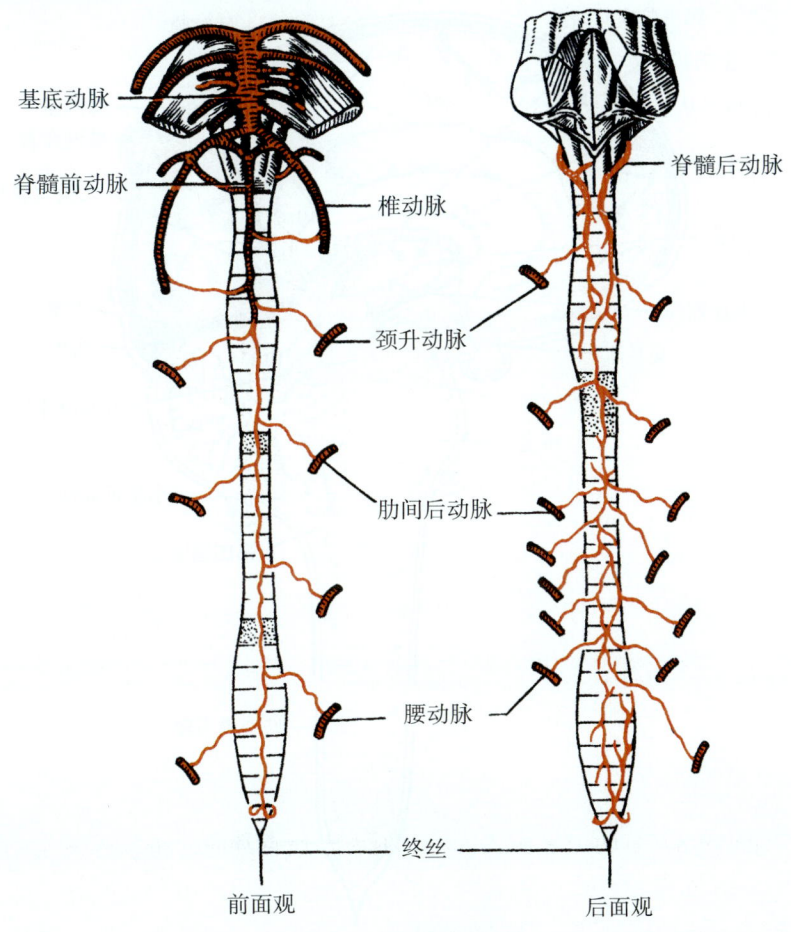

图 19-8　脊髓的动脉

第三节　脑脊液及其循环

脑脊液 cerebrospinal fluid 为无色透明的液体，主要由各脑室的脉络丛产生，成年人总量平均约 150ml。脑脊液充满于脑室系统、脊髓中央管和蛛网膜下隙中，最后进入血液。正常脑脊液呈动态平衡，其循环途径（图 19-9）如下：

左、右侧脑室→室间孔→第三脑室→中脑水管→第四脑室→第四脑室正中孔和两外侧孔→蛛网膜下隙→蛛网膜粒→上矢状窦→颈内静脉。

脑脊液对中枢神经系统起缓冲、保护、营养、运输代谢产物以及维持正常颅内压的作用。脑脊液的循环对维持脑组织的渗透压和调整颅内压都具有重要作用。上述循环途径中，任何部位发生阻塞，可引起脑积水和颅内压增高，甚至危及生命。

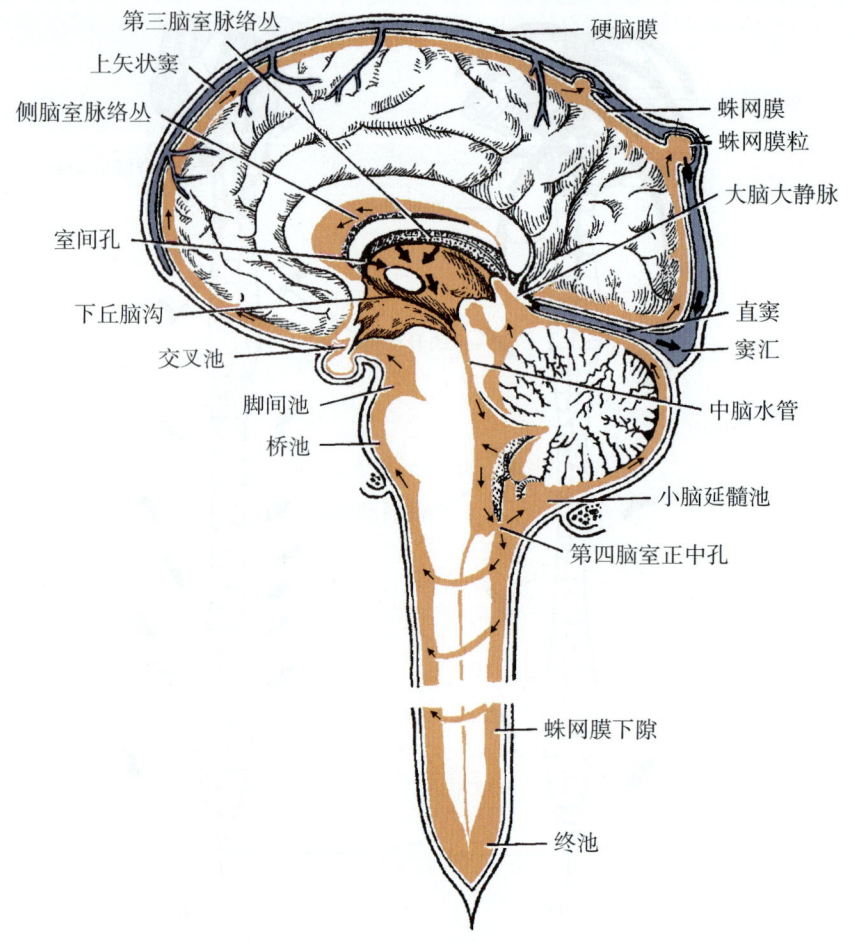

图 19-9 脑脊液循环模式图

第四节 脑屏障

脑屏障 brain barrier 指血液与脑组织之间的一些结构，有选择地限制某些物质进入脑组织的作用。脑屏障在维持中枢神经内环境的稳定和平衡方面有重要作用；也可防止一些有害物质进入脑组织，保护脑和脊髓。目前认为，脑屏障可区分为血-脑屏障、血-脑脊液屏障和脑脊液-脑屏障（图 19-10），起屏障作用的结构基础分别为脑和脊髓中毛细血管的内皮、基膜，以及神经胶质细胞的突起附着于基膜之外形成的神经胶质膜；此外还有脑室内的室管膜上皮、软膜和神经胶质膜等。

脑动脉环和脑动脉瘤

脑动脉环（Willis 环） 是脑底部的大动脉吻合，动脉环的血管无论在类型还是管径大小上均存在大量的个体变异，有各种各样的发育不全，该循环很少在功能上完备。不同个体间最大的管径变异是后交通动脉。大脑前动脉起始段的发育不全常常比前交通动脉多，并在 1/3 的个体中造成动脉环的缺陷。

脑动脉瘤 是脑动脉气球样的扩张，常因血管壁缺损造成。脑动脉瘤常常发生于脑动脉环，靠近颈内动脉终末端的动脉瘤可以压迫视交叉而造成视野的变化。后交通动脉、小脑上动脉或基底部动脉瘤，因其靠近动眼神经常可导致动眼神经压迫症状。

第十九章　脑和脊髓的被膜、血管和脑脊液循环　301

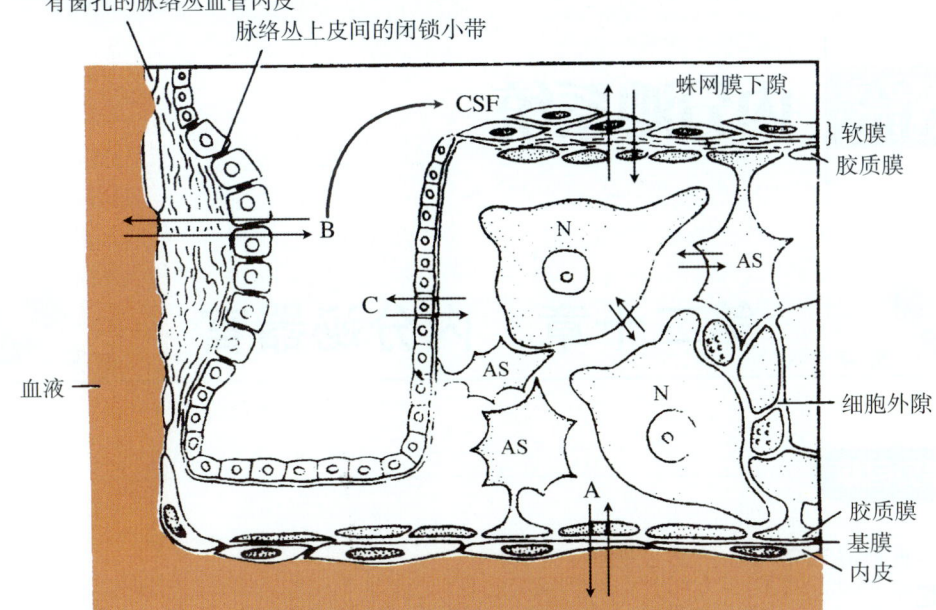

图 19-10　脑屏障的结构和位置关系

A. 血-脑屏障　B. 血-脑脊液屏障　C. 脑脊液-脑屏障
AS. 星状胶质细胞　N. 神经元　CSF. 脑脊液

 小　结

1. 脑和脊髓的被膜及作用：脑和脊髓的外面都包有 3 层被膜，由外向内依次为硬膜、蛛网膜和软膜。这些被膜对脑和脊髓有支持和保护的作用。
2. 脑和脊髓的动脉：脑的动脉来自颈内动脉和椎动脉；脊髓的动脉来自椎动脉和节段性动脉。
3. 脑脊液及其循环：脑脊液为无色透明的液体，主要由各脑室的脉络丛产生，对中枢神经系统起缓冲、保护、营养、运输代谢产物以及维持正常颅内压的作用。

 自测题

一、名词解释

1. 硬膜外隙　　2. 硬脑膜窦　　3. 蛛网膜下隙　　4. 终池

二、简答题

1. 简述脑和脊髓的被膜及作用。
2. 简述脑和脊髓的动脉供应。
3. 简述大脑动脉环的组成和功能。
4. 简述脑脊液的功能和循环途径。

（于胜波　金昌洙　于振海）

第六篇 内分泌系统

第二十章 内分泌器官

学习目标

通过本章内容的学习，学生应能：

◆ 记忆
1. 陈述内分泌系统的组成和特点。
2. 陈述垂体、甲状腺、肾上腺的位置和功能。

◆ 理解
说明垂体、甲状腺、甲状旁腺、肾上腺和松果体的形态。

◆ 应用
1. 举例说明激素分泌异常的临床表现。
2. 举例说明内分泌系统与神经系统的关系。

内分泌系统 endocrine system 由内分泌腺和内分泌组织组成。内分泌腺又称内分泌器官，是以内分泌细胞为主组成的独立存在、肉眼可见的器官，主要包括松果体、垂体、甲状腺、甲状旁腺和肾上腺等。内分泌腺具有如下特点：①体积小、重量轻；②血供丰富，血流缓慢，这与其旺盛的新陈代谢和激素的运输有关；③无导管，其分泌物直接进入血液循环；④腺细胞通常排列成索、团或围成滤泡状。⑤分泌的量少但作用大而持久。内分泌组织是分散于机体其他器官或组织内的内分泌细胞团，包括胰腺内的胰岛、睾丸内的间质细胞、卵巢内的卵泡和黄体等（图 20-1）。

内分泌腺和内分泌组织的分泌物称为**激素 hormone**，受激素作用的特异性组织或器官称"靶组织"或"靶器官"。内分泌系统是机体内神经系统以外的一个重要的调节系统，其分泌的激素量少但作用大而持久，对人体的新陈代谢、生长发育和生殖活动以及外环境的适应等具有重要的体液调节作用。

内分泌系统与神经系统关系密切。神经系统的某些部分也具有内分泌功能（如下丘脑）。内分泌系统的活动是在神经系统的调节下进行的，神经系统通过对内分泌腺的作用，间接地调节人体器官的功能，这种调节称为神经体液调节。反过来，内分泌系统的功能紊乱，也可导致神经系统功能失调，如影响机体的行为、情绪、睡眠和记忆等。机体在神经和体液（激素）的双重调节作用下，针对外环境的刺激做出相应的调整与适应，起到维持机体内环境的动态平衡与稳定的作用，调节机体的生长发育和各种代谢活动。

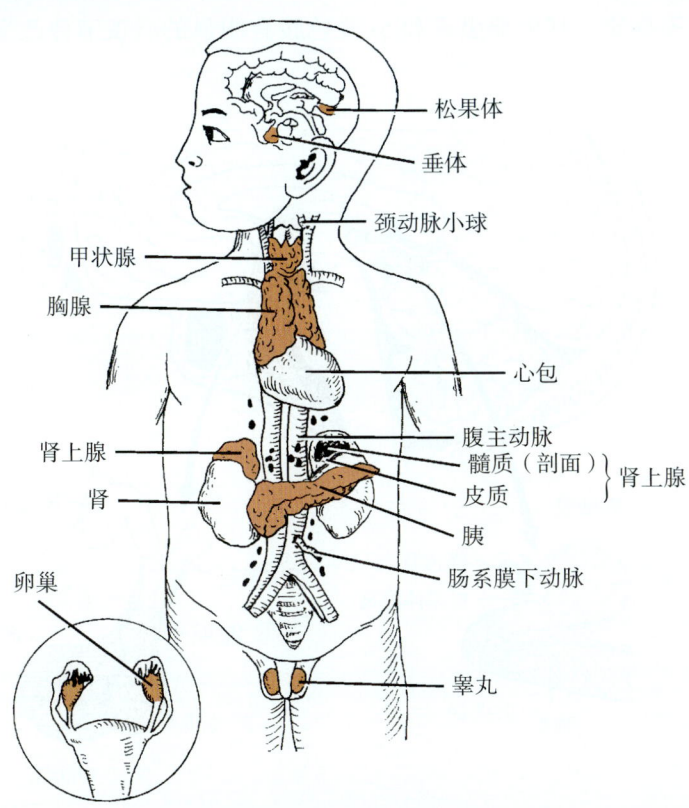

图 20-1　内分泌系统整体观

一、垂体

垂体 hypophysis 是不成对的器官，呈椭圆形，成人垂体重量为 0.4～0.8g，是体内最重要和最复杂的内分泌腺。位于颅中窝蝶骨体上方的垂体窝内，借漏斗与下丘脑相连，呈横椭圆形，灰红色。垂体可分为腺垂体和神经垂体两大部分。腺垂体又分为远侧部、中间部和结节部；神经垂体由神经部、漏斗部和正中隆起组成（图 20-2）。

腺垂体分泌的激素目前已确定有 4 类：①生长激素：主要是促进骨和软组织的生长。该类激素分泌过多，则形成巨人症或肢端肥大症。儿童生长激素分泌不足导致侏儒症。②催乳素：促进乳腺分泌乳汁。③黑色细胞刺激素：使皮肤黑色素细胞合成黑色素。④促激素：促甲状腺激素，促肾上腺皮质激素，促卵泡激素、促黄体激素和促间质细胞激素。该类激素促进其靶器官的分泌活动。

神经垂体无分泌功能，具有贮存下丘脑视上核和室旁核所分泌的加压素（抗利尿激素）和催产素（缩宫素）的功能。前者可使血压上升，尿量减少，后者有促进子宫平滑肌收缩和乳腺泌乳的功能。

二、松果体

松果体 pineal body 又名脑上腺，位于背侧丘脑后上方，以柄连于上丘脑缰连合后方，形似松果，灰红色，重约 120～200g（图 20-2）。在儿童时期发育旺盛，7 岁以后腺细胞逐渐萎缩，结缔组织开始增生。成年有颗粒样钙盐沉着，称为脑砂，常在 X 线片上可见。临床上可根据其位置的改变，作为诊断颅内病变的参考，也可作为口腔牙齿正畸的定位标志。

松果体的主要功能是抑制腺垂体分泌促性腺激素，从而抑制性腺的发育和分泌，以及具有防止儿童性早熟的作用。光照可抑制其激素的分泌。此外，松果体内还含有褪黑素、5-羟色胺和去甲肾上腺素等物质，其中褪黑素和 5-羟色胺有明显的昼夜节律改变，参与调节生殖系统的发育。

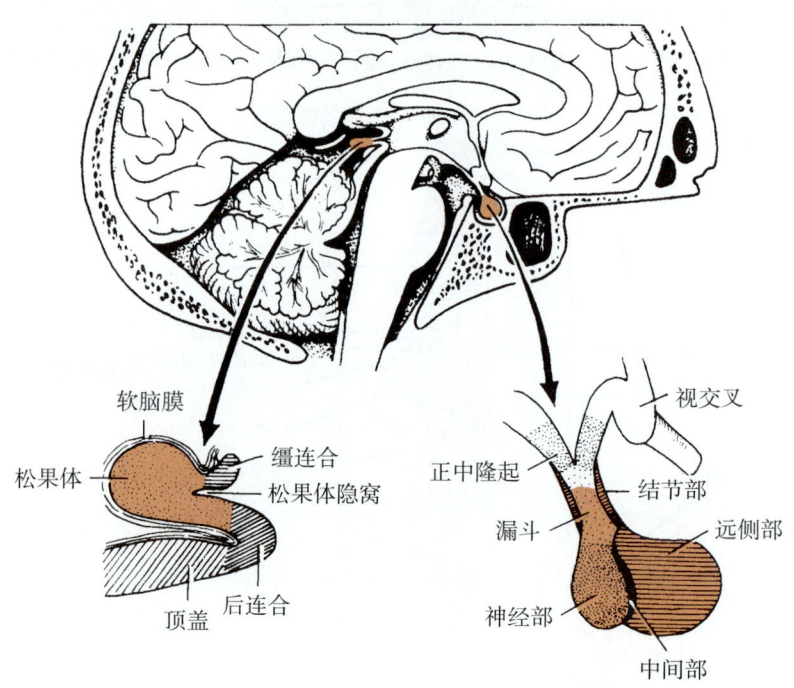

图 20-2　松果体和垂体

三、甲状腺

（一）甲状腺的形态、位置

甲状腺 thyroid gland 位于颈前部，棕红色，质地柔软，重约 20～40g，呈"H"形，由左、右两个侧叶和中间的峡组成。有的人从甲状腺峡向上伸出长短不一的锥状叶，长者可达舌骨的高度。甲状腺侧叶贴于喉下部和气管上段的两侧，上达甲状软骨中部，下至第 6 气管软骨环，后方平对第 5～7 颈椎高度。甲状腺峡连接两侧叶，位于第 2～4 气管软骨环的前方（图 20-3）。

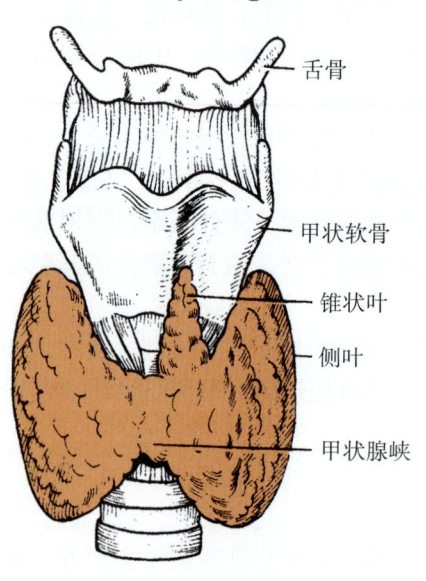

图 20-3　甲状腺

（二）甲状腺的被膜

甲状腺有内、外两层被膜，内层为紧贴腺体表面的甲状腺囊（真被膜），伸入腺实质，将其分成许多大小不等的小叶。外层为颈深筋膜形成的甲状腺鞘（假被膜），将甲状腺固定在喉和气管壁上，故吞咽时，甲状腺可随喉上、下移动，借此可协助临床诊断疾病。两者之间为囊鞘间隙，内有甲状腺的血管、神经及甲状旁腺等。

（三）甲状腺的功能与临床

甲状腺分泌的激素为甲状腺素和降钙素。甲状腺素的主要作用是促进机体的新陈代谢、维持机体的正常生长发育，尤其是对骨骼和神经系统的发育影响更大，降钙素可以调节机体的钙代谢。甲状腺素分泌异常，会出现很多疾病，如甲状腺素分泌过多时，可引起突眼性甲状腺肿，临床又称"甲状腺功能亢进"；分泌不足时，小儿则患呆小症，表现为身体异常矮小，智力低下。碘对甲状腺分泌功能有调节作用，缺碘可导致甲状腺肿大。

四、甲状旁腺

甲状旁腺 parathyroid glands 呈棕黄色、扁椭圆形黄豆大小的小腺体，每个甲状旁腺重约 50mg。通常有上、下两对，位于甲状腺侧叶后面，上一对约在甲状腺侧叶后面上、中 1/3 交界处，下一对多位于甲状腺下动脉进入腺体处附近（图 20-4）。

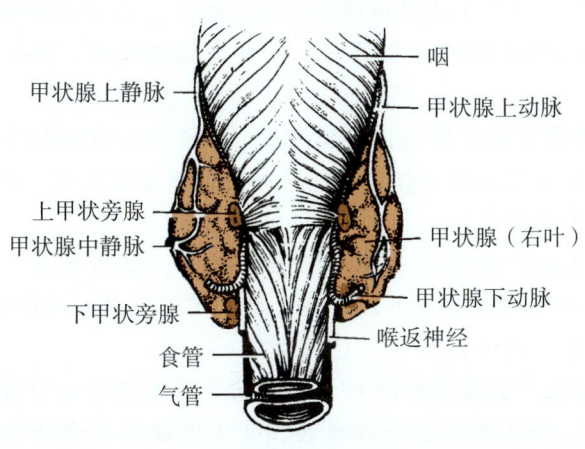

图 20-4 甲状旁腺

甲状旁腺主要分泌甲状旁腺素，可调节体内钙磷代谢，维持血钙平衡。若分泌不足，可使血钙浓度降低，出现手足抽搐症。若功能亢进可引起骨质内钙过度吸收，导致血钙浓度升高并容易发生骨折。

五、肾上腺

肾上腺 suprarenal gland 位于肾上端的内上方，与肾共同包在肾筋膜内。左、右各一，重约 5g，左侧近似半月形，右侧呈三角形，灰黄色（图 20-5）。肾上腺实质由外层的皮质和内层的髓质构成。皮质在外呈浅黄色，髓质在内呈棕色。

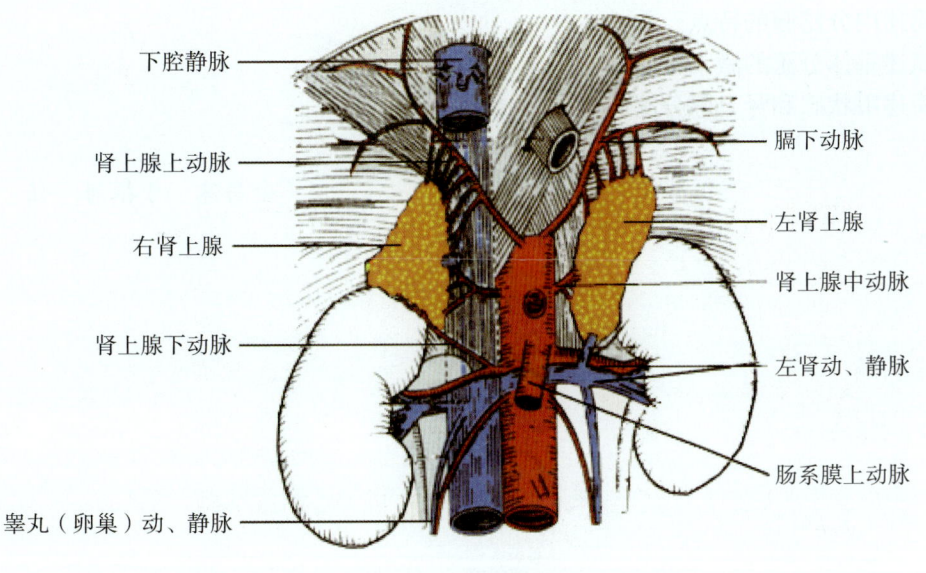

图 20-5 肾上腺

肾上腺皮质可分泌多种激素，包括盐皮质激素、糖皮质激素和性激素，可参与调节机体的水盐代谢、糖和蛋白质代谢，以及维持性行为和第二性征。肾上腺髓质主要分泌肾上腺素和去甲肾上腺素，其作用可使心跳加快，心输出量增高并升高血压以及调节内脏平滑肌的活动等。

小 结

1. 内分泌系统由内分泌腺和内分泌组织组成，内分泌腺和内分泌组织的分泌物称为激素。内分泌腺又称内分泌器官，主要包括松果体、垂体、甲状腺、甲状旁腺和肾上腺等。

2. 内分泌腺具有如下特点：①体积小、重量轻；②血供丰富，血流缓慢；③无导管，其分泌物直接进入血液循环；④腺细胞通常排列成索、团或围成滤泡状。⑤分泌的量少但作用大而持久。

3. 腺垂体分泌的激素有4类：①生长激素；②催乳素；③黑色细胞刺激素；④促激素。神经垂体具有贮存下丘脑视上核和室旁核所分泌的加压素（抗利尿激素）和催产素（缩宫素）的功能。

4. 甲状腺分泌甲状腺素和降钙素，甲状旁腺主要分泌甲状旁腺素，肾上腺皮质分泌盐皮质激素、糖皮质激素和性激素，肾上腺髓质主要分泌肾上腺素和去甲肾上腺素。

自 测 题

一、名词解释
1．内分泌系统　　2．激素

二、简答题
1．简述内分泌腺的特点。
2．简述垂体分泌的激素及功能。
3．简述甲状腺和肾上腺分泌的激素及功能。

（金昌洙　于振海　任　玥）

自测题参考答案

第一章

第一节

一、名词解释

（略）

二、简答题

1．骨由骨质、骨膜和骨髓构成，并含有丰富的血管和神经等。

骨质是构成骨的主要成分，可分为骨密质和骨松质，骨密质构成各种骨的外层，质地坚实致密，骨松质位于骨的内部，呈海绵状。骨膜是覆盖于骨内、外面的纤维结缔组织膜，衬于骨髓腔内部和骨松质腔隙内的膜较薄，称内骨膜。包裹于除关节面以外骨表面的骨膜，称外骨膜。骨髓充填于骨髓腔和骨松质间隙内，分红骨髓和黄骨髓，红骨髓有造血功能。

2．骨膜覆盖于除关节面以外的骨表面。骨膜含有丰富的血管、淋巴管和神经，对骨起着营养、生长和感觉作用，并且在骨折时对骨的再生、修复和改建起重要作用。

第二节

一、名词解释

（略）

二、简答题

1．椎骨由前方的椎体和后方的椎弓组成。椎体和椎弓共同围成椎孔，所有椎骨的椎孔连接成椎管。椎体呈圆柱形。椎弓呈弓形，分为椎弓根和椎弓板两部分。由椎弓发出 7 个突起：1 个棘突，1 对横突，1 对上关节突和 1 对下关节突。

2．颈椎椎体较小，呈横椭圆形，椎孔较大呈三角形。横突根部有横突孔，棘突较短，末端分叉；胸椎椎体呈心形，在椎体两侧后部的上、下缘有上下肋凹，椎孔小而圆，横突末端有横突肋凹，棘突较长，向后下方呈叠瓦状排列；腰椎椎体粗大，横断面呈肾形，椎孔呈三角形，棘突宽而短，近似板状，水平伸向后方。

3．脑颅骨共 8 块，不成对的有额骨、筛骨、蝶骨和枕骨，成对的有颞骨和顶骨，它们共同构成颅腔；面颅骨共 15 块，成对的有上颌骨、腭骨、颧骨、鼻骨、泪骨及下鼻甲；不成对的有犁骨、下颌骨和舌骨。面颅骨围成眶腔、鼻腔和口腔。

4．额窦位于额骨内，眉弓的深面，开口于中鼻道；筛窦位于筛骨迷路内，分前、中、后三群。前、中筛窦开口于中鼻道；后筛窦开口于上鼻道；蝶窦位于蝶骨体内，开口于蝶筛隐窝；上颌窦最大，位于上颌骨体内，开口于中鼻道。

5．脑颅大于面颅，鼻旁窦和上、下颌骨均不发达，有颅囟。

第三节

一、名词解释

（略）

二、简答题

1．上肢骨由上肢带骨和自由上肢骨组成。上肢带骨包括锁骨和肩胛骨。锁骨横架于胸廓前上方，肩胛骨位于胸廓上部的后外侧。自由上肢骨包括肱骨、桡骨、尺骨及手骨。肱骨是位于上臂的长骨；桡骨位于前臂的外侧；尺骨位于前臂的内侧。腕骨属短骨，单侧8块，分近侧和远侧两列排列。掌骨单侧共5块，属长骨，由桡侧向尺侧分别称第1～5掌骨。指骨单侧共14块，也属长骨。拇指有2块指骨，其余各指均有3块指骨。由近侧至远侧依次为近节指骨、中节指骨和远节指骨。

2．下肢带骨由下肢带骨和自由下肢骨组成。下肢带骨包括由髂骨、耻骨和坐骨组成的髋骨，自由下肢骨包括股骨、髌骨、胫骨、腓骨和足骨。股骨位于髋骨和小腿骨之间，髌骨位于股四头肌腱内，胫骨和腓骨分别位于小腿的内、外侧。足骨包括跗骨、跖骨和趾骨。跗骨共7块，属短骨，分前、中、后3列。后列有前上方的距骨和后下方的跟骨；中列为足舟骨；前列由内向外依次为内侧楔骨、中间楔骨、外侧楔骨和骰骨；跖骨属长骨，共5块，由内侧向外侧依次为第1～5跖骨；趾骨为长骨，共14块，形态和名称同指骨。

第四节

一、简答题

在体表易触摸到的骨性标志中，由于骨与其表面的皮肤之间缺乏肌肉和脂肪，长期处于某一体位时，皮肤由于受压而血液循环障碍，可发生压疮。当患者长期处于仰卧位，肩胛骨、鹰嘴背侧和坐骨结节等处表面易发生压疮；而长期处于侧卧，则肩峰、肘外侧、髂嵴、大转子、股骨和胫骨的内、外侧髁以及内踝和外踝等处表面易发生压疮；而长期俯卧，则髂前上棘、耻骨结节及髌骨等处表面易发生压疮。

第二章

一、名词解释
（略）

二、简答题

1．关节面、关节囊和关节腔。

2．（1）韧带，分为囊外韧带和囊内韧带。

（2）关节盘和关节唇。

（3）滑膜襞和滑膜囊。

3．椎体间的连结借椎间盘、前纵韧带和后纵韧带相连接。

（1）椎间盘：中央部为髓核，柔软而富有弹性的胶状物质，周围部为纤维环，由多层纤维软骨以同心圆紧密排列而成，坚韧而富有弹性，牢固连结相邻椎体。

（2）前纵韧带：位于椎体前面，坚韧而宽，防止脊柱过度后伸和防止椎间盘向前脱出的作用。

（3）后纵韧带：位于椎管内，贴附于椎体后面，有限制脊柱过度前屈的作用。

4．可见颈曲、腰区、胸曲和骶曲，颈曲和腰区凸向前，胸曲和骶曲凸向后。

5．脊柱构成人体的中轴，由24块椎骨和1块骶骨、1块尾骨借骨连结形成，除有支持躯干、保护脊髓的作用外，还参与胸腔、腹腔和盆腔的组成。具有支持、保护、运动等功能。

6．也称下颌关节，由下颌头与颞骨的下颌窝及关节结节构成。关节囊松弛，囊前部薄，后部厚，外侧韧带加强。关节腔内有关节盘，其周缘附着于关节囊，将关节腔分为上、下两部分。属于联合关节。

7．由肱骨头与肩胛骨的关节盂构成。肱骨头大，关节盂小，关节盂周缘附有盂唇。关节囊薄而松弛，其内有肱二头肌的长头腱经结节间沟穿出关节囊。囊的上壁、前壁和后壁均有多条肌腱纤维加强，下壁无韧带和肌腱，最为薄弱，故肩关节脱位时，肱骨头常从关节的下部脱出。肩关节是人体最灵活的关节，可做屈、伸、收、展、旋转和环转的运动。

8．是由肱骨下端和尺、桡骨上端构成的复关节，包括三个关节：肱尺关节、肱桡关节和桡尺近侧关节。三个关节共同包裹在一个关节囊内，囊的前、后壁薄而松弛，两侧壁厚而坚韧，内、外侧分别有韧带加强。桡骨环状韧带环抱桡骨头，可防止桡骨头滑脱。肘关节的运动以肱尺关节为主，可做屈、伸运动，桡尺近侧关节可做旋前和旋后运动。

9．由髋臼和股骨头构成，髋臼的周缘附有髋臼唇，使股骨头几乎全部纳入髋臼内。关节囊坚韧致密，周围有多条韧带加强。关节囊在前面完全包裹了股骨颈，而后面仅包裹股骨颈的内侧2/3，关节囊后下方较薄弱，故髋关节脱位时，股骨头常从下方脱出。关节腔内有股骨头韧带，内含有营养股骨头的血管。

髋关节可做屈、伸、收、展、旋转和环转等运动，但不如肩关节灵活，适于负重和行走。

10．由股骨下端、胫骨上端和髌骨构成。关节囊松弛，囊外分别有胫侧副韧带、腓侧副韧带等囊外韧带加强。关节囊内有前、后交叉韧带，可防止胫骨前、后移位。在股骨与胫骨两关节面之间，还有内侧半月板和外侧半月板，半月板能缓冲压力，吸收震荡，还增大了关节的稳定性和运动的灵活性。部分滑膜层突向关节腔，形成一对翼状襞，部分滑膜层在纤维层薄弱处向外突出，形成滑膜囊。

膝关节主要做屈、伸运动，在半屈膝位时，小腿还可做轻微的旋转运动。

11．由于胫腓骨下端的关节窝和距骨滑车均前宽后窄，当背屈时较宽的距骨滑车前部进入关节窝内，关节较稳定。当跖屈时，由于较窄的距骨滑车后部进入关节窝内，足能做轻微的侧方运动，但关节不够稳定。故踝关节扭伤多发生在跖屈位（如下坡、下山、下楼梯等）。

第三章

一、名词解释

（略）

二、简答题

1．筋膜、滑膜囊、腱鞘等。

2．背肌分浅、深两层。浅层主要有：斜方肌、背阔肌；深层主要有竖脊肌。

3．(1) 膈肌。

(2) 提肋助吸气：肋间外肌、胸大肌、胸小肌、前锯肌。

(3) 降肋助呼气：肋间内肌、腹外斜肌、腹内斜肌、腹横肌、腹直肌、腰方肌。

4．起于胸骨柄和锁骨内侧端，向后上止于颞骨乳突。一侧收缩使头向同侧倾斜，脸转向对侧；两侧收缩使头后仰。

5．内收肌：尺侧腕屈肌、尺侧腕伸肌。外展肌：桡侧腕屈肌、桡侧腕长、短伸肌。

6．包括腹外斜肌、腹内斜肌、腹横肌、腹直肌。作用为保护腹腔脏器，维持腹内压；也可降肋助呼气，使脊柱前屈、侧屈和旋转。

7．由腹外侧壁3层阔肌的腱膜构成，分前、后两层；前层由腹外斜肌腱膜与腹内斜肌腱膜的前层构成；后层由腹内斜肌腱膜后层和腹横肌腱膜构成。

8．(1) 主动脉裂孔：位于第12胸椎前面，在左右膈脚之间，有降主动脉、胸导管通过。

(2) 食管裂孔：位于第10胸椎水平，在主动脉裂孔的左前方，有食管和迷走神经通过。

(3) 腔静脉孔：位于第8胸椎水平，在食管裂孔的右前方，有下腔静脉通过。

9．位于腹股沟韧带内侧半的上方，为腹前壁下部肌和腱膜之间的潜在裂隙，长4～5cm，由外上斜向内下。管有两口四壁：内口称腹股沟管深（腹）环；外口称腹股沟管浅（皮下）环；

前壁为腹外斜肌腱膜，后壁为腹横筋膜和腹股沟镰，上壁为腹内斜肌和腹横肌的弓状下缘，下壁为腹股沟韧带。通过管的结构：男性为精索，女性为子宫圆韧带。腹股沟管是腹壁的薄弱区，是疝的好发部位。

10．内收：背阔肌、胸大肌、大圆肌、喙肱肌、肱三头肌长头、肩胛下肌
    外展：三角肌、冈上肌

11．屈肌：股二头肌、半腱肌、半膜肌、腓肠肌、缝匠肌
    伸肌：股四头肌
  屈膝时：内旋——半腱肌、半膜肌、缝匠肌
         外旋——股二头肌

第四章

1．内脏包括四大系统：消化系统、呼吸系统、泌尿系统和生殖系统。

2．在形态结构上，内脏各系统都由管道系统和实质性器官共同组成，内脏每个系统都有孔道与外界相通；在位置上，大部分内脏器官位于胸腔、腹腔和盆腔内；在功能上，内脏器官主要是进行物质代谢和繁殖后代。

3．内脏各器官可分为中空性器官和实质性器官两大类。中空性器官呈管状或囊状，内部均有空腔，管壁由数层组织构成，以消化管壁为例，由内向外依次为黏膜、黏膜下层、肌层和外膜4层组织构成；实质性器官内部没有特定的空腔，多属腺组织，表面以结缔组织的被膜或浆膜包裹。

第五章

一、名词解释
（略）

二、简答题

1．牙可分为牙冠、牙根和牙颈3部分。牙冠暴露于口腔内，嵌入牙槽内的部分称牙根，牙冠与牙根间的部分称牙颈，被牙龈所包绕。

牙冠与牙颈内部的腔隙称牙冠腔，牙根内的细管称牙根管，开口于牙根尖端的根尖孔。牙的血管和神经通过牙根尖孔和牙根管进入牙冠腔。牙根管与牙冠腔合称牙腔或髓腔，腔内容纳牙髓。

2．大唾液腺有3对，即腮腺、下颌下腺和舌下腺。腮腺开口于平对上颌第二磨牙的颊黏膜上；下颌下腺开口于舌下阜；舌下腺大管开口于舌下阜，舌下腺小管开口于舌下襞。

3．咽以腭帆游离缘和会厌上缘平面为界，可将咽分为鼻咽、口咽和喉咽3部，分别通入鼻腔、口腔和喉腔。各部形态特点为：

鼻咽部：咽鼓管咽口、咽鼓管圆枕、咽隐窝、咽鼓管扁桃体、咽扁桃体。
口咽部：舌会厌正中襞、会厌谷、腭扁桃体。
喉咽部：喉口、梨状隐窝。

4．第一狭窄为食管的起始处，相当于第6颈椎体下缘水平，距中切牙约15cm；第二狭窄为食管与左主支气管的交叉处，相当于第4、5胸椎体之间水平，距中切牙约25cm；第三狭窄为食管通过膈的食管裂孔处，相当于第10胸椎水平，距中切牙约40cm。上述狭窄部是食管异物易滞留和食管癌的好发部位。

5．胃大部分位于左季肋区，小部分位于腹上区。贲门位于第11胸椎体左侧，幽门位于第1腰椎体右侧。胃分前壁、后壁、大弯、小弯、入口、出口。胃前壁朝向前上方，后壁朝向后

下方。胃小弯凹向右上方，其最低点弯度明显折转处，称角切迹。胃大弯大部分凸向左下方。胃的近端与食管连接处是胃的入口称贲门。贲门的左侧，食管末端左缘与胃底所形成的锐角称贲门切迹。胃的远端接续十二指肠处是胃的出口称幽门。

通常将胃分为4部：贲门附近的部分称贲门部，贲门平面以上，向左上方膨出的部分为胃底，自胃底向下至角切迹处的中间部分，称胃体；胃体与幽门之间的部分称幽门部。幽门部的大弯侧有一不甚明显的浅沟称中间沟，将幽门部分为右侧的幽门管和左侧的幽门窦。

6．十二指肠分上部、降部、水平部和升部4部分，弯曲有十二指肠上曲、十二指肠下曲和十二指肠空肠曲。

7．空肠占小肠的近侧2/5，常位于左上腹，管径较粗，管壁较厚，血供丰富，颜色较红，肠系膜内血管弓少（1～2级），黏膜环状皱襞高而密，有散在的孤立淋巴滤泡；回肠占小肠的远侧3/5，常位于右下腹，管径较细，管壁较薄，血供较差，颜色较浅，肠系膜血管弓多（4～5级），黏膜环状皱襞低而疏，除有孤立淋巴滤泡外还有集合淋巴滤泡。

8．直肠在第3骶椎前方起自乙状直肠，穿盆膈移行于肛管。矢状面形成两个生理弯曲，即直肠骶曲和直肠会阴曲。直肠骶曲沿骶骨凸向后，直肠会阴曲绕尾骨尖凸向前。

9．肝大部分位于右季肋区和腹上区，小部分位于左季肋区。

肝呈不规则的楔形，可分为上、下两面，前、后、左、右4缘。肝上面膨隆，又称膈面。被镰状韧带分为左、右两叶。肝下面凹凸不平，又称脏面。中部有略呈"H"形的沟，即左侧纵沟、右侧纵沟和横沟。左侧纵沟前部称肝圆韧带裂，有肝圆韧带通过；后部称静脉韧带裂，有静脉韧带通过；右侧纵沟的前部为一浅窝，称胆囊窝，容纳胆囊；后部为腔静脉沟，有下腔静脉通过。横行的沟位于肝脏面正中，有肝左、右管，肝固有动脉左、右支，肝门静脉左、右支和肝的神经、淋巴管等由此出入，称肝门。出入肝门的这些结构被结缔组织包绕，构成肝蒂。在肝的脏面，借"H"形的沟将肝分为4个叶：左纵沟的左侧为肝左叶；右纵沟的右侧为肝右叶；左、右纵沟之间在横沟的前方为方叶；横沟的后方为尾状叶。

10．肝外胆道系统是指肝门之外的胆道系统，包括胆囊和输胆管道（肝左管、肝右管、肝总管和胆总管）。这些管道与肝内胆道一起，将肝分泌的胆汁输送到十二指肠腔。

11．结肠是介于盲肠与直肠之间的一段大肠，整体呈"M"形，包绕于空、回肠周围。分为升结肠、横结肠、降结肠和乙状结肠4部分。

第六章

一、名词解释

（略）

二、简答题

1．喉软骨构成喉的支架，由甲状软骨、环状软骨、会厌软骨和成对的杓状软骨等构成。

2．左右各一，由肋胸膜与膈胸膜返折形成，是诸胸膜隐窝中位置最低、容量最大的部位。胸膜腔积液常先积存于此，肋膈隐窝也是临床胸腔穿刺抽液的部位。

3．气管异物多坠入右侧主支气管。因为右主支气管短而粗，嵴下角小，走行相对直，左主支气管细而长，嵴下角大，斜行。

4．鼻旁窦共有4对，包括额窦、筛窦、蝶窦和上颌窦。筛窦又分为前筛窦、中筛窦和后筛窦三组。额窦、上颌窦、前筛窦、中筛窦开口于中鼻道；后筛窦开口于上鼻道；蝶窦开口于蝶筛隐窝。

5．两肺根内的结构排列自前向后依次为：上肺静脉、肺动脉、主支气管；自上而下排列不同，左肺根：肺动脉、左主支气管、下肺静脉；右肺根：上叶支气管、肺动脉、肺静脉。

6．上颌窦窦底邻近上颌磨牙的牙根，此处骨质薄弱，牙根感染常波及上颌窦，引起牙源性上颌窦炎。

7．两肺下缘的体表投影在锁骨中线处与第6肋相交，腋中线处与第8肋相交，肩胛线处与第10肋相交，最后在脊柱侧方止于第10胸椎棘突高度。右侧的胸膜下界起自第6胸肋关节的后方，左侧的胸膜下界起自第6肋软骨中点后方。两侧均行向外下方，在锁骨中线与第8肋相交，在腋中线与第10肋相交，在肩胛线与第11肋相交，最终止于第12胸椎棘突高度。

第七章

一、名词解释
（略）

二、简述题

1．（1）肾的形态可分上、下两端，前、后两面，内、外侧两缘。上端宽而薄，下端窄而厚。前面较隆凸，朝向前外侧，后面较平坦，紧贴腹后壁。外侧缘凸隆，内侧缘中部凹陷，称肾门，有肾动脉、肾静脉、肾盂、神经和淋巴管等出入，这些结构被结缔组织包裹在一起，总称为肾蒂。自肾门深入肾实质的凹陷称肾窦，内含肾动脉的分支、肾静脉的属支、肾小盏、肾大盏、肾盂、神经、淋巴管和脂肪组织等。

（2）肾的位置：位于脊柱两侧，腹膜后间隙内，紧贴腹后壁上部。左肾上端平第11胸椎体下缘，下端平第2腰椎体下缘；右肾上端平第12胸椎体上缘，下端平第3腰椎体上缘。

（3）肾的被膜由内向外依次为纤维囊、脂肪囊和肾筋膜，是肾的主要固定装置。

2．在肾的冠状切面上，肾实质分为表层的肾皮质和深层的肾髓质。肾皮质伸入到肾锥体之间的部分称肾柱。肾髓质由15~20个肾锥体构成。2~3个肾锥体尖端合并成肾乳头，其顶端有乳头孔。在肾窦内，肾小盏呈漏斗状包绕肾乳头周围。2~3个肾小盏汇合成一个肾大盏。再由2~3个肾大盏汇合成肾盂，肾盂出肾门后移行为输尿管。

3．按输尿管可分为腹部、盆部和壁内部。输尿管全程有三处狭窄：第一个在肾盂与输尿管移行处；第二个在跨越小骨盆入口处；第三个在斜穿膀胱壁处。狭窄处口径只有0.2~0.3cm，常是结石滞留的部位。

4．尿液产生于肾。经过肾盂、输尿管、膀胱、尿道排出体外。

第八章

一、名词解释
（略）

二、简答题

1．睾丸表面为白膜。白膜在睾丸后缘突入睾丸实质内，形成睾丸纵隔。由睾丸纵隔发出许多睾丸小隔，将睾丸实质分成许多睾丸小叶。小叶内有精曲小管和精直小管。精直小管在睾丸纵隔内交织形成睾丸网，再发出睾丸输出小管。

2．睾丸部、精索部、腹股沟管部和盆部。输精管结扎常在精索部实施。

3．睾丸自内向外为睾丸鞘膜、精索内筋膜、提睾肌和精索外筋膜；精索自内向外为精索内筋膜、提睾肌和精索外筋膜。

4．分为前列腺部、膜部和海绵体部；狭窄有尿道内口、膜部和尿道外口。

5．有耻骨下弯和耻骨前弯；耻骨下弯凸向前上方，耻骨前弯凸向后下方。

6．精曲小管的上皮产生精子。排出途径：精曲小管→精直小管→睾丸网→睾丸输出小管→附睾头、体和尾→输精管（睾丸部—精索部—腹股沟管部—盆部）→输精管壶腹→射精管→尿道前列腺部→尿道膜部→尿道海绵体部→尿道外口

7．尿道外口→尿道海绵体部→尿道膜部→尿道前列腺部→尿道内口→膀胱。插导尿管时应注意矫正耻骨前弯，此时将阴茎向上提起，该弯曲即可变直而消失。应注意尿道的三个狭窄，即尿道外口、膜部和尿道内口，通过时应格外小心。

8．卵巢悬韧带和卵巢固有韧带是维持卵巢正常位置的主要结构，卵巢系膜也起一定作用。

9．输卵管自内向外分为输卵管子宫部、输卵管峡部、输卵管壶腹部和输卵管漏斗部4部。输卵管结扎常在输卵管峡部进行，精子与卵子常在输卵管壶腹部处受精。

10．有子宫阔韧带、子宫圆韧带、子宫主韧带和子宫骶韧带。

第九章

一、名词解释
（略）

二、简答题

1．由肝胃韧带和肝十二指肠韧带构成。

2．空肠、回肠、阑尾、横结肠、乙状结肠为有系膜的肠管。

3．腹膜内位器官：各面均被腹膜所覆盖的器官，如胃、空肠、回肠、盲肠、阑尾等。腹膜间位器官：大部分被腹膜覆盖，如肝、子宫等。腹膜外位器官：仅一面被腹膜覆盖的器官，如肾、肾上腺、输尿管、胰等。

4．胃脾韧带、膈脾韧带、脾肾韧带。肝镰状韧带、冠状韧带、左、右三角韧带、肝圆韧带、肝胃韧带、肝十二指肠韧带和静脉韧带。

5．男性：直肠膀胱陷凹；女性：直肠子宫陷凹。

6．阴道口 → 阴道 → 子宫口 → 子宫颈管 → 子宫腔 → 输卵管子宫口 → 输卵管（输卵管子宫部、输卵管峡部、输卵管壶腹部和输卵管漏斗部）→ 输卵管腹腔口 → 腹膜腔。

第十章

一、名词解释
（略）

二、简答题

1．当左心室收缩时，将富含氧及营养物质射入主动脉，经各级动脉分支输送到全身各部的毛细血管，血液在此与周围的组织、细胞进行物质交换和气体交换，然后变成富含二氧化碳及代谢产物的静脉血，再经各级静脉，最后经上、下腔静脉及冠状窦流回右心房。这一途径称体循环。

2．心传导系：位于心壁内，主要由特殊分化的心肌细胞分化构成，包括窦房结、房室结、房室束及其分支和Purkinje纤维四部分。

3．左、右冠状动脉来自升主动脉根部的左、右窦。

左冠状动脉：起自主动脉左窦，经左心耳与肺动脉根部之间沿冠状沟行向左前方，分为前室间支和旋支。分布于左心室前壁大部、右心室前壁小部分及室间隔间2/3区域。

右冠状动脉：起自主动脉右窦。在右心耳与肺动脉根部之间进入冠状沟向右后行，在行至房室交点处分为：后室间支和左室后支，分支分布于左、右心室后壁和室间隔后1/3部。

4．位置：心斜位于胸腔的中纵隔内，约2/3在正中面的左侧，1/3在右侧。

外形：心可分为一尖、一底、两面、三缘，心的表面有四条沟、一个切迹、一个点。

心尖圆钝、游离，朝向左前下方，由左心室构成，位置平对左侧第五肋间隙锁骨中线内侧1~2cm处，活体可在此扪及心尖搏动。

心底由左、右心房组成。心底部与出入心的大血管相连，肺动脉起自右心室，行向左后上方，主动脉起自左心室，行向右前上方。右心房上、下分别有上腔静脉和下腔静脉注入。左心房两侧有左、右两对肺静脉注入。

胸肋面（前面），朝向前上方，大部分由右心室和右心房构成，左侧小部分由左心室和左心耳构成。

膈面亦称下面，略呈三角形，朝向后下方，与膈相邻。大部分由左心室，小部分由右心室构成。

右缘近垂直位，由右心房构成；左缘圆钝，斜向左下，大部分由左心室、小部分由左心耳构成；下缘近水平位，较锐，由右心室及心尖构成。

心的表面有四条浅沟：冠状沟，呈额状位的环形沟，前部被肺动脉隔断，它是心房与心室的表面分界线。前室间沟是左、右心室在心前面的分界线。后室间沟是左、右心室在膈面的分界线。前、后室间沟在心尖右侧会合，会合处稍凹陷，称心尖切迹。后室间沟与冠状沟的交汇处称房室交点。

5.

		肺 A. 口	防逆流
心室收缩	右心室→→	肺 A. 干	三尖瓣复合体
		主 A. 口	
	左心室→→	主动脉前庭	二尖瓣复合体
		右房室口	
心室舒张	右心房 →→	右心室	纤维环 \ 肺动脉瓣
		左房室口	
	左心房 →→	左心室	纤维环 \ 主动脉瓣

6. 胃小弯　胃左动脉（来源于腹腔干）
　　　　　胃右动脉（来源于肝固有动脉）
　　胃大弯　胃网膜右动脉（来源于胃十二指肠动脉）
　　　　　胃网膜左动脉（来源于脾动脉）
　　胃底部　胃短动脉（来源于脾动脉）

7.（1）面动脉：面动脉在咬肌止点前缘与下颌体下缘相交处，面动脉位置表浅，可触及其搏动，面部出血时可在此处紧急压迫止血。

（2）颞浅动脉：颞浅动脉在耳屏前方颧弓根部，位置表浅，可在该处触及动脉搏动。当头部颞区流血不止时，可在此处紧急压迫止血。

（3）颈总动脉：在胸锁乳突肌前缘中点处，可触及动脉搏动，当一侧头面部出血不止时，将该动脉压向第 6 颈椎横突，可达到暂时止血的目的。

（4）肱动脉：前臂或手出血时，可在臂的中部自内侧向外侧将肱动脉压向肱骨以紧急止血。

（5）指掌侧固有动脉：指掌侧固有动脉是手指的主要供血动脉，行走于手指的两侧。手指出血时，在手指根部两侧同时压迫可达到止血的目的。

（6）股动脉：下肢大出血时，可在腹股沟韧带中点稍下方将股动脉向后压向髋骨的髂耻隆起进行紧急止血。

（7）足背动脉：在内、外踝连线中点与第 1、2 跖骨底之间可触及动脉搏动，当足背部流血不止时，将该动脉压向深部的骨面，达到暂时止血的目的。

8．黄连素经

（1）口—咽—食管—胃—小肠（十二指肠 - 空肠 - 回肠）—大肠。（升结肠 - 横结肠 - 降结

肠-乙状结肠-直肠)

（2）胃肠道黏膜吸收入静脉—肝门静脉—肝门—肝血窦—肝静脉—下腔静脉—右心房。

（3）右心房—右心室—(经肺动脉口)肺动脉干—左右肺动脉(经肺门)—肺—肺泡毛细血管—(经肺门)4根肺静脉—左心房—左心室—(经主动脉口)升主动脉。

（4）升主动脉—主动脉弓—胸主动脉—腹主动脉—肾动脉—肾毛细血管滤过

（5）肾(出肾门-肾盂)—输尿管—膀胱—尿道—排出体外。

9．抗生素—手背静脉—头静脉—腋静脉—锁骨下静脉—头臂静脉—上腔静脉—右心房—右心室—肺动脉干—肺动脉—肺-肺毛细血管—肺静脉—左心房—左心室—升主动脉—主动脉弓—胸主动脉—腹主动脉—肠系膜上动脉—回结肠动脉—阑尾动脉—阑尾。

10．答：(1)肝门静脉系的胃左静脉与上腔静脉系的食管静脉在食管下段和胃底处相吻合，形成食管静脉丛。(2)肝门静脉系的直肠上静脉与下腔静脉系的直肠下静脉及肛静脉在直肠下段相吻合，形成直肠静脉丛。(3)肝门静脉系的附脐静脉与上腔静脉系的腹壁上静脉、胸腹壁静脉及下腔静脉系的腹壁下静脉、腹壁浅静脉在脐部周围相吻合，形成脐周静脉网。

11．①没有静脉瓣；②起端和止端均为毛细血管；③有分支(左、右分支)和7支属支；④收集腹腔内不成对脏器(肝除外)的静脉血，注入肝，再经肝静脉注入下腔静脉；⑤与腔静脉间有三大吻合处：食管静脉丛、直肠静脉丛和脐周静脉网。

12．肝门静脉系由肝门静脉及其属支构成，收集腹腔不成对脏器(肝除外)的静脉血，注入肝，再经肝静脉注入下腔静脉。肝门静脉通常由肠系膜上静脉和脾静脉在胰颈的后方汇合而成，肝门静脉的主要属支有：肠系膜上静脉、脾静脉、肠系膜下静脉、胃左静脉、胃右静脉、胆囊静脉、附脐静脉。

13．大隐静脉起自足背静脉弓的内侧端，经内踝前方，沿小腿内侧伴随隐神经上行，过膝关节内侧，绕股骨内侧髁后方，再沿大腿内侧上行，并逐渐转至前面，在耻骨结节下外方约3cm处，穿隐静脉裂孔注入股静脉。在隐静脉裂孔附近有五条属支注入：股内侧浅静脉、股外侧浅静脉、旋髂浅静脉、腹壁浅静脉、阴部外静脉。

第十一章

一、名词解释

(略)

二、简答题

1．胸导管是全身最大的淋巴导管，起于第1腰椎前方的乳糜池。乳糜池由左、右腰干和肠干汇合而成。胸导管注入左静脉角。胸导管在注入左静脉角之前，有左颈干、左锁骨下干和左支气管纵隔干汇入，通过上述6条淋巴干收纳两下肢、盆部、腹部、左胸部、左上肢和左头颈部的淋巴，即全身3/4区域的淋巴。

2．**右淋巴导管**由右颈干、右锁骨下干和右支气管纵隔干汇合而成，注入右静脉角。右淋巴导管通过上述3条淋巴干收纳右上肢、右胸部与右头颈部的淋巴，即全身右上1/4区域的淋巴。

3．**腋淋巴结**位于腋窝内，沿着腋血管排列，分五群。

（1）**胸肌淋巴结**：位于胸小肌下缘，沿胸外侧血管排列，收纳胸、脐以上腹前外侧壁和乳房外侧部及中央部的淋巴。

（2）**外侧淋巴结**：沿腋静脉远侧段排列，收纳上肢浅、深淋巴。

（3）**肩胛下淋巴结**：沿肩胛下血管排列，收纳项、背部的淋巴。

（4）**中央淋巴结**：位于腋窝中央，收纳上述三群淋巴结的输出管。

（5）**尖淋巴结**：沿腋静脉近侧段排列，收纳上述四群淋巴结、锁骨下淋巴结的输出管和乳房上部的淋巴，其输出管合成锁骨下干。

4．腹股沟淋巴结分两群，**腹股沟浅淋巴结**位于腹股沟韧带的下方，分上、下两组。上组沿腹股沟韧带平行排列，收纳腹前外侧壁下部、臀部、会阴和子宫底的淋巴；下组位于大隐静脉根部的周围，收纳除足外侧缘和小腿后外侧面以外的下肢浅淋巴管，其输出管大部分注入腹股沟深淋巴结，小部分注入髂外淋巴结。**腹股沟深淋巴结**位于股静脉根部的周围，收纳腹股沟浅淋巴结和腘淋巴结的输出管，其输出管注入髂外淋巴结。

5．全身共有九条淋巴干：即收集头颈部淋巴的**左、右颈干**，收集上肢及部分胸壁淋巴的**左、右锁骨下干**，收集胸腔脏器及部分胸、腹壁淋巴的**左、右支气管纵隔干**，收集下肢、盆部、腹腔内成对脏器及部分腹壁淋巴的**左、右腰干**和收集腹腔内不成对脏器淋巴的一条**肠干**。

第十二章

一、名词解释

（略）

二、简答题

1．视器又称眼，由眼球和眼副器两部分组成，眼球的功能是接受可见光的刺激，产生视觉。眼副器位于眼球的周围，包括眼睑、结膜、泪器、眼球外肌、眶脂体和眶筋膜等，对眼球起支持、保护和运动等作用。

2．眼球壁由外向内可分为外膜、中膜和内膜三层。

外膜（又称纤维膜）为眼球壁最外层，可分为前1/6**角膜**和后5/6**巩膜**两部分。由厚而坚韧的致密结缔组织构成，具有支持眼球外形和保护眼球内容物的作用。

中膜（又称血管膜）由前向后可分为虹膜、睫状体和脉络膜三部分，含丰富的血管、神经和色素，呈棕黑色，具有营养眼球内组织及遮光的作用。

内膜（又称视网膜）位于眼球壁的最内层，其中贴在虹膜和睫状体内面的部分无感光作用，称**视网膜盲部**；贴在脉络膜内面的部分有感光作用，称**视网膜视部**。视网膜视部分内、外两层，外层为色素上皮层，内层为神经细胞层。视部的后部在内面于视神经的起始处有一圆盘形隆起，称视神经盘，此处无感光细胞，故称生理性盲点。视神经、视网膜中央动、静脉由此穿行。在视神经盘的颞侧约3.5 mm稍下方有一黄色区域称黄斑，其中央的凹陷称中央凹，此区无血管，是感光最敏锐的部位。神经细胞层主要由三层细胞。最外层是视细胞，视细胞是感光细胞，可分为视锥细胞和视杆细胞，视锥细胞能感受强光和辨色，在白天或明亮处视物时起主要作用；视杆细胞只能感受弱光，无辨色能力，在夜间或暗视物时起主要作用。中层为双极细胞，是传入神经元；内层为节细胞。感光细胞的神经冲动传导经双极细胞传导至最内层的节细胞。节细胞的轴突向视神经盘处集中，向后穿出眼球壁形成视神经，把神经冲动传送入脑，产生视觉。

3．房水是无色透明的液体，充满于眼房内。房水由睫状体产生后自眼后房经瞳孔至眼前房，然后由虹膜角膜角入**巩膜静脉窦**，最后汇入**眼静脉**。房水除具有屈光作用外，还具有营养角膜和晶状体以及维持眼内压的作用。

4．眼球的角膜、房水、晶状体和玻璃体合称为眼的屈光系统。这些结构透明而无血管分布，具有屈光作用。

5．眼睑由浅入深可分为五层：皮肤、皮下组织、肌层、睑板和睑结膜。

眼睑的皮肤细薄，皮下组织疏松，易因积水或出血而肿胀，肌层主要为眼轮匝肌，收缩时闭合睑裂。睑板由致密结缔组织构成，呈半月形，睑板内有许多呈麦穗状分支的睑板腺，与睑缘成垂直排列，开口于睑缘。睑板腺分泌油脂类物质，可润滑睑缘，防止泪液外流。睑结膜被覆于眼睑最内面，含有丰富的血管。

6．泪器由泪腺和泪道组成，泪道包括泪点、泪小管、泪囊和鼻泪管。泪腺分泌泪液有保护眼球，冲洗结膜异物，湿润角膜和杀菌等作用。

7．眼球外肌包括运动眼球的4块直肌、2块斜肌和运动眼睑的上睑提肌。其中上睑提肌在上直肌上方向前走行，此肌收缩提上睑，开大眼裂。上直肌、下直肌、内直肌和外直肌分别位于眼球的上方、下方、内侧和外侧。上、下、内、外直肌收缩时，分别使瞳孔转向上内、下内、内侧和外侧。上斜肌位于上直肌和内直肌之间，该肌收缩使瞳孔转向下外方。下斜肌位于眶下壁与下直肌与之间，该肌收缩使瞳孔转向上外方。上直肌、下直肌、内直肌、下斜肌和上睑提肌受动眼神经支配。上斜肌受滑车神经支配，外直肌受展神经支配。

第十三章

一、名词解释

（略）

二、简答题

1．前庭蜗器又称耳，包括前庭器和听器两部。前庭蜗器包括外耳、中耳和内耳三部分。外耳和中耳是收集和传导声波的装置，内耳是听觉感受器和味觉感受器所在的部位。

2．鼓膜位于外耳道与鼓室之间，为椭圆形半透明的薄膜，与外耳道底约成45°～50°的倾斜角，中央部向内凹陷称鼓膜脐。鼓膜上1/4的三角形区为松弛部，薄而松弛，在活体呈淡红色。鼓膜的下3/4为紧张部，坚实紧张，在活体呈灰白色，鼓膜脐前下方有一三角形反光区，称光锥。光锥消失是鼓膜内陷的一个重要标志。

3．鼓室位于鼓膜和内耳之间，为颞骨岩部内不规则的含气小腔，覆有黏膜。鼓室有上、下、前、后、内侧和外侧六个不规则的壁。上壁为鼓室盖，下壁为颈静脉壁；前壁为颈动脉壁，上部有咽鼓管的开口；后壁为乳突壁，上部有乳突窦开口。鼓室向后借乳突窦与乳突小房相通，因此中耳炎可经此延至乳突小房而引起乳突炎；外侧壁为鼓膜壁，大部分由鼓膜构成；内侧壁为迷路壁，此壁的中部隆凸，称岬，岬的后上方有一卵圆形的孔洞，称前庭窗，岬的后下方有一圆形的孔，称蜗窗，在活体有第二鼓膜封闭。前庭窗的后上方有一弓形隆起，称面神经管凸，内有面神经。此管壁很薄或缺如，中耳炎或施行中耳手术时易损伤面神经，造成面神经麻痹。

4．咽鼓管为连通咽与鼓室的管道，长约3.5～4.0cm，可分为后外侧1/3的骨部和前内侧2/3的软骨部。咽鼓管的功能是使鼓室和外界的大气压相等，以便保证鼓膜内、外压力平衡。

5．内耳又称迷路，是前庭蜗器的主要部分，位于颞骨岩部的骨质内，在鼓室和内耳道底之间，由骨迷路和膜迷路组成，是听、位觉感受器的所在部位。骨迷路是颞骨岩部内曲折的骨性隧道，膜迷路套在骨迷路内，膜迷路为一封闭的膜性管道系统，管内充满内淋巴。膜迷路和骨迷路之间的间隙充满外淋巴，内、外淋巴互不相通。

6．在椭圆囊的底部、前壁和球囊内的前壁上分别有椭圆囊斑和球囊斑，均为位觉感受器，能感受头部静止及直线变速运动的刺激。蜗管基底膜上有螺旋器又称Corti器，是听觉感受器。

第十四章

一、简答题

1．皮肤由表皮和真皮组成，有保护、感觉、屏障、分泌和排泄、体温调节和免疫功能。

2．皮下组织由疏松结缔组织和脂肪组织构成，它的主要功能是将皮肤与深层组织相连，具有保温、缓冲、储存能量等功能。

第十五章

一、名词解释

（略）

二、简答题

1. 神经系统在形态和功能上是一个整体，通常将神经系统区分为中枢神经系统和周围神经系统两部分。

中枢神经系统包括脑和脊髓，脑分为端脑、间脑、小脑、中脑、脑桥和延髓6部分，其中中脑、脑桥和延髓三部分又合称脑干。

周围神经系统有几种区分方法，具体如下：

1）根据与中枢神经连接部位的不同，区分为脑神经和脊神经。与脑相连的周围神经称脑神经，共12对，与脊髓相连的周围神经称脊神经，共31对。

2）按其在各器官、系统中分布范围的不同，可区分为躯体神经和内脏神经。躯体神经分布于体表和运动系统，内脏神经分布于内脏各器官、脉管系统和各种腺体。

3）根据神经冲动传导方向（功能）的不同，区分为传入神经（感觉神经）和传出神经（运动神经）。传入纤维将身体各处感受器产生的神经冲动传向中枢神经系统；传出纤维将神经冲动自中枢神经系统传向身体各处的效应器。

躯体神经和内脏神经都有感觉纤维和运动纤维。其中，内脏神经的传出纤维（即内脏运动神经）支配的是心肌、平滑肌和腺体的活动，它不受人的主观意志控制，故又称自主神经或植物神经。内脏运动神经依其结构和功能的不同，又区分为交感神经和副交感神经。

2. 神经系统的基本活动方式是反射。反射是神经系统对内、外环境的刺激所做出的相应反应。反射活动的形态基础是反射弧，由感受器、传入神经、中枢、传出神经和效应器5个部分组成。反射弧中任何一个环节发生障碍，反射活动将减弱或消失。

3. 依据神经元突起的数目可分为三类：假单极神经元、双极神经元、多极神经元；根据神经元的功能也可分为三类：感觉神经元（传入神经元）、运动神经元（传出神经元）、联络神经元（中间神经元）。

第十六章

一、名词解释

（略）

二、简答题

1. 脊髓位于椎管内，上端在枕骨大孔处与延髓相连，下端在成人约平第1腰椎体下缘；脊髓长约42～45cm，重约35g，有颈膨大和腰骶膨大。颈膨大与其相连的神经分布到上肢；腰骶膨大与其相连的神经分布到下肢。脊髓表面可见6条纵行的沟或裂。即：前正中裂、后正中沟、前外侧沟（2条）和后外侧沟（2条）。脊髓有传导功能和反射功能。

2.

C1～4	与同序数的椎骨等高
C5～T4	比同序数的椎骨高1个椎体
T5～8	比同序数的椎骨高2个椎体
T9～12	比同序数的椎骨高3个椎体
L1～5	平对第10～12胸椎
S1～5、Co	平对第1腰椎的高度

3．由灰质和白质组成。在脊髓的横切面上，中部可见中央管的断面，管的周围是"H"形的灰质，灰质的外面是白质。每侧的灰质前部扩大称为前角，后部狭细称为后角。在胸髓和上2～3节腰髓，前、后角之间还有侧角。中央管周围连接两侧灰质的部分，称为灰质连合。前、后角之间的外侧，灰、白质混淆交织，称为网状结构。白质借脊髓表面的纵沟分为3个索：前正中裂与前外侧沟之间为前索；前、后外侧沟之间为外侧索；后外侧沟与后正中沟之间为后索，在中央管的前方有纤维在此横行越过，称为白质前连合。

4．上行纤维束有薄束和楔束，脊髓小脑后束和脊髓小脑前束，脊髓丘脑束；下行纤维束有皮质脊髓束、红核脊髓束、前庭脊髓束、顶盖脊髓束、网状脊髓束、内侧纵束。

5．①灰质不再连贯成柱，而成为许多分离断续的核团；②很多纤维束在脑干内交叉传导，打乱了脊髓原来的灰、白质的界限；③脊髓灰质中的运动性核团（前角和侧角）和感觉性核团（后角）在位置上是腹背关系；④脑干中央的网状结构范围比脊髓大。

6．脑干的神经核分为脑神经核和非脑神经核两种；脑神经核主要包括：①躯体运动柱；②内脏运动柱；③内脏感觉柱；④躯体感觉柱。非脑神经核包括：①薄束核和楔束核；②下橄榄核；③脑桥核；④红核；⑤黑质。

7．主要是一些上、下行纤维束。上行（感觉）传导束有①内侧丘系；②三叉丘系；③脊髓丘系；④外侧丘系。下行（运动）传导束主要有锥体束。

8．有传导功能和反射中枢功能，网状结构可维持大脑皮质的觉醒状态，通过上、下行网状激动系统调节躯体、内脏活动等。

9．脑干包括中脑、脑桥和延髓，Ⅲ、Ⅳ对脑神经与中脑相连，Ⅴ、Ⅵ、Ⅶ、Ⅷ对脑神经与脑桥相连，Ⅸ、Ⅹ、Ⅺ、Ⅻ对脑神经与延髓相连。

10．小脑的传入纤维主要有：①前庭小脑纤维；②脊髓小脑前、后束纤维；③脑桥小脑纤维。小脑的主要传出纤维由齿状核发出，组成小脑上脚，小部分纤维止于红核，大部分纤维止于背侧丘脑。

11．小脑是一个重要的躯体运动调节中枢。其功能是维持身体平衡、调节肌张力和调节骨骼肌运动的协调。

12．背侧丘脑特异性中继核团和纤维联系有：

（1）腹前核和腹外侧核：主要接受小脑上脚、黑质和苍白球（属端脑的旧纹状体）的纤维，发出纤维投射至大脑皮质躯体运动区。

（2）腹后内侧核：接受三叉丘系，发出纤维参与组成丘脑中央辐射，终止于中央后回的下1/3。

（3）腹后外侧核：接受内侧丘系和脊髓丘系，发出的纤维参与组成丘脑中央辐射，主要终止于大脑皮质中央后回。

13．后丘脑包括内侧膝状体和外侧膝状体。内侧膝状体接受下丘来的听觉纤维，发出纤维形成听辐射，投射至大脑皮质的听觉中枢；外侧膝状体接受视束纤维，发出纤维形成视辐射，投射至大脑皮质的视觉中枢。

14．下丘脑的主要核团有：①视上核；②室旁核；③漏斗核；④乳头体核。下丘脑是调节内脏、脉管和内分泌系统的皮质下较高级中枢，控制着机体的多种重要功能，是脑内维持机体内环境稳定的最重要部位之一，下丘脑还参与对摄食行为、水盐平衡、体温、生殖、情绪反应等活动。

15．大脑半球以三条深而恒定的大脑沟为标记，分为五个大脑叶。这三条沟是：①中央沟；②外侧沟；③顶枕沟。中央沟前方、外侧沟上方的部分是额叶；中央沟后方和外侧沟上方的部分为顶叶；外侧沟下方的部分为颞叶；顶枕沟以后较小的部分为枕叶。岛叶藏于外侧沟深面。

16．端脑的内部结构由浅入深依次为：大脑皮质、大脑髓质、基底核和侧脑室。大脑半球表层的灰质为大脑皮质，其深面的白质称大脑髓质，在髓质深部若干灰质团块为基底核，端脑内部的室腔为侧脑室。

17．大脑髓质由大量神经纤维组成。纤维可分为三类：

（1）连合纤维：是连接左、右大脑半球的纤维，包括胼胝体、前连合和穹窿连合。

（2）联络纤维：是联系同侧半球内各部分皮质的纤维。包括弓状纤维、上纵束、下纵束、钩束和扣带等。

（3）投射纤维：由连接大脑皮质和皮质下结构的上、下行纤维构成，主要指内囊。

18．①运动性语言中枢（说话中枢）在额下回后部；②听觉性语言中枢（听话中枢）在颞上回后部；③视觉性语言中枢（阅读中枢）位于顶下小叶的角回；④书写中枢在额中回的后部。

第十七章

一、名词解释

（略）

二、简答题

1．每一对混合性的脊神经含有4种纤维成分：躯体运动纤维支配骨骼肌的运动；躯体感觉纤维分布于皮肤、骨骼肌、肌腱和关节；内脏运动纤维支配平滑肌和心肌的运动，控制腺体的分泌；内脏感觉纤维分布于内脏、心血管和腺体。

2．由第5~8颈神经前支和第1胸神经前支大部分纤维组成，肌皮神经分布于臂前群肌；前臂外侧皮肤；正中神经分布于前臂屈肌（除肱桡肌、尺侧腕屈肌和指深屈肌尺侧半外）；鱼际肌（除拇收肌外）；第1、2蚓状肌以及掌心、鱼际、桡侧3个半指掌侧和桡侧3个半指中、远节指骨背面的皮肤；尺神经分布于尺侧腕屈肌及指深屈肌尺侧半；小鱼际肌、拇收肌、骨间肌和3、4蚓状肌；手掌面小鱼际和尺侧1个半手指掌面皮肤；手背尺侧半及小指和环指尺侧半背面、环指桡侧半和中指尺侧半近节指骨背面的皮肤；桡神经分布于肱三头肌、肱桡肌、前臂后群肌；臂后面及前臂后面的皮肤；手背桡侧半和桡侧二个半手指近节指骨背面的皮肤；腋神经分布于三角肌、小圆肌；肩部、臂外侧区上部的皮肤。

3．胸神经前支的皮支呈明显的节段性分布，其规律为：T2——胸骨角平面；T4——乳头平面；T6——剑突平面；T8——肋弓平面；T10——脐的平面；T12——脐与耻骨联合连线中点平面。

4．由第12胸神经前支的一部分、第1~3腰神经前支和第4腰神经前支的一部分组成，位于腰大肌深面、腰椎横突的前方。主要分支有：髂腹下神经、髂腹股沟神经、股神经、闭孔神经和生殖股神经等。

5．由第4腰神经前支的部分纤维和第5腰神经前支形成的腰骶干和全部骶、尾神经前支组成，位于盆腔内，骶骨和梨状肌的前面。主要分支有：臀上神经、臀下神经、阴部神经、股后皮神经和坐骨神经等。

6．坐骨神经起自骶丛，经梨状肌下孔出盆腔，在坐骨结节和股骨大转子之间下行，在腘窝上方分为胫神经和腓总神经，在股后区支配大腿后群肌——股二头肌与半腱肌、半膜肌。

胫神经分布于小腿后群肌、足底肌及小腿后区和足底皮肤。损伤后小腿后群肌收缩无力，足不能跖屈，内翻力减弱，足呈背屈和外翻位，出现"钩状足"畸形。

腓总神经分为腓浅神经和腓深神经。腓浅神经支配腓骨长肌和腓骨短肌；小腿外侧、足背和第2~5趾背的皮肤；腓深神经分布于小腿前群肌、足背肌及第1、2趾背相对缘的皮肤。受伤后足不能背屈，趾不能伸，足下垂且内翻，呈"马蹄内翻足"畸形。

7. 股神经（L2～L4）为腰丛最大的分支。自腰大肌外侧缘与髂肌之间下行，于腹股沟韧带中点稍外侧进入股三角内，位于股动脉的外侧。其肌支主要支配大腿前群肌；皮支分布于大腿和膝关节前面的皮肤。最长的皮支是隐神经，沿途分支分布于小腿内侧面和足内侧缘的皮肤。

股神经损伤后主要表现为：屈髋无力；坐位时，不能伸膝；行走困难；膝反射消失；大腿前面和小腿内侧面皮肤感觉障碍。

8．脑神经根据所含纤维成分三大类。

感觉性脑神经（Ⅰ嗅神经、Ⅱ视神经、Ⅷ前庭蜗神经）；

运动性脑神经（Ⅲ动眼神经、Ⅳ滑车神经、Ⅵ展神经、Ⅺ副神经、Ⅻ舌下神经）

混合性脑神经（Ⅴ三叉神经、Ⅶ面神经、Ⅸ舌咽神经、Ⅹ迷走神经）

9．12 对脑神经损伤的主要表现：

嗅神经：嗅觉障碍及脑脊液鼻漏。

视神经：视觉障碍。

动眼神经：①上睑下垂；②眼外斜视；③瞳孔散大，对光反射消失；④视觉调节障碍。

滑车神经：患侧瞳孔不能转向外下方，出现复视。

三叉神经：面部皮肤及口鼻腔黏膜感觉丧失、角膜反射消失、咀嚼肌瘫痪，张口时下颌偏向患侧。

展神经：眼内斜视。

面神经：①面肌瘫痪、口角偏向健侧、额纹消失、鼻唇沟变浅、闭眼困难、患侧角膜反射消失等；②患侧舌前 2/3 味觉障碍和泪腺、下颌下腺、舌下腺分泌障碍；还会有听觉过敏等。

前庭蜗神经：耳鸣、听力障碍、眩晕及平衡失调等。

舌咽神经：舌后 1/3 味觉丧失和舌根与咽峡区痛觉障碍，唾液分泌障碍以及患侧咽肌肌力减弱。

迷走神经：内脏功能表现为心悸、脉速、恶心、呕吐、呼吸变深且慢，甚至可以导致窒息。可导致声音嘶哑、发音和吞咽困难、腺体分泌障碍等。

副神经：一侧胸锁乳突肌瘫痪，患者头不能向患侧屈，不能使面部转向对侧；双侧胸锁乳突肌瘫痪，则不能仰头。斜方肌瘫痪，则患侧肩下垂（"塌肩"），不能耸肩。

舌下神经：舌肌瘫痪，伸舌时舌尖偏向患侧；双侧受损，则不能伸舌，出现言语及吞咽障碍等。

10．喉上神经起于迷走神经，喉上神经沿颈内动脉内侧下行，在舌骨大角处分为内、外支，内支为感觉支，伴喉上动脉穿甲状舌骨膜入喉，分布于声门裂以上的喉黏膜以及会厌和舌根等处，外支为运动支，伴甲状腺上动脉下行，支配环甲肌。左喉返神经勾绕主动脉弓，右喉返神经勾绕右锁骨下动脉返回颈部，于气管食管间沟上行，至甲状腺侧叶深面环甲关节后方入喉，其终支为喉下神经，其运动纤维支配除环甲肌以外的所有喉肌，感觉纤维分布于声门裂以下的黏膜。

11．三叉神经三大分支——眼神经、上颌神经、下颌神经的终末支分别为眶上神经、眶下神经和颏神经。三叉神经在头、面部皮肤的分布大致以眼裂和口裂为界，眼裂以上皮肤由眼神经分布，眼裂与口裂之间的皮肤由上颌神经支配，口裂以下的皮肤则由下颌神经分布。

12．面神经自腮腺前缘呈放射状发出 5 组分支，即颞支、颧支、颊支、下颌缘支和颈支，支配表情肌和颈阔肌。

13．眼球的感觉：特殊躯体感觉——视觉：视神经

一般躯体感觉——三叉神经

眼球的运动：眼球外肌——动眼神经（上直肌、下直肌、内直肌、下斜肌、上睑提肌）

滑车神经（上斜肌）

展神经（外直肌）

眼球内肌——交感纤维——颈交感神经

副交感纤维——动眼神经

14．舌的运动：舌下神经

舌的感觉：一般感觉——三叉神经

味觉——舌前2/3：面神经

舌后1/3：舌咽神经

15.

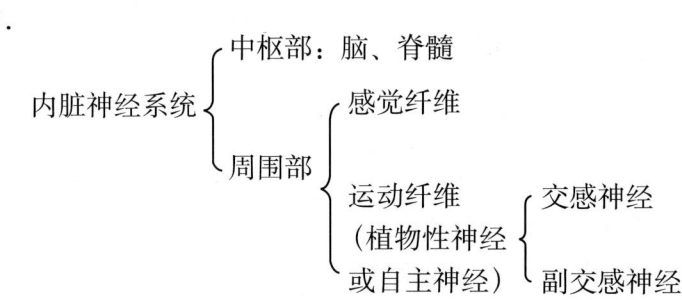

分布于内脏、心血管、平滑肌和腺体。

16．交感神经节前纤维的走行规律有三种去向：①随白交通支终止于相应的椎旁节；②在交感干内上升或下降，止于上方或下方的椎旁节；③穿过椎旁节，不换元，至椎前节换元。交感神经节后纤维的走行规律也有三种去向：①经灰交通支返回31对脊神经，随脊神经分支分布至头颈、躯干和四肢的血管、汗腺和竖毛肌；②攀附于动脉周围形成神经丛并随动脉分支到达所支配的器官；③由椎旁节直接发分支分布到所支配的器官。

17．①支配的器官不同；②纤维成分不同；③神经元数目不同；④节后纤维分布形式不同。

18.

交感神经和副交感神经结构和分布的主要区别

比较项目	交感神经	副交感神经
低级中枢部位	T1~L3脊髓节段的侧角	脑干的内脏运动神经核，骶髓2~4节段的骶副交感核
神经节	椎旁节、椎前节	器官旁节、器官壁内节
节前、节后纤维	节前纤维短、节后纤维长	节前纤维长、节后纤维短
分布范围	分布范围广：如全身血管及胸、腹、盆腔脏器的平滑肌、心肌、腺体及竖毛肌和瞳孔开大肌	分布范围小：如胸、腹、盆腔脏器的平滑肌、心肌、腺体（肾上腺髓质除外）、瞳孔括约肌、睫状肌

19．脊髓T1～T5节段侧角细胞的节前纤维分别在颈部和上胸部椎旁节换元，其节后纤维分布于头、颈、胸腔脏器及上肢血管、汗腺和竖毛肌等；来自脊髓T6～T12节段中间侧角细胞的部分节前纤维在相应椎旁节或椎前节内换神经元，节后纤维分布到肝、胆、脾、肾、胰及结肠左曲以上的消化管；来自L1～L3节段侧角细胞的节前纤维在肠系膜下神经节或腰骶部椎旁神经节内换神经元，其节后纤维分布到结肠左曲以下的消化管、盆腔脏器和下肢的血管、汗腺和竖毛肌。

20．①痛阈较高；②疼痛弥散、定位不准；③疼痛主要表现为慢痛；④内脏痛常伴不愉快的情绪活动。

第十八章

一、名词解释

（略）

二、简述题

1.

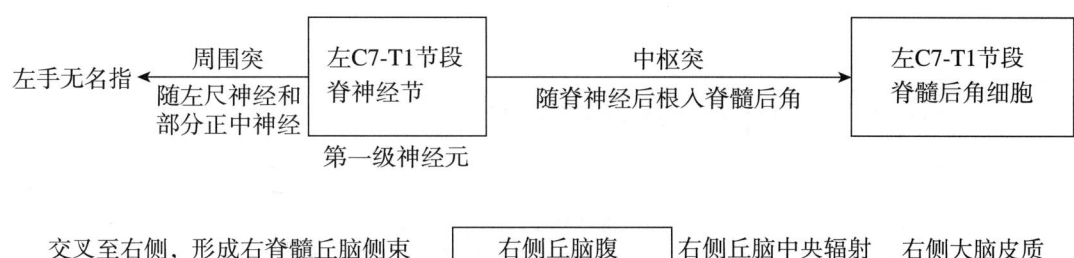

2.

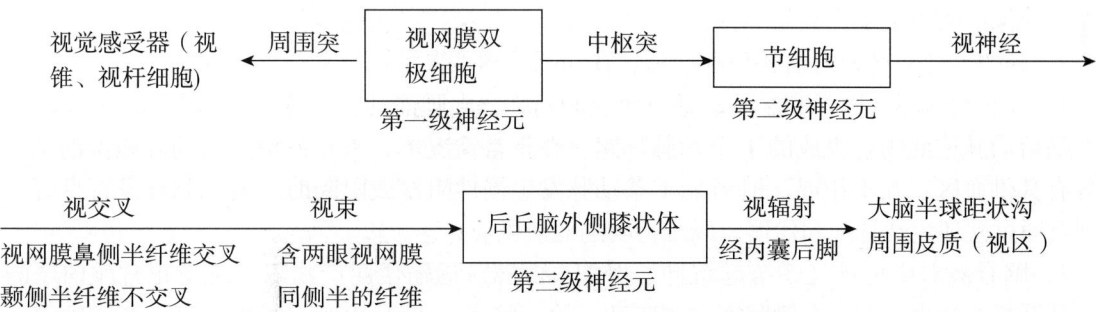

视觉传导通路不同部位损伤时的视野变化：一侧视神经损伤，患眼全盲；视交叉中部损伤，双眼视野颞侧偏盲；视交叉外侧部损伤，患侧视野鼻侧偏盲；一侧视束损伤、一侧视辐射损伤、一侧视觉中枢损伤，双眼视野对侧同向性偏盲。

3.

反射路径：

光线→（角膜→前房水→瞳孔→后房水→晶状体→玻璃体→）视网膜（视锥细胞←双极细胞→节细胞→）视神经→视交叉→两侧视束→上丘臂→顶盖前区（瞳孔对光反射中枢）→两侧动眼神经副核→动眼神经→睫状神经节（换元）→节后纤维→瞳孔括约肌收缩，瞳孔缩小。

瞳孔对光反射径路不同部位损伤后的表现：

（1）当反射通路的传入部分（视神经）损伤时，由于光线不能传入，用光照患侧瞳孔时，两侧瞳孔都无反应；但光照健侧瞳孔时，两眼瞳孔均缩小，即患侧眼直接对光反射消失，间接对光反射存在。

（2）若反射径路的传出部分（动眼神经）损伤时，患侧眼直接和间接对光反射都消失。

（3）顶盖前区（反射中枢）损伤后则双侧直接、间接瞳孔对光反射均消失。

4.

锥体系上、下运动神经元损伤表现比较

	上运动神经元损伤	下运动神经元损伤
病变部位	大脑皮质躯体运动区，皮质脊髓束、皮质核束	脊髓前角运动细胞、脑神经运动核，脊神经前根或脊神经、脑神经
肌张力	增高（痉挛性瘫痪）	降低（松弛性瘫痪）
腱反射	亢进（但浅反射减退）	消失
肌萎缩	（早期）无	有
病理反射征	出现	无

第十九章

一、名词解释

（略）

二、简答题

1．脑和脊髓的外面都包有 3 层被膜，由外向内依次为硬膜、蛛网膜和软膜。对脑和脊髓有支持和保护的作用

2．脑的动脉来自颈内动脉和椎动脉；脊髓的动脉来自椎动脉和节段性动脉。

3．大脑动脉环又称 Willis 环，是由前交通动脉、大脑前动脉、颈内动脉末端、后交通动脉和大脑后动脉彼此吻合组成的 1 个动脉环路。在正常情况下，来自两侧颈内动脉和椎动脉的血液各有其供血区，互不相混，但当某 1 条动脉发生慢性阻塞或阻断时，若动脉环发育良好，血液则可通过此环重新分配和代偿，以维持脑的血液供应。

4．脑脊液对中枢神经系统起缓冲、保护、营养、运输代谢产物以及维持正常颅内压的作用。其循环途径为：左、右侧脑室→室间孔→第三脑室→中脑水管→第四脑室→第四脑室正中孔和两外侧孔→蛛网膜下隙→蛛网膜粒→上矢状窦→颈内静脉。

第二十章

一、名词解释

（略）

二、简答题

1．①体积小、重量轻。②血供丰富，血流缓慢。③无导管，其分泌物直接进入血液循环。④腺细胞通常排列成索、团或围成滤泡状。⑤分泌的量少但作用大而持久。

2．垂体可分为腺垂体和神经垂体两大部分。腺垂体分泌的激素目前已确定有 4 类：①生长激素：主要是促进骨和软组织的生长。②催乳素：促进乳腺分泌乳汁。③黑色细胞刺激素：使皮肤黑色素细胞合成黑色素。④促激素：促甲状腺激素，促肾上腺皮质激素，促卵泡激素、促黄体激素和促间质细胞激素。该类激素促进其靶器官的分泌活动。神经垂体无分泌功能，具有贮存加压素和催产素的功能。

3．甲状腺分泌的激素为甲状腺素和降钙素。甲状腺素的主要作用是促进机体的新陈代谢、维持机体的正常生长发育，降钙素可以调节机体的钙代谢。肾上腺皮质可分泌多种激素，包括盐皮质激素、糖皮质激素和性激素，可参与调节机体的水盐代谢、糖和蛋白质代谢，以及维持性行为和第二性征。肾上腺髓质主要分泌肾上腺素和去甲肾上腺素，其作用可使心跳加快，心输出量增高并升高血压以及调节内脏平滑肌的活动等。

（金昌洙　章惠英）

中英文专业词汇索引

B

白膜（tunica albuginea） 117
白线（linea alba） 51
白质（white matter） 215
半腱肌（semitendinosus） 63
半膜肌（semimembranosus） 63
膀胱（urinary bladder） 112
膀胱三角（trigone of bladder） 113
膀胱子宫陷凹（vesicouterine pouch） 135
包皮系带（frenulum of prepuce） 121
背侧（dorsal） 2
背侧丘脑（dorsal thalamus） 235
背阔肌（latissimus dorsi） 48
贲门（cardia） 81
鼻（nose） 94
鼻唇沟（nasolabial sulcus） 75
鼻泪管（nasolacrimal duct） 195
鼻旁窦（paranasal sinuses） 16
鼻腔（nasal cavity） 94
鼻咽（nasopharynx） 79
鼻中隔（nasal septum） 94
比目鱼肌（soleus） 65
闭孔（obturator foramen） 22
闭孔动脉（obturator artery） 163
闭孔膜（obdurate membrane） 38
闭孔神经（obturator n.） 257
闭膜管（obdurate canal） 38
壁腹膜（parietal peritoneum） 132
壁胸膜（parietal pleura） 102
臂丛（brachial plexus） 252
边缘系统（limbic system） 247
扁骨（flat bone） 4
杓状软骨（arytenoid cartilage） 97
表皮（epidermis） 208
髌骨（patella） 24
玻璃体（vitreous body） 193
薄束（fasciculus gracilis） 220
薄束核（gracile nucleus） 228
不规则骨（irregular bone） 4

C

侧副吻合（collateral anastomosis） 139
侧副支（collateral branch） 139
侧角（lateral horn） 220
侧脑室（lateral ventricle） 240
侧支循环（collateral circulation） 140
产科会阴（obstetrical perineum） 129
长骨（long bone） 4
长屈肌（flexor hallucis longus） 65
长伸肌（extensor hallucis longus） 64
长收肌（adductor longus） 63
肠干（intestinal trunk） 186
肠系膜（mesentery） 134
肠系膜根（radix of mesentery） 134
肠系膜上动脉（superior mesenteric artery） 160
肠系膜上静脉（superior mesenteric vein） 171
肠系膜上淋巴结（superior mesenteric lymph nodes） 185
肠系膜下动脉（inferior mesenteric artery） 161
肠系膜下静脉（inferior mesenteric vein） 171
肠系膜下淋巴结（inferior mesenteric lymph nodes） 186
迟牙（wisdom tooth） 78
尺侧（ulnar） 2
尺侧腕屈肌（flexor carpi ulnaris） 58
尺侧腕伸肌（extensor carpi ulnaris） 59
尺动脉（ulnar artery） 157
尺骨（ulna） 20
尺神经（ulnar n.） 253
尺神经沟（sulcus for ulnar nerve） 19
耻骨（pubis） 23
耻骨肌（pectineus） 63
耻骨结节（pubic tubercle） 23
耻骨联合（pubic symphysis） 37
耻骨前弯（prepubic curvature） 122
耻骨梳（pecten pubis） 23
耻骨下弯（subpubic curvature） 122
处女膜（hymen） 126
传导通路（conductive pathway） 282
垂体（hypophysis） 303
垂体窝（hypophysial fossa） 13
垂直轴（vertical axis） 2
锤骨（malleus） 202

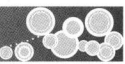

D

大肠（large intestine） 84
大多角骨（trapezium bone） 21
大脑大静脉（Galen 静脉）（great cerebral veins） 297
大脑动脉环（cerebral arterial circle） 297
大脑后动脉（posterior cerebral artery） 297
大脑脚（cerebral peduncle） 224
大脑镰（cerebral falx） 293
大脑皮质（cerebral cortex） 244
大脑前动脉（anterior cerebral artery） 296
大脑髓质（cerebral medullary substance） 241
大脑中动脉（middle cerebral artery） 296
大收肌（adductor magnus） 63
大唾液腺（major salivary glands） 78
大网膜（greater omentum） 133
大阴唇（greater lips of pudendum） 126
大隐静脉（great saphenous vein） 174
大圆肌（teres major） 57
大转子（greater trochanter） 24
胆囊静脉（cystic vein） 172
胆总管（common bile duct） 90
弹性圆锥（conus elasticus） 98
镫骨（stapes） 202
底丘脑（subthalamus） 235
骶丛（sacral plexus） 258
骶骨（sacrum） 8
骶管（sacral canal） 9
骶管裂孔（sacral hiatus） 9
骶棘韧带（sacrospinous ligament） 38
骶角（sacral cornu） 9
骶结节韧带（sacrotuberous ligament） 38
骶神经（sacral nerves） 250
第二肝门（secondary porta of liver） 89
第三脑室（third ventricle） 235
第四脑室（fourth ventricle） 225
蝶窦（sphenoidal sinus） 16
蝶骨（sphenoid bone） 11
顶骨（parietal bone） 11
动脉（artery） 138, 152
动脉弓（arterial arch） 139
动脉网（arterial network） 139
动脉圆锥（conus arteriosus） 144
动眼神经（oculomotor n.） 264
豆状核（lentiform nucleus） 241
窦房结（sinuatrial node） 147
独立缘（free border） 123
端脑（telencephalon） 238
短骨（short bone） 4
短收肌（adductor brevis） 63

E

额窦（frontal sinus） 16
额骨（frontal bone） 10
额状轴（frontal axis） 2
腭（palate） 75
腭扁桃体（palatine tonsil） 80
腭垂（uvula） 75
腭帆（velum palatinum） 75
腭舌弓（palatoglossal arch） 75
腭咽弓（palatopharyngeal arch） 75
耳（ear） 199
耳大神经（great auricular n.） 251
耳郭（auricle） 200
耳蜗（cochlea） 204
二尖瓣（bicuspid valve） 145
二尖瓣复合体（bicuspid valve complex） 145
二尖瓣环（bicuspid annulus） 145

F

反射（reflex） 214
方叶（quadrate lobe） 89
房间隔（interatrial septum） 147
房室结（atrioventricular node） 147
房室束（atrioventricular bundle） 147
房水（aqueous humor） 193
腓侧（fibular） 2
腓肠肌（gastrocnemius） 65
腓骨（fibula） 24
腓骨长肌（peroneus longus） 64
腓骨短肌（peroneus brevis） 64
腓骨颈（neck of fibula） 24
腓骨头（head of fibula） 24
腓浅神经（superficial peroneal n.） 259
腓深神经（deep peroneal n.） 259
腓总神经（common peroneal n.） 259
肺（lung） 100
肺丛（pulmonary plexus） 278
肺动脉（pulmonary） 152
肺动脉瓣（pulmonary valve） 144
肺动脉口（orifice of pulmonary trunk） 144
肺段（pulmonary segment） 102
肺根（root of lung） 101
肺静脉（pulmonary vein） 165
肺门（hilum of lung） 101
肺循环（pulmonary circulation） 139
缝（suture） 30
缝匠肌（sartorius） 62

跗骨（tarsal bones） 26
跗骨间关节（intertarsal joint） 41
跗跖关节（tarsometatarsal joint） 41
附睾（epididymis） 117
附脐静脉（paraumbilical vein） 172
副膈神经（accessory phrenic n.） 252
副交感神经（parasympathetic n.） 273
副神经（accessory n.） 264
腹侧（ventral） 2
腹股沟管（inguinal canal） 51
腹股沟管深（腹）环（deep inguinal ring） 51
腹股沟镰（inguinal falx） 50
腹股沟浅淋巴结（superficial inguinal lymph nodes） 186
腹股沟韧带（inguinal ligament） 50
腹股沟深淋巴结（deep inguinal lymph nodes） 186
腹横肌（transversus abdominis） 50
腹后内侧核（ventral posteromedial nucleus） 236
腹后外侧核（ventral posterolateral nucleus） 236
腹膜（peritoneum） 131
腹膜腔（peritoneal cavity） 132
腹内斜肌（obliquus internus abdominis） 50
腹前核（ventral anterior nucleus） 236
腹腔丛（celiac plexus） 278
腹腔干（coeliac trunk） 160
腹腔淋巴结（celiac lymph nodes） 185
腹外侧核（ventral lateral nucleus） 236
腹外斜肌（obliquus externus abdominis） 49
腹直肌（rectus abdominis） 49
腹直肌鞘（sheath of rectus abdominis） 50
腹主动脉（abdominal aorta） 158

G

干骺端（metaphysis） 4
肝固有动脉（proper hepatic artery） 160
肝静脉（hepatic vein） 170
肝裸区（bare area） 87
肝门（第一肝门）（porta hepatis） 87
肝门静脉（hepatic portal vein） 171
肝十二指肠韧带（hepatoduodenal ligament） 133
肝胃韧带（hepatogastric ligament） 133
肝右叶（right lobe） 87
肝圆韧带（ligamentum teres hepatis） 135
肝总动脉（common hepatic artery） 160
肝总管（common hepatic duct） 90
肝左叶（left lobe） 87
感觉器（sensory organs） 189
感受器（receptor） 189
冈上肌（supraspinatus） 57

冈下肌（infraspinatus） 57
肛管（anal canal） 86
肛门三角（anal triangle） 129
肛区（anal region） 129
肛提肌（levator ani） 52
睾丸（testis） 116
睾丸动脉（testicular artery） 160
睾丸静脉（testicular vein） 169
睾丸鞘膜（tunica vaginalis） 120
睾丸输出小管（efferent ductules of testis） 117
睾丸网（rete testis） 117
睾丸小隔（septula testis） 117
睾丸小叶（lobules of testis） 117
睾丸纵隔（mediastinum testis） 117
膈（diaphragm） 49
膈脾韧带（phrenicosplenic ligament） 135
膈上淋巴结（superior phrenic lymph nodes） 184
膈神经（phrenic n.） 251
膈胸膜（diaphragmatic pleura） 103
跟腱（tendo calcaneus） 65
弓状线（arcuate line） 22
肱尺关节（humeroulnar joint） 36
肱动脉（brachial artery） 156
肱二头肌（biceps brachii） 57
肱骨（humerus） 19
肱骨滑车（trochlea of humerus） 19
肱骨头（head of humerus） 19
肱骨小头（capitulum of humerus） 19
肱肌（brachialis） 57
肱桡关节（humeroradial joint） 36
肱桡肌（brachioradialis） 58
肱三头肌（triceps brachii） 57
巩膜（sclera） 190
钩骨（hamate bone） 21
股薄肌（gracilis） 63
股动脉（femoral artery） 163
股二头肌（biceps femoris） 63
股骨（femur） 23
股骨头（femoral head） 23
股后皮神经（posterior femoral cutaneous n.） 258
股静脉（femoral vein） 174
股神经（femoral n.） 257
股四头肌（quadriceps femoris） 62
股外侧皮神经（lateral femoral cutaneous n.） 257
骨（bone） 3
骨半规管（bony semicircular canals） 203
骨腭（bony palate） 14
骨干（shaft） 4
骨颈（neck of femur） 23

骨迷路（bony labyrinth）203
骨密质（compact bone）4
骨膜（periosteum）4
骨盆（pelvis）38
骨松质（spongy bone）4
骨髓（bone marrow）5
骨性鼻腔（bony nasal cavity）16
骨性结合（synostosis）30
骨性口腔（bony oral cavity）16
骨质（bony substance）4
鼓部（tympanic part）11
鼓室（tympanic cavity）201
鼓索（chorda tympani）267
固有口腔（oral cavity proper）74
关节（articulation）30
关节唇（articular labrum）30
关节面（articular surface）30
关节囊（articular capsule）30
关节盘（articular disc）30
关节腔（articular cavity）30
关节软骨（articular cartilage）30
关节头（articular head）30
关节突关节（zygapophysial joint）33
关节窝（articular fossa）30
关节盂（glenoid cavity）19
冠突（coronoid process）20
冠状窦（coronary sinus）149
冠状窦瓣（Thebesian）143
冠状窦口（orifice of coronary sinus）143
冠状缝（coronal suture）12
冠状沟（coronary sulcus）141
冠状面（coronal plane）2
冠状韧带（coronary ligament）135
冠状轴（coronal axis）2
贵要静脉（basilic vein）168
腘动脉（popliteal artery）163
腘淋巴结（popliteal lymph nodes）186

H

海绵窦（cavernous sinus）294
海绵体部（cavernous part）122
含气骨（pneumatic bone）4
汗腺（sweat gland）209
黑质（substantia nigra）228
恒牙（permanent teeth）77
横结肠（transversecolon）86
横结肠系膜（transverse mesocolon）134
横突（transverse process）7
横突孔（transverse foramen）7

红骨髓（red bone marrow）5
红核（red nucleus）228
红核脊髓束（rubrospinal tract）222
虹膜（iris）191
喉（larynx）97
喉返神经（recurrent laryngeal n）271
喉肌（laryngeal muscle）98
喉腔（laryngeal cavity）98
喉上神经（superior laryngeal n）270
喉咽（laryngopharynx）80
骺（epiphysis）4
骺软骨（epiphysial cartilage）4
骺线（epiphysial line）4
后（posterior）2
后根（posterior root）250
后交通动脉（posterior communicating artery）296
后角（posterior horn）220
后角固有核（nucleus proprius）220
后丘脑（metathalamus）235
后室间沟（posterior interventricular groove）141
后室间支（posterior interventricular branch）148
后囟（枕囟）（posterior fontanelles）16
后支（posterior branch）250
后纵韧带（posterior longitudinal ligament）32
呼吸系统（respiratory system）69, 93
滑车切迹（trochlear notch）20
滑车神经（trochlear n.）264
滑膜襞（synovial fold）30
滑膜层（synovial layer）30
滑膜关节（synovial joint）30
滑膜囊（synovial bursa）30, 46
滑液（synovial fluid）30
踝关节（ankle joint）41
环杓关节（cricoarytenoid joint）98
环甲关节（cricothyroid joint）98
环转（circumduction）31
环状软骨（cricoid cartilage）97
环状软骨气管韧带（cricotracheal ligament）98
寰枢关节（atlanto-axial joint）33
寰枕关节（atlantooccipital joint）33
黄斑（macula lutea）191
黄骨髓（yellow bone marrow）5
黄韧带（ligamenta flava）32
灰质（gray matter）214
回肠（ileum）84
回结肠动脉（ileocolic artery）161
会厌软骨（epiglottic cartilage）97
会阴（perineum）129
会阴体（perineal body）129

会阴中心腱（perineal central tendon）129
喙肱肌（coracobrachialis）57
喙突（coracoid process）19

J

肌（muscle）44
肌部（muscular part）147
肌腹（muscle belly）44
肌腱（tendon）44
肌皮神经（musculocutaneous n.）252
基底动脉（basilar artery）296
基底核（basal nuclei）241
激素（hormone）302
棘间韧带（interspinal ligament）33
棘上韧带（supraspinal ligament）33
棘突（spinous process）7
脊膜支（meningeal branch）251
脊神经（spinal n.）250
脊神经节（spinal ganglion）250
脊髓（spinal cord）218
脊髓丘脑束（spinothalamic tract）221
脊髓丘系（spinal lemniscus）231
脊髓小脑后束和脊髓小脑前束（posterior spinocerebellar tract and anterior spinoceredellar tract）221
脊髓小脑前束（posterior spinocerebellar tract and anterior spinocerebellar tract）221
脊髓圆锥（conus medullaris）218
脊柱（vertebral column）31
嵴下角（subcarinal angle）100
岬（promontory）8
颊（cheek）75
甲状颈干（thyrocervical trunk）156
甲状旁腺（parathyroid glands）305
甲状软骨（thyroid cartilage）97
甲状舌骨膜（thyrohyoid membrane）98
甲状腺（thyroid gland）304
甲状腺上动脉（superior thyroid artery）155
尖淋巴结（apical lymph nodes）184
尖牙（canine teeth）78
间接连结（indirect joint）30
间脑（diencephalon）235
肩峰（acromion）19
肩关节（shoulder joint）35
肩胛骨（scapula）19
肩胛下肌（subscapularis）57
肩胛下淋巴结（subscapular lymph nodes）184
肩锁关节（acromioclavicular joint）35
睑提肌（levator palpebrae superior）196

剑突（xiphoid process）10
腱膜（aponeurosis）45
腱鞘（tendinous sheath）46
浆膜心包（serous pericardium）151
降结肠（descending colon）86
降主动脉（descending aorta）153
交感干（sympathetic trunk））274
交感神经（sympathetic n.）273
交通支（communicating branch）139,250
角膜（cornea）190
结膜（conjunctiva）195
睫状肌（ciliary muscle）191
睫状体（ciliary body）191
睫状突（ciliary processes）191
解剖颈（anatomical neck）19
解剖学姿势（anatomical position）1
界沟（terminal sulcus）75,143
界嵴（terminal crest）143
界线（terminal line）38
筋膜（fascia）46
近侧（proximal）2
茎乳孔（stylomastoid foramen）14
茎突（styloid process）20
精阜（seminal colliculus）122
精囊（seminal vesicle）118
精曲小管（contorted seminiferous tubules）117
精索（spermatic cord）118
精索内筋膜（internal spermatic fascia）120
精索外筋膜（external spermatic fascia）120
精液（spermatic fluid）119
精直小管（straight seminiferous tubules）117
精子（sperm）116
颈丛（cervical plexus）251
颈动脉窦（carotid sinus）154
颈动脉小球（carotid glomus）154
颈干（jugular trunk）182
颈横神经（transverse nerve of neck）251
颈静脉孔（jugular foramen）13
颈静脉切迹（jugular notch）10
颈阔肌（platysma）54
颈内动脉（internal carotid artery）155
颈内静脉（internal jugular vein）167
颈膨大（cervical enlargement）219
颈前淋巴结（anterior cervical lymph node）182
颈神经（cervical nerves）250
颈外侧浅淋巴结（superficial lateral cervical lymph nodes）182
颈外侧深淋巴结（deep lateral cervical lymph nodes）182

颈外动脉（external carotid artery） 155
颈外静脉（external jugular vein） 168
颈椎（cervical vertebrae） 7
颈总动脉（common carotid artery） 154
胫侧（tibial） 2
胫腓关节（tibiofibular joint） 40
胫骨（tibia） 24
胫骨粗隆（tibial tuberosity） 24
胫骨后肌（tibialis posterior） 65
胫骨前肌（tibialis anterior） 64
胫后动脉（posterior tibial artery） 163
胫前动脉（anterior tibial artery） 163
胫神经（tibial n.） 259
静脉（vein） 138
静脉窦（sinus venarum cavarum） 143
静脉角（venous angle） 166
局部解剖学（regional anatomy） 1
局部淋巴结（regional lymph node） 181
距小腿关节（talocrural joint） 41
菌状乳头（fungiform papillae） 76

K

颏孔（mental foramen） 12
空肠（jejunum） 84
空肠动脉（jejunal artery） 161
口唇（oral lips） 74
口角（angle of mouth） 75
口裂（oral fissure） 75
口腔（oral cavity） 74
口腔前庭（oral vestibule） 74
口咽（oropharynx） 80
髋骨（hip bone） 22
髋关节（hip joint） 39
髋臼（acetabulum） 22
眶（orbit） 15
眶上孔（supraorbital foramen） 16
眶上裂（superior orbital fissure） 16
眶上切迹（supraorbital notch） 16
眶下裂（inferior orbital fissure） 16
阔筋膜张肌（tensor fasciae latae） 61

L

阑尾（vermiform appendix） 85
阑尾动脉（appendicular artery） 161
阑尾系膜（mesoappendix） 134
肋（ribs） 9
肋膈隐窝（costodiaphragmatic recess） 103
肋弓（costal arch） 9
肋沟（costal groove） 10

肋骨（costal bone） 9
肋间淋巴结（intercostal lymph nodes） 184
肋间内肌（intercostales interni） 49
肋间神经（intercostal n） 256
肋间外肌（intercostales externi） 49
肋间隙（intercostal space） 34
肋角（costal angle） 10
肋结节（costal tubercle） 10
肋颈（costal neck） 10
肋软骨（costal cartilage） 10
肋体（shaft of rib） 10
肋头（costal head） 9
肋下神经（subcostal n） 256
肋胸膜（costal pleura） 103
肋椎关节（costovertebral joint） 33
肋纵隔隐窝（costomediastinal recess） 104
泪点（lacrimal punctum） 195
泪囊（lacrimal sac） 195
泪器（lacrimal apparatus） 195
泪腺（lacrimal gland） 195
泪小管（lacrimal ductule） 195
梨状肌（piriformis） 61
梨状隐窝（piriform recess） 80
联合腱（conjoined tendon） 50
镰状韧带（falciform ligament） 135
淋巴导管（lymphatic duct） 180
淋巴干（lymphatic trunk） 180
淋巴管（lymphatic vessel） 180
淋巴结（lymph node） 181
淋巴系统（lymphatic system） 178
鳞部（squamous part） 11
菱形窝（rhomboid fossa） 225
隆椎（prominent vertebra） 8
颅（skull） 10
颅侧（cranial） 2
颅盖（calvaria） 10
颅后窝（posterior cranial fossa） 13
颅前窝（anterior cranial fossa） 13
颅囟（cranial fontanelles） 16
颅中窝（middle cranial fossa） 13
卵巢（ovary） 122
卵巢动脉（ovarian artery） 160
卵巢固有韧带（proper ligament of ovary） 123
卵巢静脉（ovarian vein）） 169
卵巢门（hilum of ovary） 123
卵巢伞（ovarian fimbria） 124
卵巢系膜（mesovarium） 126
卵巢系膜缘（mesovarian border of ovary） 122
卵巢悬韧带（suspensory ligament of ovary） 123

卵圆窝（fossa ovalis） 143
轮廓乳头（vallate papillae） 76
螺旋器（spiral organ） 205

M

马尾（cauda equina） 219
脉络膜（choroid） 191
盲肠（caecum） 85
毛干（hair shaft） 208
毛根（hair root） 208
毛球（hair bulb） 208
毛细淋巴管（lymphatic capillary） 179
毛细血管（capillary） 138
门（hilum） 70
迷走神经（vagus n.） 268
泌尿系统（urinary system） 69, 108
面动脉（facial artery） 155
面肌（facial muscles） 52
面静脉（facial vein） 166
面神经（facial n.） 267
膜半规管（membranous semicircular ducts） 205
膜部（membranous part） 122, 147
膜迷路（membranous labyrinth） 204
磨牙（molars） 78
拇长屈肌（flexor pollicis longus） 58
拇长伸肌（extensor pollicis longus） 59
拇长展肌（abductor pollicis longus） 59
拇短伸肌（extensor pollicis brevis） 59

N

男性尿道（male urethra） 121
囊内韧带（intracapsular ligament） 30
囊外韧带（extracapsular ligament） 30
脑干（brain stem） 223
脑脊液（cerebrospinal fluid） 299
脑屏障（brain barrier） 300
脑桥（pons） 224
脑桥核（pontine nucleus） 228
脑神经（cranial nerves） 261
内（internal） 2
内侧（medial） 2
内侧髁（medial condyle） 24
内侧丘系（medial lemniscus） 231
内侧膝状体（medial geniculate body） 237
内耳（internal ear） 203
内分泌系统（endocrine system） 302
内踝（medial malleolus） 24
内膜（retina） 191
内上髁（medial epicondyle） 19

内脏（visceral） 69
内脏神经系统（visceral nervous system） 272
内脏学（splanchnology） 69
内脏运动神经（visceral motor nerve） 272
尿道（urethra） 114
尿道海绵体（cavernous body of urethra） 121
尿道嵴（urethral crest） 122
尿道球（bulb of urethra） 121
尿道球腺（bulbourethral gland） 119
尿道舟状窝（navicular fossa of urethra） 122
尿生殖区（urogenital region） 129
尿生殖三角（urogenital triangle） 129
颞骨（temporal bone） 11
颞肌（temporalis） 53
颞浅动脉（superficial temporal artery） 155
颞窝（temporal fossa） 15
颞下颌关节（temporomandibular joint） 35
颞下窝（infratemporal fossa） 15
女阴（female pudendum） 126
盆丛（pelvic plexus） 278

P

皮下组织（hypodermis） 208
皮脂腺（sebaceous gland） 209
皮质（cortex） 214
皮质核束（Corticonuclear tract） 231
皮质脊髓束（corticospinal tract） 222
脾（spleen） 181
脾动脉（splenic artery） 160
脾静脉（splenic vein） 171
脾门（hilum of spleen） 181
脾肾韧带（splenorenal ligament） 135
胼胝体（corpus callosum） 241

Q

奇静脉（azygos vein） 169
脐动脉（umbilical artery） 163
气管（trachea） 99
起点（origin） 45
器官（organ） 1
髂耻隆起（iliopubic eminence） 23
髂腹股沟神经（ilioinguinal n.） 257
髂腹下神经（iliohypogastric n.） 257
髂骨（ilium） 22
髂后上棘（posterior superior iliac spine） 22
髂肌（iliacus） 61
髂嵴（iliac crest） 22
髂内动脉（internal iliac artery） 162
髂内静脉（internal iliac vein） 173

髂内淋巴结（internal iliac lymph nodes） 186
髂前上棘（anterior superior iliac spine） 22
髂外动脉（external iliac artery） 163
髂外静脉（external iliac vein） 174
髂外淋巴结（external iliac lymph nodes） 186
髂腰肌（iliopsoas） 61
髂总动脉（common iliac artery） 161
髂总静脉（common iliac vein） 173
髂总淋巴结（common iliac lymph nodes） 186
前（anterior） 2
前根（anterior root） 250
前角（anterior horn） 219
前锯肌（serratus anterior） 48
前列腺（prostate） 118
前列腺部（prostatic part） 122
前磨牙（premolars） 78
前室间沟（anterior interventricular groove） 141
前室间支（anterior interventricular branch） 148
前庭（vestibule） 203
前庭大腺（greater vestibular gland） 128
前庭器（vestibular apparatus） 199
前庭球（bulb of vestibule） 127
前庭神经（vestibular n.） 263
前庭蜗器（位听器）（vestibulocochlear organ） 199
前庭蜗神经（vestibulocochlear n.） 263
前囟（额囟）（anterior fontanelle） 16
前支（anterior branch） 250
前纵韧带（anterior longitudinal ligament） 32
浅（superficial） 2
浅筋膜（superficial fascia） 46
鞘膜腔（vaginal cavity） 120
切牙（incisors） 78
穹窿（fornix） 242
球囊（saccule） 205
屈（flexion） 31
颧弓（zygomatic arch） 15

R

桡侧（radial） 2
桡侧腕长伸肌（extensor carpi radialis longus） 58
桡侧腕短伸肌（extensor carpi radialis brevis） 59
桡侧腕屈肌（flexor carpi radialis） 58
桡尺近侧关节（proximal radioulnar joint） 36
桡尺远侧关节（distal radioulnar joint） 36
桡动脉（radial artery） 156
桡骨（radius） 19
桡骨头（head of radius） 19
桡神经（radial n.） 254
桡神经沟（sulcus for radial nerve） 19

桡腕关节（radiocarpal joint） 37
人体解剖学（human anatomy） 1
人中（philtrum） 75
人字缝（lambdoid suture） 12
韧带（ligament） 30
韧带连结（syndesmosis） 30
肉膜（dartos coat） 119
乳房（mamma or breast） 128
乳房悬韧带（suspensory ligament of breast） 128
乳糜池（cisterna chyli） 180
乳头（mammary nipple） 128
乳头孔（papillary foramina） 110
乳突（mastoid process） 11, 12
乳突窦（mastoid antrum） 202
乳突小房（mastoid cells） 202
乳腺（mammary gland） 128
乳牙（deciduous teeth） 77
软腭（soft palate） 75
软骨连结（cartilaginous joint） 30
软膜（pia mater） 295

S

腮腺（parotid gland） 78
腮腺管乳头（papilla of parotid duct） 75
三叉丘系（trigeminal lemniscus） 231
三叉神经（trigeminal n.） 266
三尖瓣（tricuspid valve） 144
三尖瓣复合体（tricuspid valve complex） 144
三角骨（triquetral bone） 20
三角肌（deltoid） 56
筛窦（ethmoidal sinus） 16
筛骨（ethmoid bone） 11
上（superior） 2
上颌动脉（maxillary artery） 155
上颌窦（maxillary sinus） 16
上颌骨（maxilla） 12
上颌神经（maxillary n.） 266
上腔静脉（superior vena cava） 165
上腔静脉口（orifice of superior vena cava） 143
上丘（superior colliculus） 225
上丘脑（epithalamus） 235
上矢状窦（superior sagittal sinus） 294
上斜肌（obliquus superior） 196
上行或感觉传导通路［ascending（sensory） pathway］ 282
上运动神经元（superior motor neurons） 288
哨位淋巴结（sentinel lymph node） 181
舌（tongue） 75
舌扁桃体（lingual tonsil） 76

舌动脉（lingual artery） 155
舌根（root of tongue） 75
舌尖（apex of tongue） 75
舌盲孔（foramen cecum of tongue） 75
舌乳头（papillae of tougue） 75
舌体（body of tongue） 75
舌系带（frenulum of tongue） 76
舌下阜（sublingual caruncle） 76
舌下神经（hypoglossal n.） 264
舌下腺（sublingual gland） 79
舌咽神经（glossopharyngeal n.） 267
射精管（ejaculatory duct） 118
伸（extension） 31
深（deep） 2
深筋膜（deep fascia） 46
神经（nerve） 215
神经核（nucleus） 215
神经胶质（neuroglia） 213
神经节（ganglion） 215
神经系统（nervous system） 211
神经纤维（neurofibril） 215
神经元（neuron） 213
肾（kidney） 108
肾大盏（major renal calices） 110
肾动脉（renal artery） 160
肾筋膜（renal fascia） 111
肾静脉（renal vein） 170
肾门（renal hilum） 108
肾皮质（renal cortex） 110
肾乳头（renal papillae） 110
肾上腺（suprarenal gland） 305
肾上腺静脉（suprarenal vein） 170
肾上腺中动脉（suprarenal media artery） 159
肾髓质（renal medulla） 110
肾小盏（minor renal calices） 110
肾盂（renal pelvis） 110
肾柱（renal columns） 110
肾锥体（renal pyramids） 110
升结肠（ascending colon） 86
升主动脉（ascending aorta） 153
生殖股神经（genitofemoral n.） 257
生殖系统（reproductive system） 69
十二指肠（duodenum） 83
十二指肠小乳头（minor duodenal papilla） 83
食管（esophagus） 80
矢状缝（sagittal suture） 12
矢状面（sagittal plane） 2
矢状轴（sagittal axis） 2
示指伸肌（extensor indicis） 59

视器（visual organ） 190
视上核（supraoptic nucleus） 237
视神经（optic n.） 263
视神经管（optic canal） 16
视神经盘（optic disc） 191
视网膜中央动脉（central artery of retina） 197
室间隔（interventricular septum） 147
室旁核（paraventricular nucleus） 237
室上嵴（supraventricular crest） 144
收（adduction） 31
手舟骨（scaphoid bone） 20
枢椎（axis） 7
梳状肌（pectinate muscle） 143
输精管（ductus deferens） 117
输精管壶腹（ampulla ductus deferentis） 118
输卵管（uterine tube） 123
输卵管端（tubal extremity） 122
输卵管伞（fimbriae of uterine tube） 124
输卵管系膜（mesosalpinx） 126
输尿管（ureter） 112
输尿管间襞（interureteric fold） 114
竖脊肌（erector spinae） 48
竖毛肌（arrector pili muscle） 209
水平面（horizontal plane） 2
丝状乳头（filiform papillae） 76
松果体（pineal body） 303
髓核（nucleus pulposus） 32
髓腔（medullary cavity） 4
髓质（medulla） 215
锁骨（clavicle） 19
锁骨上淋巴结（supraclavicular lymph node） 182
锁骨上神经（supraclavicular n.） 251
锁骨下动脉（subclavian artery） 155
锁骨下干（subclavian trunk） 184
锁骨下静脉（subclavian vein） 168

T

提睾肌（cremaster） 120
体循环（systemic circulation） 139
听器（auditory apparatus） 199
听小骨（auditory ossicles） 202
瞳孔（pupil） 191
瞳孔开大肌（dilator pupillae） 191
瞳孔括约肌（sphincter pupillae） 191
头臂静脉（brachiocephalic vein） 166
头静脉（cephalic vein） 168
头状骨（capitate bone） 21
突触（synapse） 214
臀大肌（gluteus maximus） 61

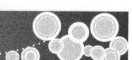

臀上动脉（superior gluteal artery） 163
臀上神经（superior gluteal n.） 258
臀下动脉（inferior gluteal artery） 163
臀下神经（inferior gluteal n.） 258
臀小肌（gluteus minimus） 61
臀中肌（gluteus medius） 61
椭圆囊（utricle） 205
唾液腺（salivary gland） 78

W

外（external） 2
外侧（lateral） 2
外侧髁（lateral condyle） 24
外侧淋巴结（lateral lymph nodes） 183
外侧丘系（lateral lemniscus） 231
外侧膝状体（lateral geniculate body） 237
外耳（external ear） 200
外耳道（external acoustic meatus） 200
外耳门（external acoustic pore） 14
外踝（lateral malleolus） 25
外科颈（surgical neck） 19
外膜（fibrous tunic） 190
外皮系统（integumentary system） 207
外上髁（lateral epicondyle） 19
豌豆骨（pisiform bone） 20
腕骨（carpal bones） 20
腕骨间关节（intercarpal joints） 37
腕关节（wrist joint） 37
腕掌关节（carpometacarpal joint） 37
网膜（omentum） 133
网膜孔（omental foramen） 133
网膜囊（omental bursa） 133
网状结构（reticular formation） 215, 231
尾侧（caudal） 2
尾骨（coccyx） 9
尾骨肌（coccygeus） 52
尾神经（coccygeal nerve） 250
尾状核（caudate nucleus） 241
尾状叶（caudate lobe） 89
胃（stomach） 81
胃短动脉（short gastric arteries） 160
胃膈韧带（gastrophrenic ligament） 135
胃结肠韧带（gastrocolic ligament） 133
胃脾韧带（gastrosplenic ligament） 135
胃十二指肠动脉（gastroduodenal artery） 160
胃网膜右动脉（right gastroepiploic artery） 160
胃网膜左动脉（left gastroepiploic artery） 160
胃右动脉（right gastric artery） 160
胃右静脉（right gastric vein） 172

胃左动脉（left gastric artery） 160
胃左静脉（left gastric vein） 172
纹状体（corpus striatum） 241
蜗管（cochlear duct） 205
蜗神经（cochlear n.） 264

X

膝关节（knee joint） 40
系统（system） 1
系统解剖学（systematic anatomy） 1
下（inferior） 2
下腹下丛（pelvic plexus） 278
下橄榄核（infedor olivary nucleus） 228
下颌骨（mandible） 12
下颌后静脉（retromandibular vein） 167
下颌角（angle of mandible） 12
下颌神经（mandibular n.） 266
下颌头（head of mandible） 12
下颌下腺（submandibular gland） 79
下腔静脉（inferior vena cava） 169
下腔静脉口（orifice of inferior vena cava） 143
下丘（inferior colliculus） 225
下丘脑（hypothalamus） 235
下矢状窦（inferior sagittal sinus） 294
下斜肌（obliquus inferior） 196
下行或运动传导通路 [descending（motor）pathway] 282
下运动神经元（inferior motor neurons） 288
纤维层（fibrous layer） 30
纤维环（anulus fibrosus） 32
纤维环（fibrous rings） 146
纤维连结（fibrous joint） 30
纤维囊（fibrous capsule） 110
纤维三角（fibrous trigone） 146
纤维束（tract） 215
纤维心包（fibrous pericardium） 150
项韧带（nuchal ligament） 33
消化管（alimentary canal） 73
消化系统（alimentary system） 69
消化腺（alimentary gland） 73
小肠（small intestine） 82
小动 - 静脉吻合（arteriolovenular anastomosis） 140
小多角骨（trapezoid bone） 21
小脑（cerebellum） 233
小脑幕（tentorium of cerebellum） 293
小脑上脚（superior cerebellar peduncle） 225
小脑下脚（inferior cerebellar peduncle） 225
小脑中脚（middle cerebellar peduncle） 224
小腿三头肌（triceps surae） 65

小唾液腺（minor salivary glands） 78
小网膜（lesser omentum） 133
小阴唇（lesser lips of pudendum） 126
小隐静脉（small saphenous vein） 174
小圆肌（teres minor） 57
小指伸肌（extensor digiti minimi） 59
小转子（lesser trochanter） 24
楔束（fasciculus cuneatus） 220
楔束核（cuneate nucleus） 228
斜方肌（trapezius） 47
心（heart） 138
心包（pericardium） 150
心包横窦（transverse pericardial sinus） 151
心包腔（pericardial cavity） 151
心包斜窦（oblique pericardial sinus） 151
心传导系（conduction system of heart） 147
心丛（cardiac plexus） 278
心底（cardiac base） 141
心肌层（myocardium） 146
心尖（cardiac apex） 141
心内膜（endocardium） 146
心外膜（epicardium） 147
心血管系统（cardiovascular system） 138
胸背神经（thoracodorsal n.） 252
胸长神经（long thoracic n.） 252
胸大肌（pectoralis major） 48
胸导管（thoracic duct） 180
胸骨（sternum） 10
胸骨柄（manubrium steni） 10
胸骨角（sternal angle） 10
胸骨旁淋巴结（parasternal lymph nodes） 184
胸骨体（body of sternum） 10
胸核（nucleus thoracicus） 220
胸肌淋巴结（pectoral lymph nodes） 183
胸廓（thorax） 32, 33
胸廓内动脉（internal thoracic artery） 156
胸肋关节（sternocostal joint） 33
胸膜（pleura） 102
胸膜顶（cupula of pleura） 103
胸膜腔（pleural cavity） 102
胸神经（thoracic nerves） 250
胸锁关节（sternoclavicular joint） 35
胸锁乳突肌（sternocleidomastoid） 54
胸腺（thymus） 181
胸小肌（pectoralis minor） 48
胸椎（thoracic vertebrae） 8
嗅神经（olfactory n.） 261
旋后（supination） 31
旋后肌（supinator） 59

旋内（medial rotation） 31
旋前（pronation） 31
旋前方肌（pronator quadratus） 58
旋前圆肌（pronator teres） 58
旋外（lateral rotation） 31
旋支（circumflex branch） 148
旋转（rotation） 31
血管吻合（vascular anastomosis） 139

Y

牙（teeth） 77
牙槽骨（alveolar bone） 77
牙根（root of tooth） 77
牙根管（root canal） 77
牙根尖孔（apical foramen） 77
牙骨质（cement） 77
牙冠（crown of tooth） 77
牙冠腔（pulp chamber） 77
牙颈（neck of tooth） 77
牙腔（dental cavity） 77
牙髓（dental pulp） 77
牙质（dentine） 77
牙周膜（periodontal membrane） 77
咽（pharynx） 79
咽鼓管（auditory tube） 202
咽后淋巴结（retropharyngeal lymph node） 182
咽淋巴环（tonsillar ring） 80
咽腔（cavity of pharynx） 79
咽峡（isthmus of fauces） 75
延髓（medulla oblongata） 223
岩部（petrous part） 11
岩大神经（greater petrosal nerve） 267
眼（eye） 190
眼动脉（ophthalmic artery） 197
眼睑（eyelids） 193
眼球（eyeball） 190
眼球外肌（extraocular muscles） 195
眼神经（ophthalmic n.） 266
腰丛（lumbar plexus） 256
腰大肌（psoas major） 61
腰骶膨大（lumbosacral enlargement） 219
腰方肌（quadratus lumborum） 50
腰淋巴结（lumbar trunk） 185
腰神经（lumbar nerves） 250
腰椎（lumbar vertebrae） 8
咬肌（masseter） 52
叶状乳头（foliate papillae） 76
腋动脉（axillary artery） 156
腋静脉（axillary vein） 168

腋淋巴结（axillary lymph nodes） 183
腋神经（axillary n.） 256
胰（pancreas） 90
胰管（pancreatic duct） 90
胰体（body pancreas） 90
胰头（head of pancreas） 90
胰尾（tail of pancreas） 90
乙状结肠（sigmoid colon） 86
乙状结肠动脉（sigmoid artery） 161
乙状结肠系膜（sigmoid mesocolon） 134
翼静脉丛（pterygoid venous plexus） 167
翼内肌（medial pterygoid） 53
翼外肌（lateral pterygoid） 53
阴部内动脉（internal pudendal artery） 163
阴部神经（pudendal n.） 258
阴道（vagina） 126
阴道口（vaginal orifice） 126
阴道前庭（vaginal vestibule） 127
阴道穹（fornix of vagina） 126
阴蒂（clitoris） 127
阴阜（mons pubis） 126
阴茎（penis） 120
阴茎包皮（prepuce of penis） 121
阴茎根（root of penis） 120
阴茎海绵体（cavernous body of penis） 120
阴茎脚（crus penis） 121
阴茎颈（neck of penis） 120
阴茎体（body of penis） 120
阴茎头（glans penis） 120
阴囊（scrotum） 119
阴囊中隔（septum of scrotum） 120
隐神经（saphenous n.） 257
鹰嘴（olecranon） 20
硬腭（hard palate） 75
硬脊膜（spinal dura mater） 293
硬膜（dura mater） 293
硬脑膜（cerebral dura mater） 293
硬脑膜窦（sinuses of duramater） 294
幽门（pylorus） 81
右房室口（right atrioventricular orifice） 143
右冠状动脉（right coronary artery） 148
右结肠动脉（right colic artery） 161
右淋巴导管（right lymphatic duct） 180
右束支（right bundle branch） 148
右纤维三角（right fibrous trigon） 146
右心耳（right auricle） 143
右心房（right atrium） 143
右心室（right ventricle） 143
右缘支（right marginal branch） 148

釉质（enamel） 77
远侧（distal） 2
月骨（lunate bone） 20
运动神经元（motor neurons of anteriorhorn） 219

Z

脏腹膜（visceral peritoneum） 132
脏胸膜（visceral pleura） 102
展（abduction） 31
展神经（abducent n.） 264
掌长肌（palmaris longus） 58
掌骨（metacarpal bones） 21
掌浅弓和掌深弓（superficial palmary arch） 157
掌深弓（deep palmary artery） 157
掌指关节（metacarpophalangeal joint） 37
枕骨（occipital bone） 11
枕骨大孔（foramen magnum） 13
枕外隆凸（external occipital protuberance） 12
枕小神经（lesser occipital n.） 251
真皮（dermis） 208
砧骨（uncus） 202
正中神经（median n.） 252
支气管（bronchi） 100
脂肪囊（fatty renal capsule） 111
直肠（rectum） 86
直肠膀胱陷凹（rectovesical pouch） 135
直肠上动脉（superior rectal artery） 161
直肠子宫陷凹（rectouterine pouch） 135
直窦（straight sinus） 294
直接连结（direct joint） 30
植物神经（vegetative nerves） 272
跖骨（metatarsal bones） 26
跖趾关节（metatarsophalangeal joint） 41
止点（insertion） 45
指（趾）甲（nail） 209
指骨（phalanges of fingers） 22
指骨间关节（interphalangeal joints of hand） 37
指浅屈肌（flexor digitorum superficialis） 58
指伸肌（extensor digitorum） 59
指深屈肌（flexor digitorum profundus） 58
趾长屈肌（flexor digitorum longus） 65
趾长伸肌（extensor digitorum longus） 64
趾骨（phalanges of toes） 26
趾骨间关节（interphalangeal joints of foot） 41
中耳（middle ear） 201
中间外侧柱（intermediolateral colum） 220
中结肠动脉（middle colic artery） 161
中膜（vascular tunic） 191
中脑（midbrain） 224

中央凹（fovea centralis） 192
中央淋巴结（central lymph nodes） 184
终动脉（end-artery） 140
终丝（filum terminale） 218
肘关节（elbow joint） 36
肘正中静脉（median cubital vein） 169
蛛网膜（arachnoid mater） 295
蛛网膜下池（subarachnoid cisterns） 295
蛛网膜下隙（subarachnoid space） 295
主动脉（aorta） 153
主动脉瓣（aortic valve） 145
主动脉窦（aortic sinus） 145
主动脉弓（aortic arch） 153
主动脉口（aortic orifice） 145
椎动脉（vertebral artery） 155
椎骨（vertebrae） 7
椎管（vertebral canal） 7
椎间孔（intervertebral foramina） 7
椎间盘（intervertebral discs） 32
椎孔（vertebral foramen） 7
椎体（vertebral body） 7
锥体束（pyramidal tract） 231
锥体外系（extrapyramidal system） 290
锥体系（pyramidal system） 288
子宫（uterus） 125
子宫底（fundus of uterus） 125
子宫骶韧带（uterosacral ligament） 126
子宫动脉（uterine artery） 163
子宫端（uterine extremity） 122
子宫附件（uterine appendages） 122
子宫颈（neck of uterus） 125
子宫颈管（canal of cervix of uterus） 125
子宫口（orifice of uterus） 125

子宫阔韧带（broad ligament of uterus） 125
子宫腔（cavity of uterus） 125
子宫体（body of uterus） 125
子宫系膜（mesometrium） 126
子宫峡（isthmus of uterus） 125
子宫圆韧带（round ligament of uterus） 126
子宫主韧带（cardinal ligament of uterus） 126
籽骨（sesamoid bone） 4
自主神经（autonomic nerves） 272
纵隔（mediastinum） 105
纵隔后淋巴结（posterior mediastinal lymph node） 184
纵隔前淋巴结（anterior mediastinal lymph node） 184
纵隔胸膜（mediastinal pleura） 103
足弓（arch of foot） 41
组织（tissue） 1
左房室口（left atrioventricular orifice） 145
左冠状动脉（left coronary artery） 148
左结肠动脉（left colic artery） 161
左室后支（posterior branch of left ventricle） 148
左束支（left bundle branch） 148
左纤维三角（left fibrous trigone） 146
左心耳（left auricle） 144
左心房（left atrium） 144
左心室（left ventricle） 145
坐骨（ischium） 22
坐骨大切迹（greater sciatic notch） 22
坐骨棘（ischial spine） 22
坐骨结节（ischial tuberosity） 22
坐骨神经（sciatic n.） 258
坐骨小切迹（lesser sciatic notch） 22

主要参考文献

1. 康健．系统解剖学．北京：科学出版社，2009．
2. 刘学政，金昌洙．局部解剖学．北京：科学出版社，2010．
3. 汪华侨，金昌洙．局部解剖学．北京：北京大学医学出版社，2013．
4. 于恩华，李静平．人体解剖学．3版．北京：北京大学医学出版社，2008．
5. 邹锦慧，刘树元．人体解剖学．3版．北京：科学出版社，2009．
6. 柏树令．人体解剖学．7版．北京：人民卫生出版社，2008．
7. Keith LM，Arthur FD. Clinically Oriented Anatomy，5th ed. New York：Lippincott Williams& Wilkins，2006．
8. 凌光烈，刘元健，田振国．徐恩多外科解剖学．2版．北京：科学出版社，2009．
9. 吕永利．人体形态科学．2版．北京：科学出版社，2010．
10. 顾晓松．系统解剖学（案例版）．2版．北京：科学出版社，2012．
11. 刘执玉．系统解剖学（双语版）．北京：科学出版社，2012．
12. 程辉龙，涂腊根．人体解剖学与组织胚胎学．北京：科学出版社，2010．
13. 曾明辉，李艳萍．人体解剖学与组织胚胎学．北京：科学出版社，2010．
14. 王滨，甘泉涌（上册）．2版．解剖组胚学．北京：科学出版社，2008．
15. 吴先国．人体解剖学．4版．北京：人民卫生出版社，2012．
16. 窦肇华．人体解剖学与组织胚胎学．6版．北京：人民卫生出版社，2009．
17. Richard s．snell．局部临床解剖学．8版．西安：世界图书出版公司，2009．
18. 洛树东．高振平．医用局部解剖学．7版．北京：人民卫生出版社，2008．
19. 大韩解剖学会．系统解剖学．2版．首尔：高丽医学，2006．
20. 黄秀峰．张辉．人体解剖学．南京：江苏科学技术出版社，2014．
21. 金昌洙．人体解剖学．南京：江苏科学技术出版社，2014．